二十四史

文白对照精华版·精选精译

《二十四史》编委会·编

第七册

三国志
晋书
宋书

线装书局

蜀 书

三国志卷三十五

蜀书五

诸葛亮传第五

诸葛亮字孔明，琅邪阳都人也。汉司隶校尉诸葛丰后也。父珪，字君贡，汉末为太山郡丞。亮早孤，从父玄为袁术所署豫章太守，玄将亮及亮弟均之官。会汉朝更选朱皓代玄。玄素与荆州牧刘表有旧，往依之。玄卒，亮躬耕陇亩，好为《梁父吟》。身长八尺，每自比于管仲、乐毅，时人莫之许也。惟博陵崔州平、颍川徐庶元直与亮友善，谓为信然。

时先主屯新野。徐庶见先主，先主器之，谓先主曰："诸葛孔明者，卧龙也，将军岂愿见之乎？"先主曰："君与俱来。"庶曰："此人可就见，不可屈致也。将军宜枉驾顾之。"由是先主遂诣亮，凡三往，乃见。因屏人曰："汉室倾颓，奸臣窃命，主上蒙尘。孤不度德量力，欲信大义于天下，而智术短浅，遂用猖獗，至于今日。然志犹未已，君谓计将安出？"亮答曰："自董卓已来，豪杰并起，跨州连郡者不可胜数。曹操比于袁绍，则名微而众寡，然操遂能克绍，以弱为强者，非惟天时，抑亦人谋也。今操已拥百万之众，挟天子而令诸侯，此诚不可与争锋。孙权据有江东，已历三世，国险而民附，贤能为之用，此可以为援而不可图也。荆州北据汉、沔，利尽南海，东连吴会，西通巴、蜀，此用武之国，而其主不能守，此殆天所以资将军，将军岂有意乎？益州险塞，沃野千里，天府之土，高祖因之以成帝业。刘璋暗弱，张鲁在北，民殷国富而不知存恤，智能之士思得明君。将军既帝室之胄，信义著于四海，总揽英雄，思贤如渴，若跨有荆、益，保其岩阻，西和诸戎，南抚夷越，外结好孙权，内修政理；天下有变，则命一上将将荆州之军以向宛、洛，将军身率益州之众出于秦川，百姓孰敢不箪食壶浆以迎将军者乎？诚如是，则霸业可成，汉室可兴矣。"先主曰："善！"于是与亮情好日密。关羽、张飞等不悦，先主解之曰："孤之有孔明，犹鱼之有水也。愿诸君勿复言。"羽、飞乃止。

刘表长子琦，亦深器亮。表受后妻之言，爱少子琮，不悦于琦。琦每欲与亮谋自安之术，亮辄拒塞，未与处画。琦乃将亮游观后园，共上高楼，饮宴之间，令人去梯，因谓亮曰："今日上不至天，下不至地，言出子口，入于吾耳，可以言未？"亮答曰："君不见申生在内而危，重耳在外而安乎？"琦意感悟，阴规出计。会黄祖死，得出，遂为江夏太守。俄而表卒，琮闻曹公来征，遣使请降。先主在樊闻之，率其众南行，亮与徐庶并从，为曹公所追破，获庶母。庶辞先主而指其心曰："本欲与将军共图王霸之业者，以此方寸之地也。今已失老母，方寸乱矣，无益于事，请从此别。"遂诣曹公。

先主至于夏口，亮曰："事急矣，请奉命求救于孙将军。"时权拥军在柴桑，观望成败，亮说权曰："海内大乱，将军起兵据有江东，刘豫州亦收众汉南，与曹操并争天下。今操芟夷大难，略已平矣，遂破荆州，威震四海。英雄无所用武，故豫州遁逃至此。将军量力而处之：若能以吴、越之众与中国抗衡，不如早与之绝；若不能当，何不案兵束甲，北面而事之！今将军外托服从之名，而内怀犹豫之计，事急而不断，祸至无日矣！"权曰："苟如君言，刘豫州何不遂事之乎？"亮曰："田横，齐之壮士耳，犹守义不辱，况刘豫州王室之胄，英才盖世，众士仰慕，若水之归海，若事之不济，此乃天也，安能复为之下乎！"权勃然曰："吾不能举全吴之地，十万之众，受制于人。吾计决矣！非刘豫州莫可以当曹操者，然豫州新败之后，安能抗此难乎？"亮曰："豫州军虽败于长阪，今战士还者及关羽水军精甲万人，刘琦合江夏战士亦不下万人。曹操之众，远来疲弊，闻追豫州，轻骑一日一夜行三百余里，此所谓'强弩之末，势不能穿鲁缟'者也。故兵法忌之，曰'必蹶上将军'。且北方之人，不习水战；又荆州之民附操者，逼兵势耳，非心服也。今将军诚能命猛将统兵数万，与豫州协规同力，破操军必矣。操军破，必北还，如此则荆、吴之势强，鼎足之形成矣。成败之机，在于今日。"权大悦，即遣周瑜、程普、鲁肃等水军三万，随亮诣先主，并力拒曹公。曹公败于赤壁，引军归邺。先主遂收江南，以亮为军师中郎将，使督零陵、桂阳、长沙三郡，调其赋税，以充军实。

建安十六年，益州牧刘璋遣法正迎先主，使击张鲁。亮与关羽镇荆州。先主自葭萌还攻璋，亮与张飞、赵云等率众溯江，分定郡县，与先主共围成都。成都平，以亮为军师将军，署左将军府事。先主外出，亮常镇守成都，足食足兵。二十六年，群下劝先主称尊号，先主未许，亮说曰："昔吴汉、耿弇等初劝世祖即帝位，世祖辞让，前后数四，耿纯进言曰：'天下英雄喁喁，冀有所望。如不从议者，士大夫各归求主，无为从公也。'世祖感纯言深至，遂然诺之。今曹氏篡汉，天下无主，大王刘氏苗族，绍世而起，今即帝位，乃其宜也。士大夫随大王久勤苦者，亦欲望尺寸之功如纯言耳。"先主于是即帝位，策亮为丞相曰："朕遭家不造，奉承大统，兢兢业业，不敢康宁，思靖百姓，惧未能绥。於戏！丞相亮其悉朕意，无怠辅朕之阙，助宣重光，以照明天下，君其勖哉！"亮以丞相录尚书事，假节。张飞卒后，领司隶校尉。

章武三年春，先主于永安病笃，召亮于成都，属以后事，谓亮曰："君才十倍曹丕，必能安国，终定大事。若嗣子可辅，辅之；如其不才，君可自取。"亮涕泣曰："臣敢竭股肱之力，效忠贞之节，继之以死！"先主又为诏敕后主曰："当与丞相从事，事之如父。"建兴元年，封亮武乡侯，开府治事。顷之，又领益州牧。政事无巨细，咸决于亮。南中诸郡，并皆叛乱，亮以新遭大丧，故未便加兵，且遣使聘吴，因结和亲，遂为与国。

三年春，亮率众南征，其秋悉平。军资所出，国以富饶，乃治戎讲武，以俟大举。五年，率诸军北驻汉中，临发。上疏曰：

先帝创业未半而中道崩殂，今天下三分，益州疲弊，此诚危急存亡之秋也。然侍卫之臣不懈于内，忠志之士忘身于外者，盖追先帝之殊遇，欲报之于陛下也。诚宜开张圣听，以光先帝遗德，恢弘志士之气，不宜妄自菲薄，引喻失义，以塞忠谏之路也。宫中府中，俱为一体，陟罚臧否，不宜异同。若有作奸犯科及为忠善者，宜付有司论其刑赏，以昭陛下平明之理，不宜偏私，使内外异法也。侍中、侍郎郭攸之、费祎、董允等，此皆良实，志虑忠纯，是以先帝简拔以遗陛下。愚以为宫中之事，事无大小，悉以咨之，然后施行，必能裨补阙漏，有所广益。将军向宠，性行淑均，晓畅军事，试用于昔日，先帝称之曰能，是以众议举宠为督。愚以为营中之事，悉以咨之，必能使行陈和睦，优劣得所。亲贤臣，远小人，此先汉所以兴隆也；亲小人，远贤臣，此后汉所以倾颓也。先帝在时，每与臣论此事，未尝不叹息痛恨于桓、灵也。侍中、尚书、长史、参军，此悉贞良死节之臣，愿陛下亲之信之，则汉室之隆，可计日而待也。

臣本布衣，躬耕于南阳，苟全性命于乱世，不求闻达于诸侯。先帝不以臣卑鄙，猥自枉屈，三顾臣于草庐之中，咨臣以当世之事，由是感激，遂许先帝以驱驰。后值倾覆，受任于败军之际，奉命于危难之间，尔来二十有一年矣。先帝知臣谨慎，故临崩寄臣以大事也。受命以来，夙夜忧叹，恐托付不效，以伤先帝之明，故五月渡泸，深入不毛。今南方已定，兵甲已足，当奖率三军，北定中原，庶竭驽钝，攘除奸凶，兴复汉室，还于旧都。此臣所以报先帝而忠陛下之职分也。

至于斟酌损益，进尽忠言，则攸之、祎、允之任也。愿陛下托臣以讨贼兴复之效；不效，则治臣之罪，以告先帝之灵。若无兴德之言，则责攸之、祎、允等之慢，以彰其咎。陛下亦宜自谋，以咨诹善道，察纳雅言，深追先帝遗诏。臣不胜受恩感激，今当远离，临表涕零，不知所言。"

遂行，屯于沔阳。

六年春，扬声由斜谷道取郿，使赵云、邓芝为疑军，据箕谷，魏大将军曹真举众拒之。亮身率诸军攻祁山，戎陈整齐，赏罚肃而号令明，南安、天水、安定三郡叛魏应亮，关中响震。魏明帝西镇长安，命张郃拒亮，亮使马谡督诸军在前，与郃战于街亭。谡违亮节度，举动失宜，大为郃所破。亮拔西县千余家，还于汉中，戮谡以谢众。上疏曰："臣以弱才，叨窃非据，亲秉旄钺以厉三军，不能训章明法，临事而惧，至有街亭违命之阙，箕谷不戒之失，咎皆在臣授任无方。臣明不知人，恤事多暗，《春秋》责帅，臣职是当。请自贬三等，以督厥咎。"于是以亮为右将军，行丞相事，所总统如前。

冬，亮复出散关，围陈仓，曹真拒之，亮粮尽而还。魏将王双率骑追亮，亮与战，破之，斩双。七年，亮遣陈式攻武都、阴平。魏雍州刺史郭淮率众欲击式，亮自出至建威，淮退还，遂平二郡。诏策亮曰："街亭之役，咎由马谡，而君引愆，深自贬抑，重违君意，听顺所守。前年耀师，馘斩王双；今岁爰征，郭淮遁走；降集氐、羌，兴复二郡，威镇凶暴，功勋显然。方今天下骚扰，元恶未枭，君受大任，干国之重，而久自抑损，非所以光扬洪烈矣。今复君丞相，君其勿辞。"

九年，亮复出祁山，以木牛运，粮尽退军，与魏将张郃交战，射杀郃。十二年春，亮悉大众由斜谷出，以流马运，据武功五丈原，与司马宣王对于渭南。亮每患粮不继，使己志不申，是以分兵屯田，为久驻之基。耕者杂于渭滨居民之间，而百姓安堵，军无私焉。相持百余日。其年八月，亮疾病，卒于军，时年五十四。及军退，宣王案行其营垒处所，曰："天下奇才也！"

亮遗命葬汉中定军山，因山为坟，冢足容棺，敛以时服，不须器物。诏策曰："惟君体资文武，明睿笃诚，受遗托孤，匡辅朕躬，继绝兴微，志存靖乱；爰整六师，无岁不征，神武赫然，威震八荒，将建殊功于季汉，参伊、周之巨勋。如何不吊，事临垂克，遘疾陨丧！朕用伤悼，肝心若裂。夫崇德序功，纪行命谥，所以光昭将来，刊载不朽。今使使持节左中郎将杜琼，赠君丞相武乡侯印绶，谥君为忠武侯。魂而有灵，嘉兹宠荣。呜呼哀哉！呜呼哀哉！"

初，亮自表后主曰："成都有桑八百株，薄田十五顷，子弟衣食，自有余饶。至于臣在外任，无别调度，随身衣食，悉仰于官，不别治生，以长尺寸。若臣死之日，不使内有余帛，外有赢财，以负陛下。"及卒，如其所言。

亮性长于巧思，损益连弩，木牛流马，皆出其意；推演兵法，作八阵图，咸得其要云。亮言教书奏多可观，别为一集。

景耀六年春，诏为亮立庙于沔阳。秋，魏征西将军钟会征蜀，至汉川，祭亮之庙，令军士不得于亮墓所左右刍牧樵采。亮弟均，官至长水校尉。亮子瞻，嗣爵。

诸葛氏集目录：

开府作牧第一	权制第二	南征第三
北出第四	计算第五	训厉第六
综核上第七	综核下第八	
杂言上第九	杂言下第十	
贵和第十一	兵要第十二	传运第十三
与孙权书第十四	与诸葛瑾书第十五	与孟达书第十六
废李平第十七	法检上第十八	法检下第十九
科令上第二十	科令下第二十一	
军令上第二十二	军令中第二十三	军令下第二十四

右二十四篇，凡十万四千一百一十二字。

臣寿等言：臣前在著作郎，侍中领中书监济北侯臣荀勖、中书令关内侯臣和峤奏，使臣定故蜀丞相诸葛亮故事。亮毗佐危国，负阻不宾，然犹存录其言，耻善有遗，诚是大晋光明至德，泽被无疆，自古以来，未之有伦也。辄删除复重，随类相从，凡从二十四篇，篇名如右。

亮少有逸群之才，英霸之器，身长八尺，容貌甚伟，时人异焉。遭汉末扰乱，随叔父玄避难荆州，躬耕于野，不求闻达。时左将军刘备以亮有殊量，乃三顾亮于草庐之中；亮深谓备雄姿杰出，遂解带写诚，厚相结纳。及魏武帝南征荆州，刘琮举州委质，而备失势众寡，无立锥之地。亮时年二十七，乃建奇策，身使孙权，求援吴会。权既宿服仰备，又睹亮奇雅，甚敬重之，即遣兵三万人以助备。备得用与武帝交战，大破其军，乘胜克捷，江南悉平。后备又西取益州。益州既定，以亮为军师将军。备称尊号，拜亮为丞相，录尚书事。及备殂没，嗣子幼弱，事无巨细，亮皆专之。于是外连东吴，内平南越，立法施度，整理戎旅，工械技巧，物究其极，科教严明，赏罚必信，无恶不惩，无善不显，至于吏不容奸，人怀自厉，道不拾遗，强不侵弱，风化肃然也。

当此之时，亮之素志，进欲龙骧虎视，苞括四海，退欲跨陵边疆，震荡宇内。又自以为无身之日，则未有能蹈涉中原、抗衡上国者，是以用兵不戢，屡耀其武。然亮才，于治戎为长，奇谋为短，理民之干，优于将略。而所与对敌，或值人杰，加众寡不侔，攻守异体，故虽连年动众，未能有克。昔萧何荐韩信，管仲举王子城父，皆忖己之长，未能兼有故也。亮之器能政理，抑亦管、萧之亚匹也，而时之名将无城父、韩信，故使功业陵迟，大义不及邪？盖天命有归，不可以智力争也。

青龙二年春，亮帅众出武功，分兵屯田，为久驻之基。其秋病卒，黎庶追思，以为口实。至今梁、益之民，咨述亮者，言犹在耳，虽《甘棠》之咏召公，郑人之歌子产，无以远譬也。孟轲有云："以逸道使民，虽劳不怨；以生道杀人，虽死不忿。"信矣！论者或怪亮文彩不艳，而过于丁宁周至。臣愚以为咎繇大贤也，周公圣人也，考之《尚书》，咎繇之谟略而雅，周公之诰烦而悉。何则？咎繇与舜、禹共谈，周公与群下矢誓故也。亮所与言，尽众人凡士，故其文指不得及远也。然其声教遗言，皆经事综物，公诚之心，形于文墨，足以知其人之意理，而有补于当世。

伏惟陛下迈踪古圣，荡然无忌，故虽敌国诽谤之言，咸肆其辞而无所革讳，所以明大通之道也。谨录写上诣著作。臣寿诚惶诚恐，顿首顿首，死罪死罪。泰始十年二月一日癸巳，平阳侯相臣陈寿上。

乔字伯松，亮兄瑾之第二子也，本字仲慎。与兄元逊俱有名于时，论者以为乔才不及兄，而性业过之。初，亮未有子，求乔为嗣，瑾启孙权遣乔来西，亮以乔为己適子，故易其字焉。拜为驸马都尉，随亮至汉中。年二十五，建兴六年卒。子攀，官至行护军、翊武将军，亦早卒。诸葛恪见诛于吴，子孙皆尽，而亮自有胄裔，故攀还复为瑾后。

瞻字思远。建兴十二年，亮出武功，与兄瑾书曰："瞻今已八岁，聪慧可爱，嫌其早成，恐不为重器耳。"年十七，尚公主，拜骑都尉。其明年为羽林中郎将，屡迁射声校尉、侍中、尚书仆射，加军师将军。瞻工书画，强识念，蜀人追思亮，咸爱其才敏。每朝廷有一善政佳事，虽非瞻所建倡，百姓皆传相告曰："葛侯之所为也。"是以美声溢誉，有过其实。景耀四年，为行都护、卫将军，与辅国大将军南乡侯董厥并平尚书事。六年冬，魏征西将军邓艾伐蜀，自阴平由景谷道旁入。瞻督诸军至涪停住，前锋破，退还，住绵竹。艾遣书诱瞻曰："若降者，必表为琅邪王。"瞻怒，斩艾使。遂战，大败，临阵死，时年三十七。

众皆离散，艾长驱至成都。瞻长子尚，与瞻俱没。次子京及攀子显等，咸熙元年内移河东。

董厥者，丞相亮时为府令史，亮称之曰："董令史，良士也。吾每与之言，思慎宜适。"徙为主簿。亮卒后，稍迁至尚书仆射，代陈祗为尚书令，迁大将军，平台事，而义阳樊建代焉。延熙十四年，以校尉使吴，值孙权病笃，不自见建。权问诸葛恪曰："樊建何如宗预也？"恪对曰："才识不及预，而雅性过之。"后为侍中，守中书令。自瞻、厥、建统事，姜维常征伐在外，宦人黄皓窃弄机柄，咸共将护，无能匡矫，然建特不与皓和好往来。蜀破之明年春，厥、建俱诣京都，同为相国参军，其秋并兼散骑常侍，使蜀慰劳。

评曰：诸葛亮之为相国也，抚百姓，示仪轨，约官职，从权制，开诚心，布公道；尽忠益时者虽仇必赏，犯法怠慢者虽亲必罚，服罪输情者虽重必释，游辞巧饰者虽轻必戮；善无微而不赏，恶无纤而不贬；庶事精练，物理其本，循名责实，虚伪不齿；终于邦域之内，咸畏而爱之，刑政虽峻而无怨者，以其用心平而劝戒明也。可谓识治之良才，管、萧之亚匹矣。然连年动众，未能成功，盖应变将略，非其所长欤！

译文：

诸葛亮字孔明，琅邪郡阳都县人。是汉代司隶校尉诸葛丰的后代。父亲诸葛珪，字君贡，东汉末年曾任泰山郡郡丞。诸葛亮很小的时候父亲就去世了，叔父诸葛玄被袁术任命为豫章郡太守，他带领诸葛亮和诸葛亮的弟弟诸葛均去上任。恰好碰上汉朝派朱皓代替诸葛玄。诸葛玄一向与荆州牧刘表有老交情,于是去投靠他。诸葛玄死后,诸葛亮亲自耕种田地,喜欢吟诵《梁父吟》。诸葛亮身高八尺,常常把自己比作管仲和乐毅,当时没有人能相信他。只有博陵郡的崔州平、颍川郡的徐庶和诸葛亮友好,认为确定如此。

当时先主屯兵驻在新野县。徐庶去拜见先主,先主器重他,徐庶对先主说:"诸葛孔明是卧龙,将军可愿意见见他吗?"先主说:"您和他一起来。"徐庶说:"这个人可以前去拜访,不能屈其志节而把他招来。将军应该屈尊去拜望他。"因此先主就去拜访诸葛亮,一共去了三次才见到。于是屏退旁边的人说:"汉室危亡,奸臣盗用皇帝的命令,皇帝蒙受风尘之苦。我没有估计和衡量自己的德行和力量,想要在天下伸张大义,但我自己智谋短浅,能力有限,因此遭到挫败,到了今天这个地步。但我的志向还没有消失,您说应该怎么样才好?"诸葛亮回答说:"从董卓乱国以来,各地豪杰纷纷起来,割据一方的势力数不胜数。曹操和袁绍相比,名望低而兵力薄弱,但是曹操所以能够打败袁绍的原因,不仅仅是机运,而且也是靠人的智谋。现在曹操已拥有上百万的大军,挟制着皇帝来号令诸侯,这确实是不能和他较量。孙权占据着江东地区,已经历了三代,那里地势险要,人民归附,有才干的人被他任用,这只能把他作为外援,而不能谋取。荆州北面有汉水、沔水,向南可以取得两广地区的全部物质资源,全面与吴郡和会稽郡相连接,西面通向巴郡和蜀郡,这是兵家必争的战略要地,但现在它的主人刘表守不住这块地方,这大概是上天用来资助将军的,将军可有这个打算吗?益州关塞险要,有上千里的肥沃土地,是个物产丰饶的天然宝库,高祖凭借它建成了帝业。刘璋昏庸懦弱,张鲁又在北面威胁着他,虽人口众多、国家富裕,却不懂得关怀照顾百姓,有智慧和才干的人都希望得到一个贤明的君主。将军已经是皇帝的后代,信义闻名于天下,广泛招纳英雄豪杰,思慕贤才如饥似渴,如果能够占据荆、益二州,守住它的险要地方,西面与各少数民族和好,南面安抚好夷越各族,对外与孙权结明盟,对内改革政治;天下形势一有变化,就派一员上将率领荆州的军队向宛县和洛阳一带进军,将军亲自率领益州的大军出师秦川,百姓能不用篮子提着食物、用壶装着酒来迎接将军吗?果真像这样的话,那么您称霸的大业就可以成功,汉王室就能够复兴了。"先主说:"讲得好!"从此,刘备和诸葛亮的情谊一天比一天亲密。关羽、张飞等人很不高兴,先主向他们解释说:"我有了孔明,就像鱼有了水一样。希望你们不要再说什么了。"关羽、张飞也就停止了议论。

刘表的长子刘琦也很器重诸葛亮。刘表听信后妻的话,宠爱小儿子刘琮,不喜欢刘琦。刘琦常想和诸葛亮商量使自己获得安全的办法,诸葛亮总是拒绝他,不替他谋划。刘琦就带着诸葛亮游览后园,一起登上高楼,设宴饮酒时,让人搬去梯子,乘机对诸葛亮说:"现在上不着天,下不着地,话从您嘴里流出来,就进入我的耳朵,可以说了吗?"诸葛亮回答说:"您没有看到申生在宫中就遇害,重耳逃亡在外就得到了安全吗?"刘琦心里有所感触,并领悟了其中之意,就在暗地里策划离开襄阳的办法。适逢黄祖死了,他才得以离开襄阳,于是做了江夏太守。不久,刘表死了,刘琮听说曹公来进攻荆州,就派使者请求投降。先主在樊城听到这个消息,就率领他的部队向南走,诸葛亮和徐庶一起跟随他,被曹操的追兵打败,徐庶的母亲被俘。徐庶指着自己的心向先主告辞说:"我本想用我这颗心和将军一起谋划治理和称霸天下的大业的,现在我失掉了年迈的母亲,心已乱了,对您的事业已没什么帮助了,请允许我从此和您告别。"于是就到曹操那里去了。

先主到了夏口,诸葛亮:"事情紧急,请派我去向孙将军请求援救吧。"当时孙权集中部队驻扎在柴桑,正观望着刘备和曹操谁胜谁败。诸葛亮劝孙权说:"天下大乱以来,将军起兵占据了江东,刘豫州也在汉水以南招募军队,与曹操一起争夺天下。现在曹操已削平群雄,基本上平定了北方,又攻破了荆州,威名震动了四海。英雄无用武之地,因此刘豫州逃跑到了这里。将军应估量自己的力量来应付眼前的局面:如果能够依靠吴、越的兵力与中原的曹操对抗,不如趁早和他断绝关系;如果不能够抵挡,为什么不放下武器,捆起盔甲,向曹操称臣投降呢?现在将军表面上假托服从他,而内心里却迟疑不决,另有打算,在事情的紧急关头还不能决断,大祸很快就要临头了!"孙权说:"如果像您所说的那样,刘豫州为什么不向曹操称臣投降呢?"诸葛亮说:"田横不过是齐国的一个壮士,尚且能坚守节操而不屈辱投降,何况刘豫州是皇族的后代,他杰出的才能盖世无双,许多贤能之士都仰慕他,投奔他,就像水流向大海一样,如果事业不能成功,这是天意,怎么能再做他的臣下呢!"孙权愤怒地说:"我不能拿整个东吴的土地和十万将士去受别人的控制。我的主意已定。除了刘豫州,没有能够抵挡曹操的人了,但是刘豫州刚刚打了败仗,怎么能够抵抗得了这么强大的敌人呢?"诸葛亮说:"刘豫州的军队虽然在长坂坡打了败仗,可现在归队的战士加上关羽的水军,还有精兵上万人,刘琦汇合江夏的将士也不少于一万人。曹操的军队远道而来,疲惫不堪,听说追赶刘豫州的轻骑兵一天一夜走三百多里路,这就是所说的'强弓发出去的箭,到射程末了时,它的力量连鲁地出产的薄绢也不能穿透'一样的情况。因此兵法上忌讳这种做法,说这样做'一定会损伤先头部队的主帅'。而且,北方人不习惯水上作战;再加上荆州百姓归附曹操,不过是被兵力所逼迫,而不是心甘情愿的。现在将军如果真能够派出勇将统率几万军队,和刘豫州同心协力,就一定会打败曹操。曹操兵败,一定会退回北方,这样,荆州和东吴的势力就会增强,三分天下的局面就形成了。成功与失败的关键,就在于今天。"孙权非常高兴,便派周瑜、程普、鲁肃等带领三万水军,跟随诸葛亮赶到刘备那里,合力抵抗曹操。曹操在赤壁遭到失败,带领部队回到邺城。于是先主收复了江南各郡,任命诸葛亮为军师中郎将,让他督率零陵、桂阳、长沙三郡的军事,征调三郡的赋税,来充实军用物资。

汉献帝建安十六年,益州牧刘璋派法正迎接先主,让他攻打张鲁。诸葛亮和关羽镇守荆州。后来先主从葭萌返回来攻打刘璋,诸葛亮和张飞、赵云等人率领军队逆江而上,分别平定沿江各郡县,然后与先主一起包围成都。成都平定后先主任命诸葛亮为军师将军,代理左将军府事。先主外出时,诸葛亮经常镇守成都,使粮食和军备都很充足。建安二十六年,众部下劝先主称帝,先主不答应,诸葛亮劝说道:"从前吴汉、耿弇等最初劝说刘秀做皇帝,刘秀推让,前后达四次之多,耿纯进言说:'天下的英雄十分景仰您,希望跟着您能得到自己所渴望的东西。如果您不接纳大家的意见,士大夫们就要各自回去另找主人,没有必要再跟随您了。'世祖刘秀觉得耿纯的话极其深刻,就答应了他们的请求。如今曹操篡夺了汉朝的江山,全国没有君主,大王您是刘氏的后裔,继承帝统而兴起,现在即皇帝之位,才是应该的。士大夫们追随您长期以来辛辛苦苦,也希望得到哪怕是一点点功劳,这正像耿纯所说的那样。"于是,先主即位为皇帝,任命诸葛亮为丞相,策书上说:"我家中遭到不幸,现在恭敬地即皇帝之位,一定小心谨慎,认真踏实,不敢安闲,打算着让百姓安居乐业,总怕他们不能得到安抚。啊!丞相诸葛亮您要了解我的心意,及时帮助我填补疏忽和漏洞,要协助我宣扬功德,如同日月共同照耀,光辉普照使天下光明,您要勉励啊!"诸葛亮以丞相身份总管尚书台的事务,并授予符节。张飞死后,他又兼任司隶校尉。

章武三年春天,先主在永安病危,把诸葛亮从成都召来,把后事托付给他。先主对诸葛亮说:"您的才能比曹丕强十倍,一定能够安定国家,最后完成统一全国的大业。如果继位的刘禅可以辅佐,您就辅佐他;如果他没什么才能,您可以自己取而代之。"诸葛亮流着泪说:"我愿意竭尽全力辅助,献出忠贞的节操,一直持续到死。"先主又写下诏书告诫后主刘禅说:"你与丞相一起治理国家,奉事他要像对父亲一样。"后主建兴元年,刘禅封诸葛亮为武乡侯,成立丞相府署,处理政事。不久,又兼任益州牧。政事不论大小,都由诸葛亮决定。南中地区的几个郡,一起发生叛乱,诸葛亮因为刚刚遭到国丧,因此不便派兵镇压。同时派遣使者访问吴国,乘机和他们缔结好友、亲善,成为盟国。

建兴三年春天,诸葛亮率军征讨南方,这年秋天,全部平定了叛乱。军需物资都出在这些新平定的诸郡,不取用国家府库,国家因而得以富饶。于是便整军习武,以等待时机发起大的军事行动。建兴五年,诸葛亮率领各路大军北上进驻汉中,临出发的时候,给后主上奏疏说:

先帝开创的事业没有完成一半就中途去世了,现在天下分为魏、蜀、吴三国,而蜀国人力疲乏,物力不足,这实在是危急存亡的关键时刻。侍从保卫皇帝的大臣毫不懈怠,忠心赤胆的将士在外面奋不顾身,这都是追念先帝对他们的厚恩,想要向陛下报答。陛下实在应该广泛听取群臣的意见,来把先帝遗留下来的美德发扬光大,振作志士们的精神,不应该过分地看轻自己,说话要引喻得当,否则会堵塞群臣向您尽忠劝谏的道路。皇宫和丞相府中的官员,都是一个整体,赏罚褒贬,不应该两样。如果有作恶犯法和行忠善之事的,应该交给主管官员来评定对他们的处罚或奖赏,以显示陛下治理国家的公正严明,不应该偏袒护私,使官中和府中赏罚的制度不同。侍中郭攸之、费祎,侍郎董允等,这些人都是善良诚实的人,他们心志忠诚,思想纯洁,因此先帝选拔他们留给陛下。我认为官中的事情,不论大小,都可以和他们商量,然后再去施行,必定会补救缺点和疏漏,得到更大的益处。将军向宠,性情和善,办事公正,精通军事,以前经过试用,先帝称赞他有才能,因此大家商议推荐他担任中部督。我认为军营中的事,都可以和他商量,一定能使军队内部和睦融洽,好的和差的各得其所。亲近贤德的大臣,疏远小人,这是前汉兴隆的原因;亲近小人,疏远贤臣,这是后汉所以衰败的缘故。先帝在世时常常和我谈论这件事情,没有一次不叹息,为恒、灵二帝感到痛心和遗憾的。侍中郭攸之、费祎,尚书陈震,长史张裔,参军蒋琬,这些人都是忠正可靠能够以死殉节的贤臣,希望陛下亲近他们,信任他们,那么汉王朝的兴隆,就可以指日可待了。

我本来是个平民,在南阳亲自耕种土地,在乱世中苟且保全自己的性命,不想在割据各方的势力中做官扬名。先帝不因为我卑贱鄙陋,亲自屈尊相访,三次到草庐来看我,向我询问当今世上的大事,我因此十分感激,就答应先帝为他奔走效劳。后来遇到军事失利,在兵败的时候承担重任,在危急关头接受任命,从那时以来已经二十一年了。先帝知道我办事谨慎,因此在临终时把复兴汉王朝的大事托付给我。我接受遗命以来,朝夕忧愁叹息,唯恐先帝托付给我的事情做不出成效,以致损伤了先帝的知人之明,因此我就在五月里渡过泸水,深入到荒凉的不毛之地作战。现在南方诸郡的叛乱已经平定,军备已经准备充足,应该鼓励并率领全军,向北平定中原,或许能够凭借我平庸的才智,铲除奸邪凶顽,复兴汉王朝,把国都迁回到原来的洛阳。这就是我报答先帝、效忠陛下所应尽的职责。

至于权衡事情的轻重得失,向陛下进献忠言,那就是郭攸之、费祎和董允他们的责任了。希望先帝把讨伐奸贼、复兴汉室的任务交给我;如果做不出成效,就请治我的罪,以告先帝在天之灵,如果听不到劝勉陛下发扬圣德的忠言,就责备郭攸之、费祎、董允等人的怠慢,来明确指出他们的过失。陛下自己也应该考虑、谋划,来征询治理国家的好办法,明辨和采纳正确的意见,深切追念先帝临终时的遗诏。我受恩很多,不胜感激,现在就要远离陛下,在我写这篇奏章的时候,泪如雨下,不知道自己都说了些什么。

于是诸葛亮率军出发,驻军于沔阳。

建兴六年春天,诸葛亮扬言要经过斜谷道夺取郿县,派赵云、邓芝作为疑兵,占据箕谷,迷惑敌人,魏国派大将军曹真率领军队前来抵抗。诸葛亮亲自率领各路军马进攻祁山,队伍整齐,赏罚严肃,号令分明,南安、天水、永定三郡反叛魏国,响应诸葛亮,整个关中地区都震动起来。魏明帝亲自西行镇守长安,命令张郃抗击诸葛亮,诸葛亮派马谡统帅各军作为先锋,在街亭与张郃交战。马谡违背了诸葛亮的作战部署,在军事行动中犯了错误,结果被张郃打得大败。诸葛亮迁徙西县一千多家退回到汉中,杀了马谡来向大家承认错误。诸葛亮向后主上奏章说:"我以微小的才能,担任了不能胜任的重要职务,亲自带兵出征,以激励三军将士,不能够训导法规,严明法纪,面临大事而没能够小心谨慎考虑,以至于出现在街亭违背命令的错误和箕谷戒备不严的过失,责任都在于我用人不当。我既没有知人之明,办事又有很多糊涂的地方。按照《春秋》的先例,战争失利要责罚主帅,根据我的职务,正应当受到这种责罚。请允许我自己降职三级,来惩罚我所犯的错误。"因此将诸葛亮降为右将军,代行丞相职务,所总管的事务像先前一样。

建兴六年冬天,诸葛亮又出兵散关,围攻陈仓,魏将曹真迎击他,诸葛亮因粮食吃尽退兵而还。魏国将领王双率领骑兵追击诸葛亮,诸葛亮与他交战,打败了魏军,杀了王双。建兴七年,诸葛亮派陈式攻打武都、阴平二郡。魏国的雍州刺史郭淮率军想要反击陈式,诸葛亮亲自赶到建威,郭淮退回到雍州,于是平定了武都、阴平二郡。后主给诸葛亮下达诏书说:"街亭那次战役,错误是由马谡造成的,而您引咎自责,深深地贬低并压抑自己,我也不好违背您的心意,就听从了您的意见,让您降至目前的职位。前年您辉耀武力,折杀了王双;今天又再次征讨,郭淮被迫逃走,您又纳降并安抚了氐、羌等族,收复并振兴了武都、阴平二郡,威风震慑了奸凶暴虐之徒,功勋非常显赫。现在国家尚不安宁,首恶还没有除掉,您身负重任,主持国家的重大事情,但却长期地受到贬抑,这就不能够发扬光大先帝的大功业了。现在恢复您丞相的职位,您不要再推辞了。"

建兴九年,诸葛亮再次出兵祁山,用木牛运输军需物资,由于粮食吃尽退兵而还,这次与魏将张郃交战,射死了张郃。建兴十二年春天,诸葛亮率领全军从斜谷道出兵,用流马运输军需物资，占据了武功县的五丈原，和魏将司马懿在渭水之南对垒。诸葛亮常常担心军粮供应不上，使自己统一全国的抱负不能实现，因此分派出一部分士兵在驻地屯荒种地，要建立一个长期驻军的基地。开荒种地的士兵混杂居住在渭水边上的居民之间，百姓安居乐业，不受骚扰，屯田的军队也不求私利。和司马懿的军队相持了一百多天。这年八月，诸葛亮得了病，死于军中，时年五十四岁。等到蜀军退走，司马懿一一巡视蜀军的营垒、住所。说道："诸葛亮真是天下的奇才啊！"

诸葛亮临终时嘱咐要把他葬在汉中的定军山下，依山造坟，墓穴刚好能容纳棺材就行了，入殓时穿上平时所穿的衣服，不需要殉葬品。后主下诏书说："上天赋予您文武兼备的才能，明智聪敏，忠厚诚实，接受了先帝托孤的遗命辅佐我，使近于绝灭的国家继续存在，使已经衰微的皇室兴盛起来，心中一直存有平定大乱的志向；于是整顿军队，连年出兵征讨。您的英明威武非常显赫，震慑了八方荒远之处，将为蜀汉建立特殊的功勋，这功勋可以与伊尹、周公媲美。怎么上天这样不慈悲，事情接近成功这时，你竟染上了疾病而丧失了生命！我因此而悲伤，心脏和肝胆像要破碎了一样。我将推崇您的美德，评定您的功勋，按您生前的行迹为您加封谥号，使您的名字和功勋永远流传显扬，铭刻记载于史册，永远不可磨灭。现在派遣使持节左中郎将杜琼，追赠您丞相武乡侯的印绶，加封您的谥号为忠武侯。您的灵魂如果有知的话，也会为得到这样恩宠的荣耀而高兴的。唉，真伤心啊！唉，真伤心啊！"

当初，诸葛亮向后主上奏章说："我在成都的家中有桑树八百棵，薄田十五顷，我后代的吃穿，这些可略有宽裕。至于我随军在外，没有别的开支，随身的吃穿，都依靠官府供给，不再经营别的产业,来增加一点点家财。如果到了我死的时候,不要使我家中有多余的物品和多余的钱财,以致辜负陛下的恩宠。"等到他死后,正像他所说的那样。

诸葛亮生性机敏,改进能够连续发箭的连弩和制作木牛流马,都是出于他的主意;推广演绎用兵作战的策略和方法,设计八阵图,都得到其中的要领。诸葛亮的议论、教令、书信和奏章很多都值得一看,这些都编集成书。

后主景耀六年春天,下诏令为诸葛亮在沔阳建立祠庙。秋天,魏国镇西将军钟会征伐蜀国,打到汉川时,祭祀了诸葛亮的祠庙,命令士兵不得在诸葛亮坟墓的附近放牧牲畜和砍柴。诸葛亮的弟弟诸葛均,官做到长水校尉。诸葛亮的儿子诸葛瞻,继承了父亲的爵位。

《诸葛氏集》目录:

开府作牧第一　　权制第二　　南征第三
北出第四　　　　计算第五　　训厉第六
综核上第七　　　综核下第八
杂言上第九　　　杂言下第十
贵和第十一　　　兵要第十二　　传运第十三
与孙权书第十四　与诸葛瑾书第十五　与孟达书第十六
废李平第十七　　法检上第十八　　法检下第十九
科令上第二十　　科令下第二十一
军令上第二十二　军令中第二十三　　军令下第二十四

上文所列的二十四篇,总共十万四千一百一十二个字。

臣陈寿等启奏：我从前作佐著作郎的时候，侍中领中书监济北侯荀勖、中书令关内侯和峤上奏，让我整理已故蜀国丞相诸葛亮的旧事及其著作。诸葛亮辅佐垂亡的国家，凭借着险要地势而不向魏国投降。今尚保存着他的言论，没有遗失，这实在是大晋王朝光辉明达，恩德极高而遍及天下的结果，自古以来，没有那个朝代能够与此相伦比。现在就删除重复的，把同类的文章到一起，总共整理成二十四篇，篇名如上文所述。

诸葛亮年轻时就有出众的才华，宏伟的气概，他身高八尺，身材魁梧，相貌不凡，当时的人认为他不寻常。时逢东汉末年战乱纷扰，他就跟随叔父诸葛玄到荆州避难，亲自在田间耕种土地，不希望显身扬名。那时左将军刘备认为诸葛亮有特殊的才能，就三次到草庐之中去拜访诸葛亮；诸葛亮深感刘备姿态威武，才德出众，便不拘礼节俗套，推心置腹地对刘备倾吐真言，结成了深厚的情谊。到魏武帝南征荆州时，刘琮献出荆州向魏投降，而刘备失势，兵力单薄，没有立足的地方。这时诸葛亮才二十七岁，就献出奇计，亲自出使东吴，向孙权请求援救。孙权一向就佩服敬仰刘备，又看到诸葛亮突出的才能和高雅的不俗的谈吐，很敬重他，就派遣三万军队来援助刘备。这样，刘备就能够与魏武帝交战，大败了魏军，并乘着有利形势克敌制胜，平定了长江以南地区。后来刘备又向西夺取了益州。益州平定后，任命诸葛亮为军师将军。刘备称帝，又拜诸葛亮做丞相，总揽朝政。到刘备死后，继位的嫡子刘禅年纪小，才能弱，事情不论大小，都由诸葛亮决定。此后，诸葛亮对外与东吴交好，在国内平定南中诸郡的叛乱，制定法令，建立制度，整顿军队，各项军用器械，都达到精妙的程度，法令严明，奖赏或惩罚都要兑现和恰当，没有一件坏事不受到惩罚，没有一件好事不予以表彰，达到了官吏不营私舞弊，人人自勉，要求上进，路不拾遗，强不欺弱，社会风气呈现安定的局面。

这时，诸葛亮的夙愿是：进一步就像昂首长鸣的龙马，像注视着猎物的猛虎一样，要统一全国，退一步也要威胁魏国的西部边疆，使魏国不得安宁。又自认为他死以后，蜀国就不会有能够进军中原、对抗魏国的人了，因此他不停地用兵，多次炫耀他的武力。但是诸葛亮的才能，是以治理军队为其长处，而在根据情况出奇制胜方面却显得不足，他治理国家的才干，超过了军事指挥才能。而同他对垒作战的人，有的正是当代杰出的人物，再加兵力多少的不相等，进攻与防守又是两回事，因此虽然是连年出兵，也没能够取胜。从前萧何推荐韩信为大将，管仲推荐王子城父为大司马，都是揣度自己的才能的长处，而不能够政治和军事兼而有之的缘故。诸葛亮的才干和政治作为，大概也能与管仲、萧何相匹敌，可是当时他身边却没有像王子城父、韩信那样的名将，因此使他的功勋事业渐趋衰颓，统一全国的理想，不能现实。这大概是天命注定了的，不能够凭借人的智慧和能力来争取到的。

魏明帝青龙二年春天，诸葛亮率领军队进军武功，分派出一部分士兵垦荒种田，建立长期驻军的基地。这年秋天，诸葛亮因病去世，百姓怀念他的功德，把他的事迹作为谈话的资料，至今梁州、益州的百姓称赞追述诸葛亮的话好像还在耳边回响着，即使是前人作《甘棠》来称颂召公，郑国人歌颂子产，也无法与今天这种情况相比拟。孟轲说过："用使百姓安乐的原则和办法来役使人民，人民即使劳苦也没有怨言；用使百姓生存的原则和办法来诛杀罪人，即使死了也没有怨恨。"这是真话啊！有些评论者批评诸葛亮的文章文辞不够华美，而过分的周到详尽。我认为，咎繇是大贤之人，周公是圣人，从《尚书》上考察他们，咎繇述计谋的语言简略而又典雅，周公的文告的语言繁多而详尽。这是为什么呢？这是因为咎繇是与舜、禹交谈，而周公却是和众多部下在一起立誓言的缘故。诸葛亮所说的话的对象，都是众多平常的人和将士，因此他的文辞、意旨不能追求深奥。但是他的教令和遗言，都是他经历事情和综核考察处理事物后的经验之谈，他的公正诚实之心，在他的文辞中表现出来了，从中完全可以看出他的思想见解，对当代社会也是有好处的。

陛下效法古代的圣王，胸怀坦荡，无所忌讳，因此即使是敌对国家诽谤的言论，也都完全保留他们的原文，而不加改动和避忌，以此来宣扬宽宏通达的道理。我谨慎地抄录诸葛亮的著作，上交给著作局。臣子陈寿极其惶恐不安，向陛下叩头再叩头，冒犯皇帝，该当死罪。泰始十年，二月一日癸巳，平阳侯相陈寿上。

诸葛乔字伯松，是诸葛亮哥哥诸葛瑾的第二个儿子，本来字仲慎。诸葛乔与哥哥诸葛元逊在当时很有名望，评论的人认为诸葛乔的才能不如他哥哥，而品性和功业却超过他。起初，诸葛亮没有儿子，向哥哥请求让诸葛乔做嗣子，诸葛瑾禀报孙权后送诸葛乔来到蜀国，诸葛亮把诸葛乔当作自己的长子，所以把他的字改成伯松。诸葛乔被任命为驸马都尉，跟随诸葛亮到达汉中。他年仅二十五岁，在建兴六年去世。诸葛乔的儿子诸葛攀，官做到代理护军翊武将军，也很早去世。诸葛恪在吴国被杀，子孙全都死尽，而诸葛亮有了自己的后代，因此诸葛攀回到吴国又成为诸葛瑾的后代。

诸葛瞻字思远，建兴十二年，诸葛亮从武功出兵，给哥哥诸葛瑾写信说："诸葛瞻如今已经八岁，聪慧可爱，我担心他早熟，恐怕不会成为重要的人才。"诸葛瞻十七岁时，娶公主为妻，被任命为骑都尉。第二年诸葛瞻担任羽林中郎将，多次升为射声校尉、侍中和尚书仆射，加号为军师将军。诸葛瞻擅长书法绘画，学识渊博，记忆力强，蜀国人由于思念诸葛亮，全都喜爱诸葛瞻的才华和聪慧。每当朝廷有一项妥善的法规政令或办了一件好事，即使不是诸葛瞻建议倡导的，百姓全都互相传告说："这是葛侯建议倡导的。"因此美好的名声和过分的赞誉，超过了诸葛瞻实际的所作所为。景耀四年，诸葛瞻担任代理都护卫将军，与辅国大将军南乡侯董厥共同主管尚书事务。景耀六年冬天，魏国征西将军邓艾讨伐蜀国，从阴平由景谷道侧面进入蜀国。诸葛瞻统帅各军到涪县停留下来，前锋被打败，蜀军退却回师，驻扎在绵竹。邓艾派使者送信引诱诸葛瞻说："假如你投降，我一定上表让你做琅邪王。"诸葛瞻大怒，杀了邓艾的信使。于是两军交战，蜀军大败，诸葛瞻在战场上死去，当时三十七岁。蜀军部众四散逃离，邓艾长驱直入成都。诸葛瞻的长子诸葛尚，与诸葛瞻一同战死。他的次子诸葛京和诸葛攀的儿子诸葛显等人，在咸熙元年向关内迁移到河东。

董厥这个人，在丞相诸葛亮时担任相府令史，诸葛亮称赞他说："董令史是德才兼备的人。我每次和他交谈，他考虑问题总谨慎适宜。"并调他任主簿。诸葛亮去世后，董厥逐渐升迁到尚书仆射，接替陈祗担任尚书令，以后升任大将军，主持中台的事务，而义阳人樊建代替他担任尚书令。延熙十四年，樊建以校尉的身份出使吴国，正赶上孙权病重，不能亲自接见樊建。孙权问诸葛恪道："樊建比宗预怎么样？"诸葛恪回答说："他的才能学识不如宗预，而美好的品性却超过他。"后来樊建担任侍中，署理尚书令。自从诸葛瞻、董厥、樊建主管国事以来，姜维常常在外征战，宦官黄皓暗中玩弄权柄，他们全都帮助保护他，却没有人能纠正他，然而只有樊建不和黄皓友好往来。蜀国被攻破的第二年春天，董厥、樊建全都到了京城洛阳，一同担任相国参军，同年秋天一齐兼任了散骑常侍，出使到蜀郡尉劳。

评论说：诸葛亮作为相国，安抚百姓，明示礼法规矩，规定官吏的权限和职责，听从君主的裁断，坦露诚心，推行公道；对于竭尽忠心、有益于当世的人，即使是仇人也一定奖赏，对于违犯法令，傲慢无礼的人，即使是亲人也一定惩罚，对于认罪并吐露真情的人，即使罪过重大也一定释放，对于不说实话，巧言遮掩的人，即使罪轻也一定杀戮；做了好事无论多么微小，没有不奖赏的，做了坏事无论多么纤细，没有不贬斥的；他对各种事务都精熟，能抓住事务常规的根本，根据人的言论而观察他的行为，不和虚伪的人同列；结果在蜀国境内，人人都敬畏和爱戴他，刑法政令虽然严厉，却没有怨恨他的人，这都是因为他用心公平，而且劝诫分明。诸葛亮可以算是懂得治世之道的杰出人才，与管仲、萧何不相上下。然而蜀国连年兴师动众，统一大业却没有成功，大概是由于应付事变以及策划用兵的谋略，不是他的长处吧。

三国志卷三十六

蜀书六

关张马黄赵传第六

关羽字云长，本字长生，河东解人也。亡命奔涿郡。先主于乡里合徒众，而羽与张飞为之御侮。先主为平原相，以羽、飞为别部司马，分统部曲。先主与二人寝则同床，恩若兄弟。而稠人广坐，侍立终日，随先主周旋，不避艰险。先主之袭杀徐州刺史车胄，使羽守下邳城，行太守事，而身还小沛。

建安五年，曹公东征，先主奔袁绍。曹公禽羽以归，拜为偏将军，礼之甚厚。绍遣大将颜良攻东郡太守刘延于白马，曹公使张辽及羽为先锋击之。羽望见良麾盖，策马刺良于万众之中，斩其首还，绍诸将莫能当者，遂解白马围。曹公即表封羽为汉寿亭侯。初，曹公壮羽为人，而察其心神无久留之意，谓张辽曰："卿试以情问之。"既而辽以问羽，羽叹曰："吾极知曹公待我厚，然吾受刘将军厚恩，誓以共死，不可背之。吾终不留，吾要当立效以报曹公乃去。"辽以羽言报曹公，曹公义之。及羽杀颜良，曹公知其必去，重加赏赐。羽尽封其所赐，拜书告辞，而奔先主于袁军。左右欲追之，曹公曰："彼各为其主，勿追也。"

从先主就刘表。表卒，曹公定荆州，先主自樊将南渡江，别遣羽乘船数百艘会江陵。曹公追至当阳长阪，先主斜趣汉津，适与羽船相值，共至夏口。孙权遣兵佐先主拒曹公，曹公引军退归。先主收江南诸郡，乃封拜元勋，以羽为襄阳太守、荡寇将军，驻江北。先主西定益州，拜羽董督荆州事。羽闻马超来降，旧非故人，羽书与诸葛亮，问"超人才可谁比类？亮知羽护前，乃答之曰："孟起兼资文武，雄烈过人，一世之杰，黥、彭之徒，当与益德并驱争先，犹未及髯之绝伦逸群也。"羽美须髯，故亮谓之髯。羽省书大悦，以示宾客。

羽尝为流矢所中，贯其左臂，后创虽愈，每至阴雨，骨常疼痛，医曰："矢镞有毒，毒入于骨，当破臂作创，刮骨去毒，然后此患乃除耳。"羽便伸臂令医劈之。时羽适请诸将饮食相对，臂血流离，盈于盘器，而羽割炙引酒，言笑自若。

二十四年，先主为汉中王，拜羽为前将军，假节钺。是岁，羽率众攻曹仁于樊。曹公遣于禁助仁。秋，大霖雨，汉水泛溢，禁所督七军皆没。禁降羽，羽又斩将军庞德。梁、郏、陆浑群盗或遥受羽印号，为之支党，羽威震华夏。曹公议徙许都以避其锐，司马宣王、蒋济以为关羽得志，孙权必不愿也。可遣人劝权蹑其后，许割江南以封权，则樊围自解。曹公从之。先是，权遣使为子索羽女，羽骂辱其使，不许婚，权大怒。又南郡太守糜芳在江陵，将军（傅）士仁屯公安，素皆嫌羽轻己。羽之出军，芳、仁供给军资，不悉相救，羽言"还当治之"，芳、仁咸怀惧不安。于是权阴诱芳、仁，芳、仁使人迎权。而曹公遣徐晃救曹仁，羽不能克，引军退还。权已据江陵，尽虏羽士众妻子，羽军遂散。权遣将逆击羽，斩羽及子平于临沮。

追谥羽曰壮缪侯。子兴嗣。兴字安国，少有令问，丞相诸葛亮深器异之。弱冠为侍中、中监军，数岁卒。子统嗣，尚公主，官至虎贲中郎将。卒，无子，以兴庶子彝续封。

张飞字益德，涿郡人也，少与关羽俱事先主。羽年长数岁，飞兄事之。先主从曹公破吕布，随还许，曹公拜飞为中郎将。先主背曹公依袁绍、刘表。表卒，曹公入荆州，先主奔江南。曹公追之，一日一夜，及于当阳之长阪。先主闻曹公卒至，弃妻子走，使飞将二十骑拒后。飞据水断桥，瞋目横矛曰："身是张益德也，可来共决死！"敌皆无敢近者，故遂得免。先主既定江南，以飞为宜都太守、征虏将军，封新亭侯，后转在南郡。先主入益州，还攻刘璋，飞与诸葛亮等溯流而上，分定郡县。至江州，破璋将巴郡太守严颜，生获颜。飞呵颜曰："大军至，何以不降而敢拒战？"颜答曰："卿等无状，侵夺我州，我州但有断头将军，无有降将军也。"飞怒，令左右牵去斫头，颜色不变，曰："斫头便斫头，何为怒邪！"飞壮而释之，引为宾客。飞所过战克，与先主会于成都。益州既平，赐诸葛亮、法正、飞及关羽金各五百斤，银千斤，钱五千万，锦千匹，其余颁赐各有差，以飞领巴西太守。

曹公破张鲁，留夏侯渊、张郃守汉川。郃别督诸军下巴西，欲徙其民于汉中，进军宕渠、蒙头、荡石，与飞相拒五十余日。飞率精卒万余人，从他道邀郃军交战，山道迮狭，前后不得相救，飞遂破郃。郃弃马缘山，独与麾下十余人从间道退，引军还南郑，巴土获安。先主为汉中王，拜飞为右将军，假节。章武元年，迁车骑将军，领司隶校尉，进封西乡侯，策曰："朕承天序，嗣奉洪业，除残靖乱，未烛厥理。今寇虏作害，民被荼毒，思汉之士，延颈鹤望。朕用悢然，坐不安席，食不甘味，整军诰誓，将行天罚。以君忠毅，侔踪召虎，名宣遐迩，故特显命，高墉进爵，兼司于京。其诞将天威，柔服以德，伐叛以刑，称朕意焉。《诗》不云乎，'匪疚匪棘，王国来极。肇敏戎功，用锡尔祉'。可不勉欤！"

初，飞雄壮威猛，亚于关羽，魏谋臣程昱等咸称羽、飞万人之敌也。羽善待卒伍而骄于士大夫，飞爱敬君子而不恤小人。先主常戒之曰："卿刑杀既过差，又日鞭挝健儿，而令在左右，此取祸之道也。"飞犹不悛。先主伐吴，飞当率兵万人，自阆中会江州。临发，其帐下将张达、范强杀飞，持其首，顺流而奔孙权。飞营都督表报先主，先主闻飞都督之有表也，曰："噫！飞死矣。"追谥飞曰桓侯。长子苞，早夭。次子绍嗣，官至侍中、尚书仆射。苞子遵为尚书，随诸葛瞻于绵竹，与邓艾战，死。

马超字孟起，扶风茂陵人也。父腾，灵帝末与边章、韩遂等俱起事于西州。初平三年，遂、腾率众诣长安。汉朝以遂为镇西将军，遣还金城，腾为征西将军，遣屯郿。后腾袭长安，败走，退还凉州。司隶校尉钟繇镇关中，移书遂、腾，为陈祸福。腾遣超随繇讨郭援、高幹于平阳，超将庞德亲斩援首。后腾与韩遂不和，求还京畿。于是征为卫尉，以超为偏将军，封都亭侯，领腾部曲。

超既统众，遂与韩遂合从，及杨秋、李堪、成宜等相结，进军至潼关。曹公与遂、超单马会语，超负其多力，阴欲突前捉曹公，曹公左右将许褚瞋目盼之，超乃不敢动。曹公用贾诩谋，离间超、遂，更相猜疑，军以大败。超走保诸戎，曹公追至安定，会北方有事，引军东还。杨阜说曹公曰："超有信、布之勇，甚得羌、胡心。若大军还，不严为其备，陇上诸郡非国家之有也。"超果率诸戎以击陇上郡县，陇上郡县皆应之，杀凉州刺史韦康，据冀城，有其众。超自称征西将军，领并州牧，督凉州军事。康故吏民杨阜、姜叙、梁宽、赵衢等，合谋击超。阜、叙起于卤城，超出攻之，不能下；宽、衢闭冀城门，超不得入。进退狼狈，乃奔汉中依张鲁。鲁不足与计事，内怀於邑，闻先主围刘璋于成都，密书请降。

先主遣人迎超，超将兵径到城下。城中震怖，璋即稽首，以超为平西将军，督临沮，因为前都亭侯。先主为汉中王，拜超为左将军，假节。章武元年，迁骠骑将军，领凉州牧，进封斄乡侯，策曰："朕以不德，获继至尊，奉承宗庙。曹操父子，世载其罪，朕用惨怛，疢如疾首。海内怨愤，归正反本，暨于氐、羌率服，獯鬻慕义。以君信著北土，威武并昭，是以委任授君，抗飏虓虎，兼董万里，求民之瘼。其明宣朝化，怀保远迩，肃慎赏罚，以笃汉祜，以对于天下。"二年卒，时年四十七。临没上疏曰："臣门宗二百余口，为孟德所诛略尽，惟有从弟岱，当为微宗血食之继，深托陛下，余无复言。"追谥超曰威侯，子承嗣。岱位至平北将军，进爵陈仓侯。超女配安平王理。

黄忠字汉升，南阳人也。荆州牧刘表以为中郎将，与表从子磐共守长沙攸县。及曹公克荆州，假行裨将军，仍就故任，统属长沙太守韩玄。先主南定诸郡，忠遂委质，随从入蜀。自葭萌受任，还攻刘璋，忠常先登陷阵，勇毅冠三军。益州既定，拜为讨虏将军。建安二十四年，于汉中定军山击夏侯渊。渊众甚精，忠推锋必进，劝率士卒，金鼓振天，欢声动谷，一战斩渊，渊军大败。迁征西将军。是岁，先主为汉中王，欲用忠为后将军，诸葛亮说先主曰："忠之名望，素非关、马之伦也，而今便令同列。

马、张在近，亲见其功，尚可喻指；关遥闻之，恐必不悦，得无不可乎！"先主曰："吾自当解之。"遂与羽等齐位，赐爵关内侯。明年卒，追谥刚侯。子叙，早没，无后。

赵云字子龙，常山真定人也。本属公孙瓒，瓒遣先主为田楷拒袁绍，云遂随从，为先主主骑。及先主为曹公所追于当阳长阪，弃妻子南走，云身抱弱子，即后主也，保护甘夫人，即后主母也，皆得免难。迁为牙门将军。先主入蜀，云留荆州。

先主自葭萌还攻刘璋，召诸葛亮。亮率云与张飞等俱溯江西上，平定郡县。至江州，分遣云从外水上江阳，与亮会于成都。成都既定，以云为翊军将军。建兴元年，为中护军、征南将军，封永昌亭侯，迁镇东将军。五年，随诸葛亮驻汉中。明年，亮出军，扬声由斜谷道，曹真遣大众当之。亮令云与邓芝往拒，而身攻祁山。云、芝兵弱敌强，失利于箕谷，然敛众固守，不至大败。军退，贬为镇军将军。

七年卒，追谥顺平侯。

初，先主时，惟法正见谥；后主时，诸葛亮功德盖世，蒋琬、费祎荷国之重，亦见谥；陈祗宠待，特加殊奖，夏侯霸远来归国，故复得谥；于是关羽、张飞、马超、庞统、黄忠及云乃追谥，时论以为荣。云子统嗣，官至虎贲中郎，督行领军。次子广，牙门将，随姜维沓中，临阵战死。

评曰：关羽、张飞皆称万人之敌，为世虎臣。羽报效曹公，飞义释颜严，并有国士之风。然羽刚而自矜，飞暴而无恩，以短取败，理数之常也。马超阻戎负勇，以覆其族，惜哉！能因穷致泰，不犹愈乎！黄忠、赵云强挚壮猛，并作爪牙，其灌、滕之徒欤！

译文：

  关羽，字云长，本来字长生，河东郡解县人。逃亡到涿郡。先主在家乡会聚兵众，关羽和张飞为他担任护卫。先主做了平原相后，任命关羽和张飞担任别部司马，分别统领军队。先主和他们俩人睡觉也在一起，情谊像兄弟一样深。而在大庭广众之中，他们俩人整天侍立在先主身旁，跟随先主驱驰周旋于战场，不躲避艰难险阻。先主袭击徐州，杀死了徐州刺史车胄，让关羽驻守下邳城，代行太守的职务，自己则回到小沛。

  建安五年，曹公东征，先主投奔袁绍。曹公活捉关羽而回，任命关羽为偏将军，对他的礼遇很优厚。袁绍派大将颜良在白马攻打东郡太守刘延，曹公派张辽和关羽作为先锋迎击颜良。关羽远远望见颜良的旗帜和车盖，便鞭打坐骑，在万军之中刺杀了颜良，并砍下了他的头颅而回，袁绍的那些将领们没有人能够抵挡他，于是解除了白马之围。曹公立刻上奏朝廷，请封关羽为汉寿亭侯。当初，曹公钦佩关羽为人勇敢而有气概，但发现他的心神不安，没有长期留下的意思，就对张辽说："凭着您和关羽的交情，试着去问问他。"不久，张辽去问关羽，关羽慨叹说："我深知曹公待我很好，但是我受刘将军的恩惠更深，曾发誓同生死，我不能背叛他。我最终是不能留在这里的，我要等立了功，报答曹公之后才离去。"张辽把关羽的话报告了曹公，曹公认为他很讲义气。等到关羽杀了颜良，曹公知道他肯定要走了，就给他很重的赏赐。关羽把曹公的赏赐全部封存起来，写下了一封告别信，就跑到袁绍军中去投奔先主。曹公身边的人要去追回关羽，曹公说："人家是各自为自己的主人，不要追了。"

  关羽跟随先主去荆州投靠刘表。刘表死后，曹公平定了荆州，先主从樊城要向南渡过长江，另外派关羽率领几百艘战船，约定在江陵会合。曹公追到当阳县的长坂坡，先主抄近路奔赴汉津，正巧与关羽的船队相遇，一起到了夏口。孙权派兵帮助先主抗击曹公，曹公领兵退回。先主收复了江南各郡，于是给立了大功的臣下封官授爵，任命关羽为襄阳太守、荡寇将军，驻守江北一带。先主向西平定益州后，授权关羽监督管理荆州事务。关羽听说马超前来投降，而他从前并不是老朋友，关羽写信给诸葛亮，询问马超的人品、才能可以同谁相类比。诸葛亮知道关羽不愿居于人下，就回答他说："马超文武兼备，勇猛刚烈超过一般人，是当代的杰出人物，是英布、彭越一类的人物，能够和张益德并驾齐驱，争个高低，但是还赶不上美髯公您的超群绝伦啊！"关羽的胡须很漂亮，因此诸葛亮称他为美髯公。关羽看了信后非常高兴，把它拿来给宾客们传看。

关羽曾经被乱箭射中，穿透了他的左臂，后来伤口虽然好了，但每到阴雨天气，骨头就常常疼痛，医生说："箭头有毒，毒素渗入了骨头里，应该割开左臂上的伤口，刮去骨头上的毒素，然后这个病痛才会消除。"关羽便伸出胳膊，让医生把伤口剖开。当时关羽正请一些将领相对而坐，一起吃喝，手臂上鲜血淋漓，把接血的盘子都装满了，而关羽仍然割肉取酒，像平常一样说说笑笑。

建安二十四年，先主做了汉中王，授官关羽为前将军，并赐给他符节和斧钺。这一年，关羽率领军队在樊城攻打曹仁。曹公派于禁援助曹仁。秋天到了，大雨连绵不断，汉水泛滥，于禁所统帅的七军都被淹没。于禁投降了关羽，关羽又杀了将军庞德。梁县、郏县、陆浑县的反抗曹操的地方势力有些在远处接受了关羽的印信和号令，作为他的分支部队，关羽的威名震动了中原。曹公提议迁离许都来躲避关羽的锋芒，司马懿、蒋济认为，关羽得势，孙权一定不高兴，所以派人劝说孙权偷袭关羽的后方，并许诺事成后把江南地区封给孙权，那么樊城之围自然就解决了。曹公听从了他们的意见。在此之前，孙权派使者为自己的儿子向关羽的女儿求婚，关羽辱骂了他的使者，不答应这门婚事，孙权非常生气。另外，南郡太守糜芳驻守江陵，将军士仁驻守公安，一向都怨恨关羽看不起自己。从关羽出兵以后，糜芳、士仁供给他军需物资，但却不尽力去援助他。关羽说："回去以后一定要惩处他们"，糜芳、士仁内心都恐惧不安。因此孙权在暗中引诱糜芳和士仁，糜芳和士仁就派人去迎接孙权。曹公派徐晃援救曹仁，关羽不能取胜，便带兵退回。孙权已经占据了江陵，全部俘虏了关羽及其将士们的妻子、儿女，关羽的军队便溃散了。孙权派将领拦击关羽，在临沮杀了关羽和他的儿子关平。

后主追封关羽的谥号为壮缪侯。儿子关兴继承了爵位。关兴，字安国，少年时就有很好的名声，丞相诸葛亮很器重他，认为他不平常。二十岁左右就做了侍中、中监军，几年以后就去世了。儿子关统继承了爵位，娶了公主为妻，官做到虎贲中郎将。关统死后，没有儿子，由关兴的庶子关彝续封。

张飞，字益德，是涿郡人，年轻时和关羽一起侍奉先主。关羽年龄大一岁，张飞像对待兄长那样对待他。先主跟随曹公打败了吕布，并随同曹公回到许都，曹公任命张飞为中郎将。先主背离曹公去依附袁绍、刘表。刘表死后，曹公进入荆州，先主逃往江南。曹公追击他，一天一夜，在当阳县的长坂坡追上了。先主听说曹公突然赶到，就扔下妻子、儿女逃跑了，命令张飞率领二千名骑兵在后面抵挡追兵。张飞占据河岸，拆断桥梁，圆睁怒目，把枪一横，说："我是张益德，你们可以过来和我决一生死！"敌将全都不敢靠近，因此先主等人才幸免于难。先主已经平定了江南地区，任命张飞为宜都太守、征虏将军，封他为新亭侯，后来调任到南郡。先主进入益州，回军攻打刘璋，张飞和诸葛亮等逆流而上，分别平定了沿江的各郡县。张飞到了江州，打败了刘璋的部将巴郡太守严颜，活捉了严颜。张飞呵斥严颜说："我们大军到此，你为什么不投降而竟敢抵抗？"严颜回答说："你们没有礼貌，侵夺我们的州郡，我们益州只有断头的将军，却没有投降的将军。"张飞非常生气，命令身边的人把他带下去砍头，严颜面不改色，说道："砍头就砍头，发什么怒呢！"张飞钦佩他的勇敢，便释放了他，并引荐他做了宾客。张飞所到之处都取得了胜利，在成都与先主会师。平定益州后，先主赐给诸葛亮、法正、张飞和关羽黄金各五百斤，白银千斤，铜钱五千万，蜀锦千匹，给其他的将士也都颁发了各自不同数量的赏赐，任命张飞兼任巴西太守。

曹公打败了张鲁，留下夏侯渊、张郃镇守汉川。张郃另外率领几支军队南下巴西，想要把那里的百姓迁徙到汉中，进军到宕渠、蒙头、荡石，与张飞的军队相持了五十多天。张飞率领精兵一万多人，从另外一条道路拦截张郃的军队并与之交战，山路狭窄，张郃的部队前后不能够相互救援，于是张飞打败了张郃。张郃丢掉战马，攀登山路，独自和部下十几个人从偏僻的小路撤走，带领部队回到南郑，巴西这片土地获得了安宁。先主做了汉中王，任命张飞为右将军，并授予他假节的称号。章武元年，升任车骑将军，兼任司隶校尉，再封为西乡侯，下策文说："我接续帝王的世系，继承了上天给予的汉朝大业，铲除凶暴，平定叛乱，还没能使天下大治。现在寇贼、强盗危害作乱，人民遭到灾难和痛苦，思念汉朝的人就像鹤那样伸长脖子盼望着汉室的复兴。我因此而忧伤，坐在席子上也不安稳，吃东西却不知道其中的美味，要整顿军队，发布誓词，秉承上天之意讨罚贼寇。因为您忠诚刚毅，比得上召虎，远近闻名，因此特地颁布命令，增高您的级别，进封您的爵位，兼管京都及其附近的郡县。希望您大大地助长上天的威严，用德行来安抚百姓，使他们服从，用刑杀来讨伐叛逆，以符合我的心意。《诗经》上不是说吗，'不要侵害百姓，不要急于求成，一切准则要效法周王朝。迅速建立大的功业，我会赐福禄给你。'您能够不自勉吗！"

当初，张飞雄壮、威风、勇猛，仅次于关羽，魏国的谋臣程昱等人都称赞关羽、张飞的勇力可以抵挡万人。关羽对士兵很好，而对士大夫们却很傲慢。张飞尊敬、爱戴有声望、有地位的人，却不爱护士兵、百姓。先主曾经告诫张飞说："你行刑杀人已经过度，又经常鞭打士卒，却还把他们留在身边，这是招致祸患的做法。"张飞还不改悔。先主讨伐东吴，张飞应当率兵万人，从阆中出发在江州与先主会合。临出发前，张飞帐下的将领张达、范强刺杀了张飞，拿着张飞的人头，顺江而下，投奔孙权。张飞的营都督上表报告先主，先主听说张飞的都督有表奏送来，就说："唉！张飞死了。"追封张飞的谥号为桓侯。长子张苞很早就去世了。次子张绍继承了爵位，官做到侍中、尚书仆射。张苞的儿子张遵做了尚书，跟随诸葛瞻驻守绵竹，在与邓艾的军队作战中阵亡。

马超字孟起，扶风茂陵人。他父亲马腾在灵帝末年与边章、韩遂等人一块儿在西州起事。初平三年，韩遂、马腾率领部众到长安救援。汉朝任命韩遂为镇西将军，派遣他回到金城；任命马腾为征西将军，驻扎在郿县。后来马腾袭击长安，失败后逃走，退还凉州。司隶校尉钟繇镇守关中，写信给韩遂、马腾，向他们陈说利弊祸福。马腾就派马超跟随钟繇到平阳讨伐郭援、高幹，马超部将庞德亲手砍下郭援的首级。后来马腾与韩遂不和，要求回到京城一带。于是朝廷就征召马腾为卫尉，任命马超为偏将军，封为都亭侯，统领马腾的军队。

马超统领部众后，就和韩遂南北呼应，并与杨秋、李堪、成宜等互相串联，进军到达潼关。曹操与韩遂、马超单人匹马会面交谈，马超仗着他的力气大，暗地里想冲到曹操跟前把他捉住，曹操身边的部将许褚瞪着眼睛怒视他，马超才不敢轻举妄动。曹操采纳了贾诩的计谋，离间了马超和韩遂的关系，二人彼此猜疑，他们的军队因此大败。马超逃到各戎族的部落里据守，曹操追到安定，正赶上北方发生战事，他只得率领军队东归。杨阜劝曹操说："马超有韩信、英布的英勇，又很得羌人和胡人的心，如果大军东归，而不对他严加防备，那么陇上各郡就将不归国家所有了。"曹军走后，马超果然率领各戎族部落去攻打陇上郡县，陇上郡县都响应他，杀死了凉州刺史韦康，占领了冀城，马超占有了那里的官兵和百姓。马超自称征西将军，兼任并州州牧，总管凉州军事。韦康原有的军官和百姓杨阜、姜叙、梁宽和赵衢等人合谋攻打马超。杨阜、姜叙在卤城起兵，马超出冀城进攻卤城，没能攻下；梁宽、赵衢关闭了冀城城门，马超不能退入。进退两难，马超就跑到汉中依附了张鲁。张鲁不能同他共谋大事，马超的心情忧郁愤懑，听说刘备把刘璋围困在成都，就写了密信请求归降刘备。

刘备派人迎接马超，马超率兵径直来到成都城下。城中官兵都震惊害怕，刘璋就跪在地上投降了。刘备任命马超为平西将军，督率临沮，沿袭了以前曹操封给他的都亭侯。刘备当上汉中王后，任命马超为左将军，授予符节。章武元年，马超升任骠骑将军，兼任凉州州牧，爵位提升为厓乡侯，册文说："我凭着无德之身，得以继承皇位，奉上天之命接续汉朝王室。曹操父子，他们的罪恶充满在人世之间，我因此非常忧伤，痛心疾首。海内的人怨愤，思归汉朝正统，乃至于氐、羌之族顺服，獯鬻人倾慕正义。由于您的信义著称于北方，威望和勇武都很昭著，因此我把重任交给您，让您克制强敌，兼治万里，体察关心百姓的疾苦。您要大力宣扬朝廷的教化，招抚和安置远近各方，严肃审慎地进行赏罚，以增广汉朝的福运，从而对得起天下的百姓。"章武二年，马超去世，享年四十七岁。临死前他上书说："臣家宗族二百多口人，被曹孟德杀戮殆尽，只有堂弟马岱应该成为马氏孤弱门宗接续香火的人，我恳切地把他托付给陛下。其余没有什么要说的了。"追谥马超为威侯，他的儿子马承继承了爵位。马岱官位至北平将军，晋爵陈仓侯。马超的女儿嫁给了安平王刘理。

黄忠字汉升，南阳人。荆州州牧刘表任用他为中郎将，与刘表的侄子刘磐一起防守长沙攸县。到曹操攻克荆州后，黄忠代理裨将军，沿袭了原任职务，隶属长沙太守韩玄统辖。刘备在江南平定各郡，黄忠归顺了他，随从刘备入蜀。他接受了刘备委派的任务，从葭萌县回军进攻刘璋。黄忠经常冲锋陷阵，身先士卒，其勇敢坚毅名列全军之首。益州平定后，黄忠被任命为讨虏将军。建安二十四年，他在汉中定军山攻打夏侯渊。夏侯渊的部众很精锐，黄忠每次冲锋必然在前，鼓励并率领着士兵们，全军金鼓震天，欢呼呐喊声撼动山谷，一个回合就杀了夏侯渊，夏侯渊的军队被打得大败。黄忠升任征西将军。同年，刘备立为汉中王，打算任用黄忠为后将军，诸葛亮劝刘备说："黄忠的名望，向来与关羽、马超不同,而现在却让他们平起平坐。马超、张飞在跟前,亲眼看到黄忠的功劳,还可以明白您的用意,而关羽在远处听到这个消息,恐怕必定会不高兴,您这样安排黄忠大概不太好吧!"刘备说:"我自然要对此事加以解释。"于是把黄忠与关羽等人排在同等位置上,赐爵关内侯。第二年,黄忠去世,追谥为刚侯。黄忠的儿子黄叙早年死去,没有后代。

赵云字子龙,常山郡真定县人。他本来是公孙瓒属下,公孙瓒派先主刘备为田楷抵抗袁绍时,赵云就跟随先主成为他的主要骑从。等到先主被曹操追赶到当阳长坂,丢下妻子儿女向南逃跑时,赵云亲自抱着先主的幼子,就是后主刘禅,并保护甘夫人,就是后主的母亲,使他们都得以免于死难。赵云被升为牙门将军。先主进入四川时,赵云留守荆州。

先主从葭萌回攻刘璋。征召诸葛亮。诸葛亮率领赵云和张飞等人一起逆江西上,一路平定郡县。到江州时,分派赵云从岷江而上江阳,与诸葛亮在成都会合。成都平定后,任命赵云为翊军将军。建兴元年,赵云官至中护军、征南将军,被封为永昌亭侯,后又升为镇东将军。建兴五年,赵云跟随诸葛亮驻守汉中。第二年,诸葛亮出动军队进攻魏国,扬言经过斜谷道,曹真派大部军队在此抵挡。诸葛亮命令赵云和邓芝前去迎战,而自己率军进攻祁山。赵云、邓芝的兵力少而敌军强大,因而在箕谷失利,但他们聚集军队坚守,才不至于大败,他率军退回来后,被降为镇军将军。

建兴七年,赵云去世,追加谥号为顺平侯。

当初,先主在世时,只有法正被加以谥号。后主在位时,诸葛亮功劳、德行超过世人,蒋琬、费祎担负国家重任,也给予了谥号；陈祗被宠幸，给予特别的奖励，夏侯霸从远方前来归附，所以也得到了谥号；这样关羽、张飞、马超、庞统、黄忠和赵云都追加了谥号，时人议论认为很荣耀。赵云儿子赵统继承了爵位，官做到虎贲中郎，指挥统领军队。赵云次子赵广，官至牙门将，跟随姜维出征沓中，在战场上战死。

评论说：关羽、张飞称得上可与万人匹敌的英雄，是当世的勇猛臣子。关羽曾杀敌报答曹公的厚恩，张飞也大义释放了严颜，他们都有国士的风度。然而关羽刚烈而骄傲自满，张飞粗暴而不施恩惠，因为他们的缺点而导致了失败，这是注定的规律。马超依靠戎族，凭仗他的勇敢对抗曹操，结果家族遭到覆灭，可惜啊！如能因为不得志，而导致平安，不是还胜过灭族吗！黄忠、赵云强壮勇猛，作为先主的强将，就像汉高祖时的灌婴、夏侯婴一样。

三国志卷三十七

蜀书七

庞统法正传第七

庞统字士元，襄阳人也。少时朴钝，未有识者。颍川司马徽清雅有知人鉴，统弱冠往见徽，徽采桑于树上，坐统在树下，共语自昼至夜。徽甚异之，称统当为南州士之冠冕，由是渐显。后郡命为功曹。性好人伦，勤于长养。每所称述，多过其才，时人怪而问之，统答曰："当今天下大乱，雅道陵迟，善人少而恶人多。方欲兴风俗，长道业，不美其谭即声名不足慕企，不足慕企而为善者少矣。今拔十失五，犹得其半，而可以崇迈世教，使有志者自励，不亦可乎？"吴将周瑜助先主取荆州，因领南郡太守。瑜卒，统送丧至吴，吴人多闻其名。及当西还，并会昌门，陆绩、顾劭、全琮皆往。统曰：陆子可谓驽马有逸足之力，顾子可谓驽牛能负重致远也。"谓全琮曰："卿好施慕名，有似汝南樊子昭。虽智力不多，亦一时之佳也。"绩、劭谓统曰："使天下太平，当与卿共料四海之士。"深与统相结而还。

先主领荆州，统以从事守耒阳令，在县不治，免官。吴将鲁肃遗先主书曰："庞士元非百里才也，使处治中、别驾之任，始当展其骥足耳。"诸葛亮亦言之于先主,先主见与善谭,大器之,以为治中从事。亲侍亚于诸葛亮,遂与亮并为军师中郎将。亮留镇荆州。统随从入蜀。

益州牧刘璋与先主会涪,统进策曰:"今因此会,便可执之,则将军无用兵之劳而坐定一州也。"先主曰:"初入他国,恩信未著,此不可也。"璋既还成都,先主当为璋北征汉中,统复说曰:"阴选精兵,昼夜兼道,径袭成都;璋既不武,又素无预备,大军卒至,一举便定,此上计也。杨怀、高沛,璋之名将,各仗强兵,据守关头,闻数有笺谏璋,使发遣将军还荆州。将军未至,遣与相闻,说荆州有急,欲还救之,并使装束,外作归形;此二子既服将军英名,又喜将军之去,计必乘轻骑来见,将军因此执之,进取其兵,乃向成都,此中计也。退还白帝,连引荆州,徐还图之,此下计也。若沉吟不去,将致大困,不可久矣。"先主然其中计,即斩怀、沛,还向成都,所过辄克。于涪大会,置酒作乐,谓统曰:"今日之会,可谓乐矣。"统曰:"伐人之国而以为欢,非仁者之兵也。"先主醉,怒曰:"武王伐纣,前歌后舞,非仁者邪?卿言不当,宜速起出!"于是统逡巡引退。先主寻悔,请还。统复故位,初不顾谢,饮食自若。先主谓曰:"向者之论,阿谁为失?"统对曰:"君臣俱失。"先主大笑,宴乐如初。

进围雒县,统率众攻城,为流矢所中,卒,时年三十六。先主痛惜,言则流涕。拜统父议郎,迁谏议大夫,诸葛亮亲为之拜。追赐统爵关内侯,谥曰靖侯。统子宏,字巨师,刚简有臧否,轻傲尚书令陈祗,为祗所抑,卒于涪陵太守。统弟林,以荆州治中从事参镇北将军黄权征吴,值军败,随权入魏,魏封列侯,至巨鹿太守。

法正字孝直，扶风郿人也。祖父真，有清节高名。建安初，天下饥荒，正与同郡孟达俱入蜀依刘璋，久之，为新都令，后召署军议校尉。既不任用，又为其州邑俱侨客者所谤无行，志意不得。益州别驾张松与正相善，忖璋不足与有为，常窃叹息。松于荆州见曹公还，劝璋绝曹公而自结先主。璋曰："谁可使者？"松乃举正，正辞让，不得已而往。正既还，为松称说先主有雄略，密谋协规，愿共戴奉，而未有缘。后因璋闻曹公欲遣将征张鲁之有惧心也，松遂说璋宜迎先主，使之讨鲁，复令正衔命。正既宣旨，阴献策于先主曰："以明将军之英才，乘刘牧之懦弱；张松，州之股肱，以响应于内；然后资益州之殷富，冯天府之险阻，以此成业，犹反掌也。"先主然之，溯江而西，与璋会涪。北至葭萌，南还取璋。

郑度说璋曰："左将军县军袭我，兵不满万，士众未附，野谷是资，军无辎重。其计莫若尽驱巴西、梓潼民内涪水以西，其仓廪野谷，一皆烧除，高垒深沟，静以待之。彼至，请战，勿许，久无所资，不过百日，必将自走。走而击之，则必禽耳。"先主闻而恶之，以问正。正曰："终不能用，无可忧也。"璋果如正言，谓其群下曰："吾闻拒敌以安民，未闻动民以避敌也。"于是黜度，不用其计。及军围雒城，正笺与璋曰："正受性无术，盟好违损，惧左右不明本末，必并归咎，蒙耻没身，辱及执事，是以损身于外，不敢反命。恐圣听秽恶其声，故中间不有笺敬，顾念宿遇，瞻望悢悢。然惟前后披露腹心，自从始初以至于终，实不藏情有所不尽，但愚暗策薄，精诚不感，以致于此耳。今国事已危，祸害在速，虽捐放于外，言足憎尤，犹贪极所怀，以尽余忠。明将军本心，正之所知也，实为区区不欲失左将军之意，而卒至于是者，左右不达英雄从事之道，谓可违信默誓，而以意气相致，日月相迁，趋求顺耳悦目，随阿遂指，不图远虑为国深计故也。事变既成，又不量强弱之势，以为左将军县远之众，粮谷无储，欲得以多击少，旷日相持。而从关至此，所历辄破，离宫别屯，日自零落。雒下虽有万兵，皆坏阵之卒，破军之将，若欲争一旦之战，则兵将势力，实不相当。各欲远期计粮者，今此营守已固，谷米已积，而明将军土地日削，百姓日困，敌对遂多，所供远旷。愚意计之，谓必先竭，将不复以持久也。空尔相守，犹不相堪，今张益德数万之众，已定巴东，入犍为界，分平资中、德阳，三道并侵，将何以御之？本为明将军计者，必谓此军县远无粮，馈运不及，兵少无继。今荆州道通，众数十倍，加孙车骑遣弟及李异、甘宁等为其后继。若争客主之势，以土地相胜者，今此全有巴东、广汉、犍为，过半已定，巴西一郡，复非明将军之有也。计益州所仰惟蜀，蜀亦破坏；三分亡二，吏民疲困，思为乱者十户而八；若敌远则百姓不能堪役，敌近则一旦易主矣。广汉诸县，是明比也。又鱼复与关头实为益州福祸之门，今二门悉开，坚城皆下，诸军并破，兵将俱尽，而敌家数道并进，已入心腹，坐守都、雒，存亡之势，昭然可见。斯乃大略，其外较耳，其余屈曲，难以辞极也。以正下愚，犹知此事不可复成，况明将军左右明智用谋之士，岂当不见此数哉？旦夕偷幸，求容取媚，不虑远图，莫肯尽心献良计耳。若事穷势迫，将各索生，求济门户，展转反复，与今计异，不为明将军尽死难也，而尊门犹当受其忧。正虽获不忠之谤，然心自谓不负圣德，顾惟分义，实窃痛心。左将军从本举来，旧心依依，实无薄意。愚以为可图变化，以保尊门。"

十九年，进围成都，璋蜀郡太守许靖将逾城降，事觉，不果。璋以危亡在近，故不诛靖。璋既稽服，先主以此薄靖不用也。正说曰："天下有获虚誉而无其实者，许靖是也。然今主公始创大业，天下之人不可户说，靖之浮称，播流四海，若其不礼，天下之人以是谓主公为贱贤也。宜加敬重，以眩远近，追昔燕王之待郭隗。"先主于是乃厚待靖。以正为蜀郡太守、扬武将军，外统都畿，内为谋主。一餐之德，睚眦之怨，无不报复，擅杀毁伤己者数人。或谓诸葛亮曰："法正于蜀郡太纵横，将军宜启主公，抑其威福"亮答曰："主公之在公安也，北畏曹公之强，东惮孙权之逼，近则惧孙夫人生变于肘腋之下；当斯之时，进退狼跋，法孝直为之辅翼，令翻然翱翔，不可复制，如何禁止法正使不得行其意邪！"初，孙权以妹妻先主，妹才捷刚猛，有诸兄之风，侍婢百余人，皆亲执刀侍立，先主每入，衷心常凛凛；亮又知先主雅爱信正，故言如此。

二十二年，正说先主曰："曹操一举而降张鲁，定汉中，不因此势以图巴、蜀，而留夏侯渊、张郃屯守，身遽北还，此非其智不逮而力不足也，必将内有忧逼故耳。今策渊、郃才略，不胜国之将帅，举众往讨，则必可克之。克之之日，广农积谷，观衅伺隙，上可以倾覆寇敌，尊奖王室，中可以蚕食雍、凉，广拓境土，下可以固守要害，为持久之计。此盖天以与我，时不可失也。"先主善其策，乃率诸将进兵汉中，正亦从行。二十四年，先主自阳平南渡沔水，缘山稍前，于定军山势作营。渊将兵来争其地。正曰："可击矣。"先主命黄忠乘高鼓噪攻之，大破渊军，渊等授首。曹公西征，闻正之策，曰："吾故知玄德不办有此，必为人所教也。"

先主立为汉中王，以正为尚书令、护军将军。明年卒，时年四十五。先主为之流涕者累日。谥曰翼侯。赐子邈爵关内侯，官至奉车都尉、汉阳太守。诸葛亮与正，虽好尚不同，以公义相取。亮每奇正智术。先主既即尊号,将东征孙权以复关羽之耻,群臣多谏,一不从。章武二年,大军败绩,还住白帝。亮叹曰:"法孝直若在,则能制主上令不东行;就复东行,必不倾危矣。"

评曰:庞统雅好人流,经学思谋,于时荆、楚谓之高俊。法正著见成败,有奇画策算,然不以德素称也。拟之魏臣,统其荀彧之仲叔,正其程、郭之俦俪邪?

译文:

庞统字士元,是襄阳人。他在少年时期,朴实鲁钝,没有什么声誉。颍川人司马徽清正儒雅,素有善于鉴别人品的盛誉,庞统二十岁时去拜访司马徽,司马徽在树上采摘桑葚,让庞统坐在树下,两人相互交谈,从白天一直谈到深夜。司马徽觉得他极为不凡,说庞统可称得上是南州人士中首屈一指的人杰,此后庞统的名声逐渐显赫起来。后来郡府任命他做功曹。他由衷喜爱评判人品高下,乐于培养别人的声望,当评论、称赞别人时,往往超过那人的实际才干,当时的人觉得奇怪,就问他为何这样做,庞统回答说:"当今天下大乱,正道遭受破坏,善人少而恶人多。如果有人想要改善风俗,弘扬儒学道义,不抬高他的声誉,那么他的名声就不值得人们仰慕,这样一来做善人的人就更少了。我现在评论人,即便是褒扬的十项中有五项是失实的,还可以有一半是真实的,可以用来推崇儒学,使有志于行善的人得到自我激励,这不是值得做吗?"吴国将领周瑜帮助蜀汉先主刘备取得荆州,因而得以兼任南郡太守。周瑜去世,庞统送丧到达吴国,吴人大多早就听到了他的名声。等到应该西返荆州时,吴地人士都在昌门集会为他送行,陆绩、顾劭、全琮都去参加。庞统说:

"陆先生可说是驽马而有飞奔的力量,顾先生可说是驽牛而能承荷重负输送到远方。"他对全综说:"您喜爱施舍追慕名声,很类似于汝南名士樊子昭。虽然智力不多,也是一时的人才。"陆绩、顾劭对庞统说:"假若天下太平,必当与先生共同评判四海人士。"庞统与他们深相结交而归。

刘备任荆州牧,庞统以从事的身份试任耒阳县令,因在任政绩不佳,被免官。吴国将领鲁肃致书刘备说:"庞士元不是治理区区百里之地的平庸人才,使他担任治中、别驾的职务,才能使他展示人杰的才能。"诸葛亮也向刘备推荐,刘备与庞统相见深谈,对他极为器重,任命他为治中从事。刘备对他亲信倚重仅次于诸葛亮,于是他和诸葛亮同为军师中郎将。诸葛亮留下镇守荆州。庞统随刘备入蜀。

益州牧刘璋和刘备在涪城相会,庞统提出计策说:"现在利用这次会晤的机会,就可以劫持刘璋,那么将军就不必动用军队而安然平定一州之地。"刘备说:"我们初入他人境内,恩信还没有广泛地为吏民所了解,此计不可行。"刘璋返回成都之后,刘备应当为刘璋北征汉中,庞统又建议:"暗中挑选精兵,昼夜兼程,直接袭击成都,刘璋本来就没有武勇,又一直没有防备,大军突然到达,一举就可平定益州,这是上计。杨怀、高沛是刘璋的名将,各自恃仗部下强兵,扼守关头险地,听说他们多次向刘璋上书进谏,让刘璋打发将军返回荆州。将军在到达他们驻地之前,派人向他们通报,说荆州有突然事变,打算回师援救,并命令军队整理行装,表面上做出回师的样子;这两个人既钦佩将军的英名,又对将军的离去感到欣喜,估计必定轻骑简从来拜会将军,将军利用这个机会捉住他们,前去夺取他们的军队,再向成都进军,这是中计。撤军返回白帝城,与荆州我军连为一体,慢慢地再来图谋益州,这是下计。如果犹豫不决按兵不动，将会陷入困境，无法支持长久。"刘备采纳了庞统的中计，就诱斩了杨怀和高沛，回师直指成都，所经过的地方都顺利攻克。刘备在涪城大会众将庆贺胜利，置酒作乐，对庞统说："今日的盛会，可说其乐无穷了。"庞统说："攻打别人的国家却引以为欢乐，这不是仁者的军队。"刘备喝醉了，发怒说："周武王攻伐商纣王时，前有纵情高歌的同盟军，后有欢乐起舞的将士，难道他不是仁人吗？你说的不对，应立即给我退出去！"于是，庞统不知所措地退了出去。刘备马上后悔了，请他返回。庞统回到原来的座位就座，开始并不和刘备对视道歉，如同平常一样饮酒吃菜。刘备对他说："刚才的争论，究竟是谁的失误？"庞统回答说："我们君臣都有失误。"刘备开怀大笑，宴席间恢复了原有的欢乐气氛。

  进军围困雒县，庞统率军攻城，被流箭射中而死，当时年仅三十六岁。刘备极为痛惜，说到庞统就涕泪俱下。任命庞统的父亲为议郎，升任谏议大夫，诸葛亮亲自为他下拜致敬。追赐庞统为关内侯，定谥号为靖侯。庞统的儿子宏，字巨师，刚正直率有褒贬人物的知人之能，瞧不起尚书令陈祗，被陈祗所压抑，死于涪陵太守任上。庞统的弟弟庞林，以荆州治中从事的身份，跟随镇北将军黄权征伐孙吴，正遇到蜀军溃败，随黄权入魏投降，魏封他为列侯，官位升到了巨鹿太守。

  法正字孝直，是扶风郡郿县人。他的祖父法真有节操，名望很高。东汉献帝建安初期，由于天灾人祸，各地都闹饥荒，法正与同郡人孟达一起到益州去投靠刘璋。过了很久，他才被任命为新都县令。后来，又被召到成都，担任军议校尉。他既未受到重用，又受到与他一同迁到益州居住的同乡们的诽谤，说他品行不好，因此，觉得很不得志。益州别驾张松与法正关系很好，他们认为刘璋没有什么作为，常常在暗中叹息没有遇到明主。张松在荆州拜见曹操后返回益州，劝刘璋与曹操断绝关系，而去结交刘备。刘璋问张松说："谁能胜任出使刘备的任务？"于是，张松推荐法正担任使者，法正推辞，但刘璋坚持要他前去，他不得已而去。法正见到刘备，返回益州后，对张松称赞刘备有雄才大略，他们私下里秘密策划，愿意一同奉事刘备，只是没有碰到机会。后来，刘璋听到曹操准备派遣大将讨伐据守汉中的张鲁，心中十分恐惧，张松乘机劝说刘璋，应当迎接刘备到益州来，让刘备去讨伐张鲁。刘璋又派法正出使荆州。法正见到刘备，传达完刘璋的意思后，又偷偷对刘备陈述自己的计策，说："凭将军的英雄才略，又有州中主要官员张松来做内应，应该利用刘璋懦弱无能之机，夺取益州。然后，凭借益州的丰富资源，加上四面险要的地形，以此成就帝王大业，是易如反掌。"刘备认为法正的建议很有道理，就从荆州沿长江而上，与刘璋在涪县会师。然后，刘备向北到葭萌，去准备讨伐张鲁。但不久以后，刘备与刘璋关系破裂，刘备率军向南进攻刘璋。

益州从事郑度向刘璋建议说："左将军刘备孤军深入，远道来袭，部下兵士不到一万人，而且军心不稳，军队没有辎重，缺乏后勤供给，只能依靠抢掠田野中的庄稼为食。因此，最好的办法是把巴西郡与梓潼县的百姓全部驱赶到涪水以西，把仓库中的粮食、物资以及野外的庄稼全部烧掉。咱们高垒深沟，严阵以待。刘备率军前来求战，咱们坚守不出。他们无处寻找粮草，不过一百天，必然会自动退军，等到他们后退时咱们再出击，一定可以捉到刘备。"刘备听到消息后，十分忧虑，去找法正，询问对策。法正说："刘璋最终不会采纳郑度的计策，您不必忧虑。"刘璋果然如法正所言，他对自己的部下说："我只听说过抗击敌人，以保护百姓；没有听说过迁徙百姓，以躲避敌人的。"于是，刘璋罢免郑度，不用他的计谋。等到刘备大军包围雒城后，法正给刘璋写信说："我接受您的委任，出使刘备，但自己能力不足，以致双方的联盟破裂。我害怕您左右的人不清楚事情的始末，一定会把全部过错都推到我的头上，使我终身蒙受耻辱，而且会影响到您，所以我一直在外流亡，不敢回去向您汇报。恐怕您也不愿再听到我的消息，因此，这中间一直未给您去信。想到您过去对我的恩德，心中很感惆怅。但我在事情发生的前后一直向您坦诚相告，从开始直到最后，一点也没隐瞒，只是我谋略浅薄，真情诚意未能感动您，以至于发展到今天的情况。如今，国事已十分危急，大祸马上就要降临，我虽流亡在外，知道献计也会引起憎恶，但仍想把心中所想到的都说出来，以尽我对您的最后一点忠心。您的本意，我是知道的，确实是小心谨慎，不愿违背左将军的心愿，但最终成为这样的结局，都是您左右的人不懂得英雄的处事之道，认为可以不讲信义，违背誓约，而以意气相互招致，光阴流逝，他们只是追求顺耳悦目，在您身边阿谀奉承，唯命是从，从不为国家的根本利益而深谋远虑的缘故。双方的关系恶化后，这些人又不考虑强弱之势，认为左将军孤军深入，缺乏粮草，想凭借益州人多势众，以多击少，长期相持。但是，刘备大军从白水关到这里，长驱直入，一路势如破竹。您的行宫以及驻在其他地方的军队，逐渐败散。雒城虽有一万余人，但都是残兵败将，如果想决一死战，则这些兵将，实已不堪一击。如果想长期相持，以粮草多少来决定胜负，现在这里营垒已修建坚固，粮草已经积聚，而您的地盘日见缩小，百姓日益穷困，与您为敌的日渐增多，您的粮草供应会日趋紧张。依我看来,您的粮草定会先吃光,并不能长期坚持。仅仅这样相互对峙,您还没有获胜希望,何况,如今张飞统率的数万大军,已平定巴东郡,进入犍为郡境内,分别平定资中、德阳,三路大军一齐进攻,您将怎样抵抗?本来那些为您出谋划策的人,必然认为刘备孤军无援,粮草及军用物资供应不上,兵少而没有后继部队。现在,与荆州的交通要道已经打通,军力大增,加之孙权又派遣他弟弟与李异、甘宁等率军作为后援。如果比较攻守之势,以所占地盘来计算,现在刘备已经占有巴东郡,广汉、犍为两郡已控制大半,巴西一郡也不再属于您了。您所仰仗的只有蜀郡,而蜀郡也已遭破坏;实际上,您的地盘已经失去三分之二,而且官员与百姓都已疲困不堪,十户之中,就有八户想要起来造反。如果敌军尚远,百姓也无力承担转运军用物资的劳役;如果一旦迫近,则百姓就会纷纷投降。广汉郡的各县,就是明显的例子。另外,鱼复与白水关是关系益州安危的大门,如今,这两座大门已被打开,坚固的城池相继陷落,各地驻军也全被击溃,兵将所剩无几,而敌军数路并进,已入据您的心腹要地,您却只坐守成都、雒城,存亡的大势,已十分明显。这些不过是表面上的公开情况,其中的一些内情,不是言语所能尽数的。以我这样的下愚之人,都已知道坚持下去也不会有好结果,何况您左右明智的谋略之士,怎么会看不到这样的结局呢?但他们只是追求目前能得到您的宠幸,争相讨好,取悦于您,不考虑国家大计,没人愿意尽心尽力地为您贡献良策。如果一旦大势已去,他们将自寻生路,别投新生,只求保全自己家族的性命和地位,不会再像今天所说的那样去作,也不会为您尽忠赴死的。而您的一家却会大祸临头。我虽然已经蒙受不忠于您的诽谤,但扪心自问,并未辜负您的恩德,考虑到名分与情义,实在为您痛心。左将军自从与您关系破裂以来，仍不忘旧情，绝不会薄待于您。我认为您可考虑改变策略，以保全您的一家。"

建安十九年，刘备进军包围成都。刘璋部下的蜀郡太守许靖打算出城投降，被发觉，出城投降未能实现。刘璋认为已濒临危亡，所以没有处死许靖。刘璋投降后，刘备因此而轻视许靖，没有任用他担任官职。法正劝刘备说："天下有徒然获得虚名，却是有名无实的人，这就是许靖。但现在主公刚开创大业，不可能逐户去向天下人解说，许靖的虚名，全国皆知，如果对他不够尊敬，未加任用，天下的人都会认为主公轻视贤才。您应当对许靖十分敬重，采用以前燕昭王优待郭隗的办法，以向天下人显示您尊贤重士的态度。"于是，刘备就厚待许靖。刘备任命法正为蜀郡太守、扬武将军，在外管理京城的行政事务，在内仍作为刘备的主要谋士。法正恩怨分明，从前曾请他吃过一顿饭的人，都受到赏赐；与他小有矛盾的人，无不遭到报复；还擅自杀死好几个从前曾诽谤过他的人。有人对诸葛亮说："法正在蜀郡过于霸道，将军应当禀报主公，稍加抑制。"诸葛亮回答说："主公在公安时，北边畏惧势力强大的曹操，东边顾虑孙权的逼迫，近则害怕孙夫人在身边发生变故，在那时候，真是进退两难。法正辅佐主公，使得主公能大展宏图，不再受制于人，怎么可以限制法正，使他不能称心快意呢！"起初，孙权把妹妹嫁给刘备，孙权的妹妹才思敏捷，性情刚猛，颇有她几位兄长的风度，服侍她的使女有一百余人，都佩刀在旁侍立，刘备每次进入内室，心中都惶惶不安。诸葛亮又知道刘备一向喜欢并信任法正，所以对别人这样说。

建安二十二年，法正建议刘备说："曹操一举平定汉中，降服张鲁，不乘势进取巴、蜀，而只留下夏侯渊、张郃驻守汉中，自己却仓卒北返，这并不是他才智不够，或是军力不足，必然是有内忧的缘故。如今，我估计夏侯渊、张郃的才略，不如我们的将领，及时发兵征讨，则一定能攻克。占领汉中后，发展农业，积蓄粮食，注意观察时机。上可以消灭强敌，尊崇王室；中可以逐步蚕食雍、凉二州，广拓疆土；至少也能固守险要地势，作长久打算。这是上天赐给我们的机会，一定不能错过！"刘备认为他的建议很对，就率领诸将领进军汉中，法正随军一同前往。建安二十四年，刘备挥军自阳平关向南，渡过沔水，沿着山势向前推进，在定军山扎营。夏侯渊率军前来争夺。法正说："可以开始攻击了。"刘备命令黄忠领兵居高临下进行突袭，擂鼓呐喊，杀声动地，曹军大败，夏侯渊等被杀。曹操亲统大军，从长安出发，争夺汉中，他听到法正的建议后，说："我本来知道刘备不会这么办的，必然是受到别人的提醒。"

刘备自立为汉中王后，任命法正为尚书令、护军将军。第二年，法正逝世，当时他四十五岁。刘备一连几天痛哭流涕，哀悼法正的逝世。赐给法正谥号为翼侯。封他儿子法邈为关内侯，法邈后来担任过奉车都尉、汉阳郡太守。虽然诸葛亮与法正的兴趣爱好各不相同，但都以国家利益为重，互相协助。诸葛亮对法正的谋略十分赏识。刘备称帝后，就要东征孙权，为关羽报仇，朝中大臣多进行劝阻，但刘备一概不听。章武二年，刘备军队大败，退到白帝城。诸葛亮叹息着说："法正如果还在，他一定能制止主上，不进行东征；即使是进行东征，也不会这样大败。"

评论说：庞统喜爱评判士人流品高低，潜心研究学问谋略，当时荆楚一带称之为高雅俊杰。法正能准确地预见成败利害，有奇计异谋，但说到品德，却没有什么好的名声。把他们和魏国大臣相比较，庞统大概与荀彧不相上下，法正大概和程昱、郭嘉相仿佛吧？

三国志卷四十四

蜀书十四

蒋琬费祎姜维传第十四

蒋琬字公琰，零陵湘乡人也。弱冠与外弟泉陵刘敏俱知名。琬以州书佐随先主入蜀，除广都长。先主尝因游观奄至广都，见琬众事不理，时又沉醉，先主大怒，将加罪戮。军师将军诸葛亮请曰："蒋琬，社稷之器，非百里之才也。其为政以安民为本，不以修饰为先，愿主公重加察之。"先主雅敬亮，乃不加罪，仓卒但免官而已。琬见推之后，夜梦有一牛头在门前，流血滂沱，意甚恶之，呼问占梦赵直。直曰："夫见血者，事分明也。牛角及鼻，'公'字之象，君位必当至公，大吉之征也。"顷之，为什邡令。先主为汉中王，琬入为尚书郎。建兴元年，丞相亮开府，辟琬为东曹掾。举茂才，琬固让刘邕、阴化、庞延、廖淳，亮教答曰："思惟背亲舍德，以殄百姓，众人既不稳于心，实又使远近不解其义，是以君宜显其功举，以明此选之清重也。"迁为参军。五年，亮住汉中，琬与长史张裔统留府事。八年，代裔为长史，加抚军将军。亮数外出，琬常足食足兵以相供给。亮每言："公琰托志忠雅，当与吾共赞王业者也。"密表后主曰：

"臣若不幸，后事宜以付琬。"

亮卒，以琬为尚书令，俄而加行都护，假节，领益州刺史，迁大将军，录尚书事，封安阳亭侯。时新丧元帅，远近危悚。琬出类拔萃，处群僚之右，既无戚容，又无喜色，神守举止，有如平日，由是众望渐服。延熙元年，诏琬曰："寇难未弭，曹叡骄凶，辽东三郡苦其暴虐，遂相纠结，与之离隔。叡大兴众役，还相攻伐。曩秦之亡，胜、广首难，今有此变，斯乃天时。君其治严，总帅诸军屯住汉中，须吴举动，东西掎角，以乘其衅。"又命琬开府，明年就加为大司马。

东曹掾杨戏素性简略，琬与言论，时不应答。或欲构戏于琬曰："公与戏语而不见应，戏之慢上，不亦甚乎！"琬曰："人心不同，各如其面；面从后言，古人之所诫也。戏欲赞吾是耶，则非其本心，欲反吾言，则显吾之非，是以默然，是戏之快也。"又督农杨敏曾毁琬曰："作事愦愦，诚非及前人。"或以白琬，主者请推治敏，琬曰："吾实不如前人，无可推也。"主者重据听不推，则乞问其愦愦之状。琬曰："苟其不如，则事不当理，事不当理，则愦愦矣。复何问邪？"后敏坐事系狱，众人犹惧其必死，琬心无适莫，得免重罪。其好恶存道，皆此类也。

琬以为昔诸葛亮数窥秦川，道险运艰，竟不能克，不若乘水东下。乃多作舟船，欲由汉、沔袭魏兴、上庸。会旧疾连动，未时得行。而众论咸谓如不克捷，还路甚难，非长策也。于是遣尚书令费祎、中监军姜维等喻指。琬承命上疏曰："芟秽弭难，臣职是掌。自臣奉辞汉中，已经六年，臣既暗弱，加婴疾疢，规方无成，夙夜忧惨。今魏跨带九州，根蒂滋蔓，平除未易。若东西并力，首尾掎角，虽未能速得如志，且当分裂蚕食，先摧其支党。然吴期二三，连不克果，俯仰惟艰，实忘寝食。辄与费祎等议，以凉州胡塞之要，进退有资，贼之所惜；且羌、胡乃心思汉如渴，又昔偏军入羌，郭淮破走，算其长短，以为事首，宜以姜维为凉州刺史。若维征行，衔持河右，臣当帅军为维镇继。今涪水陆四通，惟急是应，若东北有虞，赴之不难。"由是琬遂还住涪。疾转增剧，至九年卒，谥曰恭。

子斌嗣，为绥武将军、汉城护军。魏大将军钟会至汉城，与斌书曰："巴蜀贤智文武之士多矣，至于足下、诸葛思远，譬诸草木，吾气类也。桑梓之敬，古今所敦。西到，欲奉瞻尊大君公侯墓，当洒扫坟茔，奉祠致敬。愿告其所在！"斌答书曰："知惟臭味意眷之隆，雅托通流，未拒来谓也。亡考昔遭疾疢，亡于涪县，卜云其吉，遂安厝之。知君西迈，乃欲屈驾修敬坟墓。视予犹父，颜子之仁也，闻命感怆，以增情思。"会得斌书报，嘉叹思义，及至涪，如其书云。

后主既降邓艾，斌诣会于涪，待以交友之礼。随会至成都，为乱兵所杀。斌弟显，为太子仆，会亦爱其才学，与斌同时死。

刘敏，左护军、扬威将军，与镇北大将军王平俱镇汉中。魏遣大将军曹爽袭蜀时，议者或谓但可守城，不出拒敌，必自引退。敏以为男女布野，农谷栖亩，若听敌入，则大事去矣。遂帅所领与平据兴势，多张旗帜，弥亘百余里。会大将军费祎从成都至，魏军即退，敏以功封云亭侯。

费祎字文伟，江夏鄳人也。少孤，依族父伯仁。伯仁姑，益州牧刘璋之母也。璋遣使迎仁，仁将祎游学入蜀。会先主定蜀，祎遂留益土，与汝南许叔龙、南郡董允齐名。时许靖丧子，允与祎欲共会其葬所。允白父和请车，和遣开后鹿车给之。允有难载之色，祎便从前先上。及至丧所，诸葛亮及诸贵人悉集，车乘甚鲜，允犹神色未泰，而祎晏然自若。持车人还，和问之，知其如此，乃谓允曰："吾常疑汝于文伟优劣未别也，而今而后，吾意了矣。"

先主立太子，祎与允俱为舍人，迁庶子。后主践位，为黄门侍郎。丞相亮南征还，群寮于数十里逢迎，年位多在祎右，而亮特命祎同载，由是众人莫不易观。亮以初从南归，以祎为昭信校尉使吴。孙权性既滑稽，嘲啁无方，诸葛恪、羊衟等才博果辩，论难锋至，祎辞顺义笃，据理以答，终不能屈。权甚器之，谓祎曰："君天下淑德，必当股肱蜀朝，恐不能数来也。"还，迁为侍中。亮北住汉中，请祎为参军。以奉使称旨，频烦至吴。建兴八年，转为中护军，后又为司马。值军师魏延与长史杨仪相憎恶，每至并坐争论，延或举刃拟仪，仪泣涕横集。祎常入坐其间，谏喻分别，终亮之世，各尽延、仪之用者，祎匡救之力也。亮卒，祎为后军师。顷之，代蒋琬为尚书令。琬自汉中还涪，祎迁大将军，录尚书事。

延熙七年，魏军次于兴势，假祎节，率众往御之。光禄大夫来敏至祎许别，求共围棋。于时羽檄交驰，人马擐甲，严驾已讫，祎与敏留意对戏，色无厌倦。敏曰："向聊观试君耳！君信可人，必能办贼者也。"祎至，敌遂退，封成乡侯。琬固让州职，祎复领益州刺史。祎当国功名，略与琬比。十一年，出住汉中。自琬及祎，虽自身在外，庆赏刑威，皆遥先咨断，然后乃行，其推任如此。后十四年夏，还成都，成都望气者云都邑无宰相位，故冬复北屯汉寿。延熙十五年，命祎开府。十六年岁首大会，魏降人郭循在坐。祎欢饮沉醉，为手刃所害，谥曰敬侯。子承嗣，为黄门侍郎。承弟恭，尚公主。祎长女配太子璿为妃。

姜维字伯约，天水冀人也。少孤，与母居。好郑氏学。仕郡上计掾，州辟为从事。以父同昔为郡功曹，值羌、戎叛乱，身卫郡将，没于战场，赐维官中郎，参本郡军事。建兴六年，丞相诸葛亮军向祁山，时天水太守适出案行，维及功曹梁绪、主簿尹赏、主记梁虔等从行。太守闻蜀军垂至而诸县响应，疑维等皆有异心，于是夜亡保上邽。维等觉太守去，追迟，至城门，城门已闭，不纳。维等相率还冀，冀亦不入维。维等乃俱诣诸葛亮。会马谡败于街亭，亮拔将西县千余家及维等还，故维遂与母相失。亮辟维为仓曹掾，加奉义将军，封当阳亭侯，时年二十七。亮与留府长史张裔、参军蒋琬书曰："姜伯约忠勤时事，思虑精密，考其所有，永南、季常诸人不如也。其人凉州上士也。"又曰："须先教中虎步兵五六千人。姜伯约甚敏于军事，既有胆义，深解兵意。此人心存汉室，而才兼于人，毕教军事，当遣诣宫，觐见主上。"后迁中监军、征西将军。

十二年，亮卒，维还成都，为右监军、辅汉将军，统诸军，进封平襄侯。延熙元年，随大将军蒋琬住汉中。琬既迁大司马，以维为司马，数率偏军西入。六年，迁镇西大将军，领凉州刺史。十年，迁卫将军，与大将军费祎共录尚书事。是岁，汶山平康夷反，维率众讨定之。又出陇西、南安、金城界，与魏大将郭淮、夏侯霸等战于洮西。胡王治无戴等举部落降，维将还安处之。十二年，假维节，复出西平，不克而还。维自以练西方风俗，兼负其才武，欲诱诸羌、胡以为羽翼，谓自陇以西可断而有也。每欲兴军大举，费祎常裁制不从，与其兵不过万人。

十六年春，祎卒。夏，维率将数万人出石营，经董亭，围南安，魏雍州刺史陈泰解围至洛门，维粮尽退还。明年，加督中外军事，复出陇西，宁狄道长李简举城降。进围襄武，与魏将徐质交锋，斩首破敌，魏军败退。维乘胜多所降下，拔河关、狄道、临洮三县民还。后十八年,复与车骑将军夏侯霸等俱出狄道,大破魏雍州刺史王经于洮西,经众死者数万人。经退保狄道城,维围之。魏征西将军陈泰进兵解围,维却住钟题。

十九年春,就迁维为大将军。更整勒戎马,与镇西大将军胡济期会上邦,济失誓不至,故维为魏大将邓艾所破于段谷,星散流离,死者甚众。众庶由是怨讟,而陇已西亦骚动不宁,维谢过引负,求自贬削。为后将军,行大将军事。

二十年,魏征东大将军诸葛诞反于淮南,分关中兵东下。维欲乘虚向秦川,复率数万人出骆谷,径至沈岭。时长城积谷甚多而守兵乃少,闻维方到,众皆惶惧。魏大将司马望拒之,邓艾亦自陇右,皆军于长城。维前住芒水,皆倚山为营。望、艾傍渭坚围,维数下挑战,望、艾不应。景耀元年,维闻诞破败,乃还成都。复拜大将军。

初,先主留魏延镇汉中,皆实兵诸围以御外敌,敌若来攻,使不得入。及兴势之役,王平捍拒曹爽,皆承此制。维建议,以为错守诸围,虽合《周易》"重门"之义,然适可御敌,不获大利。不若使闻敌至,诸围皆敛兵聚谷,退就汉、乐二城,使敌不得入平,且重关镇守以捍之。有事之日,令游军并进以伺其虚,敌攻关不克,野无散谷,千里县粮,自然疲乏。引退之日,然后诸城并出,与游军并力搏之,此殄敌之术也。于是令督汉中胡济却住汉寿,监军王含守乐城,护军蒋斌守汉城,又于西安、建威、武卫、石门、武城、建昌、临远皆立围守。

五年,维率众出汉、侯和,为邓艾所破,还住沓中。维本羁旅托国,累年攻战,功绩不立,而宦官黄皓等弄权于内,右大将军阎宇与皓协比,而皓阴欲废维树宇。维亦疑之,故自危惧,不复还成都。六年,维表后主:"闻钟会治兵关中,欲规进取,宜并遣张翼、廖化督诸军分护阳安关口、阳平桥头以防未然。"皓征信鬼巫，谓敌终不自致，启后主寝其事，而群臣不知。及钟会将向骆谷，邓艾将入沓中，然后乃遣右车骑廖化诣沓中为维援，左车骑张翼、辅国大将军董厥等诣阳安关口以为诸围外助。比至阴平，闻魏将诸葛绪向建威，故住待之。月余，维为邓艾所摧，还住阴平。钟会攻围汉、乐二城，遣别将进攻关口，蒋舒开城出降，傅佥格斗而死。会攻乐城，不能克，闻关口已下，长驱而前。翼、厥甫至汉寿，维、化亦舍阴平而退，适与翼、厥合，皆退保剑阁以拒会。会与维书曰："公侯以文武之德，怀迈世之略，功济巴、汉，声畅华夏，远近莫不归名。每惟畴昔，尝同大化，吴札、郑乔，能喻斯好。"维不答书，列营守险。会不能克，粮运县远，将议还归。

而邓艾自阴平由景谷道傍入，遂破诸葛瞻于绵竹。后主请降于艾，艾前据成都。维等初闻瞻破，或闻后主欲固守成都，或闻欲东入吴，或闻欲南入建宁，于是引军由广汉、郪道以审虚实。寻被后主敕令，乃投戈放甲，诣会于涪军前，将士咸怒，拔刀斫石。

会厚待维等，皆权还其印号节盖。会与维出则同舆，坐则同席，谓长史杜预曰："以伯约比中土名士，公休、太初不能胜也。"会既构邓艾，艾槛东征，因将维等诣成都，自称益州牧以叛。欲授维兵五万人，使为前驱。魏将士愤发，杀会及维，维妻子皆伏诛。

郤正著论论维曰："姜伯约据上将之重，处群臣之右，宅舍弊薄，资财无余，侧室无亲媵之褒，后庭无声乐之娱，衣服取供，舆马取备，饮食节制，不奢不约，官给费用，随手消尽；察其所以然者，非以激贪厉浊，抑情自割也，直谓如是为足，不在多求。凡人之谈，常誉成毁败，扶高抑下，咸以姜维投厝无所，身死宗灭，以是贬削，不复料摘，异乎《春秋》褒贬之义矣。如姜维之乐学不倦，消素节约，自一时之仪表也。"

维昔所俱至蜀，梁绪官至大鸿胪，尹赏执金吾，梁虔大长秋，皆行蜀亡没。

评曰：蒋琬方整有威重，费祎宽济而博爱，咸承诸葛之成规，因循而不革，是以边境无虞，邦家和一，然犹未尽治小之宜，居静之理也。姜维粗有文武，志立功名，而玩众黩旅，明断不周，终致陨毙。《老子》有云："治大国者犹烹小鲜。"况于区区蕞尔，而可屡扰乎哉？

译文：

蒋琬字公琰，零陵湘乡人。年轻时和表弟泉陵人刘敏一起在当时有名。蒋琬以州书佐的身份跟随刘备进入蜀郡，被任命为广都县长。刘备曾经因为外出游览突然到了广都，看见蒋琬各种事情都没有办理，当时又喝得大醉，刘备非常生气，准备对他加以处置。军师将军诸葛亮请求说："蒋琬是国家的栋梁，不是治理百里地方的人才。他治理政务以安抚人民为根本，不把装点门面放在第一位，希望主公重新对他加以考察。"刘备一向敬重诸葛亮，这才不对蒋琬治罪，只是仓促免掉他的官职而已。蒋琬被免官以后，半夜梦见有一头牛的头在自己门前，流了许多血，蒋琬心里对此很厌恶，把会占梦的赵直叫来询问。赵直说："看见流血，就意味着事情已经清楚。牛角和牛鼻子，构成'公'字的形状，意味着大夫位一定该落到您身上，这是大吉的征兆。"不久，蒋琬担任什邡县令。刘备成为汉中王，蒋琬入朝做了尚书郎。建兴元年，丞相诸葛亮开设府署，调蒋琬担任东曹掾。推举茂才的时候，蒋琬一再辞让给刘邕、阴化、庞延和廖淳，诸葛亮训诲答复说："想一想那些背叛亲人、舍弃道德、残害百姓的人，您这样做，众人既不会在心里认真思考，又实在无法使远近的人理解您的意思，因此您应该显示您的功业和德行，以表明这种推选的清廉和庄重。"蒋琬升任参军。建兴五年，诸葛亮驻扎在汉中，蒋琬和张裔统理留府的事务。建兴八年，蒋琬接替张裔任长史，加号辅军将军。诸葛亮多次外出征讨，蒋琬总是把丰足的食品和军需武器供给诸葛亮的军队。诸葛亮每每说道："公琰的志向忠诚高雅，是应该与我共同辅助帝王大业的人。"诸葛亮秘密呈表给刘禅说："我一旦有不幸，身后的事应该交给蒋琬承担。"

诸葛亮去世后，刘禅任命蒋琬担任尚书令，不久加官代理都护，授予符节，兼任益州刺史，以后升为大将军，总理尚书事务，封为安阳亭侯。当时蜀国刚刚失去统帅，远近的人都惶恐不安。蒋琬出类拔萃，处在百官之上，他既没有忧愁的容貌，又没有高兴的神态，神情专一，举止从容，就像平时一样，从这以后众人对蒋琬逐渐信服了。延熙元年，刘禅给蒋琬下达诏书说："敌寇入侵还没有停止，曹叡骄奢凶顽，辽东三个郡的人民苦于他的暴虐，于是互相集结，与他分裂。曹叡大兴民众的劳役，又对他们进行进攻讨伐。从前秦国将灭亡的时候，陈胜、吴广首先发难，如今出现这样的兵变，这是天赐良机。您应该整理行装，统帅各军屯兵驻扎在汉中，等待吴国的行动，东吴西蜀形成掎角之势，利用曹叡的破绽而行动。"刘禅又命令蒋琬开设府署，第二年府署设立后又加官任大司马。

东曹掾杨戏平时性情孤傲，蒋琬和他交谈的时候，他时常不说话。有的人想在蒋琬面前陷害杨戏，说："您和杨戏谈话却听不到他答话，杨戏轻慢上司，不也太过分了吗！"蒋琬说："人的想法不相同,好比各自的面孔一样;当面顺从而背后说坏话,这是古人引以为戒的行为。杨戏要是称赞我说得对,那么就不是出于他的本意,要是反对我说的话,就会张扬了我的过错,所以他才沉默不语,这才是杨戏高兴做的事。"另外督农杨敏曾在背后说蒋琬的坏话:"蒋琬做事糊涂,实在不如前人。"有人把杨敏的话告诉了蒋琬。主管官吏的人请求追究惩处杨敏。蒋琬说:"我的确不如前人,没有什么可追究的。"主管人重新决定不追究,却要追问蒋琬办事糊涂的情况。蒋琬说:"假如我不如前人,那么这事就不该处理,这事不去处理,那么就是做事糊涂。又有什么可问的呢?"后来杨敏因事犯罪被关押在狱中,大家还是担心杨敏一定要被处死,而蒋琬心中待人没有厚薄,杨敏才得以免除重罪。蒋琬的好恶以及他对道义的关注,全都如同这类事情一样。

蒋琬认为过去诸葛亮多次窥探秦川,由于道路险阻、运输艰难,最终没能成功,不如顺水东下。于是修造了很多船只,打算从汉水和沔水东下袭击魏兴和上庸。正遇上蒋琬旧病连续发作,没能得以及时行动。而众官员议论都说如果不能成功的话,返回的道路非常艰险,这不是长远的计策。于是蒋琬派遣尚书令费祎、中监军姜维等人向刘禅说明自己的意图。蒋琬接受命令上疏说:"消灭曹魏越来越艰难,而我的职责正是执掌这些事。自从我奉命驻扎汉中以来,已经六年,我本来就昏昧无能,再加上疾病缠身,计划好的方案不能实行,使我日夜忧心忡忡。现在魏国占据九州,势力滋生蔓延,打算铲平扫除不是件容易的事。假如东吴西蜀合并力量,首尾形成掎角之势,即使不能很快得以如愿,暂且也可以分裂蚕食魏国领土,先摧毁他的部分力量。然而与吴国相约两三次,接连不能取胜,前进后退都很困难,实在让人废寝忘食。于是我和费祎等人商议，凭借凉州胡人边塞的险要，进退都有凭借，这是让敌人痛惜的地方，而且羌人和胡人，他们的心思念汉室如饥似渴，另外从前小股部队进入过羌人居住地，郭淮被攻破逃走，盘算事情的利弊，应把占领凉州胡塞作为第一位的事情，应当让姜维担任梁州刺史。假如姜维出征远行，挟制住河右，我应该率领军队作为姜维的后盾接应。如今涪县水上陆地四面畅通，凡有紧急情况都能应付，一旦东北出现什么麻烦，前往对付是不难的。"从此蒋琬返回蜀郡驻扎在涪县。以后蒋琬的疾病变得更加严重，到延熙九年去世，谥号为"恭"。

　　蒋琬的儿子蒋斌承嗣，担任绥武将军、汉城护军。魏国的大将军钟会到汉城时，给蒋斌写信说："巴蜀有才能有智慧的文武人才很多，至于您和诸葛思远，与他们相比好像草木一样，不过和我是同类人罢了。对于故土先人的恭敬，是古人今人所看重的事。我向西到此，打算瞻仰尊贵的太君公侯的墓地，应该洒扫坟墓，敬奉祭祀，致以敬意。希望您告诉我先人墓地在什么地方！"蒋斌回信说："得知同类希望瞻仰先人墓地的想法如此隆盛，我一向处在通达明理的一类人中，不能拒绝你来此后所说的事情。我父亲从前身患重病，死在涪县，占卜的人说那里吉利，于是把父亲安葬在涪县。知道您向西而行，竟然打算委屈大驾，修整敬奉先父的墓地。你看待我如同看待我父亲一样，真是具有颜子的仁爱之心，我得知你的想法伤感悲恸，从而加剧了对先人的思念的情怀。"钟会收到蒋斌的回信，赞叹信中的内容，等到涪县后，正像蒋斌信中所说的那样。

　　刘禅投降邓艾以后，蒋斌在涪县到钟会那里，以交友的礼节对待他。蒋斌跟随钟会到达成都，被反叛的军队杀死。蒋斌的弟弟蒋显，担任太子仆，钟会也爱惜他的才学，蒋显与蒋斌同时死去。

刘敏是左护军、扬威将军，与镇北大将军王平一同镇守汉中。魏国派遣大将军曹爽袭击蜀国时，议论的朝臣认为只可以坚守城池，不能出城抵抗敌军。敌军必定自行撤退。刘敏认为男女遍布四野，耕种的粮食还留在地里，假如听任敌军深入，那么汉中将要失守。于是刘敏率领手下部队与王平占据了兴势，张挂了许多旗帜，连绵不断达一百多里。正巧大将军费祎从成都赶到，魏军马上撤退，刘敏由于立功被封为云亭侯。

费祎字文伟，是江夏郡鄳县人。小时候成了孤儿，投靠族父伯仁。伯仁的姑姑是益州州牧刘璋的母亲。刘璋派遣使者迎接伯仁，伯仁就带着费祎游学进入蜀郡。正巧刘备平定了蜀郡，费祎就留在益州，与汝南许叔龙、南郡董允齐名。当时许靖失去儿子，董允和费祎打算共同在埋葬孩子的地方聚会。董允禀告父亲董和请求要车，董和就把一辆后边开门的鹿车交给董允。董允脸上现出不便乘坐的为难神态，费祎就从车前边先上了车。等到墓地时，诸葛亮以及许多显贵的人全都集聚在一起，车辆很少，董允还是神色不安，而费祎却安然自若。拉车的人回家后，董和询问情况，知道他们这样乘的车，就对董允说："我曾经怀疑你与文伟相比谁优谁劣分不出来，从今以后，我的疑惑就解开了。"

刘备确立太子后，费祎与董允一同成为舍人，又升为庶子。刘禅登位以后，费祎担任黄门侍郎。丞相诸葛亮南征回来，百官在都城数十里外欢迎，他们的年龄和官位大多在费祎之上，而诸葛亮只让费祎与他同乘一辆车，从此众人没有不对他另眼相看的。由于诸葛亮刚从南方归来，就任命费祎担任昭信校尉出使到吴国去。孙权性情本来就好戏谑取笑，调笑起来没有限度，诸葛恪、羊衜等人又是才学渊博、果决善辩，每当他们辩论诘难时，话锋到哪里，费祎都能文辞通顺，语义实在，据理回答，最终也没使他理屈词穷。孙权非常器重他，对费祎说："您是天下有美德的人，必然能成为蜀国朝廷的干才，恐怕您不会多次来吴国了。"费祎回到蜀国后，升任侍中。诸葛亮向北驻扎在汉中的时候，请费祎担任参军。由于他奉命出使符合刘禅的旨意，因此频繁出使到吴国。建兴八年，费祎调任中护军，后来又担任司马。正赶上军师魏延与长史杨仪互相憎恶，常常坐在一起争论，魏延有时举着刀比画假装要杀杨仪，杨仪则一下子泪流满面。费祎时常插入他们座位中间，规劝、开导，分辨是非。在诸葛亮一生当中，所以能各尽魏延、杨仪的能力而任用他们，多仰仗费祎匡正补救的力量。诸葛亮去世后，费祎担任后军师。不久，他接替蒋琬担任尚书令。蒋琬从汉中回到涪县后，费祎升任大将军，总理尚书事务。

延熙七年，魏军临时驻扎在兴势，刘禅授予费祎符节，让他率领部众前往抵御魏军。光禄大夫来敏到费祎的住所话别，请费祎和他一起下围棋。这时羽书交替由飞马报来，人马已经披好铠甲，整备车马的工作已经完毕，而费祎和来敏仍关注着下棋，毫无厌倦的神色。来敏说："刚才姑且观察试探您罢了！您的确是令人满意的人，一定能惩处贼寇。"费祎大军一到，敌军就后撤，费祎被封为成乡侯。蒋琬坚持辞让益州的职务，费祎又兼任益州刺史。费祎主持国政以来的功劳和名望，大致可以和蒋琬相比。延熙十一年，费祎出征驻扎在汉中。从蒋琬到费祎，虽然他们自己在朝廷之外，但对奖赏惩罚等事，都能在远方事先商量决断，然后才执行，对于举荐和任命的事情他们也这样办理。之后在延熙十四年夏天，费祎回到成都，成都望气占卜的人说在都城中没有宰相的位置，因此在冬天又向北屯兵汉寿。延熙十五年，刘禅命令费祎开设府署。延熙十六年年初大会群臣,魏国投降过来的人郭循在座。费祎畅饮后大醉,被郭循持刀杀害,谥号为"敬侯"。费祎的儿子费承承嗣,担任黄门侍郎。费承的弟弟费恭,娶公主为妻。费祎的长女许配太子刘璿为妃。

姜维字伯约,天水郡冀县人。年幼时父亲就去世了,他和母亲一起生活。喜欢郑玄的经学。在郡上做了上计掾,州里又征召他担任从事,因为他的父亲姜冏从前做过郡中的功曹,那时正赶上羌、戎等族叛乱,姜冏亲自保卫郡太守,死在战场上,所以朝廷赐给姜维中郎的官职,参与管理本郡的军事。后主建兴六年,丞相诸葛亮向祁山进军,这时天水太守恰好外出巡视,姜维和功曹梁绪、主簿尹赏、主记梁虔等人随行。太守听说蜀国军队就要到了,各县又纷纷响应蜀军,就怀疑姜维等人都对他有二心,因此连夜逃跑去守卫上络。姜维等人发现太守走了,他们追得迟了,到了上络县的城门前时城门已经关闭,不接纳他们。姜维等人又回到了冀县,冀县也不让姜维进入。于是,姜维等人就一起去投奔诸葛亮。正赶上马谡在街亭失败,诸葛亮攻克了西县,并带领西县一千多户人家和姜维等人回师,所以姜维这时便同他的母亲失散了。诸葛亮任命姜维担任仓曹掾,并加奉义将军,封他为当阳亭侯,这时他二十七岁。诸葛亮给留府长史张裔、参军蒋琬写信说:"姜伯约对当今大业忠诚勤奋,他思索考虑问题精细周到,考察他所具备的才能,永南、季常那些人都比不上他。这个人是凉州的高明之士。"又说道:"必须先让他训练中虎步兵五六千名。姜伯约在军事方面非常机智能干,他既有胆量和义气,又深深地懂得兵法。这个人心里想着汉王朝,才能超过常人,等他结束了训练军队的任务,应当派他到宫中去朝见君主。"后来姜维升任中监军、征西将军。

　　建兴十二年，诸葛亮去世，姜维回到成都，任右监军、辅汉将军。统率各路军马，又加封为平襄侯。后主延熙元年，跟随大将军蒋琬驻守汉中。蒋琬升任大司马后，任命姜维为大司马府的司马，多次率领偏师西进。延熙六年，升任镇西大将军，兼任凉州刺史。延熙十年，升任卫将军，和大将军费祎做录尚书事。这一年，汶山郡平康县的羌族造反，姜维率兵讨伐平定了他们。又出兵陇西、南安、金城等郡的地界，在洮西一带和魏国大将军郭淮、夏侯霸等人交战。胡王治无戴等人率领全部落向姜维投降，姜维把他们带回来，并使他们安居下来。延熙十二年，赐给姜维符节，又出兵西平，没有攻克，就退兵而回。姜维自认为熟悉西部地区的风俗习惯，又加上倚恃自己的才能和武力，想要引诱那些羌、胡部落作为他的辅助力量，说从陇山以西的地区可以断定能够为蜀国所拥有。每次想要大规模出兵，费祎经常制止他，不听从他的意见，拨给他的军队不超过一万人。

　　延熙十六年春天，费祎去世。夏天，姜维率领几万人的军队越过石营，经过董亭，围攻南安，魏国雍州刺史陈泰赶来解围，到了洛门。姜维因粮食吃完而退兵回来。第二年，姜维兼职主持中外军事。再次出兵陇西，狄道县代理县长李简率领全城投降。姜维又进兵围攻襄武，与魏国将领徐质交战，砍了徐质的头，打败了敌军，魏军败退。姜维乘胜进攻，很多城池都投降了，并迁徙河关、狄道、临洮三县的百姓回师。后来，在延熙十八年，姜维又和车骑将军夏侯霸等人一起出兵狄道，在洮西把魏国的雍州刺史王经打得大败，王经的部队死了几万人。王经退守狄道城，姜维围攻他。魏国征西将军陈泰率兵前来解围，姜维退兵驻扎在钟题。

延熙十九年春天，姜维在驻地被升任为大将军，便进一步整顿人马，和镇西大将军胡济约定日期在上络会兵，胡济失约没来，因此姜维被魏国大将邓艾在段谷打得大败，部队七零八落，四处逃难，死了很多人。部众因此都埋怨姜维，陇山以西地区也骚动起来，不得安宁。姜维引咎自责，请求对自己贬官削职。于是降为后将军，代理大将军的事务。

延熙二十年，魏国征东大将军诸葛诞在淮南反叛，分裂出关中的一部分军队东下。姜维想乘着关中空虚向秦川进军，又率领几万兵士出兵骆谷，一直到达沈岭。当时长城镇积存的粮食很多，但防守的士兵却很少，听说姜维就要到了，大家都非常惊慌恐惧。魏国大将军司马望抵抗姜维，邓艾也从陇右出兵，都驻扎在长城。姜维向前驻扎在芒水，全军靠山扎营。司马望和邓艾依傍着渭水坚守营寨，姜维多次下战书挑战，司马望、邓艾都不应战。后主景耀元年，姜维听说诸葛诞被打败了，就回到成都。又授职姜维为大将军。

当初，先主留下了魏延镇守汉中，各城都充实兵力以抵御外来的敌人，敌人如果前来进攻，使他们无法进入城中。兴势山之战时，王平抵御曹爽，都秉承这种旨意。姜维建议，认为交错防守各城，虽然合乎《周易》所说的"重门"，即击柝巡夜，来防备敌人袭击的道理，但却只能防御敌人，不能获得大的胜利。不如让他们在听说敌军要到了的时候，各城都集结军队，聚集粮食，退到汉城和乐城，使敌人不能进入平地，而且在重要的地方驻军把守，来抵御敌军。有事情发生的时候，就派流动作战的军队一起出去，以探察敌人的虚实。敌军攻不下关塞，荒野中没有散落的粮食，军粮又远隔千里，自然会被拖得疲惫困乏。他们退兵的时候，然后各城一同出兵，和流动作战的部队合力与敌军拼搏，这是消灭敌人的策略。于是命令汉中都督胡济退住到汉寿，监军王含驻守乐城，护军蒋斌防守汉城，还在西安、建威、武卫、石门、武城、建昌、临远都驻军防守。

景耀五年，姜维率兵出师汉、侯和，被邓艾打败，退住在沓中。姜维本来长期旅居寄住他乡，连年征战，都没有建立什么功绩，宦官黄皓在朝廷内玩弄权柄，右大将军阎宇和黄皓相互勾结，黄皓暗地里想要废除姜维，扶持阎宇。姜维也怀疑他们，因此很为自己担忧害怕，不再返回成都。景耀六年，姜维上奏章给后主："听说钟会在关中练兵，谋划着要进攻我们，应该派遣张翼、廖化统率各路军队分别守卫阳安关口、阳平桥头，以防患于未然。"黄皓相信鬼巫的预言，称敌人终归不会到来的，禀告后主停止进行此事，其他大臣们都不知道姜维的建议和黄皓反对的事。等到钟会就要进入骆谷，邓艾就要进入沓中的时候，这才派遣右车骑将军廖化前往沓中援助姜维，左车骑将军张翼、辅国大将军董厥等人到阳安关口，作为各城的外援。等到他们到了阴平，听说魏国大将诸葛绪接近了建威，因此就停下来等待他们。一个多月后，姜维被邓艾打垮，退驻到阴平。钟会围攻汉、乐二城，又派遣与自己的主力配合的部队将领去进攻阳安关口，蒋舒打开城门出来投降，傅佥则抵抗战死。钟会攻打乐城，没有攻下来，听说阳安关口已经攻下，便长驱直入，顺利进军。张翼、董厥刚到汉寿，姜维、廖化也放弃阳平退回，刚好和张翼、董厥会合，都退守剑阁来抵御钟会。钟会给姜维写信说："公侯您凭借文德武功，身怀盖世的谋略，在巴蜀、汉中建立了大功，名扬全国，远近之地没有人不慕名而来归附您的。每次我想起过去，我们曾经共同处于魏国广远深入的教化之下，像吴国季札、郑国子产那样的人，才能了解它的好处。"姜维没有回信，仍然排列阵营，坚守险要的阵地。钟会无法攻破，运输军粮的地方又非常远，将领们商议撤军返回。

邓艾从阳平出发，经过景谷道旁进入蜀地，终于在绵竹打败了诸葛瞻。后主向邓艾请求投降，邓艾进军占据了成都。姜维等人最初听到诸葛瞻战败的消息后，有人听说后主想要坚守成都，有人听说后主想往东到吴国去，有人听说后主想向南进入建宁，因此姜维带领军队从广汉、苔县向前去，以察明虚实。不久，接到了后主的敕令，便放下武器，到涪县钟会的军营前投降，将士们都非常愤怒，拔出战刀砍路旁的石头。

钟会优待姜维等人，把他们的印记、符节、车盖都暂且交还给了他们，钟会和姜维出去时就同坐一辆车，坐着时就同用一张席子，钟会对长史杜预说："拿伯约和中原的名士相比，公休、太初也不能超过他。"钟会陷害了邓艾后，邓艾被关进囚车押往京城，钟会就带着姜维等人到了成都，他发动了叛乱，自称益州牧。想要给姜维五万军队，让他做先锋。魏国的将士们非常愤怒，杀死了钟会和姜维，姜维的妻子儿女也都被杀了。

郤正写文章评论姜维说："姜伯约担任上将的重任，地位处于群臣之上，而他的住宅、房屋破旧简陋，家里也没有多余的金钱财物，侧室中没有供他玩耍取乐的姬妾，后堂中也没有供他欣赏、享受的歌声和乐曲，衣服只要够穿的，车马只要配备整齐，饮食也有节制，不奢侈，也不贫困，官府供给的费用，随手都花完了。考察他这样做的原因，并不是为了激励那些贪官污吏消除他们的腐化，而控制自己的感情，舍弃自己所爱，只能说是像这样他就觉得满足了，不再有过多的要求。一般人谈论事情，常常是赞美成功，诽谤失败，支持地位高的，贬低地位低的，人们都认为姜维投靠错了地方，以至于自己被杀，宗族被灭尽，因此就贬损他，不再去考虑其他的事，这不合乎《春秋》褒贬的意思啊！像姜维那样喜欢学习，毫不厌倦，清廉朴素，处处节约，自然是当时做人的榜样。"

从前和姜维一起到蜀国的，梁绪官做到大鸿胪，尹赏做了执金吾，梁虔做了大长秋，他们都在蜀国灭亡之前去世了。

评论说：蒋琬正直严肃有威严，费祎宽宏助人能博爱，他俩都继承了诸葛亮制定的规章制度，沿袭使用而没有改变，因此边境没有忧患，国家和平统一，然而他们还是不完全懂得治理小国的办法和无为而治的道理。姜维粗犷却有文武全才，立志建立功名，然而他轻视部众，滥用兵力，能明确决断却不尽周密，最终导致身亡。《老子》中有这样的话："治理大国好比煎小鱼。"更何况对于小小的一隅之地，怎么可以多次搅扰呢？

吴　书

三国志卷四十六

吴书一

孙破虏讨逆传第一

孙坚字文台，吴郡富春人，盖孙武之后也。少为县吏。年十七，与父共载船至钱唐，会海贼胡玉等从匏里上掠取贾人财物，方于岸上分之，行旅皆住，船不敢进。坚谓父曰："此贼可击，请讨之。"父曰："非尔所图也。"坚行操刀上岸，以手东西指麾，若分部人兵以罗遮贼状。贼望见，以为官兵捕之，即委财物散走。坚追，斩得一级以还；父大惊。由是显闻，府召署假尉。会稽妖贼许昌起于句章，自称阳明皇帝，与其子韶扇动诸县，众以万数。坚以郡司马募召精勇，得千余人，与州郡合讨破之。是岁，熹平元年也。刺史臧旻列上功状，诏书除坚盐渎丞，数岁徙盱眙丞，又徙下邳丞。

中平元年，黄巾贼帅张角起于魏郡，托有神灵，遣八使以善道教化天下，而潜相连结，自称黄天泰平。三月甲子，三十六方一旦俱发，天下响应，燔烧郡县，杀害长吏。汉遣车骑将军皇甫嵩、中郎将朱俊将兵讨击之。俊表请坚为佐军司马，乡里少年随在下邳者皆愿从。坚又募诸商旅及淮、泗精兵，合千许人，与俊并力奋击，所向无前。汝、颍贼困迫，走保宛城。坚身当一面，登城先入，众乃蚁附，遂大破之。俊具以状闻上，拜坚别部司马。

边章、韩遂作乱凉州，中郎将董卓拒讨无功。中平三年，遣司空张温行车骑将军，西讨章等。温表请坚与参军事，屯长安。温以诏书召卓，卓良久乃诣温。温责让卓，卓应对不顺。坚时在坐，前耳语谓温曰："卓不怖罪而鸱张大语，宜以召不时至，陈军法斩之。"温曰："卓素著威名于陇蜀之间，今日杀之，西行无依。"坚曰："明公亲率王兵，威震天下，何赖于卓？观卓所言，不假明公，轻上无礼，一罪也。章、遂跋扈经年，当以时进讨，而卓云未可，沮军疑众，二罪也。卓受任无功，应召稽留，而轩昂自高，三罪也。古之名将，仗钺临众，未有不断斩以示威者也，是以穰苴斩庄贾，魏绛戮杨干。今明公垂意于卓，不即加诛，亏损威刑，于是在矣。"温不忍发举，乃曰："君且还，卓将疑人。"坚因起出。章、遂闻大兵向至，党众离散，皆乞降。军还，议者以军未临敌，不断功赏，然闻坚数卓三罪，劝温斩之，无不叹息。拜坚议郎。时长沙贼区星自称将军，众万余人，攻围城邑，乃以坚为长沙太守。到郡，亲率将士，施设方略，旬月之间，克破星等。周朝、郭石亦帅徒众起于零、桂，与星相庆。遂越境寻讨，三郡肃然。汉朝录前后功，封坚乌程侯。

灵帝崩，卓擅朝政，横恣京城。诸州郡并兴义兵，欲以讨卓。坚亦举兵，荆州刺史王叡素遇坚无礼，坚过杀之。比至南阳，众数万人。南阳太守张咨闻军至，晏然自若。坚以牛酒礼咨，咨明日亦答诣坚。酒酣，长沙主簿入白坚："前移南阳，而道路不治，军资不具，请收主簿推问意故。"咨大惧欲去，兵陈四周不得出。有顷，主簿复入白坚："南阳太守稽停义兵，使贼不时讨，请收出案军法从事。"便牵咨于军门斩之。郡中震慄，无求不获。前到鲁阳，与袁术相见。术表坚行破虏将军，领豫州刺史。遂治兵于鲁阳城。当进军讨卓，遣长史公仇称将兵从事还州督促军粮，施帐幔于城东门外，祖道送称，官属并会。卓遣步骑数万人逆坚，轻骑数十先到。坚方行酒谈笑，敕部曲整顿行阵，无得妄动。后骑渐益，坚徐罢坐，导引入城，乃谓左右曰："向坚所以不即起者，恐兵相蹈藉，诸君不得入耳。"卓兵见坚士众甚整，不敢攻城，乃引还。坚移屯梁东，大为卓军所攻，坚与数十骑溃围而出。坚常著赤罽帻，乃脱帻令亲近将祖茂著之。卓骑争逐茂，故坚从间道得免。茂困迫，下马，以帻冠冢间烧柱，因伏草中。卓骑望见，围绕数重，定近觉是柱，乃去。坚复相收兵，合战于阳人，大破卓军，枭其都督华雄等。是时，或间坚于术，术怀疑，不运军粮。阳人去鲁阳百余里，坚夜驰见术，画地计较，曰："所以出身不顾，上为国家讨贼，下慰将军家门之私仇。坚与卓非有骨肉之怨也，而将军受谮润之言，还相嫌疑！"术踧踖，即调发军粮。坚还屯。卓惮坚猛壮，乃遣将军李傕等来求和亲，令坚列疏子弟任刺史、郡守者，许表用之。坚曰："卓逆天无道，荡覆王室，今不夷汝三族，悬示四海，则吾死不瞑目，岂将与乃和亲邪？"复进军大谷，拒雒九十里。卓寻徙都西入关，焚烧雒邑。坚乃前入至雒，修诸陵，平塞卓所发掘。讫，引军还，住鲁阳。

初平三年，术使坚征荆州，击刘表。表遣黄祖逆于樊、邓之间，坚击破之，追渡汉水，遂围襄阳，单马行岘山，为祖军士所射杀。兄子贲，帅将士众就术，术复表贲为豫州刺史。

坚四子：策、权、翊、匡。权既称尊号，谥坚曰武烈皇帝。

策字伯符。坚初兴义兵，策将母徙居舒，与周瑜相友，收合士大夫，江、淮间人咸向之。坚薨，还葬曲阿。已乃渡江居江都。

徐州牧陶谦深忌策。策舅吴景，时为丹杨太守，策乃载母徙曲阿，与吕范、孙河俱就景，因缘召募得数百人。兴平元年，从袁术。术甚奇之，以坚部曲还策。太傅马日磾杖节安集关东，在寿春以礼辟策，表拜怀义校尉，术大将乔蕤、张勋皆倾心敬焉。术常叹曰："使术有子如孙郎，死复何恨！"策骑士有罪，逃入术营，隐于内厩，策指使人就斩之，讫，诣术谢。术曰："兵人好叛，当共疾之，何为谢也？"由是军中益畏惮之。术初许现为九江太守，已而更用丹杨陈纪。后术欲攻徐州，从庐江太守陆康求米三万斛。康不与，术大怒。策昔曾诣康，康不见，使主簿接之。策常衔恨。术遣策攻康，谓曰："前错用陈纪，每恨本意不遂。今若得康，庐江真卿有也。"策攻康，拔之，术复用其故吏刘勋为太守，策益失望。先是，刘繇为扬州刺史，州旧治寿春。寿春，术已据之，繇乃渡江治曲阿。时吴景尚在丹杨，策从兄贲又为丹杨都尉，繇至，皆迫逐之。景、贲退舍历阳。繇遣樊能、于麋屯横江津，张英屯当利口，以拒术。术自用故吏琅邪惠衢为扬州刺史，更以景为督军中郎将，与贲共将兵击英等，连年不克。策乃说术，乞助景等平定江东。术表策为折冲校尉，行殄寇将军，兵财千余，骑数十匹，宾客愿从者数百人。比至历阳，众五六千。策母先自曲阿徙于历阳，策又徙母阜陵，渡江转斗，所向皆破，莫敢当其锋，而军令整肃，百姓怀之。

策为人，美姿颜，好笑语，性阔达听受，善于用人，是以士民见者，莫不尽心，乐为致死。刘繇弃军遁逃，诸郡守皆捐城郭奔走。吴人严白虎等众各万余人，处处屯聚。吴景等欲先击破虎等，乃至会稽。策曰："虎等群盗，非有大志，此成禽耳。"遂引兵渡浙江，据会稽，屠东冶，乃攻破虎等。尽更置长吏，策自领会稽太守，复以吴景为丹杨太守，以孙贲为豫章太守，分豫章为庐陵郡，以贲弟辅为庐陵太守，丹杨朱治为吴郡太守。彭城张昭、广陵张纮、秦松、陈端等为谋主。时袁术僭号，策以书责而绝之。曹公表策为讨逆将军，封为吴侯。后术死，长史杨弘、大将张勋等将其众欲就策，庐江太守刘勋要击，悉虏之，收其珍宝以归。策闻之，伪与勋好盟。勋新得术众，时豫章上缭宗民万余家在江东，策劝勋攻取之。勋既行，策轻军晨夜袭拔庐江，勋众尽降，勋独与麾下数百人自归曹公。是时袁绍方强，而策并江东，曹公力未能逞，且欲抚之。乃以弟女配策小弟匡，又为子章取贲女，皆礼辟策弟权、翊，又命扬州刺史严象举权茂才。

建安五年，曹公与袁绍相拒于官渡，策阴欲袭许，迎汉帝，密治兵，部署诸将。未发，会为故吴郡太守许贡客所杀。先是，策杀贡，贡小子与客亡匿江边。策单骑出，卒与客遇，客击伤策。创甚，请张昭等谓曰："中国方乱，夫以吴、越之众，三江之固，足以观成败。公等善相吾弟！"呼权佩以印绶，谓曰："举江东之众，决机于两阵之间，与天下争衡，卿不如我；举贤任能，各尽其心，以保江东，我不如卿。"至夜卒，时年二十六。

权称尊号，追谥策曰长沙桓王，封子绍为吴侯，后改封上虞侯。绍卒，子奉嗣。孙皓时，讹言谓奉当立，诛死。

评曰：孙坚勇挚刚毅，孤微发迹，导温戮卓，山陵杜塞，有忠壮之烈。策英气杰济，猛锐冠世，览奇取异，志陵中夏。然皆轻佻果躁，陨身致败。且割据江东，策之基兆也，而权尊崇未至,子止侯爵,于义俭矣。

译文:

孙坚,字文台,吴郡富春人。大概是春秋齐人孙武的后裔。年轻时他做过县吏。十七岁那年,他和父亲一起乘船到钱塘,正碰上海盗胡玉等人从匏里西出来抢劫商人财物,正在岸上分赃。行人吓得止步,过往船只也不敢向前行驶。孙坚对父亲说:"这伙强盗可以还击,请让我去讨伐他们。"父亲说:"这些强盗不是你能对付了的。"孙坚要持刀上岸,却用手往东往西地指挥着,好像分配部署人马包抄海盗的样子。海盗们远远地看见了,以为官兵要来拘捕他们,就扔下财物四散而逃。孙坚追上去,砍下一个海盗的首级才回来。父亲大吃一惊。孙坚因此名声大振,郡府征召他署理校尉。会稽的妖贼许昌在句章兴兵作乱,自称阳明皇帝,和他儿子许韶到各县煽风点火,聚众数以万计。孙坚以郡司马的身份招募壮士,得到了一千多人,和州郡的官兵合力讨伐,击溃了强盗。这一年是汉熹平元年。刺史臧旻向朝廷呈报了孙坚的功劳,朝廷下诏书晋升孙坚为盐渎县丞。几年以后改任盱眙县丞,又改任下邳县丞。

汉中平元年,黄巾贼的首领张角在魏郡起事,他假托神灵,派出八个使者以"善道"教化天下,暗中却互相勾结串联,自称"黄天泰平"。三月五日,张角的三十六万信徒在一日之间同时举兵,各地纷纷响应,焚烧郡县官府,杀害地方官员。汉朝廷派车骑将军皇甫嵩、中郎将朱俊率领部队前去讨伐他们。朱俊呈表奏请孙坚担任佐军司马。那些跟随孙坚在下邳当差的同乡青年都愿意跟着孙坚出征。孙坚又从过往商旅中以及淮水、泗水一带招募精兵,总共一千多人,和朱俊并力奋战,所向无前。汝水、颍水一带的强盗走投无路,逃进宛县城邑固守。孙权独当一面,登上城墙,率先攻入城内,他的部众就像蚂蚁一般紧随其后,终于把敌人打得大败。朱俊把孙坚的事迹全部呈报朝廷,朝廷任命孙坚为别部司马。

边章、韩遂在凉州制造骚乱,中郎将董卓讨伐没有成效。汉中平三年,朝廷派司空张温代理车骑将军,往西征讨边章等人。张温呈表奏请孙坚参与军事,屯兵长安。张温用诏书召见董卓,董卓过了很久才来拜见张温。张温责备董卓,董卓的回答出言不逊。孙坚当时也在座,他向前对张温耳语道:"董卓不怕犯罪,而且狂妄至极,大言不惭,应当以召见不按时赶到的罪名,绳以军法,处以斩首。"张温说:"董卓在陇西、蜀郡之间一向威名显赫,现在杀了他,我们西进就没有依靠了。"孙坚说:"您亲率天子的大军,威震天下,怎么还要依靠董卓?我看董卓说的话,对您毫无礼貌。轻上无礼,这是他的第一条罪状。边章、韩遂飞扬跋扈长达一年,应当抓住时机出兵讨伐,董卓却说不能出兵。妨碍军事,蛊惑人心,这是他的第二条罪状。董卓受职无功,上司召见,他居然迟迟不来,而且态度十分傲慢,这是他的第三条罪状。古代的名将,手持斧钺莅临军队,没有不用处以斩首的办法来显示威势的,这就是穰苴斩庄贾、魏绛杀杨干的原因。如果您垂念董卓,不马上加以处决,那么严肃的军法就会全被这件事情破坏了。"张温不忍心对董卓采取行动,就说:"您暂且回去吧,否则董卓要产生疑心了。"于是,孙坚起身出去了。边章、韩遂听说天子的军队将要开到,他们的党徒顿时离散瓦解,都要求投降。军队班师以后,朝廷负责评议功劳的官员认为军队没有同敌人交锋,就没有论定功劳奖赏,不过他们听说孙坚陈列董卓的三条罪状,并劝说张温杀了董卓,没有不为之赞叹的。朝廷任命孙坚为议郎。这时，长沙的强盗区星自称将军，聚众一万多人，围攻城邑。朝廷就任命孙坚为长沙太守。孙坚来到郡治后，亲自率领将士，制定谋略，仅一个月的工夫就打败了区星那伙人。周朝、郭石也率领徒属在零陵、桂阳一带起事，和区星相呼应。孙坚就越过边界，寻敌讨伐，使三个郡都得到安定。汉朝廷根据孙坚前后的功劳，封孙坚为乌程侯。

汉灵帝去世以后，董卓独揽了朝政大权，在京城横行霸道，恣意妄为。许多州郡一起发动义军，想讨伐董卓。孙坚也组织了军队。荆州刺史王叡平时对孙坚无礼，孙坚顺路杀了他。等到到达南阳，已聚众几万人。南阳太守张咨听说孙坚的军队来了，泰然自若。孙坚以牛酒为礼物，对张咨以礼相待，张咨第二天也回访答谢孙坚。两个人酒喝得尽兴时，长沙主簿进来禀报孙坚说："我军向前推进，行至南阳，而道路没有修治，军需也没有备齐，请收捕南阳主簿并查问其原因。"张咨大为震恐，想要离去，而士兵已布满四周，他无法出去。过了一会儿，长沙主簿又进来报告孙坚说："南阳太守阻止义军前进，使贼寇不能按时讨伐，请把他收捕起来，按军法从事。"接着就把张咨拖到军门斩首。郡府官员都为之震惊，孙坚大军无论索求什么，没有不满足要求的。孙坚率军前进，抵达鲁阳，与袁术相见。袁术就宣布孙坚代理破虏将军，同时又让他兼任豫州刺史。于是孙坚便在鲁阳城整顿军队。在他决定要进军讨伐董卓时，就派长史公仇称带着兵从事到豫州各地督察催办军粮。他在鲁阳城的东门外设置帐幔，为公仇称饯行，他的官属也一起在这里聚会。董卓派几万人马迎战孙坚，有几十名轻骑兵先头到达鲁阳。孙坚正和部属行酒谈笑，他命令部队整顿阵容，不得轻举妄动。随后敌人的骑兵逐渐增多，孙坚缓缓地撤座，一边活动四肢骨节，一边进入城内。

这时他才对部下说:"先前我不马上起身的原因,就是怕士兵乱了阵脚,自相践踏,诸位就无法进城了。"董卓的官兵见孙坚的兵马十分整齐,不敢攻城,就撤兵回去了。孙坚转移部队,屯守大梁以东的地方,遭到董卓军队的猛烈进攻。孙坚和几十名骑兵突破重围杀出来。他经常戴赤罽头巾,此时就脱下头巾,让亲信的部将祖茂戴上。董卓的骑兵便争先恐后地追赶祖茂,所以孙坚才得以从小路逃脱。祖茂被追兵追得无路可走,只好跳下马,把头巾蒙在坟墓间的烧柱上,就潜伏在草丛中。董卓的骑兵远远地看见头巾,便重重地包围上来,他们对准目标靠近以后,发现是根烧柱,这才撤离了。孙坚重新集合部队,在阳人和敌人交战,大败董卓的军队,杀了董卓的都督华雄等人。就在这个时候,有人在袁术面前离间孙坚,使袁术对孙坚产生了疑心,不给孙坚运送军粮。阳人距离鲁阳一百多里,孙坚连夜驰马来拜见袁术。他在地上画来画去,分析形势和各方的利害关系,他说:"我所以出生入死,不顾个人的安危,首先是为国家讨伐奸贼,其次也是为了平复将军家庭的私仇。我和董卓并没有伤害骨肉至亲的怨恨,将军却听信谮言,反而对我有疑心。"袁术听了,未免局促不安,当下就给孙坚调拨军粮。孙坚这才返回军营。董卓惧怕孙坚的勇猛强壮,就派将军李傕等人前来要求和孙坚和议联姻,让孙坚列出子弟中想担任刺史、郡守的名单来,答应任用他们。孙坚说:"董卓背逆天理,横行无道,颠覆王室,如果不消灭你一门三族,悬书告示四海,那么我死也不能瞑目,怎么能跟你和议联姻呢!"他又向大谷进军,距离洛邑九十里。董卓不久就往西面迁都,进入函谷关,并放火焚烧了洛邑。于是,孙坚向前挺进,来到洛邑,修缮了所有的帝王陵墓,填平了被董卓挖掘的陵墓。这些工作结束后,他就率领部队返回,仍然住在鲁阳。

初平三年，袁术派孙坚征讨荆州，攻打刘表。刘表派黄祖在樊城和邓县之间迎战。孙坚击败了黄祖，并追击黄祖，渡过汉水，于是包围了襄阳。就在孙坚单枪匹马巡视岘山时，被黄祖的士兵用箭射死了。孙坚哥哥的儿子孙贲率领将士们投靠了袁术，袁术又宣布孙贲任豫州刺史。

孙坚有四个儿子：孙策、孙权、孙翊、孙匡。孙权称帝以后，追谥孙坚为武烈皇帝。

孙策，字伯符。孙坚起初发动组织义军时，孙策带着母亲移居舒县。他和周瑜的关系十分友善，并且广泛交接士大夫，长江、淮水之间的人们都向往他。孙坚去世以后，他把孙坚的灵柩运回并安葬在曲阿。丧事完毕，他就渡过长江住在江都。

徐州州牧陶谦非常忌恨孙策。孙策的舅舅吴景当时担任丹杨太守，孙策就把母亲送到曲阿安顿下来，他和吕范、孙河一起投吴景，并利用这个机会招募精兵，得到几百人。汉兴平元年，他跟随袁术。袁术特别器重他，把孙坚的部队交还给他。汉朝廷的太傅马日䃅持符节安抚关东，在寿春以礼征召孙策，宣布任命孙策为怀义校尉。袁术的大将乔蕤、张勋都爱慕尊敬孙策。袁术经常感慨地说："假如我有个儿子像孙郎那样，就是死了又有什么值得遗憾的呢！"孙策有个骑兵犯了罪，逃进袁术的军营，躲藏在马厩里，孙策指派人追到那里杀了那个骑兵。事情了结之后，孙策才拜见了袁术，并向他赔罪。袁术说："当兵的人喜欢叛变，我们应当共同憎恶他们才是，为什么要赔罪呢？"从此，军内越发敬畏孙策了。袁术起初许诺要让孙策担任九江太守，以后却又改用丹杨人陈纪。后来袁术打算攻打徐州，就向庐江太守陆康索求三万斛米粮。陆康不给，袁术勃然大怒。孙策以前曾经去拜访过陆康,陆康不见他,而是让主簿接待他。因为此事孙策常常怀恨在心。袁术就派孙策去攻打陆康,并对孙策说:"以前我错用了陈纪,心里每每懊恨原先的意图没有实现。现在如果抓到了陆康,庐江就真正归您所有了。"孙策去攻打陆康,拿下了庐江,袁术又任用他原有的属官刘勋为太守,孙策对袁术越发感到失望了。在这以前,刘繇担任扬州刺史,扬州过去的治所在寿春,而寿春已经被袁术占据了,刘繇就渡江把曲阿作为治所。当时吴景还在丹杨,孙策的堂兄孙贲又是丹杨都尉,刘繇一来,就以武力把他们都赶走。吴景和孙贲只好退出丹杨,住在历阳。刘繇派樊能、于麋在东面屯兵横江津,让张英驻守当利口,以抗拒袁术。袁术任用自己原有属官琅邪人惠衢为扬州刺史,又以吴景为督军中郎将,让吴景和孙贲一起率兵攻打张英等人,打了几年也没有打下来。孙策就劝说袁术,要求帮助吴景等人平定江东。袁术宣布孙策为折冲校尉,代理殄寇将军,给他的士兵只有一千多人,战马才几十匹。门下的宾客愿跟随孙策出征的有几百人。等到了历阳,孙策的队伍就扩充到五六千人。孙策的母亲事先已经从曲阿迁到历阳,孙策又把母亲迁到阜陵,然后渡过长江,连续出击,所向披靡,没有人敢抵御他的锋芒。他的部队军令整饬,纪律严明,百姓都很拥戴他。

孙策的为人,容貌修美,喜欢说笑,性情豁达,从善如流,善于用人,因此,士人和百姓凡是见到他的,没有不尽心效力,并且乐于为他献身的。刘繇弃军逃跑以后,许多郡守也都放弃城邑四处奔命。吴郡人严白虎等人聚众各有一万多人,到处屯兵。吴景等人想先击溃严白虎一伙,就来到会稽。孙策说:"严白虎之流是一群强盗,没有什么雄心壮志,这次出兵一定能捉住他们。"于是,他率领部队渡过浙江,占领了会稽,屠戮东冶,就这样打败了严白虎等人。孙策把这一带的地方官员全部更换了，他自己兼任会稽太守，又让吴景做丹杨太守，让孙贲做豫章太守。他还从豫章划分出庐陵郡，让孙贲的弟弟孙辅做庐陵太守，让丹杨人朱治做吴郡太守。彭城人张昭、广陵人张纮、秦松、陈端等人是他的主要谋士。这时袁术僭号称帝，孙策就写信斥责他，并同他断绝关系。曹操宣布孙策为讨逆将军，并封他为吴侯。后来袁术死了，长史杨弘、大将张勋等人率领他们的部众想投靠孙策，庐江太守刘勋半路上截击他们，把他们全部俘虏，并收缴了他们携带的珍宝。孙策听说这件事情以后，假意同刘勋建立友好的联盟关系。刘勋刚得到袁术的部众，而当时豫章上缭与袁术同宗的百姓一万多户人家在江东，孙策就鼓动刘勋去攻打他们。刘勋出发以后，孙策马上派轻装部队，乘夜袭击并攻占了庐江，刘勋的部众全部投降，刘勋独自和部下几百人归顺了曹操。这个时候，袁绍正处于强盛时期，而孙策兼并了江东，曹操的力量还不能随心所欲，曹操暂且想安抚孙策，就把他弟弟的女儿许配给孙策的小弟孙匡，又为儿子曹章娶了孙贲的女儿，对孙策另外两个弟弟孙权和孙翊都以礼召见，还命令扬州刺史严象举荐孙权为茂才。

汉建安五年，曹操和袁绍在官渡交战，孙策阴谋袭击许都，要迎回汉献帝。他秘密地训练军队，部署出征的将领。然而，他还没有来得及采取行动，正巧就被原吴郡太守许贡的门客杀害了。在这之前，孙策先杀了许贡，许贡的小儿子和门客逃到长江岸边躲藏起来。孙策独自骑马出去，终于和许贡的门客相遇，许贡的门客把孙策击伤了。孙策的伤势十分严重，他把张昭等人请来，对他们说："中原大地正陷入混乱，凭着吴、越的兵马和三江的险固，足以坐观龙虎相争的成败。你们要好好辅助我弟弟。"他又把孙权叫来，给孙权佩上印绶，对孙权说："率领江东的兵马，在两军对垒之际做出决断，与天下英雄抗衡，你不如我；举拔贤人，任用能人，并使他们各尽心效力，来保卫江东，我不如你。"到了夜间，他就去世了，当时他才二十六岁。

孙权称帝以后，追谥孙策为长沙桓王，封孙策的儿子孙绍为吴侯，后来又改封为上虞侯。孙绍死后，他的儿子孙奉继承他的爵位。孙皓继位以后，有谣言传说孙奉应当立为皇帝，孙奉便被处以死刑。

评论说：孙坚勇敢刚毅，从鄙陋低贱的地位起家，引导张温杀戮董卓，又把董卓挖掘的帝陵全部填平，可见他有忠诚雄壮的气节。孙策气概豪迈，超群绝伦，锐气盖世，喜欢出奇制胜，志在一统华夏。但是，他们都过于轻率，武断急躁，以致丧生而失败。另外吴国割据江东，是孙策奠定的基础，而孙权对他的尊崇不够分量，他的儿子只是享受侯爵，从仁义的角度来看，这也太刻薄了。

三国志卷四十七

吴书二

吴主传第二

孙权字仲谋。兄策既定诸郡,时权年十五,以为阳羡长。郡察孝廉,州举茂才,行奉义校尉。汉以策远修职贡,遣使者刘琬加锡命。琬语人曰:"吾观孙氏兄弟虽各才秀明达,然皆禄祚不终,惟中弟孝廉,形貌奇伟,骨体不恒,有大贵之表,年又最寿,尔试识之。"

建安四年,从策征庐江太守刘勋。勋破,进讨黄祖于沙羡。

五年,策薨,以事授权,权哭未及息。策长史张昭谓权曰:"孝廉,此宁哭时邪?且周公立法而伯禽不师,非欲违父,时不得行也。况今奸宄竞逐,豺狼满道,乃欲哀亲戚,顾礼制,是犹开门而揖盗,未可以为仁也。"乃改易权服,扶令上马,使出巡军。是时惟有会稽、吴郡、丹杨、豫章、庐陵,然深险之地犹未尽从,而天下英豪布在州郡,宾旅寄寓之士以安危去就为意,未有君臣之固。张昭、周瑜等谓权可与共成大业,故委心而服事焉。曹公表权为讨虏将军,领会稽太守,屯吴,使丞之郡行之文书事。待张昭以师傅之礼,而周瑜、程普、吕范等为将率。招延俊秀，聘求名士，鲁肃、诸葛瑾等始为宾客。分部诸将，镇抚山越，讨不从命。

七年，权母吴氏薨。

八年，权西伐黄祖，破其舟军，惟城未克，而山寇复动。还过豫章，使吕范平鄱阳，程普讨乐安，太史慈领海昏，韩当、周泰、吕蒙等为剧县令长。

九年，权弟丹杨太守翊为左右所害，以从兄瑜代翊。

十年，权使贺齐讨上饶，分为建平县。

十二年，西征黄祖，虏其人民而还。

十三年春，权复征黄祖，祖先遣舟兵拒军，都尉吕蒙破其前锋，而凌统、董袭等尽锐攻之，遂屠其城。祖挺身亡走，骑士冯则追枭其首，虏其男女数万口。是岁，使贺齐讨黟、歙，分歙为始新、新定、犁阳、休阳县，以六县为新都郡。荆州牧刘表死，鲁肃乞奉命吊表二子，且以观变。肃未到，而曹公已临其境，表子琮举众以降。刘备欲南济江，肃与相见，因传权旨，为陈成败。备进住夏口，使诸葛亮诣权，权遣周瑜、程普等行。是时曹公新得表众，形势甚盛，诸议者皆望风畏惧，多劝权迎之。惟瑜、肃执拒之议，意与权同。瑜、普为左右督，各领万人，与备俱进，遇于赤壁，大破曹公军。以烧其余船引退，士卒饥疫，死者大半。备、瑜等复追至南郡，曹公遂北还，留曹仁、徐晃于江陵，使乐进守襄阳。时甘宁在夷陵，为仁党所围，用吕蒙计，留凌统以拒仁，以其半救宁，军以胜反。权自率众围合肥，使张昭攻九江之当涂。昭兵不利，权攻城逾月不能下。曹公自荆州还，遣张喜将骑赴合肥。未至，权退。

十四年，瑜、仁相守岁余，所杀伤甚众。仁委城走。权以瑜为南郡太守。刘备表权行车骑将军，领徐州牧。备领荆州牧，屯公安。

十五年，分豫章为鄱阳郡；分长沙为汉昌郡，以鲁肃为太守，屯陆口。

十六年，权徙治秣陵。明年，城石头，改秣陵为建业。闻曹公将来侵，作濡须坞。

十八年正月，曹公攻濡须，权与相拒月余。曹公望权军，叹其齐肃，乃退。初，曹公恐江滨郡县为权所略，征令内移。民转相惊，自庐江、九江、蕲春、广陵户十余万皆东渡江，江西遂虚，合肥以南惟有皖城。

十九年五月，权征皖城。闰月，克之，获庐江太守朱光及参军董和，男女数万口。是岁刘备定蜀。权以备已得益州，令诸葛瑾从求荆州诸郡。备不许，曰："吾方图凉州，凉州定，乃尽以荆州与吴耳。"权曰："此假而不反，而俗以虚辞引岁。"遂置南三郡长吏，关羽尽逐之。权大怒，乃遣吕蒙督鲜于丹、徐忠、孙规等兵二万取长沙、零陵、桂阳三郡，使鲁肃以万人屯巴丘以御关羽。权住陆口，为诸军节度。蒙到，二郡皆服，惟零陵太守郝普未下。会备到公安，使关羽将三万兵到益阳，权乃召蒙等使还助肃。蒙使人诱普，普降，尽得三郡将守，因引军还，与孙皎、潘璋并鲁肃兵并进，拒羽于益阳。未战，会曹公入汉中，备惧失益州，使使求和。权令诸葛瑾报，更寻盟好，遂分荆州、长沙、江夏、桂阳以东属权，南郡、零陵、武陵以西属备。备归，而曹公已还。权反自陆口，遂征合肥。合肥未下，撤军还。兵皆就路，权与凌统、甘宁等在津北为魏将张辽所袭，统等以死扞权，权乘骏马越津桥得去。

二十一年冬，曹公次于居巢，遂攻濡须。

二十二年春，权令都尉徐详诣曹公请降，公报使修好，誓重结婚。

二十三年十月，权将如吴，亲乘马射虎于庱亭。马为虎所伤，权投以双戟，虎却废，常从张世击以戈，获之。

二十四年，关羽围曹仁于襄阳，曹公遣左将军于禁救之。会汉水暴起，羽以舟兵尽虏禁等步骑三万送江陵，惟城未拔。权内惮羽，外欲以为己功，笺与曹公，乞以讨羽自效。曹公且欲使羽与权相持以斗之，驿传权书，使曹仁以弩射示羽。羽犹豫不能去。闰月，权征羽，先遣吕蒙袭公安，获将军士仁。蒙到南郡，南郡太守糜芳以城降。蒙据江陵，抚其老弱，释于禁之囚。陆逊别取宜都，获秭归、枝江、夷道，还屯夷陵，守峡口以备蜀，关羽还当阳，西保麦城。权使诱之。羽伪降，立幡旗为象人于城上，因遁走，兵皆解散，尚十余骑。权先使朱然、潘璋断其径路。十二月，璋司马马忠获羽及其子平、都督赵累等于章乡，遂定荆州，是岁大疫，尽除荆州民租税。曹公表权为骠骑将军，假节领荆州牧，封南昌侯。权遣校尉梁寓奉贡于汉，及令王惇市马，又遣朱光等归。

二十五年春正月，曹公薨，太子丕代为丞相魏王，改年为延康。秋，魏将梅敷使张俭求见抚纳。南阳阴、酂、筑阳、山都、中庐五县民五千家来附。冬，魏嗣王称尊号，改元为黄初。二年四月，刘备称帝于蜀。权自公安都鄂，改名武昌，以武昌、下雉、寻阳、阳新、柴桑、沙羡六县为武昌郡。五月，建业言甘露降。八月，城武昌，下令诸将曰："夫存不忘亡，安必虑危，古之善教。昔隽不疑汉之名臣，于安平之世而刀剑不离于身，盖君子之于武备，不可以已。况今处身疆畔，豺狼交接，而可轻忽不思变难哉？顷闻诸将出入，各尚谦约，不从人兵，甚非备虑爱身之谓。夫保己遗名，以安君亲，孰与危辱？宜深警戒，务崇其大，副孤意焉。"自魏文帝践阼，权使命称藩，及遣于禁等还。

十一月，策命权曰：

盖圣王之法，以德设爵，以功制禄；劳大者禄厚，德盛者礼丰。故叔旦有夹辅之勋，太公有鹰扬之功，并启土宇，并受备物，所以表章元功，殊异贤哲也。近汉高祖受命之初，分裂膏腴以王八姓，斯则前世之懿事，后王之元龟也。朕以不德，承运革命，君临万国，秉统天机，思齐先代，坐而待旦。惟君天资忠亮，命世作佐，深睹历数，达见废兴，远遣行人，浮于潜汉。望风影附，抗疏称藩，兼纳纤缔南方之贡，普遣诸将来还本朝，忠肃内发，款诚外昭，信著金石，义盖山河，朕甚嘉焉。今封君为吴王，使使持节太常高平侯贞，授君玺绶策书、金虎符第一至第五、左竹使符第一至第十，以大将军使持节督交州，领荆州牧事，锡君青土，苴以白茅，对扬朕命，以尹东夏。其上故骠骑将军南昌侯印绶符策。今又加君九锡，其敬听后命。以君绥安东南，纲纪江外，民夷安业，无或携贰，是用锡君大辂、戎辂各一，玄牡二驷。君务财劝农，仓库盈积，是用锡君衮冕之服，赤舄副焉。君化民以德，礼教兴行，是用锡君轩县之乐。君宣导休风，怀柔百越，是用锡君朱户以居。君运其才谋，官方任贤，是用锡君纳陛以登。君忠勇并奋，清除奸慝，是用锡君虎贲之士百人。君振威陵迈，宣力荆南，枭灭凶丑，罪人斯得，是用锡君鈇钺各一。君文和于内，武信于外，是用锡君彤弓一、彤矢百、玈弓十、玈矢千。君以忠肃为基，恭勤为德，是用锡君秬鬯一卣，圭瓒副焉。钦哉！敬敷训典，以服朕命，以勖相我国家，永终尔显烈。

是岁，刘备帅军来伐，至巫山、秭归，使使诱导武陵蛮夷，假与印传，许之封赏。于是诸县及五谿民皆反为蜀。权以陆逊为督,督朱然、潘璋等以拒之。遣都尉赵咨使魏。魏帝问曰:"吴王何等主也?"咨对曰:"聪明仁智,雄略之主也。"帝问其状,咨曰:"纳鲁肃于凡品,是其聪也;拔吕蒙于行阵,是其明也;获于禁而不害,是其仁也;取荆州而兵不血刃,是其智也;据三州〔而〕虎视天下,是其雄也;屈身于陛下,是其略也。"帝欲封权子登,权以登年幼,上书辞封,重遣西曹掾沈珩陈谢,并献方物。立登为王太子。

黄武元年春元月,陆逊部将军宋谦等攻蜀五屯,皆破之,斩其将。三月,鄱阳言黄龙见。蜀军分据险地,前后五十余营,逊随轻重以兵应拒,自正月至闰月,大破之,临阵所斩及投兵降首数万人。刘备奔走,仅以身免。

初权外托事魏,而诚心不款。魏欲遣侍中辛毗、尚书桓阶往与盟誓,并征任子,权辞让不受。秋九月,魏乃命曹休、张辽、臧霸出洞口,曹仁出濡须,曹真、夏侯尚、张郃、徐晃围南郡。权遣吕范等督五军,以舟军拒休等,诸葛瑾、潘璋、杨粲救南郡,朱桓以濡须督拒仁。时扬、越蛮夷多未平集,内难未弭,故权卑辞上书,求自改厉:"若罪在难除,必不见置,当奉还土地民人,乞寄命交州,以终余年。"文帝报曰:"君生于扰攘之际,本有纵横之志,降身奉国,以享兹祚。自君策名已来,贡献盈路。讨备之功,国朝仰成。埋而掘之,古人之所耻。朕之与君,大义已定,岂乐劳师远临江汉?廊庙之议,王者所不得专;三公上君过失,皆有本末。朕以不明,虽有曾母投杼之疑,犹冀言者不信,以为国福。故先遣使者犒劳,又遣尚书、侍中践修前言,以定任子。君遂设辞,不欲使进,议者怪之。又前都尉浩周劝君遣子,乃实朝臣交谋,以此卜君,君果有辞,外引隗嚣遣子不终,内喻窦融守忠而已。世殊时异,人各有心。浩周之还,口陈指麾，益令议者发明众嫌，终始之本，无所据杖，故遂俯仰从君臣议。今省上事，款诚深至，心用慨然，凄怆动容。即日下诏，敕令诸军但深沟高垒，不得妄进。若君必效忠节，以解疑议，登身朝到，夕召兵还。此言之诚，有如大江！"权遂改年，临江拒守。冬十一月，大风，范等兵溺死者数千，余军还江南。曹休使臧霸以轻船五百、敢死万人袭攻徐陵，烧攻城车，杀略数千人。将军全琮、徐盛追斩魏将尹卢，杀获数百。十二月，权使太中大夫郑泉聘刘备于白帝，始复通也。然犹与魏文帝相往来，至后年乃绝。是岁改夷陵为西陵。

二年春正月，曹真分军据江陵中州。是月，城江夏山。改四分，有乾象历。三月，曹仁遣将军常彫等，以兵五千，乘油船，晨渡濡须中州。仁子泰因引军急攻朱桓，桓兵拒之，遣将军严圭等击破彫等。是月，魏军皆退。夏四月，权群臣劝即尊号，权不许。刘备薨于白帝。五月，曲阿言甘露降。先是戏口守将晋宗杀将王直，以众叛如魏，魏以为蕲春太守，数犯边境。六月，权令将军贺齐督糜芳、刘邵等袭蕲春，邵等生虏宗。冬十一月，蜀使中郎将邓芝来聘。

三年夏，遣辅义中郎将张温聘于蜀。秋八月，赦死罪。九月，魏文帝出广陵，望大江，曰"彼有人焉，未可图也"，乃还。

四年夏五月，丞相孙邵卒。六月，以太常顾雍为丞相。秋七月，皖口言木连理。冬十二月，鄱阳贼彭绮自称将军，攻没诸县，众数万人。是岁地连震。

五年春，令曰："军兴日久，民离农畔，父子夫妇，不能相恤，孤甚愍之。今北虏缩窜，方外无事，其下州郡，有以宽息。"是时陆逊以所在少谷，表令诸将增广农亩。权报曰："甚善。今孤父子亲自受田，车中八牛以为四耦，虽未及古人，亦欲与众均等其劳见。"秋七月，权闻魏文帝崩，征江夏，围石阳，不克而还。苍梧言凤凰见。分三郡恶地十县置东安郡，以全琮为太守，平讨山越。冬十月，陆逊陈便宜，劝以施德缓刑，宽赋息调。又云："忠谠之言，不能极陈，求容小臣，数以利闻。"权报曰："夫法令之设，欲以遏恶防邪，儆戒未然也，焉得不有刑罚以威小人乎？此为先令后诛，不欲使有犯者耳。君以为太重者，孤亦何利其然，但不得已而为之耳。今承来意，当重咨谋，务从其可。且近臣有尽规之谏，亲戚有补察之箴，所以匡君正主明忠信也。《书》载'予违汝弼，汝无面从'，孤岂不乐忠言以自裨补邪？而云'不敢极陈'，何得为忠谠哉？若小臣之中，有可纳用者，宁得以人废言而不采择乎？但谄媚取容，虽暗亦所明识也。至于发调者，徒以天下未定，事以众济。若徒守江东，修崇宽政，兵自足用，复用多为？顾坐自守可陋耳。若不豫调，恐临时未可便用也。又孤与君分义特异，荣戚实同，来表云不敢随众容身苟免，此实甘心所望于君也。"于是令有司尽写科条，使郎中褚逢赍以就逊及诸葛瑾，意所不安，令损益之。是岁，分交州置广州，俄复旧。

六年春正月，诸葛获彭绮。闰月，韩当子综以其众降魏。

七年春三月，封子虑为建昌侯。罢东安郡。夏五月，鄱阳太守周鲂伪叛，诱魏将曹休。秋八月，权至皖口，使将军陆逊督诸将大破休于石亭。大司马吕范卒。是岁，改合浦为珠官郡。

黄龙元年春，公卿百司皆劝权正尊号。夏四月，夏口、武昌并言黄龙、凤凰见。丙申，南郊即皇帝位，是日大赦，改年，追尊父破虏将军坚为武烈皇帝，母吴氏为武烈皇后，兄讨逆将军策为长沙桓王。吴王太子登为皇太子。将吏皆进爵加赏。初，兴平中，吴中童谣曰："黄金车，班兰耳，闿昌门，出天子。"五月，使校尉张刚、管笃之辽东。六月，蜀遣卫尉陈震庆权践位。权乃参分天下，豫、青、徐、幽属吴，兖、冀、并、凉属蜀。其司州之土，以函谷关为界，造为盟曰：

天降丧乱，皇纲失叙，逆臣乘衅，劫夺国柄，始于董卓，终于曹操，穷凶极恶，以覆四海，至令九州幅裂，普天无统，民神痛怨，靡所戾止。及操子丕，桀逆遗丑，荐作奸回，偷取天位。而叡么麽，寻丕凶迹，阻兵盗土，未伏厥诛。昔共工乱象而高辛行师，三苗干度而虞舜征焉。今日灭叡，禽其徒党，非汉与吴，将复谁任？夫讨恶剪暴，必声其罪，宜先分裂，夺其土地，使士民之心，各知所归。是以《春秋》晋侯伐卫。先分其田以畀宋人，斯其义也。且古建大事，必先盟誓，故《周礼》有司盟之官，《尚书》有告誓之文，汉之与吴，虽信由中，然分土裂壤，宜有盟约。诸葛丞相德威远著，翼戴本国，典戎在外，信感阴阳，诚动天地，重复结盟，广诚约誓，使东西士民咸共闻知。故立坛杀牲，昭告神明，再歃加书，副之天府。天高听下，灵威棐谌，司慎司盟，群神群祀，莫不临之。自今日汉、吴既盟之后，戮力一心，同讨魏贼，救危恤患，分灾共庆，好恶齐之，无或携贰。若有害汉，则吴伐之；若有害吴，则汉伐之。各守分土，无相侵犯。传之后叶，克终若始。凡百之约，皆如载书，信言不艳，实居于好。有渝此盟，创祸先乱，违贰不协，慆慢天命，明神上帝是讨是督，山川百神是纠是殛，俾坠其师，无克祚国。于尔大神，其明鉴之！

秋九月，权迁都建业，因故府不改馆，征上大将军陆逊辅太子登，掌武昌留事。

二年春正月，魏作合肥新城。诏立都讲祭酒，以教学诸子。遣将军卫温、诸葛直将甲士万人浮海求夷洲及亶洲。亶洲在海中，长老传言秦始皇帝遣方士徐福将童男童女数千人入海，求蓬莱神山及仙药，止此洲不还。世相承有数万家，其上人民，时有至会稽货布，会稽东县人海行，亦有遭风流移至亶洲者。所在绝远，卒不可得至，但得夷洲数千人还。

三年春二月，遣太常潘濬率众五万讨武陵蛮夷。卫温、诸葛直皆以违诏无功，下狱诛。夏，有野蚕成茧，大如卵。由拳野稻自生，改为禾兴县。中郎将孙布诈降以诱魏将王凌，凌以军迎布。冬十月，权以大兵潜伏于阜陵俟之，凌觉而走。会稽南始平言嘉禾生。十二月丁卯，大赦，改明年元也。

嘉禾元年春正月，建昌侯虑卒。三月，遣将军周贺、校尉裴潜乘海之辽东。秋九月，魏将田豫要击，斩贺于成山。冬十月，魏辽东太守公孙渊遣校尉宿舒、阆中令孙综称藩于权，并献貂马。权大悦，加渊爵位。

二年春正月，诏曰："朕以不德，肇受元命，夙夜兢兢，不遑假寝。思平世难，救济黎庶，上答神祇，下尉民望。是以眷眷，勤求俊杰，将与戮力，共定海内。苟在同心，与之偕老。今使持节督幽州领青州领辽东太守燕王，久胁贼虏，隔在一方，虽乃心于国，其路靡缘。今因天命，远遣二使，款诚显露，章表殷勤，朕之得此，何喜如之！虽汤遇伊尹，周获吕望，世祖未定而得河右，方之今日，岂复是过？普天一统，于是定矣。《书》不云乎：'一人有庆，兆民赖之。'其大赦天下，与之更始，其明下州郡，咸使闻知。特下燕国，奉宣诏恩，令普天率土备闻斯庆。"三月，遣舒、综还，使太常张弥、执金吾许晏、将军贺达等将兵万人，金宝珍货，九锡备物，乘海授渊。举朝大臣，自丞相雍已下皆谏，以为渊未可信，而宠待太厚，但可遣吏兵数百护送舒、综，权终不听。渊果斩弥等，送其首于魏，没其兵资。权大怒，欲自征渊，尚书仆射薛综等切谏乃止。是岁，权向合肥新城，遣将军全琮征六安，皆不克还。

三年春正月，诏曰："兵久不辍，民困于役，岁或不登。其宽诸逋，勿复督课。"夏五月，权遣陆逊、诸葛瑾等屯江夏、沔口，孙韶、张承等向广陵、淮阳，权率大众围合肥新城。是时蜀相诸葛亮出武功，权谓魏明帝不能远出，而帝遣兵助司马宣王拒亮，自率水军东征。未至寿春，权退还，孙韶亦罢。秋八月，以诸葛恪为丹杨太守，讨山越。九月朔，陨霜伤谷。冬十一月，太常潘濬平武陵蛮夷，事毕，还武昌。诏复曲阿为云阳，丹徒为武进。庐陵贼李桓、罗厉等为乱。

四年夏，遣吕岱讨桓等。秋七月，有雹。魏使以马求易珠玑、翡翠、玳瑁，权曰："此皆孤所不用，而可得马，何苦而不听其交易？"

五年春，铸大钱，一当五百。诏使吏民输铜，计铜畀直。设盗铸之科。三月，武昌言甘露降于礼宾殿。辅吴将军张昭卒。中郎将吾粲获李桓，将军唐咨获罗厉等。自十月不雨，至于夏。冬十月，慧星见于东方。鄱阳贼彭旦等为乱。

六年春正月，诏曰："夫三年之丧，天下之达制，人情之极痛也；贤者割哀以从礼，不肖者勉而致之。世治道泰，上下无事，君子不夺人情，故三年不逮孝子之门。至于有事，则杀礼以从宜，要经而处事，故圣人制法，有礼无时则不行。遭丧不奔非古也，盖随时之宜，以义断恩也。前故设科，长吏在官，当须交代，而故犯之，虽随纠坐，犹已废旷。方事之殷，国家多难，凡在官司，宜各尽节，先公后私，而不恭承，甚非谓也。中外群僚，其更平议，务令得中，详为节度。"顾谭议，以为"奔丧立科，轻则不足以禁孝子之情，重则本非应死之罪，虽严刑益设，违夺必少。若偶有犯者，加其刑则恩所不忍，有减则法废不行。愚以为长吏在远，苟不告语，势不得知。比选代之间，若有传者，必加大辟，则长吏无废职之负，孝子无犯重之刑。"将军胡综议，以为"丧纪之礼，虽有典制，苟无其时，所不得行。方今戎事军国异容，而长吏遭丧，知有科禁，公敢干突，苟念闻忧不奔之耻，不计为臣犯禁之罪，此由科防本轻所致。忠节在国，孝道立家，出身为臣，焉得兼之？故为忠臣不得为孝子。宜定科文，示以大辟，若故违犯，有罪无赦。以杀止杀，行之一人，其后必绝。"丞相雍奏从大辟。其后吴令孟宗丧母奔赴，已而自拘于武昌以听刑。陆逊陈其奏行，因为之请，权乃减宗一等，后不得以为比，因此遂绝。二月，陆逊讨彭旦等，其年，皆破之。冬十月，遣卫将军全琮袭六安，不克。诸葛恪平山越事毕，北屯庐江。

赤乌元年春，铸当千大钱。夏，吕岱讨庐陵贼，毕，还陆口。秋八月，武昌言麒麟见。有司奏言麒麟者太平之应，宜改年号。诏曰："间者赤乌集于殿前，朕所亲见，若神灵以为嘉祥者，改年宜以赤乌为元。"群臣奏曰："昔武王伐纣，有赤乌之祥，君臣观之，遂有天下，圣人书策载述最详者，以为近事既嘉，亲见又明也。"于是改年。步夫人卒，追赠皇后。初，权信任校事吕壹，壹性苛惨，用法深刻。太子登数谏，权不纳，大臣由是莫敢言。后壹奸罪发露伏诛，权引咎责躬，乃使中书郎袁礼告谢诸大将，因问时事所当损益。礼还，复有诏责数诸葛瑾、步骘、朱然、吕岱等曰："袁礼还，云与子瑜、子山、义封、定公相见，并以时事当有所先后，各自以不掌民事，不肯便有所陈，愁推之伯言、承明。伯言、承明见礼，泣涕恳恻，辞旨辛苦，至乃怀执危怖，有不自安之心。闻此怅然，深自刻怪。何者？夫惟圣人能无过行，明者能自见耳。人之举措，何能悉中，独当已有以伤拒众意，忽不自觉，故诸君有嫌难耳；不尔，何缘乃至于此乎？自孤兴军五十年，所役赋凡百皆出于民。天下未定，孽类犹存，士民勤苦，诚所贯知。然劳百姓，事不得已耳，与诸君从事，自少至长，发有二色，以谓表里足以明露，公私分计，足用相保。尽言直谏，所望诸君，拾遗补阙，孤亦望之。昔卫武公年过志壮，勤求辅弼，每独叹责。且布衣韦带，相与交结，分成好合，尚污垢不异。今日诸君与孤从事，虽君臣义存，犹谓骨肉不复是过。荣福喜戚，相与共之。忠不匿情，智无遗计，事统是非，诸君岂得从容而已哉！同船济水，将谁与易！齐桓诸侯之霸者耳，有善管子未尝不叹，有过未尝不谏，谏而不得，终谏不止。今孤自省无桓公之德，而诸君谏诤未出于口，仍执嫌难。以此言之，孤于齐桓良优，未知诸君于管子何如耳？久不相见，因事当笑。共定大业，整齐天下，当复有谁？凡百事要所当损益，乐闻异计，匡所不逮。"

二年春三月，遣使者羊衜、郑胄、将军孙怡之辽东，击魏守将张持、高虑等，虏得男女。零陵言甘露降。夏五月，城沙羡。冬十月，将军蒋秘南讨夷贼。秘所领都督廖式杀临贺太守严纲等，自称平南将军，与弟潜共攻零陵、桂阳，及摇动交州、苍梧、郁林诸郡，众数万人。遣将军吕岱、唐咨讨之，岁余皆破。

三年春正月，诏曰："盖君非民不立，民非谷不生。顷者以来，民多征役，岁又水旱，年谷有损，而吏或不良，侵夺民时，以致饥困。自今以来，督军郡守，其谨察非法，当农桑时，以役事扰民者，举正以闻。"夏四月，大赦，诏诸郡县治城郭，起谯楼，穿堑发渠，以备盗贼，冬十一月，民饥，诏开仓廪以赈贫穷。

四年春正月，大雪，平地深三尺，鸟兽死者大半。夏四月，遣卫将军全琮略谁南，决芍陂，烧安城邸阁，收其人民。威北将军诸葛恪攻六安。琮与魏将王凌战于芍陂，中郎将秦晃等十余人战死。车骑将军朱然围樊，大将军诸葛瑾取柤中。五月，太子登卒。是月，魏太傅司马宣王救樊。六月，军还。闰月，大将军瑾卒。秋八月，陆逊城邾。

五年春正月，立子和为太子，大赦，改禾兴为嘉兴。百官奏立皇后及四王，诏曰："今天下未定，民物劳瘁，且有功者或未录，饥寒者尚未恤，猥割土壤以丰子弟，崇爵位以宠妃妾，孤甚不取。其释此议。"三月，海盐县言黄龙见。夏四月，禁进献御，减太官膳。秋七月，遣将军聂友、校尉陆凯以兵三万讨珠崖、儋耳。是岁大疫，有司又奏立后及诸王。八月，立子霸为鲁王。

六年春正月，新都言白虎见。诸葛恪征六安。破魏将谢顺营，收其民人。冬十一月，丞相顾雍卒。十二月，扶南王范旃遣使献乐人及方物。是岁，司马宣王率军入舒，诸葛恪自皖迁于柴桑。

七年春正月，以上大将军陆逊为丞相。秋，宛陵言嘉禾生。是岁，步骘、朱然等各上疏云："自蜀还者，咸言欲背盟与魏交通，多作舟船，缮治城郭。又蒋琬守汉中，闻司马懿南向，不出兵乘虚以掎角之，反委汉中，还近成都。事已彰灼，无所复疑，宜为之备。"权揆其不然，曰："吾待蜀不薄，聘享盟誓，无所负之，何以致此？又司马懿前来入舒，旬日便退，蜀在万里，何知缓急而便出兵乎？昔魏欲入汉川，此间始严，亦未举动，会闻魏还而止，蜀宁可复以此有疑邪？又人家治国，舟船城郭，何得不护？今此间治军，宁复欲以御蜀邪？人言苦不可信，朕为诸君破家保之。"蜀竟自无谋，如权所筹。

八年春二月，丞相陆逊卒。夏，雷霆犯宫门柱，又击南津大桥槛。茶陵县鸿水溢出，流漂居民二百余家。秋七月，将军马茂等图逆，夷三族。八月，大赦。遣校尉陈勋将屯田及作士三万人凿句容中道，自小其至云阳西城，通会市。作邸阁。

九年春二月，车骑将军朱然征魏柤中，斩获千余。夏四月，武昌言甘露降。秋九月，以骠骑将军步骘为丞相，车骑将军朱然为左大司马，卫将军全琮为右大司马，镇南将军吕岱为上大将军，威北将军诸葛恪为大将军。

十年春正月，右大司马全琮卒。二月，权适南宫。三月，改作太初宫，诸将及州郡皆义作。夏五月，丞相步骘卒。冬十月，赦死罪。

十一年春正月，朱然城江陵。二月，地仍震。三月，宫成。夏四月，雨雹，云阳言黄龙见。五月，鄱阳言白虎仁。诏曰："古者圣王积行累善，修身行道，以有天下，故符瑞应之，所以表德也。朕以不明，何以臻兹？《书》云'虽休勿休'，公卿百司，其勉修所职，以匡不逮。"

十二年春三月，左大司马朱然卒。四月，有两乌衔鹊堕东馆。丙寅，骠骑将军朱据领丞相。燎鹊以祭。

十三年夏五月，日至，荧惑入南斗，秋七月，犯魁第二星而东。八月，丹杨、句容及故鄣、宁国诸山崩，鸿水溢。诏原逋责，给贷种食。废太子和，处故鄣。鲁王霸赐死。冬十月，魏将文钦伪叛以诱朱异，权遣吕据就异以迎钦。异等持重，钦不敢进。十一月，立子亮为太子。遣军十万，作堂邑涂塘以淹北道。十二月，魏大将王昶围南郡，荆州刺史王基攻西陵。遣将军戴烈、陆凯往拒之，皆引还。是岁，神人授书，告以改年、立后。

太元元年夏五月，立皇后潘氏，大赦，改年。初临海罗阳县有神，自称王表。周旋民间，语言饮食，与人无异，然不见其形。又有一婢，名纺绩。是月，遣中书郎李崇赍辅国将军罗阳王印绶迎表。表随崇俱出，与崇及所在郡守令长谈论，崇等无以易。所历山川，辄遣婢与其神相闻。秋七月，崇与表至，权于苍龙门外为立第舍，数使近臣赍酒食往。表说水旱小事，往往有验。秋八月朔，大风，江海涌溢，平地深八尺，吴高陵松柏斯拔，郡城南门飞落。冬十一月，大赦。权祭南郊还，寝疾。十二月，驿征大将军恪，拜为太子太傅。诏省徭役，减征赋，除民所患苦。

二年春正月，立故太子和为南阳王，居长沙；子奋为齐王，居武昌；子休为琅邪王，居虎林。二月，大赦，改元为神凤。皇后潘氏薨。诸将吏数诣王表请福，表亡去。夏四月，权薨，时年七十一，谥曰大皇帝。秋七月，葬蒋陵。

评曰：孙权屈身忍辱，任才尚计，有勾践之奇英，人之杰矣。故能自擅江表，成鼎峙之业。然性多嫌忌，果于杀戮，暨臻末年，弥以滋甚。至于谗说殄行，胤嗣废毙，岂所谓贻厥孙谋以燕翼子者哉？其后叶陵迟，遂致覆国，未必不由此也。

译文：

孙权字仲谋。其兄孙策平定江东各郡时，孙权年仅十五，就被任命为阳羡县长。他曾被郡守推荐为孝廉，州牧举荐为秀才，并且代理奉义校尉。汉朝因为孙策地处偏远，仍尽臣子的职责，交纳贡赋，就派遣使者刘琬赐给他爵位和官服。刘琬后来告诉人说："我看孙家兄弟虽然各个才华出众，通达事理，但都寿命不长。只有老二孙权，形体魁伟，相貌奇特，骨架不平常，有大贵的表相，寿命又最长，你们记住并检验我的话吧！"

建安四年，孙权跟随孙策征讨庐江太守刘勋。打败刘勋后，又进军到沙羡讨伐黄祖。

建安五年，孙策死时，把军国大事托付给孙权，孙权哭泣不止。孙策的长史张昭对孙权说："孝廉，这难道是哭的时候吗？况且周公立的丧礼就连他的儿子伯禽也没遵守，不是他想违背父训，而是时势使他不能按丧礼办事。何况现在违法作乱的人竞相角逐，豺狼一般的坏人到处当权，你却想为兄长孙策抒发悲哀，顾念传统的丧礼，这如同打开大门招引强盗，不能把这种行为称为仁。"于是改换孙权的丧服，扶他上马，让他外出巡阅军队。当时孙权只据有会稽、吴郡、丹杨、豫章、庐陵六郡，而这些郡的一些偏远险要的地区还没有完全归服，并且天下的英雄豪杰散布在各州郡，作客寄居的读书人以个人安危决定自己的去留，还没有建立起君臣之间互相信赖的牢固关系。张昭、周瑜等人认为可以与孙权一同成就一番伟大事业，所以倾慕而臣服于他。曹公上表给汉献帝，奉请封孙权为讨虏将军，兼任会稽郡的太守，派遣郡丞到会稽郡处理日常文书事务。孙权以太师、太傅之礼对待张昭，而任命周瑜、程普、吕范等人为将帅。招揽才能杰出的人，以礼征聘有名望的读书人，鲁肃、诸葛瑾等人这时才成了他的宾客。孙权分别部署诸将，镇压安抚山越族，讨伐不服从命令的人。

建安七年，孙权母亲吴氏去世。

建安八年，孙权向西讨伐黄祖，攻破他的水军，只有城池没有攻下。但是山越族又叛乱了。孙权回军经过豫章，派吕范平定鄱阳，程普讨伐乐安，太史慈统领海昏，韩当、周泰、吕蒙等人分别当了难于治理的各县县令。

建安九年，孙权弟弟丹阳太守孙翊被部下杀害，孙权任命堂兄孙瑜代替孙翊为丹阳太守。

建安十年，孙权派贺齐讨伐上饶，分置建平县。

建安十二年，孙权向西征伐黄祖，掳掠他的官吏和人民而回来。

建安十三年春天，孙权再次征讨黄祖。黄祖先派水军抵挡孙权的部队，都尉吕蒙打败了黄祖的先头部队，而凌统、董袭等人用全部精锐部队进攻黄祖，于是攻破城池，屠杀了全城军民。黄祖脱身逃跑，骑士冯则追上砍了他的头，俘虏了他的部属男女几万人。这一年，孙权派贺齐讨伐黟县、歙县，并把歙县分为始新、新定、黎阳、休阳四县，以六县设置新都郡。荆州刺史刘表死后，鲁肃请求接受使命慰问刘表的两个儿子，并乘机观察荆州的变化。鲁肃尚未到达荆州，曹公已率军迫近荆州边境，刘表的儿子刘琮率众投降了曹操。刘备打算南渡长江，鲁肃与他见面，借机向他传达了孙权的旨意，为他陈说成败的道理，刘备率军进驻夏口，派诸葛亮到孙权那里，孙权派周瑜、程普等人进军。这时曹操刚刚得到刘表的人马，军容强盛，孙权的许多谋士讨论这件事时都畏惧曹军，多数人劝说孙权迎降曹公。周瑜、鲁肃主张抵抗曹军，与孙权意见相同。周瑜、程普做左右都督，各自统军万人，与刘备一同进击曹军，双方在赤壁相遇，完全打败了曹公的部队。曹公烧掉他来不及撤走的船只，引军撤退，士兵饥饿，瘟疫流行，死了一大半。刘备、周瑜等人又追击到南郡，于是曹公撤军北还，让曹仁、徐晃留守江陵，派乐进镇守襄阳。当时甘宁在夷陵被曹仁的部属包围，孙权用吕蒙的计谋，留下凌统抗拒曹仁，用其中的一半兵力援救甘宁，吴军因此胜利返回。孙权亲自率领部队围攻合肥，派张昭进攻九江郡的当涂县。张昭出兵不利，孙权攻打合肥经过一个月还不能攻下。曹公从荆州回来，派遣张喜率领骑兵开赴合肥。曹操援军未到，孙权撤退。

建安十四年，周瑜和曹仁互相对峙一年多了，曹军被杀伤的人很多。曹仁弃城逃跑。孙权任命周瑜为南郡太守。刘备上表奏请孙权代理车骑将军，兼任徐州牧。刘备担任荆州牧，屯驻公安。

建安十五年，孙权分豫章郡置鄱阳郡；分长沙郡置汉昌郡，任命鲁肃为太守，屯驻陆口。

建安十六年，孙权把治所迁到秣陵。第二年，修筑石头城，改秣陵为建业。听说曹公将要南侵，便修筑了濡须坞。

建安十八年正月，曹公攻打濡须坞，孙权与他相持一月多。曹公望见孙权的军队，赞叹他们军容整齐严肃，于是撤退。当初，曹公担心长江北岸的郡县被孙权夺取，命令居民向内地迁移。老百姓反而自相惊扰，从庐江、九江、蕲春、广陵一带有十多万户都东渡长江，长江西岸空虚无人，合肥以南唯有皖城仍属曹公。

建安十九年五月，孙权征讨皖城。闰月，攻克皖城，俘获庐江太守朱光和参军董和以及男女几万口。这年，刘备平定蜀地。孙权因刘备已经得到益州，就派诸葛瑾向刘备讨还荆州各郡。刘备不答应，说："我正在谋取凉州，凉州平定后，就把荆州全部归还吴国。"孙权说："这是借而不还，却想用空话拖延时间。"于是孙权设立了荆南三郡的太守，结果全被关羽撵走。孙权非常恼怒，就派吕蒙指挥鲜于丹、徐忠、孙规等人的军队二万人攻取长沙、零陵、桂阳三郡，并派鲁肃率一万人驻扎在巴丘，以防御关羽。孙权进驻陆口，做各路军队的总指挥。吕蒙一到，长沙、桂阳二郡都归服，只有零陵太守郝普不投降。适逢刘备到公安，派关羽率军三万人到益阳，孙权就召回吕蒙等人援助鲁肃。吕蒙派人诱降郝普，郝普投降。这样全部获得三郡的将领和太守，就率军回来，和孙皎、潘璋以及鲁肃的军队一同前进，在益阳抵抗关羽。还没有开战，便遭逢曹公率军进攻汉中，刘备担心失去益州，就派使者跟孙权讲和。孙权派诸葛瑾回报刘备，重新结为盟邦。于是分割荆州的长沙、江夏、桂阳三郡以东地区归属孙权，南郡、零陵、武陵三郡以西地区归属刘备。刘备返回后，曹公已撤回了。孙权从陆口返回，就征讨合肥，未能攻下，撤军回来。士兵都上路后，孙权和凌统、甘宁等人却在逍遥津北面被魏将张辽袭击，凌统等人拼死捍卫孙权。孙权骑着骏马冲过津桥才得逃走。

建安二十一年冬天，曹公驻军居巢，于是又攻濡须坞。

建安二十二年春天，孙权派都尉徐详拜访曹公，请求归降。曹公派使者回答同意和好，立誓重新结为姻亲。

建安二十三年十月，孙权将到吴郡，亲自骑马在庼亭射虎。他的马被虎咬伤，孙权用双戟去刺，老虎受伤后退，常从张世又用戈击虎，捉住老虎。

建安二十四年，关羽在襄阳包围了曹仁，曹公派左将军于禁援救曹仁。恰遇汉水猛涨，关羽的水军全部俘虏了于禁等人的步、骑兵三万人，并押送到江陵，只有襄阳城没有攻克。孙权内心害怕关羽，表面上想以对付关羽来投靠曹公，就写信给曹公，请求以讨伐关羽来效力。曹公想使关羽和孙权相对峙争斗，就让驿站传递孙权给曹公的信，并让曹仁用弓箭射给关羽看。关羽看信后犹豫不决，并不撤围。闰十月，孙权征讨关羽，先派吕蒙偷袭公安，俘虏守将士仁。吕蒙到南郡，南郡太守糜芳献城投降。吕蒙占据江陵，抚恤老弱，释放于禁等囚犯。陆逊另外攻取了宜都，收复秭归、枝江、夷道，返回驻扎在夷陵，守住峡口以防御益州的援军。关羽返回当阳，向西退保麦城。孙权派人诱降他。关羽假降，在麦城城头树旗帜做假人以迷惑孙权，他却乘机逃跑，士兵都解散了，只有十几个骑兵跟着他。孙权先派朱然、潘璋截断他必经的捷路。十二月，潘璋的司马马忠在章乡俘虏了关羽和他的儿子关平、都督赵累等，于是孙权平定了荆州。这年疫病盛行。孙权全部了蠲免了荆州百姓的租税。曹公表奏孙权担任骠骑将军，假节兼任荆州牧，封为南昌侯。孙权派遣校尉梁寓向汉室奉送贡物，并派王惇购买马匹，又遣送原来俘虏的朱光等人回去。

建安二十五年正月，曹公去世。太子曹丕代替父亲做了丞相和魏王。改年号为延康。秋天，魏将梅敷派张俭求见孙权，请求收抚接纳。南阳郡的阴、酂、筑阳、山都、中庐五县五千多家老百姓前来归附。冬天，魏王曹丕称帝，改元为黄初。黄初二年四月，刘备在蜀称帝。孙权从公安迁都鄂城，改名为武昌，以武昌、下雉、寻阳、阳新、柴桑、沙羡六县置武昌郡。五月，建业报称喜降甘露。八月，修筑武昌城，并下令诸将说："生存不忘灭亡，安逸要考虑危险，这是古代有益的教训。过去，隽不疑是汉代的名臣，在太平盛世却刀剑不离身，所以君子对于武备，不可以放松的啊！何况现在我们处在魏、蜀交界地区，跟豺狼一般的恶人打交道，却怎么可以轻率而不考虑突然事变呢？最近我听说，诸将出入时，各自崇尚谦和俭约，不带侍从和武器，这远非全面考虑爱护自身的行为。保全自己，留名后世，使君主和父母安心，这跟前者相比，哪一种会使自己置于危险受辱的境地？应该深深警惕和戒备，务必崇尚大节，这才和我的思想相称啊！"自魏文帝即位后，孙权派使者求做藩属，并送于禁等人回去。十一月，魏文帝册封孙权的文书说：

大凡圣明君主的制度，以德行设立爵位，以功劳制定俸禄；功劳大的俸禄就丰厚，德行高的礼遇就隆重。所以周公有辅佐成王的功勋，姜太公有灭商的赫赫战功，因此一同受到裂土分封的待遇和一整套礼器的赏赐，这是用来表彰特大功勋，使贤明的大臣待遇不同于一般的人。近世，汉高祖称帝时，也曾把肥沃的土地封给八个异姓功臣，让他们做诸侯王，这是前代的美事，后世帝王的借鉴啊！我以无德，承受天命而变革汉室的皇统，统治全国各地，执掌着国家大政，想向先代圣明的君主看齐，常常处理政务坐到天亮。我想您天性忠诚聪明，以济世之才做帝王的辅佐，深刻地了解天命的归宿，透彻地看到国家兴衰的道理，不远千里，派遣使者，渡过潜江、汉水。听到消息后就如影随形地归服我朝，上疏争着要做我朝的藩属，并交纳丝绸葛布等南方的贡物，全部送回流落在江南的将领，忠诚肃敬的思想发自内心，诚恳的行为显示在外表，信义铭刻于金石，大义覆盖在山河，我十分赞赏。现在封您做吴王，派遣使持节太常卿高平侯刑贞，授予您玉玺、绶带和册封文书、金虎符第一到第五枚、左竹使符第一到第十枚，任命您以大将军使持节的身份监督交州，兼任荆州牧，赐给您用白茅草包着的青土，对答称扬我的命令，让您治理东部中国。请您送上原来骠骑将军南昌侯的印信、绶带、册封文书和符节。现在又加赏给您九锡的礼品，您要敬听后面我的命令：因为您安定了东南，治理好了长江以南，汉族和夷族安居乐业，没有人怀有叛逆之心，所以赏给您大车、兵车各一辆，枣红色的公马八匹。因为您努力理财，鼓励农业生产，仓库里积满了粮食和物资，所以赏给您绣龙的礼服和礼帽，并配一双红色的鞋子。因为您用德政教化人民，使礼教盛行，所以赏给您一套三面悬挂的乐器。因为您倡导良好的社会风气，用恩义招来安抚了百越的夷民，所以赏给您红色大门的屋子居住。因为您运用自己的才干和谋略，任用贤良方正的人做官，所以赏给您'纳陛'，以便登殿理事。因为您发扬了忠诚勇敢的精神,清除了邪恶的小人,所以赏给您'虎贲'卫士一百人。因为您振奋威势于远方,宣扬武力于荆州以南,消灭了凶恶的丑类,使罪人得到应有的惩处,所以赏给您铡刀、铜钺各一具。因为您对内以文治和谐,对外以威武昭信,所以赏给您红色的弓一张,红色的箭一百支,黑色的弓十张,黑色的箭一千支。因为您以忠顺为做人的基础,以恭敬俭约当作美德,因此赏给您美酒一卣,并配上玉制的酒杓。敬重吧!我谨向您宣扬先王的典籍,使您服从我的命令,勉力辅佐我的国家,以便永久地完成您的伟大功业!

这一年,刘备率军前来讨伐孙权,到了巫山、秭归,就派使者诱导武陵的夷民,授给他们印信,答应给他们封赏。于是各县及五谿一带的人民都反吴降蜀。孙权任命陆逊为都督,率领朱然、潘璋等人抗拒刘备。孙权还派都尉赵咨出使魏国。魏文帝问赵咨:"吴王是什么样的君主呀?"赵咨回答说:"是聪明仁爱有智慧、雄才大略的君主。"文帝问具体情况,赵咨回答说:"从普通人中起用鲁肃,是他的'聪';在普通军人中提拔吕蒙,是他的'明';俘虏了于禁却不杀,是他的'仁';攻取荆州而兵器上连血也不沾,是他的'智',盘踞三州像老虎一样注视着天下,是他的'雄';降低身份而向陛下称臣,是他的'略'。"文帝想封孙权的长子孙登为侯,孙权借口孙登年幼,上书辞封,重新派遣西曹掾沈珩表示谢意,并献地方贡品,又自己立孙登为吴王太子。

黄武元年正月,陆逊的部将宋谦等人攻打蜀国五个兵屯,都攻陷了它,并杀了守将。三月,鄱阳传说黄龙出现。蜀军分别占据了险要地方,前后连营五十多个,陆逊根据轻重缓急用兵抵抗，从正月到闰六月，彻底打垮了蜀军，在战场上被杀和放下武器投降的士兵有几万人。刘备奔逃，才得以身免死。

当初，孙权表面上假托奉事魏国，但不是真心归附。魏国派遣侍中辛毗、尚书桓阶前往吴国与孙权结盟立誓，并且征召孙权的儿子到魏国去做官。孙权推辞谦让，没有接受。秋九月，魏国就下令让曹休、张辽、臧霸出兵洞口，曹仁出兵濡须，曹真、夏侯尚、张郃、徐晃率兵包围南郡。孙权派吕范等人统率五个军，用水军抵御曹休等人。诸葛瑾、潘璋、杨粲援救南郡，朱桓以濡须督的身份率军抵抗曹仁。当时杨、越夷民多数还未平定，内患尚未消除，所以孙权用恭敬谦虚的话向魏文帝上书，请求允许自己改正错误，说："如果我的罪恶一定不被赦免，我当奉还土地和人民，请求让我寄身交州，了此余生。"文帝回答说："您生在天下动乱的时候，本来就有驰骋天下的志向，却能降低身份奉事魏国，而享有现在这种爵位。从您被册封为吴王以来，贡献的礼品充满道路。讨伐刘备的功绩，魏朝仰赖您才获得成功。如果人像狐狸那样埋了又挖，反复无常，古人也认为是可耻的。现在我跟您君臣的名分已经确定，难道乐于使军队劳苦远征江汉吗？朝廷的议论，做君主的也不能专擅。三公上表奏报您的过失，都有根据。我因不贤明，虽有曾母投杼的怀疑，但还希望大臣们的话是不真实的，并以此当作国家的幸福。所以，我先派使者犒劳您，又派尚书、侍中去跟您重温以前的誓言，并决定送孙登到魏国来做人质一事。您却借口推辞，不想让儿子前来，商议的大臣认为这很奇怪。而且，前都尉浩周劝您遣子，那实际是大臣共同谋划的意见，并以此来推测您的诚意。您果真借口推辞，对外援引隗嚣遣子给光武帝却终于背叛，对内比喻窦融虽不遣子却能忠贞不渝。时代不同了，事情也不同了，人各有自己的打算。浩周回来，口中陈述，用手比画，越发让商议的大臣揭发了许多对您的怀疑，所谓您善始善终奉事我朝的基础，没有一点依据，所以我就勉强顺从大臣们的议论。现在看到您上书言事的表，诚恳深刻周到，内心很感慨，以致伤感动容。当天我就下诏书，命令各军只许深挖战壕，高筑壁垒，不能轻举妄动。如果您一定要表现出忠义贞节，来解除大家怀疑的议论，孙登早上到京，我便晚上下令撤回军队。这话的诚意，有如长江东去，决不食言。"于是，孙权正式改了年号，沿江抗拒防守。冬十一月，刮了大风，吕范等人的士兵几千人被淹死，其余军队退回江南。曹休派臧霸用轻船五百只，敢死队一万人偷袭进攻徐陵，烧掉攻城的战车，杀死掳掠了几千人。将军全琮、徐盛追杀魏将尹卢，杀死俘虏了几百人。十二月，孙权派太中大夫郑泉在白帝城拜访刘备，蜀、吴又开始通使和好。但是孙权还和魏文帝互相往来，到次年才正式绝交。这年，吴国夷陵改为西陵。

黄武二年春正月，曹真分出一部分军队占据了江陵的江心小岛。这月，孙权在江夏山筑城。改正了四分历，使用乾象历。三月，曹仁派将军常彫等人，率兵五千，乘坐涂了油的船只，早晨渡到濡须坞附近的江心岛。曹仁的儿子曹泰率军急攻朱桓，朱桓用兵抵抗，并派将军严圭等人击败了常彫等人。这月，魏军全部撤退。夏四月，孙权的大臣们劝他称帝，孙权不答应。刘备在白帝城去世。五月，曲阿进言喜降甘露。先前，戏口守将晋宗杀死将领王直，率士兵判逃魏国，魏国任用他做蕲春太守，屡次侵犯东吴边境。六月，孙权派将军贺齐率糜芳、刘邵等人袭击蕲春，刘邵等人活捉了晋宗。冬十一月，蜀国派中郎将邓芝来东吴拜访。

黄武三年夏，孙权派辅义中郎将张温聘问蜀国。秋八月，东吴大赦死囚。九月，魏文帝率兵出巡广陵，南望长江，叹息说：

"那里有人防守,不能有所图谋啊!"于是返回。

黄武四年夏五月,丞相孙邵去世。六月,孙权任命太常卿顾雍为丞相。皖口传说树木长了连理枝。冬十二月,鄱阳的强盗彭绮自称将军,攻陷了许多县、有士兵几万人。这年连续发生地震。

黄武五年春,孙权下令说:"战争发生很久了,老百姓离开土地,不事农业,父子夫妇,不能互相体恤,我很同情他们。现在北方的敌人已经退缩逃窜,中原以外的地区没有战事了,下命令给各州郡,实行宽缓政策,让人民休养生息。"这时陆逊因到处缺粮,上表请令诸将开荒扩大农田。孙权答复说:"很好。现在我们父子亲自接受一份公田,用给我驾车的八头牛拉四张犁耕种,虽然赶不上古代的圣君,也想和大家同等地从事劳作。"秋七月,孙权听到魏文帝去世,就出兵征讨江夏,包围石阳,未能攻下,就撤兵回来。苍梧传说出现了凤凰。孙权分三郡的山险之地十个县设置东安郡,任命全琮为太守,去讨平山越暴乱。冬十月,陆逊上表陈述应该办的事,劝孙权施行恩惠,减轻刑罚,放宽田赋,停止征收户调。又说:"忠诚的话,不敢全部陈述;只求容身苟免的小人,才屡次以功利的主张向您进谏。"孙权答复说:"法令的设置,用它来阻止邪恶的坏事发生,戒备还未发生的犯罪行为,怎么能不设置刑罚以威服小人呢?这是先有法令,而后有依法处治,不想使有犯法的人罢了。您认为刑罚太重,我为什么把它当作有利的事呢?只是不得已而这样做罢了。现在据你上表的意见,应当重新咨询商量,务必使法令切实可行。再说,亲近的大臣应尽力提出规劝的建议,亲属有补其愆过、察其得失的劝诫,以此纠正君主的错误,并表明自己的忠实可靠。《尚书》中说:'我假如不同意你的意见,你便不要当面屈从我。'我难道不乐于听取忠恳的话来弥补自己的不足吗?您却说

'不敢全部陈述'，又怎么能算是忠正的好话呢？如果地位低下的臣民中，有可录用的人，难道能够因人废言而不采纳吗？一味谄媚讨好别人，我虽然愚昧不明也能识别清楚。至于征发户调一事，只因天下尚未平定，统一的功业得靠大家的支持才能成功。如果只守住江东地区，推行宽仁的政治，兵力自然够用，还用得着征发户调吗？只因自守江南，不求进取才显得浅陋啊！如果不预先征发户调，恐怕临时征用不那么便当吧！而且，我和您，贵贱尊卑的名分与礼仪很不相同，但喜忧实在是一样的。来表中说，你不敢和大家一样苟安以求暂且免祸，这确实是我甘心希望于您的呀。"于是，孙权下令有关官吏全部写出法令条款，派郎中褚逢送给陆逊和诸葛瑾，感到不妥当的地方，请他们增删修改。这年，孙权分交州设置广州，不久又恢复原样。

黄武六年春正月，诸将俘获彭绮。闰十二月，韩当的儿子韩综率领部属投降了魏国。

黄武七年春三月。孙权封儿子孙虑做建昌侯，撤销东安郡。夏五月，鄱阳太守周鲂假装叛吴，引诱魏将曹休。秋八月，孙权到了皖口，派将军陆逊率众将在石亭打败了曹休。吴国大司马吕范去世。这年，合浦郡改名珠官郡。

黄龙元年春，公卿大臣和各官署长官都劝孙权正式称皇帝的尊号。夏四月，夏口、武昌都说黄龙、凤凰出现。丙申日，孙权在南郊正式即皇帝位，这天大赦，改了年号。并追尊父亲破虏将军孙坚为武烈皇帝，母亲吴氏为武烈皇后，哥哥讨逆将军孙策为长沙桓王。吴王孙权的太子孙登为皇太子。将军官吏们都提高了爵位，给予了赏赐。当初，献帝兴平年间，吴中一带童谣说："黄金车，斑斓耳，闿昌门，出天子。"五月，孙权派校尉张刚、管笃到辽东。六月，蜀国派遣卫尉陈震庆贺孙权登上帝位。

孙权就与蜀国使者参酌以分天下，豫、青、徐、幽四州属吴，兖、冀、并、凉四州属蜀。司州的土地，以函谷关为边界。又制定盟书说：

天降祸乱，汉室的皇统失去了正常的秩序，叛臣趁机夺取了国家的大权，这种情况从董卓开始，到曹操结束。他们穷凶极恶，使天下败坏，以致使中国分裂，普天下失去纲纪，人民和神灵感到痛苦怨恨，没有止境。到曹操的儿子曹丕，倒行逆施，做了许多凶恶的事，经常干奸恶邪僻的事，最终篡夺了皇位。到曹叡这个微不足道的小丑，重蹈曹丕恶迹，依仗兵力，窃取汉室土地，至今未能伏法受诛。过去共工扰乱天下而帝尧兴师问罪，三苗违犯法度而虞舜征讨他们。今天消灭曹叡，擒拿他的党徒，除非蜀汉和吴国，还有谁能承当这种重任？讨伐恶人，剪除凶暴，一定要宣布他们的罪行，应该先分割他的领土，夺取他的土地，让老百姓和士人的思想各自有所依归。所以《春秋》记载晋文公讨伐卫国，首先把它的土地分给宋国人，就是这个道理。况且古代建立伟大的功业，一定要先结盟立誓，因此《周礼》就有主管盟约及其礼仪的官职，《尚书》就有诰、誓一类的文章，蜀和吴虽然信义出于本心，但是分割土地的大事，应当立有盟约。诸葛丞相的恩惠和声望，远近闻名，他辅助拥戴本国皇帝，在外主持军国大事，诚信感动了天地乾坤，又一次缔结盟约，扩大诚意，遵守誓言，使吴、蜀两国人民都能知道两国结盟的大事。所以筑坛杀牲，明确地告诉神灵，再歃血把盟书放在牲口上，把副本藏在天府。上天虽高，也能听取下情；神灵的威力，也能助我诚心的实现。司慎、司盟的神和诸位神灵，莫不光临受祭。从今日蜀、吴结盟以后，齐心协力，一同讨伐魏贼，济危扶困，有难同当，有喜同庆，好恶相同，没有人怀有二心。如果有人危害蜀国，那吴国就讨伐他；如果有人危害吴国，那蜀国就讨伐他。各自守好自己的封土，决不互相侵犯。盟约传到后代，能够始终如一。凡是各项盟约，都像盟书记载的一样办理。诚实的言辞并不华丽，实在是出自于一种友好。如果有人背弃盟约，就会招致灾难，首先内部混乱；有意反叛，制造不和，就是对天命的怠慢，神明上帝就督察他，惩罚他，名山名川的神灵就举发他，诛杀他，使他丧失民众，国位不能长久。伟大的神灵啊，请明察吧！

秋九月，孙权迁都建业，就住在原来的府第里不再建筑宫廷，并征召上大将军陆逊辅佐太子孙登，掌管武昌的留后事宜。

黄龙二年春正月，魏国修筑合肥新城。孙权下诏设立都讲祭酒，使诸子受到教育。派遣将军卫温、诸葛直率领武装士兵一万航行海上寻找夷洲和亶洲。亶洲在大海之中，老年人传说秦始皇曾派方士徐福率领童男童女几千人到海上，建筑蓬莱仙山和仙药，到了亶洲没有回来。世代相传至今有几万户，那洲上的人民时常有到会稽买卖布匹用品的，会稽靠东的各县人民在海上航行，也有遇到大风袭击漂流到亶洲的。那个地方非常遥远，卫温等人终究没能到达，只带了几千夷洲人回来。

黄龙三年春二月，孙权派太常潘濬率五万士兵讨伐武陵的各族。卫温、诸葛直都因违背命令无功而被下狱处死。夏天，有野蚕作茧，像鸡蛋一般大。由拳县野稻自然生长，于是改名禾兴县。中郎将孙布伪装投降来引诱魏将王凌，王凌率军迎接孙布。冬十月，孙权率很多士兵潜伏在阜陵等候王凌，王凌发觉后逃走。会稽郡南始平县传说有嘉禾生长。十二月丁卯日，发布大赦令，并改明年为嘉禾元年。

嘉禾元年春正月，建昌侯孙虑去世。三月，派将军周贺、校尉裴潜乘船由海路到辽东。秋九月，魏将田豫半路截击周贺等人，在成山杀掉了周贺。冬十月，魏辽东太守公孙渊派校尉宿舒、阆中令孙综向孙权自称藩属，并进献貂皮和骏马。孙权十分喜悦，加封公孙渊的爵位。

嘉禾二年春正月，孙权下诏书说："我本来没有德行，却接受了天命，所以早晚小心谨慎，就连和衣而睡的时间都没有。想治平世上的祸乱，救济百姓，上报神灵的庇佑，下慰人民的希望。因此一心一意，辛勤地罗致杰出的人才，将跟他们通力合作，共同平定天下。如能同心同德，我将与他们奋斗到老。现在使持节都督幽州、兼任青州牧的辽东太守、燕王公孙渊，长期被曹魏逼迫，远隔一方，虽然他尽忠朝廷，却报国无门。现在他顺应天命，不远千里派遣两名使者来，显示了忠诚，奏表中表达了深厚的情谊。我得到这样的表章，还有比这更高兴的事吗？即使商汤得到伊尹，周文王获得姜尚，光武帝未平定天下而先得河右，跟我今天相比，难道喜悦之情能超过我吗？全国统一，从此大局就定了。《尚书》不是说吗：'君主一人做了好事，亿万臣民便会得到幸福。'我要大赦天下的罪犯，给他们自新的机会，并命令下达州郡，让百姓也能知道这件事。又专门下诏给燕国，让他们奉旨传扬我的恩德，让全天下的人民都知道这件事。"三月，送宿舒、孙综返回辽东，并派太常张弥、执金吾许晏、将军贺达等率一万军队，携带金银珠宝奇珍异物，"九锡"之礼的全部礼品，乘船由海路送给公孙渊。满朝文武大臣，从丞相顾雍及以下的人都劝谏，认为公孙渊不可轻信，对他恩宠待遇太过分了，只派一般官吏和几百士兵护送宿舒、孙综回去便可。孙权始终不听劝谏。后来，公孙渊果然杀了张弥等人，把他们的头送到魏国，收没了他们携带的武器和物资。孙权非常恼怒，想亲自讨伐公孙渊，尚书仆射薛综等人直言极谏，才停止了征讨。这年，孙权率军向合肥新城进攻，派将军全琮出征六安，都未能取胜，撤军回来。

嘉禾三年春正月，孙权下诏说："战争长期不能停息，百姓为赋税徭役所苦，年成有时歉收。你们要放宽各种拖欠的租税，不要再催促征收。"夏五月，孙权派陆逊、诸葛瑾等人率兵在江夏、沔口驻扎，孙韶、张承等人率兵向广陵、淮阳进军，他自己率大部军队包围合肥新城。这时，蜀汉丞相诸葛亮率兵出武功，孙权认为魏明帝不能远行到南方打仗。但是，魏明帝派兵援助司马懿抵抗诸葛亮，自己率水兵东征。魏明帝兵未到寿春，孙权闻讯退兵回来，孙韶等人也停止了进攻。秋八月，孙权任命诸葛恪为丹杨太守，讨伐山越。九月初一日，下霜冻坏了稻谷。冬十一月，太常潘濬平定了武陵的少数民族，战事结束后，返回武昌。孙权下诏恢复曲阿县为云阳县，丹徒县为武进县。庐陵的贼冠李桓、罗厉等人叛乱。

嘉禾四年夏，孙权派吕岱讨伐李桓等人。秋七月，天下冰雹。魏国使者用马求换珠玑、翡翠、玳瑁，孙权说："这些都是我不用的东西，却能换得战马，我们何妨而不任其交换呢？"

嘉禾五年春，孙权铸造大钱，一枚大钱抵五百枚小钱。下诏要官吏百姓交铜，按交铜的多少给钱。还设立了禁止私铸货币的法律条文。二月，武昌传说在礼宾殿降了甘露。辅吴将军张昭去世。中郎将吾粲擒获了李桓，将军唐咨擒获了罗厉等人。从去年十月不下雨，一直到今年夏天。冬十月，彗星出现在东方。鄱阳贼寇彭旦等人作乱。

嘉禾六年春正月，孙权下诏说："孝子守丧三年，这是天下通行的制度，也是人情极度哀痛的表示；贤明的人舍弃个人的私哀来服从国家的大礼，不贤明的人勉力去为父母守丧三天。天下太平，圣贤之道通畅，上下无事，君子不会强令奔丧守制的官员出仕，因此，三年不到守丧孝子的家门。至于国家多事的时候，那就要减省丧葬礼仪以顺从时宜，服丧戴孝来处理国事。所以圣人制定法令，有礼制而无特殊情况的变通，就行不通。孝子遇到丧事不回家奔丧并非古礼，而是顺从时宜，以大义为重而割舍个人的私情。以前特地设置科条，高级官吏有职的，遇到丧事，必须办理交代，有明知故犯的，虽然要察其过失而治罪，公务还是被荒废了。现在正当国家多事多难的时候，凡在职的官吏，应当各自为国尽忠，先公后私，而不要死板地沿袭旧的丧礼，这是很无意义的。朝内朝外的大臣们，请重新对此事进行商议，使这方面的法令适当，订出详细的条款。"顾谭提议，认为："为孝子离职奔丧立法，轻了就不能禁止孝子奔丧的私情，重了则离职奔丧本不是应死之罪，即使增设严刑，违背孝心而不去奔丧的一定很少。如果偶有违犯了的，加重处罚于私情来说是不忍心的，减轻处罚则法令废弛而不能推行。我认为高级官吏在远方任职，假使有丧事而不通知，他势必不能知道。在选择继承人期间，如果有传递消息的，一定处以死刑，这就使高级官吏没有怠忽职务的忧虑，孝子也不会违犯重刑而处罚。"将军胡综提议，认为："丧事的礼仪，即使有典章制度，如果不在非常时期，还是不能执行的。现在正当战争时期，处理军事与处理一般政事，情况不同，如高级官吏遇到丧事，知道法令禁条，却公然敢于触犯，假如只考虑到孝子听到父母丧事不去奔丧的耻辱，而不考虑做臣子犯法的罪责，这是法律禁令本来太轻造成的。大臣对国家尽忠，以孝道立家，做官为臣，忠孝怎么能够兼而有之呢？所以，做忠臣就不能做孝子。应该制定法律，用死刑来昭示臣子。如果故意违法奔丧，犯罪决不能赦免。用死刑来制住人们犯法，处置一个人，那以后违法奔丧的一定会绝迹。"丞相顾雍奏请同意，违法奔丧处以死刑。后来吴县县令孟宗母亲死后，他违法奔丧，事后在武昌自己拘禁自己听候惩罚。陆逊向孙权陈奏孟宗的平素行为，并借机为孟宗求情。于是，孙权给孟宗减刑一等，并重申以后违犯的人不能援引此例，由此违法奔丧的事就绝迹了。二月，陆逊讨伐彭旦等人，当年，都打败了他们。冬十月，孙权派卫将军全琮袭击六安，没有攻下。诸葛恪平定山越叛乱后，率军向北屯驻庐江。

赤乌元年春，吴国铸造大钱，一枚抵一千小钱。夏天，吕岱讨伐庐陵的贼寇，事毕，返回陆口。秋八月，武昌传说麒麟出现。有关官员上奏说麒麟是天下太平的应验，应改年号。孙权下诏书说："近来红色乌鸦在殿前聚集，我亲眼看见了。如果神灵认为是吉祥的事，那改年号就用赤乌元年吧。"群臣奏称："过去武王伐纣，有红乌鸦的祥瑞征兆，君臣们看到了它，于是就有了天下，圣人在史书上记载叙述最为详尽，认为最近的事已经够吉祥了，又是明确地亲自看到的啊。"于是改了年号。步夫人去世，追赠为皇后。当初，孙权信任的校事吕壹，性格苛刻惨忍，执法严酷狠毒。太子孙登屡次进谏，孙权不采纳，大臣们因此没有人敢说这件事。后来，吕壹奸邪的罪恶被揭露，依法处罪，孙权承认错误而责备自己，就派中书郎袁礼向诸位大将表示歉意，乘便也询问当时的政事，哪些应该改变。袁礼返回后，孙权又用诏书责备诸葛瑾、步骘、朱然、吕岱等人说："袁礼返回，说跟子瑜、子山、义封、定公见面后，并征求当时政事应当何先何后，各人都以不主管民事，不肯陈述自己的意见，全部推到伯言、承明身上。伯言、承明见了袁礼，流泪伤心，言辞悲苦凄恻，以至还怀着危险恐惧的心理，有不自安的表现。听到这些，我十分失望，还深感奇怪。为什么呢？我想圣人不能没有错误的行为，聪明的人能自己觉察罢了。人的举动，怎么能正确适中？自以为是而拒绝大家的意见，是轻率而不自觉，所以诸位有猜疑责难罢了；要不，为什么竟然到了这种地步呢？从我起兵五十年来，服役纳税全部出自百姓。天下没有平定，叛逆的人还在，士兵勤苦，确实我所深知。但是，使百姓辛苦，这是事不得已的呀！我跟你们共事，从少到长，头发都花白了，认为内心与行为足够表露，以公私情分考虑，足以相互信任。你们把意见讲透彻，直率地规谏我，这是我寄希望于你们的；弥补我的过失，指出不足，我也寄希望于你们。从前，卫武公年过九十，志气还很大，勤恳地寻求佐辅的大臣，往往独自责备自己。再说，普通平民相交往，也以有情分和志趣相合者为友，还处于艰难困苦之中而不变心。现在，你们与我共事，虽然有君臣的名分大义，但可以说骨肉之亲也不过如此。荣辱与共，有福共享，休戚相关。忠诚的人不隐瞒真情，有智谋的人就不留一手，对是非的看法是一致的，你们难道能安闲自在不慌不忙吗？我们犹如同舟渡河，还跟谁推卸责任呢？齐桓公是当年诸侯中的霸主，有善行管仲没有不赞美的，有错误没有不规谏的，劝谏不听，就规谏不止。现在我自己反省没有齐桓公的德行，但你们劝谏的话没有说出口，却怀着猜疑责难情绪。从这点说来，我与齐桓公相比好多了，不知你们比管仲怎么样呀？好久没有见面，对这些事实应当发笑，我们共同建立帝王大业，使天下归于一统，应当还有谁呢？凡各事应当增删改变的，乐于听到不同意见，以纠正我做得不够的地方。"

赤乌二年春三月，孙权派使者羊衜、郑胄、将军孙怡到辽东，袭击魏守将张持、高虑等人，俘获许多男女人口。零陵传说喜降甘露。夏五月，筑沙羡城。冬十月，将军蒋秘向南讨伐夷民中叛乱的。蒋秘统帅下的都督廖武杀掉了临贺太守严纲等人，自称平南将军，与其弟廖潜共同进攻零陵、桂阳，并振动了交州、苍梧、郁林各郡，有兵几万人。孙权派将军吕岱、唐咨讨伐他们，一年多全部击败他们。

赤乌三年春正月，孙权下诏说："君主没有人民就不能建立国家，人民没有粮食就不能生活。近来，老百姓纳税和服役太多，年景常遇水灾和旱灾，一年谷物收获有所减少，而有些官吏不好，侵占农时，以致人民受饥受穷。从今以后，督军和郡守，要谨慎地察明官吏的非法行为，在农桑紧要时间，凡用徭役侵扰百姓的，要向我揭发报告。"夏四月，进行大赦，下诏各郡县修治城郭，建造望楼，挖通护城河，开凿水道，以防备盗贼。冬十一月，百姓发生饥荒，孙权下诏打开仓库来赈济贫穷的老百姓。

赤乌四年春正月，下了大雪，平地积雪三尺厚，鸟兽冻死了一大半。夏四月，孙权派卫将军全琮夺取淮南，决开芍陂，放火烧了安城的粮仓，收容了当地人民。威北将军诸葛恪进攻六安。全琮和魏将王凌在芍陂交战，中郎将秦晃等十余人战死。车骑将军朱然包围樊城，大将军诸葛瑾攻取柤中。五月，太子孙登去世。这月，魏国的太傅司马懿援救樊城。六月，孙权撤兵返回。闰七月，大将军诸葛瑾死了。秋八月，陆逊在邾修城。

赤乌五年春正月，孙权立孙和为太子，大赦天下，改禾兴县为嘉兴县。百官请立皇后和以四子为王。孙权下诏说："现在天下还未平安，百姓劳累困苦，况且有功的人有的还未录用，饥寒交迫的人民还没有抚恤，却要滥割土地使自己的子弟富裕，提高爵位来宠幸自己的妃妾，我很不赞同。请放弃这种建议吧！"三月，海盐县传说黄龙出现。夏四月，孙权禁止进献御用物品，减少太官署供应饮食的数量。秋七月，派将军聂友、校尉陆凯率兵三万人讨伐珠崖、儋耳。这年疫病流行，有关官员又上奏请立皇后和封诸子为王。八月，孙权立儿子孙霸为鲁王。

赤乌六年春正月，新都传说出现白虎。诸葛恪征讨六安，攻破魏将谢顺的军营，收纳了他的人民。冬十一月，丞相顾雍去世。十二月，扶南国王范旃派使者进献善歌善舞的艺人和地方特产。这年，司马懿率军进入舒县，诸葛恪从皖城移兵驻到柴桑。

赤乌七年春正月，任命上大将军陆逊担任丞相。秋天，宛陵传说嘉禾长出。这年，步骘、朱然等人各自上疏说："从蜀国回来的人，都说蜀国想背弃盟约跟魏国勾结，他们造了许多船只，修缮城郭。另外，蒋琬镇守汉中，听到司马懿率兵南下，乘魏国后方空虚却不出兵牵制敌人，反而放弃汉中，返回成都附近。事情已经十分明显，不要再怀疑了，应该做好防蜀的准备。"孙权揣测情况，认为不是这样，他说："我们对待蜀国不薄，聘问赠送礼品，结盟立誓，没有对不起他们的事，为什么会恶化到这种地步呢？而且，司马懿前来进入舒县，十天就又退回，蜀国远在万里，怎么能知道形势危急就出兵呢？过去，魏国想出兵汉川，我们这里才戒严，也没有出兵的举动，正好听到魏军返回就停止了出兵，蜀国难道可以又因此怀疑我们吗？况且，别人治理自己的国家，船只城郭为什么不能加以修缮保护呢？现在我们这里训练军队，难道又是想用来防御蜀国吗？来人的话很不可信，我替你们以自毁其家来担保，蜀国决不会与魏国勾结。"蜀国终究没有那样的打算，如同孙权谋划的一样。

赤乌八年春二月，丞相陆逊去世了。夏天，疾雷击中宫门的柱子，又击中南津大桥的柱子。茶陵县洪水泛滥，冲毁居民二百多家。秋七月，将军马茂等人谋反，诛杀了他们的三族。八月，孙权大赦。派校尉陈勋率领屯田的士兵和工匠三万人开凿句容县中路的运河，从小其通到云阳西城，沟通商旅，兴建馆舍。

赤乌九年春二月，车骑将军朱然征讨魏国的柤中，杀死和俘虏了一千多人。夏四月，武昌传言降了甘露。秋九月，孙权任命骠骑将军步骘担任丞相，车骑将军朱然担任左大司马，卫将军全琮担任右大司马，镇南将军吕岱担任上大将军，威北将军诸葛恪担任大将军。

赤乌十年春正月，右大司马全琮去世。二月，孙权到南宫。三月，改修太初宫，诸将和各州郡都去义务劳动。夏五月，丞相步骘去世。冬十月，大赦死囚。

赤乌十一年春正月，朱然筑江陵城。二月，多次发生地震。三月，太初宫修成。夏四月，下了冰雹，云阳传说黄龙出现。五月，鄱阳传说白虎出没而未伤人。孙权下诏说："古代圣王积累善行，加强自身的修养而行仁义之道，才有了天下，所以天降吉祥的征兆以与人事相应，这是用来表明圣王的德行的！我以不贤明的资质，怎么能达到这种地步？《尚书》上说：'即使被人称颂赞美，也不要自认为有美德而骄傲自满。'诸位公卿大臣百官们，一定要努力尽职，以纠正我做得不够的地方。"

赤乌十二年春三月，左大司马朱然去世。四月，有两只乌鸦衔着一只喜鹊掉在太子居住的东宫。丙寅日，骠骑将军朱据代理丞相，烧烤喜鹊祭告天地。

赤乌十三年夏五月，夏至那天，火星运行到南斗星区，秋七月，火星又经过北斗星第二颗星向东运行。八月，丹杨、句容和故鄣、宁国地区诸山崩塌，洪水泛滥成灾。下诏免除拖欠的赋税，借给人民种子，供给粮食。孙权废掉了太子孙和，把他安置到故鄣。赐死鲁王孙霸。冬十月，魏将文钦假装叛魏引诱朱异，孙权派吕据到朱异处迎接文钦。朱异等人做事小心谨慎，文钦不敢前进。十一月，孙权立儿子孙亮做太子。派军队十万，兴修堂邑县的涂塘水坝来淹没通向魏国的大路。十二月，魏大将军王昶包围南郡，荆州刺史王基进攻西陵，孙权派将军戴烈、陆凯前往拒敌，王昶、王基率军撤回。这年，神人授予天书，告诉孙权要改年号，立皇后。

太元元年夏五月，孙权立潘氏为皇后，大赦，改年号为太元。当初，临海郡的罗阳县有个神人，自称王表。在民间活动，他的语言、吃喝，跟一般人没有不同，但看不见他的形体。他有一名婢女，名叫纺绩。这月，派中书郎李崇捧着辅国将军罗阳王的印绶，去迎接王表。王表与李崇一起出来，与经过的郡守和县令谈论，李崇等人都不能驳倒他的意见。所历山川，往往由婢女纺绩向神人报告。秋七月，李崇和王表来到。孙权为他在苍龙门外设置馆舍，屡次派亲近的大臣送酒和食品去。王表预言水旱之类的事，往往应验。秋八月初一日，刮起大风，江海倒流溢出，平地水深八尺，吴郡高陵的松柏全被连根拔出，吴郡的南城门被风吹上去又掉下来。冬十一月，大赦。孙权祭祀南郊回来后，卧病不起。十二月，孙权用急信调回诸葛恪，任命他为太子太傅。还下诏减少徭役，减收赋税，废除人民认为痛苦的事情。

太元二年春正月，立原来的太子孙和为南阳王，让他居于长沙；儿子孙奋为齐王，居于武昌；儿子孙休为琅邪王，居于虎林。二月大赦，改年号为神凤。皇后潘氏去世。各将军、官吏屡次拜访王表求福，王表逃走。夏四月，孙权去世，享年七十一岁，谥号为大皇帝。秋七月，安葬在蒋陵。

评论说：孙权委屈自己，蒙受称臣的耻辱，重用有才能的人，尊崇智谋之士，有勾践的奇才，是英雄中的杰出人物。因而他能独据江南，以鼎足之势，形成对峙割据的大业。但他性格多疑猜忌，杀人毫不迟疑，到了晚年，更加严重。至于他听信谗言，所行灭绝人性的事，废弃和杀死子孙，难道是《诗经》中所说的留下治国安天下的谋略使贤能的后代能够平安统治天下吗？他的后代衰微，终于使国家覆灭，不一定不是这个原因吧！

三国志卷四十九

吴书四

刘繇太史慈士燮传

刘繇字正礼，东莱牟平人也。齐孝王少子封牟平侯，子孙家焉。繇伯父宠，为汉太尉。繇兄岱，字公山，历位侍中，兖州刺史。

繇年十九，从父韪为贼所劫质，繇篡取以归，由是显名。举孝廉，为郎中，除下邑长。时郡守以贵戚托之，遂弃官去。州辟部济南，济南相中常侍子，贪秽不循，繇奏免之。平原陶丘洪荐繇，欲令举茂才。刺史曰："前年举公山，奈何复举正礼乎？"洪曰："若明使君用公山于前，擢正礼于后，所谓御二龙于长涂，骋骐骥于千里，不亦可乎！"会辟司空掾，除侍御史，不就。避乱淮浦，诏书以为扬州刺史。时袁术在淮南，繇畏惮，不敢之州。欲南渡江，吴景、孙贲迎置曲阿。术图为僭逆，攻没诸郡县。繇遣樊能、张英屯江边以拒之，以景、贲术所授用，乃迫逐使去。于是术乃自置扬州刺史，与景、贲并力攻英、能等，岁余不下。汉命加繇为牧，振武将军，众数万人。孙策东渡，破英、能等。繇奔丹徒，遂溯江南保豫章，驻彭泽。笮融先至，杀太守朱皓，入居郡中。繇进讨融，为融所破，更复招合属县，攻破融。融败走入山，为民所杀。繇寻病卒，时年四十二。

笮融者，丹杨人，初聚众数百，往依徐州牧陶谦。谦使督广陵、下邳、彭城运漕，遂放纵擅杀，坐断三郡委输以自入。乃大起浮图祠，以铜为人，黄金涂身，衣以锦采，垂铜槃九重，下为重楼阁道，可容三千余人，悉课读佛经，令界内及旁郡人有好佛者听受道，复其他役以招致之，由此远近前后至者五千余人户。每浴佛，多设酒饭，布席于路，经数十里，民人来观及就食且万人，费以巨亿计。曹公攻陶谦，徐土骚动，融将男女万口，马三千匹，走广陵，广陵太守赵昱待以宾礼。先是，彭城相薛礼为陶谦所逼，屯秣陵，融利广陵之众，因酒酣杀昱，放兵大略，因载而去。过杀礼，然后杀皓。

后策西伐江夏，还过豫章，收载繇丧，善遇其家。王朗遗策书曰："刘正礼昔初临州，未能自达，实赖尊门为之先后，用能济江成治，有所处定。践境之礼，感分结意，情在终始。后以袁氏之嫌，稍更乖剌。更以同盟，还为仇敌，原其本心，实非所乐。康宁之后，常愿渝平更成，复践宿好。一尔分离，款意不昭，奄然殂陨，可为伤恨！知敦以厉薄，德以报怨，收骨育孤，哀亡愍存，捐既往之猜，保六尺之托，诚深恩重分，美名厚实也。昔鲁人虽有齐怨，不废丧纪，《春秋》善之，谓之得礼，诚良史之所宜借，乡校之所叹闻。正礼元子，致有志操，想必有以殊异。威盛刑行，施之以恩，不亦优哉！"

繇长子基，字敬舆，年十四，居繇丧尽礼，故吏馈饷，皆无所受。姿容美好，孙权爱敬之。权为骠骑将军，辟东曹掾，拜辅义校尉、建忠中郎将。权为吴王，迁基大农。权尝宴饮，骑都尉虞翻醉酒犯忤，权欲杀之，威怒甚盛，由基谏争，翻以得免，权大暑时，尝于船中宴饮，于船楼上值雷雨，权以盖自覆，又命覆基，余人不得也。其见待如此。徙郎中令。权称尊号，改为光禄勋，分平尚书事。年四十九卒。后权为子霸纳基女，赐第一区，四时宠赐，与全、张比。基二弟，铄、尚，皆骑都尉。

太史慈字子义，东莱黄人也。少好学，仕郡奏曹史。会郡与州有隙，曲直未分，以先闻者为善。时州章已去，郡守恐后之，求可使者。慈年二十一，以选行，晨夜取道，到洛阳，诣公车门，见州吏始欲求通。慈问曰："君欲通章耶？"吏曰："然。"问："章安在？"曰："车上。"慈曰："章题署得无误耶？取来视之。"吏殊不知其东莱人也，因为取章。慈已先怀刀，便截败之。吏踊跃大呼，言"人坏我章"！慈将至车间，与语曰："向使君不以章相与，吾亦无因得败之，是为吉凶祸福等耳，吾不独受此罪。岂若默然俱出去，可以存易亡，无事俱就刑辟。"吏言："君为郡败吾章，已得如意，欲复亡为？"慈答曰："初受郡遣，但来视章通与未耳。吾用意太过，乃相败章。今还，亦恐以此见谴怒，故俱欲去尔。"吏然慈言，即日俱去。慈既与出城，因遁还通郡章。州家闻之，更遣吏通章，有司以格章之故不复见理，州受其短。由是知名，而为州家所疾。恐受其祸，乃避之辽东。

北海相孔融闻而奇之，数遣人讯问其母，并致饷遗。时融以黄巾寇暴，出屯都昌，为贼管亥所围。慈从辽东还，母谓慈曰："汝与孔北海未尝相见，至汝行后，赡恤殷勤，过于故旧，今为贼所围，汝宜赴之。"慈留三日，单步径至都昌。时围尚未密，夜伺间隙，得入见融，因求兵出斫贼。融不听，欲待外救，未有至者，而围日逼。融欲告急平原相刘备，城中人无由得出，慈自请求行。融曰："今贼围甚密，众人皆言不可，卿意虽壮，无乃实难乎？"慈对曰："昔府君倾意于老母，老母感遇，遣慈赴府君之急，固以慈有可取，而来必有益也。今众人言不可，慈亦言不可，岂府君爱顾之义，老母遣慈之意耶？事已急矣，愿府君无疑。"融乃然之。于是严行蓐食，须明，便带鞬摄弓上马，将两骑自随，各作一的持之，开门直出。外围下左右人并惊骇，兵马互出。慈引马至城下堑内，植所持的各一，出射之，射之毕，径入门。明晨复如此，围下人或起或卧，慈复植的，射之毕，复入门。明晨复出如此，无复起者，于是下鞭马直突围中驰去。比贼觉知，慈行已过，又射杀数人，皆应弦而倒，故无敢追者。遂到平原，说备曰："慈，东莱之鄙人也，与孔北海亲非骨肉，比非乡党，特以名志相好，有分灾共患之义。今管亥暴乱，北海被围，孤穷无援，危在旦夕。以君有仁义之名，能救人之急，故北海区区，延颈恃仰，使慈冒白刃，突重围，从万死之中自托于君，惟君所以存之。"备敛容答曰："孔北海知世间有刘备邪！"即遣精兵三千人随慈。贼闻兵至，解围散走。融既得济，益奇贵慈，曰："卿吾之少友也。"事毕，还启其母，母曰："我喜汝有以报孔北海也。"

扬州刺史刘繇与慈同郡，慈自辽东还，未与相见，暂渡江到曲阿见繇，未去，会孙策至。或劝繇可以慈为大将军，繇曰："我若用子义，许子将不当笑我邪？"但使慈侦视轻重。时独与一骑卒遇策。策从骑十三，皆韩当、宋谦、黄盖辈也。慈便前斗，正与策对。策刺慈马，而揽得慈项上手戟，慈亦得策兜鍪。会两家兵骑并各来赴，于是解散。

慈当与繇俱奔豫章，而遁于芜湖，亡入山中，称丹杨太守。

是时，策已平定宣城以东，惟泾以西六县未服。慈因进住泾县，立屯府，大为山越所附。策躬自攻讨，遂见囚执。策即解缚，捉其手曰："宁识神亭时邪？若卿尔时得我云何？"慈曰："未可量也。"策大笑曰："今日之事，当与卿共之。"即署门下督，还吴授兵，拜折冲中郎将。后刘繇亡于豫章，士众万余人未有所附，策命慈往抚安焉。左右皆曰："慈必北去不还。"策曰："子义舍我，当复与谁？"饯送昌门，把腕别曰："何时能还？"答曰："不过六十日。"果如期而反。

刘表从子磐，骁勇，数为寇于艾、西安诸县。策于是分海昏、建昌左右六县，以慈为建昌都尉，治海昏，并督诸将拒磐。磐绝迹不复为寇。

慈长七尺七寸，美须髯，猿臂善射，弦不虚发。尝从策讨麻保贼，贼于屯里缘楼上行詈，以手持楼棼，慈引弓射之，矢贯手著棼，围外万人莫不称善。其妙如此。曹公闻其名，遣慈书，以箧封之，发省无所道，而但贮当归。孙权统事，以慈能制磐，遂委南方之事。年四十一，建安十一年卒。子享，官至越骑校尉。

士燮字威彦，苍梧广信人也。其先本鲁国汶阳人，至王莽之乱，避地交州。六世至燮父赐，桓帝时为日南太守。燮少游学京师，事颍川刘子奇，治《左氏春秋》。察孝廉，补尚书郎，公事免官。父赐丧阕后，举茂才，除巫令，迁交阯太守。

弟壹，初为郡督邮。刺史丁宫征还京都，壹侍送勤恪，宫感之，临别谓曰："刺史若待罪三事，当相辟也。"后宫为司徒，辟壹。比至，宫已免，黄琬代为司徒，甚礼遇壹。董卓作乱，壹亡归乡里。交州刺史朱符为夷贼所杀，州郡扰乱。燮乃表壹领合浦太守，次弟徐闻令䵋领九真太守，䵋弟武，领南海太守。

燮体器宽厚，谦虚下士，中国士人往依避难者以百数。耽玩《春秋》，为之注解。陈国袁徽与尚书令荀彧书曰："交阯士府君既学问优博，又达于从政，处大乱之中，保全一郡，二十余年疆埸无事，民不失业，羁旅之徒，皆蒙其庆，虽窦融保河西，曷以加之。官事小阕，辄玩习书传，《春秋左氏传》尤简练精微，吾数以咨问传中诸疑，皆有师说，意思甚密。又《尚书》兼通古今，大义详备。闻京师古今之学，是非忿争，今欲条《左氏》《尚书》长义上之。"其见称如此。

燮兄弟并为列郡，雄长一州，偏在万里，威尊无上。出入鸣钟磬，备具威仪，笳箫鼓吹，车骑满道，胡人夹毂焚烧香者常有数十。妻妾乘辎軿，子弟从兵骑，当时贵重，震服百蛮，尉他不足逾也。武先病没。

朱符死后，汉遣张津为交州刺史，津后又为其将区景所杀，而荆州牧刘表遣零陵赖恭代津。是时苍梧太守史璜死，表又遣吴巨代之，与恭俱至，汉闻张津死，赐燮玺书曰："交州绝域，南带江海，上恩不宣，下义壅隔，知逆贼刘表又遣赖恭窥看南土，今以燮为绥南中郎将，董督七郡，领交阯太守如故。"后燮遣吏张旻奉贡诣京都，是时天下丧乱，道路断绝，而燮不废贡职，特复下诏拜安远将军，封龙度亭侯。

后巨与恭相失，举兵逐恭，恭走还零陵。建安十五年，孙权遣步骘为交州刺史。骘到，燮率兄弟奉承节度。而吴巨怀异心，骘斩之。权加燮为左将军。建安末年，燮遣子廞入质，权以为武昌太守，燮、壹诸子在南者，皆拜中郎将。燮又诱导益州豪姓雍闿等，率郡人民使遥东附，权益嘉之，迁卫将军，封龙编侯，弟壹偏将军，都乡侯。燮每遣使诣权，致杂香细葛，辄以千数，明珠、大贝、流离、翡翠、玳瑁、犀、象之珍，奇物异果，蕉、邪、龙眼之属，无岁不至。壹时贡马凡数百匹。权辄为书，厚加宠赐，以答慰之。燮在郡四十余岁，黄武五年，年九十卒。

权以交阯县远，乃分合浦以北为广州，吕岱为刺史；交阯以南为交州，戴良为刺史。又遣陈时代燮为交阯太守。岱留南海，良与时俱前行到合浦，而燮子徽自署交阯太守，发宗兵拒良，良留合浦。交阯桓邻，燮举吏也，叩头谏徽使迎良，徽怒，笞杀邻。邻兄治子发又合宗兵击徽，徽闭门城守，治等攻之数月不能下，乃约和亲，各罢兵还。而吕岱被诏诛徽，自广州将兵昼夜驰入，过合浦，与良俱前。壹子中郎将匡与岱有旧，岱署匡师友从事，先移书交阯，告谕祸福，又遣匡见徽，说令服罪，虽失郡守，保无他忧。岱寻匡后至，徽兄祗、弟幹、颂等六人肉袒奉迎。岱谢令复服，前至郡下。明旦早施帐幔，请徽兄弟以次入，宾客满坐。岱起，拥节读诏书，数徽罪过，左右因反缚以出，即皆伏诛，传首诣武昌。壹、䵋、匡后出，权原其罪，及燮质子廞，皆免为庶人。数岁，壹、䵋坐法诛。廞病卒，无子，妻寡居，诏在所月给俸米，赐钱四十万。

评曰：刘繇藻厉名行，好尚臧否，至于扰攘之时，据万里之土，非其长也。太史慈信义笃烈，有古人之分。士燮作守南越，优游终世，至子不慎，自贻凶咎，盖庸才玩富贵而怙阻险，使之然也。

译文：

刘繇，字正礼，东莱牟平人。汉齐孝王的小儿子封为牟平侯，子孙后代便住在那里。刘繇的伯父刘宠是汉朝的太尉。刘繇的哥哥刘岱，字公山，先后担任过侍中、兖州刺史。

刘繇十九岁时，他的叔父刘韪被强盗劫为人质，他却从强盗手中把叔父夺了回来，由此名声大振。他被举荐为孝廉，担任郎中，升为下邑县长。当时的郡守因为他是朝廷重臣的亲戚，便想依托他，于是他弃官而去。州府征调他去治理济南。济南相是中常侍的儿子，贪赃枉法，不循正道，刘繇就上书罢免了他。平原人陶丘洪推荐刘繇，想把他举拔为茂才。刺史说："去年推举了刘公山，怎么又推举刘正礼呢？"陶丘洪说："如果您先前任用了刘公山，接着又提拔了刘正礼，可以说是驾驭着两条龙在长途上行走，驰骋着良马奔跑在千里之外，不也很好吗？"正好这时朝廷征调刘繇任司空掾，又晋升侍御史，刘繇却没有去就职。他在淮浦避乱，朝廷又下诏书任命他为扬州刺史。当时袁术在淮南，刘繇害怕他，不敢到扬州赴任。刘繇想往南渡过长江，吴景和孙贲迎接他并把他安置在曲阿。袁术企图僭位称帝，攻陷了许多郡县。刘繇派樊能、张英屯兵江边来抗拒袁术。因为吴景和孙贲都是袁术授职任用的官员，刘繇就强行驱逐他们，使他们离开。在这种情况下，袁术就自己任命扬州刺史，和吴景、孙贲合力攻打张英、樊能等人，攻了一年多没有攻下。汉朝廷下令给刘繇加官为州牧、振武将军，他的军队有了几万人。孙策从东面渡过长江，打败了张英、樊能等人。刘繇逃到丹徒，终于逆江而上，想在南面固守豫章，屯兵彭泽。笮融在他之前来到这里，杀了太守朱皓，进城住在郡府里。刘繇进军讨伐笮融，被笮融打败，他又重新召集所属县的兵力，又打败了笮融。笮融逃进山里，被百姓杀死。刘繇不久病逝，当时他四十二岁。

笮融是丹杨人。起初他聚众几百人，前去依附徐州州牧陶谦。陶谦派他督察广陵、彭城的水道运粮事务。他竟然肆无忌惮，擅自滥杀，轻易地截取三郡运送的粮食归了自己。然后他大修佛寺，用铜铸成人像，在铜人身上涂上黄金，给它穿上锦缎彩绣，垂挂铜盘九层，下面修重楼阁道，可容纳三千多人，责令他们都育读佛经，使辖区以内以及周围郡县信佛的人来听经受道，并用免除听众其他劳役的办法来吸引人们。由此远近前后来的人可达五千多户人家。每次给沸洗浴，总要备办很多酒食，在路上铺下席子，长达几十里，百姓来观看和就食的人将近万人，耗费巨资数以亿计。曹操攻打陶谦，徐州大地陷入骚乱，笮融率领男女一万人，马三千匹，逃到广陵。广陵太守赵昱用招待宾客的厚礼接待他。先前，彭城相薛礼被陶谦所逼，屯兵秣陵。笮融贪图广陵的人多，趁着酒兴杀了赵昱，放纵士兵拼命抢掠，然后满载而去。路过秣陵，杀了薛礼，接着又杀了朱皓。

后来孙策往西讨伐江夏，返回时路过豫章，他运走了刘繇的遗体，对刘繇的家属给予很好的待遇。王朗写信对孙策说："刘正礼以前刚赴州任时，不能靠自己的力量打开局面，实在是依赖你们家为他前后奔跑，因而他才能渡过长江建立治所，有了安身立足之地。这种践越境域的礼遇，是友好情谊的体现。而且，这种友好情谊能够有始有终。后来因为同袁氏的嫌怨，你们的关系逐渐变得疏远了。又由于您和袁氏的同盟关系，你们之间反过来成为仇敌。推究他的本意，那实在不是他愿意做的事情。在身体康复之后，他必定愿意同您永远捐弃前嫌，言归于好，重新建立过去那种密切的关系。突然间他离开了我们，他的一番诚意还来不及表白，就匆匆病逝，真是令人伤心遗憾！您懂得以厚待薄，以德报怨，收容遗骨，抚育孤儿，哀悼死者，怜悯生者，抛弃过去的猜嫌，保护未成年的孤儿，实在是恩情深重，美名厚实。从前鲁国人虽然与齐国人有怨仇，却没有废除齐国的丧事，《春秋》认为他们做得对，称之为'得礼'。这实在是良史应当借鉴的，是乡校应当加以颂扬的。刘正礼的长子，其情趣意态很有志气节操，想来必定有与众不同之处。您的虎威大振，刑法大行，与此同时，再用恩惠施予遗孤，不也就显得更宽厚了吗？"

刘繇的长子刘基，字敬舆，年仅十四岁，为刘繇守丧竭尽礼仪，刘繇过去的僚属馈送食物，他都没有接受。他的姿容美好，孙权喜欢并敬重他。孙权任骠骑将军，征调他为东曹掾，任命他为辅义校尉、建忠中郎将。孙权称吴王，就提拔刘基为大农。孙权曾经宴饮群臣，骑都尉虞翻喝醉了酒，冒犯了孙权，孙权想杀了他，当时孙权威怒正盛，由于刘基的劝谏力争，虞翻才得以免死。孙权在盛夏时，曾在船上宴饮群臣，在船楼上碰上雷雨，孙权用伞遮住自己，又命令遮盖刘基，其他人则不能享受这个待遇。刘基就是这样得到孙权的厚遇。后来他改任郎中令。孙权称帝以后，又改任光禄勋，分理尚书事务。他四十九岁时去世。后来孙权为儿子孙霸娶了刘基的女儿，赐住宅一套，四时的赏赐与全氏、张氏相同。刘基有两个弟弟，刘铄、刘尚，都是骑都尉。

太史慈，字子义，东莱黄县人。他从小喜欢学习，在郡府担任奏曹史。在他任职期间，正碰上州牧和郡守闹矛盾，是非曲直分不清楚，朝廷一般把先报告的一方视为正确的。当时州牧弹劾郡守的章表已经送走，郡守担心自己弹劾州牧的章表要落后，就寻求能完成使命的人。太史慈二十一岁，被郡守选中来执行这个使命。他日夜兼程，直抵洛阳，来到公车门下，看见州吏正打算把章表递进去。太史慈问道："您想呈报章表吗？"州吏说："是的。"太史慈又问："章表在哪儿？"州吏说："在车上。"太史慈说:"章表的题款该不会有错吧?拿来我看看。"州吏竟不知太史慈是东莱人,因而就给太史慈取来章表。太史慈事先已经藏了一把刀,接过章表就用刀把章表割碎了。州吏跳起来大喊大叫,说"有人毁了我的章表"。太史慈把他扶到马车中间,对他说:"如果您不把章表给我,我也就没有机会能把章表毁掉。这样对咱们两个人来说,吉凶福祸的可能性是均等的,我不会独自承受这个罪名。哪如保持沉默,一块儿逃出去,可用活路替换死路。再说我们也没必要一块儿接受刑法的惩治。"州吏说:"您为郡守毁了我的章表,已经完成任务了,怎么又想逃亡呢?"太史慈说:"我开始接受郡守的派遣,只是来看看章表呈上了没有。我过于意气用事,才毁了章表。如果回去,只怕因此被追究罪责,因此想一块儿离开。"州吏认为太史慈的话有道理,当天就和太史慈一块儿离开洛阳了。太史慈和州吏出城后,趁机跑回来把郡守的章表递进去了。州牧得知此事后,改派其他官员来呈递章表。有关部门因为州牧章表的内容与郡守的章表相抵触的缘故,不再受理。州牧就这样被郡守揭了短。太史慈从此有了名气,但为州牧所憎恨。他担心要遭受州牧的报复,就逃到辽东避祸。

北海相孔融听说此事,认为太史慈与众不同,多次派人慰问他的母亲,并给他母亲送来礼物。有一次孔融因为黄巾贼入侵行暴,便出兵驻扎在都昌,被黄巾贼管亥包围了。太史慈从辽东返回,他母亲对他说:"你和孔北海不曾相识,在你走了以后,他诚心诚意地赡养体恤我,胜过老友。现在他被强盗包围,你应当去帮助他。"太史慈在家里住了三天,就单人步行直接来到都昌。当时黄巾贼的包围还不严密,太史慈乘夜间找机会冲了进去,见到了孔融,于是要求出兵杀贼。孔融不采纳他的意见,想等待外面的救兵。但救兵没有来,而黄巾贼的包围圈一天天地逼近。孔融想向平原相刘备告急,但城里的人无路可出。太史慈自己要求这个任务。孔融说:"现在强盗的包围很严密,大家都说不可,您的气魄虽然雄壮,恐怕实在是很困难吧?"太史慈回答:"过去您尽心照顾我的老母亲,老母亲对您的厚遇十分感动,派我来帮助您解除危急,她这样做,本来是认为我有可取之处,而来了以后必定有用。现在大家都说不行,我也说不行,这哪里是您厚爱顾怜的情谊、老母亲派我来的意思呢?事情已经危急了,希望您不要疑虑。"孔融这才答应了他的请求。于是太史慈换一身轻装,吃饱了饭,等到天一亮,就带上橐鞬提着弓弩跃上马背,请两名骑兵紧随其后,每人做一个靶子拿在手中,打开城门就一直冲出去。城外包围圈里两侧的人群全都惊骇,兵马同时冲出。太史慈把马引到城墙下的壕沟里,把两名骑兵拿来的靶子竖立起来,然后从壕沟里出来,用箭射靶子。射完靶子,就直接进入城门。第二天早晨又这样做,包围圈里的人有的起身有的卧地不动。太史慈又把靶子竖立起来,射完靶子,又进入城门。第三天早晨再出去这样做,就再也没人起来了。这时,太史慈突然甩鞭打马,直冲包围圈奔驰而去。等到强盗察觉时,太史慈已经冲过去了,又用箭射死了几个人,都是应弦而倒的,所以没有人敢追赶。于是太史慈到了平原,劝刘备说:"我是东莱的粗人,和孔北海亲非骨肉,近非同乡,只是因为情投意合,因而有同甘共苦的情谊。现在管亥残暴地为非作歹,北海被围困,势单力弱,外无援兵,危在旦夕。因为您有仁义的美名,能够帮助别人解除危难,因此北海一片诚意,翘首仰望,等待您的救兵,就派我冒着敌人闪闪的刀光,突出重围。从九死一生中向您求援,把一切希望都托付给您,希望您因此援救他。"刘备恭敬地回答说:"孔北海知道世间有个刘备呀!"他立即派精兵三千人跟随太史慈。黄巾贼听说救兵到了,解除包围,四散而逃。孔融得到救援以后,越发器重太史慈,他说:"您是我的年轻朋友。"事情结束后,太史慈回家禀告他的母亲,母亲说:"我很高兴你有机会报答孔北海。"

扬州刺史刘繇和太史慈是同郡人,太史慈从辽东返回,还没能和他会面。不久他就渡江到曲阿去见刘繇。未等他离开曲阿,正巧孙策也率军赶到。有人劝刘繇可任用太史慈为大将军,刘繇说:"我如果起用子义,许子将不是该嘲笑我了吗?"他只是派太史慈去侦察敌军的虚实。当时太史慈独自和一名骑兵出发了,路上碰上孙策。孙策带着十三名骑士,都是韩当、宋谦、黄盖一类的人物。太史慈就向前与孙策交锋,正和孙策打了个照面。孙策刺太史慈的马,并且把太史慈背在后颈上的手戟抓了过来,太史慈也抢到孙策的头盔。这时,两家的兵马同时赶来交战,因此两个人才得以解脱。

太史慈在和刘繇章一起逃奔豫章时,逃到了芜湖,流亡在山里,自称为丹杨太守。这时候,孙策已经平定了宣城以东的地区,只有泾县以西的六个县没有顺服。太史慈趁势进驻泾县,建立屯守的军府,很为山越人所亲近。孙策亲自去攻打讨伐太史慈,太史慈终于被孙策俘虏。孙策当即给太史慈松绑,捉住他的手说:"可记得在神亭时的事情吗?如果那时您抓到我,将怎么处置?"太史慈说:"这事无法想象。"孙策大声笑了,说:"今天的事情,我就和您共同庆贺。"当下就让太史慈署理门下督,返回吴郡后,又授予太史慈兵马,任命他为折冲中郎将。后来刘繇死在豫章,他的部属一万多人没有归宿,孙策就命令太史慈前去安抚他们。孙策手下的人都说:"太史慈一定北去不再回来。"孙策说:"子义除了我,还能再追随谁呢?"他在昌门为太史慈饯行,握着太史慈的手腕告别,他问:"您什么时候回来?"太史慈回答说:"不过六十天。"后来,太史慈果然如期返回。

刘表的侄子刘磐十分勇猛,多次入侵艾县、西安各县。于是,孙策分出海昏、建昌以及相邻的六个县,任命太史慈为建昌都尉,以海昏为治所,并督率众将抵御刘磐。刘磐从此绝迹,不再入侵。

太史慈身高七尺七寸,胡须修美,两臂似猿长而有力,善于射箭,箭不虚发。他曾经跟随孙策讨伐麻屯、保屯的强盗,有个强盗在军营里沿着楼台边叫骂,手托着楼台的护梁。太史慈拿起弓射了一箭,箭射穿了强盗的手,把他的手钉在护梁上。阵上万人没有不喝彩叫好的。他的武艺就是如此高超。曹操听说他的名气,给他写了一封信,把信封在匣子里,他打开看了看,没有说什么,只是把信藏好还退回去。孙权执政后,因为太史慈能对付刘磐,就把南方的事务交给他。太史慈四十一岁时,即汉建安十一年去世。他的儿子太史享官做到越骑校尉。

士燮,字威彦,苍梧广信人。他的祖先本来是鲁国汶阳人,到了王莽篡权时,逃避祸乱来到交州。传了六代到了士燮的父亲士赐,在汉桓帝时担任日南太守。士燮年轻时在京都求学,侍奉颍川人刘子奇,研究《左氏春秋》。经考察被举荐为孝廉,补缺任尚书郎,因公务被罢官。他父亲士赐的丧事结束后,他被推荐为茂才,升为巫县县令,又提为交阯太守。

他的弟弟士壹起初是郡督邮。刺史丁宫被召回京都,士壹侍奉护送丁宫十分勤谨恭敬,丁宫感激士壹,临别时对士壹说:

"我这个刺如果能任职三公,一定召用你。"后来丁宫任司徒,就征调士壹。等到士壹来到京都,丁宫已经被罢官,黄琬代任司徒,对士壹以厚礼相待。董卓制造骚乱时,士壹逃回故里。交州刺史朱符被少数族强盗杀害,州郡陷入混乱。士燮就宣布士壹兼任合浦太守,二弟徐闻县令士䵋兼任九真太守,士䵋的弟弟士武兼任南海太守。

士燮心胸宽厚,谦恭虚心,礼贤下士,中原的士人前去依附他避难的人数以百计。他沉溺于对《春秋》的研究,并为《春秋》注释。陈国人袁徽在给尚书令荀彧的信中说:"交阯士府君学问既渊博,又精通政务,处在时局非常混乱的情况下,他能保全一郡,二十多年疆界无事,百姓没有失去家业、流落他乡的人,都蒙受他的好处,即使象窦融保全河西的事迹,又怎么能超过他呢?公务闲暇,他就研究学习经传,对《春秋左氏传》尤其研究精微。我多次向他请教传中的各种疑难问题,他的解说都有所本,释意十分精辟。同时他对古文《尚书》和今文《尚书》都很精通,主要精神掌握得很详细全面。听说京都古文、今文两大学派是非纷争,眼下他打算条陈《左传》《尚书》的奥义呈献朝廷。"士燮就是这样为人们所称赞。

士燮兄弟同时名列郡守,在全州最有势力。而他们所处的位置又十分偏远,因而他们的威势尊崇没有人能超过。他们出入要鸣钟击磬,各种显赫的礼仪齐全,一路上笳箫演奏军乐,车辆马匹挤满大道,经常有几十个胡人在道路两旁为他们烧香。他们的妻妾乘衣车,子弟带骑兵随从,可谓名贵一时,百蛮镇服,南越王尉佗也无法超过他们。士武先病死。

朱符死后,汉朝廷派张津任交州刺史,张津后来又被他的部将区景杀害,而荆州州牧刘表则派零陵人赖恭来接替张津。这时，苍梧太守史璜死了，刘表又派吴巨来取代他，吴巨和赖恭一起到任。汉朝廷听到张津的死讯，赐给士燮加有封印的诏书说："交州是偏远的地区，南临大海，皇上的恩惠不能下达，臣下的忠义被阻隔。得知叛贼刘表又派赖恭窥视南土，现任命士燮为绥南中郎将，统率七郡，兼任交阯太守不变。"后来士燮派官员张旻到京都奉献贡品。这个时期天下大乱，道路断绝，士燮却没有废除奉献贡品的职责，为此皇上又特地下诏书任命他为安远将军，封为龙度亭侯。

后来吴巨和赖恭不和，就率军驱逐赖恭，赖恭逃回零陵。汉建安十五年，孙权派步骘为交州刺史。步骘到任后，士燮带领兄弟们侍奉得极有分寸。吴巨则怀有异心，步骘就杀了他。孙权为士燮加官左将军。建安末年，士燮派儿子士廞入朝做人质，孙权任命士为武昌太守，士燮和士壹所有在南方的儿子都任命为中郎将。士燮又诱导益州的富豪士族雍闿等人，率领益州百姓在远方依附江东，孙权更加赞赏他，提升他为卫将军，封为龙编侯，他的弟弟士壹则为偏将军，封为都乡侯。士燮每次派使节晋见孙权，送去的各种香料精细葛布，常常是数以千计。明珠、大贝、琉璃、翡翠、玳瑁、犀角、象牙之类的珍宝，奇异的物产果品如香蕉、椰子、龙眼之类，没有一年不给孙权送去的。士壹按时奉献良马，共献了几百匹。孙权也总是给他们回信，厚加赏赐，以答谢安抚他们。士燮在郡任职四十多年，吴黄武五年，他九十岁时去世。

孙权因为交阯太远，就把合浦以北划分为广州，任命吕岱为刺史，交阯以南为交州，任命戴良为刺史。又派陈时接替士燮为交阯太守。吕岱留在南海，戴良和陈时一起出发到了合浦。士燮的儿子士徽却自己署理交阯太守，组织家族武装抗拒戴良。戴良只好留在合浦。交阯人桓邻是士燮提拔的官员,他叩头劝说士徽,士徽派人迎接戴良。士徽大怒,鞭笞并杀了桓邻。桓邻的哥哥桓治、儿子桓发又集合家族武装攻打士徽。士徽闭城固守,桓治等人攻了几个月也没攻下来,就缔约和议联姻,各自收兵返回。吕岱则接到孙权的诏令,让他诛杀士徽。他从广州率军队日夜兼程,路过合浦时,和戴良一同进军,士壹的儿子中郎将士匡和吕岱有交情,吕岱安排士匡任师友从事。这时吕岱先给交阯方面传信,告诉他们利害关系,又派士匡去见士徽,劝说士徽,让他认罪,这样虽然丢了郡守的官衔,但可以保证他没有其他的忧虑。吕岱紧随士匡之后赶到,士徽和哥哥士祗、弟弟士干、士颂等六个人袒胸露臂地奉侯迎接。吕岱谢绝了他们,让他们重新穿上衣服,他一直前进来到郡府。第二天早上,他提前设置帐幔,请士徽兄弟按次序进入。帐幔里宾客满坐。吕岱站起来,手持符节宣读诏书,一条一条地陈述士徽的罪行。手下人趁势把他们反捆起来,推了出去,很快都处以死刑。他们的首级被送到武昌。士壹、士䵋、士匡因为后来出首了,孙权宽恕了他们的罪过。他们和士燮做人质的儿子士廞一块儿,都被罢官贬为平民。几年后,士壹、士䵋因为犯法被处死。士廞病死,没有儿子,他的妻子寡居。孙权下令让士的寡妻所在的地方官府每月供给她俸米,还赐给她钱四十万。

评论说:刘繇能够珍惜名誉,刻励品行,喜欢褒贬是非,至于在时局动荡不安的情况下,控制广阔的地区,就不是他的特长。太史慈忠诚笃厚,义气刚烈,有古人的情谊。士燮保守南越,终生悠闲,到了他儿子,就不够慎重,自己招来灾祸,这恐怕是庸才玩弄富贵、依赖险阻使他得到这样的下场吧。

三国志卷五十二

吴书七

张顾诸葛步传第七

张昭字子布，彭城人也。少好学，善隶书，从白侯子安受《左氏春秋》，博览众书，与琅邪赵昱、东海王朗俱发名友善。弱冠察孝廉，不就，与朗共论旧君讳事，州里才士陈琳等皆称善之。刺史陶谦举茂才，不应，谦以为轻己，遂见拘执。昱倾身营救，方以得免。汉末大乱，徐方士民多避难扬土，昭皆南渡江。孙策创业，命昭为长史、抚军中郎将，升堂拜母，如比肩之旧，文武之事，一以委昭。昭每得北方士大夫书疏，专归美于昭，昭欲嘿而不宣则惧有私，宣之则恐非宜，进退不安。策闻之，欢笑曰："昔管仲相齐，一则仲父，二则仲父，而桓公为霸者宗。今子布贤，我能用之，其功名独不在我乎！"

策临亡，以弟权托昭，昭率群僚立而辅之。上表汉室，下移属城，中外将校，各令奉职。权悲感未视事，昭谓权曰："夫为人后者，贵能负荷先轨，克昌堂构，以成勋业也。方今天下鼎沸，群盗满山，孝廉何得寝伏哀戚，肆匹夫之情哉？"乃身自扶权上马，陈兵而出，然后众心知有所归。昭复为权长史，授任如前。后刘备表权行车骑将军，昭为军师。权每田猎，常乘马射虎，虎尝突前攀持马鞍。昭变色而前曰："将军何有当尔？夫为人君者，谓能驾御英雄，驱使群贤，岂谓驰逐于原野，校勇于猛兽者乎？如有一旦之患，奈天下笑何？"权谢昭曰："年少虑事不远，以此惭君。"然犹不能已，乃作射虎车，为方目，间不置盖，一人为御，自于中射之。时有逸群之兽，辄复犯车，而权每手击以为乐。昭虽谏争，常笑而不答。魏黄初二年，遣使者邢贞拜权为吴王。贞入门，不下车。昭谓贞曰："失礼无不敬，故法无不行。而君敢自尊大，岂以江南寡弱无方寸之刃故乎！"贞即遽下车。拜昭为绥远将军，封由拳侯。权于武昌，临钓台，饮酒大醉。权使人以水洒群臣曰："今日酣饮，惟醉堕台中，乃当止耳。"昭正色不言，出外车中坐。权遣人呼昭还，谓曰："为共作乐耳，公何为怒乎？"昭对曰："昔纣为糟丘酒池长夜之饮，当时亦以为乐，不以为恶也。"权默然，有惭色，遂罢酒。初，权当置丞相，众议归昭。权曰："方今多事，职统者责重，非所以优之也。"后孙邵卒，百寮复举昭，权曰："孤岂为子布有爱乎？领丞相事烦，而此公性刚，所言不从，怨咎将兴，非所以益之也。"乃用顾雍。

权既称尊号，昭以老病，上还官位及所统领。更拜辅吴将军，班亚三司，改封娄侯，食邑万户。在里宅无事，乃著《春秋左氏传》解及《论语》〔《孝经》〕注。权尝问卫尉严："宁念小时所暗书不？"因诵《孝经》"仲尼居"。昭曰："严鄙生，臣请为陛下诵之。"乃诵"君子之事上"，咸以昭为知所诵。

昭每朝见，辞气壮厉，义形于色，曾以直言逆旨，中不进见。后蜀使来，称蜀德美，而群臣莫拒，权叹曰："使张公在坐，彼不折则废，安复自夸乎？"明日，遣中使劳问，因请见昭，昭避席谢，权跪止之。昭坐定，仰曰："昔太后、桓王不以老臣属陛下，而以陛下属老臣，是以思尽臣节，以报厚恩，使泯没之后，有可称述，而意虑浅短，违逆盛旨，自分幽沦，长弃沟壑，不图复蒙引见，得奉帷幄。然臣愚心所以事国，志在忠益，毕命而已。若乃变心易虑，以偷荣取容，此臣所不能也。"权辞谢焉。

权以公孙渊称藩，遣张弥、许晏至辽东拜渊为燕王，昭谏曰："渊背魏惧讨，远来求援，非本志也。若渊改图，欲自明于魏，两使不反，不亦取笑于天下乎？"权与相反复，昭意弥切。权不能堪，案刀而怒曰："吴国士人入宫则拜孤，出宫则拜君，孤之敬君，亦为至矣，而数于众中折孤，孤尝恐失计。"昭熟视权曰：臣虽知言不用，每竭愚忠者，诚以太后临崩，呼老臣于床下，遗诏顾命之言故在耳。"因涕泣横流。权掷刀致地，与昭对泣。然卒遣弥、晏往。昭忿言之不用，称疾不朝。权恨之，土塞其门，昭又于内以土封之。渊果杀弥、晏。权数慰谢昭，昭固不起，权因出过其门呼昭，昭辞疾笃。权烧其门，欲以恐之，昭更闭户。权使人灭火，住门良久，昭诸子共扶昭起，权载以还宫，深自克责。昭不得已，然后朝会。

昭容貌矜严，有威风，权常曰："孤与张公言，不敢妄也。"举邦惮之。年八十一，嘉禾五年卒。遗令幅巾素棺，敛以时服。权素服临吊，谥曰文侯。长子承已自封侯，少子休袭爵。

昭弟子奋年二十，造作攻城大攻车，为步骘所荐。昭不愿曰："汝年尚少，何为自委于军旅乎？"奋对曰："昔童汪死难，子奇治阿，奋实不才耳，于年不为少也。"遂领兵为将军，连有功效，至半州都督，封乐乡亭侯。

承字仲嗣，少以才学知名，与诸葛瑾、步骘、严相友善。

权为骠骑将军，辟西曹掾，出为长沙西部都尉。讨平山寇，得精兵万五千人。后为濡须都督、奋威将军，封都乡侯，领部曲五千人。承为人壮毅忠谠，能甄识人物，拔彭城蔡款、南阳谢景于孤微童幼，后并为国士，款至卫尉，景豫章太守。又诸葛恪年少时，众人奇其英才，承言"终败诸葛氏者，元逊也"。勤于长进，笃于物类，凡在庶几之流，无不造门。年六十七，赤乌七年卒，谥曰定侯。子震嗣。初，承丧妻，昭欲为索诸葛瑾女，承以相与有好，难之，权闻而劝焉，遂为婚。生女，权为子和纳之。权数令和修敬于承，执子婿之礼。震诸葛恪诛时亦死。

休字叔嗣，弱冠与诸葛恪、顾谭等俱为太子登僚友，以《汉书》授登。从中庶子转为右弼都尉。权常游猎，迨暮乃归，休上疏谏戒，权大善之，以示于昭。及登卒后，为侍中，拜羽林都督，平三典军事，迁扬武将军，为鲁王霸友党所谮，与顾谭、承俱以芍陂论功事，休、承与典军陈恂通情，诈增其伐，并徙交州。中书令孙弘佞伪险波，休素所忿，弘因是谮诉，下诏书赐休死，时年四十一。

顾雍字元叹，吴郡吴人也。蔡伯喈从朔方还，尝避怨于吴，雍从学琴书。州郡表荐，弱冠为合肥长，后转在娄、曲阿、上虞，皆有治迹。孙权领会稽太守，不之郡，以雍为丞，行太守事，讨除寇贼，郡界宁静，吏民归服。数年，入为左司马。权为吴王，累迁大理、奉常，领尚书令，封阳遂乡侯，拜侯还寺，而家人不知，后闻乃惊。

黄武四年，迎母于吴。既至，权临贺之，亲拜其母于庭，公卿大臣毕会，后太子又往庆焉。雍为人不饮酒，寡言语，举动时当。权尝叹曰："顾君不言，言必有中。"至饮宴欢乐之际，左右恐有酒失而雍必见之，是以不敢肆情。权亦曰："顾公在坐，使人不乐。"其见惮如此。是岁，改为太常，进封醴陵侯，代孙邵为丞相，平尚书事。其所选用文武将吏各随能所任，心无适莫。时访逮民间，及政职所宜，辄密以闻。若见纳用，则归之于上，不用，终不宣泄。权以此重之。然于公朝有所陈及，辞色虽顺而所执者正。权尝咨问得失，张昭因陈听采闻，颇以法令太稠，刑罚微重，宜有所蠲损。权默然，顾问雍曰："君以为何如？"雍对曰："臣之所闻，亦如昭所陈。"于是权乃议狱轻刑。久之，吕壹、秦博为中书，典校诸官府及州郡文书。壹等因此渐作威福，遂造作榷酤障管之利，举罪纠奸，纤介必闻，重以深案丑诬，毁短大臣，排陷无辜，雍等皆见举白，用被谴让。后壹奸罪发露，收系廷尉。雍往断狱，壹以囚见，雍和颜色，问其辞状，临出，又谓壹曰："君意得无欲有所道？"壹叩头无言。时尚书郎怀叙面詈辱壹，雍责叙曰："官有正法，何至于此！"

  雍为相十九年，年七十六，赤乌六年卒。初疾微时，权令医赵泉视之，拜其少子济为骑都尉。雍闻，悲曰："泉善别死生，吾必不起，故上欲及吾目见济拜也。"权素服临吊，谥曰肃侯。长子邵早卒，次子裕有笃疾，少子济嗣，无后，绝。永安元年，诏曰："故丞相雍，至德忠贤，辅国以礼，而侯统废绝，朕甚愍之。其以雍次子裕袭爵为醴陵侯，以明著旧勋。"

  邵字孝则，博览书传，好乐人伦。少与舅陆绩齐名，而陆逊、张敦、卜静等皆亚焉。自州郡庶几及四方人士，往来相见，或言议而去，或结厚而别，风声流闻，远近称之。权妻以策女，年二十七，起家为豫章太守。下车祀先贤徐孺子之墓，优待其后；禁其淫祀非礼之祭者。小吏资质佳者，辄令就学，择其先进，擢置右职，举善以教，风化大行。初，钱唐丁谞出于役伍，阳羡张秉生于庶民，乌程吴粲、云阳殷礼起乎微贱，邵皆拔而友之，为立声誉。秉遭大丧，亲为制服结绖。邵当之豫章，发在近路，值秉疾病，时送者百数，邵辞宾客曰："张仲节有疾，若不能来别，恨不见之，暂还与诀，诸君少时相待。"其留心下士，惟善所在，皆此类也。谞至典军中郎，秉云阳太守，礼零陵太守，粲太子少傅。世以邵为知人。在郡五年，卒官，子谭、承云。

谭字子默，弱冠与诸葛恪等为太子四友，从中庶子转辅正都尉。赤乌中，代恪为左节度。每省簿书，未尝下筹，徒屈指心计，尽发疑谬，下吏以此服之。加奉车都尉。薛综为选曹尚书，固让谭曰："谭心精体密，贯道达微，才照人物，德允众望，诚非愚臣所可越先。"后遂代综。祖父雍卒数月，拜太常，代雍平尚书事。是时鲁王霸有盛宠，与太子和齐衡，谭上疏曰："臣闻有国有家者，必明嫡庶之端，异尊卑之礼，使高下有差，阶级逾邈，如此则骨肉之恩生，觊觎之望绝。昔贾谊陈治安之计，论诸侯之势，以为势重，虽亲必有逆节之累，势轻，虽疏必有保全之祚。故淮南亲弟，不终飨国，失之于势重也；吴芮疏臣，传祚长沙，得之于势轻也。昔汉文帝使慎夫人与皇后同席，袁盎退夫人之座，帝有怒色，及盎辨上下之仪，陈人彘之戒，帝既悦怿，夫人亦悟。今臣所陈，非有所偏，诚欲以安太子而便鲁王也。"由是霸与谭有隙。时长公主婿卫将军全琮子寄为霸宾客，寄素倾邪，谭所不纳。先是，谭弟承与张休俱北征寿春，全琮时为大都督，与魏将王凌战于芍陂，军不利，魏兵乘胜陷没五营将（秦儿）〔秦晃〕军，休、承奋击之，遂驻魏师。时琮群子绪、端亦并为将，因敌既住，乃进击之，凌军用退。时论功行赏，以为驻敌之功大，退敌之功小，休、承并为杂号将军，绪、端偏裨而已。寄父子益恨，共构会谭。谭坐徙交州，幽而发愤，著《新言》二十篇。其《知难篇》盖以自悼伤也。见流二年，年四十二，卒于交阯。

承字子直，嘉禾中与舅陆瑁俱以礼征。权赐丞相雍书曰："贵孙子直，令问休休，至与相见，过于所闻，为君嘉之。"拜骑都尉，领羽林兵。后为吴郡西部都尉，与诸葛恪等共平山越，别得精兵八千人，还屯军章坑，拜昭义中郎将，入为侍中。芍陂之役，拜奋威将军，出领京下督。数年，与兄谭、张休等俱徙交州，年三十七卒。

诸葛瑾字子瑜，琅邪阳都人也。汉末避乱江东。值孙策卒，孙权姊婿曲阿弘咨见而异之，荐之于权，与鲁肃等并见宾待，后为权长史，转中司马。建安二十年，权遣瑾使蜀通好刘备，与其弟亮俱公会相见，退无私面。

与权谈说谏喻，未尝切愕，微见风彩，粗陈指归，如有未合，则舍而及他，徐复托事造端，以物类相求，于是权意往往而释。吴郡太守朱治，权举将也，权曾有以望之，而素加敬，难自诘让，忿忿不解。瑾揣知其故，而不敢显陈，乃乞以意私自问，遂于权前为书，泛论物理，因以己心遥往忖度之。毕，以呈权，权喜，笑曰："孤意解矣。颜氏之德，使人加亲，岂谓此耶？"权又怪校尉殷模，罪至不测。群下多为之言，权怒益甚，与相反复，惟瑾默然，权曰："子瑜何独不言？"瑾避席曰："瑾与殷模等遭本州倾覆，生类殄尽。弃坟墓，携老弱，披草莱。归圣化，在流隶之中，蒙生成之福，不能躬相督厉，陈答万一，至令模孤负恩惠，自陷罪戾。臣谢过不暇，诚不敢有言。"权闻之怆然，乃曰："物为君赦之。"

后从讨关羽，封宣城侯，以绥南将军代吕蒙领南郡太守，住公安。刘备东伐吴,吴王求和,瑾与备笺曰:"奄闻旗鼓来至白帝,或恐议臣以吴王侵取此州,危害关羽,怨深祸大,不宜答和,此用心于小,未留意于大者也。试为陛下论其轻重,及其大小。陛下若抑威损忿,暂省瑾言者,计可立决,不复咨之于群后也。陛下以关羽之亲何如先帝?荆州大小孰与海内?俱应仇疾,谁当先后?若审此数,易于反掌。"时或言瑾别遣亲人与备相闻,权曰:"孤与子瑜有死生不易之誓,子瑜之不负孤,犹孤之不负子瑜也。"黄武元年,迁左将军,督公安,假节,封宛陵侯。

虞翻以狂直流徙,惟瑾屡为之说。翻与所亲书曰:"诸葛敦仁,则天活物,比蒙清论,有以保分。恶积罪深,见忌殷重,虽有祁老之救,德无羊舌,解释难冀也。"

瑾为人有容貌思度,于时服其弘雅,权亦重之,大事咨访。又别咨瑾曰:"近得伯言表,以为曹丕已死,毒乱之民,当望旌瓦解,而更静然。闻皆选用忠良,宽刑罚,布恩惠,薄赋省役,以悦民心,其患更深于操时。孤以为不然。操之所行,其惟杀伐小为过差,及离间人骨肉,以为酷耳。至于御将,自古少有。丕之于操,万不及也。今叡之不如丕,犹丕不如操也。其所以务崇小惠,必以其父新死,自度衰微,恐困苦之民一朝崩沮,故强屈曲以求民心,欲以自安住耳,宁是兴隆之渐邪!闻任陈长文、曹子丹辈,或文人诸生,或宗室戚臣,宁能御雄才虎将以制天下乎?夫威柄不专,则其事乖错,如昔张耳、陈余,非不敦睦,至于秉势,自还相贼,乃事理使然也。又长文之徒,昔所以能守善者,以操笮其头,畏操威严,故竭心尽意,不敢为非耳。逮丕继业,年已长大,承操之后,以恩情加之,用能感义。今叡幼弱,随人东西,此曹等辈,必当因此弄巧行态,阿党比周,各助所附。如此之日，奸谗并起，更相陷怼，转成嫌贰。一尔已往，群下争利，主幼不御，其为败也焉得久乎？所以知其然者，自古至今，安有四五人把持刑柄，而不离刺转相蹄啮者也！强当陵弱，弱当求援，此乱亡之道也。子瑜，卿但侧耳听之，伯言常长于计校，恐此一事小短也。"

权称尊号，拜大将军、左都护，领豫州牧。及吕壹诛，权又有诏切磋瑾等，语在《权传》。瑾辄因事以答，辞顺理正。瑾子恪，名盛当世，权深器异之；然瑾常嫌之，谓非保家之子，每以忧戚。赤乌四年，年六十八卒，遗命令素棺敛以时服，事从省约。恪已自封侯，故弟融袭爵，摄兵业驻公安，部曲吏士亲附之。疆处无事，秋冬则射猎讲武，春夏则延宾高会，休吏假卒，或不远千里而造焉。每会辄历问宾客，各言其能，乃合榻促席，量敌选对，或有博弈，或有挎，投壶弓弹，部别类分，于是甘果继进，清酒徐行，融周流观览，终日不倦。融父兄质素，虽在军旅，身无采饰；而融锦文绣，独为奢绮。孙权薨，徙奋威将军。后恪征淮南，假融节，令引军人沔，以击西兵，恪既诛，遣无难督施宽就将军施绩、孙壹、全熙等取融。融卒闻兵士至，惶惧犹豫，不能决计，兵到围城，饮药而死，三子皆伏诛。

步骘字子山，临淮淮阴人也。世乱，避难江东，单身穷困，与广陵卫旌同年相善，俱以种瓜自给，昼勤四体，夜诵经传。

会稽焦征羌，郡之豪族，人客放纵。骘与旌求食其地，惧为所侵，乃共修刺，奉瓜以献征羌。征羌方在内卧，驻之移时，旌欲委去，骘止之曰："本所以来，畏其强也；而今舍去，欲以为高，只结怨耳。"良久，征羌开牖见之，身隐几坐帐中，设席致地，坐骘、旌于牖外，旌愈耻之，骘辞色自若。征羌作食，身享大案，殽膳重沓，以小盘饭与骘、旌，惟菜茹而已。旌不能食，骘极饭致饱乃辞出。旌怒骘曰："何能忍此？"骘曰："吾等贫贱，是以主人以贫贱遇之，固其宜也，当何所耻？"

孙权为讨虏将军，召骘为主记，除海盐长，还辟车骑将军东曹掾。建安十五年，出领鄱阳太守。岁中，徙交州刺史、立武中郎将，领武射吏千人，便道南行。明年，追拜使持节、征南中郎将。刘表所置苍梧太守吴巨阴怀异心，外附内违。骘降意怀诱，请与相见，因斩徇之，威声大震。士燮兄弟，相率供命，南土之宾，自此始也。益州大姓雍闿等杀蜀所署太守正昂，与燮相闻，求欲内附。骘因承制遣使宣恩抚纳，由是加拜平戎将军，封广信侯。

延康元年，权遣吕岱代骘，骘将交州义士万人出长沙。会刘备东下，武陵蛮夷蠢动，权逆命骘上益阳。备既败绩，而零、桂诸郡犹相惊扰，处处阻兵，骘周旋征讨，皆平之。黄武二年，迁右将军、左护军，改封临湘侯。五年，假节，徙屯沤口。

权称尊号，拜骠骑将军，领冀州牧。是岁，都督西陵，代陆逊抚二境，顷以冀州在蜀分，解牧职。时权太子登驻武昌，爱人好善，与骘书曰："夫贤人君子，所以兴隆大化，佐理时务者也。受性暗蔽，不达道数，虽实区区欲尽心于明德，归分于君子，至于远近士人，先后之宜，犹或缅焉，未之能详。《传》曰：'爱之能勿劳乎？忠焉能勿诲乎？'斯其义也，岂非所望于君子哉！"骘于是条于时事业在荆州界者，诸葛瑾、陆逊、朱然、程秉、潘濬、斐玄、夏侯承、卫旌、李肃、周条、石幹十一人，甄别行状，因上疏奖劝曰："臣闻人君不亲小事，百官有司各任其职。故舜命九贤，则无所用心，弹五弦之琴，咏南风之诗，不下堂庙而天下治也。齐桓用管仲，被发载车，齐国既治，又致匡合，近汉高祖三杰以兴帝业，西楚失雄俊以丧成功。汲黯在朝，淮南寝谋；郅都守边，匈奴窜迹。故贤人所在，折冲万里，信国家之利器，崇替之所由也。方今王化未被于汉北，河、洛之滨尚有僭逆之丑，诚英雄拔俊任贤之时也。愿明太子重以经意，则天下幸甚。"

后中书吕壹典校文书，多所纠举，鹭上疏曰："伏闻诸典校擿抉细微，吹毛求瑕，重案深诬，辄欲陷人以成威福；无罪无辜，横受大刑，是以使民天地，谁不战慄？昔之狱官，惟贤是任，故皋陶作士，吕侯赎刑，张、于廷尉，民无冤枉，休泰之祚，实由此兴。今之小臣，动与古异，狱以贿成，轻忽人命，归咎于上，为国速怨。夫一人吁嗟，王道为亏，甚可仇疾。明德慎罚，哲人惟刑，书传所美。自今蔽狱，都下则宜咨顾雍，武昌则陆逊、潘濬，平心专意，务在得情，鹭党神明，受罪何恨、"又曰："天子父天母地，故宫室百官，动法列宿。若施政令，钦顺时节，官得其人，则阴阳和平，七曜循度。至于今日，官寮多阙，虽有大臣，复不信任，如此天地焉得无变？故频年枯旱，亢阳之应也。又嘉禾六年五月十四日，赤乌二年正月一日及二十七日，地皆震动。地阴类，臣之象，阴气盛故动，臣下专政之故也。夫天地见异，所以警悟人主，可不深思其意哉！"又曰："丞相顾雍、上大将军陆逊、太常潘濬，忧深责重，志在竭诚，夙夜兢兢，寝食不宁，念欲安国利民，建久长之计，可谓心膂股肱，社稷之臣矣。宜各委任，不使他官监其所司，责其成效，课其负殿。此三臣者，思虑不到则已，岂敢专擅威福欺负所天乎？"又曰："悬赏以显善，设刑以威奸，任贤而使能，审明于法术，则何功而不成，何事而不辨，何听而不闻，何视而不睹哉？若今郡守百里，皆各得其人，共相经纬，如是，庶政岂不康哉！窃闻诸县并有备吏，吏多民烦，俗以之弊。但小人因缘衔命，不务奉公而作威福，无益视听，更为民害，愚以为可一切罢省。"权亦觉悟，遂诛吕壹。骘前后荐达屈滞，救解患难，书数十上。权虽不能悉纳，然时采其言，多蒙济赖。

赤乌九年，代陆逊为丞相，犹诲育门生，手不释书，被服居处有如儒生。然门内妻妾服饰奢绮，颇以此见讥。在西陵二十年，邻敌敬其威信。性宽弘得众，喜怒不形于声色，而外内肃然。

十年卒，子协嗣，统骘所领，加抚军将军。协卒，子玑嗣侯。协弟阐，继业为西陵督，加昭武将军，封西亭侯。凤皇元年，召为绕帐督。阐累世在西陵，卒被征命，自以失职，又惧有谗祸，于是据城降晋。遣玑与弟璿诣洛阳为任，晋以阐为都督西陵诸军事、卫将军，仪同三司，加侍中，假节领交州牧，封宜都公；玑监江陵诸军事、左将军，加散骑常侍，领庐陵太守，改封江陵侯；璿给事中、宣威将军，封都乡侯。命车骑将军羊祜、荆州刺史杨肇往赴救阐。孙皓使陆抗西行，祜等遁退。抗陷城，禽斩阐等，步氏泯灭，惟璿绍祀。

颍川周昭著书称步骘及严等曰："古今贤士大夫所以失名丧身倾家害国者，其由非一也，然要其大归，总其常患，四者而已。急论议一也，争名势二也，重朋党三也，务欲速四也。急论议则伤人，争名势则败友，重朋党则蔽主，务欲速则失德，此四者不除，未有能全也。当世君子能不然者，亦比有之，岂独古人乎！然论其绝异，未若顾豫章、诸葛使君、步丞相、严卫尉、张奋威之为美也。《论语》言'夫子恂恂然善诱人'，又曰'成人之美，不成人之恶'，豫章有之矣。'望之俨然，即之也温，听其言也厉'，使君体之矣。'恭而安，威而不猛'，丞相履之矣。学不求禄，心无苟得，卫尉、奋威蹈之矣。此五君者，虽德实有差，轻重不同，至于趣舍大检，不犯四者，俱一揆也。昔丁谓出于孤家，吾粲由于牧竖，豫章扬其善，以并陆、全之列，是以人无幽滞而风俗厚焉。使君、丞相、卫尉三君，昔以布衣俱相友善，诸论者因各叙其优劣。初，先卫尉，次丞相，而后有使君也；其后并事明主，经营世务，出处之才有不同，先后之名须反其初，此世常人所决勤薄也。至于三君分好，卒无亏损，岂非古人交哉！又鲁横江昔杖万兵，屯据陆口，当世之美业也，能与不能，孰不愿焉？而横江既亡，卫尉应其选，自以才非将帅，深辞固让，终于不就。后徙九列，迁典八座，荣不足以自曜，禄不足以自奉。至于二君，皆位为上将，穷富极贵。卫尉既无求欲，二君又不称荐，各守所志，保其名好。孔子曰：'君子矜而不争，群而不党。'斯有风矣。又奋威之名，亦三君之次也，当一方之成，受上将之任，与使君、丞相不异也。然历国事，论功劳，实有先后，故爵位之荣殊焉。而奋威将处此，决能明其部分，心无失道之欲，事无充诎之求，每升朝堂，循礼而动，辞气謇謇，罔不惟忠。叔嗣虽亲贵，言忧其败，蔡文至虽疏贱，谈称其贤。女配太子，受礼若吊，慷忾之趋，惟笃人物，成败得失，皆如所虑，可谓守道见机，好古之士也。若乃经国家，当军旅，于驰骛之际，立霸王之功，此五君者未为过人。至其纯粹履道，求不苟得，升降当世，保全名行，邈然绝俗，实有所师。故粗论其事，以示后之君子。"周昭者字恭远，与韦曜、薛莹、华覈并述《吴书》，后为中书郎，坐事下狱，表救之，孙休不听，遂伏法云。

评曰：张昭受遗辅佐，功勋克举，忠謇方直，动不为己，而以严见惮，以高见外，既不处宰相，又不登师保，从容闾巷，养老而已，以此明权之不及策也。顾雍依杖素业，而将之智局，故能究极荣位。诸葛瑾、步骘并以德度规检见器当世，张承、顾邵虚心长者，好尚人物，周昭之论，称之甚美，故详录焉。谭献纳在公，有忠贞之节。休、承修志，咸庶为善。爱恶相攻，流播南裔，哀哉！

译文：

　　张昭，字子布，彭城人。他从小喜欢学习，擅长隶书，跟随白侯子安学习《左氏春秋》，博览群书，和琅邪人赵昱、东海人王朗同时出名，关系密切。成年后被察举为孝廉，没有就任，每日和王朗在一起讨论过去君主隐讳的事情，州里的才子陈琳等人都很赞赏他。刺史陶谦推举张昭为茂才，他不应召，陶谦认为他轻视自己，于是就把他抓了起来。赵昱尽力营救，才使他得以免灾。汉末天下大乱，徐州方面的士人百姓多到扬州的地方避难，张昭也一同向南渡过长江。孙策创立功业，任命张昭为长史、抚军中郎将，曾和他一起登堂拜见老母，如同关系非常密切的同辈老朋友，文治武功的大事，全部托付张昭处理。张昭每每得到北方士大夫的上书奏疏，里面都把功劳单独归于张昭。张昭想匿而不宣，则担心有私情之嫌疑，呈报上去则又担心不合适，他感到进退两难。孙策听说后，高兴地笑了，说："从前管仲做齐相，人们开口是仲父，闭口是仲父，齐桓公却为争霸天下的人尊崇。现在您很贤能，我能重用您，这个功名难道不属于我吗？"

　　孙策临死前，把弟弟孙权托付给张昭。张昭率领群僚推立孙权为继承人并辅佐他。上呈表汉朝迁，下传令各属城，内外将官，让他们各自奉行职守。孙权因为心情悲痛，没有主持政事。张昭对孙权说："作为继承人，重要的是能够承担前人制定的轨范，使先辈的遗业能够兴旺发达起来，以完成伟大的功业。当今世上大乱，群盗满山，您怎么能卧床哀伤，放纵平常人的感情呢？"接着他就亲自扶孙权上马，列兵而出，这样才使人们在心里感到有了归宿。张昭又担任孙权的长史，他接受的任务和过去一样。后来刘备宣布任命孙权兼任车骑将军，张昭为军师。孙权每次打猎，常常骑马射虎，老虎曾经冲到他前面攀扶在马鞍上。张昭见了神色大变，他向前说："将军这样做有什么必要呢？作为君主的责任，是能够驾驭英雄，驱使群贤，哪里是在原野上驰骋追逐，与野兽较量勇力呢？如果万一发生了不幸，这不徒然惹天下人的讥笑吗？"孙权向张昭表示歉意说："我年轻，考虑问题不够深远，因此在您面前我很惭愧。"然而，他还是不能罢休，就造了一辆射虎车，车厢封闭，留有方孔，方孔有时不加盖子，让一个人给他驾车，他自己在里面通过方孔射猎。有时遇上狂奔的兽群，动辄又冲撞车辆，而孙权每次都用手击打，并以此为乐。张昭虽然极力劝说，他却常常是笑而不答。魏黄初二年，派使者邢贞任命孙权为吴王，邢贞入宫门不下车。张昭对邢贞说："礼节没有不恭敬这一条，所以刑法也没有不施行这一说。您敢妄自尊大，难道是认为江南人少势弱，连一把小刀也没有的缘故吗？"邢贞立即下车。又任命张昭为绥远将军，封由拳侯。孙权在武昌时，对着钓台，饮酒大醉。他让人用水泼洒群臣说："今天要痛痛快快地喝酒，只有醉得倒在台上，才可以罢休。"张昭神色严厉，一言不发，他起身走到外面，坐在车里。孙权派人唤他回去，对他说："只是为了共同取乐，您为什么发怒？"张昭回答说："从前殷纣王积糟成丘，以酒为池，长夜痛饮，当时他也认为是乐事，并不认为是坏事。"孙权沉默下来，面露愧色，于是就结束酒宴。起初，孙权决定设置丞相，大家的意见倾向于张昭。孙权说："当今天下战事很多，执掌统理工作的人责任重大，并非用来优待人的东西。"后来孙邵去世，百官又推举张昭。孙权说:"我哪里是对子布吝啬呢?丞相的事务繁杂,而此公性情刚正,他说的话不采纳,怨恨就会产生,这不是用来照顾他的办法。"于是任用了顾雍。

孙权称帝以后,张昭因为年老有病,就把官位以及他所统领的兵马归还孙权。孙权改任他为辅吴将军,其地位仅次于三公,改封他为娄侯,食邑一万户。在家里闲居无事,他就撰写《春秋左氏传解》和《论语注》。孙权曾经问卫尉严畯说:"你还记得小时候熟读的书吗?"严畯就背诵了《孝经》的"仲尼居"。张昭说:"严畯是个鄙陋的书生,请允许我为陛下背诵。"他就背诵了"君子之事上"一章,大家都认为张昭懂得他所背诵那一章的意义。

张昭每次朝拜,言谈的语气总是那么雄壮严厉,神色总是那么慷慨义气。他曾因为直言,忤逆了孙权的意旨,孙权决定不让他进见。后来蜀国的使者来了,称赞蜀国的德行高尚,而群臣又没有人能够应对的。孙权叹息地说:"假如张公在座,那个使者不用折辱就垮了,又怎么敢自夸呢?"第二天,他派宫中使臣慰问张昭,并趁势邀请召见张昭。在召见时,张昭离开座位向孙权赔罪,孙权跪下来制止他。张昭坐定后,抬头说:"从前太后和桓王不把老臣托付给陛下,而把陛下托付给老臣,因此我想竭尽臣子的气节,来报答厚恩,使我在死去之后,后世也有话可评说。但我的见识思虑很肤浅,违背了陛下盛美的意旨,自以为灵魂将要沦于幽冥里,骨骸永远抛在沟壑中,没想到又蒙受召见,得以侍奉在陛下的帷幄之旁。然而我这颗愚陋的心是用来服侍国家的,我的志向在于进忠增益,直到生命结束为止。至于让我改变思想,以求眼前的尊荣,得到陛下的收容,这是我不能做的事情。"孙权向他解释并承认了错误。

孙权因为公孙渊自称藩属,就派张弥、许晏到辽东任命公孙渊为燕王。张昭劝告说:"公孙渊背叛魏国,害怕魏国讨伐,远道来向我们求援,他这样做并不是他的本来志向。如果公孙渊改变主意,想向魏国表明自己的心迹,两位使者就回不来了,这样不是要被天下人所取笑了吗?"孙权与他反复争辩,而他的心情更加激切。孙权无法忍受了,手按着刀发怒说:"吴国的官宦进宫就向我跪拜,出宫就向您跪拜,我对您的敬重,也到了顶点了,而您多次在众人面前折辱我,我常常担心我会失手杀了您。"张昭久久地盯着孙权说:"我尽管知道我的话不会被采用,但我每次都要竭尽愚忠的原因,确实是因为太后临驾崩之前,把我呼叫到床前留下诏书,太后临终命令的话语总是在我耳畔回响。"说着,他泪流满面。孙权把刀扔在地下,和张昭面对面地哭了。但他终于还是派张弥、许晏前往辽东。张昭恨自己的话不被采用,就托病不去上朝。孙权也憎恨他,用土堵塞他的门,张昭又在里面用土把门封死。公孙渊果然杀了张弥和许晏。孙权多次慰问张昭,并向他赔罪,张昭坚决不起床。于是,孙权前去张昭门前,呼唤张昭,张昭则以病重推托。孙权放火烧他家的门,想用这个办法恐吓他,而张昭又把居室的门关闭。孙权派人灭了火,站在门外很久,张昭的儿子们一起搀扶他起来,孙权用车把他带回宫去,深深地责备了自己。张昭没有办法,从那以后又恢复了朝拜。

张昭的外表矜持庄重,有一种令人敬畏的气派。孙权常说:"我和张公谈话,不敢随便乱说。"整个国家都怕他。他享年八十一岁,吴嘉禾五年去世。留下遗嘱让用整幅缣巾给他束头,棺材不涂油漆,用通常的衣服给他装殓。孙权身穿素白的丧服来吊唁,谥为文侯。张昭的长子张承已经靠自己的努力被封为侯爵，因此由小儿子张休继承爵位。

张昭弟弟的儿子张奋二十岁时，制造了攻城用的大攻车，得到了步骘的推荐。张昭不满意地说："你年龄还小，为什么要把自己的命运寄托给军队呢？"张奋回答说："从前鲁国的童子汪踦能为国死于战斗，齐国的子奇能治理东阿，我的确没本事，不能和他们相比，但我的年龄可不算小了。"他终于统率部队担任将军，接连建立功勋，官做到半州都督，封为乐乡亭侯。

张承，字仲嗣，从小就因为才学好而有名气，和诸葛瑾、步骘、严畯的关系十分密切。孙权任骠骑将军时，召他任西曹掾，让他外出担任长沙西部都尉。由于平定了山越的贼寇，他得到了一万五千人的精锐部队。后来任濡须都督、奋威将军，封都乡侯，统率部队五千人。张承为人庄重坚毅，忠诚正直，善于识别人物，他把彭城人蔡款、南阳人谢景提拔上来时，他们的地位都很低贱，年龄都很轻，后来他们同时成为国家的杰出人才，蔡款官做到卫尉，谢景是豫章太守。而诸葛恪年轻时，大家都认为他的才华与众不同，张承却说最终使诸葛氏败落的人就是诸葛元逊。他对提高知识水平、推进道德修养十分勤勉，对朋友十分忠厚，凡属于像颜渊这样的贤者，他没有不登门拜访的。享年六十七岁，赤乌七年去世，谥为定侯。他儿子张震继承爵位。起初，张承的妻子死了，张昭想为他索求诸葛瑾的女儿，张承因为与诸葛瑾彼此往来有交情，很为难。孙权听说此事便鼓励他，于是他就成为诸葛瑾的女婿。生了个女儿，孙权为儿子孙和娶了过来。孙权多次让孙和对张承养成恭顺的习惯，用女婿应持的礼节来对待张承。张震在诸葛恪被杀害时也死了。

张休，字叔嗣，成年后和诸葛恪、顾谭等人都成为太子孙登的僚属朋友，他负责把《汉书》传授给孙登。从中庶子改任右弼都尉。孙权经常出游打猎,直到暮色降临方才返回。张休上书进行劝诫,孙权认为他的意见正确,把他写的章表拿给张昭看。到孙登去世以后,他做侍中,担任羽林都督,治理三典军事,升为扬武将军。因被鲁王孙霸的死党所诬陷,和顾谭、顾承一起因为有人告发芍陂之战评议功劳,张休、顾承与典军陈恂拉关系,弄虚作假,增加自己的功劳,都被流放到交州。中书令孙弘奸诈阴险,张休一向恨他,他趁此机会诬陷诽谤,因而朝廷下诏书赐张休一死,这年他四十一岁。

顾雍,字元叹,吴郡吴县人。蔡伯喈从朔方返回时,曾避仇人来到吴县,顾雍跟他学习琴书。州郡都上表推荐他,他成年后便任合肥县长,后来调到娄县、曲阿、上虞等地,都有政绩。孙权兼任会稽太守时,不到郡治,而是任用顾雍为郡丞,代理太守的职务。他讨伐入侵的强盗,使全郡四界安定,官吏百姓都归顺他。几年后,入幕府任左司马,孙权做吴王后,他连续升任大理奉常,兼任尚书令,封阳遂乡侯。他刚被封侯返回官府时,家里的人都不知道,后来听说此事才感到惊奇。

黄武四年,他从吴县迎回母亲。母亲到达后,孙权来庆贺他们,亲自在堂屋向他母亲行拜礼。朝廷大臣全来聚会,以后太子又来向他们庆贺。顾雍为人不喝酒,寡言少语,举止适时又适宜。孙权曾经感叹地说:"顾君不开口便罢,一开口必定会有道理。"到了宴饮欢乐的时刻,顾雍左右的人担心酒后失礼,而由于顾雍就在面前,因此不敢放纵情怀。孙权也说:"顾公在座,使人不快活。"人们就是这样地怕他。这一年,他改任太常,又加封为醴陵侯,接替孙邵任丞相,总理尚书事务。他所选用的文武官员,每个人都依据他们的才能来安排,他心里没有厚薄之分。他经常到民间征询意见，如有属于政务应当采用的，就秘密地呈报。如果被采纳，就归功于皇帝；如果不被采纳，就永远不泄露出去。孙权因此很看重他。然而他在朝廷上有所陈述和建议，他的言辞态度虽然恭顺，他所坚持的立场原则却是正直的。孙权曾经询问朝政的得失，张昭趁机把他收集到的意见都说了出来，他认为法令太烦琐，刑罚稍重了些，应当有所削减。孙权听了没有回答，回过头问顾雍："您认为怎么样？"顾雍回答说："我了解的情况，也同张昭说的一样。"于是孙权便与大家商定狱讼的法令，并减轻刑罚。过了很久，吕壹、秦博任中书，主管审核各官府以及州郡呈报的文书。吕壹等人因此逐渐地独揽权势，专行赏罚，于是开始建立官府卖酒、关隘征税的专利，他们揭发人的罪恶，一点小事也呈报，再加深案情进行诋毁。诬蔑诽谤大臣，排挤陷害无辜，顾雍等人都曾被他们告发，并因此受到谴责。后来吕壹的罪行披露，被收押在廷尉。顾雍前去审理此案，吕壹以囚犯的身份来见顾雍，顾雍却和颜悦色，讯问了他的口供，临走时，顾雍又对他说："您心里大概还想说点什么吧？"吕壹只是叩头，无话可说。当时尚书郎怀叙当面咒骂羞辱吕壹，顾雍责备怀叙说："官府有明确的法令，何必这样呢！"

顾雍任相十九年，享年七十六岁，赤乌六年去世。起初，在他的病还不严重时，孙权派医生赵泉给他看病，然后就任命他的小儿子顾济为骑都尉。顾雍听到任命后，悲哀地说："赵泉善于识别生死，我的病肯定好不了，因此皇上想让我亲眼看见对顾济的任命。"他死后，孙权身穿丧服来吊唁，谥为肃侯。长子顾邵早逝，次子顾裕身患重病，小儿子顾济继承爵位。但顾济没有后人，因而顾氏断了后嗣。永安元年，皇上下诏书说："原丞相顾雍，品德高尚，忠诚贤良，靠礼仪辅佐国家，但他的侯爵后继无人，我很怜悯他。就以顾雍的次子顾裕承袭爵位为醴陵侯，以表彰顾雍过去的功勋。"

顾邵，字孝则，博鉴经传，喜欢伦理道德，年轻时和舅舅陆绩齐名，而陆逊、张敦、卜静等人都不如他。他在州郡很愿意与四方人士往来会见，有的发些议论就离开了，有的结下深情而惜别，他的名声四下传播，远近的人都赞赏他。孙权把孙策的女儿嫁给他。他二十七岁时，从家里出来任豫章太守。他一下车就去祭祀前代贤人徐孺子的坟墓，优待徐孺子的后人；同时又禁止那些胡乱奉祀不合礼仪的祭奠行为。手下的年轻官员凡天资聪明的，就让他们去学习，从中选择成绩突出的，提拔安排在高级职位上。他推举善行以施教，因而使感化人民的教令广泛地推行。起初，钱塘人丁谞出于行伍，阳羡人张秉生于贫民，乌程人吴粲、云阳人殷礼起于低贱，顾邵都提拔他们并亲近他们，为他们树立荣誉。张秉遇上重大的丧事，他亲自穿上丧服束上麻带。顾邵将要到豫章去时，已经快要上路出发了，正碰上张秉病了，当时送行人数以百计，顾邵向客人们解释说："张仲节有病，苦于不能来送行。我也为不能见到他感到遗憾，暂且回去和他告别，各位稍微等一会儿。"他对下面贤士的关注，处处施惠，都像这类事情一样。丁谞官做到典军中郎，张秉是云阳太守，殷礼是零陵太守，吴粲是太子少傅。世人都认为顾邵知人善任。在郡任职五年，死在任上，有儿子顾谭和顾承。

顾谭，字子默，成年后和诸葛恪等人成为太子的四友，从中庶子调任辅正都尉。赤乌年间，他接替诸葛恪任左节度。每次披阅文书，遇到数字时他未曾使用算筹计算过，只是屈指在心里算计一下，就把其中的疑点错误全部找出来，下面的官员为此很佩服他。后来加官奉车都尉，薛综任选曹尚书，他坚决推让给顾谭,说:"顾谭思虑精细,行事周密,贯通道义,晓畅微情,他的才华光可照人,德行深孚众望,实在不是我所能超越领先的。"后来顾谭就接替了薛综。祖父顾雍去世几个月,他就被任命为太常,接替顾雍治理尚书事务。当时,鲁王孙霸恩宠很盛,和太子孙和抗衡。顾谭就上书说:"我听说有国有家的人,必须分清嫡庶的界限,区别尊卑的礼节,使高低有等级,等级的差异要相隔很远,这样才能使骨肉的恩情产生,使非分的企图绝望。从前贾谊陈述治安的方针,评论诸侯的形势,认为诸侯的权势重了,即使亲近也一定有背逆名节的弊端;权势轻了,即使疏远也有一定有保全自身的福运。所以淮南王是亲弟弟,不能永久享有封国,失之于权势重了;吴芮是外姓臣,能在长沙降福给后代,得之于权势轻了。从前汉文帝让慎夫人与皇后同席,袁盎把慎夫人的座位撤掉,汉文帝怒色满面,等袁盎向他陈述尊卑的礼仪、'人彘'的教训之后,汉文帝的怒气全消了,慎夫人也省悟了。现在我说的这些话,并非因为我有什么偏向,实在是想使太子安定,使鲁王便利。"由此孙霸和顾谭有了嫌隙。当时长公主与其丈夫卫将军全琮的儿子全寄是孙霸的客,全寄平时为人奸诈,是顾谭不能容纳的人。在这之前,顾谭的弟弟顾承和张休一起往北征讨寿春,全琮当时是大都督,与魏国将领王凌在芍陂交战,战事不利,魏国军队乘胜消灭了五营将秦晃的部队。张休、顾承奋力反击,终于使魏国军队停止进攻。其时全琮的庶子全绪、全端也同时任将官,他们趁敌人完全停止进攻的机会,就向前攻击他们,王凌的军队因而败退。当时论功行赏,认为使敌人停止进攻的功劳大,使敌人败退的功劳小,因此张休、顾承同时成为杂号将军,全绪、全端只是偏将而已。全寄父子更加忌恨,共同设计陷害顾谭。顾谭被判流放交州,他幽居而奋发努力,撰写了《新言》二十篇,其中《知难篇》恐怕就是用来哀叹自己的。他被流放两年,四十二岁时,在交阯去世。

顾承,字子直,嘉禾年间和舅舅陆瑁一起因为言行有礼被征召。孙权在给丞相顾雍的信中说:"令孙子直,有乐善的美名,直到与他相见,才知道他的乐善超过了传闻,我为您感到高兴。"于是任命顾承为骑都尉,统领羽林军。后来顾承提任吴郡西部都尉,和诸葛恪等人共同平定了山越,各得精兵八千人,还师驻守在章坑。又被任命为昭义中郎将,入朝任侍中。芍陂战役后,被任命为奋威将军,外出兼任京下督。几年以后,和哥哥顾谭以及张休等人一起被流放交州,三十七岁时去世。

诸葛瑾,字子瑜,琅邪阳都人。汉末到江东避乱。正碰上孙策去世,孙权的姐夫曲阿人弘咨见到诸葛瑾,认为他很奇特,就把他推荐给孙权,他和鲁肃等人一同被当作宾客接待。后来任孙权的长史,又调任中司马。汉建安二十年,孙权派诸葛瑾出使蜀国与刘备建立友好关系,他和弟弟诸葛亮都是因公事相会才能见面,公事结束,他们没有私下会过面。

他和孙权谈话时进行劝谏讽喻,未尝有过激烈直露的言辞,只是稍微显示风度神采,粗略陈述意旨要义,如果有不合孙权心意的地方,他就放弃这个内容而转入其他话题,慢慢地再假借其他事情从头开始,用同类事物求得孙权的理解,因此孙权心里的不痛快便消散了。吴郡太守朱治,是孙权提拔的将官,孙权曾有埋怨他的地方,但由于平时对他采取恭敬的态度,很难亲自诘问责备他,因而心里愤愤不平,无法排解。诸葛瑾揣摩明白了其中的缘故,但他不敢公开地说出来,就要求他自己用孙权的意思来讯问朱治,于是他就在孙权面前写信,广泛地论述事务的道理,趁机用自己的思想迂回地推测分析孙权的想法。写完信，他呈交给孙权，孙权很高兴，笑着说："我的思想解开了。颜渊的恩德，是使人更加亲近，难道说的就是这件事？"孙权又责怪校尉殷模，给他定的罪名令人感到意外。群臣有很多人为殷模说话，孙权的怒火更加旺盛，他与众人反复争辩，只有诸葛瑾沉默不语。孙权说："子瑜为什么独自不开口？"诸葛瑾离开座位说："我和殷模等人都遭逢所在州府被人推翻、生灵被灭绝的不幸，因而放弃祖坟，扶老携幼，拨开草莽田莱，来归顺圣人教化。在流亡的贱奴中，蒙受养育全生的福气，却不能自我督察砥砺，以报答万分之一的圣德，以至于使殷模辜负了恩惠，自己陷入罪恶之中。我认罪尚且来不及，实在不敢说什么。"孙权听了他的话，也很伤感，就说："我特地为您赦免他。"

后来他参加讨伐关羽的战斗，封为宣城侯，以绥南将军的身份接替吕蒙兼任南郡太守，住在公安。刘备向东讨伐东吴，吴王要求和解，诸葛瑾给刘备发了封信函说："突然间听说旗鼓从白帝城向这里进发，有人担心您的谋事之臣因为吴王侵夺了这个州，危害了关羽，怨恨很深，祸害不小，不适宜用和解的态度相待，这是从小处用心，未从大处着眼的人。请听我为陛下分析这件事情的轻重及其大小。陛下如果能抑制威势，减少怨怒，姑且审察一下我的意见，主意就可以马上拿定，不必再向各路诸侯征询意见。陛下认为同关羽的亲近程度能比得上同汉朝先帝的关系吗？荆州的大小能比得上整个天下吗？同样都面临着仇恨，哪一个应放在前面，哪一个应放在后面？如果权衡其中的道理，解决起来易如反掌。"当时有人说诸葛瑾另派亲信与刘备通报消息，孙权说："我和子瑜有生死不渝的誓言，子瑜不会辜负我，就像我不会辜负子瑜一样。"黄武元年，升任左将军，督察公安，授予符节，封为宛陵侯。

虞翻因为任性率直而被流放，只有诸葛瑾一次又一次地为他说情。虞翻给他亲近的人写信说："诸葛子瑜敦厚仁慈，效法苍天以救活生灵，亲近愚氓而澄清冤狱，有保护名分的办法。我积怨甚多，罪孽深重，招来的忌恨也是又多又深，救援我的人即使有祁老的力量，而没有羊舌氏那样的德行，他的申辩也很难有希望。"

诸葛瑾的为人仪表堂堂，思虑有度，当时的人们佩服他的弘深高雅。孙权也很看重他，重大的事情要征询他的意见，还个别征询诸葛瑾说："最近得到伯言呈报的章表，他认为曹丕已经死了，受尽痛苦祸乱的百姓，应当看到我们的旗帜便土崩瓦解，然而他们事实上显得更加安静。听说因为新主全部选用忠诚贤良的大臣，放宽刑罚，布施恩惠，减轻赋税劳役，以取悦民心，这样一来，他对我们的威胁比曹操时更严重了。我认为不是这样。曹操的行事，如果说他的杀戮攻伐算是稍微超过限度，那么他离间他人骨肉至亲的关系，我认为是残无人道了。至于他驾驭将领的本事，则是自古以来少见的。曹丕和曹操相比，绝对比不上的。现在曹叡不如曹丕，就像曹丕不如曹操一样。他之所以极力推崇小恩小惠，必然是因为他父亲刚死，自己觉得能力薄弱，恐怕受尽困苦的百姓有一天会崩溃，因此他勉强委屈自己以求得民心，企图用这个办法来稳定自己的地位罢了，哪里是兴旺发达的延续呢！听说他任用陈长文、曹子丹这类人，这类人有的是文人书生，有的是皇室国戚，怎么能驾驭英才虎将以制服天下呢？威力权柄不集中，他们的事情就会乖戾错谬，好比从前的张耳、陈余，他们并非不想和睦，涉及权势，就自相残杀，这是事物的情理使他们这样。另外陈长文这类人，过去之所以能遵守善道，是因为曹操压住他们的头颈，他们害怕曹操的威严，所以尽心尽力，不敢为非作歹而已。到了曹丕继承父业时，曹丕的年岁已经很大，又紧接在曹操的后面，用恩德施与他们，因而他们还能感恩戴德。如今曹叡年幼，只能被人左右，这些家伙必定会趁此机会弄巧作态，结党营私，各人辅助各人依附的势力。这种情况下，奸邪谗佞会一起发生，他们会相互陷害仇视，以至于彼此嫌弃势不两立。这样下去，群臣争夺权利，君主年幼不能控制，他们遭受失败的日子怎么可能很久呢？所以知道他们必定失败的缘故，是因为从古到今，哪有四五个人把持法令权柄而不离心德并转而互相攻击争斗的呢！强者必然欺侮弱者，弱者必然寻求外援，这是国家混乱败亡的规律。子瑜，您只要侧耳细听就会知道，伯言通常善于争辩是非，恐怕在这一件事情上他有些短视。"

　　孙权称帝后，任命他为大将军、左都护、兼任豫州州牧。到了吕壹被处死时，孙权还有诏书和诸葛瑾等人商讨有关问题。这件事在孙权的传记中有记载。诸葛瑾马上根据具体情况，给予回答，他的言辞恭顺，理由正确。诸葛瑾的儿子诸葛恪当时名声很盛，孙权非常器重他，但诸葛瑾常常嫌弃他，说他不是保全家族门风的儿子，并每每为此忧虑，赤乌四年，他六十八岁时去世，留下遗言不要给他的棺材上油漆，用他平时穿的衣服给他装殓，一应事务均要遵循节俭的原则。诸葛恪已经靠自己的努力取得封侯，所以由他弟弟诸葛融继承爵位，并代理军队职务驻守在公安，他的部属官员都很顺从他。边境上如果没有战争，秋天和冬天他就打猎习武，春天和夏天他就邀请宾客举行盛大的宴会，休假的官兵，有的人不远千里来赴宴。每次宴会他总是逐一询问客人，让他们各人谈谈各人的技能，然后就合并榻床，连接坐席，衡量选择相应的对手，有的人参加博弈，有的人参加樗蒲，还有投壶弓弹，都分门别类。这时候，甘果继续供应，清酒徐徐行饮。诸葛融四处观看，从早到晚也不感到疲倦。诸葛融的父亲和哥哥质朴，如果在军队中，身上就没有彩绣装饰。诸葛融则身穿锦软铤文绣，独自追求过分绮丽的打扮。孙权去世后，他升任奋威将军。后来诸葛恪征讨淮南，授予诸葛融符节，让他率领军队进入沔水一带，来攻击西面的敌军。诸葛恪被诛杀以后，孙峻派无难督施宽到将军施绩、孙壹、全熙等人那里去，准备逮捕诸葛融。诸葛融仓促间听说官兵到了，他惶恐不安，犹豫不绝，不能拿定主意。军队包围城下后，他喝下毒药自杀，他的三个儿子全被处死。

步骘，字子山，临淮淮阴人。世上混乱，他到江东避难，孤身一人，生活穷困，他和广陵人卫旌同岁，关系密切，他们一起种瓜来养活自己。白天他们劳动四肢，晚上他们诵读经传。

会稽人焦征羌是郡内的豪门贵族，他的门客放纵无礼，任意胡为。步骘和卫旌在他的地盘谋生，担心被他们侵犯，就一块儿拿着名片带着瓜，献给焦征羌。焦征羌正在寝室内睡觉，步骘和卫旌等候多时，卫旌有些不耐烦了，想舍弃焦征羌离去，步骘制止他说："本来我们来的原因，就是怕他的势力强大，如今舍弃他而去，想以此表示清高，只能结下怨仇。"过了很久，焦征羌开窗看见他们，他自己在帷幕内凭几而坐，却打发人把席子铺在地上，让步骘和卫旌坐在窗外。卫旌越发感到耻辱，而步骘神色自若，焦征羌安排他们吃饭，他自己享用大案，上面堆满了佳肴美味，却用小盘盛饭给步骘、卫旌，而且只给他们蔬菜。卫旌吃不下，步骘则狼吞虎咽，直到吃饱了才告辞而出。卫旌对步骘发怒说："你怎么能忍受这种侮辱？"步骘说："我们贫穷下贱，所以主人用贫穷下贱的礼节招待我们。本来是很合适的，还有什么可耻辱的呢?"

　　孙权任讨虏将军时,召步骘任主记,提为海盐县长,很快又调任车骑将军、东曹掾。汉建安十五年,他外出兼任鄱阳太守。年内又升任交州刺史、立武中郎将,统领武射吏一千人,即刻取路到南方去。第二年,补加任命使持节、征南中郎将。刘表安置的苍梧太守吴巨内藏异心,对步骘表面上顺服,实际上是阳奉阴违。步骘就降低自己的身份来安抚引诱吴巨,请吴巨和他会面,然合趁机将他斩首示众,由此步骘威名大振。士燮兄弟一个接一个地听从命令,南土的顺服,就是从这时开始的。益州的富豪雍闿等人杀了蜀国设置的太守正昂,与士燮通报,希望归顺吴国。于是,步骘奉命派使者宣示圣恩,并安抚接纳了雍闿等人。由此步骘又被晋升为平戎将军,封为广信侯。

　　汉延康元年,孙权派吕岱接替步骘,步骘率领交州将士一万人进军长沙。正好刘备向东进军,武陵的少数族蠢蠢欲动,孙权就命令步骘进军益阳。刘备遭到惨败后,零陵、桂阳各郡还在互相惊扰,处处布兵设卡,步骘辗转追逐征讨,把这些地方全都平定了。吴黄武二年,他升任右将军左护军,改封为临湘侯。黄武五年,授予符节,移兵屯守沤口。

　　孙权称帝以后,任命他为骠骑将军,兼任冀州州牧。这一年,他到西陵任都督,接替陆逊镇抚两地,不久因为冀州在蜀国名分下,就解除了冀州州牧的职务。当时孙权的太子孙登驻守武昌,他对人仁慈,喜欢善行。他给步骘写信说:"所谓贤人君子,就是能够发展和推广圣人的教化、帮助治理重大事务的人。我的天性愚昧浅陋,不懂道理,虽然确实怀有一颗爱慕之心,想尽力使自己有完美的德行,致情于贤能的君子,但是说到远近的才学之士,我先结交哪个,后结交哪个?我的想法恐怕与实际相差太远，因为我未能详尽了解他们的情况。经传里说：'爱慕他，能不使他辛苦吗？忠于他，能不对他教诲吗？'这句话所说的意思，难道不是我对贤人君子所寄予的希望吗？"步骘为此把当时在荆州境内执行任务的诸葛瑾、陆逊、朱然、程普、潘濬、裴玄、夏侯承、卫旌、李肃、周条、石干等十一人列出来，辨别分析他们的行为事迹，利用上书的机会鼓励孙登说："我听说君主不亲理小事，百官和主管部门各自承担他们的职责。所以虞舜任用九个贤人，而他自己没有什么耗费心力的地方，只是弹奏五弦琴，吟咏南风诗，不下朝廷就使天下大治。齐桓公任用管仲，他自己披头散发地乘车游玩，然而不仅使齐国达到大治，又使天下得到匡正和同。近世汉高祖引取三个豪杰而帝业兴隆，而楚霸王失去一些英雄而使前功尽弃。由于汲黯在朝廷，淮南王不敢阴谋生事；郅都守边境，匈奴人销声匿迹。所以贤人存在的地方，御敌于万里之外。他们真正是国家的栋梁，也是国家兴衰的根本因素。当今天下，圣王的教化还没有普及汉水以北，黄河、洛水两岸还有僭位背逆的党徒，这实在是招揽英雄选拔俊杰任用贤能的时机，希望英明的太子对此多加留意，您能这样做，那么天下人就很幸运了。"

后来中书吕壹负责审阅文书，被他举劾的人很多。步骘上书说："在下听说各位典校专门寻找人们细小的差错，吹毛求疵，扩大案情，加深诬告，动不动就想陷害他人，达到他们作威作福的目的。许多无罪无过的人，都被无理地施以大刑，因此使得人们在天地之间佝偻身躯，谁听到他们的风声不浑身发抖呢？从前的狱官，只有贤者才能委任。因此皋陶任法官，吕侯颁布赎刑之法，张释之、于定国当廷尉，百姓没有受冤枉的，国家吉祥太平的福运，其实是从这儿兴起的。现在这班小臣，行为与古代的风气迥异，断狱要靠行贿来进行，草菅人命，而又把责任推给上面，为国家招致怨恨。只要有一人唉声叹气，说明王道有了亏损，以致如此令人憎恨。完善德行，慎用处罚，这是哲人考虑的刑法，也是经传所赞美的思想。如今狱情壅蔽，属于都城内的案件就应当征询顾雍，武昌的案件就应当征询陆逊、潘濬。平心静气，用心专一，精力集中在获取真实的情况上。如果我的话玷污了精明，那么即使受到惩罚又有什么可遗憾的呢？"又说："天子以天为父，以地为母，所以宫室和群臣，总是效法天上的各个星宿。如果实施政策法令，能够敬顺时节，任用官员能得到合适的人选，那么阴气和阳气就会谐调，七星就会遵循正常的轨道运行。至于眼下，官吏缺员很多，即使已经作用的大臣，又不给予信任，这样天地怎么能不产生异常的变化呢？所以连年的干旱，正是阳气太盛的报应。另外嘉禾六年五月十四日，赤乌二年正月初一和二十七日，都发生了地震。地属于阴类，是臣子的象征。阴气盛所以地震，这是臣子垄断朝廷的缘故。凡天地产生异变，都是用来警告唤醒君主的，我们能不深深思索其中的含义吗？"又说："丞相顾雍、上大将军陆逊、太常潘濬，他们忧虑深沉，责任重大，他们的志向就在于竭尽忠诚，因而他们起早睡晚，兢兢业业，寝食不安，一心思考要使国家安定，使百姓殷实，制定长治久安的政策策略，可以称得上心腹股肱，国家的大臣。应当对他们每一个人都委以重任，不要让其他监督官员监督他们主管的工作，要求他们工作的成功和效率，考察他们工作的得失和优劣。像这样的三个大臣，他们的思虑只是有顾及不到之处罢了，哪里敢独揽威权欺负天子呢？"又说："悬赏是为了表彰善行，设刑是为了威胁奸佞，如果委任贤人使用能人，他们通晓法律刑名的学问，那么什么功业不能成就？什么事情不能办理？什么传闻不能听到？什么现象不能看到？如果辖区百里的郡守都能得到合适的人选，共同规划治理国家，那么，各种政务怎么能不兴盛呢？我私下听说各县都有编外的备用人员，官多扰民，社会风气也因此败坏。只是小人们有了接受君命的机会，并不努力奉行公事，而是作威作福，他们没有扩大天子的视听，反而又来祸害百姓。我认为这样的官员可以一律罢免。"孙权听了步骘的劝谏，也明白过来了，于是处死了吕壹。步骘先后为举荐屈居下位的贤能，援救开脱遭受灾难的无辜，上书几十次。孙权虽然不能全部采纳，但还是经常听取他的建议，多次蒙受他的帮助而得到补益。

赤乌九年，步骘接替陆逊任丞相，他仍然教诲门生，手不释卷，他的衣着和居处就像读书人一样。然而他家里妻妾的服饰则过分华丽，因而颇为此被人讥讽。他在西陵的二十年，附近的敌人都敬畏他的威望和信誉。他的性情宽宏，很得人心，内心的喜悦和愤怒从不从脸上表现出来，而且无论对内对外总是表现出十分恭敬的样子。

赤乌十年，步骘去世，他的儿子步协继承爵位，并统辖步骘率领的部队，加官抚军将军，步协去世，他的儿子步玑继承侯爵。步协的弟弟步阐继承他的职务任西陵督，加官昭武将军，封为西亭侯。凤凰元年，又调任绕帐督。步阐接连几代人住在西陵，突然间接到征召的命令，他自己认为是要丢掉职务，又担心有谗害，因此就凭借城邑投降晋国，派步玑和弟弟步璿到洛阳去任职。晋国任命步阐为都督西陵诸军事、卫将军、仪同三司，加官侍中，授予符节，兼任交州州牧，封为宜都公，步玑监江陵诸军事、左将军，加官散骑常侍，兼任庐陵太守，改封为江陵侯；步璿为给事中、宣威将军，封为都乡侯。还命令车骑将军羊祜、荆州刺史杨肇前去救援步阐。孙皓派陆抗西进军，羊祜等人退军。陆抗攻克城邑，步阐等人被处以斩首，步氏就被消灭了，只有步璿继承后嗣。

颖川人周昭著书赞扬步骘和严畯等人说："古今贤能的士大夫之所以败坏名声、毁灭自己、丧失家业、危害国家，其中的原因不是单一的，但归纳其大致的规律，总结其常见的祸患，也不过是四方面的原因而已。第一、急于议论；第二、争夺名利；第三、重视朋党；第四、力求速决。急于议论就伤害他人，争夺名利就破坏交情，重视朋党就蒙蔽君王，力求速决就丧失道德。这四方面因素不消除，没有人能保全自己的。当代的君子能够保全自己的人，也屡屡可见，哪里只限于古人呢！不过要衡量其中最突出的，莫若顾豫章、诸葛使君、步丞相、严卫尉、张奋威表现得完美。《论语》说'老师很善于有步骤地诱导学生'，又说'要成全别人的好事，不成全别人的坏事'，顾豫章具备了这种美德；'远远望去，庄严可畏；向他靠拢，温和可亲；听他说话，严厉不苟'，诸葛使君体现了这种特点；'庄严而安静，有威仪而不凶猛'，步丞相显示了这种风貌；学习不追求利禄，思想不贪图横财，严卫尉、张奋威发扬了这种精神。这五位君子，尽管德行的确有差别，他们的地位也有轻重的不同、但在举止方面处处检点，不触及上述四方面的毛病，他们都遵循同样的原则。先前丁谞在贫户长大，吾粲由牧童出身，顾豫章发挥他们的长处，使他们的地位与陆氏、全氏并列，因此在他的管辖范围内，没有人屈才，社会风俗淳厚。诸葛使君、步丞相、严卫尉三位君子，过去同以平民的身份互相友善，许多议论的人据此逐一排列他们的优劣次序。起初，先是严卫尉，其次是步丞相，而后才是诸葛使君。后来他们共同侍奉英明的君主，筹划管理国家的事务，由于他们进退的才干有不同之处。因而他们先后的名次必然与最初的次序相反,这是世间普通人评定的功劳薄。至于三位君子情谊友好的关系,始终没有受到损害,这难道不是古人相交的风气吗?另外鲁横江先前凭仗一万人马,屯兵据守陆口,这是当时的美差,无论有能力还是没有能力,谁不巴望这个职务呢?鲁横江死后,按理严卫尉是理所当然的人选,但他认为自己不具备将帅的才干,就坚决地推让出去,终于没有任职。后来他升为九卿,执掌八座,那荣誉根本不能映衬他的光彩,那俸禄根本不能承受他的分量。至于那两位君子,都位居上将,富贵已极。严卫尉既没有争夺功名的欲念,二位君子也不适宜推荐,因而三个人各自坚守自己的志向,保全自己的名誉。孔子说:"君子矜持而不争执,合群而不结私党。'这三位君子具有这种风度。还有张奋威的名声,也在三位君子的行列。他担当一方的戍卫,接受上将的职守,和诸葛使君、步丞相没有差异。然而参与国事,评议功劳,确实有先后的差别,所以爵位的尊荣程度便有所不同。而张奋威如今处在这个位置上,他的决策能够明确他这个局部在整体中的意义,心里没有偏离道义的私欲,做事没有填满欲壑的要求。每次登上朝廷,他都按照礼仪行动,说话的语气很诚恳,一言一行没有不想尽忠的。张叔嗣虽然与他亲近,地位显贵,他开口就担忧张叔嗣的败落;蔡文至与他疏远,地位卑贱,他说话就赞扬蔡文至的贤能。他的女儿许配给太子,接受太子的礼节他就像吊唁似的难受。奔赴君命时,他意气昂扬,是个忠厚的人物。而事业的成败得失,往往像所考虑的一样。可以说他是个坚守道义而又见机而作、喜欢古代风尚的贤士。至于管理国家、执掌军队,在驰骋沙场的时候,建立霸王的功业,这五个人还算不上有过人的本领。另外他们精诚地实行道义,对于所追求的目标不马马虎虎地去获取,无论进退都要为天下服务,保全个人的名誉和品行，远离庸俗的社会习尚，这些行为实际上都有所师承。所以我概括地议论他们的事迹，以供后来的君子参考。"周昭这个人，字恭远，和韦曜、薛莹、华覈一起撰述《吴书》，后来任中书郎，因为犯法被关押进监狱，华覈上表救他，孙休不采纳，于是他便被处死。

评论说："张昭接受遗诏辅佐君主，功勋可以记载下来，他忠诚方直，从不为己，却因为严厉而被人惧怕，因为清高而被君主疏远，既没有担任丞相，又没有升为师保，最后闲散在家，养老而已。由此可以知道孙权比不上孙策。顾雍依仗平生所学的知识，又以智慧来运用它，所以能登上最尊荣的地位。诸葛瑾、步骘均以道德为规范、以法度为准则，在当世显露出他们的才能来。张承、顾邵尊重长者，喜欢人才。周昭的评论，对他们的称赞很完美，所以详细摘录在文章中。顾谭为公事贡献一切，有忠贞的气节，张休、张承修炼意志，都希望做些好事。喜欢谗害的人攻击他们，使他们流放到南疆，可悲啊！

三国志卷五十四

吴书九

周瑜鲁肃吕蒙传第九

周瑜字公瑾，庐江舒人也。从祖父景，景子忠，皆为汉太尉。父异，洛阳令。

瑜长壮有姿貌。初，孙坚兴义兵讨董卓，徙家于舒。坚子策与瑜同年，独相友善，瑜推道南大宅以舍策，升堂拜母，有无通共。瑜从父尚为丹杨太守，瑜往省之。会策将东渡，到历阳，驰书报瑜，瑜将兵迎策，策大喜曰："吾得卿，谐也。"遂从攻横江、当利，皆拔之。乃渡江击秣陵，破笮融、薛礼，转下湖孰、江乘，进入曲阿，刘繇奔走，而策之众已数万矣。因谓瑜曰："吾以此众取吴会平山越已足。卿还镇丹杨。"瑜还。顷之，袁术遣从弟胤代尚为太守，而瑜与尚俱还寿春。术欲以瑜为将，瑜观术终无所成，故求为居巢长，欲假涂东归，术听之。遂自居巢还吴。是岁，建安三年也。策亲自迎瑜，授建威中郎将，即与兵二千人，骑五十匹。瑜时年二十四，吴中皆呼为周郎。以瑜恩信著于庐江，出备牛渚，后领春谷长。顷之，策欲取荆州，以瑜为中护军，领江夏太守，从攻皖，拔之。时得桥公两女，皆国色也。策自纳大桥，瑜纳小桥。复进寻阳，破刘勋，讨江夏，还定豫章、庐陵，留镇巴丘。

五年，策薨，权统事，瑜将兵赴丧，遂留吴，以中护军与长史张昭共掌众事。十一年。督孙瑜等讨麻、保二屯，枭其渠帅，囚浮万余口，还备宫亭。江夏太守黄祖遣将邓龙将兵数千人入柴桑，瑜追讨击，生虏龙送吴。十三年春。权讨江夏，瑜为前部大督。

其年九月，曹公入荆州，刘琮举众降，曹公得其水军，船步兵数十万，将士闻之皆恐。权延见群下，问以计策。议者咸曰："曹公豺虎也，然托名汉相，挟天子以征四方，动以朝廷为辞，今日拒之，事更不顺。且将军大势可以拒操者，长江也。今操得荆州，奄有其地，刘表治水军，蒙冲斗舰，乃以千数，操悉浮以沿江，兼有步兵，水陆俱下，此为长江之险，已与我共之矣。而势力众寡，又不可论。愚谓大计不如迎之。"瑜曰："不然，操虽托名汉相，其实汉贼也。将军以神武雄才，兼仗父兄之烈，割据江东，地方数千里，兵精足用，英雄乐业，尚当横行天下，为汉家除残去秽。况操自送死，而可迎之耶？请为将军筹之：今使北土已安，操无内忧，能旷日持久，来争疆场，又能与我校胜负于船楫，可也；今北土既未平安，加马超、韩遂尚在关西，为操后患。且舍鞍马，仗舟楫，与吴越争衡，本非中国所长，又今盛寒，马无藁草，驱中国士众远涉江湖之间，不习水土，必生疾病。此数四者，用兵之患也，而操皆冒行之。将军擒操，宜在今日。瑜请得精兵三万人，进住夏口，保为将军破之。"权曰："老贼欲废汉自立久矣，徒忌二袁、吕布、刘表与孤耳。今数雄已灭，惟孤尚存，孤与老贼，势不两立，君言当击，甚与孤合，此天以君授孤也。"

时刘备为曹公所破，欲引南渡江，与鲁肃遇于当阳，遂共图计，因进住夏口，遣诸葛亮诣权。权遂遣瑜及程普等与备并力逆曹公，遇于赤壁。时曹公军众已有疾病，初一交战，公军败退，引次江北。瑜等在南岸。瑜部将黄盖曰："今寇众我寡，难与持久。然观操军方连船舰，首尾相接，可烧而走也。"乃取蒙冲斗舰数十艘，实以薪草，膏油灌其中，裹以帷幕，上建牙旗，先书报曹公，欺以欲降。又豫备走舸，各系大船后，因引次俱前。曹公军吏士皆延颈观望，指言盖降。盖放诸船，同时发火。时风盛猛，悉延烧岸上营落。顷之，烟炎张天，人马烧溺死者甚众，军遂败退，还保南郡。备与瑜等复共追。曹公留曹仁等守江陵城，径自北归。

瑜与程普又进南郡，与仁相对，各隔大江。兵未交锋，瑜即遣甘宁前据夷陵。仁分兵骑别攻围宁。宁告急于瑜，瑜用吕蒙计，留凌统以守其后，身与蒙上救宁。宁围既解，乃渡屯北岸，克期大战。瑜亲跨马陈，会流矢中右胁，疮甚，便还。后仁闻瑜卧未起，勒兵就陈。瑜乃自兴，案行军营，激扬吏士，仁由是遂退。

权拜瑜偏将军，领南郡太守。以下隽、汉昌、刘阳、州陵为奉邑，屯据江陵。刘备以左将军领荆州牧，治公安。备诣京见权，瑜上疏曰："刘备以枭雄之姿，而有关羽、张飞熊虎之将，必非久屈为人用者。愚谓大计宜徙备置吴，盛为筑宫室，多其美女玩好，以娱其耳目，分此二人，各置一方，使如瑜者得挟与攻战，大事可定也。今猥割土地以资业之，聚此三人，俱在疆埸，恐蛟龙得云雨，终非池中物也。"权以曹公在北方，当广揽英雄，又恐备难卒制，故不纳。

是时刘璋为益州牧，外有张鲁寇侵，瑜乃诣京见权曰："今曹操新折衄，方忧在腹心，未能与将军连兵相事也。乞与奋威俱进取蜀，得蜀而并张鲁，因留奋威固守其地，好与马超结援。瑜还与将军据襄阳以蹙操,北方可图也。"权许之。瑜还江陵为行装,而道于巴丘病卒,时年三十六。权素服举哀,感动左右。丧当还吴,又迎之芜湖,众事费度,一为供给。后著令曰:"故将军周瑜、程普,其有人客,皆不得问。"初瑜见友于策,太妃又使权以兄奉之。是时权位为将军,诸将宾客为礼尚简,而瑜独先尽敬,便执臣节。性度恢廓,大率为得人,惟与程普不睦。

瑜少精意于音乐,虽三爵之后,其有阙误,瑜必知之,知之必顾,故时人谣曰:"曲有误,周郎顾。"

瑜两男一女。女配太子登。男循尚公主,拜骑都尉,有瑜风,早卒。循弟胤,初拜兴业都尉,妻以宗女,授兵千人,屯公安。黄龙元年,封都乡侯,后以罪徙庐陵郡。赤乌二年,诸葛瑾、步骘连名上疏曰:"故将军周瑜子胤,昔蒙粉饰,受封为将,不能养之以福,思立功效,至纵情欲,招速罪辟。臣窃以瑜昔见宠任,入作心膂,出为爪牙,衔命出征,身当矢石,尽节用命,视死如归,故能摧曹操于乌林,走曹仁于郢都,扬国威德,华夏是震,蠢尔蛮荆,莫不宾服,虽周之方叔,汉之信、布,诚无以尚也。夫折冲扞难之臣,自古帝王莫不贵重,故汉高帝封爵之誓曰'使黄河如带,太山如砺,国以永存,爰及苗裔';申以丹书,重以盟诅,藏于宗庙,传于无穷,欲使功臣之后,世世相踵,非徒子孙,乃关苗裔,报德明功,勤勤恳恳,如此之至,欲以劝戒后人,用命之臣,死而无悔也。况于瑜身没未久,而其子胤降为匹夫,益可悼伤。窃惟陛下钦明稽古,隆于兴继,为胤归诉,乞余罪,还兵复爵,使失旦之鸡,复得一鸣,抱罪之臣,展其后效。"权答曰:"腹心旧勋,与孤协事,公瑾有之,诚所不忘。昔胤年少,初无功劳,横受精兵,爵以侯将,盖念公瑾以及于胤也。而胤恃此,酗淫自恣,前后告喻,曾无悛改。孤于公瑾，义犹二君，乐胤成就，岂有已哉？迫胤罪恶，未宜便还，且欲苦之，使自知耳。今二君勤勤援引汉高河山之誓，孤而恧然。虽德非其畴，犹欲庶几，事亦如尔，故未顺旨。以公瑾之子，而二君在中间，苟使能改，亦何患乎！"瑾、骘表比上，朱然及全琮亦俱陈乞，权乃许之。会胤病死。

瑜兄子峻，亦以瑜元功为偏将军，领吏士千人。峻卒，全琮表峻子护为将。权曰："昔走曹操，拓有荆州，皆是公瑾，常不忘之。初闻峻亡，仍欲用护，闻护性行危险，用之适为作祸，故便止之。孤念公瑾。岂有已乎？"

鲁肃字子敬，临淮东城人也。生而失父，与祖母居。家富于财，性好施与。尔时天下已乱，肃不治家事，大散财货，摽卖田地，以赈穷弊结士为务，甚得乡邑欢心。

周瑜为居巢长，将数百人故过侯肃，并求资粮。肃家有两囷米，各三千斛，肃乃指一囷与周瑜，瑜益知其奇也，遂相亲结，定侨、札之分。袁术闻其名，就署东城长。肃见术无纲纪，不足与立事，乃携老弱将轻侠少年百余人，南到居巢就瑜。瑜之东渡，因与同行，留家曲阿。会祖母亡，还葬东城。

刘子扬与肃友善，遗肃书曰："方今天下豪杰并起，吾子姿才，尤宜今日。急还迎老母，无事滞于东城。近郑宝者，今在巢湖，拥众万余，处地肥饶，庐江间人多依就之，况吾徒乎？观其形势，又可博集，时不可失，足下速之。"肃答然其计。葬毕还曲阿，欲北行。会瑜已徙肃母到吴，肃具以状语瑜。时孙策已薨，权尚住吴，瑜谓肃曰："昔马援答光武云'当今之世，非但君择臣，臣亦择君'。今主人亲贤贵士，纳奇录异，且吾闻先哲秘论，承运代刘氏者，必兴于东南，推步事势，当其历数，终构帝基，以协天符，是烈士攀龙附凤驰骛之秋。吾方达此，足下不须以子扬之言介意也。"肃从其言。瑜因荐肃才宜佐时，当广求其比，以成功业，不可令去也。

权即见肃，与语甚悦之。众宾罢退，肃亦辞出，乃独引肃还，合榻对饮。因密议曰："今汉室倾危，四方云扰，孤承父兄余业，思有桓文之功。君即惠顾，何以佐之？"肃对曰："昔高帝区区欲尊事义帝而不获者，以项羽为害也。今之曹操，犹昔项羽，将军何由得为桓文乎？肃窃料之，汉室不可复兴，曹操不可卒除。为将军计，惟有鼎足江东，以观天下之衅。规模如此，亦自无嫌。何者？北方诚多务也。因其多务，剿除黄祖，进伐刘表，竟长江所极，据而有之，然后建号帝王以图天下，此高帝之业也。"权曰："今尽力一方，冀以辅汉耳。此言非所及也。"张昭非肃谦下不足，颇訾毁之，云肃年少粗疏，未可用。权不以介意，益贵重之，赐肃母衣服帏帐，居处杂物，富拟其旧。

刘表死，肃进说曰："夫荆楚与国邻接，水流顺北，外带江汉，内阻山陵，有金城之固，沃野万里，士民殷富，若据而有之，此帝王之资也。今表新亡，二子素不辑睦，军中诸将，各有彼此。加刘备天下枭雄，与操有隙，寄寓于表，表恶其能而不能用也。若备与彼协心，上下齐同，则宜抚安，与结盟好；如有离违，宜别图之，以济大事。肃请得奉命吊表二子，并慰劳其军中用事者，及说备使抚表众，同心一意，共治曹操，备必喜而从命。如其克谐，天下可定也。今不速往，恐为操所先。"权即遣肃行。到夏口，闻曹公已向荆州，晨夜兼道。比至南郡，而表子琮已降曹公，备惶遽奔走，欲南渡江。肃径迎之，到当阳长阪，与备会，宣腾权旨，及陈江东强固，劝备与权并力。备甚欢悦。时诸葛亮与备相随，肃谓亮曰"我子瑜友也"，即共定交。备遂到夏口，遣亮使权，肃亦反命。

会权得曹公欲东之问，与诸将议，皆劝权迎之，而肃独不言。权起更衣，肃追于宇下，权知其意，执肃手曰："卿欲何言？"肃对曰："向察众人之议，专欲误将军，不足与图大事。今肃可迎操耳，如将军，不可也。何以言之？今肃迎操，操当以肃还付乡党，品其名位，犹不失下曹从事，乘犊车，从吏卒，交游士林，累官故不失州郡也。将军迎操，欲安所归？愿早定大计，莫用众人之议也。"权叹息曰："此诸人持议，甚失孤望；今卿廓开大计，正与孤同，此天以卿赐我也。"

时周瑜受使至鄱阳，肃劝追召瑜还。遂任瑜以行事，以肃为赞军校尉，助画方略。曹公破走，肃即先还，权大请诸将迎肃。肃将入阁拜，权起礼之，因谓曰："子敬，孤持鞍下马相迎，足以显卿未？"肃趋进曰："未也。"众人闻之，无不愕然。就坐，徐举鞭言曰："愿至尊威德加乎四海，总括九州，克成帝业，更以安车软轮征肃，始当显耳。"权抚掌欢笑。

后备诣京见权，求都督荆州，惟肃劝权借之，共拒曹公。曹公闻权以土地业备，方作书，落笔于地。

周瑜病困，上疏曰："当今天下，方有事役，是瑜乃心夙夜所忧，愿至尊先虑未然，然后康乐。今既与曹操为敌，刘备近在公安，边境密迩，百姓未附，宜得良将以镇抚之。鲁肃智略足任，乞以代瑜。瑜陨踣之日，所怀尽矣。"即拜肃奋武校尉，代瑜领兵。瑜士兵四千余人，奉邑四县，皆属焉。令程普领南郡太守。肃初住江陵，后下屯陆口，威恩大行，众增万余人，拜汉昌太守、偏将军。十九年，从权破皖城，转横江将军。

先是，益州牧刘璋纲维颓弛，周瑜、甘宁并劝权取蜀，权以咨备，备内欲自规，仍伪报曰："备与璋托为宗室，冀凭英灵，以匡汉朝。今璋得罪左右，备独竦惧，非所敢闻，愿加宽贷。若不获请，备当放发归于山林。"后备西图璋，留关羽守，权曰："猾虏乃敢挟诈！"及羽与肃邻界，数生狐疑，疆场纷错，肃常以欢好抚之。备既定益州，权求长沙、零、桂，备不承旨，权遣吕蒙率众进取。备闻，自还公安，遣羽争三郡。肃住益阳，与羽相拒。肃邀羽相见，各驻兵马百步上，但请将军单刀俱会。肃因责数羽曰："国家区区本以土地借卿家者，卿家军败远来，无以为资故也。今已得益州，既无奉还之意，但求三郡，又不从命。"语未究竟，坐有一人曰："夫土地者，惟德所在耳，何常之有！"肃厉声呵之，辞色甚切。羽操刀起谓曰："此自国家事，是人何知！"目使之去。备遂割湘水为界，于是罢军。

肃年四十六，建安二十二年卒。权为举哀，又临其葬。诸葛亮亦为发哀。权称尊号，临坛，顾谓公卿曰："昔鲁子敬尝道此，可谓明于事势矣。"

肃遗腹子淑既壮，濡须督张承谓终当到至。永安中，为昭武将军、都亭侯、武昌督。建衡中，假节，迁夏口督。所在严整，有方干。凤皇三年卒。子睦袭爵，领兵马。

吕蒙字子明，汝南富陂人也。少南渡，依姊夫邓当。当为孙策将，数讨山越。蒙年十五六，窃随当击贼，当顾见大惊，呵叱不能禁止。归以告蒙母，母恚欲罚之。蒙曰："贫贱难可居，脱误有功，富贵可致。且不探虎穴，安得虎子？"母哀而舍之。时当职吏以蒙年小轻之，曰："彼竖子何能为？此欲以肉喂虎耳。"他日与蒙会，又蚩辱之。蒙之怒，引刀杀吏，出走，逃邑子郑长家。出因校尉袁雄自首，承间为言，策召见奇之，引置左右。

数岁，邓当死，张昭荐蒙代当，拜别部司马。权统事，料诸小将兵少而用薄者，欲并合之。蒙阴赊贳，为兵作绛衣行，及简日，陈列赫然，兵人练习，权见之大悦，增其兵。从讨丹杨，所向有功，拜平北都尉，领广德长。从征黄祖，祖令都督陈就逆以水军出战。蒙勒前锋，亲枭就首，将士乘胜，进攻其城。祖闻就死，委城走，兵追禽之。权曰："事之克，由陈就先获也。"以蒙为横野中郎将，赐钱千万。

是岁，又与周瑜、程普等西破曹公于乌林，围曹仁于南郡。益州将袭肃举军来附，瑜表以肃兵益蒙，蒙盛称肃有胆用，且慕化远来，于义宜益不宜夺也。权善其言，还肃兵。瑜使甘宁前据夷陵，曹仁分众围宁，宁困急，使使请救。诸将以兵少不足分，蒙谓瑜、普曰："留凌公绩，蒙与君行，解围释急，势亦不久，蒙保公绩能十日守也。"又说瑜分遣三百人柴断险道，贼走可得其马。瑜从之。军到夷陵，即日交战，所杀过半。敌夜遁去，行遇柴道，骑皆舍马步走。兵追蹙击，获马三百匹，方船载还。于是将士形势自倍，乃渡江立屯，与相攻击，曹仁退走，遂据南郡，抚定荆州。还，拜偏将军，领寻阳令。

鲁肃代周瑜，当之陆口，过蒙屯下。肃意尚轻蒙，或说肃曰："吕将军功名日显，不可以故意待也，君宜顾之。"遂往诣蒙。酒酣，蒙问肃曰："君受重任，与关羽为邻，将何计略以备不虞？"肃造次应曰："临时施宜。"蒙曰："今东西虽为一家，而关羽实熊虎也。计安可不豫定？"因为肃画五策。肃于是越席就之，拊其背曰："吕子明，吾不知卿才略所及乃至于此也。"遂拜蒙母，结友而别。

时蒙与成当、宋定、徐顾屯次比近，三将死，子弟幼弱，权悉以兵并蒙。蒙固辞，陈启顾等皆勤劳国事，子弟虽小，不可废也。

书三上，权乃听。蒙于是又为择师，使辅导之，其操心率如此。

魏使庐江谢奇为蕲春典农，屯皖田乡，数为边寇。蒙使人诱之，不从，则伺隙袭击，奇遂缩退，其部伍孙子才、宋豪等，皆携负老弱，诣蒙降。后从权拒曹公于濡须，数进奇计，又劝权夹水口立坞，所以备御甚精，曹公不能下而退。

曹公遣朱光为庐江太守屯皖，大开稻田，又令间人招诱鄱阳贼帅，使作内应。蒙曰：“皖田肥美，若一收孰，彼众必增，如是数岁，操态见矣，宜早除之。”乃具陈其状。于是权亲征皖，引见诸将，问以计策。蒙乃荐甘宁为升城督，督攻在前，蒙以精锐继之。侵晨进攻，蒙手执枹鼓，士卒皆腾踊自升，食时破之。既而张辽至夹石，闻城已拔，乃退。权嘉其功，即拜庐江太守，所得人马皆分与之，别赐寻阳屯田六百户，官属三十人。蒙还寻阳，未期而庐陵贼起，诸将讨击不能禽，权曰：“鸷鸟累百，不如一鹗。”复令蒙讨之。蒙至，诛其首恶，余皆释放，复为平民。

是时刘备令关羽镇守，专有荆土，权命蒙西取长沙、零、桂三郡。蒙移书二郡，望风归服，惟零陵太守郝普城守不降。而备自蜀亲至公安，遣羽争三郡。权时住陆口，使鲁肃将万人屯益阳拒羽，而飞书召蒙，使舍零陵，急还助肃。初，蒙既定长沙，当之零陵，过酃，载南阳邓玄之，玄之者，郝普之旧也，欲令诱普。及被书当还，蒙秘之，夜召诸将，授以方略，晨当攻城，顾谓玄之曰：“郝子太闻世间有忠义事，亦欲为之，而不知时也。左将军在汉中，为夏侯渊所围。关羽在南郡，今至尊身自临之。近者破樊本屯，救酃，逆为孙规所破。此皆目前之事，君所亲见也。彼方首尾倒悬，救死不给，岂有余力复营此哉？今吾士卒精锐，人思致命，至尊遣兵，相继于道。今子太以旦夕之命，待不可望之救，犹牛蹄中鱼，冀赖江汉，其不可恃亦明矣。若子太必能一士卒之心,保孤城之守,尚能稽延旦夕,以待所归者,可也。今吾计力度虑,而以攻此,曾不移日而城必破,城破之后,身死何益于事,而令百岁老母,戴白受诛,岂不痛哉?度此家不得外问,谓援可恃,故至于此耳。君可见之,为陈祸福。"玄之见普,具宣蒙意,普惧而听之。玄之先出报蒙:"普寻后当至。"蒙豫敕四将,各选百人,普出,便入守城门。须臾普出,蒙迎执其手,与俱下船。语毕,出书示之,因拊手大笑,普见书,知备在公安而羽在益阳,惭恨入地。蒙留孙皎,委以后事,即日引军赴益阳。刘备请盟,权乃归普等,割湘水,以零陵还之。以寻阳、阳新为蒙奉邑。

师还,遂征合肥,既撤兵,为张辽等所袭,蒙与凌统以死捍卫。后曹公又大出濡须,权以蒙为督,据前所立坞,置强弩万张于其上,以拒曹公。曹公前锋屯未就,蒙攻破之,曹公引退。拜蒙左护军、虎威将军。

鲁肃卒,蒙西屯陆口,肃军人马万余尽以属蒙。又拜汉昌太守,食下隽、刘阳、汉昌、州陵。与关羽分土接境,知羽骁雄,有并兼心,且居国上流,其势难久。初,鲁肃等以为曹公尚存,祸难始构,宜相辅协,与之同仇,不可失也。蒙乃密陈计策曰:"今令征虏守南郡,潘璋住白帝,蒋钦将游兵万人,循江上下,应敌所在,蒙为国家前据襄阳,如此,何忧于操,何赖于羽?且羽君臣矜其诈力,所在反复,不可以腹心待也。今羽所以未便东向者,以至尊圣明,蒙等尚存也。今不于强壮时图之,一旦僵仆,欲复陈力,其可得邪?"权深纳其策,又聊复与论取徐州意,蒙对曰:"今操远在河北,新破诸袁,抚集幽、冀,未暇东顾。徐土守兵,闻不足言,往自可克。然地势陆通,骁骑所骋,至尊今日得徐州,操后旬必来争,虽以七八万人守之,犹当怀忧。不如取羽，全据长江，形势益张。"权尤以此言为当。及蒙代肃，初至陆口，外倍修恩厚，与羽结好。

后羽讨樊，留兵将备公安、南郡。蒙上疏曰："羽讨樊而多留备兵，必恐蒙图其后故也。蒙常有病，乞分士众还建业，以治疾为名。羽闻之，必撤备兵，尽赴襄阳。大军浮江，昼夜驰上，袭其空虚，则南郡可下，而羽可擒也。"遂称病笃，权乃露檄召蒙还，阴与图计。羽果信之，稍撤兵以赴樊。魏使于禁救樊，羽尽擒禁等，人马数万，托以粮乏，擅取湘关米。权闻之，遂行，先遣蒙在前。蒙至寻阳，尽伏其精兵䑽艚中，使白衣摇橹，作商贾人服，昼夜兼行，至羽所置江边屯候，尽收缚之，是故羽不闻知。遂到南郡，士仁、麋芳皆降。蒙入据城，尽得羽及将士家属，皆抚慰，约令军中不得干历人家，有所求取。蒙麾下士，是汝南人，取民家一笠，以覆官铠，官铠虽公，蒙犹以为犯军令，不可以乡里故而废法，遂垂涕斩之。于是军中震慄，道不拾遗。蒙旦暮使亲近存恤耆老，问所不足，疾病者给医药，饥寒者赐衣粮。羽府藏财宝，皆封闭以待权至。羽还，在道路，数使人与蒙闻相，蒙辄厚遇其使，周游城中，家家致问，或手书示信。羽人还，私相参讯，咸知有门无恙，见待过于平时，故羽吏士无斗心。会权寻至，羽自知孤穷，乃走麦城，四至漳乡，众皆委羽而降。权使朱然、潘璋断其径路，既父子俱获，荆州遂定。

以蒙为南郡太守，封孱陵侯，赐钱一亿，黄金五百斤。蒙固辞金钱，权不许。封爵未下，会蒙疾发，权时在公安，迎置内殿，所以治护者万方，募封内有能愈蒙疾者，赐千金。时有针加，权为之惨戚，欲数见其颜色，又恐劳动，常穿壁瞻之，见小能下食则喜，顾左右言笑，不然则咄唶，夜不能寐，病中瘳，为下赦令，群臣毕贺。后更增笃，权自临视，命道士于星辰下为之请命。年四十二，遂卒于内殿。时权哀痛甚，为之降损。蒙未死时，所得金宝诸赐尽付府藏，敕主者命绝之日皆上还，丧事务约。权闻之，益以悲感。

蒙少不修书传，每陈大事，常口占为笺疏。常以部曲事为江夏太守蔡遗所白，蒙无恨意。及豫章太守顾邵卒，权问所用，蒙因荐遗奉职佳吏，权笑曰："君欲为祁奚邪？"于是用之。甘宁粗暴好杀，既常失蒙意，又时违权令，权怒之，蒙辄陈请："天下未定，斗将如宁难得，宜容忍之。"权遂厚宁，卒得其用。

蒙子霸袭爵，与守冢三百家，复田五十顷。霸卒，兄琮袭侯。琮卒，弟睦嗣。

孙权与陆逊论周瑜、鲁肃及蒙曰："公瑾雄烈，胆略兼人，遂破孟德，开拓荆州，邈焉难继，君今继之。公瑾昔要子敬来东，致达于孤，孤与宴语，便及大略帝王之业，此一快也。后孟德因获刘琮之势，张言方率数十万众水步俱下。孤普请诸将，咨问所宜，无适先对，至子布、文表，俱言宜遣使修檄迎之，子敬即驳言不可，劝孤急呼公瑾，付任以众，逆而击之。此二快也。且其决计策，意出张、苏远矣，后虽劝吾借玄德地，是其一短，不足以损其二长也。周公不求备于一人，故孤忘其短而贵其长，常以比方邓禹也。又子明少时，孤谓不辞剧易，果敢有胆而已；及身长大，学问开益，筹略奇至，可以次于公瑾，但言议英发不及之耳。图取关羽，胜于子敬。子敬答孤书云：'帝王之起，皆有驱除，羽不足忌。'此子敬内不能办，外为大言耳，孤亦恕之，不苟责也。然其作军屯营，不失令行禁止，部界无废负，路无拾遗，其法亦美也。"

评曰：曹公乘汉相之资，挟天子而扫群桀，新荡荆城，仗威东夏，于时议者莫不疑贰。周瑜、鲁肃建独断之明，出众人之表，实奇才也。吕蒙勇而有谋，断识军计，谲郝普，禽关羽，最其妙者。初虽轻果妄杀，终于克已，有国士之量，岂徒武将而已乎！孙权之论，优劣允当，故载录焉。

译文：

　　周瑜字公瑾，庐江郡舒县人。堂祖父周景，周景的儿子周忠，都做过汉朝的太尉。父亲周异，做过洛阳令。

　　周瑜长得健壮漂亮。当初，孙坚举义兵讨伐董卓，把家迁移到舒县。孙坚的儿子孙策和周瑜同岁，两人交情很深，周瑜把路南边的大宅院让给孙策居住，到上房去拜见孙策的母亲，生活上互通有无互相帮助。周瑜的堂父周尚做丹杨太守，周瑜去探望他。恰好碰上孙策将要东渡，到了历阳，写信告诉周瑜，周瑜率领兵马来迎接孙策。孙策高兴地说："我得到您，一切都会顺利的。"周瑜就跟随孙策进攻横江、当利，都攻克了。于是又渡江进攻秣陵，打败了笮融、薛礼，转而又攻下了湖孰、江乘，进入曲阿，刘繇逃走了，这时孙策的兵马已发展到几万人。他对周瑜说："我用这些人马攻取吴郡、会稽二郡，平定山越，已经足够了。你回去镇守丹杨吧。"周瑜回到了丹杨。不久，袁术派堂弟袁胤取代周尚做太守，周瑜和周尚都回到寿春。袁术想任用周瑜做自己的部将，周瑜看袁术最终不会有什么成就，所以只请求做了居巢县长，想借路回到江东，袁术同意了。于是周瑜经居巢回到了吴郡。这年正是建安三年。孙策亲自去迎接周瑜，授予他建威中郎将的职务，调给两千名士兵，五十名骑兵。周瑜那年二十四岁，吴郡人都称他为"周郎"。因为周瑜在庐江恩德信义昭著，孙策派他防守牛渚，后来任春谷县长。不久，孙策准备进攻荆州，让周瑜做中护军，兼任江夏太守，跟随孙策攻打皖县，也攻下了。当时得到了桥公的两个女儿，都长得美貌超群。孙策自己娶了大桥，周瑜娶了小桥。接着进攻寻阳，打败了刘勋，征讨江夏郡，回兵平定了豫章、庐陵，周瑜留下来镇守巴丘。

建安五年，孙策死去，孙权综理各项事务。周瑜带兵前来吊丧，于是留在吴郡，以中护军的身份和长史张昭一起掌管军政大事。建安十一年，他统率孙瑜等人征讨麻、保二屯，杀了二屯的首领，俘虏了一万多人，然后回军防守宫亭。江夏太守黄祖派部将邓龙带领军队几千人进占柴桑，周瑜迎击，活捉邓龙送到吴郡。建安十三年春，孙权讨伐江夏，周瑜被委任为前部大督。

这年九月，曹公进入荆州，刘琮带领全部人马投降，曹公得到了他的水军，水兵、步兵发展到几十万人，东吴官兵听说了都感到恐惧。孙权召集部下询问计策。与会者都说："曹公真是豺虎呀，但是他假借汉朝丞相的名义，挟制天子，以天子的名义征讨四方，动不动就以朝廷为借口，现在如果抗拒他，形势很不利。况且以将军所处的形势分析，将军可用来抗拒曹操的，是长江天险。如今曹操得到荆州，完全占领了这块地方。刘表训练的水军，几千艘蒙冲斗舰，曹操都俘获了，并将它沿江摆开，连同步兵，水陆一起沿江而下，这就是说长江天险，曹操已和我们共同占有了。而且双方实力悬殊，无法相提并论。我们认为最好还是投降曹操。"周瑜说："不对。曹操虽然假借汉朝丞相的名义，其实是汉朝的奸贼。以将军的神明威武和雄才大略，再加上所依仗的父兄的威名，割据江东，占地几千里，兵精粮足，英雄豪杰都乐于效劳，这正是横行天下，为汉朝除去残暴污秽的时候。况且曹操是自己来送死的，难道可以迎接他吗？请让我为您分析一下：现在假设北方已经完全稳定，曹操没有后顾之忧，能够旷日持久地和我们争夺地盘，但是否能够和我们在水面上一决胜负呢？现在北方并没有平定，加上马超、韩遂还在潼关以西，实际上是曹操的后患。而且舍去骑兵，依靠舟船，和我们吴越的人较量，本来就不是中原士兵的长处。现在又赶上天气奇冷，马无草料，驱使中原的士兵远远跋涉到江南之地，不服水土，必定要生病。所列举的这四点，都是用兵者所应该担心的，而曹操却冒险行动，将军要活捉曹操，应该是在今天，我请求带领精兵三万人，进驻夏口，保证为将军打败曹操。"孙权说："曹操老贼想废掉汉室自己当皇帝，蓄谋已久了，仅仅是担心二袁、吕布、刘表和我而已。如今几位英雄已被消灭，只有我还在，我与老贼势不两立。你说应当抗击，和我的想法非常一致，这是上天把你送给我呀。"

这时刘备被曹公打败，想率人马南渡大江，在当阳和鲁肃相遇，便共同商量计划，因此进驻夏口，派诸葛亮去拜见孙权。孙权就派周瑜和程普等人率军与刘备合力抵抗曹操，两军在赤壁相遇。这时曹操的士兵已有不少人患病，刚一交战，曹军就败退。退兵驻扎在江北。周瑜等人率军驻扎在南岸。周瑜的部将黄盖说："现在敌众我寡，难以和他们久战。但是我看到曹军的船舰首尾相接，可以用火攻而逼迫他们逃走。"于是周瑜调来几十艘蒙冲斗舰，装满柴草，中间浇满油脂，外面裹着帷幕，上面插上牙旗，事先让黄盖写信告诉曹操，骗说要向他投降。又准备了快艇，分别系在大船后面，于是依次向前驶去。曹操军队的官兵都伸长脖子观看，指指点点地说黄盖来投降了。黄盖解开各条船只，同时点起火来。当时风势很猛，大火蔓延到岸上的营寨。顷刻之间，曹营烟火冲天，人马被烧死和淹死的不计其数，于是曹军败退，退过南郡。刘备与周瑜又并力追击。曹公留下曹仁等守卫江陵城，自己径直返回北方了。

周瑜与程普又进军南郡，和曹仁对峙，中间隔着大江。两军还没有交锋，周瑜就派遣甘宁前去占领夷陵。曹仁抽出一部分步兵、骑兵围攻甘宁。甘宁向周瑜告急。周瑜用吕蒙的计策，留下凌统守卫后方，亲自和吕蒙一起到上游去救援甘宁。甘宁的包围被解除后，周瑜就渡江到北岸屯驻，约定日期与曹仁大战。周瑜亲自骑马督战，被乱箭射中右肋，伤势很重，便回到营地。后来曹仁听说周瑜卧床不起，便率兵上阵。周瑜就强打精神，到军营巡行视察，激励提高官兵的士气，曹仁因此只好退走。

孙权拜周瑜为偏将军，兼任南郡太守。以下隽、汉昌、刘阳、州陵作为他的奉邑，让他驻守江陵。刘备以左将军的身份兼任荆州牧，驻在公安。刘备到京拜见孙权的时候，周瑜上疏说："刘备以勇悍雄杰的姿态，又拥有关羽、张飞这样的熊虎之将，一定不会长期屈服，受人支配。我认为最好的办法应当是把刘备迁移安置到吴郡，大兴土木为他建造宫室，多送给他一些美女和珍奇的玩物，使他的耳目感官得到享受，再把关羽、张飞分开，把他们放到不同的地方，让像我这样的人指挥他们一块作战，大事就可以安定了。现在分割土地来资助他们，这三个人聚在一起，都在边界地方，恐怕蛟龙得到了云雨，最终就不再是水池可以容纳的东西了。"孙权认为曹公在北方，应当广泛招揽英雄人物，又担心刘备难以很快制服，所以没有采纳周瑜的建议。

当时刘璋做益州牧，外面有张鲁的抢夺侵扰，周瑜就进京拜见孙权说："如今曹操刚刚遭受挫折，心中正在发愁，不能和将军交兵作战。我请求和奋威将军一起进攻蜀地，得到蜀地，吞并张鲁，而后让奋威将军留下固守在那里，以便和马超互相声援。我回来和将军占据襄阳进迫曹操，北方就有被攻克的希望了。"

孙权同意了他的计划。周瑜回到江陵,准备行装,路过巴丘时病死了,死时年仅三十六岁。孙权穿上丧服为他举哀,感动了他的臣僚。周瑜的灵柩要运回吴郡,孙权又亲自到芜湖迎接,各项费用,一概为之供给。后来专门颁布命令说:"对已故将军周瑜、程普家的所有佃客,都不得向他们索取东西。"当初周瑜被孙策当作好友对待,太妃又让孙权以兄长之礼尊奉他,那时孙权的职位是将军,诸位将领宾客对待他的礼节还很简单,只有周瑜很早就对他十分尊敬,以对待君主的礼节对待孙权。周瑜心胸宽阔,大体能得人心,只是和程普不相和睦。

周瑜年少时精心研究音乐,即使是在喝了很多酒之后,弹唱的音乐如有错误,周瑜一定能够听出来,听出来后一定要回头看一看,所以当时有歌谣说:"曲有误,周郎顾。"

周瑜有两个儿子一个女儿。女儿嫁给太子孙登。儿子周循娶公主为妻,官拜骑都尉,有周瑜的遗风,年轻时就死去了。周循的弟弟周胤,最初任兴业都尉,娶了宗室的女子为妻,率领军队一千人,驻守在公安。黄龙元年,被封为都乡侯,后来因犯罪被迁移到庐陵郡。赤乌二年,诸葛瑾、步骘联名上疏说:"已故将军周瑜的儿子周胤,过去因受到过度的赞扬,被封为将军。他不能在得到优厚的待遇时,考虑为国家立功,反而放纵情欲,以致很快招致罪罚。臣等私下考虑周瑜过去被主上宠爱信任,在内是心腹重臣,在外是得力的将领,受命出征打仗,常常是身当矢石,冒死完成任务,视死如归,所以能够在乌林打败曹操,在郢都赶走了曹仁,显示了国家的威德,全国受到震动,连愚昧的蛮荆都没有不表示服从的,就是周朝的方叔,汉朝的韩信、英布,也不能超过他。能够挫败敌人进攻,解除国家危难的大臣,自古以来的帝王没有不敬重的,所以汉高祖封爵的誓词中说:'即使黄河小得像衣带，太山小得像块磨刀石，他们的封国也将永远保存，传到后代子子孙孙。'并用丹砂写成誓词，又以盟誓的隆重仪式，把誓词藏到宗庙里，让它永远流传下去，要使功臣的后代，世代继承，不光是子孙，就连更远的后代也要关心到，以报答和表彰臣下的功德。恳切到这种地步，目的是要劝导告诫后世的人，使之成为效忠国家的大臣，死也不后悔呀。何况周瑜死去不久，他的儿子周胤就降为普通老百姓，更加使人悲伤。只有陛下能够考察古代的事，英明地处理政事，十分重视兴灭继绝之道，因此我们为周胤求情，请求赦免他的罪过，归还他的军队，恢复他的爵位，使耽误了报晓的雄鸡，能够鸣叫一次；负罪的臣子，以后能有效力的机会。"孙权回答说："视作心腹的老功臣，和我协力共事的，其中有周公瑾，确实是不能忘记的。过去周胤年纪小，当初并没有功劳，白白地掌握一支军队，被封为王侯将军的爵位职务，就是因为怀念周公瑾才封及周胤的。而周胤依仗这些，沉湎于酒色不能自制，先后几次批评他，都不曾改正。我和周公瑾的情义如同和你们二位一样，期望周胤有所成就的心情，难道会停止吗？只是由于周胤的罪过，不便即刻恢复他的爵位职务，也想让他经受一点磨难，使他自己能够明白而已。现在你们二位诚恳地引用汉高祖封爵时的誓词，我感到惭愧。虽然我的德行不敢和汉高祖相比，还是想着要和他差不多。事情就是这样，所以没有听从你们的建议。作为周公瑾的儿女，又有你们二位从中说情，假使他能够悔改，有什么可担心的呢？"诸葛瑾、步骘的奏章屡次呈上，朱然和全琮也都来陈述意见为周胤说情，孙权这才答应了他们的请求。这时恰巧周胤病死了。

周瑜的侄子周峻，也因为周瑜的功劳被封为偏将军，率领官兵一千人。周峻死后，全琮举荐周峻的儿子周护为将领。孙权说:"过去赶走曹操,开辟荆州地盘,都是公瑾的功劳,我永远忘不了他。开始听到周峻死时,我也打算任用周护,但听说周护品性很坏,用他做官就会造成灾祸,所以就打消了这个念头。我怀念公瑾,怎么会有休止的时候呢!"

鲁肃字子敬,临淮郡东城县人。他自幼丧父,与祖母共同生活。家中富有财产,秉性乐于施舍。当时天下已经大乱,鲁肃不从事普通百姓的持家理财活动,大量分散施舍家中钱财,公开标价出卖田地,以其所得,致力于周济贫困结交贤士,所以很得乡里民众的好评。

周瑜当时任居巢县长,带领数百人专程前来拜访鲁肃,并请求他资助粮食。鲁肃家中有两个圆形大粮仓,其中分别装有三千斛米,鲁肃当即手指其中一仓米,赠送给周瑜,周瑜更加确信鲁肃是一位奇才,于是就主动结交,两人建立了如同春秋时期公孙侨和季札那样的牢固的朋友关系。袁术闻知鲁肃的贤名,就任命他出任东城县长。鲁肃见袁术没有法纪制度,不值得自己和他去建功立业,就携带老弱并统领敏捷勇悍的青年一百多人,南迁到居巢县投奔周瑜。周瑜东渡长江时,鲁肃就随他同行,过江后定居在曲阿县。正值祖母去世,鲁肃返回东城县安葬祖母。

刘子扬和鲁肃是好朋友,致书鲁肃说:"现在天下英雄豪杰同时并起,凭您的资质才华,最应利用现在这种纷争的时局大显身手。应迅速回来迎接老母,不要滞留在东城县。最近有个叫郑宝的人,在巢湖一带,积聚了一万多部众,占据了肥沃富饶的地区,庐江一带的寻常百姓纷纷去投奔他,更何况像我们这类有抱负有才能的人呢?分析郑宝的形势,又可能大量吸收贤士,时机不可丧失,您应当迅速前往。"鲁肃同意他的意见。安葬祖母后返回曲阿县,鲁肃就想整装北行。恰逢周瑜已经把鲁肃的母亲接到了吴郡,鲁肃就把其中情况告知周瑜。当时孙策已死,孙权仍在吴郡,周瑜对鲁肃说:"过去马援回答光武皇帝说'目前的政局,不仅君主可选择臣子,臣子也要选择君主'。现在本地主人尊重贤达重用士人,接纳奇才录用异能,况且我听前辈哲人秘密议论,恭承天命取代刘氏王朝地位的人,必定兴起于东南,推测形势演变,目前正是汉家气数已尽的时候,吴主终究能开创立国基业,以应合天命,这正是有志之士攀龙附凤建功立业的良机。我正在受到重用,您不必过多考虑刘子扬的意见。"鲁肃听从了周瑜的话。周瑜就向孙权推荐鲁肃有才干,应用为辅佐,并应当多方寻求像鲁肃这样的人才,以建国立业,不可让他离开吴地投奔他人。

孙权立即约见鲁肃,纵谈事势,对他的见识才干极为赏识。众多宾客退出时,鲁肃也起身告辞,孙权就单独领鲁肃返回,两人共坐一席欢饮畅谈。孙权乘便悄悄地说:"现在汉家天下倾危不安,四方混战,我继承了父兄留传下的基业,很想建立齐桓公和晋文公的霸主功业。您既肯屈尊光临,将如何帮助我?"鲁肃回答说:"以前汉高帝出于一片诚心要尊奉义帝却无法如愿,其原因就是项羽从中为害。现在的曹操,就像当年的项羽,将军怎么能成为齐桓晋文式的霸主呢?鲁肃私下估量,汉家天下不可能复兴,曹操不可能迅速铲除。替将军打算,只有割据江东,以静观天下变化,寻求可供利用的良机。建立如此规模的基业,也不会招致嫌疑。为什么?因为北方正是变化繁多的时候。利用这种多变的形势,消灭黄祖,进攻刘表,把全部长江流域据为己有,然后再称王称帝以求统一天下,这是汉高帝开国的事业。"孙权说:"现在我尽力经营江东一方之地,只是希望能辅佐汉室,您刚才所说的我还不敢奢望。"张昭对鲁肃不注意谦让很不满,激烈地诋毁他,说鲁肃年轻粗疏,不可任用。孙权不因此而介意,更加重用鲁肃,赐给鲁肃母亲衣服帏帐,以及其他日常生活用具,使鲁家富有得接近了往日的豪华。

刘表死,鲁肃向孙权建议说:"荆楚之地与我境相接,江水顺流北下,外有长江汉水天险为界,内有山陵险峻可守,有坚固的城池,沃野万里,百姓富实,如果占据此地,这是成就帝王事业的凭据。现在刘表刚刚去世,他的两个儿子一直不和睦,军中的将领们,都分别依附这两位公子,相互对立。再加之,刘备是天下枭雄,与曹操有仇隙,投依刘表,刘表嫉妒刘备的才能而不能重用他。假若刘备与荆州之主同心协力,上下一致,我们就应该实行安抚,与他们订盟结好;如果他们之间离心离德,我们就应该设法攻占荆楚之地,以便完成开国大业。我请求奉命去向刘表的两个儿子吊丧致哀,并慰劳荆州军中执掌实权的将领,以及劝说刘备让他笼络刘表的部下,同心同德,共同对付曹操,刘备必定很高兴地听从我们的意见。如能成功,天下不难统一。现在如果不立即前去,恐怕就要被曹操抢占先机了。"孙权立即派遣鲁肃前往。鲁肃到达夏口,听说曹公已向荆州进军,就昼夜兼程地赶路。等到鲁肃到达南郡,刘表的儿子刘琮已经向曹公投降,刘备惊慌之下迅速撤退,准备向南渡过长江。鲁肃直接前去迎接,到当阳县的长阪,与刘备相遇,传达了孙权联合抗曹的想法,又陈述江东实力强大形势稳固,劝刘备与孙权通力合作。刘备极为高兴。当时诸葛亮追随刘备也在场,鲁肃对诸葛亮说:"我是您兄长子瑜的朋友。"于是互结友好。刘备就到达夏口,派遣诸葛亮出使孙权,鲁肃也返吴复命。

恰巧孙权得到曹操准备渡江东侵的消息,与诸位将领商谈,将领们都劝孙权迎降曹操，只有鲁肃一言不发。孙权起身如厕，鲁肃追到屋檐下，孙权知道他想单独交谈的用意，就拉着鲁肃的手说："你想说什么？"鲁肃回答说："刚才分析大家的意见，他们只想误害将军，不值得与他们共商国家大事。现在像我鲁肃这样的人可以迎降曹操，至于将军您却万万不可。为什么这样说？如果我迎降曹操，他会将我送还乡里，评定一个名位，还可以做一个闲散官署中的办事官员，乘坐牛车，携带随从，交游于名士荟萃的名城京师，多年之后经过逐级升迁，我肯定还会做到州郡一级的长官。如果将军迎降曹操，还有什么安身立命的处所？希望您早定迎战大计，不要采纳大家的意见。"孙权叹息说："刚才那些人所持的观点，使我大失所望，现在你阐明了国家大计，正与我的想法相同，这是上天把你赐给我啊。"

当时周瑜接受孙权的指令前往鄱阳县，鲁肃劝孙权派人追上周瑜，召他返回。于是孙权授权周瑜主持战事，任命鲁肃为赞军校尉，协助周瑜谋划战略。曹操战败撤离，鲁肃从前线先行返回，孙权郑重其事地请将领们去迎接鲁肃。鲁肃将要入殿拜见孙权，孙权起身向他表示尊重之意，乘便对他说："子敬，我亲自持鞍下马迎接你，是不是足以显示你的尊贵显赫了呢？"鲁肃恭敬地小步急行近前说："还不够。"大家听了，都愕然惊奇。鲁肃就座之后，慢慢地举起马鞭说："希望最尊贵的君主能把威德凌驾于四海，统一九州，建成帝业，更用迎接贤士的安车软轮专车，征召我鲁肃，这样才算得上让我享受尊贵显赫了。"孙权听后，拍手欢笑。

后来刘备到吴境首府京城会见孙权，请求管辖荆州，只有鲁肃劝孙权把荆州借给刘备，以便共同防御曹操。曹操听说孙权用土地资助刘备，当时他正在写字，一惊之下毛笔脱手落地。

周瑜病危，向孙权上奏疏说："当今天下，正是战争不息的多事之秋，这正是我日夜为之担忧的事情，希望尊贵无上的君主能先思虑尚未出现的祸患，然后再享受康乐的生活。现在既然已与曹操为敌，刘备又近在公安，边境与我紧紧相连，百姓还没有归附，应该寻求良将威慑和安抚刘备。鲁肃的机智胆略足以胜任，请求任用鲁肃接替我的职务。我在垂死之日，心中所挂念的，就是这件事了。"孙权立即任命鲁肃为奋武校尉，代替周瑜统领军队。周瑜的私属部众四千多人，以及原归周瑜享用的四县赋税收入，全都转属鲁肃所有。孙权又命令程普兼任南郡太守。鲁肃开始驻守江陵，后来到下游的陆口屯兵设防、威望越来越高，部属增加到一万余人，被任命为汉昌郡太守、偏将军。建安十九年，鲁肃跟随孙权攻破皖城，改任横江将军。

在此之前，益州牧刘璋法纪败坏废弛，周瑜、甘宁都劝孙权攻取蜀地，孙权就此事征询刘备的意见，刘备心中想自己进占蜀地，就用谎言回答："我刘备与刘璋有同为汉家宗室的名分，本来希望仰仗祖先英灵，以辅助汉室。现在刘璋得罪了您，我极为恐惧，对攻蜀一事我不敢参与意见，只希望您能宽恕刘璋。假若您不同意我的请求，我就辞官归隐，浪荡形骸老死于山林之间。"后来，刘备向西进军图谋吞并刘璋，而留关羽镇守荆州诸郡，孙权大怒说："狡诈的恶棍！竟敢对我使用欺诈手段！"等到关羽和鲁肃邻界统兵，多次发生猜疑，疆界犬牙交错，争执时常发生，鲁肃总是用顾全盟好的友好姿态安抚荆州方面。刘备平定益州之后，孙权请求荆州中的长沙、零陵和桂阳三郡还给吴国，刘备不同意，孙权派吕蒙率军进取。刘备闻讯，自己赶回公安坐镇，派遣关羽率军与孙吴争夺三郡地盘。鲁肃驻扎在益阳县，与关羽相对敌。鲁肃邀请关羽相见，各自将兵马布置在百步之外，只有将军们各带单刀赴会。鲁肃就批评关羽说："我们国君出于一片诚意把土地借给你们，是因为你们打了败仗，从远方逃来，没有什么寄身之地可供凭借。现在你们已得了益州，既没有奉还荆州全境的意思，我们仅要求你们还给三郡，你们又不同意。"话音未落，在座的荆州方面的一个人说："说到土地的归属，只能属于有德的人，哪有永远属于谁的事情！"鲁肃当即厉声呵斥他，言辞和脸色都十分严厉。关羽持刀站起来对鲁肃说："这本来就是国家大事，这个人懂得什么！"用眼光示意那人离去。于是，刘备与东吴约定以湘江为界，至此双方罢兵。

鲁肃于建安二十二年去世，享年四十六岁。孙权为他举办了隆重的丧事，又亲自参加了他的葬礼，痛哭失声。诸葛亮也为鲁肃的死举办了吊唁仪式。后来，当孙权称皇帝而登临祭告苍天的高坛时，回顾公卿大臣说："当年鲁子敬曾说我会称帝，他可以说是看透了形势的演变了。"

鲁肃的遗腹子鲁淑长大成人之后，率兵驻守濡须的督将张承对他说，还是应该前往军中任职。永安年间，鲁淑任昭武将军、都亭侯、武昌督。建衡年间，吴主授予鲁淑斩杀军中违令将士的权力，升为夏口督将。鲁淑在历任各职岗位上，治军严整，有方略才干。凤凰三年，鲁淑去世。其子鲁睦继承爵位，统领所部兵马。

吕蒙字子明，汝南富陂人。他小时候南渡长江，依附姐夫邓当。邓当是孙策的部将，多次讨伐山越。吕蒙十五六岁时，偷着跟随邓当攻击强盗，邓当回头发现了他，大吃一惊，呵斥他，但无法阻止他。回来后，邓当把事情告诉吕蒙的母亲，母亲生气了，想惩罚吕蒙，吕蒙说："贫贱的生活令人难以忍受，虽说蛮干，有了功劳，富贵就可以到来。再说不入虎穴，焉得虎子？"

母亲可怜他,就没有处罚他。当时邓当的随从官员认为吕蒙年纪小,就轻视他,说:"那小子有什么能耐?这是想用肉喂老虎罢了。"有一天他和吕蒙相遇,又耻笑羞辱吕蒙,吕蒙大怒,拔刀杀了那个官员,就逃跑了,躲在同邑人郑长家里。后来又出来通过校尉袁雄自首,并承蒙袁雄在中间替他说话。孙策召见他,认为他不同凡响,就把他安排在自己的身边。

过了几年,邓当死了,张昭推荐吕蒙接替邓当,他被任命为别部司马。孙权执政时,选择那些兵员少而且作用不大的年轻将领率领的部队,想加以合并。吕蒙暗中赊购,给士兵做绛衣和绑腿。到了简选的日子,他的阵容非常醒目,士兵操练娴熟,孙权见了非常高兴,就增加了他的兵力。他参加讨伐丹杨的战斗,所到之处,都建有功劳。因而被任命为平北都尉,兼任广德县长。

他参加征讨黄祖的战斗,黄祖让都督陈就反击,率领水军出战。吕蒙统率前锋部队,亲自砍下陈就的首级,将士们乘胜追击,进攻黄祖的城邑。黄祖听说陈就死了,丢下城邑逃跑,大军追上去擒获了他。孙权说:"战事的胜利,是从陈就先开始获得的。"任命吕蒙为横野中郎将,赐钱千万。

这一年,他又和周瑜、程普等人往西在乌林击败曹操,在南郡围困曹仁。益州的将领袭肃率领全军来投诚,周瑜呈表要用袭肃的部队增加吕蒙的兵力,吕蒙极力称赞袭肃有胆识才能,而且是出于仰慕教化远道来投诚,从道认的角度看,应当增加他的兵力,而不应当褫夺他的兵权。孙权认为吕蒙的话正确,就归还袭肃的部队。周瑜派甘宁前去占领夷陵,曹仁分兵攻打甘宁,甘宁被围困,情况危急,便派使者请求援救。许多将领认为兵力少,不能分散,吕蒙对周瑜和程普说:"留下凌公绩,我和你们去,解除围困,排释危急,那时间也不会长久,我保证凌公绩可以坚守十天。"还劝周瑜分派三百人用柴木截断险路,强盗逃窜可得到他们的战马。周瑜听从了他意见。大军赶到夷陵,当天就开战,杀伤敌人超过半数。敌人连夜逃走,路上遇到柴木堵塞的通道,骑兵都放弃马匹徒步逃跑。大军追赶上来截杀,获得战马三百匹,用方船载回来。这种情况下,将士的斗志自然倍增,于是渡过长江,设立军营,向敌人展开攻击,曹仁败逃,东吴终于占领南郡,平定荆州。回来后,吕蒙被任命为偏将军,兼任寻阳县令。

鲁肃接替周瑜,将要到陆口去,路过吕蒙的军营外。鲁肃心里还轻视吕蒙,有人劝他说:"吕将军的功名一天天显赫,不可以随意对待他,您应当看望他。"于是鲁肃就去拜访吕蒙。两个人酒喝到尽兴时,吕蒙问鲁肃说:"您接受重任,和关羽相邻,准备用什么办法,来防备意外的情况?"鲁肃仓促地回答说:"到时再采取适宜的办法。"吕蒙说:"现在东吴和西蜀虽然是一家,关羽却实在是熊虎式的人物,办法怎么能不事先确定呢?"于是他为鲁肃策划了五种办法。鲁肃这时越过席位靠近他,拍着他的背说:"吕子明,我不知您的才略竟达到这种水平。"于是鲁肃就去拜见吕蒙的母亲,两个人结下友情而分别。

当时吕蒙和成当、宋定、徐顾的军营挨近,三位将领死了,他们的子弟年纪小,孙权把他们的部队全部并给吕蒙。吕蒙坚决推辞,他禀明徐顾等人都为国家大事辛勤操劳,他们的子弟虽然年纪小,不能废黜。他的章表多次呈上,孙权才接受了他的意见。吕蒙这时又为他们的子弟挑选老师,使老师辅导他们。他为别人一般都是如此操心。

魏国派庐江人谢奇任蕲春典农,驻守在皖县的田乡,多次入侵边境骚扰。吕蒙派人引诱他,他不上当,吕蒙就寻找他的破绽发动袭击，于是谢奇退缩回去，他的部下孙子才、宋豪等人都扶老携幼，向吕蒙投降。后来吕蒙跟随孙权在濡须抗击曹操，多次进献奇计。还劝说孙权夹水口建立船坞，因此防范非常精密，曹操无法东进，只好退兵。

曹操派朱光任庐江太守，屯守皖县，大规模开垦稻田，又派奸细引诱鄱阳的强盗头目，让他们做内应。吕蒙说：“皖县的土地肥沃，如果一旦有收成，他们的兵力必然增加，这样发展几年，曹操的有利形势就出现了，应当及早地除掉他们。”于是他把情况全部呈报上去。因而孙权亲自征讨皖县，他召见各位将领，询问进攻的计策。吕蒙就推荐甘宁任升城督，在前面督率进攻，他自己率精锐部队在后面接着上。凌晨进攻，吕蒙手执鼓槌擂鼓，士兵们踊跃登城，吃饭的工夫就把城池攻破。后来张辽来到夹石，听说城池已经被攻陷，就退兵了。孙权奖励吕蒙的功劳，当下就任命他为庐江太守，所得到的人马都分给他，另处还赐给他用以寻阳屯田六百人，官属三十人。吕蒙返回寻阳，没有想到庐陵的强盗兴起，许多将领征讨攻击而不能擒获。孙权说："猛禽几百，不如鹗鸟一只。"他又命令吕蒙去讨伐。吕蒙来到庐陵，诛杀了首恶，其余的人全部释放，让他们重新做百姓。

这个时候刘备命令关羽镇守控制荆州的土地，孙权便命令吕蒙向西进取长沙、零陵、桂阳三郡。吕蒙传信给长沙、桂阳两郡，这两郡听到风声就归顺降服了，只有零陵太守郝普坚守城邑不投降。而刘备从蜀郡亲自来到公安，派关羽争夺三郡。孙权当时住在陆口，他派鲁肃率领一万人屯守益阳抗击关羽，又火速传信召回吕蒙，让吕蒙放弃零陵，急忙回来帮助鲁肃。起初，吕蒙平定长沙以后，将要前往零陵，路过鄱县时，带上南阳人邓玄之，邓玄之这个人是郝普过去的老友，想让他引诱郝普。到接到诏书应当返回时,吕蒙对诏书加以保密,他连夜召集所有的将领,传授他们方略,说天亮将要攻城,然后他回头对邓玄之说:"郝子太听说世间有忠义的事情,他也想干忠义的事情,但他不知道时机。左将军在汉中,被夏侯渊包围。关羽在南郡,如今我们的主上亲自光临那里。最近他们攻破樊城大本营,援救鄳县,反被孙规打败了。这都是眼前的事情,是您亲眼看到的。他们正首尾倒挂,救命还来不及,哪有多余的力量再管这个地方呢?现在我的士兵精锐,人人都想拼命,我们主上派来增援的部队,在路上接踵而来。如果郝子太用危在旦夕的生命,等待毫无希望的援救,那就像牛蹄下的鱼,企图依赖长江汉水,而长江汉水的不可依赖已经很清楚。如果郝子太肯定能统一士兵的思想,坚持孤城的守卫,而且还能拖延一段时间,等待他所归顺的人,也可以。如今我部署兵力,运用谋虑,就凭这个条件来发动进攻,连日影也不须移动,这座城邑必然攻破,他自己死了无济于事,还要让百岁老母满头白发受到诛连,岂不令人痛心吗?我估计这人是得不到外面的消息,以为援兵可以依赖,所以他固执到这个地步。您可以去见见他,为他说说利害关系。"邓玄之会见郝普,把吕蒙的意思全部告诉郝普,郝普害怕,便顺从了邓玄之。邓玄之先出城报告吕蒙,郝普不久以后必到。吕蒙事先命令四个将领,各自挑选一百人,郝普出城后,马上进去守住城门。过了一会儿,郝普出城了,吕蒙迎上去拉着他的手,和他一起上了船。说完话,吕蒙把诏书拿出来给他看,于是拍手大笑。郝普看了诏书,知道刘备在公安,关羽在益阳,他羞愧得恨不能钻进地里。吕蒙留下孙皎,把后事交给他,当天就率领军队赶赴益阳。刘备请求订立盟约,孙权这才归还郝普等人,划定以湘水为界,把零陵还给刘备。孙权把寻阳、阳新作为吕蒙的食邑。

军队返回时，又趁势征讨合肥。在他们撤兵以后，被张辽等人袭击，吕蒙和凌统拼死保卫孙权。后来曹操大规模进犯濡须，孙权以吕蒙为大将，凭借以前所修建的船坞，在上面安置万张强弩，来抗击曹操。曹操的前锋还没有扎好军营，吕蒙就击溃他们，曹操只好率军撤退。为此吕蒙被任命为左护军、虎威将军。

鲁肃去世后，吕蒙到西面屯守陆口，鲁肃的部队一万多人马全部归属吕蒙。吕蒙还被任命为汉昌太守，以下隽、刘阳、汉昌、州陵为食邑。他和关羽分别守卫两国土地，边界相连，他知道关羽骁勇雄劲，有吞并东吴土地的野心，而且关羽位居国家权势的上层，眼下这种局面很难长期维持。起初，鲁肃等人认为曹操还存在，战争的灾难刚开始临头，应当互相帮助协作，和他们同仇敌忾，不可有误，吕蒙就秘密献上计策说："让征虏将军守卫南郡，潘璋驻扎白帝，蒋钦率机动部队一万人，循长江上下活动，应付敌人出现的地方，我为国家到前方据守襄阳，这样，对曹操有什么可忧虑呢？对关羽有什么可依赖？何况关羽君臣，夸耀他们欺诈的能力，他们占据的地方，就是靠反复无常夺得的，不能把他们当作心腹看待。如今关羽所以不便向东发展的原因，是由于您的英明，我们这班人还在。现在不在力量强盛时谋取那些地方，一旦我们倒下了，想再施展武力，难道还有可能吗？"孙权很赞成他的计策，又姑且再和他讨论夺取徐州的想法，吕蒙回答说："如今曹操远在黄河以北的地区，新近刚消灭袁氏各家势力，安抚幽州和冀州，没有工夫顾及江东。徐州地方的守备部队，一听就不值得一提，我们只要去，自然可以取胜。然而那个地方位于陆路的要冲，是勇猛的骑兵驰骋的地方，您今天得到了徐州，曹操随后必定来争夺，即使用七八万人守卫那里，也还将怀有忧虑。不如夺取关羽的地方,全部控制长江,我们的势力更加壮大。"孙权尤其认为这话很适宜。到了吕蒙接替鲁肃时,他刚到陆口,对外加倍施用深情厚谊,和关羽结下友好关系。

后来,关羽讨伐樊城,留下兵将守备公安、南郡。吕蒙上书说:"关羽讨伐樊城,而留下很多兵力守备,必定是担心我在他后面谋取他的缘故。我经常有病,希望分出一部分兵力返回建业,以治病为理由。关羽听到这个消息,必然撤出守备部队,全部开往襄阳。我们的大部队通过长江,昼夜兼程,奔往上游,袭击他的空城,那么南郡就可以拿下,而关羽也可以擒获。"于是他就扬言病重,孙权就公开下达檄书把吕蒙召回,暗中和他策划计谋。关羽果然相信这个消息,逐渐撤兵赶往樊城。魏国派于禁援救樊城,关羽把于禁等人几万兵马全部擒获,借口粮食缺乏,擅自抢夺湘关的谷米。孙权听到这个消息,就开始行动,先派吕蒙在前面出发。吕蒙到了寻阳,把他的精兵全部埋伏在大船里,使身穿白衣的人摇橹,摇橹人穿的是商人的服装,昼夜兼程,来到关羽安置在长江沿岸的哨所,把哨兵全部捆绑起来,因此关羽不知道。于是他们到了南郡,士仁、麋芳全部投降。吕蒙进军占领了城邑,把关羽及其将士们的家属全部抓获,对他们都进行安抚慰问,严格命令军中不得骚扰居民家庭,进行索求强取。吕蒙的麾下士是汝南人,拿了百姓家的一个斗笠,来覆盖官府的铠甲,官府的铠甲虽然是公物,吕蒙还是认为触犯了军令,不能因为乡亲的缘故废弃军令,就挥泪斩了他。于是军内震惊,东西丢失在路上也没人敢据为己有。吕蒙从早到晚亲近慰问老年人,询问他们不满意的地方,有病的人供给医药,饥寒的人赏赐衣服粮食。关羽仓库里的财宝,全都封存,等待孙权的莅临。关羽返回时,还在路上,就多次派人和吕蒙通报,吕蒙总是优待他的使者，并让他在城内到处走动，每户人家都向他说明情况，有的人亲手写信，表示情况属实。关羽的人回去后，将士们私下探听消息，全都知道家里平安无事，而且受到的待遇超过平时，所以关羽的官兵没有斗志，正好这时孙权不久前刚到，关羽知道自己势单力孤，就逃到麦城，往西到了漳乡，他的部从全都抛弃他投降了。孙权派朱然和潘璋截断了他的道路，很快父子二人一起被擒获，荆州因而平定。

孙权任命吕蒙为南郡太守，封为孱陵侯，赐钱一亿，黄金五百斤。吕蒙坚决推辞金钱，孙权不答应。册封的爵位还没有颁布，正好吕蒙的病发作，孙权当时在公安，就把吕蒙接来安排在宫殿里，千方百计给他治疗，招募国内能够治好吕蒙的病的人，赏赐千金。有时给吕蒙施用针灸，孙权就为他难过。孙权想经常看看吕蒙的神色，又担心惊动他，常常是在墙处通过窗户看他，发现他稍微能吃下饭就高兴，回顾左右又说又笑，如果发现他吃不下饭，就唉声叹气。病中发现好转，就为他下达赦令，群臣都来庆贺。后来病情反而加重，孙权亲自守候在他身边，命令道士在星辰下为他祈祷，请求保全他的生命。他享年四十二岁，终于在宫殿里去世。当时孙权哀痛至极，为他穿上丧服减少饮食。吕蒙没死以前，所得的金银财宝各种赏赐全送进仓库里，命令仓库的负责人在他生命结束的时候，全部还给朝廷。孙权听到这件事情，更感到悲伤。

吕蒙从小不学习经传，每次陈述大事，他经常以口述代替章表。他曾经因部下的事情被江夏太守蔡遗所告发，他没有怨恨的念头。到了豫章太守顾邵去世后，孙权询问任用谁来接替顾邵，吕蒙就推荐蔡遗，说他是奉行职守的好官员。孙权笑着说："您打算做祁奚吗？"为此孙权任用了蔡遗。甘宁性情粗暴，喜欢厮杀，他不仅经常忤逆吕蒙的思想，还经常违犯孙权的命令，孙权恼恨他，吕蒙总是为他求情："天下还没有平定，像甘宁这样的斗将难得，应当容忍他。"孙权因而厚待甘宁，终于得到他的效力。

吕蒙的儿子吕霸继承爵位，孙权给他守护坟墓的人家三百户，免除赋税的田地五十顷。吕霸去世后，哥哥吕琮继承侯爵。吕琮去世后，弟弟吕睦是继承人。

孙权和陆逊谈论周瑜、鲁肃和吕蒙时说："公瑾英雄壮烈，胆略过人，因而他打败了曹孟德，把势力发展到荆州地区，好长时间很难有人能继承他的才干，您如今继承了。公瑾从前邀请子敬来江东，把他送到我这儿，我和他在酒席上谈话，他马上就谈到政事的要点帝王的功业，这是他第一让人痛快的地方。后来曹孟德利用缴获刘琮的形势，扬言就要率领几十万人的水军步兵一起来江东。我普遍召请各位将领，征询他们适宜的对策，没有人先满意地回答我，至于子布、文表，都说应当派使者奉章表迎接曹孟德，子敬当下反驳说不可，劝我火速招呼公瑾，委任公瑾率领大军，迎击敌人。这是他第二让人痛快的地方。而且他决定计谋策略的思想，远远超过张仪、苏秦。后来他虽然劝我把土地借给刘玄德，这是他的一个短处，但不足以损害他的两个长处。周公对一个人不求全责备，所以我忘记他的短处，重视他的长处，经常把他比作邓禹。至于子明，他小时候，我以为他不辞艰险，只是果敢有胆量罢了，到了长大成人后，他的学识大有增益，筹划谋略出人意料，可以排在公瑾的后面，只是言谈流露的才华不如公瑾罢了。他谋取关羽，胜过子敬。子敬回报我的书信说：'帝王的兴起，都有借助他人力量驱除患难的地方，关羽不值得顾虑。'这是子敬心里无法处置，嘴上又说大话罢了，我也宽恕他,不随便责备他。不过他部署部队的屯守营垒,还算得上令行禁止,在他的辖区内,没有人违法乱纪,东西丢失在路上没人敢据为己有,他的治理方法还是高明的。"

评论说:曹操利用汉朝丞相的资本,挟持天子来扫荡各路英雄,他刚刚平定荆州城,又倚仗威势胁迫江东,当时参与谋事的人没有人不感到疑虑的。周瑜、鲁肃提出独自决断的高明建议,超出众人之上,的确是不同凡响的人才。吕蒙勇敢而有智谋,他决策的军事谋略中,欺诈郝普,擒获关羽是最为绝妙的。起初他虽然轻率武断,随便杀人,但后来他能克制自己,有国士的器量,哪里只是一员武将呢!孙权的评论,优劣公正合适,所以记载在这里。

三国志卷五十七

吴书十二

虞陆张骆陆吾朱传

第十二虞翻字仲翔，会稽余姚人也，太守王朗命为功曹。孙策征会稽，翻时遭父丧，衰绖诣府门，朗欲就之，翻乃脱衰入见，劝郎避策。郎不能用。拒战败绩，亡走浮海。翻追随营护，到东部候官，候官长闭城不受，翻往说之，然后见纳。郎谓翻曰："卿有老母，可以还矣。"翻既归，策复命为功曹，待以交友之礼，身诣翻第。

策好驰骋游猎，翻谏曰："明府用乌集之众，驱散附之士，皆得其死力，虽汉高帝不及也。至于轻出微行，从官不暇严，吏卒常苦之。夫君人者不重则不威，故白龙鱼服，困于豫且，白蛇自放，刘季害之，愿少留意。"策曰："君言是也。然时有所思，端坐悒悒，有裨谌草创之计，是以行耳。"

翻出为富春长。策薨，诸长吏并欲出赴丧，翻曰："恐邻县山民或有奸变，远委城郭，必致不虞。"因留制服行丧。诸县皆效之，咸以安宁。后翻州举茂才，汉召为侍御史，曹公为司空辟，皆不就。

翻与少府孔融书，并示以所著《易注》。融答书曰："闻延陵之理乐，睹吾子之治《易》，乃知东南之美者，非徒会稽之竹箭也。又观象云物，察应寒温，原其祸福，与神合契，可谓探赜穷通者也。"会稽东部都尉张纮又与融书曰："虞仲翔前颇为论者所侵，美宝为质，雕摩益光，不足以损。"

孙权以为骑都尉。翻数犯颜谏争，权不能悦，又性不协俗，多见谤毁，坐徙丹杨泾县。吕蒙图取关羽，称疾还建业，以翻兼知医术，请以自随，亦欲因此令翻得释也。后蒙举军西上，南郡太守麋芳开城出降，蒙未据郡城而作乐沙上，翻谓蒙曰："今区区一心者麋将军也，城中之人岂可尽信，何不急入城持其管籥乎？"蒙即从之。时城中有伏计，赖翻谋不行。关羽既败，权使翻筮之，得《兑》下《坎》上，《节》，五爻变之《临》，翻曰："不出二日，必当断头。"果如翻言。权曰："卿不及伏羲，可与东方朔为比矣。"

魏将于禁为羽所获，系在城中，权至释之，请与相见。他日，权乘马出，引禁并行，翻呵禁曰："尔降虏，何敢与吾君齐马首乎！"欲抗鞭击禁，权呵止之。后权于楼船会群臣饮，禁闻乐流涕，翻又曰："汝欲以伪求免邪？"权怅然不平。

权既为吴王，欢宴之末，自起行酒，翻伏地阳醉，不持；权去，翻起坐。权于是大怒，手剑欲击之，侍坐者莫不惶遽，惟大农刘基起抱权谏曰："大王以三爵之后杀善士，虽翻有罪，天下孰知之？且大王以能容贤畜众，故海内望风，今一朝弃之，可乎？"权曰："曹孟德尚杀孔文举，孤于虞翻何有哉！"基曰："孟德轻害士人，天下非之。大王躬行德义，欲与尧、舜比隆，何得自喻于彼乎？"翻由是得免。权因敕左右："自今酒后言杀，皆不得杀。"

翻尝乘船行，与麋芳相逢，芳船上人多欲令翻自避，先驱曰："避将军船！"翻厉声曰："失忠与信，何以事君？倾人二城，而称将军，可乎？"芳阖户不应而遽避之。后翻乘车行，又经芳营中，芳门吏闭门，车不得过，翻复怒曰："当开反闭，当闭反开。岂得事宜邪？"芳闻之，有惭色。

翻性疏直，数有酒失。权与张昭论及神仙，翻指昭曰："彼皆死人，而语神仙，世岂有仙人也！"权积怒非一，遂徙翻交州。虽处罪放，而讲学不倦，门徒常数百人。又为《老子》《论语》《国语》训注，皆传于世。

初，山阴丁览，太末徐陵，或在县吏之中，或众所未识，翻一见之，便与友善，终成显名。

在南十余年，年七十卒。归葬旧墓，妻子得还。

翻有十一子，第四子汜最知名，永安初，从选曹郎为散骑中常侍，后为监军使者，讨扶严，病卒。汜弟忠，宜都太守；耸，越骑校尉，累迁廷尉，湘东、河间太守；昺，廷尉尚书，济阴太守。

陆绩字公纪，吴郡吴人也。父康，汉末为庐江太守。绩年六岁，于九江见袁术。术出橘，绩怀三枚。去，拜辞堕地，术谓曰："陆郎作宾客而怀橘乎？"绩跪答曰："欲归遗母。"术大奇之，孙策在吴，张昭、张纮、秦松为上宾，共论四海未泰，唯当用武治而平之，绩年少末坐，遥大声言曰："昔管夷吾相齐桓公，九合诸侯，一匡天下，不用兵车。孔子曰：'远人不服，则修文德以来之。'今论者不务道德怀取之术，而惟尚武，绩虽童蒙，窃所未安也。"昭等异焉。

绩容貌雄壮，博学多识，星历算数无不该览。虞翻旧齿名盛，庞统荆州令士，年亦差长，皆与绩友善。孙权统事，辟为奏曹掾,以直道见惮,出为郁林太守,加偏将军,给兵二千人。绩既有躄疾,又意存儒雅,非其志也。虽有军事,著述不废,作《浑天图》,注《易》释《玄》,皆传于世。豫自知亡日,乃为辞曰:"有汉志民吴郡陆绩,幼敦《诗》《书》,长玩《礼》《易》,受命南征,疾逼厄,遭命不永,呜呼悲隔!"又曰:"从今已去,六十年之外,车同轨,书同文,恨不及见也。"年三十二卒。长子宏,会稽南部都尉,次子叡,长水校尉。

张温字惠恕,吴郡吴人也。父允,以轻财重士,名显州郡,为孙权东曹掾,卒。温少修节操,容貌奇伟。权闻之,以问公卿曰:"温当今与谁为比?"大农刘基曰:"可与全琮为辈。"太常顾雍曰:"基未详其为人也。温当今无辈。"权曰:"如是,张允不死也。"征到延见,文辞占对,观者倾竦,权改容加礼。罢出,张昭执其手曰:"老夫托意,君宜明之。"拜议郎、选曹尚书,徙太子太傅,甚见信重。

时年三十二,以辅义中郎将使蜀。权谓温曰:"卿不宜远出,恐诸葛孔明不知吾所以与曹氏通意,故屈卿行。若山越都除,便欲大构于丕。行人之义,受命不受辞也。"温对曰:"臣入无腹心之规,出无专对之用,惧无张老延誉之功,又无子产陈事之效。然诸葛亮达见计数,必知神虑屈申之宜,加受朝廷天覆之惠,推亮之心,必无疑贰。"温至蜀,诣阙拜章曰:"昔高宗以谅闇昌殷祚于再兴,成王以幼冲隆周德于太平,功冒溥天,声贯罔极。今陛下以聪明之姿,等契往古,总百揆于良佐,参列精之炳耀,遐迩望风,莫不欣赖。吴国勤任旅力,清澄江浒,愿与有道平一宇内,委心协规,有如河水,军事凶烦,使役乏少,是以忍鄙倍之羞,使下臣温通致情好。陛下敦崇礼义,未便耻忽。臣自（入）远境，及即近郊，频蒙劳来，恩诏辄加，以荣自惧，悚恒若惊。谨奉所赍函书一封。"蜀甚贵其才。还，顷之，使入豫章部伍出兵，事业未究。

权既阴衔温称美蜀政，又嫌其声名大盛，众庶炫惑，恐终不为己用，思有以中伤之，会暨艳事起，遂因此发举。艳字子休，亦吴郡人也，温引致之，以为选曹郎，至尚书。艳性狷厉，好为清议，见时郎署混浊淆杂，多非其人，欲臧否区别，贤愚异贯。弹射百僚，核选三署，率皆贬高就下，降损数等，其守故者十未能一，其居位贪鄙，志节污卑者，皆以为军吏，置营府以处之。而怨愤之声积，浸润之谮行矣。竞言艳及选曹郎徐彪，专用私情，爱憎不由公理。艳、彪皆坐自杀。温宿与艳、彪同意，数交书疏，闻问往还，即罪温。权幽之有司，下令曰："昔令召张温，虚己待之，既至显授，有过旧臣，何图凶丑专挟异心！昔暨艳父兄，附于恶逆，寡人无忌，故进而任之，欲观艳何如。察其中间，形态果见。而温与之结连死生，艳所进退，皆温所为头角，更相表里，共为腹背，非温之党，即就疵瑕，为之生论。又前任温董督三郡，指吏客及残余兵，时恐有事，欲令速归，故授荣戟，奖以威柄。乃便到豫章，表讨宿恶，寡人信受其言，特以绕帐、帐下、解烦兵五千人付之。后闻曹丕自出淮、泗、故豫敕温急有便出，而温悉内诸将，布于深山，被命不至。赖丕自退，不然，已往岂可深计。又殷礼者，本占候召，而温先后乞将到蜀，扇扬异国，为之谈论。又礼之还，当亲本职，而令守尚书户曹郎，如此署置，在温而已。又温语贾原："当荐卿作御史。"语蒋康："当用卿代贾原。"专贾国恩，为己形势揆其奸心，无所不为。不忍暴于市朝，今斥还本郡，以给厮吏。呜呼温也。免罪为幸！"

将军骆统表理温曰:"伏惟殿下,天生明德,神启圣心,招髦秀于四方,置俊于宫朝。多士既受普笃之恩,张温又蒙最隆之施。而温自招罪谴,孤负荣遇,念其如此,诚可悲疚。然臣周旋之间,为国观听,深知其状,故密陈其理。温实心无他情,事无逆迹,但年纪尚少,镇重尚浅,而戴赫烈之宠,体卓伟之才,亢臧否之谭,效褒贬之议。于是务势者妒其宠,争名者嫉其才,玄默者非其谭,瑕衅者讳其议,此臣下所当详辨,明朝所当究察也。昔贾谊,至忠之臣也,汉文,大明之君也,然而绛、灌一言,贾谊远退。何者?疾之者深,谮之者巧也。然而误闻于天下,失彰于后世,故孔子曰'为君难,为臣不易'也。温虽智非从横,武非虓虎,然其弘雅之素,英秀之德,文章之采,论议之辩,卓跞冠群,炜晔曜世,世人未有及之者也。故论温才即可惜,言罪则可恕。若忍威烈以赦盛德,宥贤才以敦大业,固明朝之休光,四方之丽观也。国家之于暨艳,不内之忌族,犹等之平民,是故先见用于朱治,次见举于众人,中见任于明朝,亦见交于温也。君臣之义,义之最重,朋友之交,交之最轻者也。国家不嫌于艳为最重之义,是以温亦不嫌与艳为最轻之交也。时世宠之于上,温窃亲之于下也。夫宿恶之民,放逸山险,则为劲寇,将置平土,则为健兵,故温念在欲取宿恶,以除劲寇之害,而增健兵之锐也。但自错落,功不副言。然计其送兵,以比许晏,数之多少,温不减之,用之强赢,温不下之,至于迟速,温不后之,故得及秋冬之月,赴有警之期,不敢忘恩而遗力也。温之到蜀,共誉殷礼,虽臣无境外之交,亦有可原也。境外之交,谓无君命而私相从,非国事而阴相闻者也;若以命行,既修君好,因叙己情,亦使臣之道也。故孔子使邻国,则有私觌之礼;季子聘诸夏,亦有燕谭之义也。古人有言,欲知其君,观其所使,见其下之明明，知其上之赫赫。温若誉礼，能使彼叹之，诚所以昭我臣之多良，明使之得其人，显国美于异境，扬君命于他邦。是以晋赵文子之盟于宋也，称随会于屈建；楚王孙圉之使于晋也，誉左史于赵鞅。亦向他国之辅，而叹本故邦之臣，经传美之以光国，而不讥之以外交也。王靖内不忧时，外不趋事，温弹之不私，推之不假，于是与靖遂为大怨，此其尽节之明验也。靖兵众之势，干任之用，皆胜于贾原、蒋康，温尚不容私以安于靖，岂敢卖恩以协原、康邪？又原在职不勤，当事不堪，温数对以丑色，弹以急声；若其诚欲卖恩作乱，则亦不必贪原也。凡此数者，校之于事既不合，参之于众亦不验。臣窃念人君虽有圣哲之姿，非常之智，然以一人之身御兆民之众，从层宫之内瞰四国之外，照群下之情，求万机之理，犹未易周也，固当听察群下之言，以广聪明之烈。今者人非温既殷勤，臣是温又契阔，辞则俱巧，意则俱至，各自言欲为国，谁其言欲为私，仓卒之间，犹难即别。然以殿下之聪叡察讲论之曲直，若潜神留思，纤粗研核，情何嫌而不宣，事何昧而不昭哉？温非亲臣，臣非爱温者也。昔之君子，皆抑私忿，以增君明。彼独行之于前，臣耻废之于后，故遂发宿怀于今日，纳愚言于圣听，实尽心于明朝，非有念于温身也。"权终不纳。

后六年，温病卒，二弟祗、白，亦有才名，与温俱废。

骆统字公绪，会稽乌伤人也。父俊，官至陈相，为袁术所害。统母改适，为华歆小妻，统时八岁，遂与亲客归会稽。其母送之，拜辞上车，面而不顾，其母泣涕于后。御者曰："夫人犹在也。"统曰："不欲增母思，故不顾耳。"事适母甚谨。时饥荒，乡里及远方客多有困乏，统为之饮食衰少。其姊仁爱有行，寡归无子，见统甚哀之，数问其故。统曰："士大夫糟糠不足，我何心独饱！"姊曰："诚如是，何不告我，而自苦若此？"乃自以私粟与统，又以告母，母亦贤之，遂使分施，由是显名。

孙权以将军领会稽太守，统年二十，试为乌程相，民户过万，咸叹其惠理。权嘉之，召为功曹，行骑都尉，妻以从兄辅女。统志在补察，苟所闻见，夕不待旦。常劝权以尊贤接士，勤求损益，飨赐之日，可人人别进，问其燥湿，加以密意，诱谕使言，察其志趣，令皆感恩戴义，怀欲报之心。权纳用焉。出为建忠中郎将，领武射吏三千人。及凌统死，复领其兵。

是时征役繁数，重以疫疠，民户损耗，统上疏曰："臣闻君国者，为据疆土为强富，制威福为尊贵，曜德义为荣显，永世胤为丰祚。然财须民生，强赖民力，威恃民势，福由民殖，德俟民茂，义以民行，六者既备，然后应天受祚，保族宜邦。《书》曰：'众非后无能胥以宁，后非众无以辟四方'。推是言之，则民以君安，君以民济，不易之道也。今强敌未殄，海内未×，三军有无已之役，江境有不释之备，征赋调数，由来积纪，加以殃疫死丧之灾，郡县荒虚，田畴芜旷，听闻属城，民户浸寡，又多残老，少有丁夫，闻此之日，心若焚燎。思寻所由，小民无知，既有安土重迁之性，且又前后出为兵者，生则困苦无有温饱，死则委弃骸骨不反，是以尤用恋本畏远，同之于死。每有征发，羸谨居家重累者先见输送。小有财货，倾居行赂，不顾穷尽。轻剽者则迸入险阻，党就群恶。百姓虚竭，嗷然愁扰，愁扰则不营业，不营业则致穷困，致穷困则不乐生，故口腹急，则奸心动而携叛多也。又闻民间，非居处小能自供，生产儿子，多不起养，屯田贫兵，亦多弃子。天则生之，而父母杀之，既惧干逆和气，感动阴阳。且惟殿下开基建国，乃无穷之业也，强邻大敌非造次所灭，疆埸常守非期月之戍，而兵民减耗，后生不育，非所以历远年，致成功也。夫国之有民，犹水之有舟，停则以安，扰则以危，愚而不可欺，弱而不可胜，是以圣王重焉，祸福由之，故与民消息，观时制政。方今长吏亲民之职；惟以辨具为能，取过目前之急，少复以恩惠为治，副称殿下天覆之仁，勤恤之德者。官民政俗，日以凋弊，渐以陵迟，势不可久。夫治疾及其未笃，除患贵其未深，愿殿下少以万机余间，留神思省，补复荒虚，深图远计，育残余之民，阜人财之用，参曜三光，等崇天地。臣统之大愿，足以死而不朽矣。"权感统言，深加意焉。

以随陆逊破蜀军于宜都，迁偏将军。黄武初，曹仁攻濡须，使别将常雕等袭中洲，统与严圭共拒破之，封新阳亭侯，后为濡须督。数陈便宜，前后书数十上，所言皆善，文多故不悉载。尤以占募在民间长恶败俗，生离叛之心，急宜绝置，权与相反覆，终遂行之。年三十六，黄武七年卒。

陆瑁字子璋，丞相逊弟也。少好学笃义。陈国陈融、陈留濮阳逸、沛郡蒋纂、广陵袁迪等，皆单贫有志，就瑁游处，瑁割少分甘，与同丰约。及同郡徐原，爰居会稽，素不相识，临死遗书，托以孤弱，瑁为起立坟墓，收导其子。又瑁从父绩早亡，二男一女，皆数岁以还，瑁迎摄养，至长乃别。州郡辟举，皆不就。

时尚书暨艳盛明臧否，差断三署，颇扬人暗昧之失，以显其谪。瑁与书曰："夫圣人嘉善矜愚，忘过记功，以成美化。加今王业始建，将一大统，此乃汉高弃瑕录用之时也，若令善恶异流，贵汝颍月旦之评，诚可以厉俗明教，然恐未易行也。宜远模仲尼之泛爱，中则郭泰之弘济，近有益于大道也。"艳不能行，卒以致败。

嘉禾元年，公车征瑁，拜议郎、选曹尚书。孙权忿公孙渊之巧诈反复，欲亲征之，瑁上疏谏曰："臣闻圣王之御远夷，羁縻而已，不常保有，故古者制地，谓之荒服，言慌惚无常，不可保也。今渊东夷小丑，屏在海隅，虽托人面，与禽兽无异。国家所为不爱货宝远以加之者，非嘉其德义也，诚欲诱纳愚弄，以规其马耳。渊之骄黠，恃远负命，此乃荒貊常态，岂足深怪？昔汉诸帝亦尝锐意以事外夷，驰使散货，充满西域，虽时有恭从，然其使人见害，财货并没，不可胜数。今陛下不忍之忿，欲越巨海，身践其土，群臣愚议，窃谓不安。何者？北寇与国，壤地连接，苟有间隙，应机而至。夫所以越海求马，曲意于渊者，为赴目前之急，除腹心之疾也，而更弃本追末，捐近治远，忿以改规，激以动众，斯乃獯虏所愿闻，非大吴之至计也。又兵家之术，以功役相疲，劳逸相待，得失之间，所觉辄多。且沓渚去渊，道里尚远，今到其岸，兵势三分，使强者进取，次当守船，又次运粮，行人虽多，难得悉用；加以单步负粮，经远深入，贼地多马，邀截无常。若渊狙诈，与北未绝，动众之日，唇齿相济。若实孑然无所凭赖，其畏怖远逬，或难卒灭。使天诛稽于朔野，山虏承间而起，恐非万安之长虑也。"权未许。

瑁重上疏曰："夫兵革者，固前代所以诛暴乱，威四夷也，然其役皆在奸雄已除，天下无事，从容庙堂之上，以余议议之耳。至于中夏鼎沸，九域槃互之时，率须深根固本，爱力惜费，务自休养，以待邻敌之阙，未有正于此时舍近治远，以疲军旅者也。昔尉佗叛逆，僭号称帝，于时天下安，百姓殷阜，带甲之数，粮食之积，可谓多矣，然汉文犹以远征不易，重兴师旅，告喻而已。今凶桀未殄，疆场犹警，虽蚩尤、鬼方之乱，故当以缓急差之，未宜以渊为先。愿陛下抑威任计，暂宁六师，潜神嘿规，以为后图，天下幸甚。"权再览珝书，嘉其词理端切，遂不行。

初，珝同郡闻人敏见待国邑，优于宗修，惟珝以为不然，后果如其言。

赤乌二年，珝卒。子喜亦涉文籍，好人伦，孙皓时为选曹尚书。

吾粲字孔休，吴郡乌程人也。孙河为县长，粲为小吏，河深奇之。河后为将军，得自选长吏，表粲为曲阿丞，迁为长史；治有名迹。虽起孤微，与同郡陆逊、卜静等比肩齐声矣。孙权为车骑将军，召为主簿，出为山阴令，还为参军校尉。

黄武元年，与吕范、贺齐等俱以舟师拒魏将曹休于洞口。值天大风，诸船绠绁断绝，漂没著岸，为魏军所获，或覆没沉溺，其大船尚存者，水中生人皆攀缘号呼，他吏士恐船倾没，皆以戈矛撞击不受。粲与黄渊独令船人以承取之，左右以为船重必败，粲曰："船败，当俱死耳！人穷，奈何弃之？"粲、渊所活者百余人。

还，迁会稽太守，召处士谢谭为功曹，谭以疾不诣，粲教曰："夫应龙以屈伸为神，凤皇以嘉鸣为贵，何必隐形于天外，潜鳞于重渊者哉？"粲募合人众，拜昭义中郎将，与吕岱讨平山越，入为屯骑校尉、少府，迁太子太傅。遭二宫之变，抗言执正，明嫡庶之分，欲使鲁王霸出驻夏口，遣杨竺不得令在都邑。又数以消息语陆逊，逊时驻武昌，连表谏争。由此为霸、竺等所谮害，下狱诛。

朱据字子范，吴郡吴人也，有姿貌臂力，又能论难。黄武初，征拜五官郎中，补侍御史。是时选曹尚书暨艳疾贪污在位，欲沙汰之。据以为天下未定，宜以功覆过，弃瑕取用，举清厉浊，足以沮劝，若一时贬黜，惧有后咎。绝不听，卒败。

权咨嗟将率，发愤叹息，追思吕蒙、张温，以为据才兼文武，可以继之，自是拜建义校尉，领兵屯湖孰。黄龙元年，权迁都建业，征据，尚公主，拜左将军，封云阳侯。谦虚接士，轻财好施，禄赐虽丰而常不足用。嘉禾中，始铸大钱，一当五百。后据部曲应受三万，工王遂诈而受之，典校吕壹疑据实取，考问主者，死于杖下，据哀其无辜，厚棺敛之。壹又表据吏为据隐，故厚其殡。权数责问据，据无以自明，藉草待罪。数月，典军吏刘助觉，言王遂所取，权大感寤，曰："朱据见枉，况吏民乎？"乃穷治壹罪，赏助百万。

赤乌九年，迁骠骑将军。遭二宫构争，据拥护太子，言则恳至，义形于色，守之以死，遂左迁新都郡丞。未到，中书令孙弘谮润据，因权寝疾，弘为诏书追赐死，时年五十七。孙亮时，二子熊、损各复领兵，为全公主所谮，皆死。永安中，追录前功，以熊子宣袭爵云阳侯，尚公主。孙晧时，宣至骠骑将军。

评曰：虞翻古之狂直，固难免乎末世，然权不能容，非旷宇也。陆绩之于扬《玄》，是仲尼之左丘明，老聃之严周矣；以瑚琏之器，而作守南越，不亦贼夫人欤！张温才藻俊茂，而智防未备，用致艰患。骆统抗明大义，辞切理至，值权方闭不开。陆瑁笃义规谏，君子有称焉。吾粲、朱据遭罹屯蹇，以正丧身，悲夫！

译文：

虞翻，字仲翔，会稽余姚人，会稽太守王朗任用他做功曹。孙策征伐会稽时，虞翻正碰上父亲的丧事，他披麻戴孝地来到郡府门前，王朗想迎接他，他就脱下孝衣进去拜见王朗，劝王朗避开孙策。王朗未能采用他的建议，迎战孙策而遭到惨败，就逃亡在海上漂流。虞翻追随王朗，并设法保护他。逃到东部的候官，候官县长关闭城门不让进去。虞翻去劝说他，然后才被放进城。王朗对虞翻说："您有老母亲，可以回去了。"虞翻回家后，孙策重新任命他做功曹，用交结朋友的礼节对待他，还亲自登门拜访。

孙策喜欢纵马驰骋，四处游猎，虞翻劝谏说："您动用乌合之众，驱使散漫之兵，都能得到他们的死力，即使汉高祖也不如您。至于轻装外出隐匿行动，随从官员就来不及整装，官兵们也会为此常常感到苦恼。凡为人君，不庄重就不会有威势，所以白龙化为鱼，就会被豫且射中眼睛；白蛇自己放纵自己，因而刘邦杀了他。希望稍加注意。"孙策说："您的话是对的。不过，我时常有些思虑，端正地坐着感到烦闷，有些计谋只能像裨谌那样到野外草拟，因此我才出行。"

虞翻外出任富春县长。孙策去世时，许多官员想一起去参加丧礼，虞翻说："恐怕邻县山越百姓可能有变乱，远远地离开城邑，必然会招致意外的事情。"因而他留在任上，穿上丧服，为孙策服丧。许多县都仿效他，全都保持了地方上的安宁。后来虞翻所在州推举他为茂才，汉朝廷召他任侍御史，曹操让他做司空掾，他都不去赴职。

虞翻给少府孔融写信，并把自己所著的《易注》送给孔融看。孔融回信说："听说延陵季子精通音乐，看了您对《周易》的研究，才知道东南地区的美好之处，不仅仅是会稽的竹箭。另外大作通过日晕观察天象，通过气温考查应运，追溯其中祸福凶吉的根源，与阴阳变化的规律完全符合，可谓探索深奥道理、推究万千事物的杰作。"会稽东部都尉张纮还给孔融去信说："虞仲翔以前颇为评论者所冒犯，但他是以优秀的品德才华作为质资的，越是雕琢磨砺，越是增加光彩，任何冒犯都不足以损害他。"

孙权任命虞翻为骑都尉。虞翻多次冒犯孙权的尊严进行谏争,孙权不可能高兴,同时虞翻的天性又不肯苟合习俗,因而他受到很多毁谤,终于被判处流放丹杨泾县。吕蒙计划攻取关羽,他托病返回建业,以虞翻兼通医术为理由,请求让虞翻跟随他,其实他只是想利用这个办法使虞翻得到开脱。后来吕蒙率领大军向西进军,南郡太守麋芳打开城门出来投降。吕蒙没有占领郡治城邑,而在沙滩上奏乐庆贺。虞翻对吕蒙说:"眼下忠实的一心投降的只是麋将军,城里的人哪能全部相信?为什么不迅速进城掌握该城的权力呢?"吕蒙马上采纳他的意见。当时城里有人暗中策划闹事,得亏虞翻,他们的阴谋才没有得逞。关羽失败之后,孙权让虞翻占筮关羽的结局,虞翻占得兑下坎上,这是节卦,九五爻变为临卦,虞翻说:"不出两天,关羽必然断头。"结果就像虞翻说的一样。孙权说:"您不如伏羲,但可以和东方朔媲美。"

魏国将领于禁被关羽捕获,关押在城内,孙权来了后,就释放了他,并召请和他相见。后来有一天,孙权乘马出游,带着于禁,和他并肩而行,虞翻呵斥于禁说:"你是投降的俘虏,怎么敢和我们的君主并驾齐驱呢!"说着他举鞭就抽打于禁,孙权呵斥阻止了他。后来孙权在楼船召集群臣欢宴,于禁听到乐声就流下了眼泪。虞翻又说:"你想用虚情假意求得脱身吗?"孙权愤愤不平。

孙权做了吴王之后,举行了一次盛宴,在宴会即将结束时,他亲自起身给大家斟酒。虞翻却趴在地下装醉,不接酒。孙权离开后,他又起身坐着。孙权这时非常气愤,拿起剑要刺他,陪坐的人都惶恐不安,只有大司农刘基起来抱住孙权劝解说:"大王是在酒过三巡之后要杀有名望的人的,即使虞翻有罪,天下人谁知道他的罪呢?况且大王因为能容纳贤士畜养众人,所以四海之内都景仰大王的风采，如今一下子就把这一切扔掉了，值得吗？"孙权说："曹孟德尚且杀了孔文举，我对虞翻又有什么杀不得的？"刘基说："孟德轻率地杀害才德之士，天下人都指责他。大王亲自推行道德仁义，要和尧、舜比高低，怎么能和他攀比呢？"虞翻因此得以脱身。孙权也借这机会命令手下的人，今后酒后说杀，都不能杀。

虞翻曾经乘船出行，和糜芳相遇。糜芳船上人多，想让虞翻避开他们，在前面开路的人喊道："避开将军的船！"虞翻厉声说："抛弃忠诚和信用，怎么侍奉君主？颠覆了人家的两座城邑，却口称将军，有道理吗？"糜芳关闭窗户不应声，连忙避开虞翻。后来虞翻乘车出行，又经过糜芳的营门，糜芳手下的官员关闭营门，虞翻的车无法通过。虞翻气愤地说："应当关闭的门你打开了，应当打开的门你关闭了，你哪里懂得处事的道理呢！"糜芳听了这话，面有愧色。

虞翻的性情粗疏方直，多次酒后失言。有一次，孙权和张昭议论到神仙的事情，虞翻用手指着张昭说："他们都是死人，而你却说他们是神仙，世上哪里有什么仙人！"孙权积压的怒气不是一次，终于把虞翻流放到交州。虞翻虽然处在流放的地位，他教学却不知疲倦，他的学生经常多达几百人。他还著有《老子》《论语》《国语》的注释，都在世上流传。

起初，山阴人丁览，太末人徐陵，或在县吏的圈内，或为人们不了解，虞翻一看见他们，就和他们十分友善，最后他们也都名声显赫。

虞翻在南方住了十几年，七十岁时去世。他的灵柩送回祖坟安葬，妻子儿女也得以返回故乡。

虞翻有十一个儿子，第四个儿子虞汜最出名。永安初年，他从选曹郎升为散骑中常侍,后来担任监军使者,讨伐扶严时,因病去世。虞汜的弟弟虞忠,是宜都太守;虞耸,是越骑校尉,多次提升,做了廷尉,还任过湘东、河间的太守;虞昺,是廷尉尚书,济阴太守。

陆绩,字公纪,吴郡吴县人。他父亲陆康在汉朝末年任庐江太守。陆绩六岁时,在九江进见袁术。袁术拿出橘子招待他,他在怀里藏了三个。离开时,他跪拜告辞,橘子掉在地下。袁术对他说:"陆郎作客人还把橘子藏在怀里吗?"他跪下回答说:"我想带回去给母亲吃。"袁术大为惊奇。孙策在吴郡时,一次宴会上,张昭、张纮、秦松是上宾,他们共同议论到四海没有安定,必须用武力治理的方法来使天下平定,陆绩年幼,坐在下席,他在远处大声喊道:"从前管夷吾辅佐齐桓公,九合诸侯,一统天下,并不使用兵车。孔子说:'远方的人不顺服,就修养德行使他们来。'现在谈论的人不努力研究用道德安抚并得到天下的方法,只推崇武力,我虽然年幼,私下认为是不合适的。"张昭等人对他感到惊异。

陆绩的相貌雄壮,博学多才,星历算数他没有不广泛阅读的。虞翻在耆宿中负有盛名,庞统是荆州有名的贤士,他们和陆绩的年龄也相差很大,却都和陆绩友善。孙权执政后,征召他任奏曹掾,由于他心直口快而使人害怕,被派出任郁林太守,加官偏将军,供他兵员两千人。陆绩因为腿瘸,又加之他志在治学,带兵打仗不是他的志向。因此即使有战事,他的著述也不停止。他写作《浑天图》,注释《周易》,诠解《太玄》,都在世上流传。他预先知道自己的死期,就给自己写了挽词:"汉代志士吴郡陆绩,年幼时厚爱《诗经》《尚书》,长大后研习三《礼》《周易》,却奉命到南方征伐,不幸染上疾病,生命垂危,我遭逢的命运竟是寿数不长久,呜呼!可悲我要与世永绝了……"又说:"从现在开始,六十年以后,天下将重新出现'车同轨、书同文'的一统局面,遗憾的是我已经看不到了。"他三十二岁去世。他的长子陆宏,是会稽南郡都尉;次子陆叡,是长水校尉。

张温,字惠恕,吴郡吴县人。他的父亲张允,因为轻视财物重视贤士,名扬州郡,任孙权的东曹掾,不久去世。张温从小就注意节操的修养,他的身体非常魁梧。孙权听说他的情况,就问朝中大臣们说:"张温在当今可以和谁相比?"大司农刘基说:"可以和全琮成为同类。"太常顾雍说:"刘基不了解他的为人。张温在当今没有人能和他匹敌。"孙权说:"如果这样,张允就没有死。"孙权把张温征召来,并召见他。他的文章表达、应口答对,都使观看的人钦服敬慕,孙权也肃然起敬厚礼相待。召见结束后,他刚出来,张昭就握着他的手说:"老夫把心思托付给您啦,您应当明白。"他担任了议郎、选曹尚书,又升为太子太傅,很被信任重视。

他三十二岁时,以辅义中郎将的身份出使蜀国。孙权对他说:"您本不该远出,我担心诸葛孔明不了解我所以要和曹氏沟通思想的原因,所以委屈您走一趟。假如山越的祸患都除掉了,我们就会大规模地同曹丕交战。这就是我们的理由。当然,外交使臣的含义,就是接受命令不接受言辞。"张温回答说:"我入门没有亲信的人规劝,出门没有独自应对的才能,恐怕没有张老推誉的功用,也没有子产陈述事务的效力。不过诸葛亮洞察计谋,必定了解神圣思虑屈伸的权宜,加上蒙受我朝如同天降的恩惠，可以推知，诸葛亮的心里一定没有猜疑。"张温到了蜀国，前往宫廷呈递表章说："从前高宗居丧，却使殷商的福运昌盛以至于复兴；成王幼小，却使有周的德行兴隆以达到太平，他们的功勋比天还要高，他们的声望比天还要广。如今陛下凭借聪明的体魄，与从前的高宗、成王的情况相同，把政务交给优秀的辅佐，又有许多贤臣的倾心相助，各地的人们远远地看到贵国的气势，没有谁不感到欣慰，感到可以信赖。吴国勤苦思虑，施展力量，扫平了长江沿岸。我们愿意和有道的君主一起平定一统天下，并且倾心于统一行动，我们的决心就像河水东流绝无反顾。但是，战争是凶险复杂的，我们可供使役的兵力太少，因此只好忍受卑鄙逆理之徒强加给我们的耻辱，特派下臣张温来通报情况，表达我们的友好情谊。陛下最推崇礼仪，不应为此感到耻辱慢待。我从遥远的边境，到进入贵都的近郊，多次蒙受陛下的慰问，充满恩惠的诏令不断地向我发出，由于荣耀，自己不觉感到恐惧，这种恐惧又使我感到意外的惊奇和不安。谨此奉献我国君主送给陛下的信函一封。"蜀国非常看重他的才干。回国后，过了不久，就被派进豫章的部队，并参加部队的出征作战，他对军事方面的功业没有追求。

孙权一方面暗中对张温赞美蜀国政治心怀不满，另一方面又嫌弃他的名声太显赫，百姓被他所迷惑，担心他最终不为自己所用，就想找个攻击伤害他的办法。正好暨艳的事情发生，于是孙权借用这个机会把张温揭发出来。暨艳，字子休，也是吴郡人，是张温把他引荐来的，孙权任用他为选曹郎，他官做到尚书。暨艳的性情正直清高，严厉，喜欢发表清正的言论。他看到当时郎署内，一片混乱，良莠不分，有很多官员不是合适的人选，他就想使善恶分开处理，贤愚区别使用。凡有人弹劾百官的问题，或是考核选拔三署官员，他一般都是贬高就低，降下几个等级。那些维持原议的十个人中还占不上一个。那些身居官位而又贪婪卑鄙、志趣气节肮脏低下的人，都用为军队中的官员，安置在军营的幕府中来处治他们。因而怨恨愤怒的声音积久，逐渐发生作用的谗言也就兴起。许多人竟相揭举暨艳和选曹郎徐彪专门依靠私人交情，爱憎不是秉公决断。暨艳和徐彪都因被定罪而自杀。张温一向和暨艳、徐彪志同道合，经常互通信札，往来问候，于是就惩治张温。孙权把他囚禁在有关官署，下令说："从前我下令征召张温，并虚心地对待他，最终让他位居高官，超过一些旧臣，哪里想到他如此凶恶，独自藏有异心。过去暨艳的父亲和哥哥依附凶恶的叛贼，我没有忌讳，所以提拔任用他，想观察暨艳到底是什么样的人。细察他的内心，他的真实面目果然暴露。而张温却和他结为生死之交，暨艳的所作所为，都是从张温发端。他们互成表里，共为腹背，只要不是张温的党徒，暨艳就去吹毛求疵，给他们制造一些虚妄的罪名。另外先前我任用张温督察三郡的工作，指挥那里的官员和残余的兵马。当时怕出问题，想让他快点回来，就给他莅戟用来开路，用威权鼓励他。但他就便到了豫章，呈表要求讨伐长年为非作歹的贼人，我相信并接受了他的要求，特地把绕帐、帐下、解烦等各类士兵五千人交给他。后来听说曹丕亲自进犯淮水、泗水一带，所以我预先下令张温，有紧急情况就出动。而张温却把所有的将领集中起来，部署在深山里，接受了命令但没有按照命令赶到战场。得亏曹丕自己退兵了，否则，过去的事情我们难道还有机会发表高论吗？还有殷礼这个人，本来是因为他善于占候而征召的，张温却先后要了他带到蜀国，向他国鼓吹宣扬殷礼，为殷礼夸口说大话。同时，殷礼回来后，本来应当让他去干他的本职工作，张温却让他主持尚书户曹郎的工作。这样的部署安排，无非是张温的主意而已。张温还告诉贾原，说我一定推荐您做御史；告诉蒋康，说我一定用您代替贾原，专门用国家的恩典夸耀卖弄自己，使他们成为自己的势力。衡量他的邪恶用心，可以说是无所不为。我不忍心让他暴尸在街头，现在斥逐退回他的本郡，让他干些低级官员的工作。呜呼张温，免罪就算是幸运。"

将军骆统呈表为张温辩护说："我私下认为，陛下是上天生成的光辉的德行，神灵启示的英明的思想，因而从四方召集来优秀的人才，在朝廷上安置了杰出的官员。众多才学之士都受到广泛深厚的恩惠，而张温则又蒙受最为隆重的赐予。张温自己招来处罚谪降，辜负了荣耀的恩遇，想到他变得如此，实在令人悲叹痛心。不过，我在往来奔波中间，为国家观察探听，深深了解其中的情况，所以详尽地陈述其中的道理。张温心里的确没有其他想法，他的行为也没有叛逆的痕迹，只是由于他年纪还轻，承担重任的资历还浅，却负戴显赫盛隆的恩宠，体验卓著宏伟的才地，发表论定善恶的评说，奉献褒贬是非的议案。在这种情况下，趋炎附势的人垂涎他的恩宠，争名逐利的人妒忌他的才干，沉默寡言的人责备他的评说，劣迹昭彰的人忌讳他的议案。这是臣下应当详尽分辨、朝廷应当深究细察的因素。从前，贾谊是极为忠诚的臣子，汉文帝是英明的君主，然而周勃和灌婴的一句话，贾谊就被远远地斥退了。为什么呢？就是因为这些人疾恨贾谊的程度深重，谗毁的方法巧妙。这样就使得错误在天下传扬，过失在后代彰明，所以孔子说'做君主很难，做臣子也不容易'。张温的智慧虽然比不上战国的策士，武功比不上咆哮的老虎，但他那弘雅的气质，优秀的德行，文章的精采，议论的奥妙，卓越超群，光辉耀世，世人没有能赶得上他的。所以论张温的才华是令人惋惜的，谈他的罪过则是可以饶恕的。如果陛下忍耐威势，赦以盛德，宽宥贤才，促进王业，这必定会成为朝廷的美德，光耀四方的壮丽景观。国家对暨艳，没有纳入败类的范畴，还把他视同平民，因此他首先被朱治任用，接着被众人推举，这才能够被朝廷任用，同时也为张温所结交。君臣的义理，是义理中最重要的；朋友的交情，是交情中最轻微的。国家不嫌弃暨艳，属于最重要的义理，因此张温也不嫌弃与暨艳交往，则属于最轻微的交情。当时是世人宠爱暨艳在前，而张温私下亲近他在后。凡长年作恶的百姓，放纵他们在山中险恶处，就会成为劲寇；把他们安排在平原上，就能成为健兵。所以张温的意思在于想捕获长年作恶的歹徒，以消除劲寇的祸患，同时增强健兵的力量。只是他自己在指挥上错落失当，所以功效和他的言谈不相符合。不过要算计他派出的兵员，用许晏相比，数量的多寡，他不比许晏少；用兵的强弱，他不比许晏差；甚至进军的迟速，他也不比许晏慢。所以他赶在秋冬相交的月份，按报警的期限奔赴战场，他不敢忘恩而偷懒。张温到蜀国出使，与蜀国共同称誉殷礼，虽然臣子不应有国境之外的私交，也是情有可原的。国境之外的私交，说的是没有国君的命令而自己拉关系，这种私交不是为了国事，而是暗中传递消息。如果是奉国君的命令出行，一方面联结了两国国君的友好关系，同时利用这个机会叙谈个人的交情，这也是外交使臣的通例。所以孔子出使邻国，就有私人会见的礼仪；季子聘问诸夏，也有私宴畅谈的义举。古人说过，要了解这个国家的君主，就观察这个国家的使臣，看到这个国家的臣子具有洞察力，就知道这个国家的君主目光远大。张温如果赞誉殷礼，能使对方也赞叹殷礼，那确实可以显示我朝大臣有很多优秀的人才，可知让张温出使正是得到了合适的人选，因而能在外境显示国家的美德,在他国宣扬我主的美名。因为这个缘故,晋国赵文子到宋国结盟,向屈建称扬随会;楚国王孙围到晋国出使,向赵鞅赞誉左史。他们也是向他国的辅臣赞叹本国的大臣,经传用张扬国威来赞美他们,而没有从外交的角度批评他们。王靖对内不忧虑时政,对外不关心战事,张温弹劾他没有私怨,追究他没有弄假,因此张温和王靖竟成了大冤家,这是张温竭尽气节的明证。王靖的部队的势力,重要官员的才能,都超过贾原、蒋康,张温尚且没有因为私利就向王靖谋求个人的安全,又怎么敢出卖国家恩典来拉拢贾原、蒋康呢?另外贾原任职不勤勉,处事不称职,张温多次用难看的脸色对待他,用严厉的声音责备他,如果张温果真想出卖国家恩典进行叛乱,那么也不一定会贪图一个贾原。凡此种种,与事实核对既不相合,向众人调查也无证据。我私下考虑,国君虽然有神圣明哲的体魄,非同寻常的智慧,但凭借独自一人的能力,驾驭亿兆百姓的万事,立足层层宫廷的内部,俯瞰国家四境的外部,照顾所有官员的情谊,寻求各种国事的规律,还很难周全,本来应当倾听细察群臣的意见,以开阔视觉和听觉的范围。现在别人否定张温已经很卖力,我肯定张温也很用心,所用的言辞都很巧妙,所说的内容都很完整,双方各自都说是为了国家的利益,谁还能说是为了个人利益呢?是非曲直一时间还难以立即分辨。然而凭借陛下的聪明睿智,细察论辩的是非曲直,如果用心深入,思想集中,从细节到概况均加以研究核查,真情怎么能疑而不明,事实怎么能混而不清呢?张温并不喜欢我,我也并不讨好他。从前的君子,都是克制个人的怨恨,来扩大国君的视野。他卓越地独立于世在前,我为他被废黜而羞愧在后,所以竟在今天抒发我多年的情怀,向陛下奉献我鄙陋的见解,实在是想向朝廷竭尽忠心,并非对张温这个人有什么留恋之情。"孙权终于没有采纳骆统的意见。

以后过了六年，张温因病去世。他的两个弟弟张祗和张白也很有才望，他们是和张温同时被废黜的。

骆统，字公绪，会稽乌伤人。他父亲骆俊官做到陈郡相，被袁术杀害。骆统的母亲改嫁，成为华歆的妾，骆统当时八岁，就和亲人一块回到会稽。他的母亲送他，他拜辞母亲就上车，面朝前连头也不回，他的母亲在后面啼哭。赶车的人说："夫人还在那儿呢！"他说："我不想增加母亲思念的痛苦，所以不回头看她。"他服侍嫡母很恭敬。当时遇上灾荒，乡里以及远方客人有很多人日子穷困，骆统为了帮助他们就减少了饮食。他的姐姐仁爱，品行良好，寡居回家，没有儿子。她见了骆统的样子很为骆统难过，多次追问骆统原因。骆统说："士大夫们糟糠还不够吃的，我哪还有心独自吃饱！"她姐姐说："如果是这样，为什么不告诉我，而自己这样折磨自己呢？"于是她就把自己的粮食给了骆统，又把这事告诉母亲，母亲也认为儿子很贤惠，就让自己分担施舍，由此他声名显露。

孙权以将军的身份兼任会稽太守时，骆统二十岁，被孙权试用为乌程相，乌程的百姓超过一万户，都赞叹骆统对百姓的治理有恩惠。孙权嘉奖他，召他任功曹，兼理骑都尉，把堂兄孙辅的女儿嫁给他。骆统的志向在于帮助孙权弥补不足，洞察万事，如果有什么见闻，他绝不会把晚上的事情留到天亮再说。他经常劝说孙权尊重并接纳贤能之士，努力探求时政的利弊。飨宴赏赐时，可以使每人分别进见，对他们问寒问暖，向他们施以亲密的感情，诱导他们，使他们发表议论，从中观察他们的志趣，使他们都感恩戴德，心里怀着想要报恩的念头。孙权采纳了他的建议。他后来外出任建忠中郎将，统领武射吏三千人。到凌统死后，他又统领凌统的部队。

　　这个时期劳役繁多，加上瘟疫流行，百姓的门户减少。骆统上书说："我听说作为一国的君主，是以占据辽阔的疆土为富强，以控制威权和赏罚为尊贵，以推行道德和仁义为荣耀，以永垂不绝的胤嗣为福祚。但是，财物要等靠百姓的生产，强盛要依赖百姓的力量，威权要凭借百姓的势众，福祚要仰仗百姓的繁育，道德要期待百姓的兴旺，仁义要通过百姓的实行。这六方面的条件都具备之后，才能顺应天命，蒙受福运，保全宗族，巩固国家。《尚书》说：'民众没有君主就不能轻松而且安宁，君主没有民众就不能开拓四方。'由此推论，百姓要依靠君主得到安定，君主要依靠百姓得到成功，这是一条不会改变的规律。如今强大的敌人还没有消灭，四海之内还没有平定，三军却有无尽的劳役，江岸却有不懈的武备。赋税征调频繁，这个问题由来积年，加上灾祸瘟疫造成的死亡，郡县空虚，田野荒芜，听我所辖城邑的报告，百姓的户数逐渐减少，且多是老残病弱，壮夫很少。听到这个报告时，我心如火燎，思索其中的缘故。老百姓没有见识，他们既有安守故土不愿迁徙的习性，且又因为先后外出当兵的人，活着生活困苦没有温饱，死后骸骨抛弃不再返回，所以他们更为此而留恋故土，害怕远出，远出对他们来说，就是等于死亡。每次有征调劳役的任务时，贫穷人家负担沉重的人先被输送。家中小有钱财的，会把钱财全部拿出来行贿，为了逃避劳役他们不惜倾家荡产。轻率剽悍的人就逃进深山险恶之处，入伙干起强盗的勾当。百姓非常虚弱枯竭，他们因为饥饿而忧愁烦躁，因为忧愁烦躁就不去生产，不生产就招致穷困，招致穷困生活就没有乐趣，所以口腹饿急了，奸邪之心就会萌动，离心叛逆的人也就多了起来。我还听说在民间，如果生活不能够勉强自给的话，百姓生下的儿子，很多人不去抚养了。就连屯田的部队中那些贫穷的士兵，也有很多人抛弃儿子。上天生育出他们，而他们的父母却杀害了他们。这种情况我担心将会违逆和祥的气氛，触动阴阳使之激化。况且陛下开创基业建立国家，这是无穷无尽的功业，强盛的邻国庞大的敌人不是一下子可以消灭的，边疆正常的守备不是个把月的任务，如果军队和百姓不断减少，而后代子孙却不能繁育，就不可能坚持长久的岁月，以取得我们的胜利。凡国家有百姓，就像水中有船，水停则船只安全，水动则船只危险。百姓虽然愚昧，却不可欺骗；虽然软弱，却不可压迫。因此英明的君主对百姓很重视。因为国家的福祸是由百姓所决定，所以君主要和百姓共兴衰，就要通过观察民情来制定政策。当今地方官员，是亲近百姓的职务，只能任用办事干练，并且能取消目前的苛政，然后再把恩惠作为治理的手段，符合陛下像上天覆盖大地那样的仁义、勤苦体恤民情的恩德的人。官员的政务，百姓的习俗，一天天地败坏，逐渐地衰微，这种形势不能长期维持下去。凡治病要在病情尚未恶化之时，除祸贵在祸患尚未蔓延之际。希望陛下在日理万机的繁忙中，占用一点闲暇的时间，注意思索省察，弥补不足，计划周密，考虑长远，使残余的百姓得到繁育，使百姓的财富得到增加，这样，我们的事业就可以与日月同辉，与天地共存。这是我骆统最大的愿望，也是足以使我死而不朽的功德。"孙权被骆统的话所打动，因而他对骆统的意见特别重视。

由于骆统跟随陆逊在宜都打败蜀国军队，因而升为偏将军。黄武初年，曹仁进攻濡须，派其他部队的将领常雕等人袭击中洲，骆统和严圭共同抗击魏军并打败了他们，因而封为新阳亭侯，后来任濡须督。他多次陈述有利于时政的见解，前后几十次上书，因为文字太多，不能全部记载。尤其是他认为那种托名隐居以诱君主招募的行为在民间助长了邪恶，败坏了习俗，容易产生叛逆的思想，应当马上停止对这种人的安排，孙权和他反复争辩，终于还是实行他的办法。他享年三十六岁，黄武七年去世。

陆瑁，字子璋，丞相陆逊的弟弟。他从小就喜欢学习，重视情义。陈国人陈融、陈留人濮阳逸、沛郡人蒋纂、广陵人袁迪等人，都是出身贫寒却很有志向的人，他们都来找陆瑁交游相处。陆瑁往往割分自己的珍品和美味，和他们同甘共苦。以至于同郡的徐原，移居会稽，和他素不相识，临死前留下遗书，把孤儿托付给他，他为徐原建起坟墓，并收留培养徐原的儿子。另外他的叔父陆绩死得早，撇下两个儿子和一个女儿，都只有几岁返回故居，陆瑁把他们接回来抚养，到他们长大成人才分开。州郡征召举荐他做官，他都不去就职。

当时尚书暨艳非常善于褒贬人物，在选择议定三署官员时，他经常揭别人见不得人的短处，公开那些人的错误。陆瑁给他写信说："凡圣人总是鼓励善良，同情愚昧，忘记别人的过失，牢记别人的功绩，因而形成良好的风化。如今王业刚刚建立，将来还要统一天下，这正是汉高祖弃人之短用人之长的时代。如果让善和恶区分得一清二楚，推崇汝颍人每月初一评议人物的习俗，虽然可以整饬习俗，宣明教化，但恐怕不容易实行。应当远则学习孔子的泛爱精神，中则效法郭嘉的广泛助人，近则从有益于建设王业的角度着眼。"暨艳不能按他说的去做，终于招致失败。

嘉禾元年，朝廷以公车征召陆瑁，任命他为议郎、选曹尚书。孙权恨公孙渊的投机取巧，反复无常，打算亲自征伐他。陆瑁上书劝谏说："我听说英明的君王驾驭远方的少数族，只是笼络而已，不是长期守卫占据那些地方。所以古时制定国土政策，把这样的地方称为荒服，就是说他们恍惚不稳定，不能去守卫。现在公孙渊只是东方少数族的一小股势力，远隔在海角，虽然托有人的面孔，其实和禽兽没有区别。国家所以不惜财货远远地施予他们，不是奖励他们的德行道义，其实是想诱导他们收敛欺诈的行为，以便谋求他们的马匹而已。公孙渊那样傲慢狡黠，居然依仗地远，背叛诏令，这正是边远地区少数族的通常表现，哪里值得大惊小怪呢？从前汉朝各个皇帝也曾经意志坚定地同少数族打交道，派使者奔驰往来，散发财物，使汉朝的财物充满了西域，虽然有时这些少数族恭敬从命，但那些使者被杀害，财物同时被吞没的事例，不胜枚举。现在陛下不能忍受愤愤的怒气，想跨越大海，亲自践踏那块土地，群臣议论，私下里都认为不妥。为什么呢？北方的敌人和我国接壤，如果出现疏忽，他们就会乘虚而入。我们所以要跨海谋求马匹，违反本意地礼遇公孙渊，就是为了拯救目前天下的危难，消除藏在心腹的祸患。如果转而弃本逐末，舍近求远，因为气愤而改变计划，因为激怒而动用军队，这正是狡猾的敌人所希望听到的消息，而不是我们大吴最好的方案。另外兵家的战术，往往以劳碌使对方疲惫，用安逸来等待对方，得失之间，较量的结果总是得的多。况且沓渚距离公孙渊，道路还很远，如果到达彼岸，军队的力量就分成三份，首先要派主力进取，其次要有部队守卫船只，再次还要用一些部队运送粮食。出征的人即使很多，也很难全部用上。加以徒步背粮，经过长途跋涉，深入敌人腹地，而贼人的地盘马匹很多，拦截起来可就变化无常。倘若公孙渊趁机使用阴谋，和北边的敌人关系不断，我们兴师动众时，他们就会像嘴唇和牙齿一样，互相帮助。倘若他确实孤立行事，没有什么靠山，他也会因为恐惧远远地逃走，恐怕很难一下子消灭。假如陛下的诛伐滞留在北方的原野，山越的强贼乘虚而入，恐怕不是绝对安全的长远谋虑。"孙权没有接受他的劝谏。

陆瑁重新上书说："武器装备本来是前代用来诛伐暴乱、威慑四夷的东西，如果它们的使用完全在奸雄已经消除，天下太平无事，君主悠闲地坐在朝廷上的情况下，那只是用战争留下的话题发发议论而已。至于中原混乱，九州交错的时候，通常必须加深根基，巩固本体，爱护兵力，珍惜费用，努力使自己得到休息调养，以等待邻国敌人的漏洞，没有正处在这样的时期，反而舍近求远，使军队疲劳的。从前尉佗逆乱，僭号称帝，当时天下太平，百姓富裕，兵员的数量，粮食的积蓄，可以说很多，但汉文帝还是认为到边远地区征伐不容易，他虽然大规模出动军队，但也只向尉佗晓谕道理而已。如今凶残的敌人还没有消灭，边境还不断有警报，在这种情况下，即使是蚩尤、鬼方作乱，也应当根据情况的缓急区别处理，不应当把公孙渊作为出兵的先例。希望陛下控制威权，停止行动，暂且稳定所有军队，潜心思索，冷静规划，以制定未来的宏图，这对天下人来说，是非常幸运的。"孙权第二次读了陆瑁的上书，赞赏他的文章说理方直恳切，就不采取行动了。

起初，陆瑁的同郡闻人敏在都邑中很受优待，地位超过宗修，只有陆瑁不以为然，后来的事实果然像他说的一样。

赤乌二年，陆瑁去世。他的儿子陆喜也涉足经典的研习，喜欢探讨人伦问题，孙皓执政时任选曹尚书。

吾粲，字孔休，吴郡乌程人。孙河任县长时，吾粲是他手下的小吏。孙河十分重视吾粲。孙河后来任将军,可以自己选拔地方官员,就宣布吾粲任曲阿丞,又升为长史,吾粲的政绩很出色。虽然他出身贫寒,但他与同郡的陆逊、卜静等人并肩齐名。孙权任车骑将军时,征召他任主簿,又外出任山阴县令,回来便担任参军校尉。

黄武元年,他和吕范、贺齐等人一起率领水军在洞口抗击魏国将领曹休。当时正值天刮大风,许多船只的缆绳被刮断,漂流到岸边,被魏国军队俘获。有的船只被风刮翻沉没水中,那些还存在的大船,两舷攀附着落水的人,他们在大声呼叫,其他官员都担心船只会倾覆,都用戈矛刺击水中的人,不让他们上船。吾粲和黄渊却让船上的人把落水的人救上来,他们手下的人认为船超载会破裂,吾粲说:"如果船破,我们就应当一块儿去死!别人陷入困境,怎么能抛弃他们呢?"吾粲和黄渊救活的人有一百多。

回来后,他升任会稽太守。他征召隐士谢谭任功曹,谢谭借口有病不就职。吾粲开导他说:"应龙因为能屈能伸才成为神灵,凤凰因为善于鸣叫才成为珍奇,为什么一定要在天外隐藏形体,在深渊潜伏鳞甲呢?"吾粲招募聚合许多人马,被任命为昭义中郎将,和吕岱讨伐平定了山越,又入朝担任屯骑校尉、少府,后来升任太子太傅。当他遭遇两宫的变乱时,仗义执言,审明嫡庶的分别,想让鲁王孙霸外出驻守夏口,又将杨竺发遣,不得让他住在都邑里。吾粲还多次把消息告诉陆逊。陆逊当时驻守武昌,他也连续呈表谏诤。由此吾粲遭孙霸、杨竺等人陷害,关进监狱被处死。

朱据,字子范,吴郡吴县人。他长得仪表堂堂,很有膂力,还善于辩论。黄武初年,他被征召任命为五官郎中,补任侍御史。当时选曹尚书暨艳憎恶贪赃枉法之徒身居官位，想淘汰他们。朱据认为天下还没有平定，应当以功补过。抛弃有缺点的人，只用有才干的人，推举清白的人，仇视污浊的人，这种行为值得阻止劝告。如果一下子把那些人贬斥下来，恐怕会有后患。暨艳不听，终于败亡。

孙权忧虑将帅乏人，不由得发泄愤懑，唉声叹气，心中非常追念吕蒙、张温。他认为朱据文武双全，可以继承吕蒙、张温的事业，由此便任命朱据为建义校尉，统领军队屯兵湖孰。黄龙元年，孙权迁都建业，征召朱据，把公主嫁给他，并任命他为左将军，封为云阳侯。他为人谦虚，广交人才，轻视财物，喜欢施舍，俸禄赏赐虽然很多，他却经常不够用。嘉禾年间，开始铸造大钱，一枚可值五百文。后来朱据的部队应当接受三万缗，工匠王遂趁机弄假贪污其中的钱。典校吕壹怀疑是朱据实际上贪取了，就拷问主管财物的人，这个人死在酷刑之下。朱据可怜他无辜，就用质地优良的棺木装敛他。吕壹又扬言朱据的官员为朱据隐瞒，所以厚待这个官员的葬礼。孙权多次责问朱据，朱据无法为自己说明白，就坐在草荐上等待处治。几个月后，典军吏刘助发觉事实的真相，说是王遂贪污的。孙权很受触动，他说："朱据尚且被冤枉，何况下面的官员百姓呢！"于是就追究吕壹的罪责，奖励刘助一百万钱。

赤乌九年，朱据升任骠骑将军。遇到两宫争斗，他拥护太子，一谈起此事，就是那么恳切周详，内心的正义感全在脸上表现出来，而且誓死要保卫太子。结果他被降为新都郡丞，还未到任，中书令孙弘就诬陷朱据，并利用孙权卧床不起的机会，伪造诏书追赐朱据一死。朱据当时五十七岁。孙亮执政时，他的两个儿子朱熊、朱损各自又统领部队，被全公主诬陷，都被处死。永安年间，朝廷追记过去朱据的功劳，让朱熊的儿子朱宣继承云阳侯的爵位，娶公主为妻。孙皓执政时，朱宣官做到骠骑将军。

评论说：虞翻是古代狂放率直之徒，本来就很难在乱世逃脱灾祸，但孙权不能容纳他，也说明孙权并非心胸广阔的人。陆绩对于扬雄《太玄》的贡献，就像是左丘明对孔子《春秋》的贡献，庄周对老聃《道德经》的贡献。凭着这样一个堪与瑚琏相比的大才，却去守卫南越，不也太戕害人才了吗？张温才华卓越，但智慧上的防线没有设立，因而招致艰难祸患。骆统深明大义，言辞恳切，说理周详，可惜赶上孙权正闭塞视听，不开言路的时候。陆瑁忠诚仁义的规劝，君子对此十分赞赏。吾粲、朱据遭受挫折，因为正直而丧生，可悲啊！

三国志卷五十八

吴书十三

陆逊传第十三

陆逊字伯言，吴郡吴人也。本名议，世江东大族。逊少孤，随从祖庐江太守康在官。袁术与康有隙，将攻康，康遣逊及亲戚还吴。逊年长于康子绩数岁，为之纲纪门户。

孙权为将军，逊年二十一，始仕幕府，历东西曹令史，出为海昌屯田都尉，并领县事。县连年亢旱，逊开仓谷以振贫民，劝督农桑，百姓蒙赖。时吴、会稽、丹杨多有伏匿，逊陈便宜，乞与募焉。会稽山贼大帅潘临，旧为所在毒害，历年不禽。逊以手下召兵，讨治深险，所向皆服，部曲已有二千余人。鄱阳贼帅尤突作乱，复往讨之，拜定威校尉，军屯利浦。

权以兄策女配逊，数访世务，逊建议曰："方今英雄棋跱，豺狼窥望，克敌宁乱，非众不济。而山寇旧恶，依阻深地。夫腹心未平，难以图远，可大部伍，取其精锐。"权纳其策，以为帐下右部督，会丹杨贼帅费栈受曹公印绶，扇动山越，为作内应，权遣逊讨栈。栈支党多而往兵少，逊乃益施牙幢，分布鼓角，夜潜山谷间，鼓噪而前，应时破散。遂部伍东三郡，强者为兵，羸者补户，得精卒数万人，宿恶荡除，所过肃清，还屯芜湖。

会稽太守淳于式表逊枉取民人，愁扰所在。逊后诣都，言次，称式佳吏，权曰："式白君而君荐之，何也？"逊对曰："式意欲养民，是以白逊。若逊复毁式以乱圣听，不可长也。"权曰："此诚长者之事，顾人不能为耳。"

吕蒙称疾诣建业，逊往见之，谓曰："关羽接境，如何远下，后不当可忧也？"蒙曰："诚如来言，然我病笃。"逊曰："羽矜其骁气，陵轹于人。始有大功，意骄志逸，但务北进，未嫌于我，有相闻病，必益无备。今出其不意，自可禽制。下见至尊，宜好为计。"蒙曰："羽素勇猛，既难为敌，且已据荆州，恩信大行，兼始有功，胆势益盛，未易图也。"蒙至都，权问："谁可代卿者？"蒙对曰："陆逊意思深长，才堪负重，观其规虑，终可大任。而未有远名，非羽所忌，无复是过。若用之，当令外自韬隐，内察形便，然后可克。"权乃召逊，拜偏将军右部督代蒙。

逊至陆口，书与羽曰："前承观衅而动，以律行师，小举大克，一何巍巍！敌国败绩，利在同盟，闻庆拊节，想遂席卷，共奖王纲。近以不敏，受任来西，延慕光尘，思禀良规。"又曰："于禁等见获，遐迩欣叹，以为将军之勋足以长世，虽昔晋文城濮之师，淮阴拔赵之略，蔑以尚兹。闻徐晃等少骑驻旌，窥望麾葆。操猾虏也，忿不思难，恐潜增众，以逞其心。虽云师老，犹有骁悍。且战捷之后，常苦轻敌，古人杖术，军胜弥警，愿将军广为方计，以全独克。仆书生疏迟，忝所不堪，喜邻威德，乐自倾尽，虽未合策，犹可怀也。倘明注仰，有以察之。"羽览逊书，有谦下自托之意，意大安，无复所嫌。逊具启形状，陈其可禽之要。权乃潜军而上，使逊与吕蒙为前部，至即克公安、南郡。逊径进，领宜都太守，拜抚边将军，封华亭侯。备宜都太守樊友委郡走，诸城长吏及蛮夷君长皆降。逊请金银铜印，以假授初附。是岁建安二十四年十一月也。

逊遣将军李异、谢旌等将三千人，攻蜀将詹晏、陈凤。异将水军，旌将步兵，断绝险要，即破晏等，生降得凤。又攻房陵太守邓辅、南乡太守郭睦，大破之。秭归大姓文布、邓凯等合夷兵数千人，首尾西方。逊复部旌讨破布、凯。布、凯脱走，蜀以为将。逊令人诱之，布帅众还降。前后斩获招纳，凡数万计。权以逊为右护军、镇西将军，进封娄侯。

时荆州士人新还，仕进或未得所，逊上疏曰："昔汉高受命，招延英异，光武中兴，群俊毕至，苟可以熙隆道教者，未必远近。今荆州始定，人物未达，臣愚，乞普加覆载抽拔之恩，令并获自进，然后四海延颈，思归大化。"权敬纳其言。

黄武元年，刘备率大众来向西界，权命逊为大都督、假节，督朱然、潘璋、宋谦、韩当、徐盛、鲜于丹、孙桓等五万人拒之。备从巫峡、建平连围至夷陵界，立数十屯，以金锦爵赏诱动诸夷，使将军冯习为大督，张南为前部，辅匡、赵融、廖淳、傅肜等各为别督，先遣吴班将数千人于平地立营，欲以挑战。诸将皆欲击之，逊曰："此必有谲，且观之。"备知其计不可，乃引伏兵八千，从谷中出。逊曰："所以不听诸君击班者，揣之必有巧故也。"逊上疏曰："夷陵要害，国之关限，虽为易得，亦复易失。失之非徒损一郡之地，荆州可忧。今日争之，当令必谐。备干天常，不守窟穴而敢自送，臣虽不材，凭奉威灵，以顺讨逆，破坏在近。寻备前后行军，多败少成，推此论之，不足为戚，臣初嫌之水陆俱进，今反舍船就步，处处结营，察其布置，必无他变。伏愿至尊高枕，不以为念也。诸将并曰："攻备当在初,今乃令人五六百里,相衔持经七八月,其诸要害皆以固守,击之必无利矣。"逊曰:"备是猾虏,更尝事多,其军始集,思虑精专,未可干也。今住已久,不得我便,兵疲意沮,计不复生,掎角此寇,正在今日。"乃先攻一营,不利。诸将皆曰:"空杀兵耳。"逊曰:"吾已晓破之之术。"乃敕各持一把茅,以火攻,拔之。一尔势成,通率诸军同时俱攻,斩张南、冯习及胡王沙摩柯等首,破其四十余营。备将杜路、刘宁等穷逼请降。备升马鞍山,陈兵自绕。逊督促诸军四面蹙之,土崩瓦解,死者万数。备因夜遁,驿人自担人烧铙铠断后,仅得入白帝城。其舟船器械,水步军资,一时略尽,尸骸漂流,塞江而下。备大惭恚,曰:"吾乃为逊所折辱,岂非天邪!"

初,孙桓别讨备前锋于夷道,为备所围,求救于逊。逊曰:"未可。"诸将曰:"孙安东公族,见围已困,奈何不救?"逊曰:"安东得士众心,城牢粮足,无可忧也。待吾计展,欲不救安东,安东自解。"及方略大施,备果奔溃。桓后见逊曰:"前实怨不见救,定至今日,乃知调度自有方耳。"当御备时,诸将军或是孙策时旧将,或公室贵戚,各自矜恃,不相听从。逊案剑曰:"刘备天下知名,曹操所惮,今在境界,此强对也。诸君并荷国恩,当相辑睦,共剪此虏,上报所受,而不相顺,非所谓也。仆虽书生,受命主上。国家所以屈诸君使相承望者,以仆有尺寸可称,能忍辱负重故也。各在其事,岂复得辞!军令有常,不可犯矣。"及至破备,计多出逊,诸将乃服。权闻之,曰:"君何以初不启诸将违节度者邪?"逊对曰:"受恩深重,任过其才。又此诸将或任腹心,或堪爪牙,或是功臣,皆国家所当与共克定大事者。臣虽驽懦,窃慕相如、寇恂相下之义,以济国事。"权大笑称善,加拜逊辅国将军,领荆州牧,即改封江陵侯。

又备既住白帝，徐盛、潘璋、宋谦等各竞表言备必可禽，乞复攻之。权以问逊，逊与朱然、骆统以为"曹丕大合士众，外托助国讨备，内实有奸心，谨决计辄还"。无几，魏军果出，三方受敌也。备寻病亡，子禅袭位，诸葛亮秉政，与权连和。时事所宜，权辄令逊语亮，并刻权印，以置逊所。权每与禅、亮书，常过示逊，轻重可否，有所不安，便令改定，以印封行之。

七年，权使鄱阳太守周鲂谲魏大司马曹休，休果举众入皖，乃召逊假黄钺，为大都督，逆休。休既觉知，耻见欺诱，自恃兵马精多，遂交战。逊自为中部，令朱桓、全琮为左右翼，三道俱进，果冲休伏兵，因驱走之，追亡逐北。径至夹石，斩获万余，牛马骡驴车乘万辆，军资器械略尽。休还，疽发背死。诸军振旅过武昌，权令左右以御盖覆逊，人出殿门，凡所赐逊，皆御物上珍，于时莫与为比。遣还西陵。

黄龙元年，拜上大将军、右都护。是岁，权东巡建业，留太子、皇子及尚书九官，征逊辅太子，并掌荆州及豫章三郡事，董督军国。时建昌侯虑于堂前作斗鸭栏，颇施小巧，逊正色曰："君侯宜勤览经典以自新益，用此何为？"虑即时毁彻之。射声校尉松于公子中最亲，戏兵不整，逊对之其职吏。南阳谢景善刘先刑后礼之论，逊呵景曰："礼之长于刑久矣，以细辩而诡先圣之教，皆非也。君今侍东官，宜遵仁义以彰德音，若彼之谈，不须讲也。"

逊虽身在外，乃心于国，上疏陈时事曰："臣以为科法严峻，下犯者多。顷年以来，将吏罹罪，虽不慎可责，然天下未一，当图进取，小宜恩贷，以安下情。且世务日兴，良能为先，自非奸秽入身，难忍之过，乞复显用，展其力效。此乃圣王忘过记功，以成王业。昔汉高舍陈平之愆，用其奇略，终建勋祚，功垂千载。夫峻法严刑，非帝王之隆业；有罚无恕，非怀远之弘规也。"权欲遣偏师取夷州及朱崖，皆以咨逊，逊上疏曰："臣愚以四海未定，当须民力，以济时务。今兵兴历年，见众损减，陛下忧劳圣虑，忘寝与食，将远规夷州，以定大事，臣反覆思惟，未见其利，万里袭取，风波难测，民易水土，必致疾疫，今驱见众，经涉不毛，欲益更损，欲利反害。见珠崖绝险，民犹禽兽，得其民不足济事，无其兵不足亏众。今江东见众，自足图事，但当畜力而后动耳。昔桓王创基，兵不一旅，而开大业。陛下承运，拓定江表。臣闻治乱讨逆，须兵为威，农桑衣食，民之本业，而干戈未戢，民有饥寒。臣愚以为宜育养士民，宽其租赋，众克在和，义以劝勇，则河渭可平，九有一统矣。"权遂征夷州，得不补失。

及公孙渊背盟，权欲往征，逊上疏曰："渊凭险恃固，拘留大使，名马不献，实可仇忿。蛮夷猾夏，未染王化，鸟窜荒裔，拒逆王师，至令陛下爰赫斯怒，欲劳万乘泛轻越海，不虑其危而涉不测。方今天下云扰，群雄虎争，英豪踊跃，张声大视。陛下以神武之姿，诞膺期运，破操乌林，败备西陵，禽羽荆州；斯三虏者，当世雄杰，皆摧其锋。圣化所绥，万里草偃，方荡平华夏，总一大猷。今不忍小忿，而发雷霆之怒，违垂堂之戒，轻万乘之重，此臣之所惑也。臣闻志行万里者，不中道而辍足；图四海者，匪怀细以害大。强寇在境，荒服未庭，陛下乘桴远征，必致窥觎，戚至而忧，悔之无及。若使大事时捷，则渊不讨自服；今乃远惜辽东众之与马，奈何独欲捐江东万安之本业而不惜乎？乞息六师，以威大虏，早定中夏，垂耀将来。"权用纳焉。

嘉禾五年，权北征，使逊与诸葛瑾攻襄阳。逊遣亲人韩扁赍表奉报，还，遇敌于沔中，钞逻得扁。瑾闻之甚惧，书与逊云：

"大驾已旋,贼得韩扁,具知吾阔狭。且水干,宜当急去。"逊未答,方催人种葑豆,与诸将弈棋射戏如常。瑾曰:"伯言多智略,其当有以。"自来见逊,逊曰:"贼知大驾以旋,无所复戚,得专力于吾。又已守要害之处,兵将意动,且当自定以安之,施设变术,然后出耳。今便示退,贼当谓吾怖,仍来相蹙,必败之势也。"乃密与瑾立计,令瑾督舟船。逊悉上兵马,以向襄阳城。敌素惮逊,遽还赴城。瑾便引船出,逊徐整部伍,张拓声势,步趋船,敌不敢干。军到白围,托言住猎,潜遣将军周峻、张梁等击江夏新市、安陆、石阳,石阳市盛,峻等奄至,人皆捐物入城。城门噎不得关,敌乃自斫杀己民,然后得阖。斩首获生,凡千余人。其所生得,皆加营护,不令兵士干扰侵侮。将军属来者,使就料视。若亡其妻子者,即给衣粮,厚加慰劳,发遣令还,或有感慕相携而归者。邻境怀之,江夏功曹赵濯、弋阳备将裴生及夷王梅颐等,并帅支党来附逊。逊倾财帛,周赡经恤。

又魏江夏太守逯式兼领兵马,颇作边害,而与北旧将文聘子休宿不协。逊闻其然,即假作答式书云:"得报恳恻,知与休久结嫌隙,势不两存,欲来归附,辄以密呈来书表闻,撰众相迎。宜潜速严,更示定期。"以书置界上,式兵得书以见式,式惶惧,遂自送妻子还洛。由是吏士不复亲附,遂以免罢。

六年,中郎将周祇乞于鄱阳召募,事下问逊。逊以为此郡民易动难安,不可与召,恐致贼寇。而祇固陈取之,郡民吴遽等果作贼杀祇,攻没诸县,豫章、庐陵宿恶民并应遽为寇。逊自闻,辄讨即破,遽等相率降,逊料得精兵八千余人,三郡平。

时中书典校吕壹,窃弄权柄,擅作威福,逊与太常潘濬同心忧之,言至流涕。后权诛壹,深以自责,语在权传。

时谢渊、谢厷等各陈便宜，欲兴利改作。以事下逊。逊议曰："国以民为本，强由民力，财由民出。夫民殷国弱，民瘠国强者，未之有也。故为国者，得民则治，失之则乱，若不受利，而令尽用立效，亦为难也。是以《诗》叹'宜民宜人，受禄于天'。乞垂圣恩，宁济百姓，数年之间，国用少丰，然后更图。"

赤乌七年，代顾雍为丞相，诏曰："朕以不德，应期践运，王涂未一，奸宄充路，夙夜战惧，不遑鉴寐。惟君天资聪睿，明德显融，统任上将，匡国弭难。夫有超世之功者，必应光大之宠；怀文武之才者，必荷社稷之重。昔伊尹隆汤，吕尚翼周，内外之任，君实兼之。今以君为丞相，使使持节守太常傅常授印绶。君其茂昭明德，修乃懿绩，敬服王命，绥靖四方。於乎！总司三事，以训群寮，可不敬欤，君其勖之！其州牧都护领武昌事如故。"

先是，二宫并阙，中外职司，多遣子弟给侍。全琮报逊，逊以为子弟苟有才，不忧不用，不宜私出以要荣利；若其不佳，终为取祸。且闻二宫势敌，必有彼此，此古人之厚忌也。琮子寄，果阿附鲁王，轻为交构。逊书与琮曰："卿不师日䃅，而宿留阿寄，终为足下门户致祸矣。"琮既不纳，更以致隙。及太子有不安之议，逊上疏陈："太子正统，宜有磐石之固，鲁王藩臣，当使宠秩有差，彼此得所，上下获安。谨叩头流血以闻。"书三四上，及求诣都，欲口论嫡庶之分，以匡得失。既不听许，而逊外生顾谭、顾承、姚信，并以亲附太子，枉见流徙。太子太傅吾粲坐数与逊交书，下狱死。权累遣中使责让逊，逊愤恚致卒，时年六十三，家无余财。

初，暨艳造营府之论，逊谏戒之，以为必祸。又谓诸葛恪曰："在我前者，吾必奉之同升；在我下者，则扶持之。今观君气陵其上，意蔑乎下，非安德之基也。"又广陵杨竺少获声名，而逊谓之终败,劝竺兄穆令与别族。其先睹如此。长子延早夭,次子抗袭爵。孙休时,追谥逊曰昭侯。

抗字幼节,孙策外孙也。逊卒时,年二十,拜建武校尉,领逊众五千人,送葬东还,诣都谢恩。孙权以杨竺所白逊二十事问抗,禁绝宾客,中使临诘,抗无所顾问,事事条答,权意渐解。赤乌九年,迁立节中郎将,与诸葛恪换屯柴桑。抗临去,皆更缮完城围,葺其墙屋,居庐桑果,不得妄败。恪入屯,俨然若新。而恪柴桑故屯,颇有毁坏,深以为惭。太元元年,就都治病。病差当还,权涕泣与别,谓曰:"吾前听用谗言,与汝父大义不笃,以此负汝。前后所问,一焚灭之,莫令人见也。"建兴元年,拜奋威将军。太平二年,魏将诸葛诞举寿春降,拜抗为柴桑督,赴寿春,破魏牙门将偏将军,迁征北将军。永安二年,拜镇军将军,都督西陵,自关羽至白帝。三年,假节。孙晧即位,加镇军大将军,领益州牧。建衡二年,大司马施绩卒,拜抗都督信陵、西陵、夷道、乐乡、公安诸军事,治乐乡。

抗闻都下政令多阙,忧深虑远,乃上疏曰:"臣闻德均则众者胜寡,力侔则安者制危,盖六国所以兼并于强秦,西楚所以北面于汉高也。今敌跨制九服,非徒关右之地;割据九州,岂但鸿沟以西而已。国家外无连国之援,内非西楚之强,庶政陵迟,黎民未,而议者所恃,徒以长川峻山,限带封域,此乃守国之末事,非智者之所先也。臣每远惟战国存亡之符,近览刘氏倾覆之衅,考之典籍,验之行事,中夜抚枕,临餐忘食。昔匈奴未灭,去病辞馆;汉道未纯,贾生哀泣,况臣王室之出,世荷光宠,身名否泰,与国同戚,死生契阔,义无苟且,夙夜忧怛,念至情滲。夫事君之义犯而勿欺,人臣之节匪躬是殉,谨陈时宜十七条如左。"十七条失本,故不载。

时何定弄权，阉官预政；抗上疏曰："臣闻开国承家，小人勿用，靖譖庸回，唐书攸戒，是以雅人所以怨刺，仲尼所以叹息也。春秋已来，爰及秦、汉，倾覆之衅，未有不由斯者也。小人不明理道，所见既浅，虽使竭情尽节，犹不足任，况其奸心素笃，而憎爱移易哉？苟患失之，无所不至。今委以聪明之任，假以专制之威，而冀雍熙之声作，肃清之化立，不可得也。方今见吏，殊才虽少，然或冠冕之胄，少渐道教，或清苦自立，资能足用。自可随才授职，抑黜群小，然后俗化可清，庶政无秽也。"

凤皇元年，西陵督步阐据城以叛，遣使降晋。抗闻之，日部分诸军，令将军左奕、吾彦、蔡贡等径赴西陵，敕军营更筑严围，自赤溪至故市，内以围阐，外以御寇，昼夜催切，如敌以至，众甚苦之。诸将咸谏曰："令及三军之锐，亟以攻阐，比晋救至，阐必可拔。何事于围，而以弊士民之力乎？"抗曰："此城处势既固，粮谷又足，且所缮修备御之具，皆抗所宿规。今反身攻之，既非可卒克，且北救必至，至而无备，表里受难，何以御之？"诸将咸欲攻阐，抗每不许。宜都太守雷谭言至恳切，抗欲服众，听令一攻。攻果无利，围备始合。晋车骑将军羊祜率师向江陵，诸将咸以抗不宜上，抗曰："江陵城固兵足，无所忧患。假令敌没江陵，必不能守，所损者小。如使西陵磐结，则南山群夷皆当扰动，则所忧虑，难可竟言也，吾宁弃江陵而赴西陵，况江陵牢固乎？"初，江陵平衍，道路通利，抗敕江陵督张咸作大堰遏水，渐渍平中，以绝寇叛。祜欲因所遏水，浮船运粮，扬声将破堰以通步军。抗闻，使咸亟破之。诸将皆惑，屡谏不听。祜至当阳，闻堰败，乃改船以车运，大费损功力。晋巴东监军徐胤率水军诣建平，荆州刺史杨肇至西陵。抗令张咸固守其城；公安督孙遵巡南岸御祜；水军督留虑、镇西将军朱琬拒胤；

身率三军，凭围对肇。将军朱乔、营都督俞赞亡诣肇。抗曰："赞军中旧吏，知吾虚实者，吾常虑夷兵素不简练，若敌攻围，必先此处。"即夜易夷兵，皆以旧将充之。明日，肇果攻故夷兵处，抗命旋军击之，矢石雨下，肇众伤死者相属。肇至经月，计屈夜遁。抗欲追之，而虑阐畜力项领，伺视间隙，兵不足分，于是但鸣鼓戒众，若将追者。肇众凶惧，悉解甲挺走，抗使轻兵蹑之，肇大破败，祐等皆引军还。抗遂陷西陵城，诛夷阐族及其大将吏，自此以下，所请赦者数万口，修治城围，东还乐乡，貌无矜色，谦冲如常，故得将士欢心。

加拜都护，闻武昌左部督薛莹征下狱，抗上疏曰："夫俊者，国家之良宝，社稷之贵资，庶政所以伦叙，四门所以穆清也。故大司农楼玄、散骑中常侍王蕃、少府李勖，皆当世秀颖，一时显器，既蒙初宠，从容列位，而并旋受诛殛，或圮族替祀，或投弃荒裔。盖《周礼》有赦贤之辟，《春秋》有宥善之义，《书》曰：'与其杀不辜，宁失不经。'而蕃等罪名未定，大辟以加，心经忠义，身被极刑，岂不痛哉！且已死之刑，固无所识，至乃焚爍流漂，弃之水滨，惧非先王之正典，或甫侯之所戒也。是以百姓哀耸，士民同戚。蕃、勖永已，悔亦靡及，诚望陛下赦召玄出，而顷闻薛莹卒见逮录。莹父综纳言先帝，傅弼文皇，及莹承基，内厉名行，今之所坐，罪在可宥。臣惧有司未详其事，如复诛戮，益失民望，乞垂天恩，原赦莹罪，哀矜庶狱，清澄刑网，则天下幸甚！"

时师旅仍动，百姓疲弊，抗上疏曰："臣闻《易》贵随时，《传》美观衅，故有夏多罪而殷汤用师，纣作淫虐而周武授钺。苟无其时，玉台有忧伤之虑，孟津有反旆之军。今不务富国强兵，力农畜谷，使文武之才效展其用，百揆之署无旷阙职，明黜陟以厉庶尹，审刑罚以示劝沮，训诸司以德，而抚百姓以仁，然后顺天乘运，席卷宇内，而听诸将徇名，穷兵黩武，动费万计，士卒凋瘁，寇不为衰，而我已大病矣！今争帝王之资，而昧十百之利，此人臣之奸便，非国家之良策也。昔齐、鲁三战，鲁人再克而亡不旋踵。何则？大小之势异也。况今师所克获，不补所丧哉？且阻兵无众，古之明鉴，诚宜暂息进取小规，以畜士民之力，观衅伺隙，庶无悔吝。"

二年春，就拜大司马、荆州牧。三年夏，疾病，上疏曰："西陵、建平，国之蕃表，既处下流，受敌二境。若敌泛舟顺流，舳舻千里，星奔电迈，俄然行至，非可恃援他部以救倒悬也。此乃社稷安危之机，非徒封疆侵陵小害也。臣父逊昔在西垂陈言，以为西陵国之西门，虽云易守，亦复易失。若有不守，非但失一郡，则荆州非吴有也。如其有虞，当倾国争之。臣往在西陵，得涉逊迹，前乞精兵三万，而主者循常，未肯差赴。自步阐以后，益更损耗。今臣所统千里，受敌四处，外御强对，内怀百蛮，而上下见兵财有数万，羸弊日久，难以待变。臣愚以为诸王幼冲，未统国事，可且立傅相，辅导贤姿，无用兵马，以妨要务，又黄门竖宦，开立占募，兵民怨役，逋逃人占，乞特诏简阅，一切料出，以补疆场受敌常处，使臣所部足满八万，省息众务，信其赏罚，虽韩、白复生，无所展巧。若兵不增，此制不改，而欲克谐大事，此臣之所深戚也。若臣死之后，乞以西方为属。愿陛下思览臣言，则臣死且不朽。"

秋遂卒，子晏嗣。晏及弟景、玄、机、云，分领抗兵。晏为裨将军、夷道监。天纪四年，晋军伐吴，龙骧将军王濬顺流东下，所至辄克，终如抗虑。景字士仁，以尚公主拜骑都尉，封毗陵侯，既领抗兵，拜偏将军、中夏督，澡身好学，著书数十篇也。二月壬戌，晏为王濬别军所杀。癸亥，景亦遇害，时年三十一。景妻，孙晧妹，与景俱张承外孙也。

评曰：刘备天下称雄，一世所惮，陆逊春秋方壮，威名未著，摧而克之，罔不如志。予既奇逊之谋略，又叹权之识才，所以济大事也。及逊忠诚恳至，忧国亡身，庶几社稷之臣矣。抗贞亮筹干，咸有父风，奕世载美，具体而微，可谓克构者哉！

译文：

陆逊字伯言，吴郡吴县人。他原名叫议，世代都是江东大族。陆逊小时候就失去了父亲，跟着他堂祖父庐江太守陆康在任所生活。袁术与陆康有仇，准备攻打陆康。陆康就让陆逊和亲属回到吴县。陆逊比陆康的儿子陆绩大几岁，就替陆康管理家务。

孙权做将军时，陆逊二十一岁，开始在孙权幕府任职，历任东西曹令史，又外出当了海昌县屯田都尉，同时兼管这个县的政务。该县连续几年大旱，陆逊就打开粮仓，救济贫民，奖励并督促百姓种田、养蚕，百姓得到很多好处。当时吴、会稽、丹杨郡有很多躲藏在山林中的人，陆逊向孙权陈述当前应该做的事，请求准许招募这些人。会稽有个山贼头目潘临，一向是这个地区的祸患，多年没有捕获。陆逊率领部下新招募的兵士，深入险要地区讨伐，所到之处，都被降服。这时，他手下士兵已有两千多人。鄱阳郡的贼众头目尤突叛乱，他又率兵征讨。晋升他为定威校尉，军队驻扎在利浦。

孙权把他的哥哥孙策的女儿许配给陆逊，多次征求他对时局的看法，陆逊建议说："现在英雄各霸一方，互相对峙，跟豺狼一样窥测观望，要战胜敌人，平定祸乱，没有许多的人是不能成功的。而山寇是旧日的怨恨，他们依仗险要地形，住在深山里。内部的祸乱没有平定，难以图谋远处，我们应当扩充队伍，从中挑选精锐的人手。"孙权采纳了他的建议，任命他为帐下右都督。正值丹阳的贼众头目费栈接受了曹公的任命，煽动山越作乱，作为他的内应。孙权派陆逊讨伐费栈。费栈的支党很多，而陆逊去的兵很少，陆逊就增设了很多军旗，分布了战鼓、号角，晚上潜伏在山谷中，突然敲鼓呐喊，冲上前去。费栈的人马顿时被攻破而四散逃跑。陆逊整编东三郡的驻军，强壮的人当兵，病弱的人补充农户，这样得到了几万精锐军队，旧有的祸患全部扫清了，军队经过的地方，全被削平，陆逊回师，驻在芜湖。

会稽太守淳于式给孙权上表，说陆逊随意征用民力，扰乱所辖地区。陆逊后来到了都城，同孙权谈话中，称赞淳于式是好官员。孙权说："淳于式告发你，你却推荐他，这是为什么？"陆逊回答说："淳于式的意思在于养民，所以告发了我，如果我再诋毁他来混淆您的视听，这种风气不能助长。"孙权说："这实在是忠厚长者的行为，只不过一般人做不到罢了。"

吕蒙称病回到建业，陆逊去拜访他，对他说："关羽和您接境，您怎么远离防区东下，不会有后顾之忧吗？"吕蒙说："正如你所讲的，但我的病很重。"陆逊说："关羽自恃他的勇气，欺压别人，开始建立了大功，神态骄傲，意志安闲，只顾向北进攻魏国，对我国不存戒心。如果把您有病的消息告诉他，他一定更加不作防备。然后出其不意，一定能捉住他，制服他。您见到皇上，应当很好地筹划一下。"吕蒙说："关羽一向勇猛，本来就不能同他作对，况且他已经占据荆州，大施恩信，再加上他原来就有大功，胆略和气势很盛，不容易谋取。"吕蒙到了都城，孙权问他："谁有代替您呢？"吕蒙回答说："陆逊思虑深远，才气可以担当重任,我看他的智谋,定能担任要职。他没有大的名气,不为关羽所畏惧,没有人比他更合适了。如果用他,应当让他表面上隐藏真实意图,暗中察看有利形势,这样才能攻克关羽。"孙权就召见陆逊,任他为偏将军右部督,来代替吕蒙。

陆逊到了陆口,就写信给关羽说:"以前您观察敌人的破绽,乘机进攻,按一定的法则指挥军队,轻易地就获得很大的成功,您的功绩是多么伟大呀!敌国被打败,对盟国也有好处,听到您胜利的喜讯,我不觉击节叫好,希望您乘机完成席卷中原的大业,一起来辅助朝廷,维持纲纪。最近我这个没有才能的人,接受任命西来这里。我非常仰慕您的风采,希望受到您的善待和教诲。"又说:"于禁等人被您俘获,远近对您钦佩、赞叹,认为您的功勋定能与世长存。即使当年晋文公参加城濮之战的军队,淮阴侯攻拔赵国的谋略,也不能超过您的业绩。听说徐晃等驻扎了少量军队,窥伺您的动向。曹操是个狡猾的敌人,他由于失败的愤恨便不顾危难,恐怕会暗中增兵,以逞其志。虽说他的军队战斗力不强,但还有一些勇猛强悍的将领。而且人们在获胜之后,往往产生轻敌思想。古人依靠用兵的谋略,胜利之后更加警惕,请将军多方采取措施,以保全您的战功。我是一个书生,才疏学浅,行动迟缓,现任此职,深感力不胜任。我十分高兴与您为邻,对您的德行、威望非常钦佩,愿意倾诉我的肺腑之言,即使不能合乎您的谋略,仍可看出我是向往您的。倘若得到您的关注,一定会明察这些。"关羽看了陆逊的信,认为他态度谦恭,有依托于自己的意思,便更加放心,不再有所戒备。陆逊把这些情形报告孙权,指出可以擒获关羽的要领。孙权就暗中派兵西上,任命陆逊和吕蒙为前锋指挥,迅速攻占了公安和南郡。陆逊率兵长驱直入,并兼任宜都太守,升为抚边将军,封为华亭侯。刘备的宜都太守樊友弃城逃跑,各城邑的官员和少数民族首领都投降。陆逊请求发给金银铜印,用以授给那些刚刚归降的人,这年是建安二十四年十一月。

陆逊派将军李异、谢旌等带领三千人,进攻蜀国将领詹晏、陈凤。李异率领水军,谢旌带领步兵,扼守险要关隘,很快打败了詹晏,陈凤也被擒投降。接着进攻蜀国房陵太守邓辅,南乡太守郭睦,大败他们。秭归的豪族文布、邓凯等纠集几千夷人军队,投靠蜀汉。陆逊又部署谢旌等讨伐他们。文布、邓凯逃走,蜀国任命他们为将军。陆逊派人引诱他们,文布又带军来降。陆逊先后歼灭、俘虏、诱降共几万人。孙权任命他为右护军、镇西将军,晋升他为娄侯。

当时荆州士人刚刚归附吴国,有的当官任职,有的还没得到安置,陆逊上疏说:"当年汉高祖得天下,招揽任用有奇才异能的人,汉光武帝中兴,很多杰出的人都去归附。如果这些人能够兴盛道德教化,不必区分亲疏远近。现在荆州刚刚平定,有才干的人没有显达,我怀着至诚的心,请求您对这些人普遍地给予供养提拔之恩,让他们得到进身的机会,这样,天下的人就会殷切盼望着我们,都想来接受我们广大深远的教化。"孙权尊敬地采纳了他的建议。

黄武元年,刘备率大军来到吴国西部边界,孙权任命陆逊为大都督,授以假节,率领朱然、潘璋、宋谦、韩当、徐盛、鲜于丹、孙桓等五万人抵抗。刘备从巫峡、建平连营,一直连接到夷陵地界,设立了几十个营地,用金银、锦缎、爵位的赏赐引诱打动各少数民族,委派将军冯习为大督,张南为前锋,辅匡、赵融、廖淳、傅肜各领分支部队,先派吴班带领几千人在平地上扎营,打算向吴军挑战。吴国诸将领都准备出击蜀军,陆逊说:"蜀军这种举动一定是有诡计,暂且看一看吧。"刘备觉得他的计策没有实现,就带领八千名伏军从山谷中撤出。陆逊说:"我所以不听从各位请求攻打吴班,是因为揣测蜀军一定有诈伪的缘故。"陆逊给孙权上书说:"夷陵是军事上的要害地区,是国家的险要关口,虽然容易取得,但也容易失去,一旦失去不仅是损失了一个郡的土地,而且荆州也让人担忧了。现在我们争夺这个地方,务必获得成功。刘备违背了通常的道理,不保守他的老巢竟敢前来送死。我虽没有才能,但依仗陛下的威望,以顺讨逆,打败他们不会太久,回顾刘备前后用兵打仗的情况,总是败多胜少,由此推断,不值得担忧。我开始曾担心他水陆并进,现在他舍弃船只,变成步兵,处处结营,我观察他的部署,不可能有变化。我希望陛下高枕无忧,不必挂念这件事。"陆逊属下的将军们都说:"进攻刘备应当在他开始发兵的时候,现在已经让他深入吴境五六百里,互相对峙已经七八个月,很多要害地方都被他严密防守,再进攻他对我军必然不利。"陆逊说:"刘备是个狡猾的敌人,经历过很多事情,他的军队开始集结时,他考虑周密,用心专一,不能轻易进犯他。现在他出兵很久,没有占到我们的便宜,军队疲惫,士气颓丧,他没有新的计策了。首尾夹击,围歼敌人,正应当在这个时候。"于是先攻打刘备的一处营寨,不顺利。诸将都说:"这是白白地损耗兵力。"陆逊说:"我已经掌握了攻破刘备营寨的办法。"就命令士兵各带一把茅草,用火攻的办法攻破了这个营寨。顷刻之间,便形成熊熊的火势,陆逊率领各军同时进攻,砍下张南、冯习和胡王沙摩柯等人的头,攻破了刘备四十多个营寨。刘备的将领杜路、刘宁等人无路可走,被迫投降。刘备登上马鞍山,周围布置军队防守。陆逊督促军队四面进逼,刘备的军队土崩瓦解,死了几万人。刘备趁着黑夜逃走，只是驿站的人员自动把兵士扔下的铙、铠挑到一起，放火焚烧，截断敌兵追路。这样，刘备才能勉强退入白帝城。他的船只、兵器、水军、步兵的物资，一下子损失殆尽，兵士的尸体拥塞在江水上，漂流东下。刘备既惭愧又愤恨，说道："我刘备竟然被陆逊挫败受辱，难道不是天意吗？

开始，孙桓曾单独率从夷道攻打刘备的前锋部队，被刘备包围。他就向陆逊求援。陆逊说："不行。"诸将说："安东将军孙恒是孙权的同族，知道他被围困，怎能不去援救呢？"陆逊说："孙安东深得官兵爱戴，城很坚固，粮食充足，不必担忧。等到我的计策得以实施，即使不去救他，他也会自然解围。"到了陆逊的计谋顺利实施，刘备果然大败逃跑。孙恒后来见到陆逊说："以前我确实埋怨您不肯援救，今天大局已定，我才知道您的调度，自有办法。"当抵抗刘备的时候，诸位将军有的是孙策手下的老将，有的是皇亲国戚，各有所恃，骄傲自负，互不服气，不肯听从指挥。陆逊握着宝剑说："刘备是天下知名的人，曹操都畏惧他。现在他侵入我国境内，这是强大的对手。各位都身受国家恩惠，应该和睦相处，共同铲除这个敌人，对上报答所受国恩，但现在诸位互不服气，这不是我们应该做的事。我虽是一个书生，却接受了主上的任命，国家之所以要委屈各位接受我的指挥，是认为我还有一点长处值得称道，能够忍辱负重的缘故。每个人都应做好自己的事，哪能再推辞呢？军令自有章法，诸位不要违犯！"等到打败刘备，计策大都出自陆逊，诸将才佩服他。孙权听到这些情况，说："你当初为什么不向我报告诸将不服从指挥约束呢？"陆逊回答说："我受国家大恩，担负的重任超过了我的才干。又加上那些将领有的是左右亲信，有的是冲锋陷阵的战将，有的是屡立功勋的重臣，他们都是国家赖以共同奠定大业的人才。我虽然才能低下，但私心倾慕蔺相如、寇恂谦虚克己，不与同僚争高下的大义，以成就国家大事。"孙权大笑，称赞他做得对，加封陆逊为辅国将军，兼任荆州牧，不久改封为江陵侯。

另外，刘备在白帝城住下之后，徐盛、潘璋、宋谦等向孙权争相上书，都说刘备一定可以擒获，请求继续攻打刘备。孙权征询陆逊的意见，陆逊和朱然、骆统认为，曹丕正集结大军，表面借口帮助吴国攻打刘备，实际怀有险恶的用心，请求朝廷做出决定，立即撤回军队。不久，魏军果然出动，吴国三面受到敌人的攻击。刘备不久病死，其子刘禅继位，诸葛亮执掌国政，与孙权结盟通好。根据当时政务应当采取的行动，孙权就命令陆逊告诉诸葛亮，并且刻了孙权的印玺，放在陆逊的官署，孙权每次给刘禅、诸葛亮的书信，都让陆逊看过，语气轻重，是否妥当，让他改定，然后用印封好再送去。

黄武七年，孙权让潘阳太守周鲂诈骗魏国大司马曹休，曹休果然率领大军到皖县。孙权就征召陆逊，赐给他黄钺，任命为大都督，迎击曹休。曹休发觉上当，深以被骗为辱，但他依仗自己兵马众多精良，就与陆逊交战。陆逊自己率领中路，让朱然、全琮率领左右两翼，三路并进，果敢地冲击了曹休的伏兵，接着尽力驱赶、追击败逃的曹兵，一直追到夹石，歼灭俘获一万多人，牛、马、骡、驴车一万多辆，曹军的装备器械被抢掠净尽。曹休回去后，背生痈疽而死。陆逊整顿各军，经过武昌，孙权命令左右侍从用他的伞盖遮蔽陆逊，进出宫殿大门，他赐给陆逊的东西，都是自己用的上等珍品，当时没有人能与他相比。后来陆逊被派回西陵。

黄龙元年，陆逊被任命为上大将军、右都护。这年，孙权东巡建业，留下太子、皇子以及尚书等九卿，征召陆逊辅佐太子，并掌管荆州及豫章等三郡的政务，管理监督军国大事。当时，建昌侯孙虑在殿堂前建造起一座斗鸭栏，十分精巧，陆逊严肃地说："您应当多看看经典，增加新知识，玩弄这些东西干什么？"孙虑立即拆毁了斗鸭栏。射声校尉孙松在公子中是孙权最亲近的人，他任其士兵嬉戏逸乐，军纪松弛。陆逊就当着他的面把他手下的官吏给予剃发的处罚。南阳的谢景对刘讷的先刑后礼的说法很推崇，陆逊呵斥谢景说："礼早于刑已经很久了，刘讷用烦琐的诡辩来歪曲先圣的教导，完全是不对的。您现在在东宫侍奉太子，应当遵守仁义，宣扬善言，像刘讷那样的说法，不必讲了！"

陆逊虽然在外做官，内心却牵挂着国事，他上疏陈述对时局的看法说："我认为法太严、太细，下面犯法的人就多。近几年来，将领、官吏犯罪，虽由于他们自己不谨慎，应当受到追究，但天下还没有统一，应该谋求进取，小的过错应给予宽免，以安定下面的情绪。而且当前要办的事越来越多，注重才能应是首要问题，只要不是邪恶淫乱，或犯有无法容忍的罪过，我请求对他们提拔重用，让他们施展才能报效陛下。这是古代圣王忘人过失，记人功劳，建成王业的原因。过去，汉高祖不计较陈平的过失，采纳他的奇谋妙略，最终建立了汉朝，他的功劳千古长存。使用严法和酷刑，不是帝王创立大业的做法；只有惩罚，没有宽恕，不是安抚远方的人的宏伟计划。"

孙权想派遣一支部队攻取夷州和朱崖，就来询问陆逊，陆逊上疏说："我认为全国还没有平定，应当调动民力，以成就当前急需的事务。现在用兵多年，人员损少，陛下为此忧虑，常常废寝忘食，现在将要去远方谋取夷州，以成大事。我反复思虑，看不出它的好处，到万里之外夺取疆土，风浪险恶，胜负很难预料，士兵改换水土，必然生病。现在驱赶士兵，去跋涉荒芜不毛之地，原想得到好处，反而损失更多，原想得利反而受害，而且朱崖十分险峻，那里的人民像禽兽一样没有开化，得到那里的人民不能成就大事，失去那里的兵源也不会减少自己的军队。江东现有的人力，自然足以图谋大事，只要积蓄力量然后行动就可以了。过去桓王孙策创立吴国的基业，兵士不到五百人，就开创了大业。陛下秉受天命，开拓平定了江南地区。我听说治理乱世，讨伐叛逆，必须借助军队的威力，从事农桑，丰衣足食，是人民的根本行业，然而战争没有平息，人民还有饥寒。我以为应当养育士民，少收租赋，依靠民力取胜就要让他们同心协力，提倡道义，鼓励勇敢精神，那么，黄河、渭水流域就可以平定，全国就可以统一。"孙权还是征讨了夷州，果然得不偿失。

当公孙渊背弃盟约之后，孙权想去征讨，陆逊上疏说："公孙渊凭借险要的地形和坚固的防守，拘留我国特使，不肯贡献名马，实在令人仇恨愤怒。蛮夷扰乱中原，他们没有受到圣王的教化，像飞鸟一样窜到荒僻边远地方，对抗我国的军队，让陛下如此震怒，竟然要乘小船，过大海，不考虑危险而轻涉难以意料的风险。现在天下纷乱如云，群雄像猛虎一般争斗，豪杰们都跃跃欲试，呐喊呼号，瞪着眼睛互相敌视。陛下以神勇威武的英姿，秉承天意的安排，在乌林击破曹操，在西陵打败刘备，在荆州捉住关羽，这三个敌人都是当世的英雄豪杰，现在一一挫败了他们的锋芒。万里之内，人民像风吹拂草一样，受到您教化的安抚，这正是平定中原，实现统一大道的时候。如今陛下对小的怨愤不能忍耐，而大发雷霆之怒，违背古代不在屋檐下坐，以防瓦片砸伤的告诫，看轻了帝王的贵重身份，这是我迷惑不解的。我听说有志于行万里路的人，不肯半路上驻足；谋划统一天下的人，不能计较小事而妨害大局。强大的敌人在我们境内，边远地区没有归附朝廷，陛下乘船远征，必然给敌人以可乘之机，祸患到了再忧愁，后悔也来不及了。如果统一大业能够成功，那么公孙渊不需讨伐自然降服；现在竟然舍不得遥远的辽东的人民和名马，难道对于抛弃原来江东的基业而不可惜吗？请求您停止发兵，以对付主要的敌人，尽早平定中原地区，为后世长留荣光。"孙权因而采纳了他的建议。

嘉禾五年，孙权北征魏国，派陆逊和诸葛瑾攻打襄阳。陆逊派他的亲信韩扁带着表文向孙权汇报，返回时，在沔中遇上敌人，敌人抄掠搜索得到韩扁。诸葛瑾听到这件事十分恐惧，写信对陆逊说："主上已经返回，敌人得到韩扁，完全掌握了我方的底细，而且江水干涸，应该赶快撤回。"陆逊没有回信，他正督促人民种芜菁和豆子，和将领们下棋，以射覆为游戏，和平常一样。诸葛瑾说："陆伯言足智多谋，他一定有办法。"就亲自来见陆逊。陆逊说："敌人知道主上已经返回，没有什么可担忧的了，可以集中力量对付我们。况且他们已经驻守险要地方，我方将领士兵思想动摇，我们应当自己镇定以稳住将士的心，施展灵活多变的计策，然后退兵。现在就表示要退兵，敌人以为我们害怕，仍然要来进逼，这是必然要失败的。"于是就与诸葛瑾秘密商定计谋，让诸葛瑾率领船只，陆逊率领全部兵马，向襄阳城发动进攻。敌人一向畏惧陆逊，立即返回城里。诸葛瑾就带领船只出发，陆逊慢慢整顿队伍，虚张声势，步行上了船，敌人不敢进犯。军队到达白围，陆逊宣称要住下打猎，暗中派将军周峻、张梁等进攻江夏郡的新市、安陆、石阳县。石阳正是赶集热闹的时候，周峻等突然来到，人们都丢下货物跑进城里，城门被堵塞无法关闭，敌人就砍杀自己的民众，然后才得关上城门。吴军斩杀、生俘一千多人。那些被生俘的人，都给予救护，不让士兵侵犯欺侮。带着家属来投奔的，让人多方料理照顾。如果失去妻子儿女的，就给予衣服、粮食，优厚慰劳，打发他们回去，有的人因此被感动倾慕，相携前来归附。邻接地区的人民前来归附，魏国江夏功曹赵濯、弋阳备将裴生以及夷人首领梅颐等人，都率领党羽来归附陆逊。陆逊拿出全部财物，给予周到的关怀、照顾。

魏国的江夏太守逯式兼管当地的军事，常常扰乱吴国边境，但他与魏国老将文聘的儿子文休一向不和。陆逊得知这个情况，就假装给逯式写回信说："得到来信，知您态度恳切，知道您和文休长期不和，势不两存，想来归附，我便秘密把您的来信上报朝廷，并集合人马迎接您。您应当暗中迅速做好准备，再告诉来归附的确定时间。"陆逊让人把信放在边界上，逯式的士兵拾到信拿给逯式看，逯式惊惶恐惧，于是亲自送妻子儿女返回洛阳。从此，逯式的属吏、士兵不愿亲附他，因此被免官。

嘉禾六年，中郎将周祇请求在鄱阳郡招募兵士，孙权将此事下达征求陆逊的意思。陆逊认为此郡民众容易动乱，难以安分守己，不应招募，恐怕会招致贼寇。但周祇坚持请求招募，郡民吴遽等果然作乱，杀了周祇，并攻下了几个县城。豫章、庐陵郡旧有的恶人，一起响应吴遽叛乱。陆逊听到后，立即征讨并打败了他们，吴遽等相继投降，陆逊挑出精兵八千多人，三郡平定。

当时，中书典校吕壹窃据要职，滥用权力，擅自作威作福，陆逊和太常潘濬都很担心，谈到这件事时以致流泪。后来孙权杀了吕壹，并深深地自责，这些话记载在《孙权传》中。

其时，谢渊、谢等各人陈述应办的事，想为国家兴办一些有益事业，改变某些政治措施，孙权把这些事交给陆逊审议。陆逊说:"国家以人民为根本,强盛在于人民的力量,财力也出自人民。人民富足而国家贫弱、人民贫弱而国家强盛,未曾有过这样的事。所以治理国家的人,得到人民就能治理好,失去人民就会出乱子。如果不让人民得利,而让他们出力报效国家,实在是很难的。所以《诗经》上慨叹'政治措施适宜于人民,适宜于官吏,就会得到上天赐予的幸福。'请求圣上施恩,安宁和赈济百姓,几年之间,国家的财力稍稍充裕了,然后再考虑吧。"

赤乌七年,陆逊代替顾雍任丞相,诏书说:"我凭着不修德行,顺应天命,登上帝位,天下没有统一,犯法作乱的人充塞道路。我朝夕忧愁恐惧,顾不上睡觉。只有您天资聪明,美德昭著,担任上将,辅助国家清除灾难。有盖世功劳的人,必定受到巨大的荣耀;兼有文才、武略的人,必定担负国家的重任。过去,伊尹使商汤兴盛,吕尚辅助了周朝,今天朝内朝外的大事,您实际一人兼管了。现在以您为丞相,派遣持节太常傅常授予您印绶。您应当发扬美德,创立美好功业,恭敬地执行命令,安抚平定天下。呜呼!总管三公之职,训导群臣百官,能不严肃认真吗?望您努力!原任的荆州牧、右都护、武昌留守之职照常。"

在此之前,太子和鲁王两宫并立,内朝和外朝的官职,多派遣子弟担任。全琮报告陆逊,陆逊认为官员子弟如果有才,不愁得不到任用,不应当私行请托为官,以求功名利禄;如果这些人确实不行,最终只能带来祸害。而且,听说两宫势力不相上下,必然有支持这一派的,也有拥护那一派的,这是古人最忌讳的事。全琮的儿子全寄,果然逢迎附和鲁王,轻率地与鲁王交结。陆逊写信给全琮说:"您不效法金日,而庇护阿寄,最终会给您家庭招致灾祸。"全琮不接受这个意见,反而与陆逊结下了仇怨。等到太子有不安于位的议论之后,陆逊上书陈述:"太子是正统，地位应该像大石一样稳固，鲁王是藩臣，在宠幸和待遇上应当和太子有差别，两人各得其所，上下才能获得安宁。我恳切地向陛下叩头流血陈述我的意见。"他多次上书，并要求到都城，想当面向孙权说明嫡庶的分别，以纠正得失。孙权不听从他的意见，而陆逊的外甥顾谭、顾承、姚信，都因为亲近攀附太子，无辜地被流徙。太子太傅吾粲因为多次给陆逊写信而获罪，被关进监狱致死。孙权屡次派遣宫中的使者责备陆逊，陆逊愤怒痛恨致死，死时六十三岁，家中没有多余的财物。

当初，暨艳大造营建府第的舆论，陆逊曾告诫他，认为必然带来大祸。他又对诸葛恪说："官职高于我的，我一定侍奉他让他同我一起升迁；官职低于我的我也要帮助扶持他。我看你盛气侵凌上级，轻视下属，这不是巩固德行的起码做法啊！"又广陵人杨竺年轻时就得到好名声，而陆逊认为他终究要败亡，劝他哥哥杨穆同他分家，另立门户。这些都是非常有预见之明的。陆逊的长子陆延早死，次子陆抗继承了爵位。孙休在位时，追封陆逊的谥号为昭侯。

陆抗字幼节，是孙策的外孙。陆逊死时，他二十岁，任建武校尉，带领陆逊的兵士五千人，给陆逊送葬东归，到都城谢恩。孙权拿着杨竺控告陆逊的二十件事责问陆抗，禁绝宾客往来，派宦官前来盘问，陆抗不加思索，每一件事都有条有理地做出答复，孙权的疑惑才渐渐消除。赤乌九年，升陆抗为立节中郎将，同诸葛恪换防，驻扎柴桑。陆抗临走时，把城墙全部修好，房屋做了修缮，住所旁的桑树、果树，不许任意毁坏。诸葛恪进入军营，整齐如新。而诸葛恪过去驻扎的柴桑军营，毁坏却很严重，他感到很惭愧。太元元年，陆抗到都城治病，病愈应当返回，孙权流着眼泪同他告别，对他说："我过去听信了谗言，对你父亲的君臣大义不厚，因此亏待了你。我前后责问你的材料，全部烧掉，不要让别人看见。"建兴元年，陆抗被任命为奋威将军。太平二年，魏国将领诸葛诞献寿春城投降。任命陆抗为柴桑督，前往寿春，打败魏国的牙门将偏将军，升任征北将军。永安二年，任命陆抗为镇军将军，西陵都督，总管自关羽濑到白帝城的军事。永安三年，授予假节。孙皓即位后，加授为镇军大将军，兼任益州太守。建衡二年，大司马施绩死，任命陆抗为总管信陵、西陵、夷道、乐乡、公安等地军务的都督，治所设在乐乡。

陆抗听说朝廷的政令有很多失误。十分忧虑，就上书说："我听说，君王德行不相上下则民众多的胜过民众少的，武力相等则安定的国家胜过混乱的国家，这是六国被强秦兼并，西楚霸王被汉高祖打败的原因。现在，敌国占据控制四方边境，不只是关西地区；割据九州，难道只是占领鸿沟以西的土地而已。我国外无盟国互相援救；内部也不像西楚那样强盛，各方面政务不景气，百姓不安定。而议论者所持的理由，只不过是有大江高山阻隔、围绕着我国疆域，这只是守卫国家的下策，聪明人是不把这些放在前面的。我常常追忆战国时各国存亡的原因，近看汉朝灭亡的征兆，用典籍来考证，用行事来检验，半夜里抚着枕头不能入睡，吃饭时忘了进餐。过去匈奴没有消灭，霍去病辞去他的府第；汉朝的治国之道有弊病，贾谊为此伤心哭泣。何况我出身于王室，世代蒙受国恩，个人的穷达毁誉，与国家休戚相关，生死离合，遵从道义，决不苟且偷安，我早晚忧愁，想到这些十分难过。侍奉君主的大义在于犯颜直谏而不能欺骗，做人臣的操守是不顾一切尽忠君王，不惜为之献身。我诚恳地陈述当前应做的十七条如左。"这十七条的原件已失，所以这里没有记载。

当时何定玩弄权柄，宦官干预朝政，陆抗上书说："我听说创建国家，继承家业，不能任用小人，安于小人的谗言，任用奸邪之人，在尧典里就有告诫，因此志行高尚的诗人写诗抒发怨恨昏君讽刺时政的感情，孔子也为之叹息。春秋以来，直至秦汉，各个朝代败亡的征兆，没有不从这一点开始的。那些小人不懂治国的道理，见识短浅，即使能竭尽忠诚报效主上，尚且不能够任用，何况他们心地邪恶已久，爱憎之情易于变化呢？如果害怕失去他们，那就没有不可任用的人了。现在委任他们担当朝中重臣，授予他们独断专行的权力，而希望出现和乐的盛世，清明的社会风气，那是不可能做到的。现在任职的官员，具备特殊才干的虽然很少，然而他们有的是王室或贵族的后代，自幼接受道德教化的浸染，有的人廉洁刻苦，能够自立，他们的资历、才干值得任用，自然可以根据他们的才能授给官职，来抑制、黜退那些小人，这样社会风气才能纯净，各项政务才能没有污点。"

凤凰元年，西陵督步阐以所据城池发动叛乱，派人向晋国投降。陆抗听到后，日夜部署各军，命令将军左奕、吾彦、蔡贡等直接进攻西陵，命令各军营重新构筑坚固的围墙，从赤溪到故市，对内用来围困步阐，对外用此防御敌人，陆抗日夜催促督责，仿佛敌兵已经到来，士兵都叫苦。诸将都劝阻说："现在以三军的精锐，迅速进攻步阐，等到晋国救兵到了，步阐一定可以被攻下。何必要筑围墙，让士兵和百姓都疲惫不堪呢？"陆抗说："西陵城所处地势险要，十分坚固，粮食又充足，而且那里修缮的防御工事和器械，都是我以前规划的。现在我们转身攻它，不但不可能立即攻克，而且北方的救兵一定会来，而我们没有准备，内外受敌如何抵御呢？"诸将都主张攻打步阐，陆抗总不同意。宜都太守雷谭讲得很恳切，陆抗想让大家都服气，听任他们攻打一次。进攻果然失利，这样围墙的工事才得以完成。晋国的车骑将军羊祜率军向江陵进发，诸将都认为陆抗不应当率军西上，陆抗说："江陵城很坚固，兵员充足，无可忧虑。假如敌人攻下江陵，也一定守不住，我们损失很小。如果西陵有人与敌人勾结，那么南山的群夷就会骚扰不安，那要忧虑的事，就难可说尽了。我宁可放弃江陵而前往西陵，何况江陵那样坚固呢？"当初江陵地势平坦，道路通畅，陆抗命令江陵督张咸修一条大堤拦水，淹没中心平原，以阻挡敌寇叛乱。羊祜想利用大坝拦住的水浮船运粮，就扬言要破坏大坝，让步军通过。陆抗听到后，让张咸立即毁掉大坝。诸将都困惑不解，多次劝阻，陆抗不听。羊祜到了当阳，听说大坝已毁，就改船运为车运，耗费了大量工夫和精力。晋国的巴东监军徐胤率领水军到建平，荆州刺史杨肇到西陵。陆抗命令张咸固守江陵城；公安督孙遵巡视长江南岸抵御羊祜，水军督留虑、镇西将军朱琬抵御徐胤；陆抗亲率三军，依仗围墙，对抗杨肇。吴将朱乔、营都督俞赞投降杨肇。陆抗说："俞赞长期在我军中，了解我军底细。我过去常常担心夷兵一向不精练，如果敌军攻打围墙的话，一定从这里下手。"他就连夜撤下夷兵，用老将来代替。第二天，杨肇果然率兵攻打过去夷兵防守的地方。陆抗下令反击，箭、石块像下雨一般，杨肇兵士伤亡累累。杨肇到达西陵一个多月，无计可施，连夜逃跑。陆抗想追赶，而担心步阐集中力量在要害处进攻，军队不够分配，于是只敲鼓告诫将士，做出要追赶的样子。杨肇的部下喧哗恐惧，全部抛下武器拔腿逃跑。陆抗派轻装的军队在后面追赶，肇军大败，羊祜等人也率军退回。陆抗攻占了西陵城，杀了步阐家族和他手下的大将、官员，自将官以下，全部请求赦免，赦免的达几万人。陆抗修理了西陵城墙和工事，东归乐乡，他脸上不露骄傲的神色，谦虚如常，所以得到将士的拥护爱戴。

陆抗被加官为都护。听说武昌左部督薛莹被问罪下狱，陆抗上疏说："才德出众的人是国家的瑰宝，社会的可贵财富，由于他们，各项政务得以处理得有条有理，四方之人才得以都有美德。以前的大司农楼玄、散骑中常侍王番、少府李勖，都是当代杰出的人才，一时有才干的著名人物。他们开始承蒙主上荣宠，在各种职位上行事都合乎礼法。不久都被杀戮，有的被灭族断后，有的被抛弃在荒凉的边远地区。《周礼》上有赦免贤者小过的法律，《春秋》中有宽恕善人的道理。《尚书》说：'与其杀无辜的人，宁可违背成法而犯错误'。然而王番等人的罪名还没有确定，就被处以死刑，他们心怀忠义，却遭到杀戮，难道不令人痛心吗？况且已处死刑，本来已经没有知觉，竟然要焚尸扬灰、投入水中，恐怕这不是先王的法典，或许是甫侯立法时要警诫避免的。所以百姓惊惧不安，官吏和人民都很忧伤。王番、李勖已经死了，后悔已来不及，我恳切希望陛下赦免楼玄，放他出狱。最近我又听说薛莹被捕了，薛莹的父亲薛综曾在先帝身边担任纳言，辅佐过文皇帝，薛莹继承父亲的基业，注意修养行为操守，现在他犯的罪属于可以原谅的。我担心有关官员不了解事由，如果再处以极刑，就会使人民更加失望，请求圣上施恩，赦免薛莹的罪过，怜悯众犯人，使刑法清明，那么天下就欢喜庆幸得很。"

当时军队频繁出征，百姓疲乏凋敝，陆抗上疏说："我听说《周易》重视顺应时势，《左传》赞扬窥伺时机而进攻，所以夏朝罪恶很多，而商汤才出兵攻打，商纣王荒淫暴虐，周武王才授予斧钺兴兵征讨。如果时机不到，商汤宁可被囚于夏台而担惊受怕，周武王宁可在孟津回师而不肯轻举妄动。现在，不致力于富国强兵，努力耕作，积蓄粮食，让文武大臣施展其才，让各个衙门不玩忽职守，明确降职、升迁的规定以激励各级官吏，慎重地对待刑法和奖赏以表明提倡什么、禁止什么，用道德教育各部门官吏、用仁义安抚百姓，然后顺应天命，趁着大好时机，取得天下。而现在听任武将舍身为名，无休止地动兵打仗，一下子就耗费大量钱财，士兵凋伤憔悴，敌人却不受损害，我们已经疲乏不堪了。现在只去争夺做帝王的资格，而被小利障目，这是臣子玩弄的险恶手段，不是为国着想的好办法。过去，齐国和鲁国三次交战，鲁国取胜两次而不久就灭亡了。为什么呢？因为两国实力不同。何况今天用兵打仗所得的结果，补偿不了损失呢？而且，依靠兵力，没有民众，这在古代就有明鉴，确实应该暂时停止攻城略地的计划，积蓄军民的力量，等待时机，大概不会悔恨。"

凤凰二年春，在驻地授予陆抗大司马和荆州牧。凤凰三年夏，陆抗病重，上书说："西陵和建平是国家的边防屏障，地处长江下流，受两个敌国威胁。如果敌方船只顺流而下，船行千里，船速如流星闪电，顷刻就会到达，无法指望别处的救兵来解救危急。这是国家安危的关键，不只是边疆地区受侵害的小事。我父亲陆逊当初在西部边界时上书陈述，认为西陵是国家的西大门，虽说容易防守，也容易丢失。如果这里失守，不只是丢失了一个郡，荆州也不可能为吴国所有了。假如这里有不测，应该出动全国的兵力争夺。我过去驻守西陵，曾看过父亲陆逊的事迹，请求得到三万精兵，但主持军务的人按照常规，不肯派遣那么多军队前往。自从步阐叛乱之后，军队受到更大损失。现在我所管辖的千里之地，四处受敌威胁。对外要抵抗强敌，对内要安抚各族，而手下现有兵员才几万人，年老体弱疲惫的状态已经很久了，很难应付事变。我认为各位皇子年纪尚小，没有管理过国事，应当设立傅相，辅导教育他们，不必动用兵马，以妨害大事。宫中的宦官,开设了私自确定招募名额的制度,兵民怨恨服役,纷纷逃亡投奔宦官门下。请求特下诏书,认真检查挑选,一切重新安排应募人员,将多余的遣出王宫,去补充经常受敌侵扰的边防地区的兵员,使我的部下补足八万人,减少烦冗的事务,有功必赏,有罪必罚,即使韩信、白起复活,也无法施展他们的技巧。如果不增兵员,宫中的制度不改变,而想成就大业,这是我深感忧虑的事。我死之后,请求以西部边境为重。希望陛下考虑我的话,那么我死后,精神将永不磨灭。"

这年秋,陆抗去世,儿子陆晏继承爵位。陆晏和弟弟陆景、陆玄、陆机、陆云分别统领陆抗的军队。陆晏担任裨将军、夷道监。天纪四年,晋军攻打吴国,龙骧将军王濬顺流东下,所到之处,常被攻克,最终都像陆抗生前考虑的一样。陆景字士仁,因为娶了公主被任命为骑都尉,封毗陵侯,带领陆抗的军队后,又被任命为偏将军、中夏督。他修身好学,著书几十篇。二月初五,陆晏被王濬的别军所杀。二月初六,陆景也被杀害,当时年仅三十一岁。陆景的妻子是孙皓的亲妹妹,和陆景都是张承的外孙。

评论说:刘备被天下称为英雄,世人都畏惧他,陆逊年轻时,威名并不显著,但打仗克敌,没有不如愿的。我既惊奇陆逊的谋略,又赞叹孙权能识别人才,这就是成就大业的原因啊!陆逊忠诚恳切,忧虑国事而死,可算是国家的栋梁之臣了。陆抗忠正诚信,很有策略才干,有他父亲的风度,世代被人赞美,具有一切应有的美德,只是比陆逊的气势稍差一点,可算是能继承父业的人了。

史记

汉书

后汉书

三国志

晋书

宋书

南齐书

梁书

陈书

魏书

北齐书

周书

隋书

南史

北史

旧唐书

新唐书

旧五代史

新五代史

宋史

辽史

金史

元史

明史

晋书

帝 纪

晋书卷一

帝纪第一

高祖宣帝

宣皇帝讳懿，字仲达，河内温县孝敬里人，姓司马氏。其先出自帝高阳之子重黎，为夏官祝融。历唐、虞、夏、商，世序其职。及周，以夏官为司马。其后程伯休父，周宣王时，以世官克平徐方，锡以官族，因而为氏。楚汉间，司马卬为赵将，与诸侯伐秦。秦亡，立为殷王，都河内。汉以其地为郡，子孙遂家焉。自卬八世，生征西将军钧，字叔平。钧生豫章太守量，字公度。量生颍川太守俊，字元异。俊生京兆尹防，字建公。帝即防之第二子也。少有奇节，聪朗多大略，博学洽闻，伏膺儒教。汉末大乱，常慨然有忧天下心。南阳太守同郡杨俊名知人，见帝，未弱冠，以为非常之器。尚书清河崔琰与帝兄朗善，亦谓朗曰："君弟聪亮明允，刚断英特，非子所及也。"

汉建安六年，郡举上计掾。魏武帝为司空，闻而辟之。帝知汉运方微，不欲屈节曹氏，辞以风痹，不能起居。魏武使人夜往密刺之，帝坚卧不动。及魏武为丞相，又辟为文学掾，敕行者曰："若复盘桓，便收之。"帝惧而就职。于是使与太子游处，迁黄门侍郎，转议郎、丞相东曹属，寻转主簿。

从讨张鲁，言于魏武曰："刘备以诈力虏刘璋，蜀人未附而远争江陵，此机不可失也。今若曜威汉中，益州震动，进兵临之，势必瓦解。因此之势，易为功力。圣人不能违时，亦不失时矣。"魏武曰："人苦无足，即得陇右，复欲得蜀！"言竟不从。既而从讨孙权，破之。军还，权遣使乞降，上表称臣，陈说天命。魏武帝曰："此儿欲踞吾著炉炭上邪！"答曰："汉运垂终，殿下十分天下而有其九，以服事之。权之称臣，天人之意也。虞、夏、殷、周不以谦让者，畏天知命也。"

魏国既建，迁太子中庶子。每与大谋，辄有奇策，为太子所信重，与陈群、吴质、朱铄号曰四友。

迁为军司马，言于魏武曰："昔箕子陈谋，以食为首。今天下不耕者盖二十余万，非经国远筹也。虽戎甲未卷，自宜且耕且守。"魏武纳之，于是务农积谷，国用丰赡。帝又言荆州刺史胡修粗暴，南乡太守傅方骄奢，并不可居边。魏武不之察。及蜀将关羽围曹仁于樊，于禁等七军皆没，修、方果降羽，而仁围甚急焉。

是时汉帝都许昌，魏武以为近贼，欲徙河北。帝谏曰："禁等为水所没，非战守之所失，于国家大计未有所损，而便迁都，既示敌以弱，又淮沔之人大不安矣。孙权、刘备，外亲内疏，羽之得意，权所不愿也。可喻权所，令掎其后，则樊围自解。"魏武从之。权果遣将吕蒙西袭公安，拔之，羽遂为蒙所获。

魏武以荆州遗黎及屯田在颍川者逼近南寇，皆欲徙之。帝曰："荆楚轻脱，易动难安。关羽新破，诸为恶者藏窜观望。今徙其善者，既伤其意，将令去者不敢复还。"从之。其后诸亡者悉复业。

及魏武薨于洛阳，朝野危惧。帝纲纪丧事，内外肃然。乃奉梓宫还邺。

魏文帝即位，封河津亭侯，转丞相长史。会孙权帅兵西过，朝议以樊、襄阳无谷，不可以御寇。时曹仁镇襄阳，请召仁还宛。帝曰："孙权新破关羽，此其欲自结之时也，必不敢为患。襄阳水陆之冲，御寇要害，不可弃也。"言竟不从。仁遂焚弃二城，权果不为寇，魏文悔之。

及魏受汉禅，以帝为尚书。顷之，转督军、御史中丞，封安国乡侯。

黄初二年，督军官罢，迁侍中、尚书右仆射。

五年，天子南巡，观兵吴疆。帝留镇许昌，改封向乡侯，转抚军、假节，领兵五千，加给事中、录尚书事。帝固辞。天子曰："吾于庶事，以夜继昼，无须臾宁息。此非以为荣，乃分忧耳。"

六年，天子复大兴舟师征吴，复命帝居守，内镇百姓，外供军资。临行，诏曰："吾深以后事为念，故以委卿。曹参虽有战功，而萧何为重。使吾无西顾之忧，不亦可乎！"天子自广陵还洛阳，诏帝曰："吾东，抚军当总西事；吾西，抚军当总东事。"于是帝留镇许昌。

及天子疾笃，帝与曹真、陈群等见于崇华殿之南堂，并受顾命辅政。诏太子曰："有间此三公者，慎勿疑之。"明帝即位，改封舞阳侯。

及孙权围江夏，遣其将诸葛瑾、张霸并攻襄阳，帝督诸军讨权，走之。进击，败瑾，斩霸，并首级千余。迁骠骑将军。

太和元年六月，天子诏帝屯于宛，加督荆、豫二州诸军事。

初，蜀将孟达之降也，魏朝遇之甚厚。帝以达言行倾巧不可任，骤谏不见听，乃以达领新城太守，封侯、假节。达于是连吴固蜀，潜图中国。蜀相诸葛亮恶其反覆，又虑其为患。达与魏兴太守申仪有隙，亮欲促其事，乃遣郭模诈降，过仪，因漏泄其谋。达闻其谋漏泄，将举兵。帝恐达速发，以书喻之曰："将军昔弃刘备，托身国家，国家委将军以疆场之任，任将军以图蜀之事，可谓心贯向日。蜀人愚智，莫不切齿于将军。诸葛亮欲相破，惟苦无路耳。模之所言，非小事也，亮岂轻之而令宣露，此殆易知耳。"达得书大喜，犹与不决。帝乃潜军进讨。诸将言达与二贼交构，宜观望而后动。帝曰："达无信义，此其相疑之时也，当及其未定促决之。"乃倍道兼行，八日到其城下。吴蜀各遣其将向西城安桥、木阑塞以救达，帝分诸将以距之。

初，达与亮书曰："宛去洛八百里，去吾一千二百里，闻吾举事，当表上天子，比相反覆，一月间也，则吾城已固，诸军足办。则吾所在深险，司马公必不自来；诸将来，吾无患矣。"及兵到，达又告亮曰："吾举事八日，而兵至城下，何其神速也！"上庸城三面阻水，达于城外为木栅以自固。帝渡水，破其栅，直造城下。八道攻之，旬有六日，达甥邓贤、将李辅等开门出降。斩达，传首京师。俘获万余人，振旅还于宛。乃劝农桑，禁浮费，南土悦附焉。

初，申仪久在魏兴，专威疆场，辄承制刻印，多所假授。达既诛，有自疑心。时诸郡守以帝新克捷，奉礼求贺，皆听之。帝使人讽仪，仪至，问承制状，执之，归于京师。又徙孟达余众七千余家于幽州。蜀将姚静、郑他等帅其属七千余人来降。

时边郡新附，多无户名，魏朝欲加隐实。属帝朝于京师，天子访之于帝。帝对曰："贼以密网束下，故下弃之。宜弘以大纲，则自然安乐。"又问二虏宜讨，何者为先？对曰："吴以中国不习水战，故敢散居东关。凡攻敌，必扼其喉而摏其心。夏口、东关，贼之心喉。若为陆军以向皖城，引权东下，为水战军向夏口，乘其虚而击之，此神兵从天而堕，破之必矣。"天子并然之，复命帝屯于宛。

四年，迁大将军，加大都督、假黄钺，与曹真伐蜀。帝自西城斫山开道，水陆并进，泝沔而上，至于朐䏰，拔其新丰县。军次丹口，遇雨，班师。

明年，诸葛亮寇天水，围将军贾嗣、魏平于祁山。天子曰："西方有事，非君莫可付者。"乃使帝西屯长安，都督雍、梁二州诸军事，统车骑将军张郃、后将军费曜、征蜀护军戴凌、雍州刺史郭淮等讨亮。张郃劝帝分军住雍、郿为后镇，帝曰："料前军独能当之者，将军言是也。若不能当，而分为前后，此楚之三军所以为黥布禽也。"遂进军隃麋。亮闻大军且至，乃自帅众将刈上邽之麦。诸将皆惧，帝曰："亮虑多决少，必安营自固，然后刈麦，吾得二日兼行足矣。"于是卷甲晨夜赴之，亮望尘而遁。帝曰："吾倍道疲劳，此晓兵者之所贪也。亮不敢据渭水，此易与耳。"进次汉阳，与亮相遇，帝列阵以待之。使将牛金轻骑饵之，兵才接而亮退，追至祁山。亮屯卤城，据南北二山，断水为重围。帝攻拔其围，亮宵遁，追击破之，俘斩万计。天子使使者劳军，增封邑。

时军师杜袭、督军薛悌皆言明年麦熟，亮必为寇，陇右无谷，宜及冬豫运。帝曰："亮再出祁山，一攻陈仓，挫衄而反。纵其后出，不复攻城，当求野战，必在陇东，不在西也。亮每以粮少为恨，归必积谷，以吾料之，非三稔不能动矣。"于是表徙冀州农夫佃上邽，兴京兆、天水、南安监冶。

青龙元年，穿成国渠，筑临晋陂，溉田数千顷，国以充实焉。

二年，亮又率众十余万出斜谷，垒于郿之渭水南原。天子忧之，遣征蜀护军秦朗督步骑二万，受帝节度。诸将欲往渭北以待之，帝曰："百姓积聚皆在渭南，此必争之地也。"遂引军而济，背水为垒。因谓诸将曰："亮若勇者，当出武功，依山而东。若西上五丈原，则诸军无事矣。"亮果上原，将北渡渭，帝遣将军周当屯阳遂以饵之。数日，亮不动。帝曰："亮欲争原而不向阳遂，此意可知也。"遣将军胡遵、雍州刺史郭淮共备阳遂，与亮会于积石。临原而战，亮不得进，还于五丈原。会有长星坠亮之垒，帝知其必败，遣奇兵掎亮之后，斩五百余级，获生口千余，降者六百余人。

时朝廷以亮侨军远寇，利在急战，每命帝持重，以候其变。亮数挑战，帝不出，因遗帝巾帼妇人之饰。帝怒，表请决战，天子不许，乃遣骨鲠臣卫尉辛毗杖节为军师以制之。后亮复来挑战，帝将出兵以应之，毗杖节立军门，帝乃止。初，蜀将姜维闻毗来，谓亮曰："辛毗杖节而至，贼不复出矣。"亮曰："彼本无战心，所以固请者，以示武于其众耳。将在军，君命有所不受，苟能制吾，岂千里而请战邪！"

帝弟孚书问军事，帝复书曰："亮志大而不见机，多谋而少决，好兵而无权，虽提卒十万，已堕吾画中，破之必矣。"与之对垒百余日，会亮病卒，诸将烧营遁走，百姓奔告，帝出兵追之。亮长史杨仪反旗鸣鼓，若将距帝者。帝以穷寇不之逼，于是杨仪结阵而去。经日，乃行其营垒，观其遗事，获其图书、粮谷甚众。帝审其必死，曰："天下奇才也。"辛毗以为尚未可知。帝曰："军家所重，军书密计、兵马粮谷，今皆弃之，岂有人捐其五藏而可以生乎？宜急追之。"关中多蒺藜，帝使军士二千人著软材平底木屐前行，蒺藜悉著屐，然后马步俱进。追到赤岸，乃知亮死审问。时百姓为之谚曰："死诸葛走生仲达。"帝闻而笑曰："吾便料生，不便料死故也。"

先是，亮使至，帝问曰："诸葛公起居何如，食可几米？"对曰："三四升。"次问政事，曰："二十罚已上皆自省览。"帝既而告人曰："诸葛孔明其能久乎！"竟如其言。亮部将杨仪、魏延争权，仪斩延，并其众。帝欲乘隙而进，有诏不许。

三年，迁太尉，累增封邑。蜀将马岱入寇，帝遣将军牛金击走之，斩千余级。

武都氐王苻双、强端帅其属六千余人来降。

关东饥，帝运长安粟五百万斛输于京师。

四年，获白鹿，献之。天子曰："昔周公旦辅成王，有素雉之贡。今君受陕西之任，有白鹿之献，岂非忠诚协符，千载同契，俾乂邦家，以永厥休邪！"

及辽东太守公孙文懿反，征帝诣京师。天子曰："此不足以劳君，事欲必克，故以相烦耳。君度其作何计？"对曰："弃城预走，上计也。据辽水以距大军，次计也。坐守襄平，此成擒耳。"天子曰："其计将安出？"对曰："惟明者能深度彼己，豫有所弃，此非其所及也。今悬军远征，将谓不能持久，必先距辽水而后守，此中下计也。"天子曰："往还几时？"对曰："往百日，还百日，攻百日，以六十日为休息，一年足矣。"

是时大修宫室，加之以军旅，百姓饥弊。帝将即戎，乃谏曰："昔周公营洛邑，萧何造未央，今宫室未备，臣之责也。然自河以北，百姓困穷，外内有役，势不并兴，宜假绝内务，以救时急。"

景初二年，帅牛金、胡遵等步骑四万，发自京都。车驾送出西明门，诏弟孚、子师送过温，赐以谷帛牛酒，敕郡守典农以下皆往会焉。见父老故旧，宴饮累日。帝叹息，怅然有感，为歌曰："天地开辟，日月重光。遭遇际会，毕力遐方。将扫群秽，还过故乡。肃清万里,总齐八荒。告成归老,待罪舞阳。"遂进师,经孤竹,越碣石,次于辽水。文懿果遣步骑数万,阻辽隧,坚壁而守,南北六七十里,以距帝。帝盛兵多张旗帜出其南,贼尽锐赴之。乃泛舟潜济以出其北,与贼营相逼,沈舟焚梁,傍辽水作长围,弃贼而向襄平。诸将言曰:"不攻贼而作围,非所以示众也。"帝曰:"贼坚营高垒,欲以老吾兵也。攻之,正入其计,此王邑所以耻过昆阳也。古人曰,敌虽高垒,不得不与我战者,攻其所必救也。贼大众在此,则巢窟虚矣。我直指襄平,则人怀内惧,惧而求战,破之必矣。"遂整阵而过。贼见兵出其后,果邀之。帝谓诸将曰:"所以不攻其营,正欲致此,不可失也。"乃纵兵逆击,大破之,三战皆捷。贼保襄平,进军围之。

初,文懿闻魏师之出也,请救于孙权。权亦出兵遥为之声援,遗文懿书曰:"司马公善用兵,变化若神,所向无前,深为弟忧之。"

会霖潦,大水平地数尺,三军恐,欲移营。帝令军中敢有言徙者斩。都督令史张静犯令,斩之,军中乃定。贼恃水,樵牧自若。诸将欲取之,皆不听。司马陈珪曰:"昔攻上庸,八部并进,昼夜不息,故能一旬之半,拔坚城,斩孟达。今者远来而更安缓,愚窃惑焉。"帝曰:"孟达众少而食支一年,吾将士四倍于达而粮不淹月,以一月图一年,安可不速?以四击一,正令半解,犹当为之。是以不计死伤,与粮竞也。今贼众我寡,贼饥我饱,水雨乃尔,功力不设,虽当促之,亦何所为。自发京师,不忧贼攻,但恐贼走。今贼粮垂尽,而围落未合,掠其牛马,抄其樵采,此故驱之走也。夫兵者诡道,善因事变。贼凭众恃雨,故虽饥困,未肯束手,当示无能以安之。取小利以惊之,非计也。"朝廷闻师遇雨,咸请召还。天子曰:"司马公临危制变,计日擒之矣。"既而雨止，遂合围。起土山地道，盾橹钩橦，发矢石雨下，昼夜攻之。

时有长星，色白，有芒鬣，自襄平城西南流于东北，坠于梁水，城中震慴。文懿大惧，乃使其所署相国王建、御史大夫柳甫乞降，请解围面缚。不许，执建等，皆斩之。檄告文懿曰："昔楚郑列国，而郑伯犹肉袒牵羊而迎之。孤为王人，位则上公，而建等欲孤解围退舍，岂楚郑之谓邪！二人老耄，必传言失旨，已相为斩之。若意有未已，可更遣年少有明决者来。"文懿复遣侍中卫演乞克日送任。帝谓演曰："军事大要有五，能战当战，不能战当守，不能守当走，余二事惟有降与死耳。汝不肯面缚，此为决就死也，不须送任。"文懿攻南围突出，帝纵兵击败之，斩于梁水之上星坠之所。既入城，立两标以别新旧焉。男子年十五已上七千余人皆杀之，以为京观。伪公卿已下皆伏诛，戮其将军毕盛等二千余人。收户四万，口三十余万。

初，文懿篡其叔父恭位而囚之。及将反，将军纶直、贾范等苦谏，文懿皆杀之。帝乃释恭之囚，封直等之墓，显其遗嗣。令曰："古之伐国，诛其鲸鲵而已，诸为文懿所诖误者，皆原之。中国人欲还旧乡，恣听之。"

时有兵士寒冻，乞襦，帝弗之与。或曰："幸多故襦，可以赐之。"帝曰："襦者官物，人臣无私施也。"乃奏军人年六十已上者罢遣千余人，将吏从军死亡者致丧还家。遂班师。天子遣使者劳军于蓟，增封食昆阳，并前二县。

初，帝至襄平，梦天子枕其膝，曰："视吾面。"俯视有异于常，心恶之。先是，诏帝便道镇关中；及次白屋，有诏召帝，三日之间，诏书五至。手诏曰："间侧息望到，到便直排阁入，视吾面。"帝大遽，乃乘追锋车昼夜兼行，自白屋四百余里，一宿而至。引入嘉福殿卧内，升御床。帝流涕问疾，天子执帝手，目齐王曰："以后事相托。死乃复可忍，吾忍死待君，得相见，无所复恨矣。"与大将军曹爽并受遗诏辅少主。

及齐王即帝位，迁侍中、持节、都督中外诸军、录尚书事，与爽各统兵三千人，共执朝政，更直殿中，乘舆入殿。爽欲使尚书奏事先由己，乃言于天子，徙帝为大司马。朝议以为前后大司马累薨于位，乃以帝为太傅，入殿不趋，赞拜不名，剑履上殿，如汉萧何故事。嫁娶丧葬取给于官，以世子师为散骑常侍，子弟三人为列侯，四人为骑都尉。帝固让子弟官不受。

正始元年春正月，东倭重译纳贡，焉耆、危须诸国，弱水以南，鲜卑名王，皆遣使来献。天子归美宰辅，又增帝封邑。

初，魏明帝好修宫室，制度靡丽，百姓苦之。帝自辽东还，役者犹万余人，雕玩之物动以千计。至是皆奏罢之，节用务农，天下欣赖焉。

二年夏五月，吴将全琮寇芍陂，朱然、孙伦围樊城，诸葛瑾、步骘掠柤中，帝请自讨之。议者咸言，贼远来围樊，不可卒拔。挫于坚城之下，有自破之势，宜长策以御之。帝曰："边城受敌而安坐庙堂，疆场骚动，众心疑惑，是社稷之大忧也。"

六月，乃督诸军南征，车驾送出津阳门。帝以南方暑泾，不宜持久，使轻骑挑之，然不敢动。于是休战士，简精锐，募先登，申号令，示必攻之势。吴军夜遁走，追至三州口，斩获万余人，收其舟船军资而还。天子遣侍中常侍劳军于宛。

秋七月，增封食郾、临颍，并前四县，邑万户，子弟十一人皆为列侯。帝勋德日盛，而谦恭愈甚。以太常常林乡邑旧齿，见之每拜。恒戒子弟曰："盛满者道家之所忌，四时犹有推移，吾何德以堪之。损之又损之，庶可以免乎！"

三年春，天子追封谥皇考京兆尹为舞阳成侯。

三月，奏穿广漕渠，引河入汴，溉东南诸陂，始大佃于淮北。

先是，吴遣将诸葛恪屯皖，边鄙苦之，帝欲自击恪。议者多以贼据坚城，积谷，欲引致官兵。今悬军远攻，其救必至，进退不易，未见其便。帝曰："贼之所长者水也，今攻其城，以观其变。若用其所表，弃城奔走，此为庙胜也。若敢固守，湖水冬浅，船不得行，势必弃水相救，由其所短，亦吾利也。"

四年秋九月，帝督诸军击诸葛恪，车驾送出津阳门。军次于舒，恪焚烧积聚，弃城而遁。

帝以灭贼之要，在于积谷，乃大兴屯守，广开淮阳、百尺二渠，又修诸陂于颍之南北，万余顷。自是淮北仓庾相望，寿阳至于京师，农官屯兵连属焉。

五年春正月，帝至自淮南，天子使持节劳军。

尚书邓飏、李胜等欲令曹爽建立功名，劝使伐蜀。帝止之，不可，爽果无功而还。

六年秋八月，曹爽毁中垒中坚营，以兵属其弟中领军羲。帝以先帝旧制禁之，不可。

冬十二月，天子诏帝朝会乘舆升殿。

七年春正月，吴寇柤中，夷夏万余家避寇北渡沔。帝以沔南近贼，若百姓奔还，必复致寇，宜权留之。曹爽曰："今不能修守沔南而留百姓，非长策也。"帝曰："不然。凡物致之安地则安，危地则危。故兵书曰'成败，形也；安危，势也'。形势，御众之要，不可以不审。设令贼以二万人断沔水，三万人与沔南诸军相持，万人陆梁柤中，将何以救之？"爽不从，卒令还南。贼果袭破柤中，所失万计。

八年夏四月，夫人张氏薨。

曹爽用何晏、邓飏、丁谧之谋，迁太后于永宁宫，专擅朝政，兄弟并典禁兵，多树亲党，屡改制度。帝不能禁，于是与爽有隙。

五月，帝称疾不与政事。时人为之谣曰："何、邓、丁，乱京城。"

九年春三月，黄门张当私出掖庭才人石英等十一人，与曹爽为伎人。爽、晏谓帝疾笃，遂有无君之心，与当密谋，图危社稷，期有日矣。帝亦潜为之备，爽之徒属亦颇疑帝。会河南尹李胜将莅荆州，来候帝。帝诈疾笃，使两婢侍，持衣衣落，指口言渴，婢进粥，帝不持杯饮，粥皆流出沾胸。胜曰："众情谓明公旧风发动，何意尊体乃尔！"帝使声气才属，说"年老枕疾，死在旦夕。君当屈并州，并州近胡，善为之备。恐不复相见，以子师、昭兄弟为托"。胜曰："当还忝本州，非并州。"帝乃错乱其辞曰："君方到并州。"胜复曰："当忝荆州。"帝曰："年老意荒，不解君言。今还为本州，盛德壮烈，好建功勋！"胜退告爽曰："司马公尸居余气，形神已离，不足虑矣。"他日，又言曰："太傅不可复济，令人怆然。"故爽等不复设备。

嘉平元年春正月甲午，天子谒高平陵，爽兄弟皆从。是日，太白袭月。帝于是奏永宁太后废爽兄弟。时景帝为中护军，将兵屯司马门。帝列阵阙下，经爽门。爽帐下督严世上楼，引弩将射帝，孙谦止之曰："事未可知。"三注三止，皆引其肘不得发。大司农桓范出赴爽，蒋济言于帝曰："智囊往矣。"帝曰："爽与范内疏而智不及，驽马恋短豆，必不能用也。"于是假司徒高柔节，行大将军事，领爽营，谓柔曰："君为周勃矣。"命太仆王观行中领军，摄羲营。帝亲帅太尉蒋济等勒兵出迎天子，屯于洛水浮桥，上奏曰："先帝诏陛下、秦王及臣升于御床，握臣臂曰'深以后事为念'。今大将军爽背弃顾命，败乱国典，内则僭拟，外专威权。群官要职，皆置所亲；宿卫旧人，并见斥黜。根据槃互，纵恣日甚。又以黄门张当为都监，专共交关，伺候神器。天下汹汹，人怀危惧。陛下便为寄坐，岂得久安？此非先帝诏陛下及臣升御床之本意也。臣虽朽迈，敢忘前言。昔赵高极意，秦是以亡；吕霍早断，汉祚永延。此乃陛下之殷鉴，臣授命之秋也。公卿群臣皆以爽有无君之心，兄弟不宜典兵宿卫；奏皇太后，皇太后敕如奏施行。臣辄敕主者及黄门令罢爽、羲、训吏兵，各以本官侯就第。若稽留车驾，以军法从事。臣辄力疾将兵诣洛水浮桥，伺察非常。"爽不通奏，留车驾宿伊水南，伐树为鹿角，发屯兵数千人以守。桓范果劝爽奉天子幸许昌，移檄征天下兵。爽不能用，而夜遣侍中许允、尚书陈泰诣帝，观望风旨。帝数其过失，事止免官。泰还以报爽，劝之通奏。帝又遣爽所信殿中校尉尹大目谕爽，指洛水为誓，爽意信之。桓范等援引古今，谏说万端。终不能从，乃曰："司马公正当欲夺吾权耳。吾得以侯还第，不失为富家翁。"范拊膺曰："坐卿，灭吾族矣！"遂通帝奏。既而有司劾黄门张当，并发爽与何晏等反事，乃收爽兄弟及其党与何晏、丁谧、邓飏、毕轨、李胜、桓范等诛之。蒋济曰："曹真之勋，不可以不祀。"帝不听。

初，爽司马鲁芝、主簿杨综斩关奔爽。及爽之将归罪也，芝、综泣谏曰："公居伊周之任，挟天子，杖天威，孰敢不从？舍此而欲就东市，岂不痛哉！"有司奏收芝、综科罪，帝赦之，曰："以劝事君者。"

二月，天子以帝为丞相，增封颍川之繁昌、鄢陵、新汲、父城，并前八县，邑二万户，奏事不名。固让丞相。

冬十二月，加九锡之礼，朝会不拜。固让九锡。

二年春正月，天子命帝立庙于洛阳，置左右长史，增掾属、舍人满十人，岁举掾属任御史、秀才各一人，增官骑百人，鼓吹十四人，封子肜平乐亭侯，伦安乐亭侯。帝以久疾不任朝请，每有大事，天子亲幸第以谘访焉。

兖州刺史令狐愚、太尉王凌贰于帝，谋立楚王彪。

三年春正月，王凌诈言吴人塞涂水，请发兵以讨之。帝潜知其计，不听。

夏四月，帝自帅中军，泛舟沿流，九日而到甘城。凌计无所出，乃迎于武丘，面缚水次，曰："凌若有罪，公当折简召凌，何苦自来邪！"帝曰："以君非折简之客故耳。"即以凌归于京师。道经贾逵庙，凌呼曰："贾梁道！王凌是大魏之忠臣，惟尔有神知之。"至项，仰鸩而死。收其余党，皆夷三族，并杀彪。悉录魏诸王公置于邺，命有司监察，不得交关。

天子遣侍中韦诞持节劳军于五池。帝至自甘城，天子又使兼大鸿胪、太仆庾嶷持节，策命帝为相国，封安平郡公，孙及兄子各一人为列侯，前后食邑五万户，侯者十九人。固让相国、郡公不受。

六月，帝寝疾，梦贾逵、王凌为祟，甚恶之。秋八月戊寅，崩于京师，时年七十三。天子素服临吊，丧葬威仪依汉霍光故事，追赠相国、郡公。弟孚表陈先志，辞郡公及辒辌车。

九月庚申，葬于河阴，谥曰文，后改谥宣文。先是，预作终制，于首阳山为土藏，不坟不树；作《顾命》三篇，敛以时服，不设明器，后终者不得合葬。一如遗命。晋国初建，追尊曰宣王。武帝受禅，上尊号曰宣皇帝，陵曰高原，庙称高祖。

帝内忌而外宽，猜忌多权变。魏武察帝有雄豪志，闻有狼顾相，欲验之。乃召使前行，令反顾，面正向后而身不动。又尝梦三马同食一槽,甚恶焉。因谓太子丕曰:"司马懿非人臣也,必预汝家事。"太子素与帝善,每相全佑,故免。帝于是勤于吏职,夜以忘寝,至于刍牧之间,悉皆临履,由是魏武意遂安。及平公孙文懿,大行杀戮。诛曹爽之际,支党皆夷及三族,男女无少长,姑姊妹女子之适人者皆杀之,既而竟迁魏鼎云。

明帝时,王导侍坐。帝问前世所以得天下,导乃陈帝创业之始,及文帝末高贵乡公事。明帝以面覆床曰:"若如公言,晋祚复安得长远!"迹其猜忍,盖有符于狼顾也。

制曰:夫天地之大,黎元为本;邦国之贵,元首为先。治乱无常,兴亡有运。是故五帝之上,居万乘以为忧;三王已来,处其忧而为乐。竞智力,争利害,大小相吞,强弱相袭。逮乎魏室,三方鼎峙,干戈不息,氛雾交飞。宣皇以天挺之姿,应期佐命,文以缵治,武以棱威。用人如在己,求贤若不及;情深阻而莫测,性宽绰而能容。和光同尘,与时舒卷,戢鳞潜翼,思属风云。饰忠于已诈之心,延安于将危之命。观其雄略内断,英猷外决,殄公孙于百日,擒孟达于盈旬,自以兵动若神,谋无再计矣。既而拥众西举,与诸葛相持。抑其甲兵,本无斗志,遗其巾帼,方发愤心。杖节当门,雄图顿屈,请战千里,诈欲示威。且秦蜀之人,勇懦非敌,夷险之路,劳逸不同,以此争功,其利可见。而返闭军固垒,莫敢争锋,生怯实而未前,死疑虚而犹遁,良将之道,失在斯乎!文帝之世,辅翼权重,许昌同萧何之委,崇华甚霍光之寄。当谓竭诚尽节,伊傅可齐。及明帝将终,栋梁是属,受遗二主,佐命三朝,既承忍死之托,曾无殉生之报。天子在外,内起甲兵,陵土未干,遽相诛戮,贞臣之体,宁若此乎!尽善之方,以斯为惑。夫征讨之策,岂东智而西愚?辅佐之心，何前忠则后乱？故晋明掩面，耻欺伪以成功；石勒肆言，笑奸回以定业。古人有云，"积善三年，知之者少；为恶一日，闻于天下"，可不谓然乎！虽自隐过当年，而终见嗤后代。亦犹窃钟掩耳，以众人为不闻；锐意盗金，谓市中为莫睹。故知贪于近者则遗远，溺于利者则伤名；若不损己以益人，则当祸人而福己。顺理而举易为力，背时而动难为功。况以未成之晋基，逼有余之魏祚？虽复道格区宇，德被苍生，而天未启时，宝位犹阻，非可以智竞，不可以力争，虽则庆流后昆，而身终于北面矣。

译文：

宣皇帝，名懿，字仲达，是河内郡温县孝敬里人，姓司马。司马氏的始祖系出自帝高阳之子重黎，任夏官祝融。历经唐尧、虞舜、夏朝、商朝，世代为夏官祝融。到周朝，改夏官为司马。其后代程伯休父，在周宣王时以世袭司马之职平定了徐方，周天子赐他以官为氏，因此以司马为姓氏。楚汉争雄之时，司马卬为赵国将领，同各路诸侯攻伐秦国。秦亡以后，司马卬被立为殷王，国都在河内。汉代改殷国为河内郡，司马卬的子孙就定居在河内郡。司马卬的八代孙，其子为司马钧，字叔平。司马钧生豫章太守司马量，字公度。司马量生颍川太守司马俊，字元异。司马俊生京兆尹司马防，字建公。高祖宣帝司马懿即司马防的二儿子。司马懿小时候即聪明有才略，博学多闻，笃信儒家学说。东汉末年，天下大乱，司马懿即怀有以天下为己任之志。他的同乡南阳太守杨俊，善于鉴别人才，他看到未满二十岁的司马懿，便认为是非常的人才。尚书清河人崔琰与司马懿的哥哥司马朗是好朋友，崔琰对司马朗说："你的弟弟聪明通达，决断而英明，非你所能及。"

东汉献帝建安六年，各郡官员向朝廷汇报本地人才、钱粮等事，当时魏武曹操任司空，得知司马懿是个人才，便荐举他任官。司马懿清楚汉政权即将终结，不愿意屈己侍奉曹氏，便以患中风，不能起居来推辞。曹操派人夜里往司马懿的住处刺探他的动静，司马懿坚持卧床不起。曹操升为汉丞相，又任司马懿为文学掾，曹操派人去征召司马懿，对派去的官员说："司马懿如果再装病不起，就把他抓起来。"司马懿怕被抓，不得已就职。于是派他陪伴汉献帝的太子。后来升为黄门侍郎，转升仪郎、丞相东曹的属官，不久又转升为主簿。

跟随曹操讨伐张鲁，司马懿为曹操献计说："刘备用诈力虏获刘璋，四川人还未归服，便远道去争江陵，这是我们进攻四川的大好时机，机不可失。如果我方陈兵扬威于汉中，益州必然震惊，再进兵逼近，蜀国势力必然瓦解。利用这样的形势，很容易成功。圣人也不能违背时机，但圣人的高明在于不失时机。"曹操说："人就怕贪得无厌，既得到陇右，又想得到巴蜀！"不用司马懿的计策。后来又跟随曹操征伐孙权，大破孙权军。曹操班师，孙权派遣使者乞求投降，上表向曹操称臣，并说天命该曹操当皇帝。曹操说道："孙权这小子想把我放在炭火炉上吗！"使者回答说："汉朝的命运将终结，殿下您拥有天下的十分之九，所以向您称臣。孙权对您臣服，是顺天随人。虞、夏、商、周之所以不谦让而取得政权，是怕违背上天的意志。"

汉献帝封曹操为魏王，建立魏国，司马懿升为太子中庶子。每有朝廷大事，司马懿都参与其事，往往有奇策妙计，因此被太子信任倚重，他与陈群、吴质、朱铄，号称"四友"。

司马懿又升为军司马，他向曹操献策说："古代箕子向周武王陈献九策，以粮食为第一要义。现在天下士兵不耕而食者将近二十余万人，这不是治理国家的长久之计。现在虽然兵事不断，应令士兵边屯种边守戍。"曹操采纳了他的建议，于是士兵务农，积蓄粮食，国家的经费也富裕了。司马懿又反映，荆州刺史胡修为政粗暴，南乡太守傅方骄奢淫逸，都不应在边地为官。对司马懿的意见，曹操没有理睬。后来蜀将关羽把曹仁围困在樊城，于禁等七军覆没，胡修、傅方果然投降了关羽，曹仁被围困，形势更为危急。

这时汉献帝以许昌为国都，曹操认为许昌太接近敌境，想迁都黄河以北。司马懿劝阻说："于禁等军是被大水淹没，并不是在战守之策上有什么失计，况且对国家大计也没有什么影响，如果轻易迁都，不但在敌人面前显示软弱，而且淮河、沔水一带的百姓，也会出现人心不安的局面。刘备和孙权，表面亲近，内心疏远，关羽战胜，并非孙权的心愿。我方可以暗示孙权一方，让他们在关羽后面加以牵制，那么樊城的围困自然解除。"曹操采纳了他的意见。孙权果然派将军吕蒙向西袭击公安，攻下县城，于是关羽被吕蒙擒获。

曹操以为，荆州遗民以及士兵屯田于颍川者，与南方的敌人相距太近，打算全部迁走。司马懿建议说："荆楚这地方很不安稳，容易动乱，很难安宁。关羽最近被打败，那些在地方上为非作歹的家伙藏匿起来，伺机而动。现在如果把善良百姓迁往他处，既违背他们的意愿，又将使逃亡他乡的人不敢回乡。"曹操听从了他的意见。后来逃亡在外的人都陆续回乡成家立业。

曹操病死于洛阳，朝廷内外都满怀危惧。司马懿一手经营丧事，朝野安然无事。于是把曹操的灵柩送还邺城安葬。

魏文帝曹丕即魏王位，司马懿被封为河津亭侯，转升丞相长史。当孙权率兵西进的时候，朝中大臣以为樊城、襄阳没有粮食,不可在此抵抗。当时曹仁镇守襄阳,大臣请把曹仁调往宛城。司马懿力排众议,说道:"孙权刚刚打败关羽,这时正是他结好邻邦的时候,必不敢这时来挑衅。襄阳居水陆要冲,是御敌的战略要地,不能放弃。"他的建议竟不被采纳。于是曹仁一把火烧掉樊、襄二城,丢弃而去。正如司马懿所料,孙权果然没来挑衅,曹丕后悔当初没有采纳司马懿的建议。

曹魏代汉,任司马懿为尚书。过了不久,转升为督军、御史中丞,封为安国乡侯。

魏文帝黄初二年,罢去督军官,司马懿升为侍中、尚书右仆射。

黄初五年,魏文帝到南方巡视,考察魏、吴交界处的军事形势。司马懿留守,坐镇许昌,改封他为向乡侯,转升抚军、假节,领兵五千,并加给事中、录尚书事官衔。司马懿坚持推辞,魏文帝对他说:"我应付各种事务,夜以继日,没有一刻安静。给你升官,并不只是荣耀,而是让你分担我的忧劳罢了。"

黄初六年,魏文帝大量调动水军征伐吴国,又让司马懿留守,对内镇压百姓,对外供应军需物资。魏文帝临行时,命令他:"我深为后方供给之事而忧虑,所以才让你担当留守之任。楚汉相争之时,曹参虽然有战功,但终以在后方供应军需的萧何为第一功。这样,使我免后顾之忧,不是很好吗!"魏文帝自广陵回到洛阳,对司马懿说:"如果我东征,抚军你总管西方的事务;如我西伐,抚军你总管东方的事务。"于是司马懿仍留守许昌。

魏文帝病重,司马懿和曹真、陈群等人在崇华殿的南堂晋见魏文帝,他们受遗命辅佐太子,处理政务。魏文帝对太子说:"如果有人离间这三位老臣,切不要生疑心。"魏明帝即皇帝位,改封司马懿为舞阳侯。

孙权围困江夏的时候,同时派大将诸葛瑾、张霸进攻襄阳。

司马懿统率各路军马征讨孙权，把吴军击退。乘胜追击，大败诸葛瑾，杀掉张霸，并获首级千余颗。司马懿升为骠骑将军。

魏明帝太和元年六月，明帝命司马懿屯兵于宛城，加官都督荆、豫二州诸军事。

当初蜀将孟达投降魏国的时候，魏国待他很厚。司马懿认为孟达言行诡诈不可信任，向皇帝建议，也不被采纳，于是任孟达为新城太守，并封侯假节。孟达便乘机联络吴国并向蜀国表示誓死为蜀臣，来谋图魏国。蜀国丞相诸葛亮讨厌他反反复复，又担心他捣乱。孟达与魏国的魏兴太守申仪有矛盾，诸葛亮想把孟达的阴谋揭发出来，便派郭模诈降魏国，郭模在和申仪的过从中，把孟达的阴谋泄露出来。孟达听到他的阴谋泄露，就要举兵反叛。司马懿担心孟达快速起事，便写信给孟达说："将军你以前背弃刘备，托身魏国，魏国委任你为边疆大吏，让你谋图蜀国，对你可说是坦诚之至。因此，蜀国的上上下下，不管是愚人还是智者，都对你恨得咬牙切齿。诸葛亮想搞掉你，只是他没有办法。郭模所透露的出的事情，那是军机大事，诸葛亮岂肯轻易让他泄露出来？这是很清楚的事。"孟达接到书信，非常高兴，举兵不举兵，又犹豫不决了。司马懿乘机悄悄发兵进讨。魏国诸将说："孟达和蜀、吴二国勾结，应观察二国的动静，然后发兵。"司马懿说："孟达这个人无信无义，这时正是他们之间互相猜疑的时候，应该在他们还没有拿定主意时搞掉它！"于是兼程前进，只用了八天就到新城城下。这时吴国和蜀国各自派兵向西城安桥、木阑塞，来援救孟达，司马懿则分派诸将阻挡蜀、吴援军。

在此之前，孟达给诸葛亮写信说："宛城距洛阳八百里，距我守的新城则一千二百里，魏国得知我起兵，必然向魏国皇帝汇报，这样书信往还，要用一个月时间。在此期间，我可以把城防工事修筑坚固，附近的魏军来攻，足可以抵抗。我所在的新城，地势险要，司马懿必不肯自己领兵前来；派其他将军来，我就没有什么可以担心的了。"这时司马懿率兵已到，孟达又写信给诸葛亮："我起兵才八天，魏国大兵已至城下，怎么如此神速呢！"上庸城三面环水，孟达在城外竖立木栅栏，以此固守。司马懿率兵渡过环城河水，破坏栅栏，直逼城下。八路齐攻，孟达的外甥邓贤、将军李辅等人开城投降。司马懿军杀死孟达，把首级传送京城。俘获了万余名敌兵，重兵驻于宛城。于是鼓励农业生产，严禁浪费，南方的士民很乐意归服。

当初申仪长久驻守魏兴，边疆大事，专权独断，往往假传圣旨私刻印信，乱封官员。孟达被杀，申仪不免心虚自疑。这时各地郡守因司马懿大胜，纷纷带着礼物来祝贺，司马懿都收下。司马懿派人去暗示申仪，也应去祝贺，申仪来到帐前，司马懿责问他假传圣旨的事情，把他逮捕，送回京城。司马懿又把孟达手下的七千多家迁到幽州。于是蜀国将领姚静、郑他等人率部七千多人来投降。

当时边地郡县刚刚归服，大多民户没有户口，魏国想加以隐瞒。这时司马懿进京朝见天子，天子问起这件事，司马懿回答说："敌人以严政约束部下百姓，所以百姓不合作，不上户口。现在应以宽大为怀，只抓主要纲领，老百姓自然安居乐业。"天子又问起蜀、吴二国应加讨伐，该先讨伐谁，司马懿回答说："吴国以为中原士兵不习水战，所以它敢于散驻在东关。大凡进攻敌人，一定要扼住它的咽喉，打击它的心脏部位。夏口和东关，是敌人的咽喉。我们佯装陆战，军队向皖城进发，引诱孙权东下，这时水军直向夏口，乘敌空虚进击，如神兵从天而降，一定能大败敌人。"天子对司马懿的计策很欣赏，仍命他屯驻在宛城。

太和四年，司马懿升任大将军，加大都督衔，假黄钺，和曹真一道征伐蜀国。司马懿自西城开山修路，水陆齐进，溯沔水而上，到达朐䏰，攻下新丰县。大军驻扎在丹口，因天降大雨，便班师回魏国。

第二年，诸葛亮率军进攻天水，把魏国的将军贾嗣、魏平围困在祁山。魏明帝对司马懿说："西边出了事，非你莫属。"于是派他西进，屯驻于长安，并加都督雍、华二州诸事衔，率车骑将军张郃、后将军费曜、征蜀护军戴凌、雍州刺史郭淮等人征伐诸葛亮。张郃劝司马懿分兵驻扎在雍州、眉州，作为后续部队，司马懿说："如果前锋部队的力量能够抵挡敌军，将军你的意见是对的；如果前锋部队不能抵挡敌军，而分为前军后军，这正像项羽分为三军被黥布所擒一样！"于是进军隃糜。诸葛亮得知魏国大军将到，亲自率领诸将抢收上邽的小麦。魏国诸将有些担心，司马懿说："诸葛亮考虑很多，决断很少，一定是巩固了营地，然后抢收小麦，我军用两天时间急行军就可以了。"于是倾巢出动，日夜兼行，诸葛亮望见魏军尘烟而逃走。司马懿判断说："我军兼程前进，已很疲劳，在通晓兵法的人看来是难得的机会。但诸葛亮不敢据渭水抵抗，这就很容易对付了。"于是进驻汉阳，与诸葛亮的军队相遇，司马懿列开阵势，准备交战。又派将军牛金用小股部队引诱敌军。两军刚刚接火，诸葛亮即败退而去，魏军追至祁山。诸葛亮屯军于卤城，占据南北二山，拦住河水，形成水防工事。司马懿攻破重围，诸葛亮夜间逃走。司马懿纵兵追击，俘斩敌军万余人。魏明帝派遣使者慰劳司马懿统率之军，并给司马懿增加封地。

当时军师杜袭、督军薛悌都认为，到明年麦熟之时，诸葛亮必定再来进攻，陇右没有军食，应该在冬天预先运输。司马懿说："诸葛亮两出祁山,一攻陈仓,都大败而回。纵然他再出,必然不去攻城,而求野战,战场必在陇东,不在陇西。诸葛亮吃尽了粮少的苦头,这次败回,必然积蓄粮食。依我的预料,非有三个丰收的年头,他不会动兵!"于是他向皇帝上奏,请将冀州的农民迁至上邽种田,再把京兆、天水、南安等地的冶铸业为恢复起来。

魏明帝青龙元年,开凿成国渠,修筑临晋陂,灌溉良田数千顷,因此国用充实。

青龙二年,诸葛亮又率兵十余万出斜谷,在郿州的渭水南原修筑营垒。魏明帝很是忧虑,派遣征蜀护军秦朗率二万步兵骑兵,归司马懿指挥。诸将想驻扎在渭水北岸,以待蜀军来攻,司马懿说:"百姓和各种物资都在渭水以南,那是必争之地。"于是率军渡过渭水,背水扎营。司马懿对诸将说:"诸葛亮如果富于勇气,应该兵出武功,沿山东进;如果他西上五丈原,则我各路人马就不会有战事。"诸葛亮果然西上五丈原,将要北渡渭水。司马懿派将军周当屯驻阳遂,引诱蜀军。一连几天,诸葛亮按兵不动。司马懿说:"诸葛亮想争夺渭水南原,但他不向阳遂进兵,意图很清楚。"于是派将军胡遵、雍州刺史郭淮共同守备阳遂,自己率兵和诸葛亮会战于积石。在渭水南原外围大战,诸葛亮军不能前进,又回军于五丈原。这时有一颗流星坠落在诸葛亮的营垒,司马懿判断他必吃败仗,派奇袭部队袭击诸葛亮的背后,斩敌百余人,俘获千余人,有六百余人投降。

当时魏国朝廷认为,诸葛亮远道而来长途行军,利在速战速决,所以朝廷命令司马懿重守不急战,静观形势的变化。诸葛亮多次挑战,司马懿按兵不动。诸葛亮派人给司马懿送去女人用的首饰,以激怒司马懿。司马懿果然大怒,上表请求决战,朝廷不允许，并派遣强硬臣子卫尉辛毗带着符节充当军师，以监督司马懿。后来诸葛亮又来挑战，司马懿忍无可忍，要出兵应战，辛毗带着符节站立在军帐外，司马懿才没有出兵。当初，蜀国将领姜维听说辛毗前来，便对诸葛亮说："辛毗带着符节而来，敌军不会出战了。"诸葛亮说："他本无心应战，之所以上表请战，那是向他的部下表示他勇于战斗。常言道：将在外，君命有所不受。如果他能战胜我，哪里用得着千里之外去请战呢！"

司马懿的弟弟司马孚写信问军事情况如何，司马懿回信说："诸葛亮志大而不善抓时机，谋虑很多，而决断很少，好用兵而缺乏随机应变的才能，虽然他领兵十万，已经进入我的圈套，一定能打败他。"双方对峙了百余天，诸葛亮病重逝世。他的部将烧掉营房逃走。老百姓来告诉蜀军已逃走，司马懿才派兵追击。诸葛亮的长史杨仪指挥军旗回头，鼓钟大鸣，好像要回兵相拒。司马懿认为穷寇不可追，于是杨仪整顿好部队阵容严整地离去。过了一两天，司马懿才到蜀军弃去的营垒，察看蜀军驻扎的情形，收缴了不少籍籍和粮食。这时，司马懿才相信诸葛亮确实是死了，感叹说："真是天下的奇才啊！"辛毗则以为，诸葛亮的生死，还不能断定。司马懿说："兵家重视的是军事文件、军事计划和兵马粮食，现在这些东西都扔掉了，哪有人去掉五脏还可活着的道理！应该尽快追击。"关中的道路长着很多蒺藜，司马懿让二千军人穿上软质木屐在前面开路，蒺藜都刺在木屐上，然后步兵、骑兵跟随前进。追兵来到赤岸，才得到诸葛亮确实死亡的消息。当时老百姓编了一流顺口溜说："死诸葛亮吓走活司马懿。"司马懿听到后，自我解嘲地说："这是我只怕其生不怕其死的缘故啊！"

在此之前，诸葛亮的使者来到司马懿军前，司马懿问道：

"诸葛先生身体可好？每天能吃多少饭？"使者回答说："每天能吃三四升米。"又问及多少政事归他处理，回答说："二十杖以上的罪犯都归他亲自处理。"司马懿事后对人说："看诸葛亮还能活多久！"诸葛亮之死，被他说中了。诸葛亮的部将杨仪、魏延争权夺利，杨仪杀掉魏延，吞并了他的部队。司马懿打算乘敌人内讧而进击，朝廷不允许。

青龙三年，司马懿升为太尉，增加了封地。蜀国将领马岱入侵边境，司马懿派将军牛金把他击退，斩敌首千余级。

武都氐王苻双、强端率领六千余人来投诚。

关东灾荒，司马懿从长安运来五百万斛粮食输送到京师。

青龙四年，民间获得白鹿，司马懿贡献给天子。魏明帝对他说："古代周公辅佐周成王，向天子贡献白野鸡。现在你戍守陕西，向朝廷贡献白鹿，这不是忠心感天，千古同心，保安国家，永垂史册吗！"

辽东太守公孙文懿反叛，魏明帝把司马懿召至京师。魏明帝对他说："按说这事并不值得让你去征伐，只是因为我想出师必胜，所以才麻烦你出征。你估计公孙文懿将采取什么策略？"司马懿回答说："如果他放弃城池，预先逃走，对他来说，这是上策；如果他据守辽水，和大军对抗，这是次等的策略；如果他坐守襄平城，就只有被活捉。"魏明帝问道："你估计他选择哪一条路？"司马懿回答："只有精明的人，才能知己知彼，事先有所放弃，这一点他是做不到的。现在朝廷大军远征，他会认为不能旷日持久，所以他必定先占据辽水而后死守，这当然是中、下之策。"魏明帝又问："你估计来回需要多长时间？"司马懿回答："去需要一百天，回来也需一百天，进攻需一百天，加上六十天休整，这样一年的时间就足够了。"

这时朝廷大兴土木，修建宫殿，加上军事劳役，弄得百姓饥饿疲敝。司马懿出征之前，劝说魏明帝："古时周公营建洛阳，萧何建造未央宫，现在我朝宫殿不完备，这是我做臣子的责任。但是现在，自黄河以北，老百姓都穷困已极，这样内有劳役，外有兵役，势不能兼顾，应该暂停内部的劳役，以救燃眉之急。"

魏明帝景初二年，司马懿率领牛金、胡遵等步兵骑兵四万余人，从京师出发。魏明帝亲自送到西明门外，并命令司马懿的弟弟司马孚、儿子司马师送过故乡温县，赏赐司马懿大量粮食、丝帛、牛肉、美酒。命令河内郡守、典农以下的官员都到温县迎接。司马懿见到故乡的父老乡亲，连日宴请。司马懿面对此景此情，深为感叹，于是赋诗一首："自从盘古开天地，此时日月也重光。风云际会英雄出，尽力朝廷去远方。将去远方扫叛逆，征途顺路还故乡。扫清万里清宇宙，八方进献来朝王。功成告老全名节，逍遥度日在舞阳。"于是从温县出发，经过孤竹，越过碣石山，驻扎在辽水之滨。公孙文懿果然派遣步兵骑兵数万，驻扎在辽隧，构筑了坚固的工事，南北长六七十里，形成一道防线，抵抗司马懿所率的军队。司马懿调兵大张旗鼓地进击公孙文懿的南侧，敌人的精锐部队全部向南线转移。司马懿又调动军队从北线乘船渡过辽水，逼近敌军的大营。然后凿沉船只，烧毁桥梁，依辽水把敌营团团围困起来。又调主要兵力向襄平城进攻。他对手下的将领们说道："不进攻敌人，只是围困，好像我们的兵力不足一样。"司马懿说："敌人坚守不出，是想把我军拖垮，如果急于进攻，正中了他的奸计，这正像秦将王邑在昆阳被拖垮一样。古人说，敌人虽然打算坚守不出，但他不得不出战，是因为我们攻了他的老窝，他不得不救援。敌人主力兵力在这里，他的老窝空虚，我军直捣襄平，他的兵士们有后顾之忧，这样他必然要战，就一定能打败他们。"于是整齐军阵，绕敌而过。敌人见大军绕向它的后方，果然出兵拦击。司马懿对诸将说："我所以不进攻它的大营，就是想把他们调出来，现在正是败敌的好机会，不可错过！"于是挥兵迎击，大败敌军，三次战斗，都获全胜。敌人退保襄平，司马懿率兵把襄平城团团围困。

在此之前，公孙文懿得知朝廷大军出征，向孙权求救，孙权则出兵在魏军后方牵制，孙权给公孙文懿写信说："司马先生善于用兵，变化如神，所向无敌，我深深为你老弟担心。"

当时正是阴雨天气，平地大水数尺，诸兵将非常担心，打算把营地移往高处。司马懿下令说，谁敢提议移营就杀头。都督令史张静违犯这一军令，立即杀掉，军队才平静下来。敌人凭借大水环绕，照常出城打柴放牧。诸将想把他们抓来，司马懿不允许。司马陈皀对司马懿说："当年进攻上庸，八路并进，日夜不停，所以能在十天半月之内，攻下坚城，杀掉孟达。现在我们远道而来，迟迟不进攻，我真想不通！"司马懿对他说："孟达的兵少粮多，粮食可支持一年，而我军四倍于敌人，粮食仅够一月食用，一个月对一年，哪能不速战速决？四人打一人，即使是二人打一人，也是应当进攻的。所以当时不怕伤亡，是军粮支持的时间有限。现在是敌众我寡，敌饥我饱，又遇上这样的洪水，条件不具备，虽然想早点结束战斗，但无能为力。自从京城出发，我不怕敌人进攻，只担心敌人逃走。现在敌人粮食快吃光了，我们的包围圈还没有形成，如果抢夺他的牛马，抓获他的打柴兵士，这不是赶他逃走吗？战争是变幻莫测的，但要善于抓住变化的机会。敌人依仗人多，又有雨水阻隔，虽然肚皮填不饱，还不肯束手就擒，我们应表示毫无办法，把敌人安顿住。如果沾点小小的便宜把敌人惊走，那是失策。"朝廷听说大军被洪水阻隔，大臣请求把军队召回，魏明帝说："司马先生善于在危险的环境中出奇制胜，过不了几天就会把敌首抓获。"过了不久，雨过天晴，包围圈已经形成，又堆起土山，挖掘地道，兵器也准备齐备，于是发动总攻，飞箭石块，如雨而下，昼夜不停。

这时天上出现一颗流星，颜色雪白，好像长着芒刺，自襄平城西南向东北飞去，坠落在梁水河中，襄平城中的敌人惴惴不安。公孙文懿更是魂不守舍，于是派他的代理相国王建、御史大夫柳甫前来求降，请求解除包围，束手投降。司马懿不答应，把王建等人抓起来斩首。又向公孙文懿发出最后通牒："春秋时楚国和郑国都是诸侯国，郑国战败，郑伯还肉袒牵羊迎接楚君。我是朝廷的大臣，爵为上公，王建等人想要我解除重围，退兵三舍，昔日楚郑关系是这样吗？这两个人大概是老糊涂，传错了你的话，我已经把他们杀了。如果你还有未尽之意，可派年轻明事理的人来。"公孙文懿派遣侍中卫演请求约定日期送公孙文懿的儿子来当人质。司马懿对卫演说："战争结局的选择，大致有五种途径，能战当战，不能战当守，不能守当走，剩下的二条路只有投降和被杀了。你不肯自缚请罪，这就表明你选择了死路，不需要送人质了！"公孙文懿突破南面的重围逃走，司马懿挥兵追击，把敌军杀得落花流水，公孙文懿也在梁水河边流星坠落的地方被杀。大军入城，竖立两个标志，跟朝廷的人在一边，公孙文懿的人为一边，把公孙文懿部下十五岁以上的七千余人都杀死，用尸体垒成大高台。公孙文懿的公卿以下的官员都被斩，杀掉他的部将毕盛等两千余人。归服的民户四万多，人口三十多万。

当初，公孙文懿篡夺他叔父公孙恭的官位，把他叔父囚禁起来。在反叛之前，他的部将纶直、贾范等人苦苦相劝，公孙文懿把他们都杀死。这时，司马懿把公孙恭释放，为纶直等人建造坟墓，提拔他们的子孙。于是发布命令："古代征伐敌国，只诛杀为首的头目，一般跟着公孙文懿跑的，都在宽大之列。中原人愿意回故乡的，听从自便。"

当时有的被俘士兵因没衣服穿，冻得难熬，乞求发给衣服，司马懿不给。有人说："正好我们有不少旧衣服，可以赏给他们。"司马懿说："衣服是官家的东西，作为臣子，不敢私自施舍。"司马懿又向朝廷上奏，军人年岁在六十以上的，复员千余人，军官阵亡的，用棺材送回故乡。于是班师回朝。魏明帝派使者到蓟州慰劳，把昆阳作为司马懿的封地，加上以前的二县。

当初，司马懿到达襄平之前，梦见魏明帝的头枕在他的膝盖上，对他说："你看看我的脸。"司马懿低头看去，与平常的面孔不一样，觉得很厌恶。在班师之前，魏明帝命令司马懿回军之后，镇守关中。司马懿率军来到白屋，皇帝又召司马懿回京，三日之内，连接五道圣旨。皇帝亲笔写道："我时刻盼你来到，你来到京城，可排门而入，与我见一面。"司马懿感到有些恐惧，于是乘快车日夜兼行，从白屋至京城四百余里，一夜便赶到，司马懿被引入嘉福殿卧室，来到床前，泪流满面，问候明帝的病情，明帝拉住他的手，眼睛看着齐王曹芳，对司马懿说："我把后事托付给你。死亡前的痛苦令人难以忍受，我所以忍受痛苦不死，是等见你一面，现在见了面，我没有遗憾了。"司马懿和大将军曹爽接受遗嘱，辅佐少年主子。

齐王曹芳登上帝位，升司马懿为侍中、持节、都督中外诸军事、录尚书事，与曹爽各自统领三千人，共同处理朝廷政事，轮流在殿中值班，乘车出入。曹爽企图大权独揽，让尚书的奏章先交给自己，再由他向天子汇报，于是把司马懿改任为大司马。朝臣认为，以前几任大司马都死在任上，很不吉利，便任司马懿为太傅，上殿不必屈身小步，拜见天子可以不报姓名，可以带剑上殿，和西汉萧何的待遇一样。丧葬嫁娶的费用都由朝廷拨给，任他的儿子司马师为散骑常侍，子弟三人封为列侯，四人为骑都尉。司马懿坚持推辞子弟的官爵。

正始元年春正月，东倭国遣使远道来向朝廷进贡，西域的焉耆、危须等国，弱水以南的鲜卑等王，都派遣使者来进贡。皇帝以为这是辅佐大臣的治国之功，又给司马懿增加了封地。

当初，魏明帝喜好修建宫殿，且都设计豪华，弄得老百姓苦不堪言。司马懿征辽东回来时，还有一万多人在修建宫殿，各种雕饰物，动不动就数千件。这时，司马懿请求停止修建，节省费用，发展农业，天下百姓莫不欣然悦服。

正始二年夏五月，吴国将领全琮进攻芍陂，朱然、孙伦围困樊城，诸葛瑾、步骘骚扰柤中，司马懿请求率兵征伐。朝廷的官员们认为，敌人远道而来围困樊城，短时间攻不下。敌人攻城受挫，自然瓦解，所以应该用这种策略对付来犯的敌人。司马懿驳斥说："边境的城池被敌人围困，大臣安坐在朝廷上无所作为，这样边境地区政局会不稳，边民会对朝廷产生怀疑，这是国家的一大忧患。"

这年六月，司马懿统率诸军南征，皇帝亲自送出津阳门外。司马懿鉴于南方又热又潮湿，不宜打持久战，便派出轻骑兵向敌人挑战，吴将朱然不敢贸然出击。于是，司马懿下令诸军休整，挑选精锐兵将，选拔登城先锋，严肃军令，做出强攻的态势。吴军连夜逃走，司马懿率兵追至三州口，杀死、俘获敌军万余人，缴获了敌人的舟船及其他军用物资，然后班师回朝。皇帝派侍中常侍到宛城进行慰劳。

秋天七月，朝廷给司马懿增加郾师、临颍为封地，加上以前四县，计有民户四万。他的子弟十一人都封为列侯。司马懿功勋越来越大，却更加谦虚谨慎。因为太常官常林是他的乡里有声望的长者，司马懿每次见到常林，必然施礼下拜。他经常告诫子弟们："事物太盛，是当权者的大忌，天地四时尚且有转换，我有什么大德能配这样的荣耀！所以一再自我贬损，这样也许会免于祸患。"

正始三年春天，皇帝下令追封司马懿的亡父京兆尹司马防为舞阳侯。

这年三月，司马懿奏请开凿广漕渠，引黄河入汴水，灌溉东南各地，开始大规模开发淮北农田。

在此之前，吴国派将领诸葛恪屯驻皖地，魏国的边境常受骚扰之苦，司马懿打算率兵进击诸葛恪，朝廷大臣中很多人认为，敌人据守，城防坚固，又积蓄粮食，是想引诱我军。如果孤军远攻，敌人的救兵必来，这样我军进退两难，可见远征不是上策。司马懿反驳道："敌人长于水战，现在我军攻城，看敌人采取什么策略。如果它想发挥它的长处，弃城而走，这是它的胜算；如果它敢于固守，湖水到冬天变浅，不能行船，势必由陆路救援，这是它的短处，对我军则十分有利。"

正始四年秋九月，司马懿统率诸军进击诸葛恪，皇帝亲自送至津阳门外。大军驻扎在舒城，诸葛恪焚烧积蓄，弃城逃走。

司马懿认为，战胜敌人，主要在于积蓄粮食。于是大兴军屯，开拓淮阳、百尺两道水渠，又整理了颍水南北的一万余顷的灌溉系统。从此，淮北各地，谷仓相连，从寿阳到京城，管理农业的官署和屯田的守军连续不断。

正始五年春正月，司马懿从淮南至京，皇帝派使者慰劳军队。

尚书邓飏、李胜想让曹爽建立功勋，劝曹爽率兵征伐蜀国。司马懿力加劝阻，不听，曹爽果然无功而回。

正始六年秋八月,曹爽撤销了中垒中坚营,撤下来的士兵归他弟弟中领军曹羲指挥。司马懿认为,中垒中坚营是魏明帝旧有的建制,劝说不要撤销,但不被采纳。

这年冬天十二月,皇帝授命司马懿,朝会时可以乘轿上殿。

正始七年春正月,吴国派兵骚扰柤中,各族百姓一万多家逃避,北渡沔水。司马懿认为,沔水以南的百姓,接近敌境,如果北来的百姓再到沔南,敌人必然再来骚扰,应该暂且收留他们。曹爽说道:"如果不能守住沔水以南的地盘,收留百姓,这可不是上策。"司马懿反驳说:"不对。任何事物都是这样:你把他放在安稳的地方,自然平安无事,如果把他放在危险的地方,自然就会产生危急。所以兵书上说:'成功和失败,是当时的形势决定的,安危也是如此。'所以说,形势是治理百姓首先要考虑的问题,对此不能不头脑清醒。如果敌人派兵二万断绝沔水的交通,三万人在沔南与我军对峙,一万人在柤中捣乱,我们用什么办法救援呢?"曹爽不听从司马懿的意见,把百姓遣返沔南。敌人果然攻破柤中城,损失数以万计。

正始八年夏四月,司马懿的夫人张氏逝世。

曹爽用何晏、邓飏、丁谧等人的计谋,把太后迁往永宁宫,垂帘听政,曹爽等专擅政事,曹爽的兄弟统领卫戍部队,利用亲族,结党营私,变乱法度。司马懿没法禁止,于是和曹爽产生矛盾。

这年五月,司成懿称病,不过问政事。当时京城的人编了一句顺口溜:"何、邓、丁,乱京城。"

正始九年春三月,管理后宫的黄门张当,私自把后宫宫女石英等十一人送给曹爽,充当乐妓。曹爽、何晏以为皇帝病情日重,于是产生篡位的野心,他们和张当密谋策划,篡夺政权,并且定好了起事的日期。司马懿也暗中准备,曹爽的党羽也怀疑司马懿将有什么举动。这时河南尹李胜将要赴荆州上任,来问候司马懿。司马懿装作病重,让两个侍女搀扶,穿衣时,手中的衣服落地,用手指着自己的嘴,表示口渴,奴仆把粥送到他嘴边,他的手连杯子也拿不住,低头便喝,米粥顺嘴往下流,沾了满胸。李胜见此情况,说道:"别人都说您又焕发了当年的勇气,哪想到您的身体竟是这样!"司马懿装作上气不接下气地说:"岁数大了,又长期卧病,没几天活头了。你现在要到并州上任,并州接近少数民族,应该好好地防备。我们恐怕是见最后一面了,我的儿子司马师、司马昭就托付给你了。"李胜说道:"我是到本乡荆州上任,不是并州。"司马懿故意胡言乱语:"你是说刚到并州?"李胜又说:"是赴任荆州。"司马懿说:"年老精神不集中,没听懂你的话。现在回本州上任,又有雄心壮志,好好地建立功勋吧!"李胜告辞出来,对曹爽说:"司马先生已经是形尸走肉,不省人事,不必担心了。"过了几天,李胜又对曹爽说:"太傅司马先生再也恢复不了健康,真让人悲伤。"因此曹爽对司马懿也就不戒备了。

嘉平元年春正月甲午,皇帝拜谒高平祖陵,曹爽兄弟跟随。这一天夜里太白星向月亮滑去,司马懿便奏准永宁太后,下令把曹爽兄弟废黜。当时晋景帝为中护军,领兵屯驻司马门。司马懿率兵列阵于宫外,经过曹爽的府门。曹爽的帐下督严世登上门楼,拿起弓箭要射司马懿,孙谦把他拉住,说:"将来的局面还不知是怎么样呢!"三次要射,都被孙拉住他的胳膊,射不出去。大司农桓范投奔曹爽,蒋济对司马懿说:"智囊人物去了。"司马懿说:"曹爽与桓范,内心不和,曹爽的智力不及桓范,但老马贪恋几口草料,桓范必不被重用。"于是司马懿把大将军的权力交给司徒高柔,行使大将军的权力,统率曹爽原来的兵众，并对高柔说："你就是西汉周勃那样的人物。"又令太仆王观代理中领军，统领曹羲原来的兵众。司马懿亲自率领太尉蒋济等人，带兵去迎接皇帝，屯军于洛水浮桥之旁，向皇帝上奏："先帝在病重的时候，把陛下您、秦王和我召到床前，拉着我的手说：'我深深为身后的安排顾虑。'现在大将军曹爽违背先帝遗嘱，变乱国法，在朝廷内部越格行事，在朝廷外部，专权独裁。重要官职，都安排他的亲信，原来保卫皇帝的可靠将领，都被他罢斥。在朝廷形成盘根错节的势力网，因此胡作非为，越来越不像话。又任用黄门张当为都监，打通内外关系，伺机夺取政权。因此天下人心汹汹，人人惴惴不安。他把陛下您当作傀儡，这样的局面怎能维持长久？这也根本违背了先帝在病床前遗嘱的本意。我虽然老朽，哪里敢忘掉先帝的遗言？秦国的赵高得意，秦国因此灭亡；西汉时的吕氏、霍光专权，幸亏早被消灭，汉朝的天下才得以长期延续。这是陛下您的前车之鉴，也正是我臣子的效命之时。公卿大臣都认为曹爽有篡权野心，他的弟兄都不应领兵和负责保卫皇帝。我奏请皇太后，皇太后批准，按奏本行事。于是我命令主管官员及黄门令，收回曹爽、曹羲、曹训的兵权，让他们以本来的官爵回到家中。如敢劫持天子，以军法从事。于是我拖着病体带兵至洛水浮桥，以应付非常的情况。"曹爽把司马懿的奏本扣住不发，并劫持皇帝在伊水之南，砍伐树木，阻挡道路，派兵数千人守在周围。这时桓范果然劝曹爽把天子劫持到许昌，然后发布文书，征召天下的兵员。曹爽不理睬他的建议，而连夜派侍中许允、尚书陈泰来到皇帝身边，观察动静。皇帝对二人数说曹爽的错误，看样子只不过是免官了事。陈泰等向曹爽回报，劝曹爽把司马懿的奏本交给皇帝。皇帝又派遣曹爽所信任的殿中校尉尹大目告诫曹爽，让他指洛水发誓，绝不篡权，曹爽相信皇帝不会害他。桓范等人列举古今事例，千方百计劝曹爽废帝自立。曹爽最终还是不听，并说："司马懿正想夺掉我的兵权，我还可以以列侯的身份回家，至少还能当个富家翁。"桓范捶胸顿足地说："为了你，会灭我全族！"于是曹爽把司马懿的奏本送上。过了不久，有关官员弹劾黄门张当，并责令曹爽、何晏等人坦白交代，于是把曹爽弟兄和他的党羽何晏、丁谧、邓飏、毕轨、李胜、桓范等人逮捕杀掉。蒋济对司马懿说："曹真有功劳，给他留条根吧！"司马懿不听。

在此之前，曹爽的司马鲁芝、主簿杨综从外地一路千辛万苦来投奔他。在曹爽准备妥协之时，鲁芝、杨综流着眼泪苦劝他："您现在所处的是伊尹、周公的位置，操纵皇帝，凭借皇威，谁敢不服从！但你却要放弃这种权力而被押上断头台，真令人痛心！"曹爽被杀，鲁芝、杨综也被逮捕，准备按罪处治，司马懿赦免了他们，说道："这也是对忠心事君的人的一种鼓励。"

这年二月，皇帝任命司马懿为丞相，增加颍川郡的繁昌、鄢陵、新汲、父城等县为他的封地，加上以前的八县，归他奴役的民户二万余家，向皇帝奏事时不自报家门。司马懿坚持不任丞相之职。

十二月，皇帝又赐给司马懿作为臣子的最高礼遇，上朝时可以不参拜皇帝。司马懿辞去最高礼遇。

嘉平二年春正月，皇帝批准司马懿在洛阳建立祖庙，并为他设置左右长史，手下增加工作人员四人，每年可推荐他的属官一人任御史、一人为秀才，增加仪仗骑兵一百人，仪仗乐手十四人，封他的儿子司马肜为平乐亭侯、司马伦为安乐亭侯。司马懿声称身体久病，不能上朝，所以每有朝政大事，皇帝亲自到他家里征求意见。

兖州刺史令狐愚、太尉王凌和司马懿分道扬镳，密谋立楚王曹彪为皇帝。

嘉平三年春正月，王凌假称吴国派人拦断了涂水，请求朝廷发兵征讨。司马懿暗中得知这是个圈套，所以不准发兵。

夏天四月，司马懿亲自率主力部队，乘船自黄河顺流而下，九天便到达甘城。王凌无计可施，才不得不到武丘去迎接，自上绑绳，来到黄河边上，对司马懿说："我王凌如果有罪，您写个便条把我叫去，何必您亲自来呢！"司马懿不无嘲讽地说："那是因为你不是用便条可以请去的客人啊！"随即把王凌押解回京城。中途路过贾逵庙，王凌对庙喊道："贾先生！我王凌是大魏国的忠臣，你有神灵，一定了解我。"来到项城，王凌喝毒药而死。司马懿逮捕了他的党羽，都灭门三族，把曹彪也杀掉。并把魏国的宗室诸王都囚禁在邺城，派人严加看守，互相不许接触。

皇帝派侍中韦诞带着符节去五池慰劳司马懿统率之军。司马懿从甘城回到京师，皇帝又派兼任大鸿胪、太仆庾嶷带着符节，任命司马懿为相国，封为安平郡公，他的孙子和侄儿各一人封为列侯，前后的封地加起来，共有五万户，亲属封列侯的有十九人。司马懿谦虚推让，不接受相国和郡公的封赠。

这年六月，司马懿病重，梦见贾逵、王凌来索命，心里非常厌恶。秋季八月戊寅这一天，司马懿病死在京城洛阳，活了七十三岁。皇帝身穿孝服来吊唁，丧葬的仪礼规格按照汉朝霍光的成例，追赠他为相国、郡公。他的弟弟司马孚上书称，应尊重他在世时的意愿，辞去郡公和丧葬用的车。

九月庚申这一天，把司马懿埋葬在河阴，赠谥号为"文"，后来改谥"宣文"。司马懿在临死之前，预先对后事做了安排，在首阳山上土葬，不起坟头，不立碑；做了《顾命》三篇；寿衣按当时的习俗置办，不随葬礼器，后死的遗孀不得与他合葬。一切都按他的遗嘱办事。晋朝建立之初，追尊他为"宣王"。晋武帝夺取魏政权，加尊号称他为"宣皇帝"，他的陵墓称为高原，庙号为高祖。

司马懿的为人，心胸狭隘，表面上却装出宽和的样子，性情猜忌多变。魏武帝曹操觉察到他有称雄图霸的野心，听说他猛一回头时呈现一副恶狼相，就打算看个究竟。于是把他叫来，让他在前边走，曹操在后面突然喊他，让他回头，司马懿回头时，面向后，身体却不转动。曹操又曾梦见三匹马在同一槽里吃草，心里十分厌恶。于是曹操对太子曹丕说："司马懿可不是甘居人下的人，他一定会干预你的家事（达到自己的目的）。"曹丕与司马懿平时关系很好，常常保护他，所以没有遭到厄运。从此，司马懿更加兢兢业业，尽职尽责，常常连夜不睡，即使是养牛喂马这样的琐事，都亲自过问，因此曹操也就放心了。在平定公孙文懿的时候，大肆屠杀。除掉曹爽，把曹爽的党羽中的次要分子也灭了三族，全族男女老少，就连姑姑姊妹的女儿已经出嫁的也不放过。所以后来竟然篡夺了曹家政权。

晋明帝司马统在位时，有一次王导陪着皇帝，晋明帝问王导司马氏如何得到天下，王导详细叙述司马懿创业的艰险和魏文帝末年高贵乡公曹髦被司马昭所杀等经过。晋明帝听后，脸贴在床上，叹道："如像你说得那样，晋国的天下又哪能会长久呢！"考察司马懿的猜忌残忍的性格，实在符合恶狼顾后的情形。

唐太宗李世民评论说：天地虽然广大，但以百姓为根本；国家的安危取决于帝王的好坏。太平和战乱，没有一定之规，兴盛和衰亡，是由运数来决定的。所以，五帝以前的时代，坐上天子的宝座，常常是忧愁满面，夏、商、周以后，作天子的处于忧虑的地位却感到无比快乐。于是竞施计谋，争利避害，大国吞并小国，强国侵凌弱国。到曹魏时代，三国鼎立，干戈不断，战争的阴云笼罩大地。司马懿凭借他的天资聪明，顺应时代的要求，辅佐魏国，文能治理国家，武能扬威于敌人。用人能推心置腹，求得贤人，常恐失去机会。城府很深，很难猜测，性情宽和而能容人。与同时人相处，当屈则屈，当伸则伸，藏器待时，伺机而起。外表上装得忠心耿耿，以掩盖诡诈的内心，处境危险，却能泰然自若。你看他胸怀雄才大略，成熟果断，表现出英明果敢，在百日之内消灭了公孙文懿，擒获孟达也不过用了十几天，自以为用兵如神，谋略无双。不久又挥兵西上，与诸葛亮两军对峙。他抑制求战心切的官兵，因为他自己本来就不想交战，只因为诸葛亮给他送去妇女的首饰，才激怒他要决战。但有朝廷的使节压制，才使他雄图难伸。于是千里之外请战，只不过是表现自己的勇武罢了。再说秦蜀之兵，并非司马懿所率之军的对手，再者诸葛亮远道而来，司马懿可以以逸待劳，如抓住时机争取主动，有利的条件显而易见。但是司马懿回军闭营，不敢战斗，诸葛亮活着，他不敢前进一步，诸葛亮死后，他还以为情报不实而逃走，作为战将司马懿，他的弱点恐怕在这方面吧！魏文帝在位之时，司马懿的权势已经很重，魏文帝出征，把首都许昌委托给他，这同楚汉时刘邦把汉中委托给萧何一样，委托司马懿照顾崇华宫太后，比汉朝时对霍光更为信任。这时如果他尽忠尽力，可和古代的伊尹、傅说比美。魏明帝临死之前，把他当作国家的栋梁，受遗命辅佐二位少主，要他成为三朝辅臣。他既然接受遗命，并不舍生忘死报答受顾命之恩。皇帝在外地，京城内动起刀枪，逝世的皇帝尸体未冷，便为争权夺利，互相屠杀，正直臣子的作为，难道是这样吗？这恐怕不是臣子尽忠之道吧！再说他的军事策略，为什么在东征时是那么英明智慧，西征时又是那么怯懦愚蠢？辅佐皇帝，前期是那么忠贞不二，后期又是那么好乱成性？因此，晋明帝得知司马懿的作为，伤心地以脸面贴床，为先辈的欺诈成功而羞耻；后赵皇帝石勒曾讥笑曹操、司马懿这样的奸臣贼子竟成就了帝业。古人曾说："行善三年，却很少知名；一天作坏事，便名闻天下。"不正是如此吗？虽然当时隐瞒了罪恶行径，结果被后世人所唾骂。和掩耳盗铃一样，自以为别人听不见；财迷心窍，在众目睽睽之下偷取金钱，还以为别人看不见。由此得知，贪图眼前的利益，就失去远大的前程；嗜好财利，必然败坏名声。不是损己而利人，就是害人而为己。顺应天理人情，成事就比较容易；违背时代的要求，则很难成功。况且晋国的根基未稳，而去逼迫尚存生命力的魏国？虽然你的道德誉满天下，百姓受到感化，但时机不到，也难坐上皇帝的宝座，帝位是不可以用聪明才智去取得的，也不可以用力量来获取，虽然可以给他的后人留下福泽荣耀，但它本人却不免终身为人臣子。

列 传

晋书卷三十三

列传第三

石 苞

石苞字仲容,渤海南皮人也。雅旷有智局,容仪伟丽,不修小节。故时人为之语曰:"石仲容,姣无双。"县召为吏,给农司马。会谒者阳翟郭玄信奉使,求人为御,司马以苞及邓艾给之。行十余里,玄信谓二人曰:"子后并当至卿相。"苞曰:"御隶也,何卿相乎?"既而又被使到邺,事久不决,乃贩铁于邺市。市长沛国赵元儒名知人,见苞,异之,因与结交。叹苞远量,当至公辅,由是知名。见吏部郎许允,求为小县。允谓苞曰:"卿是我辈人,当相引在朝廷,何欲小县乎?"苞还叹息,不意允之知己乃如此也。

稍迁景帝中护军司马。高祖宣帝闻苞好色薄行,以让景帝。帝答曰:"苞虽细行不足,而有经国才略。夫贞廉之士,未必能经济世务。是以齐桓忘管仲之奢僭,而录其匡合之大谋;汉高舍陈平之污行,而取其六奇之妙算。苞虽未可以上俦二子,亦今日之选也。"意乃释。徙邺典农中郎将。时魏世王侯多居邺下,尚书丁谧贵倾一时,并较时利。苞奏列其事,由是益见称。历东莱、琅邪太守，所在皆有威惠。迁徐州刺史。

文帝之败于东关也，苞独全军而退。帝指所持节谓苞曰："恨不以此授卿，以究大事。"乃迁苞为奋武将军、假节、监青州诸军事。及诸葛诞举兵淮南，苞统青州诸军，督兖州刺史州泰、徐州刺史胡质，简锐卒为游军，以备外寇。吴遣大将朱异、丁奉等来迎，诞等留辎重于都陆，轻兵渡黎水。苞等逆击，大破之。泰山太守胡烈以奇兵诡道袭都陆，尽焚其委输，异等收余众而退。寿春平，拜苞镇东将军，封东光侯、假节。顷之，代王基都督扬州诸军事。苞因入朝。当还，辞高贵乡公，留语尽日。既出，白文帝曰："非常主也。"数日而有成济之事。后进位征东大将军，俄迁骠骑将军。

文帝崩，贾充、荀勖议葬礼未定。苞时奔丧，恸哭曰："基业如此，而以人臣终乎！"葬礼乃定。后每与陈骞讽魏帝以历数已终，天命有在。及禅位，苞有力焉。武帝践阼，迁大司马，进封乐陵郡公，加侍中，羽葆鼓吹。

自诸葛诞破灭，苞便镇抚淮南，士马强盛，边境多务，苞既勤庶事，又以威德服物。淮北监军王琛轻苞素微，又闻童谣曰："宫中大马几作驴，大石压之不得舒。"因是密表苞与吴人交通。先时望气者云"东南有大兵起"。及琛表至，武帝甚疑之。会荆州刺史胡烈表吴人欲大出为寇，苞亦闻吴师将入，乃筑垒遏水以自固。帝闻之，谓羊祜曰："吴人每来，常东西相应，无缘偏尔，岂石苞果有不顺乎？"祜深明之，而帝犹疑焉。会苞子乔为尚书郎，上召之，经日不至。帝谓为必叛，欲讨苞而隐其事。遂下诏以苞不料贼势，筑垒遏水，劳扰百姓，策免其官。遣太尉义阳王望率大军征之，以备非常。又敕镇东将军、琅邪王伷自下邳会寿春。苞用掾孙铄计，放兵步出，住都亭待罪。帝闻之，意解。及苞诣阙，以公还第。苞自耻受任无效而无怨色。

时邺奚官督郭廙上书理苞。帝诏曰："前大司马苞忠允清亮，才经世务，干用之绩，所历可纪。宜掌教典，以赞时政。其以苞为司徒。"有司奏："苞前有折挠，不堪其任。以公还第，已为弘厚，不宜擢用。"诏曰："吴人轻脆，终无能为。故疆场之事，但欲完固守备，使不得越逸而已。以苞计画不同，虑敌过甚，故征还更授。昔邓禹挠于关中，而终辅汉室，岂以一眚而掩大德哉！"于是就位。

苞奏："州郡农桑未有赏罚之制，宜遣掾属循行，皆当均其土宜，举其殿最，然后黜陟焉。"诏曰："农殖者，为政之本，有国之大务也。虽欲安时兴化，不先富而教之，其道无由。而至今四海多事，军国用广，加承征伐之后，屡有水旱之事，仓库不充，百姓无积。古者稼穑树蓺，司徒掌之。今虽登论道，然经国立政，惟时所急，故陶唐之世，稷官为重。今司徒位当其任，乃心王事，有毁家纾国，乾乾匪躬之志。其使司徒督察州郡播殖，将委事任成，垂拱仰办。若宜有所循行者，其增置掾属十人，听取王官更练事业者。"苞在位称为忠勤，帝每委任焉。

泰始八年薨。帝发哀于朝堂，赐秘器，朝服一具，衣一袭，钱三十万，布百匹。及葬，给节、幢、麾、曲盖、追锋车、鼓吹、介士、大车，皆如魏司空陈泰故事，车驾临送于东掖门外。策谥曰武。咸宁初，诏苞等并为王功，列于铭飨。

苞豫为《终制》曰："延陵薄葬，孔子以为达礼；华元厚葬，《春秋》以为不臣，古之明义也。自今死亡者，皆敛以时服，不得兼重。又不得饭唅，为愚俗所为。又不得设床帐明器也。定窆之后，复土满坎，一不得起坟种树。昔王孙裸葬矫时，其子奉命，君子不讥，况于合礼典者耶？"诸子皆奉遵遗令，又断亲戚故吏设祭。有六子：越、乔、统、浚、俊、崇。以统为嗣。

统字弘绪，历位射声校尉、大鸿胪。子顺，为尚书郎。

越字弘伦，早卒。

乔字弘祖，历尚书郎、散骑侍郎。帝既召乔不得，深疑苞反。及苞至，有惭色，谓之曰"卿子几破卿门"。苞遂废之，终身不听仕。又以有秽行，徙顿丘，与弟崇同被害。二子超、熙亡走得免。成都王颖之起义也，以超为折冲将军，讨孙秀，以功封侯。又为振武将军，征荆州贼李辰。颖与长沙王乂相攻，超常为前锋，迁中护军。陈眕等挟惠帝北伐，超走还邺。颖使超距帝于荡阴，王师败绩，超逼帝幸邺宫。会王浚攻颖于邺，颖以超为右将军以距浚，大败而归。从驾之洛阳，西迁长安。河间王颙以超领北中郎将，使与颖共距东海王越。超于荥阳募兵，右将军王阐与典兵中郎赵则并受超节度，为豫州刺史刘乔继援。范阳王虓逆击斩超，而熙得走免。永嘉中，为太傅越参军。

浚字景伦，清俭有鉴识，敬爱人物。位至黄门侍郎，为当世名士，早卒。

俊字彦伦，少有名誉，议者称为令器。官至阳平太守，早卒。

译文：

石苞字仲容，渤海郡南皮县人氏，生性儒雅旷达，富有智谋与机局。他容貌壮伟，仪表俊丽，但为人却不修边幅，不拘小节。所以，当时的人为他编了这样一句谚语说："石仲容啊，美无双。"不久，县里就征召他为吏，让他在典农司马处当了个差。当时，正值县里担任谒者官职的阳翟人郭玄信奉命出使，到处请人当他的车夫。县里的司马就把石苞和邓艾分拨给了他。上路刚走了十多里地，郭玄信就对两人说："你二人日后都能做到卿相。"石苞丧气地说："一个臭车夫，还能当什么卿相？"接着，他又被派往邺城当差，在那儿公事却久久不能了结。石苞就暂时到邺城集市上贩铁为生。管理集市的"市长"沛国人赵元儒素以知人而闻名。他一见石苞，就大为惊异，因而与石结为至交，并屡屡当众为石苞的远大器量而发出慨叹。他断言，石苞日后必能官至公卿宰辅。从此，石苞就出了名。不久，石苞进见吏部郎许允，请求当个小县的县令。许允却对石苞说："您本是我辈中人，我应当引荐您在朝廷为官，您为什么还要去当小县县令呢？"石苞回来后连连叹息，想不到许允竟能这样深知自己。

后来，石苞渐渐升官，做到了景帝部下的中护军司马。高祖宣帝听说石苞喜好女色，品行轻薄，就以此而责备了景帝一番。景帝辩解说："石苞小节上虽略有不足，但他却有经邦治国的雄才大略。那些贞洁清廉的人士，未必都能经邦济世。所以，齐桓公才忘却了管仲曾经有过奢侈与僭礼的小过失，而录用了他九合诸侯、一匡天下的大谋略；汉高祖才舍弃了陈平盗嫂的污点细行不予追究，而采纳了他六大奇计那样的神机妙算。石苞虽然还不能向上与管、陈两位贤人相比，但他毕竟也是今日难得的人选、英才呀！"听了这番话，司马懿脸上的不悦之色才渐渐得到了消解。不久，石苞就调任做了邺城的典农中郎将。当时，魏国的王侯大多数居住在邺城治下。尚书丁谧一时贵宠无比，与那些王侯们同在邺城争权夺利、追逐时尚。石苞及时上奏，列举了丁谧许多不法的事端劣迹。从此，石苞就更加得到了称许。接着，他又历任东莱、琅邪两郡的太守，所到之处也都很有威望与惠德。不久，他就升任了徐州刺史。

文帝在东关兵败时，唯独石苞率所部全师而退。司马昭指着他自己所执掌的符节对石苞说："我真悔恨当初没有把这东西授予您掌握，让您来处理军机大事。"于是就升迁石苞为奋武将军、假节、监督青州诸处的军事。及至诸葛诞在淮南兴兵谋反，石苞当即统领青州诸路军兵，督率兖州刺史州泰、徐州刺史胡质，简选精兵锐卒作为机动部队，用来防备外来侵犯的敌寇。孙吴派遣大将朱异、丁奉等人前来迎战。诸葛诞等叛将把粮草辎重留在都陆，率轻兵渡过黎水来犯。石苞等率魏军迎击，大破诸葛诞军。魏将泰山太守胡烈用奇兵绕道偷袭都陆，把诸葛诞存留在那里的辎重烧了个尽净。吴将朱异等只得收拾余众仓惶败退。寿春平定了，石苞也被拜为镇东将军，封为东光侯，假符节。不久，又让他代替王基都督扬州诸处军事。石苞因此也入朝，进了一趟京。应当返回驻地了，石苞依礼去向当时的魏少帝高贵乡公曹髦辞行，被魏少帝挽留下来说了一整天的话。出朝后，石苞对后来的晋文帝司马昭警告说："这个小皇帝，可不是一个寻常的君主啊！"几天以后，就有了成济弑灭高贵乡公的事变发生。此后，石苞就官位晋升，当上了征东大将军。俄而，又升迁做了骠骑将军。

文帝逝世时，贾充、荀勖等大臣商议对司马昭实行什么样的葬礼而未能确定。石苞当时奔丧回京，闻知此事后痛哭着说："创立了如此基业的伟人，难道还能用对人臣的礼仪为他送终吗！"就这样，用对帝王的礼仪为司马昭送葬才被确定下来。此后，石苞每每与陈骞劝谕魏室幼主，说大魏的历年寿数已临近终结；对人间的帝业，天命已经另有所瞩。及至魏室把帝位禅让给晋，石苞是出有大力的。晋武帝司马炎即帝位后，立即升迁石苞做了大司马，进封他为乐陵郡公，加官为侍中，并赐给了他羽葆和鼓吹等一整套公侯的仪仗侍从。

自从诸葛诞破灭以后，石苞就一直留在淮南前线担任镇守、安抚要职，所部士马强盛，管辖的边境事务渐多，权力也渐大。

石苞既勤于军政诸事，又能用威德感服人心物望。淮北监军王琛轻视石苞出身寒微，又闻听童谣说："宫中的大马几乎变成了驴畜，都因为有块大石头压得它不舒服。"借此机会，王琛就密修表章告发石苞，说他暗中曾与吴国人结交通连。恰好，早些时又有望气的人散布说："不久东南方向将要有大规模的兵祸战乱兴起。"及至王琛的表章送到，晋武帝对石苞就很是怀疑。当时正逢荆州刺史胡烈表奏说吴人将要大批出动寇略，石苞也听说吴国的师旅将要进犯，他就兴筑壁垒堤坝，拦截江河流水，用来巩固自身的防守。晋武帝听说这事后，对羊祜说："吴国人每次来犯，常常与我方守将勾结，东西呼应。无缘无故的，石苞却偏偏要这样造作，难道说他果然有不顺反叛的意向吗？"羊祜虽深深地替石苞剖白、说明，可是晋武帝仍然对他心存疑虑。恰遇石苞在朝中作尚书郎的儿子石乔在皇上召见他时，竟然终日也不到场。晋武帝就认为，这是石苞必反的征兆。他心中暗要讨伐石苞，而表面上却把这一意图暂时掩盖了起来。于是他就下诏，以石苞不能准确预料贼兵形势、盲目地筑壁垒拦截流水、烦劳和骚扰百姓为由，罢免了石苞的官职。接着，又派遣太尉、义阳王司马望率领大军征召石苞，用来防备有可能出现的非常事变。另外，又敕令镇东将军、琅邪王司马伷率军从下邳会师寿春，以防变乱。在大兵压境的严峻形势下，石苞采用了属下曹掾孙铄的计谋，主动放弃了兵权，步行出营，只身住到都亭馆驿中待罪反省。晋武帝听说这事后，怒意渐解。及至石苞亲身来到皇宫殿阙前谢罪时，晋武帝就已不再究其罪过，而让他仍以公侯的高位回家反省去了。石苞回家后，也以受朝廷重任报效不力自感耻辱，而毫无怨望、不服的神色和情绪。

当时邺城的奚官督郭廙上书朝廷为石苞辩理鸣冤。晋武帝为此而下诏说："前任大司马石苞忠正公允、清廉明达，才略足可经营世务。他干办致用的功绩，凡是他历任之处皆有案可稽。宜于让他掌管教化章典，用来赞助时下的政务。就用石苞做司徒吧！"有关主管部门却上奏说："石苞前不久曾犯有过失、经历了挫折，能力不胜其任。以公的身份让他回家思过，就已经够宽大仁厚的了，不宜对他再加升迁录用。"晋武帝再次颁诏说："吴人轻狡脆弱，到了也不会有什么能为。所以处理疆界上的防务军事，只要完善与加固我方的守备，使得敌军不能轻易越界突破，也就是了。先前，因为朕与石苞的应敌计划略有不同，朕认为他把敌方力量考虑得过于厉害了，所以才征召他还都，准备另外授予他新的职务。昔年，东汉开国名臣邓禹虽然在关中之战里偶遇挫折，但他最终却辅佐汉室，成就了帝业。怎么能因为一点小过失，而抹杀了一个人的大功德呢！"于是，石苞便就任了司徒的职位。

不久，石苞上奏章说："目前，对各州郡的农耕蚕桑诸业还没有相应的赏罚制度。现在，应当派遣掾吏属员巡行州郡，让各地田土宜农宜桑都大体均衡、合理，举出其中的落后者和先进者，然后分别黜罚和升赏他们。"晋武帝颁诏说："农垦耕殖，是为政的根本，是国家的重大任务。人主虽想要安定时世、兴隆教化，但如不先让百姓富裕起来然后再教育，即使想前进也找不到应当从哪里上路。然而，至今四海之内仍是多事危难之秋，国家军旅用度很大，加上近年又紧承征伐兵战之后，屡有水旱灾害之类的事件发生，仓库里粮食不充足，百姓们家中也没有积蓄。古代稼禾农耕、树桑殖谷这类事，都由司徒掌管。如今司徒虽已登上了庙堂坐而论道，然而经略国事、治理天下理所当优先考虑的，应当是当时的急务。故而在帝尧陶唐氏那个时代，把农官看得最重要。如今，司徒石苞恰好位当其任。他现在一心想着国家大事，有着不惜毁弃自家以救国难的那种耿耿不懈的壮志。现在，就派司徒督察各州郡有关农桑的播种养殖事宜。朕将委以大事，听任他去完成，朕则垂手拱立，一切都仰仗他去经办。如若应当配有巡行州郡的人，那就再为他增设掾吏属员十人，听凭他从王官中选取那些对农事产业更达干练的人充任。"石苞在位，一贯以忠诚勤恳著称，晋武帝每每委托给他以重任。

　　泰始八年，石苞逝世。晋武帝亲自在朝堂为他举哀发丧，赐给他秘器，赠给他朝服一具，上衣一袭，钱三十万，布一百匹。到下葬时，又赐给他节、幢、麾、曲盖、追锋车、鼓吹、介士、大车，整个场面都与魏国的司空陈泰下葬时的旧例一样隆重。皇帝的车驾亲临送葬，一直送到了东掖门外。在赐给石苞的策书上赠给他谥号叫作"武"。咸宁初年，晋帝又颁诏，把石苞等人的功爵封号都定成了"王"，并且把他们的名字都刻在了碑铭之上，列在了庙堂飨祭之中。

　　石苞在生前预先作好的《终制》（临终遗令）中说："春秋时吴国的延陵季子对自己实行薄葬，孔子认为这样做很符合礼制；宋国的大臣华元厚葬，《春秋经》认为这简直不是一个臣子所应当做的。这些，都是古代圣贤留下的明训啊！从今以后我家死亡的人，都要用现时流行的普通衣服装殓，不得兼用古装，或用礼服重复装殓。还不得采用在死者口中放置玉器等宝物的仪式，因为这是一种被愚蠢庸俗的人所崇尚的陋习。也不得设置床帐明器等等物件。棺柩在墓穴中安葬之后，回填的墓土只要把墓坑填平就行，一律不得垒起高高的封土坟堆，也不得在墓上种树。昔年，西汉的杨王孙临终时让人把他裸体下葬，以此来矫正当时厚葬的陋俗，他的儿子奉守父命，世上的君子对此并没有什么讥讽。更何况我今天吩咐你们做的，都是符合礼法典章的事呢？"石苞的几个儿子都奉行遵守父亲的遗命,还阻止、谢绝亲戚和石苞的旧属部吏们前来设祭场、吊亡灵。石苞有六个儿子,他们依次是石越、石乔、石统、石浚、石俊和石崇。石苞选定石统做了他的继承人。

石统表字弘绪,历任射声校尉、大鸿胪等职位。他的儿子石顺,官为尚书郎。

石越表字弘伦,很早就亡卒了。

石乔表字弘祖,历任尚书郎、散骑侍郎等职。当年,晋武帝召见石乔而没能得见,就深深地怀疑石苞谋反。及至石苞回到京城,晋武帝相见时颇有惭愧的神色,他悄悄地对石苞说:"您的儿子差点把您全家满门都给毁了。"石苞因而废除了他的继承权,终身不许他出仕为官。又因为他有流氓一类污秽的品行,就把他放逐到了顿丘。后来,他与弟弟石崇一同被害。他的两个儿子石超和石熙因为及时逃走,才得以免遭杀害。成都王司马颖兴兵起义时,曾用石超作折冲将军,讨伐孙秀,因为有军功被封成了侯。后来,又做过振武将军,征讨荆州的贼寇李辰。在司马颖与长沙王司马乂互相攻击时,石超常常担任司马颖的前锋将军,并因此而升官任中护军。在繇等人要挟晋惠帝北伐时,石超逃回了邺城。不久,司马颖又派遣石超到荡阴与晋惠帝所部军兵拒战。结果,惠帝所率的军队遭到败绩。石超乘势逼迫惠帝驾幸邺城行宫。当时正逢王浚到邺城攻击司马颖,司马颖就用石超为右将军来拒战王浚。结果,石超大败而回。不久,石超跟随惠帝的车驾去了洛阳,又西迁去了长安。后来,河间王司马颙又用石超兼任北中郎将之职,让他与司马颖共同拒战东海王司马越。石超就到荥阳招募军兵,右将军王阐与典兵中郎赵则等部一并都受石超节制调度,为豫州刺史刘乔作后援。后来,范阳王司马虓率军迎击并斩杀了石超,而石熙却得到机会逃跑,免了一死。永嘉年间，石熙还曾做过太傅司马越的参军。

石浚表字景伦，他为人清廉、俭朴，富有鉴别能力与识见，敬重与喜爱士林中的杰出人物。他做官位至黄门侍郎，是当时的名士，可惜很早就亡卒了。

石俊表字彦伦，从小就很有才名与荣誉，论者都称赞他是当世的大器。官职曾做到阳平太守，也很早就亡卒了。

石 崇

崇字季伦，生于青州，故小名齐奴。少敏惠，勇而有谋。苞临终，分财物与诸子，独不及崇。其母以为言，苞曰："此儿虽小，后自能得。"年二十余，为修武令，有能名。入为散骑郎，迁城阳太守。伐吴有功，封安阳乡侯。在郡虽有职务，好学不倦，以疾自解。顷之，拜黄门郎。

兄统忤扶风王骏，有司承旨奏统，将加重罚，既而见原。以崇不诣阙谢恩，有司欲复加统罪。崇自表曰："臣兄统以先父之恩，早被优遇，出入清显，历位尽勤。伏度圣心，有以垂察。近为扶风王骏横所诬谤，司隶中丞等飞笔重奏，劾案深文，累尘天听。臣史弟踟蹰，忧心如悸。骏戚属尊重，权要赫奕。内外有司，望风承旨。苟有所恶，易于投卵。自统枉劾以来，臣兄弟不敢一言稍自申理。戢舌钳口，惟须刑书。古人称'荣华于顺旨，枯槁于逆违'，诚哉斯言，于今信矣。是以虽董司直绳，不能不深其文，抱枉含谤，不得不输其理。幸赖陛下天听四达，灵鉴昭远，存先父勋德之重，察臣等勉励之志。中诏申料，罪谴澄雪。臣等刻肌碎首，未足上报。臣即以今月十四日，与兄统、浚等诣公车门拜表谢恩。伏度奏御之日，暂经天听。此月二十日，忽被兰台禁止符，以统蒙宥，恩出非常，臣晏然私门，曾不陈谢，复见弹奏，诟辱理尽。臣始闻此，惶惧狼狈，静而思之，固无怪也。苟尊势所驱，何所不至，望奉法之直绳，不可得也。臣以凡才，累荷显重，不能负载析薪，以答万分。一月之中，奏劾频加，曲之与直，非臣所计。所愧不能承奉戚属，自陷于此。不媚于灶，实愧王孙。《随巢子》称'明君之德，察情为上，察事次之'。所怀具经圣听，伏待罪黜，无所多言。"由是事解。累迁散骑常侍、侍中。

武帝以崇功臣子，有干局，深器重之。元康初，杨骏辅政，大开封赏，多树党援。崇与散骑郎蜀郡何攀共立议，奏于惠帝曰："陛下圣德光被，皇灵启祚，正位东宫，二十余年，道化宣流，万国归心。今承洪基，此乃天授。至于班赏行爵，优于泰始革命之初。不安一也。吴会僭逆，几于百年，边境被其荼毒，朝廷为之旰食。先帝决独断之聪，奋神武之略，荡灭逋寇，易于摧枯。然谋臣猛将，犹有致思竭力之效。而今恩泽之封，优于灭吴之功。不安二也。上天眷祐，实在大晋，卜世之数，未知其纪。今之开制，当垂于后。若尊卑无差，有爵必进，数世之后，莫非公侯。不安三也。臣等敢冒陈闻。窃谓泰始之初，及平吴论功，制度名牒，皆悉具存。纵不能远遵古典，尚当依准旧事。"书奏，弗纳。出为南中郎将、荆州刺史，领南蛮校尉，加鹰扬将军。崇在南中，得鸩鸟雏，以与后军将军王恺。时制，鸩鸟不得过江，为司隶校尉傅祗所纠，诏原之，烧鸩于都街。

崇颖悟有才气，而任侠无行检。在荆州，劫远使商客，致富不赀。征为大司农，以征书未至擅去官免。顷之，拜太仆，出为征虏将军，假节、监徐州诸军事，镇下邳。崇有别馆在河阳之金谷，一名梓泽，送者倾都，帐饮于此焉。至镇，与徐州刺史高诞争酒相侮，为军司所奏，免官。复拜卫尉，与潘岳谄事贾谧。谧与之亲善，号曰"二十四友"。广城君每出，崇降车路左，望尘而拜，其卑佞如此。

财产丰积，室宇宏丽。后房百数，皆曳纨绣，珥金翠。丝竹尽当时之选，庖膳穷水陆之珍。与贵戚王恺、羊琇之徒以奢靡相尚。恺以𥹭澳釜，崇以蜡代薪。恺作紫丝布步障四十里，崇作锦步障五十里以敌之。崇涂屋以椒，恺用赤石脂。崇、恺争豪如此。武帝每助恺，尝以珊瑚树赐之，高二尺许，枝柯扶疏，世所罕比。恺以示崇，崇便以铁如意击之，应手而碎。恺既惋惜，又以为嫉己之宝，声色方厉。崇曰："不足多恨，今还卿。"乃命左右悉取珊瑚树，有高三四尺者六七株，条榦绝俗，光彩曜日，如恺比者甚众。恺恍然自失矣。

崇为客作豆粥，咄嗟便办。每冬，得韭萍齑。尝与恺出游，争入洛城，崇牛迅若飞禽，恺绝不能及。恺每以此三事为恨，乃密货崇帐下问其所以。答云："豆至难煮，豫作熟末，客来，但作白粥以投之耳。韭萍齑是捣韭根杂以麦苗耳。牛奔不迟，良由驭者逐不及反制之，可听蹁辕则驶矣。"于是悉从之，遂争长焉。崇后知之，因杀所告者。

尝与王敦入太学，见颜回、原宪之象，顾而叹曰："若与之同升孔堂，去人何必有间。"敦曰："不知余人云何，子贡去卿差近。"崇正色曰："士当身名俱泰，何至瓮牖哉！"其立意类此。

刘舆兄弟少时为王恺所嫉，恺召之宿，因欲坑之。崇素与舆等善，闻当有变，夜驰诣恺，问二刘所在，恺迫卒不得隐。崇径进于后斋索出，同车而去。语曰："年少何以轻就人宿！"舆深德之。

及贾谧诛，崇以党与免官。时赵王伦专权，崇甥欧阳建与伦有隙。崇有妓曰绿珠，美而艳，善吹笛。孙秀使人求之。崇时在金谷别馆，方登凉台，临清流，妇人侍侧。使者以告。崇尽出其婢妾数十人以示之，皆蕴兰麝，被罗縠，曰："在所择。"使者曰："君侯服御丽则丽矣，然本受命指索绿珠，不识孰是？"崇勃然曰："绿珠吾所爱，不可得也。"使者曰："君侯博古通今，察远照迩，愿加三思。"崇曰："不然。"使者出而又反，崇竟不许。秀怒，乃劝伦诛崇、建。崇、建亦潜知其计，乃与黄门郎潘岳阴劝淮南王允、齐王冏以图伦、秀。秀觉之，遂矫诏收崇及潘岳、欧阳建等。崇正宴于楼上，介士到门。崇谓绿珠曰："我今为尔得罪。"绿珠泣曰："当效死于官前。"因自投于楼下而死。崇曰："吾不过流徙交、广耳。"及车载诣东市，崇乃叹曰："奴辈利吾家财。"收者答曰："知财致害，何不早散之？"崇不能答。崇母兄妻子无少长皆被害，死者十五人。崇时年五十二。

初，崇家稻米饭在地，经宿皆化为螺，时人以为族灭之应。有司簿阅崇水碓三十余区，苍头八百余人，他珍宝货贿田宅称是。

及惠帝复阼，诏以卿礼葬之。封崇从孙演为乐陵公。

苞曾孙朴字玄真，为人谨厚，无他材艺，没于胡。石勒以与朴同姓，俱出河北，引朴为宗室，特加优宠，位至司徒。

欧阳建字坚石，世为冀方右族。雅有理思，才藻美赡，擅名北州。时人为之语曰："渤海赫赫，欧阳坚石。"辟公府，历山阳令、尚书郎、冯翊太守，甚得时誉。及遇祸，莫不悼惜之。年三十余。临命作诗，文甚哀楚。

孙铄字臣邺，河内怀人也。少乐为县吏，太守吴奋转以为主簿。铄自微贱登纲纪，时僚大姓犹不与铄同坐。奋大怒，遂荐铄为司隶都官从事。司隶校尉刘讷甚知赏之。时奋又荐铄于大司马石苞，苞辟为掾。铄将应命，行达许昌，会台已密遣轻军袭苞。于时汝阴王镇许，铄过谒之。王先识铄，以乡里之情私告铄曰："无与祸。"铄既出，即驰诣寿春，为苞画计，苞赖而获免。迁尚书郎，在职驳议十有余事，为当时所称。

史臣曰：若夫经为帝师，郑冲于焉无愧；孝为德本，王祥所以当仁；何曾善其亲而及其亲之党者也。夏禹恭俭，殷因损益。牲牢服用，各有品章，诸侯不恒牛，命士不恒豕。御而骄奢，其关乎治政。乘时立制，莫不由之。石崇学乃多闻，情乖寡悔，超四豪而取富，喻五侯而竞爽。春畦藿靡，列于凝沍之晨；锦障逶迤，亘以山川之外。撞钟舞女，流宕忘归，至于金谷含悲，吹楼将坠，所谓高蝉处乎轻阴，不知螳螂袭其后也。

赞曰：郑冲含素，王祥迟暮。百行斯融，双飞天路。何石殊操，芳饪标奇。帝风流靡，崇心载驰。矜奢不极，寇害成赘。邦分身坠，乐往哀随。

译文：

石崇字季伦，由于出生在齐地青州，故而取了个小名叫"齐奴"。他从小机敏聪慧，勇敢而又极有谋略。石苞临终时，把财产分给了各位儿子，独独不分给石崇。他母亲因此还向石苞讲了一番情。石苞说："这孩子虽然最小，但日后他自己能挣得财物。"石崇二十多岁时做修武县县令，便有了贤能的好名声。不久，就入朝做了散骑侍郎，又升迁为城阳太守。因为攻伐吴国有功，被封为安阳乡侯。他在郡里虽任有太守的职务，却喜好学习，读书不倦，以至于用有病为由，自动解免了太守的官职。不久，他又被拜为黄门郎。

石崇的兄长石统忤犯了扶风王司马骏，有关主管部门便秉承司马骏的旨意劾奏石统，并将要施加沉重的惩罚，过了不久又得到了原谅。但是由于石崇没有为此而赶到皇宫帝阙前感谢皇上不罚之恩,有关主管部门又要再给石统添加罪名。石崇自动上表章说:"臣的兄长石统因为先父的恩宠,很早就得到了优厚的待遇。他出入于清高显荣的官署府邸,在他所历任的职位上克尽忠勤,这些,臣估摸着在圣上的心中,也都已经有所垂闻和体察了。近来,臣兄被扶风王司马骏横加诬陷与诽谤,司隶中丞等官员也飞笔上表重复参奏,弹劾与案问既尖刻而又夸饰,屡屡地蒙蔽天子的圣听。臣兄弟们现在局促不安,忧心如焚。司马骏是圣上的亲属,位尊势重,威权显赫。内外的职司部门,都在观望他的风向、顺承他的旨意。他如果真的有什么厌恶的人想要告倒除掉的话,比以石击卵还要容易。自从石统被蒙冤劾奏以来,臣兄弟不敢说一句话为自己稍稍申诉辩解。大家钳口结舌,只等着行刑判决书的下达。古人说:'荣华富贵,来自于顺风承旨;枯槁败亡,导源于忠逆违拗。'这句话说得真对呀!从今以后我算信了。所以,虽就是按理说应当法绳准直的董理、职司部门,对案情也不能不尖刻而又夸饰;含冤枉、被诽谤的人,也不得不把官司打输。幸好,仰赖陛下四通八达的天听能明察秋毫,昭示远近。陛下还能存恤先父重大的功勋、忠德,体察臣兄弟等人勤勉蹈励的情志。由于陛下亲自颁诏为臣兄弟等申张、料理,臣兄弟等的罪愆才得到了澄清和昭雪。臣兄弟等就是剐肌肉、碎头颅,也不够上报陛下的天恩。臣就在这个月的十四日,曾经与臣兄石统、石浚等人到公车门上表章,感谢陛下的天恩。臣估计那些奏章上陈给陛下的那一天,陛下的天听已经临时闻讯了臣兄弟等的感激之言呢。不料这个月的二十日,臣家忽然被兰台衙门贴上了禁止出入的符令。原因据说是因为石统承蒙陛下原宥,这番恩德的降临非同寻常,然而臣竟然敢舒舒服服地待在自家私宅里,压根就不曾上朝谢恩。于是臣又遭到了弹劾、参奏，说臣已经把惧讥讪、知耻辱的心理丧失殆尽了。臣刚开始听说这件事，既恐惧又狼狈。接着平静下来一思考，就觉得这本来就没有什么可奇怪的。有关部门果真被尊贵有权势的人所驱使，想要办什么办不到！在这种情况下，指望执法部门量刑的准绳正直公允，是根本不可能的。臣以才干上很平凡的资质，屡屡担负显荣、贵重的职务，愧不能为陛下稍尽拉车、砍柴之劳，用这来报答陛下万分之一的恩德。最近一个月内，对臣的参奏弹劾频频增加，这件事本身的是非和曲直，已经不是臣所能考虑的了。臣所深感惭愧的是，臣没有本领，不能奉承皇亲国戚，自己把自己陷进了这样悲惨的境地。臣没有能向把人间是非传送到天上的灶王爷献媚、讨好，这与熟谙此道的王孙贾相比，实在是有愧呀！《随巢子》说：'在圣明的君主的必备品德中，应当把能体察人情放在首位，把能明察事理放在次要的位置上。'臣胸怀中所想说的，都已经说给了圣上以供天听。臣只有老老实实地俯伏在地，等待陛下降罪、黜罚，再没有什么可多说的了。"由于这篇表彰的奏闻，这件事才最后消解了。后来，石崇官职屡有升迁，曾历任过散骑常侍和侍中。

晋武帝因为石崇是功臣的儿子，又富有才干和机局，非常器重他。元康初年，杨骏任首席辅政大臣，他大开封侯赏赐之门，树立了很多党羽和外援。石崇与散骑郎蜀郡的何攀共同草立论议向晋惠帝上奏章说："天下都被陛下圣德的阳光所普照。陛下如今初登皇位，加上陛下正位东宫为太子，至今已有二十余年。这些年来，大晋的皇道王化已经得到宣扬和流布，可算是四海诚服，万国归心。如今陛下新承洪基大业，这是上天授予您的。而近来颁布封爵、施行赏赐，竟至于比泰始年间改朝革命的初期还要优厚。这是使臣等心中实感不安的第一条。吴国割据称帝，僭礼作乱，几乎有近百年了。我边境屡次遭到它的荼毒寇犯，朝廷上下为它而宵旰废食。先帝以独断的非凡气慨做出了聪明的决策，奋起制定了神武的战略，使得荡灭贼寇的战事，比摧枯拉朽还要容易。然而即使是这样，谋臣猛将们仍然有着深思竭力的巨大功效和勋劳。而今陛下新颁行的恩泽封赏，比先帝奖励那些平灭吴国的功臣们还优厚。这是使臣等心中实感不安的第二条。如今被上天眷顾、庇佑的，确实就仅有我们大晋。如卜问一下我大晋帝王日后传承的世数，恐怕还难于知道它确实的记录。如今开创的制度，是应当永垂于后世的。如若现在弄得尊卑贵贱没有差别，只要有爵号就必定让人进封，这样过几代之后，恐怕就没有人不是公侯了。这是使臣等心中实感不安的第三条。臣等斗胆，敢将上述意见冒死陈述给陛下知闻。臣等私下认为，泰始革命的初年，以及平定吴国后论封功臣的制度和名牒，如今都还悉数俱在。如今纵使不能远远地遵奉上古的章典，至少也应当以泰始与平吴时的旧事为准，依照施行吧！"这道谏书上奏后，并没有被惠帝采纳。不久，朝廷就将石崇放出，做了南中郎将、荆州刺史，兼任南蛮校尉，附加官号为鹰扬将军。石崇在南中弄到一只鸩鸟的小雏，就把它送给后军将军王恺。按当时的法制，是不得携带鸩鸟越过长江的。这件事后来被司隶校尉傅祗所纠察、揭发，惠帝颁诏原宥了石崇这次的违纪行为，但却把那只鸩鸟在京都大街上当众烧死了。

石崇生性聪颖，有悟性、有才气，然而却任勇行侠，品行很不检点。他在荆州，主使人劫掠远国的来使和往来的商旅、贾客，获得的财富珍宝无法估价。朝廷后来征宣他做大司农，由于征宣他的命令书还没有传到他就擅离原职而被免去了官职。不久，朝廷又拜他为太仆，出京任征虏将军、假持符节、监领徐州诸处的军事，镇守下邳。石崇另有别墅在河阳县的金谷园，它还有一个名字叫作梓泽园。赴任前为他送行的人倾都城而出，石崇为他们在金谷园设置帐篷，大开饮宴。他到了镇所下邳后，因为与徐州刺史高诞争抢酒喝而互相辱骂，被军中的司职人员所劾奏，被罢免了官职。不久，石崇又被拜为卫尉。他与潘岳共谄媚地奉承、服侍贾谧，贾谧也与石崇等人亲近友善。他们一帮人自称为"二十四友"。石崇每次路遇贾谧的养祖母兼外祖母、贾充之妻广城君郭槐，都要下车趋避道左，远远望着广城君行车扬起的灰尘跪迎拜送。他就是这样的卑恭巧佞。

石崇的财产丰饶山积，居室屋宇宏伟富丽。后房的姬妾有数百人，个个穿的都是丝绸绣花的曳地长裙，戴的都是黄金翡翠等珠宝首饰。他家的丝竹管弦乐队尽选了当时的名家，厨房的膳食菜肴尽是山珍海味。石崇经常与皇亲贵戚王恺、羊琇之徒以生活的奢侈、靡费互相比高下。王恺用蜂蜜涮锅，石崇就用蜡烛当柴草烧。王恺用紫色的丝绸布做了四十里长的步障，石崇就用锦缎作五十里的步障与他匹敌。石崇用香料椒末涂抹屋内墙壁，王恺就用红色脂玉石末作涂料。石崇与王恺就这样一个劲儿地争豪斗富。在他俩斗富时，晋武帝每每地暗助王恺。有一次，晋武帝曾把一株珊瑚树赐给王恺。这株宝树二尺多高，树干扶疏，世间罕有能与它相比的。王恺就把它请出来向石崇夸示。石崇二话没说，抡起铁如意就向它砸去，宝树应手而碎。王恺既为这株宝树惋惜，又认为石崇是见了自己的宝贝而生嫉妒，于是声色俱厉地与他吵了起来。石崇却满不在乎地说："这事儿不值得您发那么大的火，现在我就赔给您。"说罢就让左右仆从把他家的珊瑚宝树全数都取出来。其中有三四尺高的六七株，株株枝干超群绝俗，光彩耀日。同王恺拿出来的那株相比而差不离的，就更多了。王恺一见，立刻就木然如痴，没了精神头儿。

石崇为客人做红小豆稀粥，一咯叭嘴儿就做得了。每每在寒冬腊月，还能在他家吃到新鲜的韭菜花酱。王恺曾与石崇出外游玩，两人骑着牛，争看谁能先跑进洛阳城。只见，石崇骑的那头牛跑起来同飞鸟一样迅疾，王恺的那头绝对追不上。王恺每每因为这三件事不如石崇，而引以为恨。于是，他就秘密地买通石崇帐下的家人，询问这些到底是怎么回事儿。家人回答说："红小豆极其难以煮熟，这都是预先就把小豆末儿做熟了。等客人来了，只要再做点白米粥往里一投，就得了。冬天新鲜的韭菜花酱，是把韭菜根捣烂后再掺杂点小麦绿苗做成的。牛跑得不慢，实在多是因为平日在家常让驭手驾车驱赶它追逐别的牛，如果追不上，回头驭手就狠收拾它，然后卸下车辕再让它追就像骡马一样快了。"于是，王恺全都照这个家人说的去做，就争到了先。石崇后来知道了事情的底细，因而把告诉王恺机密的那个家人杀了。

石崇曾经有一次与王敦一同进太学，在那里见到了颜回、原宪的画像。他端详着画像叹息着说："我若是能与他们同样升入孔子弟子的殿堂，又何必像他们与一般人相隔那么大的间距呢！"王敦接口说："不知与孔子别的弟子相比怎么说，子贡与您倒还是挺接近的。"石崇一本正经地说："士人处世应当让身体与名声都达到安泰，何必非要弄到家里只有破瓦瓮、糟木窗的田地呢！"他所立下的人生志向大体就是如此。

刘舆兄弟少年时就遭到了王恺的嫉恨。有一次，王恺把这兄弟俩找来家夜宿，想要乘机下手坑害他们俩。石崇平素就与刘舆等人亲善，他听说事情要有祸变，就连夜驰马登门拜见王恺，问刘氏兄弟俩在哪儿。王恺在紧迫、仓促之中没能把他俩隐藏起来。石崇径直走进后斋，把这兄弟俩索要了出来，一同登车而去。在车上，石崇对这哥儿俩说:"年纪轻轻的两个小伙子,怎么能随随便便就在别人家寄宿呢!"刘舆深深地感念石崇的恩德。

及至贾谧后来被杀,石崇也因为是贾谧的党羽而被罢免了官职。当时赵王司马伦专权,石崇的外甥欧阳建恰好与司马伦有仇隙。石崇后宅有位歌妓名叫绿珠,容貌奇美,姿色绝艳,善于吹竹笛。司马伦的心腹宠臣孙秀派人向石崇索取绿珠。石崇当时正在金谷园的别墅里享乐,刚刚登上清凉的高台,下临清澈的流水,近则有美貌的妇人侍奉。使者便把孙秀的意思告诉了石崇。石崇把他的婢女、侍妾数十人全都招呼出来让使者看。使者一瞧,真个是人人体蕴兰麝幽香,个个身披丝罗縠素,都漂亮极了。石崇大声说:"这些人您任意挑吧!"使者回答说:"君侯您所拥有的服御侍妾要说美丽确实都很美丽,然而我本来接受的命令是指名要索取绿珠的。不知道她们中谁是?"石崇听罢此话勃然大怒说:"绿珠是我所最喜爱的人,你是不可能得到的。"使者又说:"君侯您是个博古通今、察远照近的明白人,希望您对此再加三思。"石崇说:"不用了!"使者无奈只得出园回报孙秀,然后仍带着孙秀原来的要求又返回来见石崇,石崇到最后也没有应许孙秀。孙秀闻报大怒,就力劝司马伦诛灭石崇、欧阳建。石崇、欧阳建也暗知他们的阴谋,于是就同黄门郎潘岳偷偷地劝淮南王司马允、齐王司马礒设计图谋除掉司马伦与孙秀。这件事不久就被孙秀察觉了。于是孙秀就假传皇帝诏令,收捕石崇以及潘岳、欧阳建等人。当时石崇正在楼上饮宴,收捕他的甲士就已经来到了门口。石崇对绿珠说:"绿珠啊,我今天可是为了你才遭了罪、惹了祸呀!"绿珠也涕泣着回答说:"奴家今天要死在官人您的面前。"于是自己倒投向楼下而死。石崇在家被绑时还故作镇静地说:"我最多不过被流放到交趾、广州罢了。"及至囚车载着他往杀人行刑的东市驶去时,石崇才哀叹着说："这帮奴才们设计害我，还不就是为了图谋我的家财！"负责收捕他的官员回答他说："早知家财会给你招致灾祸，你为何不早早散尽它们呢？"石崇听了，无言回答。这次惨案，石崇的母亲、兄长、妻室、子女不分老小全被杀害，同死的共有十五人。石崇当时年仅五十二岁。

起初，石崇家里的稻米饭粒洒在地上，经过一夜都化作了螺蛳。当时人认为这是石崇家要遭族灭之祸先兆。有关职司部门在按簿册查阅石崇家产时发现在册的水磨房就有三十多处，苍头奴仆八百多人，其他的珍宝财物田产房宅也有很多。

及至晋惠帝永宁元年平息赵王伦叛乱复登帝位，才重新下诏改用对九卿的礼仪改葬石崇，并续封石崇的从孙石演为乐陵公。

石苞的曾孙石朴表字玄真，他为人严谨、敦厚，没有什么特别的才能、技艺，从小就沦没在胡人之中。前赵的君王石勒因为石朴与他同姓，祖籍又都出自河北，就把石朴引为宗室，特别地加以优待、恩宠，官位曾做到司徒。

石崇的外甥欧阳建字坚石，家中世世代代是冀州地方的望族。他博雅而思维特别有条理，才学藻秀而观瞻俊美，在北方州郡十分著名。当时的人编了一句话称赞他说："像渤海一样声名赫赫的，是欧阳坚石。"他被公府征召，历任山阳县令、尚书郎、冯翊太守，很得当时人的赞誉。及至他遇祸被杀，人们没有不表示哀悼痛惜的。死时年仅三十余岁。临送命时曾作了一首诗，诗中的文辞特别哀怨凄楚。

（石苞的属吏）孙铄字巨邺，是河内怀县人氏。从小就很乐于做县吏。太守吴奋把他调任做了郡的主簿。孙铄从一个出身卑贱的人而登上了郡守的经纪、总管的高位，当时的官僚和地方的大姓人物都不愿在交际场上与孙铄同坐在一起。郡守吴奋见到这场景大怒，立刻就把孙铄荐举为司隶都官从事。司隶校尉刘讷特别了解和赏识他。当时吴奋又把孙铄荐举给了大司马石苞，石苞决定征用他为曹掾。孙铄即将响应石苞的任命，在赴任前行到达许昌时，正赶上中央台省已经秘密地派遣轻装快速部队掩袭石苞。这时正巧是汝阴王镇守许昌，孙铄过府去拜会他。汝阴王早先就熟识孙铄。见到孙铄后出于同乡本里的友情，就私下告诉孙铄说："你就别去惹祸啦！"孙铄出来后，立即驰赴寿春，为石苞出谋划策。石苞的灾祸依赖孙铄的计谋，而获得了解免。后来，孙铄晋升为尚书郎。在职期间他就十多件事上奏的驳议，得到了当时人的称赞。

史臣说：……石崇向学博闻广记，但性情乖僻任性，行事很少后悔。他超过了四海的英豪而独独致富，逾越了汉代的五侯而能同他们竞赛生活的优裕。春天才能有的新鲜菜，在严冬冰天雪地的早晨，他家也能给你陈列上来。他设立的锦缎步障逶迤五十里，能在遥远的山川之外绵亘。他家日日撞钟鼓，舞女婆娑，常使贵客流连忘返。及至大祸忽来，金谷园则饱含着悲哀，吹笛的名姬绿珠也从画楼上坠亡。这就是人们常说的，高处鸣叫的蝉儿正处在轻柔的绿荫中，它是不知道还会有螳螂从背后对它发起突然袭击的。

赞论说：……何曾与石苞操守殊异，但两人都能各标奇节，自领芬芳。晋代从皇帝起风气就陷于风流奢靡，石崇在这种环境下心情也愈加放纵恣意。他骄矜奢侈的日子没能过到头，寇贼灾害就生成于他的敌国家财。他侯国的爵封被取消，宠爱的姬妾也坠楼身亡，欢乐的日子一去不复返，伴随他的只有无穷的哀愁。

晋书卷三十四

列传第四

羊祜

羊祜字叔子，泰山南城人也。世吏二千石，至祜九世，并以清德闻。祖续，仕汉南阳太守。父衜，上党太守。祜，蔡邕外孙，景献皇后同产弟。

祜年十二丧父，孝思过礼，事叔父耽甚谨。尝游汶水之滨，遇父老谓之曰："孺子有好相，年未六十，必建大功于天下。"既而去，莫知所在。及长，博学能属文，身长七尺三寸，美须眉，善谈论。郡将夏侯威异之，以兄霸之子妻之。举上计吏，州四辟从事、秀才，五府交命，皆不就。太原郭奕见之曰："此今日之颜子也。"与王沈俱被曹爽辟。沈劝就征，祜曰："委质事人，复何容易？"及爽败，沈以故吏免，因谓祜曰："常识卿前语。"祜曰："此非始虑所及。"其先识不伐如此。

夏侯霸之降蜀也，姻亲多告绝，祜独安其室，恩礼有加焉。寻遭母忧，长兄发又卒，毁慕寝顿十余年，以道素自居，恂恂若儒者。

文帝为大将军，辟祜，未就，公车征拜中书侍郎，俄迁给事中、黄门郎。时高贵乡公好属文，在位者多献诗赋，汝南和迪以忤意见斥，祜在其间，不得而亲疏，有识尚焉。陈留王立，赐爵关中侯，邑百户。以少帝不愿为侍臣，求出补吏，徙祕书监。及五等建，封巨平子，邑六百户。锺会有宠而忌，祜亦惮之。及会诛，拜相国从事中郎，与荀勖共掌机密。迁中领军，悉统宿卫，入直殿中，执兵之要，事兼内外。

武帝受禅，以佐命之勋，进号中军将军，加散骑常侍，改封郡公，邑三千户。固让封不受，乃进本爵为侯，置郎中令，备九官之职，加夫人印绶。泰始初，诏曰："夫总齐机衡，允厘六职，朝政之本也。祜执德清劭，忠亮纯茂，经纬文武，謇謇正直，虽处腹心之任，而不总枢机之重，非垂拱无为委任责成之意也。其以祜为尚书右仆射、卫将军，给本营兵。"时王佑、贾充、裴秀皆前朝名望，祜每让，不处其右。

帝将有灭吴之志，以祜为都督荆州诸军事、假节，散骑常侍、卫将军如故。祜率营兵出镇南夏，开设庠序，绥怀远近，甚得江汉之心。与吴人开布大信，降者欲去皆听之。时长吏丧官，后人恶之，多毁坏旧府，祜以死生有命，非由居室，书下征镇，普加禁断。吴石城守去襄阳七百余里，每为边害，祜患之，竟以诡计令吴罢守。于是戍逻减半，分以垦田八百余顷，大获其利。祜之始至也，军无百日之粮，及至季年，有十年之积。诏罢江北都督，置南中郎将，以所统诸军在汉东江夏者皆以益祜。在军常轻裘缓带，身不被甲，铃阁之下，侍卫者不过十数人，而颇以畋渔废政。尝欲夜出，军司徐胤执槃当营门曰："将军都督万里，安可轻脱！将军之安危，亦国家之安危也。胤今日若死，此门乃开耳。"祜改容谢之，此后稀出矣。

后加车骑将军，开府如三司之仪。祜上表固让曰："臣伏闻恩诏，拔臣使同台司。臣自出身以来，适十数年，受任外内，每极显重之任。常以智力不可顿进，恩宠不可久谬，夙夜战悚，以荣为忧。臣闻古人之言，德未为人所服而受高爵，则使才臣不进；功未为人所归而荷厚禄，则使劳臣不劝。今臣身托外戚，事连运会，诚在过宠，不患见遗。而猥降发中之诏，加非次之荣。臣有何功可以堪之，何心可以安之。身辱高位，倾覆寻至，愿守先人弊庐，岂可得哉！违命诚忤天威，曲从即复若此。盖闻古人申于见知，大臣之节，不可则止。臣虽小人，敢缘所蒙，念存斯义。今天下自服化以来，方渐八年，虽侧席求贤，不遗幽贱，然臣不能推有德，达有功，使圣听知胜已者多，未达者不少。假令有遗德于版筑之下，有隐才于屠钓之间，而朝议用臣不以为非，臣处之不以为愧，所失岂不大哉！臣忝窃虽久，未若今日兼文武之极宠，等宰辅之高位也。且臣虽所见者狭，据今光禄大夫李憙执节高亮，在公正色；光禄大夫鲁芝洁身寡欲，和而不同；光禄大夫李胤清亮简素，立身在朝，皆服事华髪，以礼终始。虽历位外内之宠，不异寒贱之家，而犹未蒙此选，臣更越之，何以塞天下之望，少益日月！是以誓心守节，无苟进之志。今道路行通，方隅多事，乞留前恩，使臣得速还屯。不尔留连，必于外虞有阙。匹夫之志，有不可夺。"不听。

及还镇，吴西陵督步阐举城来降。吴将陆抗攻之甚急，诏祜迎阐。祜率兵五万出江陵，遣荆州刺史杨肇攻抗，不克，阐竟为抗所擒。有司奏："祜所统八万余人，贼众不过三万。祜顿兵江陵，使贼备得设。乃遣杨肇偏军入险，兵少粮悬，军人挫衄。背违诏命，无大臣节。可免官，以侯就第。"竟坐贬为平南将军，而免杨肇为庶人。

祜以孟献营武牢而郑人惧，晏弱城东阳而莱子服，乃进据险要，开建五城，收膏腴之地，夺吴人之资，石城以西，尽为晋有。自是前后降者不绝，乃增修德信，以怀柔初附，慨然有吞并之心。每与吴人交兵，克日方战，不为掩袭之计。将帅有欲进谲诈之策者，辄饮以醇酒，使不得言。人有略吴二儿为俘者，祜遣送还其家。后吴将夏详、邵顗等来降，二儿之父亦率其属与俱。吴将陈尚、潘景来寇，祜追斩之，美其死节而厚加殡敛。景、尚子弟迎丧，祜以礼遣还。吴将邓香掠夏口，祜募生缚香，既至，宥之。香感其恩甚，率部曲而降。祜出军行吴境，刈谷为粮，皆计所侵，送绢偿之。每会众江沔游猎，常止晋地。若禽兽先为吴人所伤而为晋兵所得者，皆封还之。于是吴人翕然悦服，称为羊公，不之名也。

祜与陆抗相对，使命交通，抗称祜之德量，虽乐毅、诸葛孔明不能过也。抗尝病，祜馈之药，抗服之无疑心。人多谏抗，抗曰："羊祜岂酖人者！"时谈以为华元、子反复见于今日。抗每告其戍曰："彼专为德，我专为暴，是不战而自服也。各保分界而已，无求细利。"孙皓闻二境交和，以诘抗。抗曰："一邑一乡，不可以无信义，况大国乎！臣不如此，正是彰其德，于祜无伤也。

祜贞悫无私，疾恶邪佞，荀勖、冯紞之徒甚忌之。从甥王衍尝诣祜陈事，辞甚俊辩。祜不然之，衍拂衣而起。祜顾谓宾客曰："王夷甫方以盛名处大位，然败俗伤化，必此人也。"步阐之役，祜以军法将斩王戎，故戎、衍并憾之，每言论多毁祜。时人为之语曰："二王当国，羊公无德。"

咸宁初，除征南大将军、开府仪同三司，得专辟召。初，祜以伐吴必借上流之势。又时吴有童谣曰："阿童复阿童，衔刀浮渡江。不畏岸上兽，但畏水中龙。"祜闻之曰："此必水军有功，但当思应其名者耳。"会益州刺史王濬征为大司农，祜知其可任，濬又小字阿童，因表留濬监益州诸军事，加龙骧将军，密令修舟楫，为顺流之计。

祜缮甲训卒，广为戎备。至是上疏曰：

先帝顺天应时，西平巴蜀，南和吴会，海内得以休息，兆庶有乐安之心。而吴复背信，使边事更兴。夫期运虽天所授，而功业必由人而成，不一大举扫灭，则众役无时得安。亦所以隆先帝之勋，成无为之化也。故尧有丹水之伐，舜有三苗之征，咸以宁静宇宙，戢兵和众者也。蜀平之时，天下皆谓吴当并亡，自此来十三年，是谓一周，平定之期复在今日矣。议者常言吴楚有道后服，无礼先强，此乃谓侯之时耳。当今一统，不得与古同谕。夫适道之论，皆未应权，是故谋之虽多，而决之欲独。凡以险阻得存者，谓所敌者同，力足自固。苟其轻重不齐，强弱异势，则智士不能谋，而险阻不可保也。蜀之为国，非不险也，高山寻云霓，深谷肆无景，束马悬车，然后得济，皆言一夫荷戟，千人莫当。及进兵之日，曾无藩篱之限，斩将搴旗，伏尸数万，乘胜席卷，径至成都，汉中诸城，皆鸟栖而不敢出。非皆无战心，诚力不足相抗。至刘禅降服，诸营堡者索然俱散。今江淮之难，不过剑阁；山川之险，不过岷汉；孙晧之暴，侈于刘禅；吴人之困，甚于巴蜀。而大晋兵众，多于前世；资储器械，盛于往时。今不于此平吴，而更阻兵相守，征夫苦役，日寻干戈，经历盛衰，不可长久，宜当时定，以一四海。今若引梁益之兵水陆俱下，荆楚之众进临江陵，平南、豫州，直指夏口，徐、扬、青、兖并向秣陵，鼓旆以疑之，多方以误之，以一隅之吴，当天下之众，势分形散，所备皆急。巴汉奇兵出其空虚，一处倾坏，则上下震荡。吴缘江为国，无有内外，东西数千里，以藩篱自持，所敌者大，无有宁息。孙晧恣情任意，与下多忌，名臣重将不复自信，是以孙秀之徒皆畏逼而至。将疑于朝，士困于野，无有保世之计，一定之心。平常之日，犹怀去就，兵临之际，必有应者，终不能齐力致死，已可知也。其俗急速，不能持久，弓弩戟盾不如中国，唯有水战是其所便。一入其境，则长江非复所固，还保城池，则去长入短。而官军悬进，人有致节之志，吴人战于其内，有凭城之心。如此，军不崇时，克可必矣。

帝深纳之。

会秦凉屡败，祜复表曰："吴平则胡自定，但当速济大功耳。"而议者多不同，祜叹曰："天下不如意，恒十居七八，故有当断不断。天与不取，岂非更事者恨于后时哉！"

其后，诏以泰山之南武阳、牟、南城、梁父、平阳五县为南城郡，封祜为南城侯，置相，与郡公同。祜让曰："昔张良请受留万户，汉祖不夺其志。臣受巨平于先帝，敢辱重爵，以速官谤！"固执不拜，帝许之。祜每被登进，常守冲退，至心素著，故特见申于分列之外。是以名德远播，朝野具瞻，搢绅佥议，当居台辅。帝方有兼并之志，仗祜以东南之任，故寝之。祜历职二朝，任典枢要，政事损益，皆谘访焉，势利之求，无所关与。其嘉谋谠议，皆焚其草，故世莫闻。凡所进达，人皆不知所由。或谓祜慎密太过者，祜曰："是何言欤！夫入则造膝，出则诡辞，君臣不密之诫，吾惟惧其不及。不能举贤取异，岂得不愧知人之难哉！且拜爵公朝，谢恩私门，吾所不取。"

祜女夫尝劝祜"有所营置，令有归戴者，可不美乎"？祜默然不应，退告诸子曰："此可谓知其一不知其二。人臣树私则背公，是大惑也。汝宜识吾此意。"尝与从弟琇书曰："既定边事，当角巾东路，归故里，为容棺之墟。以白士而居重位，何能不以盛满受责乎！疏广是吾师也。"

祜乐山水，每风景，必造岘山，置酒言咏，终日不倦。尝慨然叹息，顾谓从事中郎邹湛等曰："自有宇宙，便有此山。由来贤达胜士，登此远望，如我与卿者多矣！皆湮灭无闻，使人悲伤。如百岁后有知，魂魄犹应登此也。"湛曰："公德冠四海，道嗣前哲，令闻令望，必与此山俱传。至若湛辈，乃当如公言耳。"

祜当讨吴贼有功，将进爵土，乞以赐舅子蔡袭。诏封袭关内侯，邑三百户。

会吴人寇弋阳、江夏，略户口，诏遣侍臣移书诘祜不追讨之意，并欲移州复旧之宜。祜曰："江夏去襄阳八百里，比知贼问，贼去亦已经日矣。步军方往，安能救之哉！劳师以免责，恐非事宜也。昔魏武帝置都督，类皆与州相近，以兵势好合恶离。疆场之间，一彼一此，慎守而已，古之善教也。若辄徙州，贼出无常，亦未知州之所宜据也。"使者不能诘。

祜寝疾，求入朝。既至洛阳，会景献宫车在殡，哀恸至笃。中诏申谕，扶疾引见，命乘辇入殿，无下拜，甚见优礼。及侍坐，面陈伐吴之计。帝以其病，不宜常入，遣中书令张华问其筹策。祜曰："今主上有禅代之美，而功德未著。吴人虐政已甚，可不战而克。混一六合，以兴文教，则主齐尧舜，臣同稷契，为百代之盛轨。如舍之，若孙皓不幸而没，吴人更立令主，虽百万之众，长江未可而越也，将为后患乎！"华深赞成其计。祜谓华曰："成吾志者，子也。"帝欲使祜卧护诸将，祜曰："取吴不必须臣自行，但既平之后，当劳圣虑耳。功名之际，臣所不敢居。若事了，当有所付授，愿审择其人。"

疾渐笃，乃举杜预自代。寻卒，时年五十八。帝素服哭之，甚哀。是日大寒，帝涕泪沾须鬓，皆为冰焉。南州人征市日闻祜丧，莫不号恸，罢市，巷哭者声相接。吴守边将士亦为之泣。其仁德所感如此。赐以东园祕器，朝服一袭，钱三十万，布百匹。诏曰："征南大将军南城侯祜，蹈德冲素，思心清远。始在内职，值登大命，乃心笃诚，左右王事，入综机密，出统方岳。当终显烈，永辅朕躬，而奄忽殂陨，悼之伤怀。其追赠侍中、太傅，持节如故。"

祜立身清俭，被服率素，禄俸所资，皆以赡给九族，赏赐军士，家无余财。遗令不得以南城侯印入柩。从弟琇等述祜素志，求葬于先人墓次。帝不许，赐去城十里外近陵葬地一顷，谥曰成。祜丧既引，帝于大司马门南临送。祜甥齐王攸表祜妻不以侯敛之意，帝乃诏曰："祜固让历年，志不可夺。身没让存，遗操益厉，此夷叔所以称贤，季子所以全节也。今听复本封，以彰高美。"

初，文帝崩，祜谓傅玄曰："三年之丧，虽贵遂服，自天子达；而汉文除之，毁礼伤义，常以叹息。今主上天纵至孝，有曾闵之性，虽夺其服，实行丧礼。丧礼实行，除服何为邪！若因此革汉魏之薄，而兴先王之法，以敦风俗，垂美百代，不亦善乎！"玄曰："汉文以末世浅薄，不能行国君之丧，故因而除之。除之数百年，一旦复古，难行也。"祜曰："不能使天下如礼，且使主上遂服，不犹善乎！"玄曰："主上不除而天下除，此为但有父子，无复君臣，三纲之道亏矣。"祜乃止。

祜所著文章及为《老子传》并行于世。襄阳百姓于岘山祜平生游憩之所建碑立庙，岁时飨祭焉。望其碑者莫不流涕，杜预因名为堕泪碑。荆州人为祜讳名，屋室皆以门为称，改户曹为辞曹焉。

祜开府累年，谦让不辟士，始有所命，会卒，不得除署。故参佐刘伒、赵寅、刘弥、孙勃等笺诣预曰："昔以谬选，忝备官属，各得与前征南大将军祜参同庶事。祜执德冲虚，操尚清远，德高而体卑，位优而行恭。前膺显命，来抚南夏，既有三司之仪，复加大将军之号。虽居其位，不行其制。至今海内渴仁，群俊望风。涉其门者，贪夫反廉，懦夫立志，虽夷惠之操，无以尚也。自镇此境，政化被乎江汉，潜谋远计，辟国开疆，诸所规摹，皆有轨量。志存公家，以死勤事，始辟四掾，未至而陨。夫举贤报国，台辅之远任也；搜扬侧陋，亦台辅之宿心也；中道而废，亦台辅之私恨也。履谦积稔，晚节不遂，此远近所以为之感痛者也。昔召伯所憩，爱流甘棠；宣子所游，封殖其树。夫思其人，尚及其树，况生存所辟之士，便当随例放弃者乎！乞蒙列上，得依已至掾属。"预表曰："祜虽开府而不备僚属，引谦之至，宜见显明。及扶疾辟士，未到而没。家无胤嗣，官无命士，此方之望，隐忧载怀。夫笃终追远，人德归厚，汉祖不惜四千户之封，以慰赵子弟心。请议之。"诏不许。

祜卒二岁而吴平，群臣上寿，帝执爵流涕曰："此羊太傅之功也。"因以克定之功，策告祜庙，仍依萧何故事，封其夫人。策曰："皇帝使谒者杜宏告故侍中、太傅巨平成侯祜：昔吴为不恭，负险称号，郊境不辟，多历年所。祜受任南夏，思静其难，外扬王化，内经庙略，著德推诚，江汉归心，举有成资，谋有全策。昊天不吊，所志不卒，朕用悼恨于厥心。乃班命群帅，致天之讨，兵不宿时，一征而灭，畴昔之规，若合符契。夫赏不失劳，国有彝典，宜增启土宇，以崇前命，而重违公高让之素。今封夫人夏侯氏万岁乡君，食邑五千户，又赐帛万匹，谷万斛。"

祜年五岁，时令乳母取所弄金环。乳母曰："汝先无此物。"祜即诣邻人李氏东垣桑树中探得之。主人惊曰："此吾亡儿所失物也，云何持去！"乳母具言之，李氏悲惋。时人异之，谓李氏子则祜之前身也。又有善相墓者，言祜祖墓所有帝王气，若凿之则无后，祜遂凿之。相者见曰"犹出折臂三公"，而祜竟堕马折臂，位至公而无子。

帝以祜兄子暨为嗣，暨以父没不得为人后。帝又令暨弟伊为祜后，又不奉诏。帝怒，并收免之。太康二年，以伊弟篇为巨平侯，奉祜嗣。篇历官清慎，有私牛于官舍产犊，及迁而留之。位至散骑常侍，早卒。

孝武太元中，封祜兄玄孙之子法兴为巨平侯，邑五千户。以桓玄党诛，国除。尚书祠部郎荀伯子上表讼之曰："臣闻咎繇亡嗣，臧文以为深叹；伯氏夺邑，管仲所以称仁。功高可百世不泯，滥赏无得崇朝。故太傅、巨平侯羊祜明德通贤，国之宗主，勋参佐命，功成平吴，而后嗣阙然，烝尝莫寄。汉以萧何元功，故绝世辄继，愚谓巨平封宜同酂国。故太尉广陵公准党翼贼伦，祸加淮南，因逆为利，窃飨大邦。值西朝政刑失裁，中兴因而不夺。今王道维新，岂可不大判臧否，谓广陵国宜在削除。故太保卫瓘本爵菑阳县公，既被横害，乃进茅土，始赠兰陵，又转江夏。中朝名臣，多非理终，瓘功德无殊，而独受偏赏，谓宜罢其郡封，复邑菑阳，则与夺有伦，善恶分矣。"竟寝不报。

祜前母，孔融女，生兄发，官至都督淮北护军。初，发与祜同母兄承俱得病，祜母度不能两存，乃专心养发，故得济，而承竟死。

发长子伦，高阳相。伦弟暨，阳平太守。暨弟伊，初为车骑贾充掾，后历平南将军、都督江北诸军事，镇宛，为张昌所杀，追赠镇南将军。祜伯父祕，官至京兆太守。子祉，魏郡太守。祕孙亮，字长玄，有才能，多计数。与之交者，必伪尽款诚，人皆谓得其心，而殊非其实也。初为太傅杨骏参军，时京兆多盗窃，骏欲更重其法，盗百钱加大辟，请官属会议。亮曰："昔楚江乙母失布，以为盗由令尹。公若无欲，盗宜自止，何重法为？"骏惭而止。累转大鸿胪。时惠帝在长安，亮与关东连谋，内不自安，奔于并州，为刘元海所害。亮弟陶，为徐州刺史。

译文：

羊祜，字叔子，泰山郡南城县人。先祖每代都有人任郡守，自羊祜上数九代，全都以清廉知名当时。祖父羊续，汉代时官至汉阳太守。父亲羊衜，官至上党太守。羊祜还是蔡邕的外甥，晋景帝献皇后的同母弟。

羊祜十二岁时丧父，他的孝行和哀思超过常礼，侍奉叔父羊耽也很勤谨。曾游玩于汶水河边，遇到一位老人，对他讲："后生有好面相，六十岁以前，一定能建大功于天下。"说罢而去，不知他住在哪里。成年后，知识渊博，擅长文辞，身高七尺三寸，须眉浓密，善于议论言谈。郡将夏侯威对他优礼相待，将哥哥夏侯霸的女儿嫁给他。曾被举荐为上计吏，州官前后四次以从事、秀才两职征召，五府也交相委以幕职，他都未接受。太原人郭奕见到他后就说："这位才是今日的颜回！"与王沈同被曹爽辟署为官，王沈劝他从命就职，羊祜说："投靠别人，侍奉别人，谈何容易！"以后曹爽在政争中失败，王沈因是他的属官被免职，他对羊祜说："应当牢记你以前的话。"羊祜倒说："这也并非始料所及。"他的先见之明和不倨傲就是如此。

夏侯霸投降蜀汉后，他的亲戚大都与其家眷断绝了来往，只有羊祜安抚劝慰，恩礼有加。不久母亲故世，长兄羊发也死，羊祜服丧守礼十余年，其间笃志自律，循规蹈矩，如同一位纯粹笃行的儒生。

文帝任大将军，辟召羊祜，还未应召，又被朝廷征拜为中书侍郎，不久便迁任给事中、黄门郎。当时高贵乡公喜好文章，朝官大都进献诗赋，汝南人和峤因有冒犯遭到贬斥。羊祜置身其间，没有远近亲疏，很有见识。陈留王即皇帝位，被赐封为关中侯，食邑一百户。因对皇帝有看法，他不愿做近侍大臣，要求出外任职，被调任秘书监。等到五等爵位制建立，被封为巨平子，食邑六百户。钟会受宠而猜忌，羊祜对此也很害怕。等钟会被杀，羊祜担任了相国从事中郎，与荀勖同掌机要。又迁任中领军，统领全部宿卫禁兵，在皇宫中值班理事，掌握了军队核心，兼管内外政事。

晋武帝代魏而立，羊祜以辅佐的功劳，进号中军将军，加官散骑常侍，改封为郡公，食邑三千户。羊祜执意辞让封爵，于是将原爵晋升为侯，为其设置郎中令，备设九官之职，授给他夫人印绶。泰始年间初期，皇帝下诏说："总揽中枢，统理六部，是朝政的根本。羊祜品德高尚，忠心耿耿，兼资文武，坦荡正直，虽然处于腹心之任而没有担当枢要的重任，这有违于垂拱无为委任责成的本意。因此任羊祜为尚书右仆射、卫将军，给予本营兵。"当时王佑、贾充、裴秀都是前朝有名望的大臣，羊祜每每谦让，不敢居其上。

武帝开始有灭吴的志愿，就以羊祜为都督荆州诸军事、假节，散骑常侍、卫将军两官依然如旧。羊祜率领营兵出镇南方，开设学校，安抚远近州县，很得江汉地区民心。对吴国人，他开诚布信，降人愿意回去的悉听自便。当时地方长官如果死于府署，继任者认为不吉利，大都要拆毁旧府，羊祜认为死生有命，不在居室，就下书管内，一概禁绝。吴国石城守备距襄阳七百余时，经常骚扰边界，羊祜为此忧虑，终于以奇计使吴国撤去了守备。于是将戍兵减少一半，分别用以开垦田地，达八百多顷，大获收益。羊祜初来时，军中粮食不够一百天之用，等到后期，已有了十年的储备。皇帝下诏撤销江北都督，设置南中郎将，将所统位于汉水之东江夏部分的军队全部划归羊祜指挥。羊祜在军中常常宽缓衣带，穿着轻暖的皮袄，身不穿盔甲，将府侍卫不过十几人，但也常因打猎钓鱼耽误政事。一次夜晚，他又要出行，军司徐胤手执木戟，挡住营门对他说："将军您身负统帅万里的重任，怎能随意外出，将军的安危，也就是国家的安危，只有今日我死了，此门才可开。"羊祜脸色一下变得郑重起来，向他道歉，从此就很少出行。

后又加官车骑将军，允许开府比照三司之仪。羊祜上表执意辞让，说："我听到诏书要提高我的地位，与三公的地位相等。我自入仕以来，才十几年的时间，朝廷内外都任过职，常常担负显要的职位。我常想，智力不可能骤然增进，恩宠不可能长久承受。因此日夜忧惧，以荣为忧。我听说古人讲过，品德不为众人所服而获得高爵，就会使有才能的臣子不能晋升，功劳不为众人所钦佩而获得厚禄，就会使有功劳的臣子得不到鼓励。我自身是外戚，事逢时运，应以过于荣宠为诫，不会因被遗忘而担心。陛下下诏，给我不同寻常的荣耀，我有何功可以承受，哪里能够心安理得？无才而居高位，危险就会逼近，即使想保住祖辈留下的基业，也很难办到。违命就会冒犯皇威，曲从又会留下上述的结果。听说古人明于进退，大臣的操守，不可则止。我虽是小人，因遵循古人的教诲，才有了这种想法。如今大晋自建立以来，才有八年的时间，虽诚心求贤，无所遗漏，但我未能推举有德之人，进达有功之士，使皇帝知道超过我的还有许多人，未能显达的人还有不少。假如还有传说那样道德高尚的人还处于版筑之中，隐逸的贤才藏身于屠夫钓徒之间，而朝廷任用我不认为有错，我接受后也不觉得惭愧，那么损失岂不更大！我尸位素餐虽然很长时间了，但尚未像今天这样兼有文武的极高荣宠，等同于宰辅的高位。还有，我所见虽然有限，而今光禄大夫李憙的高风亮节、严肃任职，光禄大夫鲁芝的清白寡欲、能团结人又不同流合污，光禄大夫李胤的清直朴素、立朝居官，他们都已到白发之年，循礼守法，始终如一，虽然历任内外要职，却与贫寒人家的生活没有什么差别，他们还没有获得这样的高位，我又超过他们，这怎么能平息众人的怨望，为朝廷增光！所以我决心坚持自己的操守，不想苟且升官。现在虽道路畅通，但边防多事，乞求您收回成命，让我尽快返回边镇。如不这样而再拖延，必然会使外敌有机可乘。匹夫之志，尚有不可夺者。"皇帝不允许辞让。

返回边镇后，吴国西陵督步阐举城来降。吴将陆抗向叛军发动猛烈进攻，皇帝命令羊祜接应步阐。羊祜率兵五万自江陵出发，派荆州刺史杨肇进攻陆抗，没有攻克，步阐最后被陆抗擒获。有的官员上奏："羊祜所统有八万余人，贼众不过三万。羊祜顿兵江陵，使敌人得以防备，然后才派小股部队进攻，兵少粮远，军队受挫。他违反诏令，不符合大臣的任职条件，应罢免现职，保留侯爵回家。"结果因此贬官为平南将军，杨肇免为百姓。

羊祜鉴于春秋时孟献子筑营武牢而郑人畏惧，晏弱构城东阳而莱子国降服的经验，就进据险要地区，修建五城，占领土地肥沃的地区，夺取吴人赖以支持的资财，石城以西，尽为晋军所有。从此以后，投降者络绎不绝，羊祜又进一步施以恩德信义，安抚初降者，因而产生了吞并吴国的雄心。每次与吴人交战，都是定好日期，不搞突然偷袭。部将想献诡计奇策的，往往被他饮以醇酒，使其无法出口。有一人掠来吴国两个男子为俘，羊祜将其遣送回家。后来吴将夏祥、邵顗等来降,那两个男子的父亲也一块率部同降。吴将陈尚、潘景来骚扰,羊祜将其追斩,但很赞赏他们的战死不降,就给予厚殓。陈、潘子弟来迎丧,羊祜也以礼遣还。吴将邓香到夏口抢掠,羊祜派人将其活捉,送来后又将他释放。邓香非常感恩,又尽率所部归降。羊祜率军进入吴国境内,就收割地里的庄稼作为军粮,然后计算数量,送绢偿还。每次会集部众在江沔一带游猎,都只限于晋国境内。如果猎物先为吴人所伤而被晋兵所获,都要原样送还。因此吴人翕然悦服,称他为羊公而不直呼其名。

羊祜与陆抗对垒,使节往来,陆抗称羊祜的德量,即使乐毅、诸葛孔明也超不过。陆抗曾患病,羊祜赠送药品,陆抗服用时毫无疑心。许多人劝阻陆抗,陆抗说:"羊祜岂是投毒的人?"当时舆论认为羊祜是华元、子反的再世。陆抗经常告诫部属:"人家专做善事,我们专为暴行,这是不战自败。以后要分界自保,不要去讨小便宜。"孙皓听说两国边境相安无事,就以此责问陆抗,陆抗回答:"一邑一乡尚且不可不讲信义,更何况是大国呢?我不这样做,那正是替人家宣传了善政,并无损于羊祜。"

羊祜正直无私,痛恶邪佞,荀勖、冯紞一帮人都忌恨他。外甥王衍曾到羊祜处陈述事情,言辞精彩雄辩,羊祜却不以为然,王衍拂袖而去。羊祜回头对宾客说:"王夷甫正凭借盛名处于高位,可是伤风败俗,必定是此人。"步阐之役中,羊祜曾依据军法要将王戎处斩,所以王戎、王衍都怨恨他,言谈中经常毁谤羊祜,当时人为此概括成两句话:"二王主持国政的话,羊公就没有德行可言了。"

咸宁年间初期,升任征南大将军,开府仪同三司,可以自行辟召官属。起初,羊祜认为伐吴必须凭借上流之势。当时吴国有童谣称:"阿童复阿童,衔刀浮渡江。不畏岸上兽,但畏水中龙。"羊祜听到后说:"这是说水军必有战功,应该想想谁的名字与之相应。"正好益州刺史王濬被征为大司农,羊祜知道此人可以胜任,且王濬乳名又叫阿童,因此上表请留王濬监督益州一切军务,加号龙骧将军,密令修造船只,进行顺流而下的准备。

羊祜修甲练兵,大事准备。至此上疏建议:

先帝顺应时势,平定了西面的巴、蜀,与南面的吴、会连和,海内得到了休息的机会,百姓有了安居乐业的愿望。然而吴人背弃信义,又使边境不宁。时运虽是上天所授,而功业必须靠人力完成,不进行一次大军出征,小战就会无时得息。这也可以用来增高先帝的功勋,促成无为而治。所以尧有丹水之役,舜有三苗之征,都是为了宇宙平静,偃武修文,与民休息的。蜀国平定的时候。天下人都认为应一起灭亡吴国,自那时起到现在已经十三年了,正好是一个周期,今日又到了平定之期。舆论常言,吴楚地区在政治清明的时候最后归服,在天下大乱的时候最先强盛,这就是说要看是什么时候,当今天下一统,不能与古时相提并论。所谓的符合一般道理的言论,都不能随机应变,所以出谋划策的人虽然很多,而决策只需要一个人。凡凭借险阻得以生存的,是说敌方与己相等,力量足以自固。如果轻重不同,强弱悬殊,那么智士也会一筹莫展,险阻也不可凭借。蜀汉立国,地势并非不险,高山入云,深谷无底,车马很难通过,都说是一夫当关,万夫莫开。可是等进军之日,天险也阻挡不住,战将被杀,军旗被拔,兵士死了数万人,大军乘胜前进,席卷全境,直到成都,汉中诸城的兵众,龟缩在城内,不敢出兵。也不是他们没有战斗意志,确实是力量不足以抵抗,等到刘禅投降,各个城堡营寨一下散光。现在长江、淮河的难渡，难不过剑阁关；山川再险，险不过岷、汉；孙皓的残暴，超过了刘禅；吴国的困穷，超过了巴蜀。并且大晋军队多于前代，物资器械盛于过去。现在不趁此时平定吴地，而另外采取屯兵守卫，就会使征夫遭受苦役，天天战斗不断，况且国势盛衰，也不会长久不变，应该适时决策，统一天下。现在应让梁、益之军水陆俱下，荆楚之军进攻江陵，平南将军、豫州刺史的兵马直指夏口，徐、扬、青、兖诸州之兵进攻秣陵，用鼓旗迷惑敌方，多方造成敌人错觉，以偏处一隅的吴国抵挡天下的军队，必然是势力分散，到处告急。巴汉奇兵则乘虚而入，只要一处突破，敌人就会上下震动。吴地沿江为国，不分内外，东西数千里，靠长江作为屏障来维持，防线漫长，从来没有安宁的时候。孙皓恣情任性，对臣下普遍猜忌，名臣重将都不自安，因此孙秀等人都避难而来。将领们在朝中心怀不安，士卒在野外受困，都没有保全国家的计划，安定的心思。平时他们犹豫徘徊，大军临近的时候一定会有响应的人，最终不会拼死出力，这点已很清楚。他们的习俗惯于急速，不能持久，弓弩戟盾等武器不如中原，唯有水战是其所长。只要一进入吴国境内，他们就不会再固守长江防线，而是退保城池，这样他们就会舍长用短。官军是深入敌境作战，人人有必死的斗志，吴军是在自己内地打仗，有依赖城防的心理。像这样，战争的时间不会太长，克敌制胜是肯定无疑的。

武帝很赞同羊祜的建议。

适逢晋军在秦、凉地区屡遭失败。羊祜又上表建议："吴国平定则胡族自然安定，只是应速成大功罢了。"但多数人意见不赞同，羊祜为此叹道："天下不如人意的事，总是占十之七八，故有当断不断之说。上天给予的不去求取，这难道不是让懂事者遗憾于后世吗？"

此后，皇帝命将泰山郡的南武阳、牟、南城、梁父、平阳五县划分为南城郡，封羊祜为南城侯，设置侯国相职，与郡公同级。羊祜辞让说："过去张良请求受封留侯万户，汉高祖不违其志。我已从先帝受封巨平，岂敢再受重爵，招致官员的诽谤。"坚辞不受，武帝允许了他的请求。羊祜每次晋升，常常谦让，素来都很诚恳，所以常常得到意外升进。因此名望远播，受到朝野推崇，士大夫们都议论，认为应居宰相之位。武帝此时正有统一天下的志向，东南方面的重任有赖于羊祜，故将此议搁置。羊祜侍奉过两代君主，执掌枢纽要务，政事的变更，都要征求他的意见，对权势禄利，无所营求。他筹划的良策和公正的建议，过后都要烧掉草稿，所以世人无法知晓。凡是他推荐的人，连本人都不知根由。有人说羊祜过于缜密，羊祜回答说："这是什么话！古人有'入朝同皇帝促膝密议，出朝则佯装不知'的训诫，我唯恐做不到这一点。不能举贤任能，岂能不愧于知人之难！况且拜爵于公朝，谢恩于私门，我不干这种事。"

羊祜的女婿曾劝羊祜："您应该经营一下关系网，使受您推荐的人对您感恩戴德，不是很好吗？"羊祜默然不语，回家后对儿子们讲："这可以说只知其一不知其二。做臣子的营求私利就会背弃公义，这一点也最容易迷惑人。你们应该体察我的这个意思。"曾给堂弟羊琇写信说："等平定边境，我将头戴角巾东归故乡，找到一块安葬之地。以寒士而居高位，怎能不因盛满而受到指责！汉朝的疏广就是我的榜样。"

羊祜喜欢山水，每次观赏风景，必定到岘山，置酒歌咏，终日不知疲倦。曾慨然叹息，回头对从事中郎邹湛等人说："自有宇宙便有此山，历来贤达高士，登临此山远望，类似我与你们的多了！可是——都湮没无闻，真令人悲伤。如果百年后有知，我的灵魂应登临此山。"邹湛回答说："您的品德冠于四海，继承了前哲传统，名望很高，必定会与此山同传后世。至于我们这些人，才如您刚才所言。"

羊祜担任讨伐吴国主帅有功，将要晋升爵位和增加封地，他请求转赠给舅父之子蔡袭。于是皇帝封蔡袭为关内侯，食邑三百户。

适逢吴军寇扰弋阳、江夏，抢掠人口，武帝派遣侍臣转交文书责问羊祜为什么不追讨，并计划将州治迁回旧地。羊祜回答说："江夏距襄阳八百里，等知道贼军入侵消息，敌人离去已经一天多了，这时步兵才赶去，怎么能救急呢？如果让军队空跑一趟而推脱责任，恐怕不合事宜。过去魏武帝设置都督，一般都与州治靠近，因为军事上要力求集中避免分散。战场之内，一彼一此，不过谨慎防守罢了，这是古代有益的经验教训。如果动辄迁移州治，敌人出没无常，那也就不知州治迁到何地为宜了。"使者无法再指责。

羊祜卧病，请求入朝，到了洛阳之后，适逢景献皇后逝世，因悲痛过度，病情加重。皇帝下诏劝慰，要他带病来见，允许乘坐辇车入殿，免除跪拜，备受优待。等落座，就当面陈述伐吴的设想。武帝因他有病，不适宜经常入宫，就派遣中书令张华向他询问谋略。羊祜讲："现在主上有接受禅让的美事，但还没有建立显著的功德。吴国暴政相当厉害，可以不战而胜，统一天下，用以振兴教化，这样就可使主上同尧、舜并列，臣僚与稷、契等同，成为流传百代的典型。如放弃这个机会，等到孙皓不幸而死，吴国人另立贤主，那时纵使有百万大军，长也无法跨越，那就将留下后患了！"张华非常赞同他的计划。羊祜对张华说：

"能实现我这个志愿的人，就是你了。"武帝打算让羊祜卧床统领诸将，羊祜说："攻取吴国不必等臣亲自统领出征，只是平定之后，要劳烦圣上费心了。功名的美誉，我不敢当。假若战争结束，要任官授职，希望慎重选择其人。"

羊祜病情逐渐加重，于是荐举杜预接替自己。不久便去世，当时年龄五十八岁。武帝身穿丧服为他哭泣，特别悲哀。这天天气非常寒冷，武帝眼泪滴在胡须上，都结成了冰。南州人在集市上听到羊祜的死讯，无不悲痛号哭，停止了交易买卖，街道上哭声连成一片。吴国守边将士也为他哭泣。羊祜仁德所感竟达到了这种程度。朝廷赐给棺材、朝服一套，钱三十万，布百匹。并颁布诏书说："征南大将军南城侯羊祜，道德高迈，胸怀纯正，思虑清远。初在内廷任职，以后担负重任，忠心耿耿，掌管国家大事，入朝则参掌机密，出镇则统帅方面。他本应更有作为，长期辅佐朕躬，然而倏忽逝世，一想起便内心悲伤。特追赠为侍中、太傅，持节依旧如故。"

羊祜立身清俭，穿着很朴素，俸禄资财都用来周济族人，赏赐军士，所以家无余财。临终遗言，不许将南城侯印放入棺内。堂弟羊琇根据羊祜的夙愿，要求归葬于祖先坟地。武帝不允许，赐给距京城十里靠近皇陵的葬地一顷，追谥为"成"。羊祜的送丧仪仗出发后，武帝亲至大司马门送行。羊祜外甥齐王司马攸上表，报告了羊祜妻子不愿按侯爵级别殓葬的意图，于是武帝下诏说："羊祜执意谦让多年，他的志愿不可违背。他人已死而谦让的美德仍存，遗操越发感人，这就是古代的伯夷、叔齐被称为贤人，延陵季子保全名节的原因。现在允许恢复原封爵，用以表彰他的高尚美德。"

起初，文帝逝世，羊祜对傅玄说："守三年之丧，所重的是服满丧期，从天子开始，而汉文帝废除了这个礼仪，破坏了礼仪，我常因此叹息。现在主上天性最孝，具有曾参、闵子骞的品性，虽然迫他脱下丧服，实际上仍行使丧礼。既然丧礼还在实行，为什么还要脱下丧服呢？假若乘此机会革除汉魏两代的浅薄，恢复先代圣王的礼法，以使风俗敦厚，留传美事于百代，不也很好吗？"傅玄回答："汉文帝以来世风浅薄，无法实行国君的丧礼，因而去除了。已去除了几百年，一旦恢复古礼，很难实行。"羊祜说："不能使天下依礼而行，姑且使君主服完丧服，不是也很好吗？"傅玄回答："主上不除丧服而天下人除去丧服，这样只顾及了父子的礼法，不再有君臣的礼法了，有损于纲常名教。"于是，羊祜作罢。

羊祜所著文章及《老子传》在社会上都得到流行。襄阳百姓在岘山羊祜生前游玩的地方建碑立庙，一年四时都去祭祀。望着碑的人无不流泪，杜预因此命名堕泪碑。荆州人为了避羊祜的名讳，房屋居室都以门为称，改户曹为辞曹。

羊祜开府多年，因谦让未曾辟召士人，等开始辟署时，又碰巧逝世，无法正式任命。因此他的僚佐刘侩、赵寅、刘弥、孙勃等联名上书杜预："过去错被选上，凑合着当了官属，都得以同前征南大将军羊祜一起处理政事。羊祜品德谦虚，操尚清高，并且是德行高尚而自身谦卑，地位优崇而行止端恭。他先前接受重任，到南方镇实，有了三司的仪仗后，又加授了大将军的称号。他虽然获得了这样高的地位，但并未去享受相应的待遇。这至今还为海内仰望，群贤效法。和他交往的人，贪夫能变得廉洁，懦夫能鼓足勇气，就是伯夷、柳下惠的行操，也无法超过他。他自镇守此地以来，惠政和教化遍布于江汉地区，深谋远虑，开辟疆土，各种规划运筹，都有一定规制。他心在公家，拼命工作，初次辟召的四位掾属尚未来到，他便已逝世。推举贤人报答国家，是台辅大臣的长远责任，发现任用沉沦下层的奇才，也是台辅大臣的夙愿。现在半途而废，也是台辅大臣的终身遗憾。一生谦和，日积月累，晚年没有实现夙愿，这是所有人为之感痛的原因。过去召伯休息的地方，留下了甘棠佳话，宣子游历的地方，都培植了树木。思念其人，尚且及于其树，何况羊祜生前所辟之士，就要依例弃置一边吗？乞求诸位上官，能够按照已经报到的掾属处理。"杜预为此上表建议："羊祜虽然开府而没有置备僚属，相当谦虚，应该表彰。他患病时辟召的士人未到他已病逝。他家中没有后嗣，做官没有助手，但对一方百姓的甘苦，时刻挂在心上。对死去的人优褒追思，社会风俗就会变得敦厚，所以汉高祖不惜用四千户之封安慰赵国子弟之心。请批示有关部门议定。"诏书不允许。

羊祜逝世两年后吴国平定，群臣为皇帝庆贺祝寿，武帝手执酒杯流着泪说："这是羊太傅的功劳。"于是就将平定之功写成策文，祭告于羊祜庙，并依照萧何旧例，给其夫人加封。策文称："皇帝派谒者杜宏祭告已故侍中、太傅巨平成侯羊祜：过去吴国不归顺，凭险称帝，因此边境不得安宁，由来已久。羊祜在南方任职，就想加以平定，对外宣扬王威，在朝廷出谋划策，推行德治，示以信用，因此江汉之间的百姓归顺朝廷。对征伐他成竹在胸，有万全之策。上天无情，他的志愿未能实现，朕为此内心充满伤悲和遗憾。于是命令众将帅，大举征伐，动兵不久，一次大战便消灭了敌人。这次军事行动，与羊祜过去的策划完全一致。封赏功臣不能忘记他的劳绩，国家有制度规定，应该给羊祜增加封邑，以褒崇他生前的功劳。但这样做有违于羊公生前的谦让胸怀。现改封羊祜夫人夏侯氏为万岁乡君，食邑五千户，另赏丝帛一万匹，谷物一万斛。"

羊祜五岁时,叫乳母取来玩耍的金环。乳母说:"你以前没有这种东西。"羊祜就走到邻居李氏东墙下,于桑丛中找到了金环。李氏主人惊奇地说:"这是我家已死的儿子丢失的东西,为什么要拿走?"乳母详细讲了一遍情况,李氏很悲哀。当时人感到很奇怪,都说李氏的儿子就是羊祜的前身。又有善于看风水的,说羊祜祖先墓地有帝王之气,如果凿地就会断绝后代,于是羊祜就凿了地。风水先生看了之后又说:"还会出一位折臂的三公高官。"而羊祜也果然因摔下马折伤胳膊,做官一直升到三公的地位,没有子嗣。

武帝起初命令羊祜哥哥的儿子羊暨过继为嗣,羊暨认为父亲已死不能被别人过继。武帝又令羊暨的弟弟羊伊过继,他不服从诏令。武帝大为生气,就将二人收捕,免去过继资格。太康二年,以羊伊弟羊篇为巨平侯,作为羊祜嗣子。羊篇做官清廉谨慎,他自己的牛在官舍产下牛犊,调迁时就将牛犊留了下来。官至散骑常侍,年轻时便逝世了。

孝武帝太元年间,又封羊祜哥哥的玄孙之子羊法兴为巨平侯,食邑五千户。后因属桓玄一党被诛杀,废除了封爵。尚书祠部郎荀伯子上表申诉说:"我听说谷簌的后嗣死亡,臧文仲为此深叹。伯氏被剥夺封邑,管仲因此称为仁爱。功高可以百代不绝,滥赏所得必然短命。已故太傅、巨平侯羊祜德高才俊,是国家的栋梁,有开国勋业,平定吴国的功劳,可是却没有后代嗣子,祭祀无人主持。汉代以萧何为首功,所以后嗣一断便往往过继,我认为巨平侯封爵应当同酂国相同。已故太尉广陵公陈准与司马伦结党,酿成了淮南之祸,利用叛逆营求私利,窃取了一方大权。当时正值贾后专权,刑罚失准,中兴以后也没有剥夺。现在行政一新,怎能不判明好坏,我认为广陵国应该废除。已故太保卫瓘本爵是菑阳县公，遭到杀害后才进封爵位，始赠为兰陵郡公，又转为江夏郡公。建都洛阳时期的名臣，大部分不是善终，卫瓘的功德并不特殊，而单单受到偏赏，我认为应罢免其郡封，恢复为菑阳县公，这样才能做到封赏和剥夺有伦序，善恶才能分明。"结果这个建议被搁置起来，没有回音。

羊祜的大母亲是孔融的女儿，生有他的哥哥羊发，官至都督淮北护军。起初，羊发与羊祜同母兄羊承都得了病，羊祜的生母估计亲生与非亲生的儿子不可能都活下来，就专心护养羊发，因此得以痊愈，而羊承终于病死。

羊发的长子羊伦，官至高阳国相。羊伦的弟弟羊暨，官至阳平太守。羊暨的弟弟羊伊，起初为车骑将军贾充的府掾，以后历任平南将军、都督江北诸军事，镇守于宛城，被张昌所杀，追赠为镇南将军。羊祜伯父羊秘，官至京兆太守。其子羊祉，官至魏郡太守。羊秘的孙子羊亮，字长玄，富有才干，善于计谋。与他交游的人，他表面对其诚恳，别人都认为得其知心，其实不然。起初为太傅杨骏的参军，当时京城偷窃事件很多。杨骏想加重对偷窃的刑法，盗一百钱就判处死刑，他请官属们会议讨论。羊亮说道："古代楚江乙的母亲丢失布匹，他认为盗贼的产生原因在于令尹。您假若没有贪欲，窃盗会自然绝迹，哪里需要加重刑罚？"杨骏深感惭愧而止。屡迁为大鸿胪。当时惠帝在长安，羊亮与关东联谋，内心无法自安，就跑到并州，被刘元海杀死。羊亮的弟弟羊陶，官至徐州刺史。

杜　预

杜预字元凯，京兆杜陵人也。祖畿，魏尚书仆射。父恕，幽州刺史。预博学多通，明于兴废之道，常言："德不可以企及，立功立言可庶几也。"初，其父与高祖宣帝不相能，遂以幽死，故预久不得调。

文帝嗣立，预尚帝妹高陆公主，起家拜尚书郎，袭祖爵丰乐亭侯。在职四年，转参相府军事。锺会伐蜀，以预为镇西长史。及会反，僚佐并遇害，唯预以智获免，增邑千一百五十户。

与车骑将军贾充等定律令，既成，预为之注解，乃奏之曰："法者，盖绳墨之断例，非穷理尽性之书也。故文约而例直，听省而禁简。例直易见，禁简难犯。易见则人知所避，难犯则几于刑厝。刑之本在于简直，故必审名分。审名分者，必忍小理。古之刑书，铭之钟鼎，铸之金石，所以远塞异端，使无淫巧也。今所注皆网罗法意，格之以名分。使用之者执名例以审趣舍，伸绳墨之直，去析薪之理也。"诏班于天下。

泰始中，守河南尹。预以京师王化之始，自近及远，凡所施论，务崇大体。受诏为黜陟之课，其略曰："臣闻上古之政，因循自然，虚己委诚，而信顺之道应，神感心通，而天下之理得。逮至淳朴渐散，彰美显恶，设官分职，以颁爵禄，弘宣六典，以详考察。然犹倚明哲之辅，建忠贞之司，使名不得越功而独美，功不得后名而独隐，皆畴咨博询，敷纳以言。及至末世，不能纪远而求于密微，疑诸心而信耳目，疑耳目而信简书。简书愈繁，官方愈伪，法令滋章，巧饰弥多。昔汉之刺史，亦岁终奏事，不制算课，而清浊粗举。魏氏考课，即京房之遗意，其文可谓至密。然由于累细以违其体，故历代不能通也。岂若申唐尧之旧，去密就简，则简而易从也。夫宣尽物理，神而明之，存乎其人。去人而任法，则以伤理。今科举优劣，莫若委任达官，各考所统。在官一年以后，每岁言优者一人为上第，劣者一人为下第，因计偕以名闻。如此六载，主者总集采案，其六岁处优举者超用之，六岁处劣举者奏免之，其优多劣少者叙用之，劣多优少者左迁之。今考课之品，所对不钩，诚有难易。若以难取优，以易而否，主者固当准量轻重，微加降杀，不足复曲以法尽也。《己丑诏书》以考课难成，听通荐例。荐例之理，即亦取于风声。六年顿荐，黜陟无渐，又非古者三考之意也。今每岁一考，则积优以成陟，累劣以取黜。以士君子之心相处，未有官故六年六黜清能，六进否劣者也。监司将亦随而弹之。若令上下公相容过，此为清议大穨，亦无取于黜陟也。"

司隶校尉石鉴以宿憾奏预，免职。时虏寇陇右，以预为安西军司，给兵三百人，骑百匹。到长安，更除秦州刺史，领东羌校尉、轻车将军、假节。属虏兵强盛，石鉴时为安西将军，使预出兵击之。预以虏乘胜马肥，而官军悬乏，宜并力大运，须春进讨，陈五不可、四不须。鉴大怒，复奏预擅饰城门官舍，稽乏军兴，遣御史槛车征诣廷尉。以预尚主，在八议，以侯赎论。其后陇右之事卒如预策。

是时朝廷皆以预明于筹略，会匈奴帅刘猛举兵反，自并州西及河东、平阳，诏预以散侯定计省闼，俄拜度支尚书。预乃奏立藉田，建安边，论处军国之要。又作人排新器，兴常平仓，定谷价，较盐运，制课调，内以利国外以救边者五十余条，皆纳焉。石鉴自军还，论功不实，为预所纠，遂相雠恨，言论喧哗，并坐免官，以侯兼本职。数年，复拜度支尚书。

元皇后梓宫将迁于峻阳陵。旧制，既葬，帝及群臣即吉。尚书奏，皇太子亦宜释服。预议"皇太子宜复古典，以谅闇终制"，从之。

预以时历差舛，不应晷度，奏上《二元乾度历》，行于世。预又以孟津渡险，有覆没之患，请建河桥于富平津。议者以为殷周所都，历圣贤而不作者，必不可立故也。预曰：："'造舟为梁'，则河桥之谓也。"及桥成，帝从百僚临会，举觞属预曰："非君，此桥不立也。"对曰："非陛下之明，臣亦不得施其微巧。"周庙欹器，至汉东京犹在御坐。汉末丧乱，不复存，形制遂绝。预创意造成，奏上之，帝甚嘉叹焉。咸宁四年秋，大霖雨，蝗虫起。预上疏多陈农要，事在《食货志》。预在内七年，损益万机，不可胜数，朝野称美，号曰"杜武库"，言其无所不有也。

时帝密有灭吴之计，而朝议多违，唯预、羊祜、张华与帝意合。祜病，举预自代，因以本官假节行平东将军，领征南军司。及祜卒，拜镇南大将军、都督荆州诸军事，给追锋车、第二驸马。预既至镇，缮甲兵，耀威武，乃简精锐，袭吴西陵督张政，大破之，以功增封三百六十五户。政，吴之名将也，据要害之地，耻以无备取败，不以所丧之实告于孙皓。预欲间吴边将，乃表还其所获之众于皓。皓果召政，遣武昌监刘宪代之。故大军临至，使其将帅移易，以成倾荡之势。

预处分既定，乃启请伐吴之期。帝报待明年方欲大举，预表陈至计曰："自闰月以来，贼但敕严，下无兵上。以理势推之，贼之穷计，力不两完，必先护上流，勤保夏口以东，以延视息，无缘多兵西上，空其国都。而陛下过听，便用委弃大计，纵敌患生。此诚国之远图，使举而有败，勿举可也。事为之制，务从完牢。若或有成，则开太平之基；不成，不过费损日月之间，何惜而不一试之！若当须后年，天时人事不得如常，臣恐其更难也。陛下宿议，分命臣等随界分进，其所禁持，东西同符，万安之举，未有倾败之虑。臣心实了，不敢以暧昧之见自取后累。惟陛下察之。"预旬月之中又上表曰："羊祜与朝臣多不同，不先博画而密与陛下共施此计，故益令多异。凡事当以利害相较，今此举十有八九利，其一二止于无功耳。其言破败之形亦不可得，直是计不出己，功不在身，各耻其前言，故守之也。自顷朝廷事无大小，异意锋起，虽人心不同，亦由恃恩不虑后难，故轻相同异也。昔汉高祖宣帝议赵充国所上，事效之后，诘责诸议者，皆叩头而谢，以塞异端也。自秋已来，讨贼之形颇露。若今中止，孙晧怖而生计，或徙都武昌，更完修江南诸城，远其居人，城不可攻，野无所掠，积大船于夏口，则明年之计或无所及。"时帝与中书令张华围棋，而预表适至。华推枰敛手曰："陛下圣明神武，朝野清晏，国富兵强，号令如一。吴主荒淫骄虐，诛杀贤能，当今讨之，可不劳而定。"帝乃许之。

预以太康元年正月，陈兵于江陵，遣参军樊显、尹林、邓圭、襄阳太守周奇等率众循江西上，授以节度，旬日之间，累克城邑，皆如预策焉。又遣牙门管定、周旨、伍巢等率奇兵八百，泛舟夜渡，以袭乐乡，多张旗帜，起火巴山，出于要害之地，以夺贼心。吴都督孙歆震恐，与伍延书曰："北来诸军，乃飞渡江也。"吴之男女降者万余口，旨、巢等伏兵乐乡城外。歆遣军出距王濬，大败而还。旨等发伏兵，随歆军而入，歆不觉，直至帐下，虏歆而还。故军中为之谣曰："以计代战一当万。"于是进逼江陵。吴督将伍延伪请降而列兵登陴，预攻克之。既平上流，于是沅湘以南，至于交广，吴之州郡皆望风归命，奉送印绶，预仗节称诏而绥抚之。凡所斩及生获吴都督、监军十四，牙门、郡守百二十余人。又因兵威，徙将士屯戍之家以实江北，南郡故地各树之长吏，荆土肃然，吴人赴者如归矣。

王濬先列上得孙歆头，预后生送歆，洛中以为大笑。时众军会议，或曰："百年之寇，未可尽克。今向暑，水潦方降，疾疫将起，宜俟来冬，更为大举。"预曰："昔乐毅借济西一战以并强齐，今兵威已振，譬如破竹，数节之后，皆迎刃而解，无复著手处也。"遂指授群帅，径造秣陵。所过城邑，莫不束手。议者乃以书谢之。

孙皓既平，振旅凯入，以功进爵当阳县侯，增邑并前九千六百户，封子耽为亭侯，千户，赐绢八千匹。

初，攻江陵，吴人知预病瘿，惮其智计，以瓠系狗颈示之。每大树似瘿，辄斫使白，题曰"杜预颈"。及城平，尽捕杀之。

预既还镇，累陈家世吏职，武非其功，请退。不许。

预以天下虽安，忘战必危，勤于讲武，修立泮宫，江汉怀德，化被万里。攻破山夷，错置屯营，分据要害之地，以固维持之势。又修邵信臣遗迹，激用滍、淯诸水以浸原田万余顷，分疆刊石，使有定分，公私同利。众庶赖之，号曰"杜父"。旧水道唯沔汉达江陵千数百里，北无通路。又巴丘湖，沅湘之会，表里山川，实为险固，荆蛮之所恃也。预乃开杨口，起夏水达巴陵千余里，内泻长江之险，外通零桂之漕。南土歌之曰："后世无叛由杜翁，孰识智名与勇功。"

预公家之事，知无不为。凡所兴造，必考度始终，鲜有败事。或讥其意碎者，预曰："禹稷之功，期于济世，所庶几也。"

预好为后世名，常言"高岸为谷，深谷为陵"，刻石为二碑，纪其勋绩，一沈万山之下，一立岘山之上，曰："焉知此后不为陵谷乎！"

预身不跨马，射不穿札，而每任大事，辄居将率之列。结交接物，恭而有礼，问无所隐，诲人不倦，敏于事而慎于言。既立功之后，从容无事，乃耽思经籍，为《春秋左氏经传集解》。又参考众家谱第，谓之《释例》。又作《盟会图》《春秋长历》，备成一家之学，比老乃成。又撰《女记赞》。当时论者谓预文义质直，世人未之重，唯祕书监挚虞赏之，曰："左丘明本为《春秋》作传，而《左传》遂自孤行。《释例》本为《传》设，而所发明何但《左传》，故亦孤行。"时王济解相马，又甚爱之，而和峤颇聚敛，预常称"济有马癖，峤有钱癖"。武帝闻之，谓预曰："卿有何癖？"对曰："臣有《左传》癖。"

预在镇，数饷遗洛中贵要。或问其故，预曰："吾但恐为害，不求益也。"

预初在荆州，因宴集，醉卧斋中。外人闻呕吐声，窃窥于户，止见一大蛇垂头而吐。闻者异之。其后征为司隶校尉，加位特进，行次邓县而卒，时年六十三。帝甚嗟悼，追赠征南大将军、开府仪同三司，谥曰成。预先为遗令曰："古不合葬，明于终始之理，同于无有也。中古圣人改而合之，盖以别合无在，更缘生以示教也。自此以来，大人君子或合或否，未能知生，安能知死，故各以己意所欲也。吾往为台郎，尝以公事使过密县之邢山。山上有冢，问耕父，云是郑大夫祭仲，或云子产之冢也，遂率从者祭而观焉。其造冢居山之顶，四望周达，连山体南北之正而邪东北，向新郑城，意不忘本也。其隧道唯塞其后而空其前，不填之，示藏无珍宝，不取于重深也。山多美石不用，必集涢水自然之石以为冢藏，贵不劳工巧，而此石不入世用也。君子尚其有情，小人无利可动，历千载无毁，俭之致也。吾去春入朝，因郭氏丧亡，缘陪陵旧义，自表营洛阳城东首阳之南为将来兆域。而所得地中有小山，上无旧冢。其高显虽未足比邢山，然东奉二陵，西瞻宫阙，南观伊洛，北望夷叔，旷然远览，情之所安也。故遂表树开道，为一定之制。至时皆用洛水圆石，开隧道南向，仪制取法于郑大夫，欲以俭自完耳。棺器小敛之事，皆当称此。"子孙一以遵之。子锡嗣。

锡字世嘏。少有盛名，起家长沙王乂文学，累迁太子中舍人。性亮直中烈，屡谏愍怀太子，言辞恳切，太子患之。后置针著锡常所坐处毡中，刺之流血。他日，太子问锡："向著何事？"锡对："醉不知。"太子诘之曰："君喜责人，何自作过也。"后转卫将军长史。赵王伦篡位，以为治书御史。孙秀求交于锡，而锡拒之，秀虽衔之，惮其名高，不敢害也。惠帝反政，迁吏部郎、城阳太守，不拜，仍迁尚书左丞。年四十八卒，赠散骑常侍。子乂嗣，在《外戚传》。

史臣曰：泰始之际，人只呈贶，羊公起平吴之策，其见天地之心焉。昔齐有黔夫，燕人祭北门之鬼；赵有李牧，秦王罢东并之势。桑枝不竞，瓜润空惭。垂大信于南服，倾吴人于汉渚，江衢如砥，褓袄同归。而在乎成功弗居，幅巾穷巷，落落焉其有风飙者也。杜预不有生知，用之则习，振长策而攻取，兼儒风而转战。孔门称四，则仰止其三；《春秋》有五，而独擅其一，不其优欤！夫三年之丧，云无贵贱。轻纤夺于在位，可以兴嗟；既葬释于储君，何其斯酷。徇以苟合，不求其正，以当代之元良，为诸侯之庶子，檀弓习于变礼者也，杜预其有焉。

赞曰：汉池西险，吴江左回。羊公恩信，百万归来。昔之誓旅，怀轻罕素。元凯文场，称为武库。

译文：

杜预字元凯，为京兆杜陵人氏。祖父杜畿曾任三国魏的尚书仆射。父亲杜恕任幽州刺史。杜预知识面宽广，懂得许多门学科，明晓兴亡的道理，经常这样说："道德不可以空想得来，立功立言才能近乎它。"早些时候，他父亲与高祖宣帝（大将军、宣王司马懿）合不来，于是遭到排斥，患忧郁病症而死，所以杜预迟迟不得步入仕途。

文帝（司马昭）承袭了他哥哥司马师的官位，杜预婚娶了司马昭的妹妹高陆公主为妻，这才做了尚书郎的官职，继承了祖父丰乐亭侯的爵位。任职四年，转为参相府军事。钟会攻伐蜀国，让杜预当了镇西长史。到了钟会反叛时，他手下官僚都遭到杀害，只有杜预凭着自己的聪明才幸免于难，还得到一千一百五十户的增邑。

与车骑将军贾充等人制定律令，律令的条文制定出来了，杜预为律令条文做了注解，于是把律令和释文一块奏上朝廷，说："法律就像木匠用墨斗在木材上绷出黑线一样来判断取舍，不是穷理尽性的书籍。所以文字精练，而且事例直截了当，判断省便而且禁律简要。事例直截了当容易让人理解和接受，禁律简要使人难以违犯。容易理解，那么人们才知道避免犯罪，难以违犯，才接近于把刑具放置起来而不用。刑法的根本在于简要明白，因此必须审明名分等级，审明名分等级的律例，一定要克制枝节的道理。古时的刑书，刻在钟鼎上，或铸造在金石上，所以能广泛全面地禁止邪门歪道，使那些不法分子也钻不了法律的空子。现在所作的注解，全都综括了法律的内容，用名分等级贯通起来。使用法律的人按照名分事例来判明取舍，伸张法律的公正，杜绝支离法律条文、断章取义的审案方法。"皇帝下令在全国颁行了他所注释的法令。

泰始年间，任为河南尹。杜预认为，京师是遵循天子教化的首善地区，天子的教化由近到远，凡是发布的政令和喻示，务必顾识大体。他接受皇帝的命令，起草了升罢官员的文件，这项文件的内容说："臣听说上古的政治遵循自然的道理，谦虚律己，宽诚待人，自然就会收到诚信顺从的效果，精神感化，人心舒畅，从而治理天下的规律就能被掌握。等到淳朴逐渐地消散的时候，美和恶的东西被彰扬和揭露出来，这才设立了官和职责分工，并按照官职颁行爵禄，广泛地宣传王者颁行的六项法典，来详细地考察官员的政绩。然而还要靠明哲的辅弼，建立考核忠贞的机构，使名分不得超过功劳的量度而独美，功劳也不能因为名分的低下而被埋没，全都按照类别咨议，广泛地征询意见，形成方方面面的文字。待到末世，不能诏述上古的淳朴，而求后来的繁文缛节，内心有疑惑，而相信耳目的听闻；耳闻眼见有所怀疑，而相信法律书籍。律书条令越烦琐，官员作假越厉害，法令派生的条文越多，作弊的也更多。过去汉代的刺史，每到年底才向朝廷奏事，并没有制定详细考核官吏的条文，但判别是清官还是贪官，大体不错。三国时魏国对官员的考核，就是沿用汉代京房的办法，条文很详密。但由于内容繁细反而违背了考核官吏的精神实质，所以历代不能沿袭通用。哪里比得上唐尧的旧法，删繁就简，简要的律令才能让人容易遵从。充分体现事物的道理，用精神去领会，使之深入人心。舍弃人的因素而仅仅依凭法令，就会损伤事物的道理。现在考核优劣，不如委任通达事理的官员，各自考核他们负责的那部分。担任官职一年以后，每乡推举出优秀的一人为上等，劣差的一人为下等，在向皇帝汇报时把他们的名字奏上。这样经过六年，主持这项事情的官员总结选择，六年都被推为优等的人，越级提拔，六年处于劣等的人，奏上朝廷罢免他的官职，优多劣少的人，继续录用，劣多优少的人降职使用。现在考核的等级，与实际对不上号，实行起来有难有易。如果按照严格的标准录取优等，按照较低的标准淘汰不称职的官员，主持考核的官员务必准确地衡量轻重，稍加降斥，不必再去按法律条文细抠了。《己丑诏书》因考核难以成功，听任通用荐举的惯例办法。举荐的道理,即也取于社会舆论。六年才进行荐举,罢官、升官都没有渐进的过程,这又违背了古代三次考核才决定升免的本意。现在每年一考,积优以致高升,累劣以致被免官。如果能用士君子的良心对待他们,就不可能出现六年把清官六次罢黜、六年连续提拔昏庸无能官员的情况。监督部门的官员也将可以配合这项工作并随时检举揭发他们。如果让上下公开袒护过错,这样就舆论大坏,升降罢任也就无标准可言了。"

司隶校尉石鉴因过去和杜预有旧仇,在皇帝那里告了他的状,杜预被罢了官。这时,西部少数部族攻犯陇右地区,朝廷任命杜预为安西军司,调拨给他三百人的兵,战马一百匹。到了长安,又升任他为秦州刺史,兼东羌校尉、轻车将军、假节。正当少数部族兵力强盛的时候,当时任安西将军的石鉴,命令杜预出兵攻击敌人。杜预认为敌军乘着胜利,士气高昂,马也肥壮,而官军孤军深入,又很疲乏,应该增集兵力,运积粮草,等到明年春天再进行讨伐,向石鉴陈述了五条不可、四项不须的理由。石鉴十分恼怒,又向朝廷奏告杜预擅自修饰城门官舍,耗费了大量财物,造成军用物资缺乏。朝廷派遣御史用囚车将杜预押送到廷尉。由于杜预婚配了公主,属于八种免刑人的范围,让他用侯爵来赎罪。以后陇右战事的发展正如杜预所预料的一样。

这时期朝廷大臣都认为杜预长于运筹帷幄,赶上匈奴帅刘猛发动兵变,从并州以西到河东、平阳一带都受到影响,皇帝命令杜预以散侯的身份在宫中议定计略,不久拜任为度支尚书。于是,杜预向朝廷建议设立籍田,筹划安定边防的策略,论述处理军国要政的方针大计。又提出制造人力排灌机械,兴建常平仓,确定谷物的价格,整顿食盐的运输,制定税赋制度,对内有利于朝廷、对外可以救援边地的建议达五十多条,都被采纳。石鉴从边地军队中回到了京师，报功不符合实际，被杜预检举揭发出来，于是两人又结下了新仇，因他们互相指责争吵，一同被免去了官职，杜预仅保留了侯爵和原来的职位。几年以后，又拜任度支尚书。

元皇后的灵柩将迁葬在峻阳陵。按照旧制规定，葬事完毕，皇帝和群臣就可脱掉丧服。尚书向皇帝上奏说，皇太子也应该脱掉丧服。杜预建议说："皇太子应该恢复古制，服满三年丧期。"得到了皇帝的批准。

杜预因历书有误差，不符合日晷的刻度，向朝廷奏献《二元乾度历》，公布于世间实行。又由于黄河上的孟津渡危险，时有翻船的祸患，请求在富平津建造河桥。当朝大臣有人以为殷周建都的地方，历代的圣人贤哲都不曾建桥，必然有不可建桥的缘故。杜预说："'造舟为桥'就是所说的河桥。"待到河桥建成后，皇帝率百官到桥上视察，举酒杯对杜预说："若没有您，这座桥就造不成呀！"杜预回答说："若没有陛下的圣明，我也就不能施展建桥的技巧。"周朝的太庙有一种放置在座右名叫欹器的巧器，到了汉代东京时还放置在御座旁。汉末丧乱，不再存在了，形状和制作方法也就失传了。杜预把它又精心创造了出来，呈献给朝廷，皇帝十分嘉赏并且称叹不已。咸宁四年秋天，大雨连续几天不停地下起来，蝗虫成了灾害。杜预上疏反复陈述农业的重要，这件事记载在《食货志》里。杜预在朝内做了七年的官，调理各种政务，数都数不过来，朝野上下都交口称赞他，给他送了个外号叫"杜武库"，意思是说他的计谋多得无所不有。

这时，皇帝心里有灭吴的打算，朝臣多数人不同意这样做，只有杜预、羊祜、张华与皇帝的意见相合。羊祜患了疾病，推荐杜预接替他，因此，杜预以原有的官职假节行平东将军兼管征南军司的职责。直到羊祜病死，杜预拜任为镇南大将军、都督荆州诸军事，给了他一辆追锋车和第二驸马的称号。他到镇后，修缮铠甲兵器，耀武扬威，挑选出精锐的士兵，袭击了孙吴的西陵督张政，大破吴军，因立有战功，得到了三百六十五户的增封。张政是孙吴的有名将领，据守在要害的地方，由于没有准备遭到失败，使他痛感耻辱，故没有把失利的实际情况报告给孙皓。杜预想用离间计，挑拨吴帝与边将的关系，于是写了一封书信送给孙皓，告知他晋军将俘获的吴国兵士放回。孙皓果然召回了张政，派武昌监刘宪接替张政的官职。因此，大军临近边境，迫使吴国将帅换人，造成了吴军覆灭的形势。

杜预等到筹划安排已差不多了，这才启奏朝廷请求确定伐吴的日期，皇帝答应他到明年才打算大举进攻吴国，杜预修表一封陈述他的策略："自从闰月以来，敌人只是戒严，江水下游没有兵员上溯，从情理和形势推测，敌人已无计可施了，力量难以顾全上下两头，必然先守护上游，固保夏口以东的地盘，目的就是拖延时日，休养生息，没有办法增兵西上，使国都成为空城。陛下您过分相信了片面的言论，便放弃了军国大计，放纵敌人就会留下祸患。这实在是关系到国家的前途，既然发动战争而有失败的可能，不如不发动。谋划事情，一定要从牢靠出发。这次行动或许成功，就能奠定太平的根基；不成功，不过是损费了些时间，还顾惜什么而不试一试呢！如果非得到后一年，天时和人事都不能一成不变，我恐怕那时就更难了。陛下您早就做过决定，分命我们随宜进军，当然也有所禁持，那就是东西两方面行动一致，确保战事万无一失，没有失败的忧虑。对此，我心里很清楚，不敢用暧昧的见识自讨苦吃，希望陛下您能够明察。"隔了十多天，杜预又上表说："羊祜与朝臣多有不同的看法，他不先广泛征询意见而就暗中与陛下您一起制定这项计划，因此便出现更多的不同意见。凡事都应该权衡利害，现在行动十有八九对我们有利，其一二只不过是无功罢了。那些失败论者，没有任何根据，只是这项计划不是出自他们之手，论功劳也没有他们的份，于是对以前说过的话也不认账，所以采取保守的态度。近来朝廷的事情不论大小，不同意见针锋相对，虽然人心不同，也都是由于仗着恩宠不考虑事后的难处，所以会轻率地赞成或反对。过去汉高祖宣帝让朝臣议论赵充国提出的军事计谋，待胜利以后，那些参加讨论而持异议的人全都叩头谢罪。从此反对意见就没有了。自秋天以来，讨伐贼军的有利形势越来越明显了。如果现在半途而废，孙皓必然因惧怕而生出计谋，或者把都城迁到武昌，增筑长江以南的各个城防，把他的居民移到远处，城池攻不下来，田野又没有所能掠夺的东西，再把大船集中在夏口，那么明年的计划或许没有办法实现了。"这时皇帝正在和中书令张华下围棋，杜预的书表恰好送到。张华把棋盘推到一旁敛手施礼说："陛下您圣明神武，朝野上下清平，国家富裕，兵力强盛，号令一出，天下统一行动。吴国的主子荒淫骄虐，诛杀贤哲能人，现在讨伐他，可以不费多少劳苦就能平定。"皇帝这才批准了杜预的攻吴计划。

杜预于太康元年正月，在江陵列兵布阵，派参军樊显、尹林、邓圭、襄阳太守周奇等率众沿着长江西上，授给他们临事决定的权力，不到十天的工夫，连连攻克了几座城池，都像杜预事先所料到的那样。又派牙门将管定、周旨、伍巢等率领八百人的奇兵，在夜里乘船渡过江水，来袭击乐乡城，遍地张布旗帜，在巴山上燃起大火，突然出击吴军要害的地方，首先挫伤了敌军的士气。吴军的都督孙歆十分震惊，在给伍延的信中写道："北方来的军队，真是飞渡过长江的。"吴国的男女一万多人纷纷投降了晋军，周旨、伍巢又在乐乡城外埋设了伏兵。等孙歆派出去拒抵晋将王濬的军队大败回来时，周旨等人发动伏兵，混入吴军，随众进入了吴的军营，孙歆没有觉察。晋军直奔到孙歆的帐下，把他俘虏了回来。因此军中把这件事编成了歌谣说："用计谋代替战斗，一人能当一万人。"接着杜预下令进军直逼江陵。吴国的督将伍延假装投降进而登上城墙，布列兵士，杜预指挥晋军攻克了江陵。长江上游的地区已经平定了，沅江、湘江以南直到交州、广州一带，吴国的州郡全都望风归顺，交出了官印，杜预行使特授的权力，安抚投降的将吏。一共斩杀和活捉了吴国的都督、监军十四人，牙门将、郡守一百二十多人。又乘着兵威，把吴将士的屯戍之家迁移到江北，充实这一地区的人口，南郡故地都一一任命地方官吏，荆州地区的社会秩序稳定了，吴国的人就像回到自己的家乡一样纷纷奔赴到这里来。

王濬先前汇报说得到了孙歆的人头，后来，杜预却把活捉到的孙歆解赴到了京师，这成了洛阳城中的大笑话。这时各路军队召集会议，有人认为："活动了一百年的贼寇，不可能全被消灭。眼下临近暑期，雨季正要到来，传染病也将会发生，应该等到明年冬天，再进行大规模进攻。"杜预说："过去乐毅凭借着济水西岸那场战争兼并了强盛的齐国，现在士气正旺，就像破竹一样，劈开几节以后，其余的都会迎刃而解，再不用费力了。"于是向众位将帅指指划划，教授给他们作战的方略。结果军队直指秣陵，沿途所经过的城邑，没有不束手归附的。以前那些对伐吴战争持异议的人这才写信向杜预承认错误。

孙皓已经被平定了，晋师打点行装凯旋，回到了洛阳城，杜预因立了大功加封当阳县侯的爵位，封邑达到了九千六百户，他的儿子杜耽也被封为亭侯，有了一千户的封邑，还接受了皇帝赏赐的八千匹绢。

当初进攻江陵时，吴国人知道杜预脖子上长了瘤子，害怕他的计谋，就把瓠系在狗的脖子上出示给杜预。大树上若长有瘤状的疙瘩，就砍下来，在被砍处题写"杜预的脖子"。等到攻陷江陵后，杜预把这些人全都逮捕杀掉了。

杜预回到了镇守的荆州城后，向朝廷详细陈述了自己的家世吏职，认为祖上的功劳并非武功，请求退职，但没有得到朝廷的应允。

杜预认为天下虽然安定了，但忘了战争必然是危险的，于是在讲武方面勤勤恳恳，还修建了武学堂，江汉一带的百姓都怀念他的功德，他的教化之功远及万里。攻破了山越部族后，交错设置驻屯军队的营地，分别据守要害的地方，以此巩固安定的形势。又修缮了邵信臣的遗迹，利用过去的水利工程导引滍、淯诸水浇灌原田一万多顷，刊立石标划分疆域，使土地有固定的界限，国家和个人都得到好处，民众有了依靠，号称他为"杜父"。旧有的水道只有通过沔、汉到达江陵一千几百里，往北没有水路可通。再者巴丘湖是沅江、湘江交汇的地方，背山临河，着实险固，是荆州蛮人的依靠。于是，杜预开凿杨口，从夏水到达巴陵一千多里，内可疏导长江洪险，外可开通零、桂的漕运。南方地区的人们曾这样歌颂他："后世不发生叛乱是因为有了杜翁，谁都知道他的智名和勇功。"

杜预对于公众的事情，知道了就没有不干的。一切兴造工程，都必定进行全面的考虑，很少有失败的，有人讥笑他是一位虑事琐碎的人，杜预说："禹、稷的功劳，目的在于救世，我这样做是学习他们。"

杜预希望在后世能留个好名声，常说道："高岸将变成深谷，深谷将会成为丘陵"，就为自己竖立了二通碑刻，记载了他的勋绩，一碑深埋在万山的脚下，一碑立在了岘山的顶上，说：

"怎么知道此地以后不能变成丘陵深谷呢!"

杜预不会骑马,射箭连薄木片都穿不透,但每次被任用担当大事时,都能站在将帅的行列。接人待物,态度谦恭而且很有礼貌,解答别人的问题从无任何保留,教诲部下将属从不知道什么是疲倦,做事敏捷干练,说话认真谨慎。既然已经建树了功勋,以后生活环境从容了,也没有什么事情,这才沉湎于学问,撰写了《春秋左氏经传集解》。又参考了众家的谱牒行状,著成《释例》。还编写了《盟会图》《春秋长历》,作为一家之学,到了晚年才成功。又撰《女记赞》。当时有人评论杜预著述义旨质朴,没有引起世人的重视,只有秘书监挚虞赞赏杜预的著述,说:"左丘明本想为《春秋》作传,但《左传》却自成一体流行于世。《释例》本来是为《传》写成的,而它的思想内容何止于《左传》,所以也能单独行世。"当时王济懂得相马术,又很喜欢马,而和峤非常爱好聚敛钱财,杜预经常说:"王济有马的嗜好,和峤有钱的嗜好。"武帝听了,问杜预说:"您有什么癖好?"回答说:"我有《左传》的癖好。"

杜预任镇将时,多次贿赂洛阳京城中的权贵要人。有人问他为什么这样做,杜预说:"我只怕被人坑害,不想求什么好处。"

杜预刚到荆州不久的时候,有一次宴会上喝醉了酒,躺卧在斋内,外面的人听到呕吐的声音,从窗口偷偷地往里瞧,只见一条大蛇垂头呕吐。听说的人感到很惊异。以后他被征用为司隶校尉,加升到特进的地位,走到邓县时病死,这一年他六十三岁。皇帝十分叹惜哀悼,追赠他为征南大将军、开府仪同三司,谥号为"成"。杜预活着的时候留下遗嘱说:"古代人不讲究合葬,知道死生的道理和无有的道理一样。中古圣人改为合葬,大概是利用别合无在相辅相成的道理来示教人的。从此以后,高官贵人有的合有的不合，不能知道生，怎么能知道死？所以都按照自己的意愿去办。我过去作台郎时，曾因公事差使过密县境内的邢山，山上有一坟冢，打问当地的农夫，有的说是郑国大夫祭仲的冢，有的说是子产的冢，于是率领随从祭奠观看。这座坟冢建造在山顶上，环视四周旷阔的空间，坟墓和正南正北的山体相连，又偏向东北，朝向新郑城，意思是不忘本啊。冢墓的隧道只填埋后段而前段是空的，不填埋墓道说明里面没有珍宝藏埋，用不着多深。山上有许多美丽的石头不用，却一定要采集洧水岸旁的天然石头建造墓穴，可贵之处在于不费工巧，而且这些石头又不实用。君子嘉赏他有情，小人无利可图也不会去挖他的坟，历经一千年而没有毁坏，这是节俭的结果。我去年春天入京，由于郭氏去世，按照陪陵的习惯制度，我自己提出在洛阳城东首阳山以南营造陵墓，作为将来的兆域。所得到的这一片地方有一座小山，山上没有旧冢。它的高度虽与邢山不能相比，然而东边能奉守二陵，西边可瞻望宫阙，南边能看到伊河、洛河，北边能望见伯夷、叔齐的陵墓，能站得高看得远，这也就安心了。于是就栽树开道，构成一定的规制，到时全用洛水的鹅卵石建造墓穴，南向开挖隧道，大小规模形制参照郑大夫的坟冢，想用节俭的精神完成自己的陵墓。棺椁葬品等事情，也都按照节俭精神办。"子孙一一按遗嘱办理了。杜预死后，他的儿子杜锡继承了他的爵位。

杜锡字世嘏。从小就有很大名气，初仕为长沙王司马乂的文学，又升任太子中舍人。他性格坦诚、直爽、忠烈，几次规劝愍怀太子，言语十分诚恳，太子对他有些讨厌。后来太子把针放在杜锡经常坐的毛毡中，杜锡臀部被扎出血来。有一天，太子问杜锡："前些时候你曾遇上件什么事？"杜锡回答说："喝醉了酒，记不得了。"太子反诘他说："你喜欢责备人，为什么自己找错事干？"以后又转任为卫将军长史。赵王司马伦篡夺了皇位，任命他为治书御史。孙秀请求与杜锡结交，被杜锡拒绝，孙秀虽然心中不满，但惧怕他名声高，也不敢加害于他。惠帝复辟，任他为吏部郎、城阳太守，但他没有接受，于是升任为尚书左丞。他四十八岁那年去世，朝廷追赠他为散骑常侍。儿子杜乂继承了他的官爵，这事在《外戚传》中有记载。

史臣说：泰始年间，人们只知道进呈赐予，羊公始提出平定吴国的策略，他看到了社会历史发展的大势。过去齐国有大将黔夫，燕国人祭尊北门的鬼神而不敢南视齐国；赵国有大将李牧，秦王就收敛兼并东方的势头。桑枝的本性平和不争，使嫉贤害能之辈深感自己惭愧。播施恩信于南方地区，败吴国于汉水。长江东西横贯如砥石一般，但挡不住百姓老少纷纷前来归附。更在于有功不居，衣着不华丽，居住不讲究，落落大方而且又有气度。杜预不是生来就有智谋，然而运用起来却非常自如，用深谋远虑来攻取敌城，文武双全。孔门可称道的有四人，他仰慕的只有三位；《春秋》有五种传本，而他独自擅长其中的一种，不也是他的很大成就吗！服三年的丧期，不分贵贱。杜预轻率地缩短在位皇帝的丧期，令人叹息；主张逝者已葬，太子也应去掉丧服，这又是何等无情。曲己之尊，苟合古人，不讲究自己的身份；以当代宰辅地位，葬礼规格下降为诸侯的庶子，这是檀弓所反复研习的变礼，杜预正是本此精神。

赞辞说：西有汉水的险要，东有长江的回流。羊公的恩信，使南方地区百万民众归服了。昔日曾率兵征战，后来专心研究经典从事著述。元凯本是文场上的人物，人们却称他为武库。

晋书卷四十三

列传第十三

山　涛

山涛字巨源，河内怀人也。父曜，宛句令。涛早孤，居贫，少有器量，介然不群。性好《庄》《老》，每隐身自晦。与嵇康、吕安善，后遇阮籍，便为竹林之交，著忘言之契。康后坐事，临诛，谓子绍曰："巨源在，汝不孤矣。"

涛年四十，始为郡主簿、功曹、上计掾。举孝廉，州辟部河南从事。与石鉴共宿，涛夜起蹴鉴曰："今为何等时而眠邪！知太傅卧何意？"鉴曰："宰相三不朝，与尺一令归第，卿何虑也！"涛曰："咄！石生无事马蹄间邪！"投传而去。未二年，果有曹爽之事，遂隐身不交世务。

与宣穆后有中表亲，是以见景帝。帝曰："吕望欲仕邪？"命司隶举秀才，除郎中。转骠骑将军王昶从事中郎。久之，拜赵国相，迁尚书吏部郎。文帝与涛书曰："足下在事清明，雅操迈时。念多所乏，今致钱二十万、谷二百斛。"魏帝尝赐景帝春服，帝以赐涛。又以母老，并赐藜杖一枚。

晚与尚书和逌交，又与锺会、裴秀并申款昵。以二人居势争权,涛平心处中,各得其所,而俱无恨焉。迁大将军从事中郎。锺会作乱于蜀,而文帝将西征。时魏氏诸王公并在邺,帝谓涛曰:"西偏吾自了之,后事深以委卿。"以本官行军司马,给亲兵五百人,镇邺。

咸熙初,封新沓子。转相国左长史,典统别营。时帝以涛乡闾宿望,命太子拜之。帝以齐王攸继景帝后,素又重攸,尝问裴秀曰:"大将军开建未遂,吾但承奉后事耳。故立攸,将归功于兄,何如?"秀以为不可,又以问涛。涛对曰:"废长立少,违礼不祥。国之安危,恒必由之。"太子位于是乃定。太子亲拜谢涛。及武帝受禅,以涛守大鸿胪,护送陈留王诣邺。泰始初,加奉车都尉,进爵新沓伯。

及羊祜执政,时人欲危裴秀,涛正色保持之。由是失权臣意,出为冀州刺史,加宁远将军。冀州俗薄,无相推毂。涛甄拔隐屈,搜访贤才,旌命三十余人,皆显名当时。人怀慕尚,风俗颇革。转北中郎将,督邺城守事。入为侍中,迁尚书。以母老辞职,诏曰:"君虽乃心在于色养,然职有上下,旦夕不废医药,且当割情,以隆在公。"涛心求退,表疏数十上,久乃见听。除议郎,帝以涛清俭无以供养,特给日契,加赐床帐茵褥。礼秩崇重,时莫为比。

后除太常卿,以疾不就。会遭母丧,归乡里。涛年踰耳顺,居丧过礼,负土成坟,手植松柏。诏曰:"吾所共致化者,官人之职是也。方今风俗陵迟,人心进动,宜崇明好恶,镇以退让。山太常虽尚居谅闇,情在难夺,方今务殷,何得遂其志邪!其以涛为吏部尚书。"涛辞以丧病,章表恳切。会元皇后崩,遂扶舆还洛。逼迫诏命,自力就职。前后选举,周遍内外,而并得其才。

咸宁初,转太子少傅,加散骑常侍;除尚书仆射,加侍中,领吏部。固辞以老疾，上表陈情。章表数十上，久不摄职，为左丞白褒所奏。帝曰："涛以病自闻，但不听之耳。使涛坐执铨衡则可，何必上下邪！不得有所问。"涛不自安，表谢曰："古之王道，正直而已。陛下不可以一老臣为加曲私，臣亦何心屡弄陈日月。乞如所表，以章典刑。"帝再手诏曰："白褒奏君甚妄，所以不即推，直不喜凶赫耳。君之明度，岂当介意邪！便当摄职，令断章表也。"涛志必欲退，因发从弟妇丧，辄还外舍。诏曰："山仆射近日暂出，遂以微苦未还，岂吾侧席之意。其遣丞掾奉诏谕旨，若体力故未平康者，便以舆车舆还寺舍。"涛辞不获已，乃起视事。

涛再居选职十有余年，每一官缺，辄启拟数人，诏旨有所向，然后显奏，随帝意所欲为先。故帝之所用，或非举首，众情不察，以涛轻重任意。或谮之于帝，故帝手诏戒涛曰："夫用人惟才，不遗疏远单贱，天下便化矣。"而涛行之自若，一年之后众情乃寝。涛所奏甄拔人物，各为题目，时称《山公启事》。

涛中立于朝，晚值后党专权，不欲任杨氏，多有讽谏，帝虽悟而不能改。后以年衰疾笃，上疏告退曰："臣年垂八十，救命旦夕，若有毫末之益，岂遗力于圣时。迫以老耄，不复任事。今四海休息，天下思化，从而静之，百姓自正。但当崇风尚教以敦之耳，陛下亦复何事。臣耳目聋瞑，不能自励。君臣父子，其间无文，是以直陈愚情，乞听所请。"乃免冠徒跣，上还印绶。诏曰："天下事广，加吴土初平，凡百草创，当共尽意化之。君不深识往心而以小疾求退，岂所望于君邪！朕犹侧席，未得垂拱，君亦何得高尚其事乎！当崇至公，勿复为虚饰之烦。"

涛苦表请退，诏又不许。尚书令卫瓘奏："涛以微苦，久不视职。手诏频烦，犹未顺旨。参议以为无专节之尚，违在公之义。若实沈笃，亦不宜居位。可免涛官。"中诏瑾曰："涛以德素为朝之望，而常深退让，至于恳切。故比有诏，欲必夺其志，以匡辅不逮。主者既不思明诏旨，而反深加诋案，亏崇贤之风，以重吾不德，何以示远近邪！"涛不得已，又起视事。

太康初，迁右仆射，加光禄大夫，侍中、掌选如故。涛以老疾固辞，手诏曰："君以道德为世模表，况自先帝识君远意。吾将倚君以穆风俗，何乃欲舍远朝政，独高其志耶！吾之至怀故不足以喻乎，何来言至恳切也。且当以时自力，深副至望。君不降志，朕不安席。"涛又上表固让，不许。

吴平之后，帝诏天下罢军役，示海内大安，州郡悉去兵，大郡置武吏百人，小郡五十人。帝尝讲武于宣武场，涛时有疾，诏乘步辇从。因与卢钦论用兵之本，以为不宜去州郡武备，其论甚精。于时咸以涛不学孙吴，而闇与之合。帝称之曰："天下名言也。"而不能用。及永宁之后，屡有变难，寇贼焱起，郡国皆以无备不能制，天下遂以大乱，如涛言焉。

后拜司徒，涛复固让。诏曰："君年耆德茂，朝之硕老，是以授君台辅之位。而远崇克让，至于反覆，良用于邑。君当终始朝政，翼辅朕躬。"涛又表曰："臣事天朝三十余年，卒无毫厘以崇大化。陛下私臣无已，猥授三司。臣闻德薄位高，力少任重，上有折足之凶，下有庙门之咎。愿陛下垂累世之恩，乞臣骸骨。"诏曰："君翼赞朝政，保乂皇家，匡佐之勋，朕所倚赖。司徒之职，实掌邦教，故用敬授，以答群望。岂宜冲让以自抑损邪！"已敕断章表，使者乃卧加章绶。涛曰："垂没之人，岂可污官府乎！"舆疾归家。以太康四年薨，时年七十九。诏赐东园祕器、朝服一具、衣一袭、钱五十万、布百匹，以供丧事，策赠司徒，蜜印紫绶，侍中貂蝉，新沓伯蜜印青朱绶，祭以太牢，谥曰康。将葬，赐钱四十万、布百匹。左长史范晷等上言："涛旧第屋十间，子孙不相容。"帝为之立室。

初，涛布衣家贫，谓妻韩氏曰："忍饥寒，我后当作三公，但不知卿堪公夫人不耳！"及居荣贵，贞慎俭约，虽爵同千乘，而无嫔媵。禄赐俸秩，散之亲故。

初，陈郡袁毅尝为鬲令，贪浊而赂遗公卿，以求虚誉，亦遗涛丝百斤，涛不欲异于时，受而藏于阁上。后毅事露，槛车送廷尉，凡所受赂，皆见推检。涛乃取丝付吏，积年尘埃，印封如初。

涛饮酒至八斗方醉，帝欲试之，乃以酒八斗饮涛，而密益其酒，涛极本量而止。有五子：该、淳、允、谟、简。

该字伯伦，嗣父爵，仕至并州刺史、太子左率，赠长水校尉。该子玮字彦祖，翊军校尉。次子世回，吏部郎、散骑常侍。淳字子玄，不仕，允字叔真，奉车都尉，并少尪病，形甚短小，而聪敏过人。武帝闻而欲见之，涛不敢辞，以问于允。允自以尪陋，不肯行。涛以为胜己，乃表曰："臣二子尪病，宜绝人事，不敢受诏。"谟字季长，明惠有才智，官至司空掾。

简字季伦。性温雅，有父风，年二十余，涛不之知也。简叹曰："吾年几三十，而不为家公所知！"后与谯国嵇绍、沛郡刘谟、弘农杨准齐名。初为太子舍人，累迁太子庶子、黄门郎，出为青州刺史。征拜侍中，顷之，转尚书。历镇军将军、荆州刺史，领南蛮校尉，不行，复拜尚书。光熙初，转吏部尚书。永嘉初，出为雍州刺史、镇西将军。征为尚书左仆射，领吏部。

简欲令朝臣各举所知，以广得才之路。上疏曰："臣以为自古兴替，实在官人；苟得其才，则无物不理。《书》言'知人则哲，惟帝难之'。唐虞之盛，元恺登庸；周室之隆，济济多士。秦汉已来，风雅渐丧。至于后汉，女君临朝，尊官大位，出于阿保，斯乱之始也。是以郭泰、许劭之伦，明清议于草野；陈蕃、李固之徒，守忠节于朝廷。然后君臣名节，古今遗典，可得而言。自初平之元，讫于建安之末，三十年中，万姓流散，死亡略尽，斯乱之极也。世祖武皇帝应天顺人，受禅于魏，泰始之初，躬亲万机，佐命之臣，咸皆率职。时黄门侍郎王恂、庾纯始于太极东堂听政，评尚书奏事，多论刑狱，不论选举。臣以为不先所难，而辨其所易。陛下初临万国，人思尽诚，每于听政之日，命公卿大臣先议选举，各言所见后进俊才、乡邑尤异、才堪任用者，皆以名奏，主者随缺先叙。是爵人于朝，与众共之之义也。"朝廷从之。

永嘉三年，出为征南将军、都督荆湘交广四州诸军事、假节，镇襄阳。于时四方寇乱，天下分崩，王威不振，朝野危惧。简优游卒岁，唯酒是耽。诸习氏，荆土豪族，有佳园池，简每出嬉游，多之池上，置酒辄醉，名之曰高阳池。时有童儿歌曰："山公出何许，往至高阳池。日夕倒载归，茗艼无所知。时时能骑马，倒著白接篱。举鞭向葛疆：'何如并州儿？'"疆家在并州，简爱将也。

寻加督宁、益军事。时刘聪入寇，京师危逼。简遣督护王万率师赴难，次于涅阳，为宛城贼王如所破，遂婴城自守。及洛阳陷没，简又为贼严嶷所逼，乃迁于夏口。招纳流亡，江汉归附。时华轶以江州作难，或劝简讨之。简曰："与彦夏旧友，为之惆怅。简岂利人之机，以为功伐乎！"其笃厚如此。时乐府伶人避难，多奔沔汉，宴会之日，僚佐或劝奏之。简曰："社稷倾覆，不能匡救，有晋之罪人也，何作乐之有！"因流涕慷慨，坐者咸愧焉。

年六十卒，追赠征南大将军、仪同三司。子遐。

遐字彦林，为余姚令。时江左初基，法禁宽弛，豪族多挟藏户口，以为私附。遐绳以峻法，到县八旬，出口万余。县人虞喜以藏户当弃市，遐欲绳喜。诸豪强莫不切齿于遐，言于执事，以喜有高节，不宜屈辱。又以遐辄造县舍，遂陷其罪。遐与会稽内史何充笺："乞留百日，穷麑逋逃，退而就罪，无恨也。"充申理，不能得。竟坐免官。

后为东阳太守，为政严猛。康帝诏曰："东阳顷来竟囚，每多入重。岂郡多罪人，将捶楚所求，莫能自固邪！"遐处之自若，郡境肃然。卒于官。

史臣曰：若夫居官以洁其务，欲以启天下之方，事亲以终其身，将以劝天下之俗，非山公之具美，其孰能与于此者哉！自东京丧乱，吏曹湮灭，西园有三公之钱，浦陶有一州之任，贪饕方驾，寺署斯满。时移三代，世历九王，拜谢私庭，此焉成俗。若乃余风稍殄，理或可言。委以铨综，则群情自抑；通乎鱼水，则专用生疑。将矫前失，归诸后正，惠绝臣名，恩驰天口，世称《山公启事》者，岂斯之谓欤！若卢子家之前代，何足算也。

译文：

山涛字巨源，是河内郡怀县人氏。父亲山曜曾任宛句县令。山涛早早成了孤儿，家境贫寒，从小就有器量，性格耿直不大合群。秉性喜好《庄子》《老子》，平常不出头露面，不显露才华。与嵇康、吕安二人相好，后来又遇到了阮籍，便结成了竹林之交，成为无话不谈的朋友。嵇康后来卷入曹魏与司马氏的政争而被投入监狱，临近被斩的时候，对儿子嵇绍说："巨源还活着，你不会成孤儿的。"

山涛四十岁那年，开始做了郡的主簿、功曹、上计掾。又被举为孝廉,由州征辟为河南从事。他曾与石鉴一起同宿,夜里起来用脚踢醒石鉴说:"现在是什么时候了,还睡觉!知道太傅卧床不起是什么意思?"石鉴回答说:"宰相三次不到朝廷中去,皇帝下了尺一诏书给他,让他回家,你忧虑什么?"山涛说:"咄!石生处在马蹄之间还说没事!"弃官而去。不到二年,果然发生了曹爽被诛的事情,于是隐居起来不与世人交往。

山涛与宣穆后有表亲的关系,因此去见景帝。景帝说:"吕望想做官了吗?"命司隶部举荐他为秀才,任用为郎中。又转骠骑将军王昶的幕府做了从事中郎。过了很长一段时间,拜任为赵国相,又调任尚书吏部郎。文帝在给山涛的书信中说:"您在职做事清明,情操高雅,超出时辈。念您困难较多,现送钱二十万、谷二百斛。"魏帝曾经赐给景帝一套春服,景帝又赐给了山涛。又因为他的母亲年纪老了,还赐给他一根藜杖。

晚年与尚书和逌结交,又与钟会、裴秀关系亲密。因钟、裴二人居势争权,山涛公平处在两人的中间,使他们各得其所,而且二人都对他没有什么怨恨。后又调任为大将军从事中郎。钟会在蜀地发动叛乱,文帝准备侍奉魏天子西征。这时魏氏诸位王公都居住在邺城,文帝对山涛说:"辅佐西征的事情我自己就处理了,诸侯王公的事情就重托给您了。"让他以本官代理军司马,调拨给他五百人的亲兵,镇守邺城。

咸熙初年,山涛被封为新沓子。转任相国左长史,统掌一支独立的军队。当时文帝因山涛是社会上德高望重的人物,命令太子向他拜教。文帝把齐王司马攸过继给景帝为后嗣,平时又看重司马攸,曾问裴秀说:"大将军开建的功业还未完成,我只不过是继承他身后的事业。所以立攸为继承人,将归功于我哥哥,你看怎么样?"裴秀认为不可,又征询山涛的意见。山涛回答说:

"废弃长子，树立小儿子，违背了礼法，是凶险的。国家是安定还是危机，经常由这种事引起。"太子的地位从此确定下来。太子亲自去山涛那里拜谢他。等到武帝接受了禅让，就命山涛职掌大鸿胪的事务，护送陈留王到邺城。泰始初年，加升为奉车都尉，晋爵为新沓伯。

羊祜执政时，有人想陷害裴秀，山涛极力保护了裴秀。从此他失掉了权臣的信任，被排挤出朝廷，做了冀州刺史，兼任宁远将军。冀州的风俗浇薄，互相不推举。山涛认真选拔隐居的人物，搜访贤才，表彰了三十多人，他们都在当时出了名。从此人人以礼仪自束，社会风俗有了一些变化。他又被调任北中郎将，统管邺城防御事务。又到朝廷中做了侍中，以后调任尚书。他因母亲年纪老了，要求辞去职务，武帝下诏给他说："你的本心虽然是在于亲身奉养老母，但职事有上下之分，一早一晚也不会误了给你母亲吃药，而且应当割掉私情，把心思用在公事上。"山涛一心想着退休，连续向皇帝上了几十封表疏，经过了很长一段时间才被应允。他被任用为议郎，武帝因他清苦俭朴没有力量供养老母，每天特供给他一定的食物，还赐给他床帐被褥一类的日用品。礼秩的崇高贵重，当时是没有人能比得上他的。

后来被任用为太常卿，因患有疾病不能赴任。赶上母亲的丧事，回到了家乡。山涛的年岁已过了六十，在服丧期间超过了礼法的规定，背土堆成了母亲的坟丘。在坟墓的旁边亲手栽种了松柏。武帝下诏说："能和我一起教化天下的，是吏部的职责。当今社会风俗一天比一天坏，人心不稳，应该倡明善恶的标准，怎么能用退让的办法来压制？山太常虽然还在服丧时期，按情理不能在他服丧时强迫他任事，但现在政务繁忙，怎么能遂他的心愿呢！任山涛为吏部尚书。"山涛借口在服丧期又有病推辞掉了，写给武帝的章表言语恳切。赶上元皇后逝世，于是坐车回到了洛京。迫于诏命相逼，尽了自己的力量勉强接受了官职。他前后荐举的人，遍及朝廷内外，都能施展他们的才能。

咸宁初年，调任太子少傅，兼任散骑常侍；又受任尚书仆射，加官侍中，掌管吏部事务。以年老多病坚决推辞，上表陈述衷情。章表连续上了几十次，长时间也不处理职事，左丞白褒奏告山涛违背了诏书的要求。武帝说："山涛自己向我诉说了病情，只是没有允从他罢了。让山涛只掌握官员的任免升迁就可以了。何必拿日常事务去干扰他！有什么具体问题也不许去问他。"山涛内心感到不安，向武帝上表推辞说："古代以仁义治天下的王道政治，止不过是正直罢了。陛下您不要为了一位老臣的事曲加袒护，如果那样的话，就违背了我旷费时日屡屡上表的本意。请陛下准许我的请求，让我退休，使规制得到执行。"武帝再次亲手给他写了诏书说："白褒劾奏你的，都是莫须有的事，之所以当时没有立即加以推究，只不过是我不喜欢做得过分露骨罢了。以你的明察和气度，难道还介意它！应当马上处理职事，不要再让别人上表劾奏你了。"山涛心想着一定退职，便因堂弟的妻子去世，借口料理丧事离开朝廷，回到家里。武帝下诏书说："山仆射近几天暂时外出，只不过有些不舒服没有回来，这不符合我求贤若渴的本意。所以派遣丞掾捧着诏书告诉他，如果体力还未康复的话，便用车子把他拉回官署。"山涛的推辞没有获准，这才就职理事。

山涛又掌管选举十多年，每出现一个官缺，都先粗拟出数人，启奏给朝廷，等诏旨有了倾向意见，然后再明白奏上，一切都以皇帝的意愿为先。因此皇帝所择用的人员，有的不是应选的第一名，众人不明白这其中的真情，认为山涛在评判候选人时轻重任意。有人向武帝进谗言，因此皇帝作手诏告诫山涛说："用人唯才，疏远卑贱都不要漏掉，这样天下就能被教化。"而山涛依然照常行事，一年以后众人的情绪就消失了。山涛对他甄别选拔的人物一一做出评品，当时称之为《山公启事》。

山涛在朝信守中立，晚年正值后党专权，他不想任用杨氏，并多次上奏劝说，武帝虽能领悟，但无力改变现状。后来因年衰病重，上疏告退说："我年岁将近八十了，命在旦夕，若有丝毫还能坚持的话，难道在圣明的时期还要保留些精力。老耄的逼迫，不能再任事了。现在社会安定了，天下的人心向往着教化，任从清静，百姓就自然会规矩的。只有大力提倡风教，敦促他们向往礼仪睦善就行了，陛下您就可以垂拱治天下了。我耳聋眼瞎，不能自我勉励。君臣父子之间，没有什么可掩饰的，所以我直率地陈述出自己的愚情，乞求您能批准我的请求。"于是摘掉冠帽光着脚，上前把官印还给了武帝。武帝下诏说："天下事情很多，加上吴国刚刚被平定，百事都处在草创时期，应当共同尽心教化天下，您不但没有牢牢记住我往日的心愿，反而因小病求退，这哪里符合我对您的厚望啊！我正在侧席不安，哪敢垂手而治？您怎么能撒手不管呢！应为公事尽心尽力，不要再不厌其烦地作表面文章了。"

山涛苦苦请求退休，诏命又不准许。尚书令卫瓘奏道："山涛因有小病，便长久不处理职事。手诏频繁地下给他，他还没有顺从谕旨。参议认为，既然他没有专心做官的志向，自然违背了任职的宗旨，若真是病重了，也不适宜占在官位上，可以免去山涛的官职。"武帝下诏告诫卫瓘说："山涛以他的道德修养，一向是朝廷的重望，而他一再退让，十分恳切。以前多次诏谕，想让他改变主意，继续任事，作我的帮手。你们这些人既不想阐明我的意思，反而对他深加诋毁,有伤崇贤的风气,使我也有失德的罪名,这怎么能成为四方的表率呢!"山涛不得已,又出来理事。

太康初年,调任右仆射,加光禄大夫,仍兼任侍中,掌管吏部选事。山涛以年老多病坚持辞职,武帝手诏说:"您以道德为世人模范表率,况且自先帝就认识到您志向深远。我将依靠您来敦厚风俗,为什么要远远离开朝政,唯独以自己的志向为高尚呢!我的用心难道您还不明白吗?何至于如此恳切地辞职呢?您应根据自己的力量和时间适当做些事,不辜负我对您的希望。您如不改变您的主意,我就坐卧不安了。"山涛又上表固执要求退让,未能得到准许。

平定吴国以后,武帝诏令天下罢废军役,以此表示天下太平安定了,州郡的兵全都被解散,大郡设置武吏一百人,小郡五十人。武帝曾经于宣武场操演军队,这时山涛有病,诏命他乘轿随从。于是与卢钦谈论用兵的根本,认为不应该废除州郡的武备,他的论述十分精湛。当时人都认为山涛没有学习过孙、吴的兵法,却能与孙、吴兵法不谋而合。武帝称赞他说:"真是天下名言。"但最终不能采用。到了永宁以后,变乱屡次发生,寇贼犹如狂飙一般纷纷起事,郡国都因为没有武备而不能制止,于是天下大乱起来,正应了山涛的预言。

以后拜任为司徒,山涛又执意推让。皇帝下诏说:"您年迈德高,是朝廷的硕老,因此授您台辅的官位。而您志向高远能让,以至于反复推辞,实在令人伤叹。您应当始终用力于朝政,作为我的左膀右臂。"山涛又上表说:"我为天朝做事三十多年了,从无一毫一厘的功劳来提高皇恩教化,陛下您对我垂爱不止,我愧受三司的官位。我听说德行薄而官位高,能力小而担当的任务重,必然不胜任而坏事,使朝廷也有用人不当的责任,愿陛下您布降几世的恩德，饶了我这把老骨头吧。"诏书说："您辅赞朝政，保护皇家，有匡佐的功勋，正是我所依靠的。司徒这一官职，实际上是掌管国家的教化，所以用来敬授给您，以孚众望。难道就应该因谦让来自我贬损吗！"已下令不得再上章表，派使者到山涛的床前授职。山涛说："我是一个临死的人，怎么能玷污官府呀！"于是带病归家。于太康四年逝世，这年他七十九年。武帝下令赐给棺木、朝服一具、衣一袭、钱五十万、布一百匹，供丧事用，又赠给他司徒的官衔，腊印紫绶，侍中貂蝉，新沓伯腊印青朱绶，用牛、羊、豕三牲具备的太牢礼祭奠他，谥号为"康"。临近殡葬时，又赐给钱四十万、布一百匹。左长史范晷等上言朝廷说："山涛只有十间旧房屋，子孙容住不下。"武帝为他们建造了房屋。

当初，山涛还是平民的时候，家里贫穷，对他的妻子韩氏说："现在您跟着我忍饥受冻，以后我能当上三公的官职，但不知道您能否配称公夫人呀！"真到了享受荣华富贵的时候，却十分清白俭朴，爵位虽与王公相同，却从不纳嫔妾，所得到的俸禄赏赐，全都散给亲戚朋友。

当初，陈郡人袁毅曾经做鬲县令，贪污钱财，贿赂公卿，赚求虚名，他也给山涛送了一百斤的丝，山涛碍于当时官场风气而不得不收，收下后，藏在阁楼上。后来袁毅事情败露了，被囚车解送到司法机关，凡是受贿赂的人，都被检举揭发出来。山涛这才取出丝交给差吏，拂去多年的尘埃，印封完好如初。

山涛能饮至八斗的酒才醉，武帝想试试他的酒量，于是取出八斗酒给他喝，还暗暗多加了些酒，山涛达到本量就不喝了。山涛有五个儿子：山该、山淳、山允、山谟、山简。

山该字伯伦，继承了父亲的爵位，官位做到并州刺史、太子左率,死后赠封为长水校尉。山该的儿子山玮,字彦祖,曾任翊军校尉。二儿子山世回,任吏部郎、散骑常侍。山淳字子玄,不曾做官,山允字叔真,做过奉车都尉,二人小时候都曾患有尪瘠病症,体形十分短小,但聪敏过人。武帝知道后要看看他们,山涛不敢推辞,回家问山允。山允觉着自己丑陋,不肯去见武帝。山涛认为儿子能这样做,超过了自己,便上表说:"我的两个儿子患有尪病,不愿和外人接触,因此不敢接受您的召见。"山谟字季长,既明慧又有才智,官职做到了司空掾。

山简字季伦。性格温雅,具有父亲的风度,长到二十多岁,山涛还不了解儿子和他的操守相似,山简长叹说:"我都快三十岁了,却不被家父所知!"后来他与谯国人嵇绍、沛郡人刘谟、弘农人杨准一样有名声。初为太子舍人,累升为太子庶子、黄门郎,又外任青州刺史。复被召回朝中任为侍中,不久,转任尚书。又历官镇军将军、荆州刺史,领南蛮校尉,没有去赴任就又再次拜任尚书。光熙初年,转任为吏部尚书。永嘉初年,被派出京做了雍州刺史、镇西将军。后又被召回朝中任尚书左仆射,掌管吏部。

山简想让朝臣各自举荐所了解的人,以此来广开人才之路。他向皇帝上疏说:"我认为自古兴亡嬗递,关键在于官得其人;只要有了人才,就没有干不了的事。《尚书》中说'知人才是贤哲,这是帝王最难之处'。唐虞的兴盛,是因为有才能的大臣在位;周王朝的兴隆,因为朝中人才济济。秦汉以来,风雅的优良传统渐渐丧失。又到了后汉,女主专制朝政,尊官大位都被那些亲信占去了,这是败乱的开始。因此郭泰、许劭等人,在民间提倡清议;陈蕃、李固等人,在朝廷恪守忠节。这样一来,君臣的名节,古今的遗典,才能变为现实。从初平初年到建安末年,三十年中,民众流亡漂泊,死的死,逃的逃,人口都快光了,这是败乱的极点。世祖武皇帝应天理顺人意,接受了魏国的政权,泰始初时,亲自处理天下各种事务,辅佐的官员,都能尽到自己的职责。当时黄门侍郎王恂、庾纯开始在太极东堂治理政事,评议尚书奏事,多谈刑狱案件,不谈人才选举。我认为这样做是不先考虑那些难办的事,而辩论那些容易的事。陛下您刚刚登上大位,人人想着竭尽忠诚,每遇听政的日子,命公卿大臣首先议论一下选举,各人谈谈所发现的后进俊才、乡邑的优异之士、才能足可任用的人,都把他们的姓名报上,主事的人随缺优先录用。这就是在朝廷中当众颁授官爵,各部门共同选用人才的意思。"朝廷采纳了他的建议。

永嘉三年,外任为征南将军,都督荆、湘、交、广四州诸军事,假节,镇守襄阳。这时四方混乱,天下崩解,帝王的威势不能振作,朝野上下危机恐惧。山简整天优游度日,耽湎于酒中。习氏等家族是荆州的豪族,有雅致美丽的园池,山简每次外出嬉游,多到池上置酒设宴,一醉方休,还为池取名叫"高阳池"。当时在儿童中间流传有这样一首儿歌:"山公出来去哪里?来到了美丽的高阳池。傍晚醉倒了用车载他归去,酩酊如泥什么也不知。时时还能骑骑马,反戴着白色的头巾。举着鞭子问葛疆:'这样像不像并州儿?'"葛疆家乡在并州,是山简宠爱的将领。

不久加都督宁、益二州的军事。这时刘聪来犯,京师危急。山简派都督护王万率军救援洛阳,军队到了涅阳,被宛城的流民军首领王如打败,于是环城自守。等到洛阳陷没,山简又被严嶷的部众攻逼,于是转移到了夏口。召集流亡的人口,江汉一带的民众归附了山简。这时华轶在江州起兵,有人劝山简讨伐华轶。

山简说:"彦夏(华轶字)是我旧时的朋友,我为他担心还来不及,怎么能乘人之危,邀讨伐之功呢!"他的敦厚竟到了这样的程度。当时乐府的伶人逃避战乱,多数人投奔到了沔汉一带,宴会的那天,有的僚佐劝山简奏些乐曲助兴。山简说:"朝廷的社稷江山都陷没了,我不能匡救国家,是晋朝的罪人,还做什么乐呀!"一边慷慨述说一边流涕,使在座的人都感到惭愧。

山简六十岁那年死去,被追赠为征南大将军、仪同三司。有儿子山遐。

山遐字彦林,曾任余姚县令。当时江左政权刚刚建立,法律条文都不健全,豪族多挟藏户口,作为自己的私附。山遐用严峻的法令进行约束,到县赴任八十天的时间,就查出了一万多隐漏人口。县人虞喜因藏匿户口应当被斩首,山遐要逮捕他。众豪强恼恨山遐无不咬牙切齿,到主事官那里去告山遐的状,主事官认为虞喜有高风亮节,不应该受到屈辱。又有告发山遐擅建县舍,诬陷他有罪。山遐给会稽内史何充写信说:"乞求再留任县令一百天,让我将那些隐庇私口逋逃在外的豪强一网打尽,然后再退职接受罪责,这样我才没有怨恨。"何充为他申辩,没能起作用,竟被免去了官职。

后来山遐做了东阳太守,治理政事方法严猛。康帝下诏说:"东阳近来竞相抓人,常常判为重罪。难道郡内有那么多罪人,非严刑峻法不能自固吗?"山遐依然我行我素,终于使郡境肃然平静。以后死在了官位上。

史臣说:为清官做事廉,要用这一点作为教育人的标准;孝顺双亲,终身不渝,以此来劝教社会风俗,要不是山公涵养美德,怎么能达到这样的境界!自从东京败乱以来,官署吏曹被湮没了。西园有出卖三公的金钱，蒲陶有一州的贪任，贪贿之风的兴起，各个衙门人满为患。时间更换了三代，政权经历了九主，党私后门成了社会风气。如果这种风气煞一煞，社会或许还可以得到治理。把任罢官员的任务委派给山涛，众人的不满情绪自然平息；山涛与皇帝的关系亲如鱼水，皇帝的信任专用，引起别人的嫉妒和怀疑。山涛要矫正以前的过失，导使后来人的正确做法。官员的任升，不归美于大臣，而是出自皇帝的恩惠，世人之所以称颂《山公启事》，大概就是指此而言！像卢毓（子家）及其前辈那样的贤才，是不能和山涛相比的。

晋书卷四十九

列传第十九

阮　籍

阮籍字嗣宗，陈留尉氏人也。父瑀，魏丞相掾，知名于世。籍容貌瑰杰，志气宏放，傲然独得，任性不羁，而喜怒不形于色。或闭户视书，累月不出；或登临山水，经日忘归。博览群籍，尤好《庄》《老》。嗜酒能啸，善弹琴。当其得意，忽忘形骸。时人多谓之痴，惟族兄文业每叹服之，以为胜己，由是咸共称异。

籍尝随叔父至东郡，兖州刺史王昶请与相见，终日不开一言，自以不能测。太尉蒋济闻其有隽才而辟之，籍诣都亭奏记曰："伏惟明公以含一之德，据上台之位，英豪翘首，俊贤抗足。开府之日，人人自以为掾属；辟书始下，而下走为首。昔子夏在于西河之上，而文侯拥彗；邹子处于黍谷之阴，而昭王陪乘。夫布衣韦带之士，孤居特立，王公大人所以礼下之者，为道存也。今籍无邹卜之道，而有其陋，猥见采择，无以称当。方将耕于东皋之阳，输黍稷之余税。负薪疲病，足力不强，补吏之召，非所克堪。乞回谬恩，以光清举。"初，济恐籍不至，得记欣然。遣卒迎之，而籍已去，济大怒。于是乡亲共喻之，乃就吏。后谢病归。复为尚书郎，少时，又以病免。及曹爽辅政，召为参军。籍因以疾辞，屏于田里。岁余而爽诛，时人服其远识。高祖宣帝为太傅，命籍为从事中郎。及帝崩，复为景帝大司马从事中郎。高贵乡公即位，封关内侯，徙散骑常侍。

籍本有济世志，属魏晋之际，天下多故，名士少有全者，籍由是不与世事，遂酣饮为常。文帝初欲为武帝求婚于籍，籍醉六十日，不得言而止。钟会数以时事问之，欲因其可否而致之罪，皆以酣醉获免。及文帝辅政，籍尝从容言于帝曰："籍平生曾游东平，乐其风土。"帝大悦，即拜东平相。籍乘驴到郡，坏府舍屏鄣，使内外相望，法令清简，旬日而还。帝引为大将军从事中郎。有司言有子杀母者，籍曰："嘻！杀父乃可，至杀母乎！"坐者怪其失言。帝曰："杀父，天下之极恶，而以为可乎？"籍曰："禽兽知母而不知父，杀父，禽兽之类也。杀母，禽兽之不若。"众乃悦服。

籍闻步兵厨营人善酿，有贮酒三百斛，乃求为步兵校尉。遗落世事，虽去佐职，恒游府内，朝宴必与焉。会帝让九锡，公卿将劝进，使籍为其辞。籍沈醉忘作，临诣府，使取之，见籍方据案醉眠。使者以告，籍便书案，使写之，无所改窜。辞甚清壮，为时所重。

籍虽不拘礼教，然发言玄远，口不臧否人物。性至孝，母终，正与人围棋，对者求止，籍留与决赌。既而饮酒二斗，举声一号，吐血数升。及将葬，食一蒸肫，饮二斗酒，然后临诀，直言穷矣，举声一号，因又吐血数升。毁瘠骨立，殆致灭性。裴楷往吊之，籍散发箕踞，醉而直视，楷吊唁毕便去。或问楷："凡吊者，主哭，客乃为礼。籍既不哭，君何为哭？"楷曰："阮籍既方外之士，故不崇礼典。我俗中之士，故以轨仪自居。"时人叹为两得。籍又能为青白眼，见礼俗之士，以白眼对之。及嵇喜来吊，籍作白眼，喜不怿而退。喜弟康闻之，乃赍酒挟琴造焉，籍大悦，乃见青眼。由是礼法之士疾之若仇，而帝每保护之。

籍嫂尝归宁，籍相见与别。或讥之，籍曰："礼岂为我设邪！"邻家少妇有美色，当垆沽酒。籍尝诣饮，醉，便卧其侧。籍既不自嫌，其夫察之，亦不疑也。兵家女有才色，未嫁而死。籍不识其父兄，径往哭之，尽哀而还。其外坦荡而内淳至，皆此类也。时率意独驾，不由径路，车迹所穷，辄恸哭而反。尝登广武，观楚汉战处，叹曰："时无英雄，使竖子成名！"登武牢山，望京邑而叹，于是赋《豪杰诗》。景元四年冬卒，时年五十四。

籍能属文，初不留思。作《咏怀诗》八十余篇，为世所重。著《达庄论》，叙无为之贵。文多不录。

籍尝于苏门山遇孙登，与商略终古及栖神导气之术，登皆不应，籍因长啸而退。至半岭，闻有声若鸾凤之音，响乎岩谷，乃登之啸也。遂归著《大人先生传》，其略曰："世人所谓君子，惟法是修，惟礼是克。手执圭璧，足履绳墨。行欲为目前检，言欲为无穷则。少称乡党，长闻邻国。上欲图三公，下不失九州牧。独不见群虱之处裈中，逃乎深缝，匿乎坏絮，自以为吉宅也。行不敢离缝际，动不敢出裈裆，自以为得绳墨也。然炎丘火流，焦邑灭都，群虱处于裈中而不能出也。君子之处域内，何异夫虱之处裈中乎！"此亦籍之胸怀本趣也。

子浑，字长成，有父风。少慕通达，不饰小节。籍谓曰："仲容已豫吾此流，汝不得复尔！"太康中，为太子庶子。

咸字仲容。父熙，武都太守。咸任达不拘，与叔父籍为竹林之游，当世礼法者讥其所为。咸与籍居道南，诸阮居道北，北阮富而南阮贫。七月七日，北阮盛晒衣服，皆锦绮粲目。咸以竿挂大布犊鼻于庭，人或怪之，答曰："未能免俗，聊复尔耳！"

历仕散骑侍郎。山涛举咸典选，曰："阮咸贞素寡欲，深识清浊，万物不能移。若在官人之职，必绝于时。"武帝以咸耽酒浮虚，遂不用。太原郭奕高爽有识量，知名于时，少所推先，见咸心醉，不觉叹焉。而居母丧，纵情越礼。素幸姑之婢，姑当归于夫家，初云留婢，既而自从去。时方有客，咸闻之，遽借客马追婢，既及，与婢累骑而还，论者甚非之。

咸妙解音律，善弹琵琶。虽处世不交人事，惟共亲知弦歌酣宴而已。与从子修特相善，每以得意为欢。诸阮皆饮酒，咸至，宗人间共集，不复用杯觞斟酌，以大盆盛酒，圆坐相向，大酌更饮。时有群豕来饮其酒，咸直接去其上，便共饮之。群从昆弟莫不以放达为行，籍弗之许。荀勖每与咸论音律，自以为远不及也，疾之，出补始平太守。以寿终。二子：瞻、孚。

瞻字千里。性清虚寡欲，自得于怀。读书不甚研求，而默识其要，遇理而辩，辞不足而旨有余。善弹琴，人闻其能，多往求听，不问贵贱长幼，皆为弹之。神气冲和，而不知向人所在。内兄潘岳每令鼓琴，终日达夜，无忤色。由是识者叹其恬澹，不可荣辱矣。举止灼然。见司徒王戎，戎问曰："圣人贵名教，老庄明自然，其旨同异？"瞻曰："将无同。"戎咨嗟良久，即命辟之。时人谓之"三语掾"。太尉王衍亦雅重之。瞻尝群行，冒热渴甚，逆旅有井，众人竞趋之，瞻独逡巡在后，须饮者毕乃进，其夷退无竞如此。

东海王越镇许昌，以瞻为记室参军，与王承、谢鲲、邓攸俱在越府。越与瞻等书曰："礼，年八岁出就外傅，明始可以加师训之则；十年曰幼学，明可渐先王之教也。然学之所入浅，体之所安深。是以闲习礼容，不如式瞻仪度；讽诵遗言，不若亲承音旨。小儿毗既无令淑之质，不闻道德之风，望诸君时以闲豫，周旋诲接。"

永嘉中，为太子舍人。瞻素执无鬼论，物莫能难，每自谓此理足可以辩正幽明。忽有一客通名诣瞻，寒温毕，聊谈名理。客甚有才辩，瞻与之言，良久及鬼神之事，反覆甚苦。客遂屈，乃作色曰："鬼神，古今圣贤所共传，君何得独言无！即仆便是鬼。"于是变为异形，须臾消灭。瞻默然，意色大恶。后岁余，病卒于仓垣，时年三十。

孚字遥集。其母，即胡婢也。孚之初生，其姑取王延寿《鲁灵光殿赋》曰"胡人遥集于上楹"而以字焉。初辟太傅府，迁骑兵属。避乱渡江，元帝以为安东参军。蓬发饮酒，不以王务婴心。时帝既用申、韩以救世，而孚之徒未能弃也。虽然，不以事任处之。转丞相从事中郎。终日酣纵，恒为有司所按，帝每优容之。

琅邪王裒为车骑将军，镇广陵，高选纲佐，以孚为长史。帝谓曰："卿既统军府，郊垒多事，宜节饮也。"孚答曰："陛下不以臣不才，委之以戎旅之重。臣俛勉从事，不敢有言者，窃以今王莅镇，威风赫然，皇泽遐被，贼寇敛迹，氛祲既澄，日月自朗，臣亦何可爝火不息？正应端拱啸咏，以乐当年耳。"迁黄门侍郎、散骑常侍。尝以金貂换酒，复为所司弹劾，帝宥之。转太子中庶子、左卫率，领屯骑校尉。

明帝即位，迁侍中。从平王敦，赐爵南安县侯。转吏部尚书，领东海王师，称疾不拜。诏就家用之，尚书令郗鉴以为非礼。帝曰："就用之诚不快，不尔便废才。"及帝疾大渐，温峤入受顾命，过孚，要与同行。升车，乃告之曰："主上遂大渐，江左危弱，实资群贤，共康世务。卿时望所归，今欲屈卿同受顾托。"孚不答，固求下车，峤不许。垂至台门，告峤内迫，求暂下，便徒步还家。

初，祖约性好财，孚性好屐，同是累而未判其得失。有诣约，见正料财物，客至，屏当不尽，余两小簏，以著背后，倾身障之，意未能平。或有诣阮，正见自蜡屐，因自叹曰："未知一生当著几量屐！"神色甚闲畅。于是胜负始分。

咸和初，拜丹杨尹。时太后临朝，政出舅族。孚谓所亲曰："今江东虽累世，而年数实浅。主幼时艰，运终百六，而庾亮年少，德信未孚，以吾观之，将兆乱矣。"会广州刺史刘颙卒，遂苦求出。王导等以孚疏放，非京尹才，乃除都督交广宁三州军事、镇南将军、领平越中郎将、广州刺史、假节。未至镇，卒，年四十九。寻而苏峻作逆，识者以为知几。无子，从孙广嗣。

修字宣子。好《易》《老》，善清言。尝有论鬼神有无者，皆以人死者有鬼，修独以为无，曰："今见鬼者云著生时衣服，若人死有鬼，衣服有鬼邪？"论者服焉。后遂伐社树，或止之，修曰："若社而为树，伐树则社移；树而为社，伐树则社亡矣。"

性简任，不修人事。绝不喜见俗人，遇便舍去。意有所思，率尔褰裳，不避晨夕，至或无言，但欣然相对。常步行，以百钱挂杖头，至酒店，便独酣畅。虽当世富贵而不肯顾，家无儋石之储，宴如也。与兄弟同志，常自得于林阜之间。

王衍当时谈宗，自以论《易》略尽，然有所未了，研之终莫悟，每云"不知比没当见能通之者不"。衍族子敦谓衍曰："阮宣子可与言。"衍曰："吾亦闻之，但未知其亹亹之处定何如耳！"及与修谈，言寡而旨畅，衍乃叹服焉。

梁国张伟志趣不常，自隐于屠钓，修爱其才美，而知其不真。伟后为黄门郎、陈留内史，果以世事受累。

修居贫，年四十余未有室，王敦等敛钱为婚，皆名士也，时慕之者求入钱而不得。

修所著述甚寡，尝作《大鹏赞》曰："苍苍大鹏，诞自北溟。假精灵鳞，神化以生。如云之翼，如山之形。海运水击，扶摇上征。翕然层举，背负太清。志存天地，不屑唐庭。鸒鸠仰笑，尺鷃所轻。超世高逝，莫知其情。"

王敦时为鸿胪卿，谓修曰："卿常无食，鸿胪丞差有禄，能作不？"修曰："亦复可尔耳！"遂为之。转太傅行参军、太子洗马。避乱南行，至西阳期思县，为贼所害，时年四十二。

放字思度。祖略，齐郡太守。父颙，淮南内史。放少与孚并知名。中兴，除太学博士、太子中舍人、庶子。时虽戎车屡驾，而放侍太子，常说《老》《庄》，不及军国。明帝甚友爱之。转黄门侍郎，迁吏部郎，在铨管之任，甚有称绩。

时成帝幼冲，庾氏执政，放求为交州，乃除监交州军事、扬威将军、交州刺史。行达宁浦，逢陶侃将高宝平梁硕自交州还，放设馔请宝，伏兵杀之。宝众击放，败走，保简阳城，得免。到州少时，暴发渴，见宝为祟，遂卒，朝廷甚悼惜之，年四十四。追赠廷尉。

放素知名，而性清约，不营产业，为吏部郎，不免饥寒。王导、庾亮以其名士，常供给衣食。子晞之，南顿太守。

裕字思旷。宏达不及放，而以德业知名。弱冠辟太宰掾。大将军王敦命为主簿，甚被知遇。裕以敦有不臣之心，乃终日酣觞，以酒废职。敦谓裕非当世实才，徒有虚誉而已，出为溧阳令，复以公事免官。由是得违敦难，论者以此贵之。

咸和初，除尚书郎。时事故之后，公私弛废，裕遂去职还家，居会稽剡县。司徒王导引为从事中郎，固辞不就。朝廷将欲征之，裕知不得已，乃求为王舒抚军长史。舒薨，除吏部郎，不就。即家拜临海太守，少时去职。司空郗鉴请为长史，诏征秘书监，皆以疾辞。复除东阳太守。寻征侍中，不就。还剡山，有肥遁之志。有以问王羲之，羲之曰："此公近不惊宠辱，虽古之沈冥，何以过此！"人云，裕骨气不及逸少，简秀不如真长，韶润不如仲祖，思致不如殷浩，而兼有诸人之美。成帝崩，裕赴山陵，事毕便还。诸人相与追之，裕亦审时流必当逐己，而疾去，至方山不相及。刘惔叹曰："我入东，正当泊安石渚下耳，不敢复近思旷傍。"

裕虽不博学，论难甚精。尝问谢万云："未见《四本论》，君试为言之。"万叙说既毕，裕以傅嘏为长，于是构辞数百言，精义入微，闻者皆嗟味之。裕尝以人不须广学，正应以礼让为先，故终日静默，无所修综，而物自宗焉。在剡曾有好车，借无不给。有人葬母，意欲借而不敢言。后裕闻之，乃叹曰："吾有车而使人不敢借，何以车为！"遂命焚之。

在东山久之，复征散骑常侍，领国子祭酒。俄而复以为金紫光禄大夫，领琅邪王师。经年敦逼，并无所就。御史中丞周闵奏裕及谢安违诏累载，并应有罪，禁锢终身，诏书贳之。或问裕曰："子屡辞征聘，而宰二郡，何邪？"裕曰："虽屡辞王命，非敢为高也。吾少无宦情，兼拙于人间，既不能躬耕自活，必有所资，故曲躬二郡。岂以骋能，私计故耳。"年六十二卒。三子：佣、宁、普。

佣，早卒。宁，鄱阳太守。普，骠骑谘议参军。佣子歆之，中领军。宁子腆，秘书监。腆弟万龄及歆之子弥之，元熙中并列显位。

译文:

阮籍字嗣宗,为陈留尉氏人氏。父亲阮瑀曾为魏丞相掾,是社会上的知名人士。阮籍容貌俊美,身体孰实健壮,透发出英杰之气,有一种特有的高傲样子,性格放荡不羁,而且喜怒不形于色。有时闭门读书,数月不出门户;有时登临山水,几天忘记回家。他广泛地阅览各种书籍,特别喜欢读《庄子》《老子》。嗜好饮酒,能吹口哨,又弹得一手好琴。在他得意的时候,能忘掉自己本身的现实存在。当时的人多说他呆痴,只有本家的哥哥阮文业常常叹服他,认为比自己强,从此人们都说阮籍异于常人。

阮籍曾经随叔父到东郡,兖州刺史王昶请他过来相见,他整天不讲一句话,使王昶莫测高深。太尉蒋济听说他有俊才而请他出来做官,阮籍到都亭上书说:"明公您具有高尚的道德,据三公的高位,英豪翘首仰望,俊贤互相竞争,希望得到您的任用。您到任那天,人人都自以为能被任用为掾属;委任书一发下来,我却是第一名。古代子夏在西河讲学,而魏文侯抱着扫帚为他打扫尘土;邹子居住在黍谷的背阴时,而齐昭王站在车右边为他赶车。没有功名官位的知识分子,孤立无援,王公大人所以礼遇他们,目的是保存道统。现在我阮籍没有邹子、卜子夏那样高的道德,只有和他们一样的粗陋,侥幸被您选中,不才不敢承当。我正准备到东岸高地的南坡上耕作,送黍稷作余税。我疲劳成疾,脚又没劲,补官的征召,不是我所能胜任的,乞求您收回成命,以使您的征召更为增光。"当初,蒋济恐怕阮籍不来,看到来信,脸上露出了笑容。派士兵去迎接阮籍,但阮籍已经走了,蒋济十分恼怒。于是乡亲都劝喻阮籍,他才勉强就任了吏职。后来借口有病,卸了吏职,回到家中。又被任用为尚书郎,时间不长,又因病免了官职。到曹爽辅政时,征召他为参军。阮籍再因疾病辞去了官位，隐居在家乡的田园中。过了一年多，曹爽被处死，当时人都佩服他有远见。高祖宣帝做了太傅，任命阮籍为从事中郎。高祖宣帝逝世，他又做了景帝的大司马从事中郎。高贵乡公即皇帝位，封他为关内侯，转任散骑常侍。

阮籍本来有匡救社会的大志，但处在魏晋之际，天下多有变乱，名士很少有人能保全自己的，阮籍因此不参与社会事务，经常酣饮酗酒。文帝以前曾打算为武帝求婚于阮籍，想和他结为儿女亲家，阮籍醉了六十天，因不能说话而作罢。钟会几次向他讨教时事政治，想借他的主张加罪于他，都因酣醉不醒避免了别人的陷害。文帝辅弼朝政时，阮籍曾经平静地对文帝说："我以前曾去东平游玩，很喜欢那里的风土人情。"文帝十分高兴，遂即任命他为东平相。阮籍骑着驴到郡，拆掉了府舍里的屏障，官员在府舍中办公，可以内外互相监督，他用法清明简易，赴任十余天就又回到了京城。文帝引用他为大将军从事中郎。官署报案称有儿子杀死了母亲。阮籍说："嘻！杀死父亲还算可以，怎么能杀母亲呀！"在座的人责怪他失言。文帝问道："杀死父亲，是天下的极恶，而你认为可以吗？"阮籍说："禽兽只知道母亲而不知道父亲，杀父亲，是禽兽一类的人。杀死母亲，则连禽兽都不如呀。"众人这才高兴地点头称是。

阮籍听说步兵厨营的人善于酿酒，贮酒三百斛，于是请求调任步兵校尉。他不问世事，虽然离开辅佐的官位，仍常常去内府游玩，每有朝宴他都必到。这时文帝正在推让受赐车马、衣服等九种物品的九锡大礼，公卿要劝文帝称帝，请阮籍执笔撰写劝进的章表。阮籍喝得大醉，忘记了这码事。众公卿已临近将军府，差使来取表文，见阮籍正趴在桌上睡觉。差使索问表章写得怎样了，阮籍顺便在桌上写，让来人抄写在纸上，没有任何改动。言辞十分清壮，成为当时人所重视的文章。

阮籍虽然不受礼教的拘束，但谈吐玄远，不品评人物。他生性孝顺，母亲去世时，他正在和别人下围棋，对方要求停下来，阮籍留住对方要与他决出胜负。接着喝了二斗酒，大叫一声，吐了数升血。到他母亲下葬的时候，他吃了一条蒸猪腿，又喝了二斗酒，然后与母亲告别，口里直说："完了，完了！"又大号一声，于是又吐了数升血。过分的悲伤使他瘦成了皮包骨，还差点死过去。裴楷前来吊唁，阮籍披头散发卷曲着身子坐在他母亲灵柩旁边，醉着双眼呆呆地直视着他，裴楷吊唁完毕就走了。有人问裴楷说："凡是吊唁的人，主人哭，客人才行哭礼。阮籍既然不哭，您为什么哭呢？"裴楷说："阮籍已经是凡俗以外的人士了，所以不遵从礼典，我是凡俗人士，所以要按照礼仪行事。"当时的人们都赞叹他们二人处置得宜。阮籍又能翻青眼、白眼，见到礼俗的士人，用白眼相视。嵇喜来吊唁，阮籍翻出了白眼，嵇喜不高兴退了出来。嵇喜的弟弟嵇康听说后，带着酒挟着琴来造访，阮籍十分高兴，这才以青眼相见。从此遵守礼法的士人对阮籍疾恶如仇，而阮籍常常得到文帝的保护。

阮籍的嫂子曾经回家省亲，阮籍过来与嫂子话别，受到别人的讥笑。阮籍说："礼法难道是为我制定的吗？"邻居有位少妇貌相长得很漂亮，站在酒店柜台后边卖酒。阮籍曾来这里买酒喝，喝醉了便躺在旁边。阮籍自己不嫌伤风败俗，那位少妇的丈夫看见了，也不怀疑。有位兵家的女儿生得才貌双全，没有出嫁就死了。阮籍并不认识这女子的父兄，却到女家大哭一场，泄尽了悲哀这才回家去了。他外表放荡然而内心纯正，他做的许多事情都和这类事一样。他还经常毫无目的地独自驾车外出，不走道路，车行到不能走的地方，就痛哭一场才返回来。有一次他登上广武山，考察楚汉古战场，长叹说："当时没有英雄，使这个小子成了名！"他登上武牢山，望见京城就叹息一番，于是写了一篇《豪杰诗》。景元四年冬天他去世了，时年五十四岁。

阮籍能写文章，先前他并不留意。作《咏怀诗》八十多篇，受到世人的重视和喜欢。撰著的《达庄论》，叙述了无为的重要。由于文章太长，这里不转录了。

阮籍曾经在苏门山遇见孙登，与他探讨自古以来凝神专一、疏通呼吸的养身术，孙登一句话也不说，于是阮籍吹着口哨退了出来。到了半山岭，听到有声似鸾凤的叫鸣，回响在崖谷中间，这是孙登吹出的口哨声。阮籍回到京城就写了《大人先生传》，文章大略是说："世人所说的君子，只知道学习法律、遵守礼教，手中捧着圭璧，一步也不敢离开规矩。做事情是为了应付眼前的世面，说的都是不着边际的原则话。小的时候在家乡范围内被称道，长大了闻名邻国。最好能当上三公高官，三公不行，也能当上个州刺史。这些人难道没有看见裤子里的虱子群，逃避在深缝中，藏匿在坏絮内，自以为是处于最安全的地方。行不敢离开缝际，动不敢出裤裆，自以为是遵守规则。然而一旦发生大火，老窝烧焦了，成群的虱子处在裤中出不来。君子生活在这个世界上，与处在裤子里的虱子有什么不同呀！"这也是阮籍对人生的看法。

阮籍的儿子阮浑，字长成，有他父亲一样的风度。从小就羡慕通达，不拘饰小节。阮籍对他说："仲容已成为我们这类的人，你不能再这样了！"太康年间，被任用为太子庶子。

阮咸字仲容。父亲阮熙，曾做武都太守。阮咸生性通达，不拘礼节，与叔父阮籍同为竹林七贤之一，当时社会尊重礼法的人都讥笑他们的行为。阮咸与阮籍家住在街道南边，其他阮姓居住在道北，北阮富裕，南阮贫穷。七月七日那天，北阮晾晒衣服，都是耀眼的锦绮。阮咸在院庭用竹竿搭挂粗布围裙，有人觉着奇怪，他回答说："我也不能免除凡俗，只不过是学他们的样子！"

他做过散骑侍郎。山涛举荐阮咸掌管选官之职，说："阮咸为人清白没有贪心，明辨清贪，任何东西都不能改变他的意志，如果让他掌管选官的职务，一定会超过当世任何人。"武帝因阮咸嗜酒虚浮，没有用他。太原人郭奕清高爽朗又有识量，在当时很有名气，他很少称赞别人，但看到阮咸，内心佩服，不觉称叹。阮咸在为母亲服丧期间，放纵情欲，违犯了礼教。他一向很爱姑姑的婢女，姑姑应当回丈夫家了，原说把婢女留下，既而婢女又自己跟从主人离去。这时有客人在家，阮咸听说婢女已经走了，于是借过客人的马去追，追上后，又和婢女同乘一马回来，此举遭到社会舆论的非难。

阮咸对音乐很内行，擅长弹琵琶。虽然平常不和人交往，但对知己的亲友则弹奏歌唱，一醉方休。与侄儿阮修特别要好，常常以互相得意引为乐事，阮家诸人都能喝酒，只要有阮咸在，宗族相互聚在一起，不再用酒杯喝酒，改用大盆盛酒，围坐成一圈，大盆大盆地喝。这时有一群猪过来喝他盆里的酒，阮咸也趴在盆上，与猪共饮。他的堂兄弟没有不追求行为放荡的，阮籍不准许他们这样做。荀勖常常与阮咸讨论音律，自己认为远不如他，因而很妒忌阮咸，把阮咸外补为始平太守。后来阮咸以寿终。有两个儿子：阮瞻、阮孚。

阮瞻字千里，性格恬淡，没有功名富贵的欲望，悠然自得。读书不深研求，只是默识要领，明辨事理，文采不足，却能把意思表达得很明白。喜欢弹琴，人们听说他琴弹得好，多去求听他的弹奏，不论贵贱长幼，有求必应。演奏起来，神气态度都很谦和,似乎都不知道面前还有些听众。内兄潘岳常请他弹琴,从早一直演奏到晚,没有厌烦的表示。因此,认识他的人都赞叹他这样地恬淡,不可以荣辱相加。他被举为二品"灼然"。去见司徒王戎,王戎问他:"圣人崇尚人伦教化,老、庄崇尚天真自然,二者的义旨有什么同异?"阮瞻回答说:"大概是相同的。"王戎赞叹了很久,才任他为官。当时人称他为"三句话的掾吏"。太尉王衍也很尊重他。阮籍曾经和大伙一起外出,冒着炎热的天气,口中干渴难忍,旅店里有一口井,众人争抢着跑到井上汲水消渴,阮瞻独自一人在后面慢慢地走,等别的人喝够了,他才上前取水,他竟是这样地与人无争。

东海王司马越镇守许昌,任阮瞻为记室参军,与王承、谢鲲、邓攸都在司马越府中做事。司马越给阮瞻等人写信说:"按照礼仪,童儿八岁出外拜师,说明他能够接受师傅教训的规矩;到十岁时叫作幼学,说明他的能力可渐渐接触先王的教化了。然而学习先从浅处入手,才能打下牢靠的基础。因此,只熟悉诸位的仪容外表,不如学习诸位的内在风度,只读书本,不如亲自聆听诸位的讲解。我的小儿子司马毗,既没有诸位美好的资质,又没有受到有德之士的陶冶,希望诸位时常指教,时常接触诲训。"

永嘉年间,被用为太子舍人。阮瞻向来是无鬼论者,没有人能够驳倒他,常常自称他的理论可以说明各种艰深的道理。忽然有一位客人通报姓名来见阮瞻,寒暄一番以后,聊谈起名理来了。客人很有才辩,阮瞻和他交谈了很久,就谈到了鬼神的事情,反反复复争辩激烈。客人理屈了,于是大声喝道:"鬼神是古今圣贤都认为存在的,你为什么独自说没有!我就是鬼。"说完就变成一个怪形状,一会儿就不见了。阮瞻默默无言,回想起那副怪相就有一种厌恶的感觉。一年多以后,在仓垣病死,时年三十岁。

阮孚字遥集。他的母亲是一位胡人婢女。阮孚刚生下来时，他的姑姑取王延寿《鲁灵光殿赋》中"胡人遥集于上楹"一句为他取字。最初被征辟入太傅府，后调任骑兵属。逃避战乱南渡长江，元帝任用他为安东参军。常常蓬散着头发喝酒，从不考虑政事公务。这时元帝以申不害、韩非的学说作为救世的指导思想，像阮孚这一类的人也不能抛弃。虽然不抛弃，但也不给他们事做。又转任丞相从事中郎。整天纵情喝酒，常被其他官员检举。元帝每次都宽容了他。

琅邪司马裒为车骑将军，镇守广陵，选拔僚佐，让阮孚做了长史。元帝对他说："您既然统管军府，军务繁忙，应该节制饮酒。"阮孚回答说："陛下您不认为我没有才能，把军事重任委托给我。我当努力去做，不敢多说什么，我认为琅邪王亲自坐镇，威风凛凛，皇恩四施，贼寇消灭了，涤荡了天空中的阴云，日月照耀，我这点儿灯头小火不熄灭干什么！现在正应该趁无所事事，长啸吟咏，以乐我有生之年。"又转调黄门侍郎、散骑常侍。曾经用军帽上的金貂换酒喝，再次被检察机关查出并向皇帝弹劾他，元帝又原谅了他。转任太子中庶子、左卫率，兼领屯骑校尉。

明帝即位，升任为侍中。跟随大军平定王敦之乱，赐给他南安县侯的爵位。转任吏部尚书，掌管东海王的军队，称病不去赴任。明帝让他在家办公，尚书令郗鉴认为这样做不成体统。明帝说："就家任用虽有不妥，但不这样便浪费了人才。"到了明帝病重的时候，温峤入朝接受遗嘱，路过阮孚家邀请同行。到了车上，温峤才告诉阮孚说："皇上病重了，江东政权危弱，实赖各位贤才共同辅佐朝政。您是众望所归的人物，现在想委屈您和我一起去朝中，共同接受皇帝的嘱托。"阮孚不答应，执意请求下车，温峤不应许。待车行近台门时，阮孚对温峤说要解手，请求暂时下车，下车后便徒步回家去了。

当初，祖约生性爱财，阮孚生性爱鞋，这种嗜好对本人来说都是累赘，但说不清哪好哪坏。有人到祖约家，看见他正在清点财物，客人到了，慌忙遮盖财物却挡不住，剩下的还有两个小筐，放置在背后，倾斜着身体去掩盖，神色有些慌张。有人到阮孚家，恰好看见阮孚正在给鞋涂蜡，还自言自语地说："不知道一生能穿坏几双鞋！"神色十分悠闲畅快。于是两种嗜好的高下之分便清楚了。

咸和初年，拜任为丹杨尹。这时太后垂帘听政，朝廷大事都由太后娘家人决定。阮孚对他的亲信说："今江东虽然已传了几代皇帝，但年数还比较短。现在皇帝年幼，时局艰难，国家遇上厄运，而且庾亮年纪还小，道德信义还不能服众，以我看来，将会出现变乱。"赶上广州刺史刘顗去世，便苦苦哀求出任外官。王导等人认为阮孚做事放荡不认真，没有做京师地区行政长官的才能，于是授任他为都督交、广、宁三州军事，镇南将军，领平越中郎将、广州刺史、假节。还没到任，便死去了，时年四十九岁。不久苏峻发动叛乱，有识之士都佩服阮孚的远见。阮孚没有儿子，侄孙阮广继承了他的爵位。

阮修字宣子。喜欢读《易经》《老子》，善于清谈。曾有人与他讨论有没有鬼神的问题，都认为人死了有鬼存在，阮修独自认为没有，说："现在自称见过鬼的人说，鬼穿着活时的衣服。若人死有鬼，衣服也有鬼吗？"和他争论的人都被说服。后来有一次砍伐社树，有人过来制止他，阮修说："如果说社就是树，伐树就是移社；若树就是社，树木砍倒，则社也就不存在了。"

他性情怠慢任意，不和人交往。尤其不喜欢看到俗人，遇上了就走开。他想到谁,便拔腿去找,不管是白天还是黑夜,但见了面并不说话,二人只是欣然相对而视。常常外出步行,拐杖上挂有一百枚钱,遇到酒店,进去便独自酣饮。就是当今的富贵人物也不肯看一眼,家里没有斗米的积蓄,他却安然不动心。与兄弟志趣相投,常在茂林山岳之间自得其乐。

王衍是当时清谈的宗主,自以为把《易经》解释得比较透彻了,但有的篇章还不明白,反复研究终不能通晓,总是说:"到临死之前不知能不能见到通解的人。"王衍的本家侄子王敦对他说:"可以与阮宣子谈谈。"王衍说:"我也听说过他,但不知道他研究到什么程度!"等到与阮修交谈,言辞不多而义旨畅通,王衍这才连连赞叹折服。

梁国人张伟的志趣不同于常人,隐身于屠夫钓徒之中,阮修喜欢他的才能,但也知道他的修养还不扎实。后来张伟做了黄门郎、陈留内史,果然因俗事受到牵连。

阮修家里贫寒,四十多岁还没有娶上妻子,王敦等人集资为他筹办婚事,参与的人都是当时的名士,许多人慕名请求捐钱都没有机会。

阮修的著述很少,曾作《大鹏赞》说:"苍苍大鹏,生在北溟,靠精灵鳞,神仙变成。两翼如云,体形似山。拍打海面,扶摇上升。越升越高,负向太空。志包天地,不屑大庭。鸴鸠仰笑,尺鹦轻视。超世高迈,莫知其情。"

王敦当时任鸿胪卿,对阮修说:"您常常没有饭吃,鸿胪丞是有薪水的,愿不愿做?"阮修说:"也还可以吧!"于是做了鸿胪丞。后来转任太傅行参军、太子洗马。避乱到南方,走到西阳期思县时,被强盗杀害了,时年四十二岁。

阮放字思度。他的祖父阮略做过齐郡太守。父亲阮颙任淮南内史。阮放小时候与阮孚一同享有名气。晋朝中兴,被任命为太学博士、太子中舍人、庶子。那时太子虽曾多次率军出征,阮放跟随太子,常常用老、庄的思想规劝他,不谈军国大事。明帝十分喜欢阮放,调他任黄门侍郎,又升任吏部郎,在选举官吏方面,很有成绩。

当时成帝还年幼,庾氏掌握着朝政,阮放要求到交州任事,这才做了监交州军事、扬威将军、交州刺史。启程赴任行至宁浦时,遇上了陶侃的部将高宝,他因平定梁硕之乱刚从交州回来。阮放宴请高宝,暗中埋下伏兵杀死高宝。高宝的部众攻击阮放住地,阮放失败逃走,退守简阳城,才得以免遭杀害。刚到州任不久,突然患了渴症,恍惚中看见死鬼高宝作祟,因此而死,卒年四十四岁。朝廷非常悼惜他,追赠他为廷尉。

阮放素来有名声,性格清俭朴素,不喜欢经营产业,作吏部郎时,还免不了饥寒的困窘。王导、庾亮因他是名士,常常供给他衣食。儿子阮晞之,官至南顿太守。

阮裕字思旷。气度豁达不如阮放,但凭着道德事业出了名。二十岁左右被征辟为太宰掾。大将军王敦任命他为主簿,很受信任。阮裕看出王敦有篡夺皇位的野心,于是整天酣饮,借用纵酒的方式不跟王敦干事,王敦认为阮裕不是干事的实才,不过是徒有虚名罢了,让他出外做了溧阳县令,又借故免了他的官。因此他没有因王敦谋反被杀而受到牵连,当时人认为这是难能可贵的。

咸和初年,受命为尚书郎。这时正处在王敦事件之后,公私制度废弛,于是阮裕弃官回家,居住在会稽郡剡县。司徒王导引用为从事中郎,他坚决推辞不从。朝廷准备征用他,阮裕知道这次推辞不了,这才要求做了王舒的抚军长史。王舒死后,让他做吏部郎,没有就任。回家不久又被任命为临海太守,刚到郡就又卸任了。司空郗鉴请他出来做长史，皇帝下令征用他为秘书监，他都借口有病推掉了。又任他为东阳太守。不久征召为侍中，他不去就任。回到剡山，有退隐的想法。有人问王羲之阮裕这人怎么样，羲之说："这位裕公淡于近在身边的荣辱名利，即使是古代有名的隐士，有谁能超过这一点！"人称，阮裕骨气比不上逸少，简秀不如真长，韶润不如仲祖，思致不如殷浩，但兼有各人的优长。成帝逝世，阮裕到陵前祭奠，祭奠完毕就往回走。一些人过来追赶他，阮裕也知道这些时髦的人士一定是要驱逐他，于是迅速跑开，到了方山才甩掉了那些追赶的人。刘㷫长叹说："我到东边去时，只能停泊在安石渚的下游，不敢再挨近阮裕身旁。"

阮裕的学问虽然不广博，论辩却十分精湛。曾问谢万说："我没有读过《四本论》，您能否给我讲述一下这篇文章。"谢万叙述刚完，阮裕认为傅嘏的观点有长处，于是撰写了一篇数百字的阐释短文，对《四本论》的精义论述得具体入微，使读者都为之叹服。阮裕认为人的学问用不着广博，只需以礼让为先，所以他整天静默，不做任何事情，而人们自然推崇他。在剡县时他曾有一辆漂亮的车子，别人借用，没有不答应的。有人由于要埋葬死去的母亲，想借他的车用，但又不敢去说。后来阮裕听说了，叹口气说："我有车却使别人不敢向我借用，这车还有什么用！"于是让人把车烧了。

阮裕在东山待了很长一段时间，又被征用为散骑常侍，领国子祭酒。不久又任金紫光禄大夫，掌管琅邪王的军队。但经过多年的敦促催逼，他都没有就任。御史中丞周闵向皇帝奏告阮裕和谢安连年违背诏命，都应该治罪，禁锢终身，皇帝下诏赦免了他们。有人问阮裕说："您屡屡推辞征聘，却去做了临海、东阳二郡的太守，为什么呀？"阮裕说："虽然几次推辞皇上的任命，但不敢自视清高。我从小就没有做官的志趣，又没有生活的本领，既然不能靠农耕过活，必然要寻找别的生活依靠，因而曲从去做二郡的太守。我并不是逞能，而是为了自己的生活才这样做的。"他六十二岁那年去世。有三个儿子：阮佣、阮宁、阮普。

阮佣，很早就死了。阮宁，官至鄱阳太守。阮普，做过骠骑咨议参军。阮佣的儿子阮歆之，任中领军。阮宁的儿子阮腆，为秘书监。阮腆的弟弟阮万龄和歆之的儿子阮弥之，元熙年间都曾列居显要的官位。

晋书卷六十六

列传第三十六

陶　侃

陶侃字士行，本鄱阳人也。吴平，徙家庐江之寻阳。父丹，吴扬武将军。侃早孤贫，为县吏。鄱阳孝廉范逵尝过侃，时仓卒无以待宾，其母乃截发得双髲，以易酒肴，乐饮极欢，虽仆从亦过所望。及逵去，侃追送百余里。逵曰："卿欲仕郡乎？"侃曰："欲之，困于无津耳！"逵过庐江太守张夔，称美之。夔召为督邮，领枞阳令。有能名，迁主簿。会州部从事之郡，欲有所按，侃闭门部勒诸吏，谓从事曰："若鄙郡有违，自当明宪直绳，不宜相逼。若不以礼，吾能御之。"从事即退。夔妻有疾，将迎医于数百里。时正寒雪，诸纲纪皆难之，侃独曰："资于事父以事君。小君，犹母也，安有父母之疾而不尽心乎！"乃请行。众咸服其义。长沙太守万嗣过庐江，见侃，虚心敬悦，曰："君终当有大名。"命其子与之结友而去。

夔察侃为孝廉，至洛阳，数诣张华。华初以远人，不甚接遇。侃每往，神无忤色。华后与语，异之。除郎中。伏波将军孙秀以亡国支庶，府望不显，中华人士耻为掾属，以侃寒宦，召为舍人。时豫章国郎中令杨晫，侃州里也，为乡论所归。侃诣之，晫曰："《易》称'贞固足以干事'，陶士行是也。"与同乘见中书郎顾荣，荣甚奇之。吏部郎温雅谓晫曰："奈何与小人共载？"晫曰："此人非凡器也。"尚书乐广欲会荆扬士人，武库令黄庆进侃于广。人或非之，庆曰："此子终当远到，复何疑也！"庆后为吏部令史，举侃补武冈令。与太守吕岳有嫌，弃官归，为郡小中正。

会刘弘为荆州刺史，将之官，辟侃为南蛮长史，遣先向襄阳讨贼张昌，破之。弘既至，谓侃曰："吾昔为羊公参军，谓吾其后当居身处。今相观察，必继老夫矣。"后以军功封东乡侯，邑千户。

陈敏之乱，弘以侃为江夏太守，加鹰扬将军。侃备威仪，迎母官舍，乡里荣之。敏遣其弟恢来寇武昌，侃出兵御之。随郡内史扈瓌间侃于弘曰："侃与敏有乡里之旧，居大郡，统强兵，脱有异志，则荆州无东门矣。"弘曰："侃之忠能，吾得之已久，岂有是乎！"侃潜闻之，遽遣子洪及兄子臻诣弘以自固。弘引为参军，资而遣之。又加侃为督护，使与诸军并力距恢。侃及以运船为战舰，或言不可，侃曰："用官物讨官贼，但须列上有本末耳。"于是击恢，所向必破。侃戎政齐肃，凡有虏获，皆分士卒，身无私焉。后以母忧去职。尝有二客来吊，不哭而退，化为双鹤，冲天而去，时人异之。

服阕，参东海王越军事。江州刺史华轶表侃为扬武将军，使屯夏口，又以臻为参军。轶与元帝素不平，臻惧难作，托疾而归，白侃曰："华彦夏有忧天下之志，而才不足，且与琅邪不平，难将作矣。"侃怒，遣臻还轶。臻遂东归于帝。帝见之，大悦，命臻为参军，加侃奋威将军，假赤幢曲盖轺车、鼓吹。侃乃与华轶告绝。

顷之，迁龙骧将军、武昌太守。时天下饥荒，山夷多断江劫掠。侃令诸将诈作商船以诱之。劫果至，生获数人，是西阳王羕之左右。侃即遣兵逼羕，令出向贼，侃整阵于钓台为后继。羕缚送帐下二十人，侃斩之。自是水陆肃清，流亡者归之盈路，侃竭资振给焉。又立夷市于郡东，大收其利。而帝使侃击杜弢，令振威将军周访、广武将军赵诱受侃节度。侃令二将为前锋，兄子舆为左甄，击贼，破之。时周顗为荆州刺史，先镇浔水城，贼掠其良口。侃使部将朱伺救之，贼退保泠口。侃谓诸将曰："此贼必更步向武昌，吾宜还城，昼夜三日行可至。卿等谁能忍饥斗邪？"部将吴寄曰："要欲十日忍饥，昼当击贼，夜分捕鱼，足以相济。"侃曰："卿健将也。"贼果增兵来攻，侃使朱伺等逆击，大破之，获其辎重，杀伤甚众。遣参军王贡告捷于王敦，敦曰："若无陶侯，便失荆州矣。伯仁方入境，便为贼所破，不知那得刺史？"贡对曰："鄙州方有事难，非陶龙骧莫可。"敦然之，即表拜侃为使持节、宁远将军、南蛮校尉、荆州刺史，领西阳、江夏、武昌，镇于沌口，又移入沔江。遣朱伺等讨江夏贼，杀之。贼王冲自称荆州刺史，据江陵。王贡还，至竟陵，矫侃命，以杜曾为前锋大督护，进军斩冲，悉降其众。侃召曾不到，贡又恐矫命获罪，遂与曾举兵反，击侃督护郑攀于沌阳，破之，又败朱伺于沔口。侃欲退入溳中，部将张奕将贰于侃，诡说曰："贼至而动，众必不可。"侃惑之而不进。无何，贼至，果为所败。贼钩侃所乘舰，侃窘急，走入小船。朱伺力战，仅而获免。张奕竟奔于贼。侃坐免官。王敦表以侃白衣领职。

侃复率周访等进军入湘，使都尉杨举为先驱，击杜弢，大破之，屯兵于城西。侃之佐史辞诣王敦曰："州将陶使君孤根特立，从微至著，忠允之功，所在有效。出佐南夏，辅翼刘征南，前遇张昌，后属陈敏，侃以偏旅，独当大寇，无征不克，群丑破灭。近者王如乱北，杜弢跨南，二征奔走，一州星驰，其余郡县，所在土崩。侃招携以礼，怀远以德，子来之众，前后累至。奉承指授，独守危厄，人往不动，人离不散。往年董督，径造湘城，志陵云霄，神机独断。徒以军少粮悬，不果献捷。然杜弢慑惧，来还夏口，未经信宿，建平流人迎贼俱叛。侃即回军溯流，芟夷丑类，至使西门不键，华圻无虞者，侃之功也。明将军愍此荆楚，救命涂炭，使侃统领穷残之余，寒者衣之，饥者食之，比屋相庆，有若挟纩。江滨孤危，地非重险，非可单军独能保固，故移就高莋，以避其冲。贼轻易先至，大众在后，侃距战经日，杀其名帅。贼寻犬羊相结，并力来攻，侃以忠臣之节，义无退顾，被坚执锐，身当戎行，将士奋击，莫不用命。当时死者不可胜数。贼众参伍，更息更战。侃以孤军一队，力不独御，量宜取全，以俟后举。而主者责侃，重加黜削。侃性谦冲，功成身退，今奉还所受，唯恐稽迟。然某等区区，实恐理失于内，事败于外，豪氂之差，将致千里，使荆蛮乖离，西嵎不守，唇亡齿寒，侵逼无限也。"敦于是奏复侃官。

弢将王贡精卒三千，出武陵江，诱五谿夷，以舟师断官运，径向武昌。侃使郑攀及伏波将军陶延夜趣巴陵，潜师掩其不备，大破之，斩千余级，降万余口。贡遁还湘城。贼中离阻，杜弢遂疑张奕而杀之，众情益惧，降者滋多。王贡复挑战，侃遥谓之曰："杜弢为益州吏，盗用库钱，父死不奔丧。卿本佳人，何为随之也？天下宁有白头贼乎！"贡初横脚马上，侃言讫，贡敛容下脚，辞色甚顺。侃知其可动，复令谕之，截发为信，贡遂来降。而弢败走。进克长沙，获其将毛宝、高宝、梁堪而还。

王敦深忌侃功。将还江陵，欲诣敦别，皇甫方回及朱伺等谏，以为不可。侃不从。敦果留侃不遣，左转广州刺史、平越中郎将，以王廙为荆州。侃之佐吏将士诣敦请留侃。敦怒，不许。侃将郑攀、苏温、马俊等不欲南行，遂西迎杜曾以距廙。敦意攀承侃风旨，被甲持矛，将杀侃，出而复回者数四。侃正色曰："使君之雄断，当裁天下，何此不决乎！"因起如厕。谘议参军梅陶、长史陈颁言于敦曰："周访与侃亲姻，如左右手，安有断人左手而右手不应者乎！"敦意遂解，于是设盛馔以饯之。侃便夜发。敦引其子瞻为参军。侃既达豫章，见周访，流涕曰："非卿外援，我殆不免！"侃因进至始兴。

先是，广州人背刺史郭讷，迎长沙人王机为刺史。机复遣使诣王敦，乞为交州。敦从之，而机未发。会杜弘据临贺，因机乞降，劝弘取广州，弘遂与温邵及交州秀才刘沈俱谋反。或劝侃且住始兴，观察形势。侃不听，直至广州。弘遣使伪降。侃知其诈，先于封口起发石车。俄而弘率轻兵而至，知侃有备，乃退。侃追击破之，执刘沈于小桂。又遣部将许高讨机，斩之，传首京都。诸将皆请乘胜击温邵，侃笑曰："吾威名已著，何事遣兵，但一函纸自足耳。"于是下书谕之。邵惧而走，追获于始兴。以功封柴桑侯，食邑四千户。

侃在州无事，辄朝运百甓于斋外，暮运于斋内。人问其故，答曰："吾方致力中原，过尔优逸，恐不堪事。"其励志勤力，皆此类也。

太兴初，进号平南将军，寻加都督交州军事。及王敦举兵反，诏侃以本官领江州刺史，寻转都督、湘州刺史。敦得志，上侃复本职，加散骑常侍。时交州刺史王谅为贼梁硕所陷，侃遣将高宝进击平之。以侃领交州刺史。录前后功，封次子夏为都亭侯，进号征南大将军、开府仪同三司。及王敦平，迁都督荆、雍、益、梁州诸军事，领护南蛮校尉、征西大将军、荆州刺史，余如故。楚郢士女莫不相庆。

侃性聪敏，勤于吏职，恭而近礼，爱好人伦。终日敛膝危坐，阃外多事，千绪万端，罔有遗漏。远近书疏，莫不手答，笔翰如流，未尝壅滞。引接疏远，门无停客。常语人曰："大禹圣者，乃惜寸阴，至于众人，当惜分阴，岂可逸游荒醉，生无益于时，死无闻于后，是自弃也。"诸参佐或以谈戏废事者，乃命取其酒器、蒱博之具，悉投之于江，吏将则加鞭扑，曰："樗蒱者，牧猪奴戏耳！《老》《庄》浮华，非先王之法言，不可行也。君子当正其衣冠，摄其威仪，何有乱头养望自谓宏达邪！"有奉馈者，皆问其所由。若力作所致，虽微必喜，慰赐参倍；若非理得之，则切厉诃辱，还其所馈。尝出游，见人持一把未熟稻，侃问："用此何为？"人云："行道所见，聊取之耳。"侃大怒曰："汝既不田，而戏贼人稻！"执而鞭之。是以百姓勤于农殖，家给人足。时造船，木屑及竹头悉令举掌之，咸不解所以。后正会，积雪始晴，听事前余雪犹湿，于是以屑布地。及桓温伐蜀，又以侃所贮竹头作丁装船。其综理微密，皆此类也。

暨苏峻作逆，京都不守，侃子瞻为贼所害，平南将军温峤要侃同赴朝廷。初，明帝崩，侃不在顾命之列，深以为恨，答峤曰："吾疆埸外将，不敢越局。"峤固请之，因推为盟主。侃乃遣督护龚登率众赴峤，而又追回。峤以峻杀其子，重遣书以激怒之。侃妻龚氏亦固劝自行。于是便戎服登舟，星言兼迈，瞻丧至不临。五月，与温峤、庾亮等俱会石头。诸军即欲决战，侃以贼盛，不可争锋，当以岁月智计擒之。累战无功，诸将请于查浦筑垒。监军部将李根建议，请立白石垒。侃不从，曰："若垒不成，卿当坐之。"根曰："查浦地下，又在水南，唯白石峻极险固，可容数千人，贼来攻不便，灭贼之术也。"侃笑曰："卿良将也。"乃从根谋，夜修晓讫。贼见垒大惊。贼攻大业垒，侃将救之，长史殷羡曰："若遣救大业，步战不如峻，则大事去矣。但当急攻石头，峻必救之，而大业自解。"侃又从羡言。峻果弃大业而救石头。诸军与峻战陈陵东，侃督护竟陵太守李阳部将彭世斩峻于阵，贼众大溃。峻弟逸复聚众。侃与诸军斩逸于石头。

初，庾亮少有高名，以明穆皇后之兄受顾命之重，苏峻之祸，职亮是由。及石头平，惧侃致讨，亮用温峤谋，诣侃拜谢。侃遽止之，曰："庾元规乃拜陶士行邪！"王导入石头城，令取故节，侃笑曰："苏武节似不如是！"导有惭色，使人屏之。

侃旋江陵，寻以为侍中、太尉，加羽葆鼓吹，改封长沙郡公，邑三千户，赐绢八千匹，加都督交、广、宁七州军事。以江陵偏远，移镇巴陵。遣谘议参军张诞讨五谿夷，降之。

属后将军郭默矫诏袭杀平南将军刘胤，辄领江州。侃闻之曰："此必诈也。"遣将军宋夏、陈脩率兵据湓口，侃以大军继进。默遣使送妓婢绢百匹，写中诏呈侃。参佐多谏曰："默不被诏，岂敢为此事。若进军，宜待诏报。"侃厉色曰："国家年小，不出胸怀。且刘胤为朝廷所礼，虽方任非才，何缘猥加极刑！郭默虓勇，所在暴掠，以大难新除，威网宽简，欲因隙会骋其从横耳。"发使上表讨默。与王导书曰："郭默杀方州，即用为方州；害宰相，便为宰相乎？"导答曰："默居上流之势，加有船舰成资，故苞含隐忍，使其有地。一月潜严，足下军到，是以得风发相赴，岂非遵养时晦以定大事者邪！"侃省书笑曰："是乃遵养时贼也。"侃既至，默将宗侯缚默父子五人及默将张丑诣侃降，侃斩默等。默在中原，数与石勒等战，贼畏其勇，闻侃讨之，兵不血刃而擒也，益畏侃。苏峻将冯铁杀侃子奔于石勒，勒以为戍将。侃告勒以故，勒召而杀之。诏侃都督江州，领刺史，增置左右长史、司马、从事中郎四人，掾属十二人。侃旋于巴陵，因移镇武昌。

侃命张夔子隐为参军，范逵子珧为湘东太守，辟刘弘曾孙安为掾属，表论梅陶，凡微时所荷，一餐咸报。

遣子斌与南中郎将桓宣西伐樊城，走石勒将郭敬。使兄子臻、竟陵太守李阳等共破新野，遂平襄阳。拜大将军，剑履上殿，入朝不趋，赞拜不名。上表固让，曰："臣非贪荣于畴昔，而虚让于今日。事有合于时宜，臣岂敢与陛下有违；理有益于圣世，臣岂与朝廷作异。臣常欲除诸浮长之事，遣诸虚假之用，非独臣身而已。若臣杖国威灵，枭雄斩勒，则又何以加！"

咸和七年六月疾笃，又上表逊位曰：

臣少长孤寒，始愿有限。过蒙圣朝历世殊恩、陛下睿鉴，宠灵弥泰。有始必终，自古而然。臣年垂八十，位极人臣，启手启足，当复何恨！但以陛下春秋尚富，余寇不诛，山陵未反，所以愤忾兼怀，不能已已。臣虽不知命，年时已迈，国恩殊特，赐封长沙，陨越之日，当归骨国土。臣父母旧葬，今在寻阳，缘存处亡，无心分违，已勒国臣修迁改之事，刻以来秋，奉迎窀穸，葬事讫，乃告老下藩。不图所患，遂尔绵笃，伏枕感结，情不自胜。臣间者犹为犬马之齿尚可小延，欲为陛下西平李雄，北吞石季龙，是以遣毋丘奥于巴东，授桓宣于襄阳。良图未叙，于此长乖！此方之任，内外之要，愿陛下速选臣代使，必得良才，奉宣王猷，遵成臣志，则臣死之日犹生之年。

陛下虽圣姿天纵，英奇日新，方事之殷，当赖群俊。司徒导鉴识经远，光辅三世；司空鉴简素贞正，内外惟允；平西将军亮雅量详明，器用周时，即陛下之周召也。献替畴咨，敷融政道，地平天成，四海幸赖。谨遣左长史殷羡奉送所假节麾、幢曲盖、侍中貂蝉、太尉章、荆江州刺史印传棨戟。仰恋天恩，悲酸感结。

以后事付右司马王愆期，加督护，统领文武。

侃舆车出临津就船，明日，薨于樊谿，时年七十六。成帝下诏曰："故使持节、侍中、太尉、都督荆江雍梁交广益宁八州诸军事、荆江二州刺史、长沙郡公经德蕴哲，谋猷弘远。作藩于外，八州肃清；勤王于内，皇家以宁。乃者桓文之勋，伯舅是凭。方赖大猷，俾屏予一人。前进位大司马，礼秩策命，未及加崇。昊天不吊，奄忽薨殂，朕用震悼于厥心。今遣兼鸿胪追赠大司马，假蜜章，祠以太牢。魂而有灵，嘉兹宠荣。"又策谥曰桓，祠以太牢。侃遗令葬国南二十里，故吏刊石立碑画像于武昌西。

侃在军四十一载，雄毅有权，明悟善决断。自南陵迄于白帝数千里中，路不拾遗。苏峻之役，庾亮轻进失利。亮司马殷融诣侃谢曰："将军为此，非融等所裁。"将军王章至，曰："章自为之，将军不知也。"侃曰："昔殷融为君子，王章为小人；今王章为君子，殷融为小人。"侃性纤密好问，颇类赵广汉。尝课诸营种柳，都尉夏施盗官柳植之于己门。侃后见，驻车问曰："此是武昌西门前柳，何因盗来此种？"施惶怖谢罪。时武昌号为多士，殷浩、庾翼等皆为佐吏。侃每饮酒有定限，常欢有余而限已竭，浩等劝更少进，侃凄怀良久曰："年少曾有酒失，亡亲见约，故不敢逾。"议者以武昌北岸有邾城，宜分兵镇之。侃每不答，而言者不已，侃乃渡水猎，引将佐语之曰："我所以设险而御寇，正以长江耳。邾城隔在江北，内无所倚，外接群夷。夷中利深，晋人贪利，夷不堪命，必引寇虏，乃致祸之由，非御寇也。且吴时此城乃三万兵守，今纵有兵守之，亦无益于江南。若羯虏有可乘之会，此又非所资也。"后庾亮戍之，果大败。季年怀止足之分，不与朝权。未亡一年，欲逊位归国，佐吏等苦留之。及疾笃，将归长沙，军资器仗牛马舟船皆有定簿，封印仓库，自加管钥，以付王愆期，然后登舟，朝野以为美谈。将出府门，顾谓衍期曰："老子婆娑，正坐诸君辈。"尚书梅陶与亲人曹识书曰："陶公机神明鉴似魏武，忠顺勤劳似孔明，陆抗诸人不能及也。"谢安每言"陶公虽用法，而恒得法外意"。其为世所重如此。然媵妾数十，家僮千余，珍奇宝货富于天府。或云"侃少时渔于雷泽，网得一织梭，以挂于壁。有顷雷雨，自化为龙而去"。又梦生八翼，飞而上天，见天门九重，已登其八，唯一门不得入。阍者以杖击之，因坠地，折其左翼。及寤，左腋犹痛。又尝如厕，见一人朱衣介帻，敛板曰："以君长者，故来相报。君后当为公，位至八州都督。"有善相者师圭谓侃曰："君左手中指有竖理，当为公。若彻于上，贵不可言。"侃以针决之见血，洒壁而为"公"字，以纸裹手，"公"字愈明。及都督八州，据上流，握强兵，潜有窥窬之志，每思折翼之祥，自抑而止。

侃有子十七人，唯洪、瞻、夏、琦、旗、斌、称、范、岱见旧史，余者并不显。

译文：

陶侃，字士行，本是鄱阳人，吴国平定后，举家迁移到了庐江郡的寻阳县。父亲陶丹，孙吴时期官至扬武将军。陶侃幼年丧父，家境贫寒，以后就当了一个县吏。鄱阳孝廉范逵曾经到陶侃家来访，当时陶侃家因客人来得突然没有东西招待来客，他母亲就剪断头发编成一副假发,用以换来酒和菜肴,客人喝酒特别高兴,就是他的仆人随从也是喜出望外。等范逵走的时候,陶侃送出一百多里。范逵对他讲:"你想到郡府做官吗?"陶侃回答:"想去,只是苦于没有门径罢了。"范逵去找庐江太守张夔,把陶侃赞扬了一番。张夔就召陶侃当了督邮,兼任枞阳县令。因为有才干,名气很大,被提升为郡主簿。这时正好遇上州从事来到庐江郡,想审查出违法的事件,陶侃就关起门,将所属官吏安排部署好,然后对州从事说:"如果本郡有违法的事情,那自然应当按照法律来制裁,用不着威逼。如果不按正常程序进行,我也能抵制。"州从事随即放弃了原来的打算。张夔的妻子患病,将要派人到数百里之外去请医生。当时正在下雪,天气非常寒冷,各主簿都很为难,只有陶侃说道:"凭着孝顺父亲才能侍奉主君(君,古代指各级统治者),小君(君之妻)就如同母亲一般,哪里有父母得病而不尽心竭力的?"就请求派自己去。众人都很佩服他的义气。长沙太守万嗣经过庐江,见到陶侃,又谦恭又高兴,对他说:"你终究会有大名气的。"叫自己的儿子同他结为朋友,然后才离去。

张夔举荐陶侃为孝廉,到洛阳后,陶侃多次去谒见张华。起初,张华认为陶侃是远方人,并不怎么礼遇他。可陶侃每次去谒见,都没有厌烦的情绪,后来张华与他交谈,大为惊异。被授官为郎中。伏波将军孙秀是亡国将领的后代,家族的门望不高,中原士人耻于任他的僚佐,他便因为陶侃是低级官吏出身,将其召署为舍人。当时豫章国郎中令杨晫,是陶侃的同乡,受到当地舆论的推崇。陶侃去见他,他说:"《易》称:'固守正道就能圆满地办好事情',陶士行就是这样的人。"他同陶侃一块坐车去拜见中书郎顾荣,顾荣感到很稀奇。吏部郎温雅对杨晫说:"你为什么同见闻浅薄的人一块乘车？"杨晫答称："这位可不是一位平凡人物。"尚书乐广想要会见荆楚士人，武库令黄庆就将陶侃推荐给他。有的人认为陶侃不合适，黄庆说道："这位终究要才能大成，还怀疑什么！"黄庆以后当了吏部令史，荐举陶侃做了武冈县令。在任期间，因与郡太守吕岳不合，就辞官回乡，当了本郡的小中正。

适逢刘弘担任荆州刺史，将要赴任，就辟署陶侃为南蛮长史，派他先去襄阳讨伐贼军张昌，将张昌击败。刘弘到任后，对陶侃说："我以前任羊公的参军时，他说我以后会到此担任同他一样的官。从现在来看，你以后也必定会继任老夫的官职了。"陶侃后因立有军功封为东乡侯，食邑一千户。

陈敏之乱发生后，刘弘让陶侃担任了江夏太守，另加鹰扬将军官号。陶侃带着随从仪仗，将母亲接到官署的住宅，故乡的人都认为很荣耀。陈敏派他的弟弟陈恢来骚扰武昌，陶侃派出军队前去抵御。这时随郡内史扈瓌在刘弘跟前挑拨离间陶侃，说道："陶侃与陈敏有同乡的交情，他现在任大郡长官，统领有强大的军队，倘若他一旦反叛，那么荆州之东就无险可守了。"刘弘回答说："陶侃的忠诚和才能，我了解得已经很久了，哪会有这种事！"陶侃私下听到这个消息，赶紧派儿子陶洪以及哥哥的儿子陶臻到刘弘处，来表现自己的坚定。刘弘选拔他们做参军，给予资助后又派了回去。另外又给陶侃加官为督护，让他与其他各路军队合力抵御陈恢。于是，陶侃就将运输船只改装为战舰，有的人说这样做规定上不允许，陶侃说道："使用国家的东西讨伐国家的敌人，只须一一说明来由罢了。"就这样，陶侃领兵进攻陈恢，所攻必克。陶侃治军严整，所有缴获，全部分给士卒，自身没有私取。后因母亲逝世守丧而离职。居丧期间，曾有两个客人来吊唁，没有哭就退了下去，变成了两只鹤,飞上天空。当时人很惊异。

居丧期满,担任了东海王司马越的参军事。江州刺史华轶又上表荐陶侃任扬武将军,派他屯驻于夏口,另又任陶臻为参军。华轶与晋元帝关系素来不和谐,陶臻担心灾祸发生,就推托有病告归,他告诉陶侃:"华彦夏(即华轶)有拯救天下的志向,但才能不足,并且又与琅邪王关系不睦,灾祸很快就会发生。"陶侃听后很生气,派他仍回到华轶处。陶臻就趁这机会投奔了晋元帝。晋元帝见到他很高兴,任他为参军,给陶侃加官奋威将军号,并借给赤幢曲盖轺车和鼓吹乐。陶侃这才与华轶断绝了关系。

不久,陶侃又晋升龙骧将军、武昌太守。当时全国正闹饥荒,很多山夷就切断长江上的交通,抢劫财物。陶侃命令属下部将假装商船以引诱抢劫者,抢劫者果然来到,被俘虏了数人,原来是西阳王司马羕的随身部属。陶侃随即派兵进逼司马羕,命令他出兵进攻贼军,陶侃在钓台严阵以待,跟随其后。司马羕被迫捆送来二十个人,陶侃将他们全部斩首。从此之后水陆交通道路得以清平,流民归乡者络绎不绝,陶侃拿出全部资财给予救济。陶侃又在本郡东部设立夷市,获利特别丰厚。以后晋元帝又派陶侃进击杜弢,命令振威将军周访、广武将军赵诱接受陶侃指挥。陶侃命令二将为前锋,哥哥的儿子陶舆为左翼,进攻并击败了贼军。这时周顗任荆州刺史,他先是镇守浔水城,贼军抢掠他属下的百姓,陶侃就派部将朱伺前往救援周顗,贼军被迫退守泠口。陶侃对属下诸将说:"这股贼军肯定会转而向武昌进攻,我们应该还师回城,连续行军三昼夜就可以到达。你们谁能忍饥挨饿坚持战斗?"部将吴寄回答:"我准备十天挨饿,白天与贼军打仗,夜间捕鱼而食,足以完成任务。"陶侃说道:"你真是一员健将。"贼军果然增兵来攻,陶侃派朱伺等前往迎击,大败敌军，缴获了敌军辎重，打死打伤很多。陶侃派参军王贡向王敦告捷，王敦说："若非陶侯，就丧失荆州了。伯仁（周𫖮字）刚入境就被贼军击败，不知哪里才能找到称职的刺史？"王贡对答说："本州正有战乱，非陶龙骧不可。"王敦也赞成这个意见，随即上表请拜陶侃为使持节、宁远将军、南蛮校尉、荆州刺史，管辖西阳、江夏、武昌三郡，镇守于沌口，后又移镇沔江。陶侃派朱伺等讨伐江夏贼军，将其消灭。这时贼军王冲也自称荆州刺史，占据了江陵。王贡自京城还荆州，到竟陵后，便假托陶侃的命令，以杜曾为前锋大督护，进攻王冲并将其斩首，全部招降了他的部众。陶侃召见杜曾，他不应召，王贡也害怕因假传命令被治罪，就与杜曾一同起兵反叛，向沌阳的陶侃部将督护郑攀发起进攻，攻克了沌阳，又于沔口打败朱伺。陶侃想要退据湑中，部将张奕准备背叛陶侃，就故意献计说："若敌人来了便退却，众人肯定不同意。"陶侃被他所迷惑，没有及时退向晖中。不多久，贼军追至，结果陶侃被打败。当时贼兵甚至钩住了陶侃乘坐的战船，陶侃在紧急情况下跳上小船，靠朱伺拼死力战，才脱逃出来。张奕最后投降了贼军。陶侃因这次败仗被免除了官职。后来通过王敦上奏表章，才让陶侃以百姓身份掌领职务。

陶侃又率领周访等部将进军湘州境内，派遣都尉杨举为先锋，大败杜弢，然后屯兵于城西。这时陶侃的部属们写信给王敦，称："州将陶使君家世孤单，从身份寒微到声名显赫，凭借忠诚，所到之处都建有功劳。到南方出任佐职，辅助征南将军刘弘，先后遇到张昌、陈敏二军，陶侃指挥非主力部队，独自抵挡大敌，攻无不克，敌人都被消灭。近来王如作乱于北部，杜弢占据了南部，二人的军队来回流窜，在州境内像流星一样驰骋，其余郡县，处处土崩瓦解。陶侃以礼仪统领关怀部属，以德惠怀柔远方之人,像游子归家一样的民众,相继而至。陶侃接受命令后,独自坚守危局,别人撤走他不为所动,别人离去了他的军队不涣散。前些年他率军直逼湘城,壮志凌云,神机独断,只是因为兵少粮乏,未能报捷。但是杜弢因此畏惧,又回到夏口,不久,建平的流民也迎合贼军一同反叛。陶侃随即回师,逆流而上,消灭了叛军。至此荆州西门不用上锁,皇畿之内消除了危险,这都是陶侃的功劳。您可怜我们荆楚,救生灵于涂炭之中,让陶侃来统领我们这些残余之众,给寒冷者衣服穿,让饥饿者吃上饭,各家各户都互相庆贺,就好像穿着锦衣一样高兴。江边地带孤立而危险,地形也不险要,不是孤立之军能够单独固守的,所以转移至高地,避开敌人的冲击,贼军的前锋先赶到,大军紧随其后,陶侃阻击了一整天,杀死了敌军的名将。贼军很快又集结起来,全力来进攻。陶侃胸怀忠臣的气节,义无反顾,披坚执锐,亲自参加战斗,将士们也奋勇出击,无不拼命作战。当时战死的人数不胜数。贼军的部队分成三五部分,轮番进攻。陶侃以孤军一支,无法独力抵御,就随机应变保全自己,以等待时机进行反攻。然而主政人借此指责陶侃,并处以免职。陶侃为人谦让,功成身退,即使现在奉还所受官职,也唯恐太晚。然而我们这些区区部将,实在是担心内部安排不周和在外打败仗。差之毫厘就会失之千里,假使荆蛮叛乱,西部无法固守,就会唇亡齿寒,招致无限的侵扰了。"于是,王敦上奏恢复陶侃的官位。

杜弢部将王贡率领精兵三千,从武陵江出发,诱使五溪蛮,用水军切断了官军的运输通道,直逼武昌城。陶侃派郑攀及伏波将军陶延连夜直趋巴陵,秘密行军攻其不备,大破敌军,斩首一千余级,降服一万余口,王贡逃回了湘城。贼军中产生了隔阂分裂,于是杜弢猜疑张奕并杀掉了他,众人更加畏惧,投降的人增多起来。

王贡又来挑战，陶侃远远地向他喊话说："杜弢是益州小官吏，盗用府库的钱财，父亲死了也不奔丧。你本来是个好人，为什么要跟随他？天下难道有活到白头的贼吗？"王贡起初还是盘腿坐在马背上，等陶侃说完，王贡脸色变得严肃了，脚也放了下来，言谈和神色都很恭顺。陶侃知道他可以说动，又让人开导他，剪断头发表示信用，于是王贡过来投降。杜弢失败逃走，陶侃进占长沙，俘获其部将毛宝、高宝、梁堪之后撤了回来。

王敦特别忌妒陶侃的功劳。陶侃将要返回江陵，打算到王敦处辞别，皇甫方回以及朱伺等人都来劝诫，认为不能去。陶侃不听，王敦果然扣留陶侃不让返回，并将降职为广州刺史、平越中郎将，另任王廙为荆州刺史。陶侃的僚佐、属吏、将士去找王敦，请求陶侃留任荆州。王敦很生气，不允许。陶侃的部将郑攀、苏温、马俊等不愿意去南方，于是就西迎杜曾以抗拒王廙。王敦认为郑攀是按陶侃的意思行事，就披甲执矛，将要杀害陶侃，前后四次走到半路又返回。陶侃严肃地说："你的刚毅决断，可以裁制天下，为何这样犹豫不决！"接着起身去厕所。咨议参军梅陶、长史陈颁对王敦说："周访与陶侃是姻亲，如同左右手，哪有断人家左手而右手不做出反应的！"王敦这下想通了，于是准备了盛宴给陶侃饯行。陶侃当夜便出发了。王敦还引荐陶侃的儿子陶瞻为参军，陶侃到了豫章，见到周访，流着泪说道："如果不是你的外援，我几乎不免于死。"陶侃接着到了始兴。

先前，广州人背叛刺史郭讷，迎来长沙人王机为刺史。王机又派使者找王敦，请求出任交州刺史。王敦同意了这个请求，王机尚未赴任，又遇上杜弘占据临贺，通过王机请求投降，王机就劝杜弘攻取广州，于是杜弘就同温邵以及交州秀才刘沈一起谋反。有人劝陶侃暂住始兴，观望形势的变化。陶侃不听。一直进至广州。杜弘派使者搞假投降，陶侃知道其中有诈，就预先在封口这个地方准备好了发石车。一会儿，杜弘率领轻兵来到，知道陶侃已有防备，于是撤退。陶侃趁势追击，打败了杜弘，在小桂逮住了刘沈。陶侃又派部将许高讨伐王机，将其斩首，将首级传送至京城。部将们都请求乘胜进攻温邵，陶侃笑道："我的兵威已经显著，哪里需要派什么兵，只要送去一封信就足够了。"于是给温邵写信讲明形势。温邵畏惧逃走，在始兴被追获。陶侃因这次军功封为柴桑侯，食邑四千户。

陶侃在州衙无事可做的时候，往往在早晨将一百块砖搬到屋外，傍晚再搬回屋内。别人询问是什么原因，他回答说："我现在正致力于经营中原，过于安逸，恐怕就不堪重任了。"陶侃磨砺志向和勤劳卖力，都类似于此。

太兴年间初期，进号平南将军，不久又加授都督交州军事。王敦举兵反叛后，皇帝命陶侃以本官兼领江州刺史，不久又转任都督、湘州刺史。王敦得志时，曾上表恢复了陶侃的原职，加官散骑常侍。这时交州刺史王谅被贼人梁硕消灭，陶侃派部将高宝率军进攻，平定了梁硕。朝廷又以陶侃兼领交州刺史，总计陶侃前后功劳，封其次子陶夏为都亭侯。陶侃又进号征南大将军，开府仪同三司。等王敦之乱平定，陶侃又迁任都督荆、雍、益、梁四州诸军事，兼领护南蛮校尉、征西大将军、荆州刺史，其余官号依旧。楚郢一带的士女对此无不相互庆贺。

陶侃聪明机智，勤于职守，行止端恭而合乎礼节，爱好品评人物。整天端坐在府中办公事，统兵在外，事务繁多，千头万绪，无所遗漏。不管给亲近或疏远的友人写信或疏文，无不是亲手所写，文笔如流，从未堆积壅滞。不管会见远方或近处客人，门前从不让客人久留。他经常对别人说："大禹是圣人，还珍惜一寸光阴，至于普通的人，应该珍惜每一分光阴，怎能安逸游乐、荒唐醉酒呢？活着的时候对当今没有贡献，死了以后也没有声誉留给后世，这样做是自暴自弃。"僚佐中有因谈笑游戏耽误公事的，他就命令把这些人的酒具、赌具全都投进长江；如果是属吏部将，就要用鞭子抽打，他说道："赌博这个东西是放猪奴的游戏！《老子》《庄子》的学说虚浮不切实际，不符合先王的正大言论，不可遵行。君子应该衣冠齐整，摆出威仪，哪有什么头发散乱、矫饰造作而自称广博通达的！"有来赠送物品的，他都要问这东西是从哪里来的。如果是自己出力得到的，虽然微薄也一定高兴，并加倍慰抚和回赠；如果是非法获得的，就厉声辱骂，将赠品退还本人。他曾经出门游玩，看见一个人拿着一把不熟的稻子，陶侃就问："拿这个干什么？"那人回答说："路上看见了，随便拽了一把。"陶侃愤怒地说道："你既不种田，却随便损害别人的稻子戏耍！"抓住那人就用鞭子抽打。因此百姓努力农耕垦殖，家家富足。当时造船，陶侃命令将不能用的木屑和竹头都收集起来管好，别人都不解其意。后来元旦朝会，天下大雪，积雪后又放晴，府衙厅堂前的地面被余雪弄湿，于是就用木屑铺地。等桓温伐蜀时，又将陶侃贮存的竹头做成竹钉用来造船。他办事的精心细密，都类似于这种情况。

等到苏峻叛乱，京城失守，陶侃的儿子陶瞻被贼军害死，平南将军温峤邀请陶侃同赴朝廷之难。起初，明帝驾崩，陶侃未在顾命大臣之列，深为遗憾，所以回绝温峤说："我是驰骋疆场的外将，不敢越权。"温峤还是坚持邀请他，接着又推举他为盟主。陶侃这才派督护龚登率军开赴温峤处，但中途又追令他们返回。温峤因苏峻杀死了陶侃的儿子，再次写信来激怒他。陶侃的妻子龚氏也执意劝他亲自前往。于是陶侃身着戎装登船出发，昼夜兼程前进,陶瞻的灵柩运来,他也不曾见儿子最后一面。五月,与温峤、庾亮等一起会师于石头城。各路军队来到后就想决战,陶侃认为贼军气势正盛,不可与之硬拼,应当拖延时日凭借智谋擒获贼首。连打几仗没有获胜,诸将请求于查浦构筑堡垒。监军部将李根提出建议,请建立白石垒,陶侃不同意,对他说:"如果堡垒建不成,你应对此负责。"李根回答:"查浦地势低下,又位于河流的南面,唯有白石一地高峻险固,可以容纳数千人,不利于贼军进攻,这是灭敌的策略。"陶侃笑道:"你是一位良将。"就采纳了李根的建议,当夜筑垒,拂晓的时候就已完成。贼军见到壁垒后很吃惊。贼军进攻大业垒,陶侃将要去救援,长史殷羡说道:"如果派兵去救大业垒,步兵战斗我们不如苏峻,那就大事完了。只要猛烈进攻石头城,苏峻必然去救,大业垒的危险就会自然解除。"陶侃又听从了殷羡的建议。苏峻果然放弃进攻大业而回救石头城。诸路大军与苏峻交战于陈陵之东,陶侃统属的竟陵太守部将彭世斩杀苏峻于阵前,贼军部众全部崩溃。苏峻的弟弟苏逸又聚集部众,陶侃与各种军队又斩杀苏逸于石头城。

起初,庾亮年少时就很知名,他以明穆皇后哥哥的身份担负了顾命的重任,苏峻的祸乱,就是由于庾亮的缘故。等石头城平定后,庾亮害怕陶侃问罪,就采用温峤的计谋,前去拜见陶侃,向他谢罪。陶侃马上阻止他说:"庾元规怎能拜谢陶士行!"王导进入石头城,教人取来陶侃过去所持的节,陶侃笑着说:"苏武所持的节似乎不是这样。"王导面有惭色,赶快让人遮挡住脸部。

陶侃凯旋江陵,不久晋升为侍中、太尉,赐给羽葆鼓吹,改封为长沙郡公,食邑三千户,赐给绢八千匹,加都督交、广、宁等七州诸军事。因为江陵偏远,就移至巴陵镇守。派遣谘议参军张诞讨伐五溪蛮，将其招降。

适逢后将军郭默假传圣旨袭击杀死平南将军刘胤，领有江州。陶侃一听到这个消息就说："其中必定有诈。"派遣将军宋夏、陈修率兵占领湓口，陶侃率领大军接着跟进。郭默派使者送来女妓、婢女和一百匹绢，抄写了一副诏书呈送给陶侃。很多僚佐谏阻说："郭默不受诏命，岂敢做这种事。如果要进军，应该等待诏令回答之后。"陶侃脸色严厉地说道："皇上年龄幼小，诏令不会出自其手。刘胤受到朝廷礼遇，虽然他不是镇守一方的人才，但为什么乱加极刑！郭默粗勇，所到之处残暴抢掠，乘国家祸难刚刚解除，法禁宽厚简略之际，想要趁机施展强横罢了。"派遣使者上奏表说明讨伐郭默的情况，并给王导写信说："郭默杀州刺史就用他为州刺史，害宰相便用他为宰相吗？"王导回答说："郭默占据了上流的有利地势，再加上有船舰作为凭借，所以包含忍耐，让他占有江州。一个月来秘密命令诸军严装以待，等到足下大军一到，可以迅速发军相往。这难道不是顺时养晦以定大事吗？"陶侃看罢信后笑道："这是顺时养贼啊！"陶侃率军到达后，郭默部将宗侯捆绑郭默父子五人及郭默部将张丑向陶侃投降，陶侃斩杀了郭默等人。郭默曾在中原地区屡次与石勒等交战，敌军畏惧他的勇敢。这时听说陶侃讨伐他，没有流血就擒获了他，因而更加畏惧陶侃。苏峻部将的冯铁杀害了陶侃的儿子后投奔石勒，石勒就任用他为戍将。陶侃将原因告诉石勒，石勒便把冯铁召回杀掉。皇帝命陶侃都督江州，兼领刺史，增设左右长史、司马、从事中郎四人，设掾属十二人。陶侃凯旋巴陵，接着又移至武昌镇守。

陶侃任命张夔的儿子张隐为参军。范逵的儿子范珧为湘东太守，荐举刘弘的曾孙刘安为掾属，上表替梅陶辩白。凡微贱时所受恩惠,一饭之恩都要回报。

派遣儿子陶斌与南中郎将桓宣西征樊城,赶走了石勒的部将郭敬。又派他哥哥的儿子陶臻、竟陵太守李阳等一同攻破新野,进而平定了襄阳。又拜官大将军,允许佩剑上殿,入朝不必趋拜,上奏时不唱名。陶侃上表再三推让道:"我并非贪冒荣誉于过去而谦让于今日。事情如果合乎时宜,我岂敢违命陛下;这种做法如果有益于当世,我岂能与朝廷不同。我经常想要排除各种虚浮的事情,舍弃无用的东西,这不仅仅是为了我自身。如果我能依仗国家威灵,枭首李雄,斩杀石勒,那又将加给我什么官呢?"

咸和七年六月病势沉重,又上表请求让位,说:

我从小生长于孤寒之家,开始时志愿也有限。过于承受圣朝历代的特殊恩宠,陛下明鉴,宠幸有加。有始必然有终,自古皆然。我年近八十,地位已达人臣的极点,正在保全名誉以求善终,还有什么可遗憾的!只是因陛下年纪尚轻,残敌还没有消灭,皇陵还没有迁返,所以气愤填膺,不能自己。我虽然不知晓天命,但已岁高年迈,国家恩惠优厚,赐封为长沙郡公,我死之后,应当归葬封国之内。我父母的旧葬墓地,如今在寻阳,按照生者的身份来安排已逝父母的丧葬规格,我不想违背这一制度,已下令封国臣僚准备迁葬的事情,预定在来年秋天,奉迎安葬于墓穴。迁葬事一结束,我就告老回到封地。没想到生了病,越来越重,伏在枕头上感慨万千,情不自禁。我原想或许可活得长一些,想为陛下西平李雄,北吞石季龙,因此派遣毌丘奥于巴东,授任桓宣于襄阳。良好的设想还未依次实现,现在就要长离人间!这一方重任,内外机要,希望陛下尽快选择我的接替人,一定要选到优秀人才,奉行传布朝廷的政略,继续完成我的志愿,这样我死了之后就犹如活着的时候一样。

陛下虽然天生聪慧,而且日益英明,然而正值事务殷繁,应当依靠群贤才行。司徒王导鉴识深邃长远,堂堂正正地辅佐了三代;司空郗鉴朴质纯正,内外处事公允;平西将军庾亮器量儒雅,周详磊落,才干足以周济时局。这些人就是陛下的周公、召公。他们的建议和咨询,可以阐扬德教,使政事通畅,万事妥帖,国家有了依赖。谨派左长史殷羡奉还所有的假节、大将旌旗、幡幢、曲柄伞盖、侍中貂蝉、太尉印章、荆州和江州刺史的印信、仪仗。仰念皇恩,悲感交集。

将后事托付给右司马王愆期,加官为督护,统领文武官属。陶侃乘车去临津上船,第二天,死于樊溪,当时年龄七十六岁。成帝下诏道:"已故使持节、侍中、太尉、都督荆江雍梁交广益宁八州诸军事、荆江二州刺史、长沙郡公德高智深,谋略弘远。镇守藩方于外,全国得以平定;救援王室,皇族得以安宁。古代齐桓公、晋文公建功立业,凭借的是异姓诸侯。现在正要依靠他的大智大谋,以保卫我的帝位。并准备晋升他为大司马,礼仪和任命还未来得及颁行,而苍天无情,使其溘然而逝,朕因此悲痛万分。现在派兼鸿胪前往追赠为大司马,给予密章,用太牢致祭。假如他的灵魂有知,对这种荣宠应该高兴。"又策命追谥为"桓",以太牢致祭。陶侃遗言命令安葬于封国南二十里,他的故旧官属则为其刊石、立碑、画像于武昌之西。

陶侃在军队四十一年,雄健坚毅而有权变,精明聪悟,善于决断。在辖区内,从南陵到白帝,方圆几千里,社会安定,路不拾遗。讨伐苏峻之战,庾亮冒进失利。庾亮的司马殷融向陶侃赔罪,说道:"将军(指庾亮)要这样做的,不是我们所能决定的。"将军王章来到后则说:"是我王章自己做的这件事,将军(指庾亮)根本不知道。"陶侃说道:"从前殷融是君子,王章是小人;如今王章是君子,殷融是小人。"陶侃秉性周到细密,喜欢提问题,很类似赵广汉。曾摊派各营种植柳树,都尉夏施偷盗公家的柳树种在自己门前。后来陶侃看见,停下车子问道:"这是武昌西门前的柳树,为什么偷来种到这里?"夏施非常惶恐,赶快认罪。陶侃镇守期间,武昌号称人才济济,殷浩、庾翼等人都是他的僚属。陶侃每次饮酒都有限量,常常是兴致正浓的时候而限量已到,殷浩等劝他再少饮一些,陶侃就伤感多时,说道:"我年轻时曾因饮酒犯过过失,已故的父母立下了规定,所以不敢过量。"议事的人认为武昌北岸有邾城,就该分兵镇守。陶侃每次都不给予回答,而建议的人仍坚持,陶侃就渡江过去打猎,领着将佐对他们说:"我之所以凭险抵御敌寇,正是因为有长江罢了。邾城被阻隔在长江以北,内无依恃,外连群夷。群夷中利源丰厚,而晋人贪图利欲,夷人不堪负担,必定招引寇虏,这就成了招致祸难的行径,而不是抵御敌寇啊!况且孙吴时此城就有三万军队防守,现在纵有军队来防守,也对江南无益。假如羯虏有可乘之机来犯,这个地方又不能被它利用。"以后庾亮派兵戍守邾城,果然大败。陶侃晚年安分知足,不再过问朝廷的事情。逝世前一年,就要让位归于封国,经过僚佐属官的苦求才将他留下。及病势沉重,将归长沙,军用物资、各种兵器、牛马舟船等都有规定的登录簿籍,封在仓库里,亲自加上锁,移交给王愆期,然后才登上船,朝野人士把这件事传为美谈。将要走出府衙大门时,回头对王愆期说:"老子这样老态龙钟,颤颤巍巍,都是因为你们这些人一再挽留。"尚书梅陶给他亲信者曹识写信说:"陶公机神明鉴类似魏武帝,忠顺勤劳类似孔明,陆抗等人无法赶得上。"谢安常说:"陶公虽用法而总是得法外施恩之意。"他就是这样为世人所推重。但他拥有妾数十人,奴隶一千余人,珍奇宝货比国库还多。有人说:"陶侃年轻时打鱼于雷泽,下网捞上一个织梭,把它挂在墙上,顷刻就响雷下雨,织梭变成一条龙飞去。"又曾做梦长出八个翅膀,腾飞上天而去,看到天门有九道,已经登上第八道门,只有最后一道门进不去。守门人用棍杖敲他,因此坠落在地面,折断了左侧的翅膀。等陶侃醒来,左侧腋部还在疼。又曾经去厕所,看见一人穿着红衣服,戴着长耳裹发巾,合板说道:"因为你是一个忠厚的人,所以来告诉你,你以后会升到公爵,位至八州都督。"有一个善于相面的人叫师圭,对陶侃说:"你左手中指有竖纹,应当做三公。如果竖纹通到指尖,那就会贵不可言。"陶侃用针刺竖纹,流出了血,洒在墙壁上就成了"公"字,用纸裹住手,"公"字越发明显。等他都督八州,占据上游,握有强兵时,暗中有窥伺皇位的意向,可是每想到折断翅膀的征兆,就自我抑制,放弃这种念头。

陶侃有儿子十七人,只有陶洪、陶瞻、陶夏、陶琦、陶旗、陶斌、陶称、陶范、陶岱见于旧史记载,其余的都不知名。

晋书卷八十

列传第五十

王羲之

王羲之字逸少,司徒导之从子也。祖正,尚书郎。父旷,淮南太守。元帝之过江也,旷首创其议。羲之幼讷于言,人未之奇。年十三,尝谒周顗,顗察而异之。时重牛心炙,坐客未啖,顗先割啖羲之,于是始知名。及长,辩赡,以骨鲠称,尤善隶书,为古今之冠,论者称其笔势,以为飘若浮云,矫若惊龙。深为从伯敦、导所器重。时陈留阮裕有重名,为敦主簿。敦尝谓羲之曰:"汝是吾家佳子弟,当不减阮主簿。"裕亦目羲之与王承、王悦为王氏三少。时太尉郗鉴使门生求女婿于导,导令就东厢遍观子弟。门生归,谓鉴曰:"王氏诸少并佳,然闻信至,咸自矜持。惟一人在东床坦腹食,独若不闻。"鉴曰:"正此佳婿邪!"访之,乃羲之也,遂以女妻之。

起家秘书郎,征西将军庾亮请为参军,累迁长史。亮临薨,上疏称羲之清贵有鉴裁。迁宁远将军、江州刺史。羲之既少有美誉,朝廷公卿皆爱其才器,频召为侍中、吏部尚书,皆不就。复授护军将军,又推迁不拜。扬州刺史殷浩素雅重之,劝使应命,乃遗羲之书曰："悠悠者以足下出处足观政之隆替，如吾等亦谓为然。至如足下出处，正与隆替对，岂可以一世之存亡，必从足下从容之适？幸徐求众心。卿不时起，复可以求美政不？若豁然开怀，当知万物之情也。"羲之遂报书曰："吾素自无廊庙志，直王丞相时果欲内吾，誓不许之，手迹犹存，由来尚矣，不于足下参政而方进退。自儿娶女嫁，便怀尚子平之志，数与亲知言之，非一日也。若蒙驱使，关陇、巴蜀皆所不辞。吾虽无专对之能，直谨守时命，宣国家威德，固当不同于凡使，必令远近咸知朝廷留心于无外，此所益殊不同居护军也。汉末使太傅马日磾慰抚关东，若不以吾轻微，无所为疑，宜及初冬以行，吾惟恭以待命。"

羲之既拜护军，又苦求宣城郡，不许，乃以为右军将军、会稽内史。时殷浩与桓温不协，羲之以国家之安在于内外和，因以与浩书以戒之，浩不从。及浩将北伐，羲之以为必败，以书止之，言甚切至。浩遂行，果为姚襄所败。复图再举，又遗浩书曰：

知安西败丧，公私惋怛，不能须臾去怀。以区区江左，所营综如此，天下寒心，固以久矣，而加之败丧，此可熟念。往事岂复可追，愿思弘将来，令天下寄命有所，自隆中兴之业。政以道胜宽和为本，力争武功，作非所当，因循所长，以固大业，想识其由来也。

自寇乱以来，处内外之任者，未有深谋远虑，括囊至计，而疲竭根本，各从所志，竟无一功可论，一事可记，忠言嘉谋弃而莫用，遂令天下将有土崩之势，何能不痛心悲慨也。任其事者，岂得辞四海之责！追究往事，亦何所复及，宜更虚己求贤，当与有识共之，不可复令忠允之言常屈于当权。今军破于外，资竭于内，保淮之志非复所及，莫过还保长江，都督将各复旧镇，自长江以外,羁縻而已。任国钧者,引咎责躬,深自贬降以谢百姓,更与朝贤思布平政,除其烦苛,省其赋役,与百姓更始,庶可以允塞群望,救倒悬之急。

使君起于布衣,任天下之重,尚德之举,未能事事允称,当董统之任而败丧至此,恐阖朝群贤未有与人分其谤者。今亟修德补阙,广延群贤,与之分任,尚未知获济所期。若犹以前事为未工,故复求之于分外,宇宙虽广,自容何所!知言不必用,或取怨执政,然当情慨所在,正自不能不尽怀极言。若必亲征,未达此旨,果行者,愚智所不解也。愿复与众共之。

复被州符,增运千石,征役兼至,皆以军期,对之丧气,罔知所厝。自顷年割剥遗黎,刑徒竟路,殆同秦政,惟未加参夷之刑耳,恐胜广之忧,无复日矣。

又与会稽王笺陈浩不宜北伐,并论时事曰:

"古人耻其君不为尧舜,北面之道,岂不愿尊其所事,比隆往代,况遇千载一时之运?顾智力屈于当年,何得不权轻重而处之也。今虽有可欣之会,内求诸己,而所忧乃重于所欣。《传》云,'自非圣人,外宁必有内忧'。今外不宁,内忧已深。古之弘大业者,或不谋于众,倾国以济一时功者,亦往往而有之。诚独运之明足以迈众,暂劳之弊终获永逸者可也。求之于今,可得拟议乎!

夫庙算决胜,必宜审量彼我,万全而后动。功就之日,便当因其众而即其实。今功未可期,而遗黎歼尽,万不余一。且千里馈粮,自古为难,况今转运供继,西输许洛,北入黄河。虽秦政之弊,未至于此,而十室之忧,便以交至。今运无还期,征求日重，以区区吴越经纬天下十分之九，不亡何待！而不度德量力，不弊不已，此封内所痛心叹悼而莫敢吐诚。

往者不可谏，来者犹可追，愿殿下更垂三思，解而更张，令殷浩、荀羡还据合肥、广陵，许昌、谯郡、梁、彭城诸军皆还保淮，为不可胜之基，须根立势举，谋之未晚，此实当今策之上者。若不行此，社稷之忧可计日而待。安危之机，易于反掌，考之虚实，著于目前，愿运独断之明，定之于一朝也。

地浅而言深，岂不知其未易。然古人处闾阎行阵之间，尚或干时谋国，评裁者不以为讥，况厕大臣末行，岂可默而不言哉！存亡所系，决在行之，不可复持疑后机，不定之于此，后欲悔之，亦无及也。

殿下德冠宇内，以公室辅朝，最可直道行之，致隆当年，而未允物望，受殊遇者所以寤寐长叹，实为殿下惜之。国家之虑深矣，常恐伍员之忧不独在昔，麋鹿之游将不止林薮而已。愿殿下暂废虚远之怀，以救倒悬之急，可谓以亡为存，转祸为福，则宗庙之庆，四海有赖矣。

时东土饥荒，羲之辄开仓振贷。然朝廷赋役繁重，吴会尤甚，羲之每上疏争之，事多见从。又遗尚书仆射谢安书曰：

顷所陈论，每蒙允纳，所以令下小得苏息，各安其业。若不耳，此一郡久以蹈东海矣。

今事之大者未布，漕运是也。吾意望朝廷可申下定期，委之所司，勿复催下，但当岁终考其殿最。长吏尤殿，命槛车送诣天台。三县不举，二千石必免，或可左降，令在疆塞极难之地。

又自吾到此，从事常有四五，兼以台司及都水御史行台文符如雨，倒错违背，不复可知。吾又瞑目循常推前，取重者及纲纪，轻者在五曹。主者莅事，未尝得十日，吏民趋走，功费万计。卿方任其重，可徐寻所言。江左平日，扬州一良刺史便足统之，况以群才而更不理，正由为法不一，牵制者众，思简而易从，便足以保守成业。

仓督监耗盗官米，动以万计，吾谓诛翦一人，其后便断，而时意不同。近检校诸县，无不皆尔。余姚近十万斛，重敛以资奸吏，令国用空乏，良可叹也。

自军兴以来，征役及充运死亡叛散不反者众，虚耗至此，而补代循常，所在凋困，莫知所出。上命所差，上道多叛，则吏及叛者席卷同去。又有常制，辄令其家及同伍课捕。课捕不擒，家及同伍寻复亡叛。百姓流亡，户口日减，其源在此。又有百工医寺，死亡绝没，家户空尽，差代无所，上命不绝，事起或十年、十五年，弹举获罪无懈息，而无益实事，何以堪之！谓自今诸死罪原轻者及五岁刑，可以充此，其减死者，可长充兵役，五岁者，可充杂工医寺，皆令移其家以实都邑。都邑既实，是政之本，又可绝其亡叛。不移其家，逃亡之患复如初耳。今除罪而充杂役，尽移其家，小人愚迷，或以为重于杀戮，可以绝奸。刑名虽轻，惩肃实重，岂非适时之宜邪！

羲之雅好服食养性，不乐在京师，初渡浙江，便有终焉之志。会稽有佳山水，名士多居之，谢安未仕时亦居焉。孙绰、李充、许询、支遁等皆以文义冠世，并筑室东土，与羲之同好。尝与同志宴集于会稽山阴之兰亭，羲之自为之序以申其志，曰：

永和九年，岁在癸丑，暮春之初，会于会稽山阴之兰亭，修禊事也。群贤毕至，少长咸集。此地有崇山峻岭，茂林修竹，又有清流激湍，映带左右，引以为流觞曲水，列坐其次。虽无丝竹管弦之盛，一觞一咏，亦足以畅叙幽情。

是日也，天朗气清，惠风和畅，仰观宇宙之大，俯察品类之盛，所以游目骋怀，足以极视听之娱，信可乐也。

夫人之相与，俯仰一世，或取诸怀抱，悟言一室之内，或因寄所托，放浪形骸之外。虽趣舍万殊，静躁不同，当其欣于所遇，暂得于己，快然自足，不知老之将至。及其所之既倦，情随事迁，感慨系之矣。向之所欣，俯仰之间，已为陈迹，犹不能不以之兴怀。况修短随化，终期于尽。古人云，死生亦大矣，岂不痛哉！

每览昔人兴感之由，若合一契，未尝不临文嗟悼，不能喻之于怀。固知一死生为虚诞，齐彭殇为妄作，后之视今，亦犹今之视昔，悲夫！故列叙时人，录其所述，虽世殊事异，所以兴怀，其致一也。后之览者，亦将有感于斯文。

或以潘岳《金谷诗序》方其文，羲之比于石崇，闻而甚喜。

性爱鹅，会稽有孤居姥养一鹅，善鸣，求市未能得，遂携亲友命驾就观。姥闻羲之将至，烹以待之，羲之叹惜弥日。又山阴有一道士，养好鹅，羲之往观焉，意甚悦，固求市之。道士云："为写《道德经》，当举群相赠耳。"羲之欣然写毕，笼鹅而归，甚以为乐。其任率如此。尝诣门生家，见棐几滑净，因书之，真草相半。后为其父误刮去之，门生惊懊者累日。又尝在蕺山见一老姥，持六角竹扇卖之。羲之书其扇，各为五字。姥初有愠色。因谓姥曰："但言是王右军书，以求百钱邪？"姥如其言，人竞买之。他日，姥又持扇来，羲之笑而不答。其书为世所重，皆此类也。每自称"我书比钟繇，当抗行；比张芝草，犹当雁行也。"曾与人书云："张芝临池学书，池水尽黑，使人耽之若是，未必后之也。"羲之书初不胜庾翼、郗愔，及其暮年方妙。尝以章草答庾亮，而翼深叹伏，因与羲之书云："吾昔有伯英章草十纸，过江颠狈，遂乃亡失，常叹妙迹永绝。忽见足下答家兄书，焕若神明，顿还旧观。"

时骠骑将军王述少有名誉，与羲之齐名，而羲之甚轻之，由是情好不协。述先为会稽，以母丧居郡境，羲之代述，止一吊，遂不重诣。述每闻角声，谓羲之当候己，辄洒扫而待之。如此者累年，而羲之竟不顾，述深以为恨。及述为扬州刺史，将就征，周行郡界，而不过羲之，临发，一别而去。先是，羲之常谓宾友曰："怀祖正当作尚书耳，投老可得仆射。更求会稽，便自邈然。"及述蒙显授，羲之耻为之下，遣使诣朝廷，求分会稽为越州。行人失辞，大为时贤所笑。既而内怀愧叹，谓其诸子曰："吾不减怀祖，而位遇悬邈，当由汝等不及坦之故邪！"述后检察会稽郡，辩其刑政，主者疲于简对。羲之深耻之，遂称病去郡，于父母墓前自誓曰："维永和十一年三月癸卯朔，九日辛亥，小子羲之敢告二尊之灵。羲之不天，夙遭闵凶，不蒙过庭之训。母兄鞠育，得渐庶几，遂因人乏，蒙国宠荣。进无忠孝之节，退违推贤之义，每仰咏老氏、周任之诫，常恐死亡无日，忧及宗祀，岂在微身而已！是用寤寐永叹，若坠深谷。止足之分，定之于今。谨以今月吉辰肆筵设席，稽颡归诚，告誓先灵。自今之后，敢渝此心，贪冒苟进，是有无尊之心而不子也。子而不子，天地所不覆载，名教所不得容。信誓之诚，有如皦日！"

羲之既去官，与东土人士尽山水之游，弋钓为娱。又与道士许迈共修服食，采药石不远千里，遍游东中诸郡，穷诸名山，泛沧海，叹曰："我卒当以乐死。"谢安尝谓羲之曰："中年以来，伤于哀乐，与亲友别，辄作数日恶。"羲之曰："年在桑榆，自然至此。顷正赖丝竹陶写，恒恐儿辈觉，损其欢乐之趣。"朝廷以其誓苦，亦不复征之。

时刘惔为丹杨尹，许询尝就惔宿，床帷新丽，饮食丰甘。询曰："若此保全，殊胜东山。"惔曰："卿若知吉凶由人，吾安得保此。"羲之在坐，曰："令巢许遇稷契，当无此言。"二人并有愧色。

初，羲之既优游无事，与吏部郎谢万书曰：

古之辞世者或被发阳狂，或污身秽迹，可谓艰矣。今仆坐而获逸，遂其宿心，其为庆幸，岂非天赐！违天不祥。

顷东游还，修植桑果，今盛敷荣，率诸子，抱弱孙，游观其间，有一味之甘，割而分之，以娱目前。虽植德无殊邈，犹欲教养子孙以敦厚退让。或以轻薄，庶令举策数马，彷佛万石之风。君谓此何如？

比当与安石东游山海，并行田视地利，颐养闲暇。衣食之余，欲与亲知时共欢宴，虽不能兴言高咏，衔杯引满，语田里所行，故以为抚掌之资，其为得意，可胜言邪！常依陆贾、班嗣、杨王孙之处世，甚欲希风数子，老夫志愿尽于此也。

万后为豫州都督，又遗万书诫之曰："以君迈往不屑之韵，而俯同群辟，诚难为意也。然所谓通识，正自当随事行藏，乃为远耳。愿君每与士之下者同，则尽善矣。食不二味，居不重席，此复何有，而古人以为美谈。济否所由，实在积小以致高大，君其存之。"万不能用，果败。

年五十九卒，赠金紫光禄大夫。诸子遵父先旨，固让不受。

有七子，知名者五人。玄之早卒。次凝之，亦工草隶，仕历江州刺史、左将军、会稽内史。王氏世事张氏五斗米道，凝之弥笃。孙恩之攻会稽，僚佐请为之备。凝之不从，方入靖室请祷，出语诸将佐曰："吾已请大道，许鬼兵相助，贼自破矣。"既不设备，遂为孙恩所害。

徽之字子猷。性卓荦不羁，为大司马桓温参军，蓬首散带，不综府事。又为车骑桓冲骑兵参军，冲问："卿署何曹？"对曰："似是马曹。"又问："管几马？"曰："不知马，何由知数！"又问："马比死多少？"曰："未知生，焉知死！"尝从冲行，值暴雨，徽之因下马排入车中，谓曰："公岂得独擅一车！"冲尝谓徽之曰："卿在府日久，比当相料理。"徽之初不酬答，直高视，以手版柱颊云："西山朝来致有爽气耳。"

时吴中一士大夫家有好竹，欲观之，便出坐舆造竹下，讽啸良久。主人洒扫请坐，徽之不顾。将出，主人乃闭门，徽之便以此赏之，尽欢而去。尝寄居空宅中，便令种竹。或问其故，徽之但啸咏，指竹曰："何可一日无此君邪！"尝居山阴，夜雪初霁，月色清朗，四望皓然，独酌酒咏左思《招隐诗》，忽忆戴逵。逵时在剡，便夜乘小船诣之，经宿方至，造门不前而反。人问其故，徽之曰："本乘兴而行，兴尽而反，何必见安道邪！"雅性放诞，好声色，尝夜与弟献之共读《高士传赞》，献之赏井丹高洁，徽之曰："未若长卿慢世也。"其傲达若此。时人皆钦其才而秽其行。

后为黄门侍郎，弃官东归，与献之俱病笃。时有术人云："人命应终，而有生人乐代者，则死者可生。"徽之谓曰："吾才位不如弟，请以余年代之。"术者曰："代死者，以己年有余，得以足亡者耳。今君与弟算俱尽，何代也！"未几，献之卒，徽之奔丧不哭，直上灵床坐，取献之琴弹之，久而不调，叹曰："呜呼子敬，人琴俱亡！"因顿绝。先有背疾，遂溃裂，月余亦卒。子桢之。

桢之字公干，历位侍中、大司马长史。桓玄为太尉，朝臣毕集，问桢之："我何如君亡叔？"在坐咸为气咽。桢之曰："亡叔一时之标，公是千载之英。"一坐皆悦。

操之字子重，历侍中、尚书、豫章太守。

献之字子敬。少有盛名，而高迈不羁，虽闲居终日，容止不怠，风流为一时之冠。年数岁，尝观门生樗蒲，曰："南风不竞。"门生曰："此郎亦管中窥豹，时见一斑。"献之怒曰："远惭荀奉倩，近愧刘真长。"遂拂衣而去。尝与兄徽之、操之俱诣谢安，二兄多言俗事，献之寒温而已。既出，客问安王氏兄弟优劣，安曰："小者佳。"客问其故，安曰："吉人之辞寡，以其少言，故知之。"尝与徽之共在一室，忽然火发，徽之遽走，不遑取履。献之神色恬然，徐呼左右扶出。夜卧斋中，而有偷人入其室，盗物都尽。献之徐曰："偷儿，青毡我家旧物，可特置之。"群偷惊走。

工草隶，善丹青。七八岁时学书，羲之密从后掣其笔不得，叹曰："此儿后当复有大名。"尝书壁为方丈大字，羲之甚以为能，观者数百人。桓温尝使书扇，笔误落，因画作乌驳牸牛，甚妙。

起家州主簿、秘书郎，转丞，以选尚新安公主。尝经吴都，闻顾辟疆有名园，先不相识，乘平肩舆径入。时辟疆方集宾友，而献之游历既毕，傍若无人。辟疆勃然数之曰："傲主人，非礼也。以贵骄士，非道也。失是二者，不足齿之伧耳。"便驱出门。献之傲如也，不以屑意。

谢安甚钦爱之，请为长史。安进号卫将军，复为长史。太元中，新起太极殿，安欲使献之题榜，以为万代宝，而难言之，试谓曰："魏时陵云殿榜未题，而匠者误钉之，不可下，乃使韦仲将悬橙书之。比讫，须鬓尽白，裁余气息。还语子弟，宜绝此法。"献之揣知其旨，正色曰："仲将，魏之大臣，宁有此事！使其若此，有以知魏德之不长。"安遂不之逼。安又问曰："君书何如君家尊？"答曰："故当不同。"安曰："外论不尔。"答曰："人那得知！"寻除建威将军、吴兴太守，征拜中书令。

及安薨，赠礼有同异之议，惟献之、徐邈共明安之忠勋。献之乃上疏曰："故太傅臣安少振玄风，道誉洋溢。弱冠遐栖，则契齐箕皓；应运释褐，而王猷允塞。及至载宣威灵，强猾消殄。功勋既融，投韨高让。且服事先帝，眷隆布衣。陛下践阼，阳秋尚富，尽心竭智以辅圣明。考其潜跃始终，事情缱绻，实大晋之俊辅，义笃于曩臣矣。伏惟陛下留心宗臣，澄神于省察。"孝武帝遂加安殊礼。

未几，献之遇疾，家人为上章，道家法应首过，问其有何得失。对曰："不觉余事，惟忆与郗家离婚。"献之前妻，郗昙女也。俄而卒于官。安僖皇后立，以后父追赠侍中、特进、光禄大夫、太宰，谥曰宪。无子，以兄子静之嗣，位至义兴太守。时议者以为羲之草隶，江左中朝莫有及者，献之骨力远不及父，而颇有媚趣。桓玄雅爱其父子书，各为一袠，置左右以玩之。始羲之所与共游者许迈。

译文：

王羲之，字逸少，是司徒王导的堂侄子。祖父王正，官至尚书郎。父亲王旷，官至淮南太守。晋元帝过江南渡，就是王旷首先创议的。羲之年幼时语言迟钝，别人也不认为他有什么特别。十三岁时曾去拜见周𫖮，周𫖮仔细端详后很感惊异。当时的饮食风气很看重烤牛心，周𫖮宴客，别人尚未尝，就先切给羲之吃，从此羲之开始知名。成年后，富于才辩，以刚直著称。尤其善于楷书，为古今之冠，评论者称其笔势飘若浮云，矫若游龙，深受堂伯王敦、王导的器重。当时陈留人阮裕很知名，担任着王敦的属官主簿。王敦曾对羲之说："你是我家的好后代，应不次于阮主簿。"阮裕也认为羲之与王承、王悦为王氏"三少"。当时太尉郗鉴派门生找王导求选女婿，王导就让门生到东厢下遍观他的子侄。门生回去，对郗鉴说："王氏各位子侄都很好，他们听到来人是选女婿的，个个神态矜持。只有一个人在东床上敞着怀吃饭，好像没有听到一般。"郗鉴说道："此人正是佳婿啊！"一打听，才知就是羲之，于是就将女儿嫁给他为妻。

　　初任官为秘书郎，又被征西将军庾亮聘为参军，累迁为长史。庾亮临终时，还上疏称赞羲之清贵有鉴识。又迁升宁远将军、江州刺史。羲之少年时就有很高的声誉，朝廷公卿都喜爱他的才干，屡次征召他为侍中、吏部尚书，但他都未就职。再授护军将军号，又拖延时间不受。扬州刺史殷浩一向很器重他，劝他应命受官，并写信给他道："众人都认为从足下的进退就可以看到政事的兴衰，像我们这些人也是这样认为的。至于说足下的进退恰与兴衰相对应，那怎么能让一代的存亡来服从自己的心意呢？希望您能慢慢体察众人的心情。您如果不顺应时机出任官职，那可以寻求到善政吗？假若能豁然想通，就会了解人们的真切心情了。"于是，羲之回信道："我素来胸无大志，王丞相时就坚持要我入朝做官，我誓不答应，那时的书信手迹现在犹存，可见由来已久，不是因为足下参政才辞退的。自从儿子娶妻女儿出嫁，我便怀有同尚子平一样的志趣，这已多次向亲近的人谈过，已不是一二天的事了。假若让我效力，关陇、巴蜀地区都在所不辞。我虽然没有在朝廷上专对的才能，但谨守我的职守，传布国家威德，应会不同于平凡的使臣，一定能使远近的人民都知道全在朝廷的关心之内，但任使职所起的作用同出任护军显著不同。汉代末年曾派太傅马日䃅抚慰关东地区，如果不嫌我身份轻微，无所怀疑，应该到初冬成行，我唯有恭敬待命。"

羲之担任护军后，又苦求出任宣城郡太守，没有获得允许，就被委任为右军将军、会稽内史。这时殷浩与桓温不和谐，羲之认为国家的安定有赖于内外和睦，因此给殷浩写信予以告诫，殷浩不听。等到殷浩将要北伐，羲之认为必败，写信劝止，言辞非常恳切。殷浩最终还是出征了，果然为姚襄所败。殷浩又计划再次北伐，羲之又给他写信道：

得知安西将军失败的消息，国家和我个人都感到痛惜，时刻都无法忘怀。以区区江左地区，经营到这种程度，使天下人寒心本来就已很久了，再加上这次失败，其结果应该仔细想想。往事岂可追回，只是希望多想想将来，使人民生命有所寄托，自己成就中兴之业。政事以道义取胜，宽和是根本，凭借暴力争得武功，做法并不恰当，通过发挥长处，用以巩固大业，想必您知道其中道理。

自从战乱以来，握有朝政内外大权的人，没有深谋远虑，统筹妙计，而是疲敝空虚根本，各逞其志，竟无一功可论，一事可记，忠言良谋弃置不用，以致使天下呈现出将要土崩瓦解的趋势，这如何能不痛心悲叹呢？当事者怎能推卸天下混乱的责任？追究往事，又能起什么作用？应该转而虚心求贤，与有识之士共同商量，不可再使忠允之言总是屈服于当政者。现在军队失利于外，资财耗竭于内，保卫淮河一线的想法已无法做到，不如退师还保长江，都督将领各归旧镇，长江以北维系而已。担当国家重任的人，引咎自责，诚恳地自动降职，向人民认错，重新与朝臣贤人谋划施行安定的政治，除去烦乱的苛政，减轻人民的田赋和徭役，与人民重新开始，这样差不多才可以满足人们的希望，解救困苦和危机。

你出身平民，担当国家重任，崇尚德化的举措，没有做到事事妥当，担当统帅之任又失败如此，恐怕朝内所有的贤人没有来分担这个责任的。现在赶快修德补缺，广泛延揽群贤，让他们分别负起责任，还不知能否达到期望的那样。假若你还认为以前所做的不够，所以又向职分以外去追求，宇宙虽然广大，那你自身容于何地！我也知道所说的肯定不会被接受，或许还会被当政者所怨恨，然而我的感慨集中在这一点上，也就不能不尽怀极言。如果一定要亲征，不明白这一点而突然行动，这是愚笨的人和聪明的人都不能理解的，希望与众人再一起计议计议。

又接到州府下达的命令，增运一千石粮食，征赋和劳役同时兼至，都规定了军期。我面对这些命令就意气颓丧，不知所措。自近年以来，剥削百姓，刑徒满路，几乎与秦朝的虐政相同，只不过还没有实行灭三族的刑罚罢了。我担心陈胜、吴广那样的忧患不久就会发生。

又给会稽王上笺，陈述殷浩不宜北伐的意见，同时兼论时事，称：

古人以其君没有成为尧舜式的君主而可耻，做臣子的人，哪有不愿意尊崇所侍奉的君主呢？哪有不想使国势比前代更隆盛，何况是遇到了难得的时运呢？但是现今朝臣的智慧和力量都比不上当年，怎么能不权衡轻重而妥善处理呢？现在虽然有可欣慰的机会，但是反躬自问，所忧虑的就重于所欣慰的了。《传》云：'若不是圣人，做到了外部安宁，内部必然产生忧虑。'如今是外部也不安宁，内忧却更加深了。古代开创大业的人，有的也不谋于众人，倾尽国力完成一时大功，这也往往有之。个人的聪明才智足以超过众人，暂时的劳弊最终能获得永远的安逸，这当然是可以的，但于现在再寻求这样的人，能够和古人相比吗？

要想朝廷决策必胜，必须审度衡量敌我，有了万全之策后才能行动。功成之日，便应利用它的民众和原有实力。现在成功不可以预期，而国民却死亡殆尽，一万人还剩不下一个。并且千里运粮，自古都是难事，何况现在转运供给，要西送到许、洛，北进入黄河。即使秦朝的弊政，也没有达到这种程度。而十室九空的忧虑，就会接踵而至。现在外出运粮的人没有回还的日期，各种征求日益加重，单凭区区吴、越之地图谋天下十分之九的地盘，不灭亡又能有什么结局呢？不度德量力，不失败就不停止，这是国人痛心叹息而又不敢说的事实。

过去的事不可以再谏止了，未来的还可以追及。希望殿下能再三思考，改弦更张，命令殷浩、荀羡还师据守合肥、广陵，许昌、谯郡、梁、彭城方面的各军还师扼守淮河，先建立敌人不能战胜的根基，等到根基建立势力形成，再做北进的谋划也不算晚。这实在是当今最好的计策了。如果不实行这个策略，国家的忧患就会计日而至。安危的变化，易如反掌，考察形势的虚实，明显地摆在眼前。希望您能运用独断的英明，决定于一时。

地位低而谈论重要的事情，我不知道这样不容易。然而古人处于民间或士兵之间，尚且有人为国家出谋划策，而论者并不对此讥笑，何况我跻身于大臣之列的末行，怎么能沉默不言呢？关系到存亡的时候，要做出决断，不能再迟疑不决延误时机，不决断于此时，以后后悔也来不及了。

殿下道德冠于海内，凭借皇室的身份辅助朝廷，最适宜实行正直之道，达到像往年一样的兴隆。但是您未获得众望，这便是我日夜长叹的原因，实在为殿下感到可惜。国家的忧患很深重，常常担心伍员的忧虑不只是发生在过去，恐怕麋鹿的踪迹也将不限于林薮之中而已。希望殿下暂且放下清虚玄远的心怀，以解救困苦的危急，可以说是败亡为戒，奋发图存，转祸为福了。这样做是国家的幸运，四海也有了依赖。

当时江东地区发生饥荒，羲之往往开仓赈济灾民。然而朝廷的田赋和徭役很繁重，吴、会一带尤其严重，羲之往往上疏谏诤，许多意见被接受。又给尚书仆射谢安写信道：

近来陈述的意见，常常被您采纳，所以使得下层的人民稍微得到了些休养生息，可以各安其业。如果不是这样，这一郡的人早就跳东海了。

现在大事中没有安排的，漕运是一个。我的意见是希望朝廷下达规定的期限，委托给主管部门，不要再催逼下层，只到了年末考核政绩的上下等级就行了。主要官吏的政绩考核是最后一名的，就命令用囚车送往朝廷。如果有三个县不合格，郡守就一定要免职，有的也可以降级，把他放在边地极其艰苦的地方。

从我来到此地后，从事常常有四五个，加上台司以及都水御史行台的文件就像雨点一样多，颠倒错误和互相抵触的，不知有多少。我又闭起眼来例行公事往下推，把重要的交给主簿，一般的交给五曹。主管人办事，不曾得到过十天的时间，官吏和百姓来回奔走，费用可以用万来计算。你现在正担当重任，可以慢慢遇到我所说的这种情况。江左地区平定之后，扬州用一个有能力的刺史便足以统治，现在使用一群有才能的人反而没有治理好，这正是由于制定法令不统一，各方牵制众多，只要考虑简化并易于遵从，就足以保守已经成就的大业。

仓督监耗费、盗窃官仓的稻米往往数以万斛计，我认为诛杀一个，这种情况以后就会断绝，而多数意见不同意。近来检查了各县，无不如此，余姚县将近十万斛。向百姓过度收敛的财富却供给了奸吏，使国家财政亏空，真是可叹啊！

自战争发生以来，服兵役以及充任运输的人中，死亡、逃亡、叛降、离散而没有返回的很多，虚弱损耗到这种程度，而补充损耗却仍按常规办法进行，到处都是凋敝困苦，对此没能想出办法补救。被朝廷差遣的人，上路后叛逃的很多，于是带队的官吏与叛逃者全部一起跑了。还有，按照一般规定，往往令叛逃者家属及邻里负责追捕。结果叛逃的还未捕获，负责追捕的家属和邻里又叛逃了。百姓的流亡和户口的日益减少，其根源就在这里。还有，各种工匠和医生，因死亡或逃亡、绝户、沦没而空无一人，无从替代差役，上面仍按照原来人户加派，这种积累或十年、十五年，尽管弹劾治罪接连不断，而对实际情况毫无益处，这样，百姓何以承受！我认为自今以后各种死罪减轻的犯人和五年徒刑的犯人，可以补充逃亡人户之缺，减死罪的犯人可以长期充任兵役，判五年徒刑的犯人可以充任各类工匠、医生，都让他们迁家充实都邑。都市的充实，是治政的根本，又可以禁绝他们的逃亡叛乱。不迁移他们的家,逃亡的忧患又会恢复到原来的状态。现在免除罪刑而充任杂役,全部迁移他们的家口,小人们愚蠢迷惘,有的认为这比杀头的刑罚还重,因而这样做可以根绝邪恶。刑罚的名称虽然轻微,惩罚的性质实际上很重,这难道不是适应现时需要的措施吗?

羲之平素喜欢服食丹药,涵养情性,不愿意住在京师,第一次渡过浙江,便有在那里定居的志愿。会稽有秀山丽水,很多名士都居住在这里,谢安做官前也居住在这里。孙绰、李充、许询、支遁等都以文章超凡出众,都安家于吴郡、会稽一带,与羲之有相同的爱好。他曾与具有同一志向的人宴集于会稽郡山阴县的兰亭,羲之亲自撰序,表达了自己的志向。序文说:

永和九年,正值癸丑之年,暮春三月的月初,我们聚会在会稽山阴的兰亭,进行修禊之事。众多的贤能之士都来到了,老老少少集聚在一起。这个地方有高山峻岭,茂密的森林,修长的竹子;还有清澈的流水,急泻的湍流,萦回如带,映照两岸。大家利用这弯曲的溪流做成流觞曲水,人们并列坐在岸边。虽然没有音乐交响的热闹,但吟酒咏诗,也完全可以尽兴地抒发幽雅的情趣。

这一天,天气晴朗,空气清新,和风微拂,使人感到温暖舒畅。仰头观看宇宙的广大,俯首细察万物的繁盛,纵目观览,舒展胸怀,足以尽情享受耳目的乐趣,的确很快乐啊!

人们生活在一起,很快就度过了一生。有些人喜欢各抒情怀,聚集在一室之内促膝畅谈;有的人寄情于物,放浪旷达而忘掉了形迹。虽然采取的方式千差万别,性格的恬静或浮躁各有不同,但当他们为自己的境遇而欣然于怀,一时间怡然自得,竟忘记了老年即将来到。等到对所向往的事情已经厌倦，情趣随着事物变化而转移，感慨便会随之而来了。从前感到欣喜的事，顷刻之间，就成为往事，尚且不能不因此而生感慨。何况人的寿命长短听凭大自然来左右，最终都归于完结。古人说：'生与死，也是大事啊！'这怎能不叫人悲伤啊！

每当我考察古人兴发感慨的原因，便发现都是那样不谋而合，读他们的文章未尝不叹息感伤，而内心又不明白为什么。因此知道所谓生死如一、寿夭等同的说法，是虚假荒诞的。后世的人看今天的人和事，也好像今天的人看过去的人和事，多么悲伤啊！因此我才逐一记下与会人士的姓名，录下他们所咏的诗歌。虽然时代不同，人事各异，但使人感慨的原因却是一致的。后世的读者，也将对我这篇文章有所感慨。

有人用潘岳的《金谷诗序》来比方此序，把羲之比方于石崇，羲之听说后很高兴。

生性喜爱鹅，会稽有个孤居的老妇养有一只鹅，鸣叫声很好听，羲之想买过来，未能办到，于是就同亲友驾车前往观赏。老妇听说羲之要来，就宰了鹅，烹调好，用以招待羲之，羲之叹惜了一整天。又山阴有一个道士，养有上等好鹅，羲之前往观赏，心里很高兴，执意要买这些鹅。道士说："给我写一篇《道德经》，我就以这群鹅相赠。"羲之很高兴地就写完了，然后带了一笼子鹅回家，非常快乐。羲之就是这样的坦率任情。曾到门生家，看见棐几的表面平滑干净，就在上面写起字来，真草各占一半。这些字后被门生的父误刮去，门生连续懊丧了好几天。又曾在蕺山见到一个老妇，拿着六角竹扇正在卖。羲之就在扇上写字，每把各写五个字。老妇起初面有恼怒之色。羲之就对她说：

"只要说是王右军书写的字，价钱可以要到一百钱。"老妇照着他的话说了，人们竞相购买。又一天，老妇又拿着扇子来，要求题字，羲之笑而不答。他的书法为世人所重，都类似于此。他经常自称："我的书法同钟繇相比，当可以抗衡；同张芝草书相比，应是仅在其次。"曾给别人写信说："张芝临池学习书法，池水全变成了黑色，假使学习书法的人都入迷到这种程度，未必就落后于他。"羲之的书法起初不如庾翼、郗愔，到了晚年才达到精妙的程度。曾以章草回信给庾亮，而庾翼看到后对此深为叹服，就给羲之写信说："我过去有伯英的章草十幅，过江南渡时颠沛流离，狼狈不堪，于是就遗失了，为此经常感叹妙迹永绝了。忽见足下回复家兄的信，焕若神明，顿时就像找回了往日的妙迹。"

当时骠骑将军王述自少年起就有名气，与羲之齐名，但羲之很看不起他，因此交谊不深。王述先前在会稽任官，因母亲逝世居丧于郡境内，羲之接替他的职务，只去吊唁了一次，就没有再去过第二次。王述每次听到吹角的声音，就说应是羲之来探望自己，便洒水扫地等待他，像这样连续多年，而羲之到最后也没有再去看望，王述为此很怨恨。等到王述任扬州刺史，将要去就职，就在郡内转了一圈，却不去见羲之，临走的时候，才道别了一下就走了。先前，羲之常对宾客朋友讲："怀祖（王述字）就当个尚书罢了，到老可得个仆射的官。另外求到了会稽内史的官，便自己飘飘然。"及至王述受到重用，羲之耻居其下，就派使者到朝廷，要求分出会稽郡另置为越州。派去的使者言辞欠妥，深为当时的贤达所耻笑。羲之过后内心很惭愧感慨，对儿子们讲："我不比怀祖差，而地位待遇与他相差悬殊，应是由于你们不如坦之（王述子）的缘故啊！"王述后来检查会稽郡政务，考核刑政时提了不少问题，主管人被弄得狼狈不堪，好多问题回答不上来。羲之对此深感羞耻，于是称病离开会稽郡，到父母墓前发誓道："永和十一年三月癸卯初一，九日辛亥，小子羲之敢告二位尊亲在天之灵。羲之不幸，从小就失去父亲，未受到父亲的教诲。靠着母亲和哥哥的抚养，才得以渐渐长大，又趁着人才缺乏，受到国家的宠荣。可是我若继续仕进就无忠孝的风节，退让又违反推荐贤人的道义，每次仰咏老子、周任的告诫，就常常害怕死亡的临近，担心危及祖先，岂仅仅是自身而已！因此日夜长叹，好像坠入深谷一样。知足知止的本分，就决定于现在。谨以本月良辰吉日摆列筵席，俯首诚心，向祖先在天之灵发誓：从今以后，如果胆敢改变此心，贪冒苟进，就是无视父母之心的不孝之子。作为儿子而不孝，天地所不能存，名教所不能容。誓言的诚恳，就如白日一般！"

羲之辞官后，与吴郡、会稽一带人士尽游山水，打鸟钓鱼取乐。又与道士许迈共同研究服食丹药，不远千里采集药石，游遍了东部各郡，并遍访名山，泛舟沧海。他感叹说："我最后会因极乐而死。"谢安曾对羲之说："我中年以来，因喜怒哀乐受到损伤，每与亲友告别，就会几天心情不好。"羲之说："人到了晚年，自然是这种情况。才说要借音乐陶冶性情排遣忧闷，又总是怕孩子们发觉，影响了他们的欢乐情趣。"朝廷因他发誓坚决，也就不再征召他任官。

当时刘惔任丹杨尹，许询曾到刘惔家投宿，床褥帷帐新鲜艳丽，饮食丰盛味道甘美。许询说："如能像这样保持下去，远远胜于东山。"刘惔说："你若知道吉凶由人，也应知道我哪能保证这样。"羲之也在座，就说："假使巢父、许由遇到后稷、契，应不会说这种话。"刘、许二人脸上都现出惭愧之色。

起初，羲之既优游无事，就给吏部郎谢万写信道：

古代隐居避世的人有的披头散发装疯，有的满身污秽行为丑陋，可以说是很难的。如今我通过隐世获得了安逸，顺遂了夙愿，实为庆幸，难道不是上天所赐！违拗上天就会不吉祥的。

前些时东游归来，整修种植了桑树和果树，现在鲜花盛开，领着儿子们，抱着幼小的孙子，游览观赏其间，有了成熟的果实，就摘下分给孩子，以此为眼前的欢乐。我虽然涵养品德没有什么特殊之处，但还是想教育子孙做到敦厚谦让。如子孙中有轻薄举动，我就让他用马鞭子清点马数，效法汉代万石君的作风。你认为这样做如何？

近来将要和安石东游山海，并到农田中考察土地的收获，以此来作为闲暇时的涵养。衣食之外的余资，打算与亲友知心按时欢宴一顿，虽然不能吟诗作赋，但倒满酒杯饮酒，讲讲田里之行所见，作为拍手笑乐的谈资，那种得意能一言而尽吗？我常常依照陆贾、班嗣、杨王孙的处世方法来做，仰慕这数位君子的风度，老夫的志愿就全在这里了。

谢万后任豫州都督，羲之又给谢万写信告诫说："凭君超越古人不屑其余的神气，而混迹于一般公卿，实在难以想象。然而所谓智识通达的人，只不过是依随事理或出或处罢了，这才是远见啊！希望你能常常和士兵中最低贱的同甘共苦，那就尽善尽美了。吃饭不上二样菜，睡觉不放二层席，这又有什么，而古人却传为美谈。成功与否的原因，的确是在积小以成高大，请你记住这句话。"谢万未能采用，最后果然失败。

年龄五十九岁时逝世，朝廷追赠金紫光禄大夫的官职。儿子们遵照父亲的生前意愿,再三推让不接受。

生有七个儿子,其中知名的有五人。玄之早年夭折。次子凝之,也善于草书、楷书,做官历任江州刺史、左将军、会稽内史。王氏家族世世代代都信奉五斗米道,凝之尤其虔诚。孙恩进攻会稽时,僚佐们建议做好抵御孙恩的防备,凝之不听从,却在静室祈祷,出来告诉部属将佐们说:"我已祈请过天师,允许派鬼兵相助,贼军自会破灭的。"既没有设防抵御,于是被孙恩所害。

王徽之,字子猷。生性卓荦不群,放浪不羁。担任大司马桓温的参军,常常是头发散乱,衣带宽弛,不管府中事务。又担任车骑将军桓冲的骑曹参军,桓冲问他:"你管理哪个部门?"他对答:"好像是管马的。"又问:"管有多少马匹?"答称:"我不知道有关马的事,从何知道马数!"又问:"马匹近来死了多少?"又答:"不知道活马的事,哪里知道死马的事!"曾随桓冲出行,忽遇天降大雨,徽之就下马挤进桓冲乘坐的车子,对他说:"公岂能一人独占一辆车!"桓冲曾对徽之说过:"你在府中的时间很久了,也该帮我料理公务了。"徽之一直不予回答,只是直视前方,用手版撑着脸颊说道:"西山潮气过来才有了些凉爽。"

当时吴中一士大夫家长有一片秀竹,他想去观赏,便离家乘坐轿子来到竹林边,吟诵了很长时间。主人洒扫庭院请他坐下,徽之头也不回就要走。快要出去的时候,主人就关住了门子,徽之便因此回身入座,尽欢而散。曾寄居于一座空宅内,刚住下就令人种植竹子。有人询问其中缘故,徽之只是吟诵啸咏,指着竹子说:"怎么能一日无此君呢!"曾居住于山阴,一天,夜雪初停,月色清朗,四野一片皓白,徽之一边自酌自饮,一边吟咏左思的《招隐诗》,忽然间想起了戴逵。戴逵当时正在剡县,他便夜乘小船前往寻访,走了一夜才到,但到了戴逵家门前却不进去，又转身返回。别人询问其中缘故，徽之答称："本是乘兴而来，兴尽自然而返。为什么一定要见安道（戴逵字）呢？"禀性极其放荡荒诞，喜好声色。曾于夜晚与弟弟王献之同读《高士传赞》，献之很赞赏井丹的高洁，徽之却说："我看此人比不上长卿的慢世傲人。"他就是这样傲岸豁达。当时人们都钦佩他的才能而鄙视他的品行。

后任黄门侍郎，辞官东归后，与献之同染重症。当时有术士讲："人命该终结的时候，如果有活人乐意替代，死者就可以活。"徽之对他说："我的才能和地位都不如弟弟，请用我的余年替代弟弟。"术士说："替代要死的人。是因为自己的寿命还有余，能够补足要死的人，如今你与弟弟的年数都已经到了尽头，如何替代！"时间不长，献之逝世，徽之奔丧而不哭泣，径直走上灵床坐下，拿起献之的琴就弹奏起来，时间一长，琴声变了调，于是叹道："唉！子敬（献之字）人琴俱亡！"说罢就昏厥过去。他以前背部就有疾病，这一来疮部随即溃裂，一个多月后也逝世了。儿子名叫桢之。

桢之字公干，历任侍中、大司马长史。桓玄任太尉时，朝臣齐集，他问桢之："我和你亡叔相比怎么样？"在座的人听了这话都屏息静气。桢之答道："亡叔是一时楷模，公是千载之英。"举座朝臣这才转忧为喜。

王操之，字子重，历任侍中、尚书、豫章太守。

王献之，字子敬。年少时即享有盛名，且洒脱不羁，即使在家闲居终日，神色举止也不懈怠，才气风流为一时之最。年龄只有几岁的时候，曾观看门生赌博，见有胜负，就说道："竞赛失利。"门生说："这个小主人竟也能管中窥豹，偶尔看见一斑。"献之生气地说："我的才能远的说只惭对荀奉倩，近的说只愧对刘真长。"于是拂袖而去。又曾与哥哥王徽之、王操之前往拜访谢安,二位哥哥言谈中讲了不少生活琐事,献之只是见面寒暄而已。他们走后,在座的客人请谢安评价王氏兄弟的优劣,谢安说道:"小者为佳。"客人又问为什么,谢安答道:"吉人言辞寡少,因为他说话少,所以知道。"又曾与徽之同居一室,突然失火,徽之惊慌地跑开,都顾不上穿鞋。献之则神色镇定自若,从容地喊来身边随从,将自己扶出去。有一次夜卧寝室,一伙小偷进屋来偷东西,几乎将所有东西偷光。献之最后才不紧不慢地喊道:"小偷!那条青毡是我家祖先留下的物品,可特意留下。"这伙小偷闻声惊走。

擅长草书和楷书,也善于绘画。七八岁学习书法时,一次羲之趁他不注意从背后夺他的毛笔,未能夺下,就感慨地说:"这个孩子日后还会有大名。"曾于墙上书写一丈见方的大字,羲之认为很有功力,当时围观者数百人。桓温还曾让他给扇子题字,不料一笔误落,他就势画成了黑色母牛,非常精妙。

初任官是州主簿,后迁秘书郎,又转为秘书丞,因中选得娶新安公主。曾路经吴郡,听说顾辟强有一座名园,虽以前同顾并不相识,仍乘轿径直进入。当时辟强正会集宾友,而献之游赏之后却旁若无人地要离去。辟强勃然大怒,斥责道:"你傲慢主人,不合礼节;恃贵骄士,不合道义。犯了这两种过失,就是不足挂齿的粗人。"便把他赶出园门。献之傲慢依旧,并不介意。

谢安非常钦敬喜爱献之,聘请他为长史。谢安进号卫将军,仍任他为长史。太元年间,皇宫中新建成太极殿,谢安想让献之题写榜匾,成为流传万代的墨宝,但又难以启齿,就试探道:"魏代时,陵云殿的榜匾还未题字就被工匠误钉上去了,无法弄下来,就让韦仲将站在悬椅上题写榜匾。等题写完毕,韦仲将的胡须和鬓毛都花白了,仅仅剩下喘息的力气。他回家后就对晚辈们讲,以后要禁绝习字练书。"献之揣摸到了谢安的意思,严肃地说:"仲将是魏朝的大臣,岂有此事!假使果真如此,那也就从这里知道了魏代短命的原因。"于是,谢安不再勉强献之。谢安又问道:"你的书法与令尊相比怎么样?"献之答称:"本来就有不同。"谢安说:"外间议论不这样看。"答称:"别人哪里知道!"不久授官建威将军、吴兴太守,后又征召回朝任中书令。

到谢安逝世后,朝中对他的追赠礼仪有分歧意见,只有献之、徐邈一同辨明谢安的忠诚和功勋。献之为此上疏道:"已故太傅大臣谢安,少年时就名震玄学领域,受到普遍赞誉。年轻时隐居,节操与箕子、商山四皓相同。应运入仕做官,谋划国事公允而周到。及至提师出征,强寇得以消灭。建立辉煌功勋之后又退位谦让。而且尽心奉侍先帝,关心厚爱百姓。陛下即位,年纪正轻,他尽心竭智给予辅佐。考察他隐居和出仕的生平,建树接连不断,真正是大晋的良辅,德义超过以往大臣。希望陛下关注这位世人宗仰的大臣,明于省察。"于是,孝武帝提高了谢安赠礼的待遇。

不久,献之患病,家人帮他上报奏章,按照当时习惯,叙述家法时应陈述自己所犯的过失。就问他有何过失,他回答说:"不记得别的事了,只想起来与郗家离婚的事。"献之的前妻是郗昙的女儿。说罢不一会儿,便逝世于衙署。安僖皇后被册立时,因献之是皇后的父亲,又被追赠为侍中、特进、光禄大夫、太宰,追谥为"宪"。没有子嗣,以哥哥的儿子静之过继为嗣,官至义兴太守。当时舆论认为羲之的草书、楷书,在江左朝廷中无人可比,献之书法的骨力远远不及其父,但颇有媚趣。桓玄特别喜欢他们父子的书法,各装于一帙,放在身边以供玩赏。当初,与羲之同游的人还有许迈。

晋书卷九十二

列传第六十二

顾恺之

顾恺之字长康,晋陵无锡人也。父悦之,尚书左丞。恺之博学有才气,尝为《筝赋》成,谓人曰:"吾赋之比嵇康琴,不赏者必以后出相遗,深识者亦当以高奇见贵。"

桓温引为大司马参军,甚见亲昵。温薨后,恺之拜温墓,赋诗云:"山崩溟海竭,鱼鸟将何依!"或问之曰:"卿凭重桓公乃尔,哭状其可见乎?"答曰:"声如震雷破山,泪如倾河注海。"

恺之好谐谑,人多爱狎之。后为殷仲堪参军,亦深被眷接。仲堪在荆州,恺之尝因假还,仲堪特以布帆借之,至破冢,遭风大败。恺之与仲堪笺曰:"地名破冢,真破冢而出。行人安稳,布帆无恙。"还至荆州,人问以会稽山川之状。恺之云:"千岩竞秀,万壑争流。草木蒙笼,若云兴霞蔚。"桓玄时与恺之同在仲堪坐,共作了语。恺之先曰:"火烧平原无遗燎。"玄曰:"白布缠根树旒旐。"仲堪曰:"投鱼深泉放飞鸟。"复作危语。玄曰:"矛头淅米剑头炊。"仲堪曰:"百岁老翁攀枯枝。"有一参军云:"盲人骑瞎马临深池。"仲堪眇目,惊曰:

"此太逼人！"因罢。恺之每食甘蔗，恒自尾至本。人或怪之。云："渐入佳境。"

尤善丹青，图写特妙，谢安深重之，以为有苍生以来未之有也。恺之每画人成，或数年不点目精。人问其故，答曰："四体妍蚩，本无阙少于妙处，传神写照，正在阿堵中。"尝悦一邻女，挑之弗从，乃图其形于壁，以棘针钉其心，女遂患心痛。恺之因致其情，女从之，遂密去针而愈。恺之每重嵇康四言诗，因为之图，恒云："手挥五弦易，目送归鸿难。"每写起人形，妙绝于时，尝图裴楷象，颊上加三毛，观者觉神明殊胜。又为谢鲲象，在石岩里，云："此子宜置丘壑中。"欲图殷仲堪，仲堪有目病，固辞。恺之曰："明府正为眼耳，若明点瞳子，飞白拂上，使如轻云之蔽月，岂不美乎！"仲堪乃从之。恺之尝以一厨画糊题其前，寄桓玄，皆其深所珍惜者。玄乃发其厨后，窃取画，而缄闭如旧以还之，绐云未开。恺之见封题如初，但失其画，直云妙画通灵，变化而去，亦犹人之登仙，了无怪色。

恺之矜伐过实，少年因相称誉以为戏弄。又为吟咏，自谓得先贤风制。或请其作洛生咏，答曰："何至作老婢声！"义熙初，为散骑常侍，与谢瞻连省，夜于月下长咏，瞻每遥赞之，恺之弥自力忘倦。瞻将眠，令人代己，恺之不觉有异，遂申旦而止。尤信小术，以为求之必得。桓玄尝以一柳叶绐之曰："此蝉所翳叶也，取以自蔽，人不见己。"恺之喜，引叶自蔽，玄就溺焉，恺之信其不见己也，甚以珍之。

初，恺之在桓温府，常云："恺之体中痴黠各半，合而论之，正得平耳。"故俗传恺之有三绝：才绝，画绝，痴绝。年六十二，卒于官，所著文集及《启蒙记》行于世。

译文：

顾恺之字长康，晋陵郡无锡人。其父顾悦之，官至尚书左丞。顾恺之学问富赡而且很有才气，他曾写过一篇《筝赋》，写完之后，对别人说："我这篇赋和嵇康的《琴赋》相比，不能鉴赏的人一定会说我是学于嵇康，不相看重；能读出其中妙趣的，便会认为此赋比嵇康之赋更为高深奇瑰而更值得珍爱。"

桓温征召他担任大司马参军，对他十分友爱亲热。桓温死后，顾恺之去祭拜他的坟墓，当即赋诗说："山崩海枯竭，鱼鸟将何依！"有人问他说："你如此倚重桓公，可以看看你的哭状吗？"顾恺之回答说："声如惊雷而破山，泪如大河而入海。"

顾恺之喜欢诙谐调笑，人们也就时常跟他耍笑。后来他担任殷仲堪的参军，也很受殷仲堪的爱重和关照。殷仲堪驻守在荆州，一次，顾恺之告假回乡探亲，殷仲堪特地将一艘篷船借给他。船到破冢时遇到了狂风，船被刮翻。顾恺之在给殷仲堪的信中说："地名叫作破冢，果然如破冢而出。敬告阁下：行人安然，帆船无恙。"回到荆州之后，人们向他询问会稽郡的山水风貌。顾恺之回答道："千峰竞秀，万壑争流。草木葱茏茂盛，正如云蒸霞蔚。"一次，桓玄和顾恺之同在殷仲堪府中做客，三人一同说了语（指说到极端的话）取笑。顾恺之先说："火烧平原无遗燎。"桓玄接下来说："白布缠根树旒旐。"殷仲堪说："投鱼深泉放飞鸟。"其后，三个人又说危语笑乐（指举出极危险的事情作为谈资）。桓玄说："矛头淅米剑头炊。"殷仲堪说："百岁老翁攀枯枝。"这时有位参军将佐插话说："盲人骑瞎马临深池。"殷仲堪有一只眼失明，听罢此语，半瞋半笑地说："这真是逼人太甚！"于是不再继续。顾恺之每次吃甘蔗时都是从尾吃到头，有人对此深感奇怪，顾恺之却振振有词地说："这叫作渐入佳境。"

顾恺之很善于绘画，所画人物景色十分精美，谢安很欣赏他，说他是有史以来从未有过的丹青高手。顾恺之每次画完人像，往往几年不点出黑睛。有人问他为什么要这样，他回答说："四肢躯干的妍媸美丑，对于整体关系并不十分重要。要使人物生动传神，全凭这两只眼睛哪！"他曾经喜欢上了邻家的一位女郎，几次挑逗，女郎都不相从，于是便画了一幅女郎的写真画挂在自家墙上，并用棘针刺在她的心头。这位女子从此患了心疼病。顾恺之把此中内情告诉了女郎，女郎只好同意嫁给他。顾恺之将插在画上的刺针悄悄拔去，女郎的病也从此而愈。顾恺之很欣赏嵇康的四言诗，依照诗意为它作画，他常常对人说："手拨琴弦容易画，目送归鸿太难画了！"每次画完一幅人物画，都被时人誉为绝世佳作。他曾为裴楷画过一幅像，在裴楷的面颊上增添了三根长毛，赏画的人竟觉得这画中人物比裴楷真人更为生动。又为谢鲲画像，把他画在山岩之间，并说："谢鲲这个人就应当把他画在高丘深谷之中！"他也想为殷仲堪画一幅像，而殷仲堪一只眼有毛病，所以坚决不让他画。顾恺之说："将军不让我画，不就是由于眼睛的缘故吗？假如我把黑睛点上，而后在这黑睛之上抹一层白，让它如轻云蔽月，岂不更美？"殷仲堪听罢，爽快地答应了。顾恺之曾把一箱画的尾部开口处用胶粘紧，寄给桓玄，这些画都是他自己十分珍视的作品。桓玄开箱后，也动了脑筋，他把画从封闭之处下面取了出来，而顾恺之封胶的地方一点也没有动，又把画箱还给了恺之，并写信告诉恺之说：这些画没有打开。顾恺之见封糊之处确实没有拆过的痕迹，只是画卷不见了，也只是说：好画能够通神，变到别处去了，就像是人羽化登仙一样。一点也没有惊奇之色。

顾恺之很为自己的才能自负，一班少年子弟也就不断地赞扬他，以此作为戏耍。他也很爱写诗作赋，而且自称深得前贤的风骨。有人请他写一篇《洛生咏》，顾恺之不屑地说："我还不至于去写这等老婆子般的感叹！"义熙初年，担任散骑常侍，与谢瞻同在一省。两人在月光之下吟诗赋咏，谢瞻屡屡赞赏他，顾恺之更加倾尽才思，忘记困倦。谢瞻想去睡觉，悄悄地叫来一位属僚代替自己，顾恺之竟然没有觉察，整整吟诵了一夜。顾恺之很迷信那些邪道方术，认为只要有所求，必然有所得。桓玄曾经送给他一片柳叶，并戏弄他说："这是蝉用以遮蔽自己的树叶，你若用它来遮蔽自己，别人也就看不见你了。"顾恺之非常高兴，当即举着这片树叶来遮蔽自己。桓玄就势躲藏起来，顾恺之深信桓玄确实看不到自己，所以对这片叶子倍加珍爱。

从前顾恺之在桓温府中时，时常对别人说："我顾恺之体中愚蠢与聪慧各占一半，合起来恰好等于一个平常之人。"因此人们说顾恺之有三绝：才绝、画绝、痴绝。他六十二岁时死于官任之上，有文集和《启矇记》流传于世。

晋书卷九十九

列传第六十九

桓　玄

桓玄字敬道，一名灵宝，大司马温之孽子也。其母马氏尝与同辈夜坐，于月下见流星坠铜盆水中，忽如二寸火珠，冏然明净，竞以瓢接取，马氏得而吞之，若有感，遂有娠。及生玄，有光照室，占者奇之，故小名灵宝。妳媪每抱诣温，辄易人而后至，云其重兼常儿，温甚爱异之。临终，命以为嗣，袭爵南郡公。

年七岁，温服终，府州文武辞其叔父冲，冲抚玄头曰："此汝家之故吏也。"玄因涕泪覆面，众并异之。及长，形貌瑰奇，风神疏朗，博综艺术，善属文。常负其才地，以雄豪自处，众咸惮之，朝廷亦疑而未用。年二十三，始拜太子洗马，时议谓温有不臣之迹，故折玄兄弟而为素官。

太元末，出补义兴太守，郁郁不得志。尝登高望震泽，叹曰："父为九州伯，儿为五湖长！"弃官归国。自以元勋之门而负谤于世，乃上疏曰：

臣闻周公大圣而四国流言，乐毅王佐而被谤骑劫，《巷伯》

有豺兽之慨，苏公兴飘风之刺，恶直丑正，何代无之！先臣蒙国殊遇，姻娅皇极，常欲以身报德，投袂乘机，西平巴蜀，北清伊洛，使窃号之寇系颈北阙，园陵修复，大耻载雪，饮马灞浐，悬旌赵魏，勤王之师，功非一捷。太和之末，皇基有潜移之惧，遂乃奉顺天人，翼登圣朝，明离既朗，四凶兼澄。向使此功不建，此事不成，宗庙之事岂可孰念！昔太甲虽迷，商祚无忧；昌邑虽昏，弊无三尊。因兹而言，晋室之机危于殷汉，先臣之功高于伊霍矣。而负重既往，蒙谤清时，圣世明王黜陟之道，不闻废忽显明之功，探射冥冥之心，启嫌谤之涂，开邪枉之路者也。先臣勤王艰难之劳，匡复克平之勋，朝廷若其遗之，臣亦不复计也。至于先帝龙飞九五，陛下之所以继明南面，请问谈者，谁之由邪？谁之德邪？岂惟晋室永安，祖宗血食，于陛下一门，实奇功也。

自顷权门日盛，丑政实繁，咸称述时旨，互相扇附，以臣之兄弟皆晋之罪人，臣等复何理可以苟存圣世？何颜可以尸飨封禄？若陛下忘先臣大造之功，信贝锦萋菲之说，臣等自当奉还三封，受戮市朝，然后下从先臣，归先帝于玄宫耳。若陛下述遵先旨，追录旧勋，窃望少垂恺悌覆盖之恩。

疏寝不报。

玄在荆楚积年，优游无事，荆州刺史殷仲堪甚敬惮之。及中书令王国宝用事，谋削弱方镇，内外骚动，知王恭有忧国之言，玄潜有意于功业，乃说仲堪曰："国宝与君诸人素已为对，唯患相弊之不速耳。今既执权要，与王绪相为表里，其所回易，罔不如志。孝伯居元舅之地，正情为朝野所重，必未便动之，唯当以君为事首。君为先帝所拔，超居方任，人情未以为允，咸谓君虽有思致，非方伯人。若发诏征君为中书令，用殷顗为荆州，君何以处之？"仲堪曰："忧之久矣，君谓计将安出？"玄曰："国宝奸凶，天下所知，孝伯疾恶之情每至而当，今日之会，以理推之，必当过人。君若密遣一人，信说王恭，宜兴晋阳之师，以内匡朝廷，己当悉荆楚之众顺流而下，推王为盟主，仆等亦皆投袂，当此无不响应。此事既行，桓文之举也。"仲堪持疑未决。俄而王恭信至，招仲堪及玄匡正朝廷。国宝既死，于是兵罢。玄乃求为广州，会稽王道子亦惮之，不欲使在荆楚，故顺其意。

隆安初，诏以玄督交广二州、建威将军、平越中郎将、广州刺史、假节，玄受命不行。其年，王恭又与庾楷起兵讨江州刺史王愉及谯王尚之兄弟。玄、仲堪谓恭事必克捷，一时响应。仲堪给玄五千人，与杨佺期俱为前锋。军至湓口，王愉奔于临川，玄遣偏将军追获之。玄、佺期至石头，仲堪至芜湖。恭将刘牢之背恭归顺。恭既死，庾楷战败，奔于玄军。既而诏以玄为江州，仲堪等皆被换易，乃各回舟西还，屯于寻阳，共相结约，推立为盟主。玄始得志，乃连名上疏申理王恭，求诛尚之、牢之等。朝廷深惮之，乃免桓脩、复仲堪以相和解。

初，玄在荆州豪纵，士庶惮之，甚于州牧。仲堪亲党劝杀之，仲堪不听。及还寻阳，资其声地，故推为盟主，玄逾自矜重。佺期为人骄悍，常自谓承藉华胄，江表莫比，而玄每以寒士裁之，佺期甚憾，即欲于坛所袭玄。仲堪恶佺期兄弟虓勇，恐克玄之后复为己害，苦禁之。于是各奉诏还镇。玄亦知佺期有异谋，潜有吞并之计，于是屯于夏口。

隆安中，诏加玄都督荆州四郡，以兄伟为辅国将军、南蛮校尉。仲堪虑玄跋扈，遂与佺期结婚为援。初，玄既与仲堪、佺期有隙，恒虑掩袭，求广其所统。朝廷亦欲成其衅隙，故分佺期所督四郡与玄，佺期甚忿惧。会姚兴侵洛阳，佺期乃建牙，声云援洛，密欲与仲堪共袭玄。仲堪虽外结佺期而疑其心，距而不许，犹虑弗能禁，复遣从弟遹屯于北境以遏佺期。佺期既不能独举，且不测仲堪本意，遂息甲。南蛮校尉杨广，佺期之兄也，欲距桓伟，仲堪不听，乃出广为宜都、建平二郡太守，加征虏将军。佺期弟孜敬先为江夏相，玄以兵袭而召之。既至，以为谘议参军。玄于是兴军西征，亦声云救洛，与仲堪书，说佺期受国恩而弃山陵，宜共罪之。今亲率戎旅，径造金墉，使仲堪收杨广，如其不尔，无以相信。仲堪本计欲两全之，既得玄书，知不能禁，乃曰："君自沔而行，不得一人入江也。"玄乃止。

后荆州大水，仲堪振恤饥者，仓廪空竭。玄乘其虚而伐之，先遣军袭巴陵。梁州刺史郭铨当之所镇，路经夏口，玄声云朝廷遣铨为己前锋，乃授以江夏之众，使督诸军并进，密报兄伟令为内应。伟遑遽不知所为，乃自赍疏示仲堪。仲堪执伟为质，令与玄书，辞甚苦至。玄曰："仲堪为人不能专决，常怀成败之计，为儿子作虑，我兄必无忧矣。"

玄既至巴陵，仲堪遣众距之，为玄所败。玄进至杨口，又败仲堪弟子道护，乘胜至零口，去江陵二十里，仲堪遣军数道距之。佺期自襄阳来赴，与兄广共击玄，玄惧其锐，乃退军马头。佺期等方复追玄苦战，佺期败，走还襄阳，仲堪出奔酂城，玄遣将军冯该蹑佺期，获之。广为人所缚，送玄，并杀之。仲堪闻佺期死，乃将数百人奔姚兴，至冠军城，为该所得，玄令害之。

于是遂平荆雍，乃表求领江、荆二州。诏以玄都督荆司雍秦梁益宁七州、后将军、荆州刺史、假节，以桓脩为江州刺史。玄上疏固争江州，于是进督八州及杨豫八郡，复领江州刺史。玄又辄以伟为冠军将军、雍州刺史。时寇贼未平，朝廷难违其意，许之。玄于是树用腹心，兵马日盛，屡上疏求讨孙恩，诏辄不许。

其后恩逼京都，玄建牙聚众，外托勤王，实欲观衅而进，复上疏请讨之。会恩已走，玄又奉诏解严。以伟为江州，镇夏口；司马刁畅为辅国将军，督八郡，镇襄阳；遣桓振、皇甫敷、冯该等戍湓口。移沮漳蛮二千户于江南，立武宁郡；更招集流人，立绥安郡。又置诸郡丞。诏征广州刺史刁逵、豫章太守郭昶之，玄皆留不遣。自谓三分有二，知势运所归，屡上祯祥以为己瑞。

初，庾楷既奔于玄，玄之求讨孙恩也，以为右将军。玄既解严，楷亦去职。楷以玄方与朝廷构怨，恐事不克，祸及于己，乃密结于后将军元显，许为内应。元兴初，元显称诏伐玄，玄从兄石生时为太傅长史，密书报玄。玄本谓扬土饥馑，孙恩未灭，必未遑讨己，可得蓄力养众，观衅而动。既闻元显将伐之，甚惧，欲保江陵。长史卞范之说玄曰："公英略威名振于天下，元显口尚乳臭，刘牢之大失物情，若兵临近畿，示以威赏，则土崩之势可翘足而待，何有延敌入境自取蹙弱者乎！"玄大悦，乃留其兄伟守江陵，抗表率众，下至寻阳，移檄京邑，罪状元显。檄至，元显大惧，下船而不克发。玄既失人情，而兴师犯顺，虑众不为用，恒有回旆之计。既过寻阳，不见王师，意甚悦，其将吏亦振。庾楷谋泄，收絷之。至姑孰，使其将冯该、苻宏、皇甫敷、索元等先攻谯王尚之，尚之败。刘牢之遣子敬宣诣玄降。

玄至新亭，元显自溃。玄入京师，矫诏曰："义旗云集，罪在元显。太傅已别有教，其解严息甲，以副义心。"又矫诏加己总百揆，侍中、都督中外诸军事、丞相、录尚书事、扬州牧，领徐州刺史，又加假黄钺、羽葆鼓吹、班剑二十人，置左右长史、司马、从事中郎四人，甲仗二百人上殿。玄表列太傅道子及元显之恶，徙道子于安成郡，害元显于市。于是玄入居太傅府，害太傅中郎毛泰、泰弟游击将军邃、太傅参军荀逊、前豫州刺史庾楷父子、吏部郎袁遵、谯王尚之等，流尚之弟丹杨尹恢之、广晋伯允之、骠骑长史王诞、太傅主簿毛遁等于交广诸郡，寻追害恢之、允之于道。以兄伟为安西将军、荆州刺史，领南蛮校尉，从兄谦为左仆射、加中军将军、领选，脩为右将军、徐兖二州刺史，石生为前将军、江州刺史，长史卞范之为建武将军、丹杨尹，王谧为中书令、领军将军。大赦，改元为大亨。玄让丞相，自署太尉、领平西将军、豫州刺史。又加衮冕之服，绿綟绶，增班剑为六十人，剑履上殿，入朝不趋，赞奏不名。

玄将出居姑孰，访之于众，王谧对曰："《公羊》有言，周公何以不之鲁？欲天下一乎周也。愿静根本，以公旦为心。"玄善其对而不能从。遂大筑城府，台馆山池莫不壮丽，乃出镇焉。既至姑孰，固辞录尚书事，诏许之，而大政皆谘焉，小事则决于桓谦、卞范之。

自祸难屡构，干戈不戢，百姓厌之，思归一统。及玄初至也，黜凡佞，擢俊贤，君子之道粗备，京师欣然。后乃陵侮朝廷，幽摈宰辅，豪奢纵欲，众务繁兴，于是朝野失望，人不安业。时会稽饥荒，玄令赈贷之。百姓散在江湖采梠，内史王愉悉召之还。请米，米既不多，吏不时给，顿仆道路死者十八九焉。玄又害吴兴太守高素、辅国将军竺谦之、谦之从兄高平相朗之、辅国将军刘袭、袭弟彭城内史季武、冠军将军孙无终等，皆牢之之党，北府旧将也。袭兄冀州刺史轨及宁朔将军高雅之、牢之子敬宣并奔慕容德。玄讽朝廷以己平元显功，封豫章公，食安成郡地方二百二十五里，邑七千五百户；平仲堪、佺期功，封桂阳郡公，地方七十五里，邑二千五百户；本封南郡如故。玄以豫章改封息升，桂阳郡公赐兄子濬，降为西道县公。又发诏为桓温讳，有姓名同者一皆改之，赠其母马氏豫章公太夫人。

元兴二年，玄诈表请平姚兴，又讽朝廷作诏，不许。玄本无资力，而好为大言，既不克行，乃云奉诏故止。初欲饰装，无他处分，先使作轻舸，载服玩及书画等物。或谏之，玄曰："书画服玩既宜恒在左右，且兵凶战危，脱有不意，当使轻而易运。"众咸笑之。

是岁，玄兄伟卒，赠开府、骠骑将军，以桓脩代之。从事中郎曹靖之说玄以桓脩兄弟职居内外，恐权倾天下，玄纳之，乃以南郡相桓石康为西中郎将、荆州刺史。伟服始以公除，玄便作乐。初奏，玄抚节恸哭，既而收泪尽欢。玄所亲仗唯伟，伟既死，玄乃孤危。而不臣之迹已著，自知怨满天下，欲速定篡逆，殷仲文、卞范之等又共催促之，于是先改授群司，解琅邪王司徒，迁太宰，加殊礼，以桓谦为侍中、卫将军、开府、录尚书事，王谧散骑常侍、中书监，领司徒，桓胤中书令，加桓脩散骑常侍、抚军大将军。置学官，教授二品子弟数百人。又矫诏加其相国，总百揆，封南郡、南平、宜都、天门、零陵、营阳、桂阳、衡阳、义阳、建平十郡为楚王，扬州牧，领平西将军、豫州刺史如故，加九锡备物，楚国置丞相已下，一遵旧典。又讽天子御前殿而策授焉。玄屡伪让，诏遣百僚敦劝，又云："当亲降銮舆乃受命。"矫诏赠父温为楚王，南康公主为楚王后。以平西长史刘瑾为尚书，刁逵为中领军，王碬为太常，殷叔文为左卫，皇甫敷为右卫，凡众官合六十余人，为楚官属。玄解平西、豫州，以平西文武配相国府。

新野人庾仄闻玄受九锡，乃起义兵，袭冯该于襄阳，走之。仄有众七千，于城南设坛，祭祖宗七庙。南蛮参军庾彬、安西参军杨道护、江安令邓襄子谋为内应。仄本仲堪党，桓伟既死，石康未至，故乘间而发，江陵震动。桓济之子亮起兵于罗县，自号平南将军、湘州刺史,以讨仄为名。南蛮校尉羊僧寿与石康共攻襄阳,仄众散,奔姚兴,彬等皆遇害。长沙相陶延寿以亮乘乱起兵,遣收之。玄徙亮于衡阳,诛其同谋桓奥等。

玄伪上表求归藩,又自作诏留之,遣使宣旨,玄又上表固请,又讽天子作手诏固留焉。玄好逞伪辞,尘秽简牍,皆此类也。谓代谢之际宜有祯祥,乃密令所在上临平湖开除清朗,使众官集贺。矫诏曰:"灵瑞之事非所敢闻也,斯诚相国至德,故事为之应。太平之化,于是乎始,六合同悦,情何可言!"又诈云江州甘露降王成基家竹上。玄以历代咸有肥遁之士,而己世独无,乃征皇甫谧六世孙希之为著作,并给其资用,皆令让而不受,号曰高士,时人名为"充隐"。议复肉刑,断钱货,回复改异,造革纷纭,志无一定,条制森然,动害政理。性贪鄙,好奇异,尤爱宝物,珠玉不离于手。人士有法书好画及佳园宅者,悉欲归己,犹难逼夺之,皆蒲博而取。遣臣佐四出,掘果移竹,不远数千里,百姓佳果美竹无复遗余。信悦谄誉,逆忤谠言,或夺其所憎与其所爱。

十一月,玄矫制加其冕十有二旒,建天子旌旗,出警入跸,乘金根车,驾六马,备五时副车,置旄头云罕,乐舞八佾,设锺虡宫县,妃为王后,世子为太子,其女及孙爵命之号皆如旧制。玄乃多斥朝臣为太宰僚佐,又矫诏使王谧兼太保,领司徒,奉皇帝玺禅位于己。十讽帝以禅位告庙,出居永安宫,移晋神主于琅邪庙。

初,玄恐帝不肯为手诏,又虑玺不可得,逼临川王宝请帝自为手诏,因夺取玺。比临轩,玺已久出,玄甚喜。百官到姑孰劝玄僭伪位,玄伪让,朝臣固请,玄乃于城南七里立郊,登坛篡位,以玄牡告天,百僚陪列,而仪注不备,忘称万岁,又不易帝讳。榜为文告天皇后帝云："晋帝钦若景运，敬顺明命，以命于玄。夫天工人代，帝王所以兴，匪君莫治，惟德司其元，故承天理物，必由一统。并圣不可以二君，非贤不可以无主，故世换五帝，鼎迁三代。爰暨汉魏，咸归勋烈。晋自中叶，仍世多故，海西之乱，皇祚殆移，九代廓宁之功，升明黜陟之勋，微禹之德，左衽将及。太元之末，君子道消，积衅基乱。钟于隆安，祸延士庶，理绝人伦。玄虽身在草泽，见弃时班，义情理感，胡能无慨！投袂克清之劳，阿衡拨乱之绩，皆仰凭先德遗爱之利，玄何功焉！属当理运之会，猥集乐推之数，以寡昧之身踵下武之重，膺革泰之始，托王公之上，诚仰藉洪基，德渐有由。夕惕祇怀，罔知攸厝。君位不可以久虚，人神不可以乏飨，是用敢不奉以钦恭大礼，敬简良辰，升坛受禅，告类上帝，以永绥众望，式孚万邦，惟明灵是飨。"乃下书曰："夫三才相资，天人所以成功。理由一统，贞夫所以司契，帝王之兴，其源深矣。自三五已降，世代参差，虽所由或殊，其归一也。朕皇考宣武王圣德高邈，诞启洪基，景命攸归，理贯自昔。中间屯险，弗克负荷，仰瞻宏业，殆若缀旒。藉否终之运，遇时来之会，用获除奸救溺，拯拔人伦。晋氏以多难荐臻，历数唯既，典章唐虞之准，述遵汉魏之则，用集天禄于朕躬。惟德不敏，辞不获命，稽若令典，遂升坛燎于南郊，受终于文祖。思覃斯庆，愿与亿兆聿兹更始。"于是大赦，改元永始，赐天下爵二级，孝悌力田人三级，鳏寡孤独不能自存者谷人五斛。其赏赐之制，徒设空文，无其实也。初出伪诏，改年为建始，右丞王悠之曰："建始，赵王伦伪号也。"又改为永始，复是王莽始执权之岁，其兆号不祥，冥符僭逆如此。又下书曰："夫三恪作宾，有自来矣。爰暨汉魏，咸建疆宇。晋氏钦若历数，禅位于朕躬，宜则是古训，授兹茅土。以南康之平固县奉晋帝为平固王，车旗正朔一如旧典。"迁帝居寻阳，即陈留王处邺宫故事。降永安皇后为零陵君，琅邪王为石阳县公，武陵王遵为彭泽县侯。追尊其父温宣武皇帝，庙称太庙，南康公主为宣皇后。封子升为豫章郡王，叔父云孙放之为宁都县王，豁孙稚玉为临沅县王，豁次子石康为右将军、武陵郡王，秘子蔚为醴陵县王，赠冲太傅、宣城郡王，加殊礼，依晋安平王故事，以孙胤袭爵，为吏部尚书，冲次子谦为扬州刺史、新安郡王，谦弟脩为抚军大将军、安城郡王，兄歆临贺县王，缜富阳县王，赠伟侍中、大将军、义兴郡王，以子潚袭爵，为辅国将军，潚弟邈西昌县王。封王谧为武昌公，班剑二十人，卞范之为临汝公，殷仲文为东兴公，冯该为鱼复侯。又降始安郡公为县公，长沙为临湘县公，庐陵为巴丘县公，各千户。其康乐、武昌、南昌、望蔡、建兴、永脩、观阳皆降封百户，公侯之号如故。又普进诸征镇军号各有差。以相国左长史王绥为中书令。崇桓谦母庾氏为宣城太妃，加殊礼，给以辇乘。号温墓曰永崇陵，置守卫四十人。

玄入建康宫，逆风迅激，旍旗仪饰皆倾偃。及小会于西堂，设妓乐，殿上施绛绫帐，缕黄金为颜，四角作金龙，头衔五色羽葆旒苏，群臣窃相谓曰："此颇似辒车，亦王莽仙盖之流也。龙角，所谓亢龙有悔者也。"又造金根车，驾六马。是月，玄临听讼观阅囚徒，罪无轻重，多被原放。有干舆乞者，时或恤之。其好行小惠如此。自以水德，壬辰，腊于祖。改尚书都官郎为贼曹，又增置五校、三将及强弩、积射武卫官。元兴三年，玄之永始二年也，尚书答"春蒐"字误为"春菟"，凡所关署皆被降黜。玄大纲不理，而纠摘纤微，皆此类也。以其妻刘氏为皇后，将修殿宇，乃移入东宫。又开东掖、平昌、广莫及宫殿诸门，皆为三道。更造大辇，容三十人坐，以二百人舁之。性好畋游，以体大不堪乘马,又作徘徊舆,施转关,令回动无滞。既不追尊祖曾,疑其礼仪,问于群臣。散骑常侍徐广据晋典宜追立七庙,又敬其父则子悦,位弥高者情理得申,道愈广者纳敬必普也。玄曰:"《礼》云三昭、三穆,与太祖为七,然则太祖必居庙之主也,昭穆皆自下之称,则非逆数可知也。礼,太祖东向,左昭右穆。如晋室之庙,则高祖宣帝在昭穆之列,不得在太祖之位。昭穆既错,太祖无寄,失之远矣。"玄曾祖以上名位不显,故不欲序列,且以王莽九庙见讥于前史,遂以一庙矫之,郊庙斋二日而已。秘书监卞承之曰:"祭不及祖,知楚德之不长也。"又毁晋小庙以广台榭。其庶母蒸尝,靡有定所,忌日见宾客游宴,唯至亡时一哭而已。期服之内,不废音乐。玄出游水门,飘风飞其仪盖。夜,涛水入石头,大桁流坏,杀人甚多。大风吹朱雀门楼,上层坠地。

玄自篡盗之后,骄奢荒侈,游猎无度,以夜继昼。兄伟葬日,旦哭晚游,或一日之中屡出驰骋。性又急暴,呼召严速,直官咸系马省前,禁内喧杂,无复朝廷之体。于是百姓疲苦,朝野劳瘁,怨怒思乱者十室八九焉。于是刘裕、刘毅、何无忌等共谋兴复。裕等斩桓脩于京口,斩桓弘于广陵,河内太守辛扈兴、弘农太守王元德、振威将军童厚之、竟陵太守刘迈谋为内应。至期,裕遣周安穆报之,而迈惶遽,遂以告玄。玄震骇,即杀扈兴等,安穆驰去得免。封迈重安侯,一宿又杀之。

裕率义军至竹里,玄移还上宫,百僚步从,召侍官皆入止省中。赦扬、豫、徐、兖、青、冀六州,加桓谦征讨都督、假节,以殷仲文代桓脩,遣顿丘太守吴甫之、右卫将军皇甫敷北距义军。裕等于江乘与战,临阵斩甫之,进至罗落桥,与敷战,复枭其首。玄闻之大惧,乃召诸道术人推算数为厌胜之法,乃问众曰："朕其败乎？"曹靖之对曰："神怒人怨，臣实惧焉。"玄曰："人或可怨，神何为怒？"对曰："移晋宗庙，飘泊失所，大楚之祭，不及于祖，此其所以怒也。"玄曰："卿何不谏？"对曰："辇上诸君子皆以为尧舜之世，臣何敢言！"玄愈忿惧，使桓谦、何澹之屯东陵，卞范之屯覆舟山西，众合二万，以距义军。裕至蒋山，使羸弱贯油帔登山，分张旗帜，数道并前。玄侦候还云："裕军四塞，不知多少。"玄益忧惶，遣武卫将军庾颐之配以精卒，副援诸军。于时东北风急，义军放火，烟尘张天，鼓噪之音震骇京邑。刘裕执钺麾而进，谦等诸军一时奔溃。玄率亲信数千人声言赴战，遂将其子升、兄子濬出南掖门，西至石头，使殷仲文具船，相与南奔。

初，玄在姑孰，将相星屡有变；篡位之夕，月及太白，又入羽林，玄甚恶之。及败走，腹心劝其战，玄不暇答，直以策指天。而经日不得食，左右进以粗饭，咽不能下。升时年数岁，抱玄胸而抚之，玄悲不自胜。

刘裕以武陵王遵摄万机，立行台，总百官。遣刘毅、刘道规蹑玄，诛玄诸兄子及石康兄权、振兄洪等。

玄至寻阳，江州刺史郭昶之给其器用兵力。殷仲文自后至，望见玄舟，旌旗舆服备帝者之仪，叹息曰："败中复振，故可也。"玄于是逼乘舆西上。桓歆聚党向历阳，宣城内史诸葛长民击破之。玄于道作起居注，叙其距义军之事，自谓经略指授，算无遗策，诸将违节度，以致亏丧，非战之罪。于是不遑与群下谋议，唯耽思诵述，宣示远近。玄至江陵，石康纳之，张幔屋于城南，署置百官，以卞范之为尚书仆射，其余职多用轻资。于是大修舟师，曾未三旬，众且二万，楼船器械甚盛。谓其群党曰："卿等并清涂翼从朕躬，都下窃位者方应谢罪军门，其观卿等入石头，无异云霄中人也。"

玄以奔败之后，惧法令不肃，遂轻怒妄杀，人多离怨。殷仲文谏曰："陛下少播英誉，远近所服，遂扫平荆雍，一匡京室，声被八荒矣。既据有极位，而遇此屯运，非为威不足也。百姓喁喁，想望皇泽，宜弘仁风，以收物情。"玄怒曰："汉高、魏武几遇败，但诸将失利耳！以天文恶，故还都旧楚，而群小愚惑，妄生是非，方当纠之以猛，未宜施之以恩也。"玄左右称玄为"桓诏"，桓胤谏曰："诏者，施于辞令，不以为称谓也。汉魏之主皆无此言，唯闻北虏以苻坚为'苻诏'耳。愿陛下稽古帝则，令万世可法。"玄曰："此事已行，今宣敕罢之，更为不祥。必其宜革，可待事平也。"荆州郡守以玄播越，或遣使通表，有匡宁之辞，玄悉不受，仍乃更令所在表贺迁都。

玄遣游击将军何澹之、武卫将军庾稚祖、江夏太守桓道恭就郭铨以数千人守湓口。又遣辅国将军桓振往义阳聚众，至弋阳，为龙骧将军胡哗所破，振单骑走还。何无忌、刘道规等破郭铨、何澹之、郭昶之于桑落洲，进师寻阳。玄率舟舰二百发江陵，使苻宏、羊僧寿为前锋。以鄱阳太守徐放为散骑常侍，欲遣说解义军，谓放曰："诸人不识天命，致此妄作，遂惧祸屯结，不能自反。卿三州所信，可明示朕心，若退军散甲，当与之更始，各授位任，令不失分。江水在此，朕不食言。"放对曰："刘裕为唱端之主，刘毅兄为陛下所诛，并不可说也。辄当申圣旨于何无忌。"玄曰："卿使若有功，当以吴兴相叙。"放遂受使，入无忌军。

魏咏之破桓歆于历阳，诸葛长民又败歆于芍陂，歆单马渡淮。毅率道规及下邳太守孟怀玉与玄战于峥嵘洲。于时义军数千，玄兵甚盛，而玄惧有败衄，常漾轻舸于舫侧，故其众莫有斗心。义军乘风纵火，尽锐争先，玄众大溃，烧辎重夜遁，郭铨归降。玄故将刘统、冯稚等聚党四百人，袭破寻阳城，毅遣建威将军刘怀肃讨平之。玄留永安皇后及皇后于巴陵。殷仲文时在玄舰，求出别船收集散军，因叛玄，奉二后奔于夏口。玄入江陵城，冯该劝使更下战，玄不从，欲出汉川，投梁州刺史桓希，而人情乖阻，制令不行。玄乘马出城，至门，左右于闇中斫之，不中，前后相杀交横，玄仅得至船。于是荆州别驾王康产奉帝入南郡府舍，太守王腾之率文武营卫。

时益州刺史毛璩使其从孙祐之、参军费恬送弟璠丧葬江陵，有众二百，璩弟子修之为玄屯骑校尉，诱玄以入蜀，玄从之。达枚回洲，恬与祐之迎击玄，矢下如雨。玄嬖人丁仙期、万盖等以身蔽玄，并中数十箭而死。玄被箭，其子升辄拔去之。益州督护冯迁抽刀而前，玄拔头上玉导与之，仍曰："是何人邪？敢杀天子！"迁曰："欲杀天子之贼耳。"遂斩之，时年三十六。又斩石康及濬等五级，庾颐之战死。升云："我是豫章王，诸君勿见杀。"送至江陵市斩之。

初，玄在宫中，恒觉不安，若为鬼神所扰，语其所亲云："恐己当死，故与时竞。"元兴中，衡阳有雌鸡化为雄，八十日而冠萎。及玄建国于楚，衡阳属焉，自篡盗至败，时凡八旬矣。其时有童谣云："长干巷，巷长干，今年杀郎君，后年斩诸桓。"其凶兆符会如此。郎君，谓元显也。

是月，王腾之奉帝入居太府。桓谦亦聚众沮中，为玄举哀，立丧庭，伪谥为武悼皇帝。毅等传送玄首，枭于大桁，百姓观者莫不欣幸。

何无忌等攻桓谦于马头，桓蔚于龙洲，皆破之。义军乘胜竞进，振、该等距战于灵溪，道规等败绩，死没者千余人。义军退次寻阳，更缮舟甲。毛璩自领梁州，遣将攻汉中，杀桓希。江夏相张畅之、高平太守刘怀肃攻何澹之于西塞矶，破之。振遣桓蔚代王旷守襄阳。道规进讨武昌，破伪太守王旻。魏咏之、刘藩破桓石绥于白茅。义军发寻阳。桓亮自号江州刺史，侵豫章，江州刺史刘敬宣讨走之。义军进次夏口。伪镇东将军冯该等守夏口，扬武将军孟山图据鲁城，辅国将军桓山客守偃月垒。刘毅攻鲁城，道规攻偃月垒，无忌与檀祗列舰中流，以防越逸。义军腾赴，叫声动山谷，自辰及午，二城俱溃，冯该散走，生擒山客。毅等平巴陵。毛璩遣涪陵太守文处茂东下，振遣桓放之为益州，屯夷陵，处茂距战，放之败走，还江陵。

义熙元年正月，南阳太守鲁宗之起义兵袭襄阳，破伪雍州刺史桓蔚。无忌诸军次江陵之马头，振拥帝出营江津。鲁宗之率众于柞溪，破伪武贲中郎温楷，进至纪南。振自击宗之，宗之失利。时蜀军据灵溪，毅率无忌、道规等破冯该军，推锋而前，即平江陵。振见火起，知城已陷，乃与谦等北走。是日，安帝反正。大赦天下，唯逆党就戮，诏特免桓胤一人。桓亮自豫章，自号镇南将军、湘州刺史。苻宏寇安成、庐陵，刘敬宣遣将讨之，宏走入湘中。二月，桓谦、何澹之、温楷等奔于姚兴。桓振与宏出自涢城，袭破江陵，刘怀肃自云杜伐振等，破之。广武将军唐兴斩振及伪辅国将军桓珍，毅于临鄀斩伪零陵太守刘叔祖。桓亮、苻宏复出寇湘中，害郡守长吏，檀祗讨宏于湘东，斩之，广武将军郭弥斩亮于益阳，其余拥众假号皆讨平之。诏徙桓胤及诸党与于新安诸郡。

三年，东阳太守殷仲文与永嘉太守骆球谋反，欲建桓胤为嗣，曹靖之、桓石松、卞承之、刘延祖等潜相交结，刘裕以次收斩之，并诛其家属。后桓谦走入蜀，蜀贼谯纵以谦为荆州刺史，使率兵而下，荆楚之众多应之。谦至枝江，荆州刺史刘道规斩之，梁州刺史傅歆又斩桓石绥，桓氏遂灭。

译文：

　　桓玄字敬道，还有个名字叫灵宝，大司马桓温的庶出之子。桓玄的母亲马氏曾经和同辈女子夜间乘凉，月光之下，忽见一颗流星掉在铜盆的水中，就像是二寸大的一颗火珠，又明又亮，几个女子争着用瓢舀这颗火珠，而马氏把它舀起来，顺手放在口中，吞进了腹内，不大工夫便觉得腹中有些动静，自此怀了身孕。到桓玄降生之时，忽然又有明光照耀室内，相师对此深感惊奇，所以桓玄的小名就取做"灵宝"。奶妈们每次抱着他去见桓温，都要中途换人才能到桓温那里。据奶妈说，这孩子的重量相当于两个一般的孩子。桓温十分喜爱他，临终之前，立遗嘱要让桓玄承袭爵位，所以桓玄袭爵为南郡公。

　　桓玄七岁的时候，桓温的服丧期已满，府里、州里的文武官吏向桓玄的叔父桓冲辞行，桓冲抚摸着桓玄的头说："这些人都是你家的旧僚属啊！"桓玄忽然大哭起来，并用双手捧住面孔，众人都为他的举动感到惊异。桓玄长大成人后，相貌奇伟，神采焕然，清朗明秀，百行技艺都十分精熟，而且善于写文章。常常自恃有才干，以豪侠勇士自居，人们都很敬畏他，朝廷也对他存有戒心，迟迟没有命官。二十三岁时，才拜为太子洗马。当时朝廷官吏们都说桓温在世时有篡逆的行为迹象，因此朝廷也就有意地抑制桓玄兄弟，只派他们担任闲散无权的官职。

　　孝武帝太元末年，桓玄出任义兴郡太守，他深感压抑不得志。曾登上高峰眺望震泽，长叹道："父亲曾为九州之总领，儿子却当了五湖之长官！"于是辞去官职，回到封国。也自认为本是开国元勋的后代，却受到世人的猜忌和非议，心中不平，便上疏说：

下臣闻知：周公至圣却受到侯国的流言中伤，乐毅忠心辅政反遭受骑劫的毁谤指责。《小雅·巷伯》有把谗人投给豺虎的感叹，苏秦受人毁谤，也慨叹弃母为国，有功无罪。嫉贤妒能，诋毁忠直，哪朝哪代没有此事！臣先父桓温蒙受浩荡皇恩，结姻亲于王室，常愿以死报朝廷之恩德。乘势建业，西则平定巴蜀，北则肃清伊洛，使僭称王号之辈受降就死，皇家园陵得以修复，天朝国耻得以昭雪；饮马于灞浐之滨，挥旗于赵魏之地，久率勤王之师，屡屡建功立业。太和末年，朝廷社稷有动摇之危，先父应天顺人，登堂辅政，朝廷清肃，逆贼显明。假若无此大功，无此断然之举，则王朝社稷宗庙岂能衍续到如今！想过去太甲虽迷而不悟，然商之根基无倾覆之忧；昌邑虽昏昧无能，其弊也未及郊庙大事。由此说来，晋朝之危机重于商、汉，而先父之功却高于伊尹、霍光！然而先父在日，即遭疑忌；如今圣朝清明之时，依旧蒙受嫌诬。圣世明君自有抑恶扬善之道，倘若不能洞察精微，显扬忠烈，那便大开诬枉毁谤之门，凿通邪佞枉曲之路了。先父忠诚皇室之辛劳、匡复宗庙之功业，若是朝廷已然淡忘，臣也不愿再做计较。然而先皇帝得登王位，陛下又继之而南面称尊，臣请质问于谗言恶语之辈：这是谁的功劳？这是谁的勋业？难道晋室长治久安，列祖列宗得以血食，这对于陛下一门王室来说，还不能算是奇功吗？

近来权势豪门日盛一日，奸佞小人攘攘于朝，各自口称肃清时政，相互之间，阿谀谄附，都将臣之兄弟列于晋室之罪人，臣等还有何理由偷生于当今盛世？还有何脸面空享其封爵利禄？倘若陛下果真已忘怀先父挽救王朝之功勋，听信奸臣花言巧语之议论，臣等自愿将封爵交还朝廷，在市朝之中引颈受戮，而后于九泉之下追随先父，于幽冥之中再侍奉先皇帝。倘若陛下尚可追遵先皇帝之遗意，顾念先父往日勋劳，还望稍降恩德，使我兄弟洗刷冤屈，尽心为国。

后来此疏没有呈奏。

桓玄在楚地一年有余，游赏之外，无所事事，荆州刺史殷仲堪对他既敬又怕。中书令王国宝把持朝政后，打算削弱封国的势力，于是朝野上下，一片骚动不安。桓玄也听到王恭有忧虑国事的言辞，便暗暗下决心要建立功业，于是他劝殷仲堪说："王国宝与将军您等久已不和，只恨无力尽快地剪除将军罢了！如今他既然已大权在握，又与王绪表里勾结，这样一来，安插亲党，清除异己，没有一件事办不成。王恭（字孝伯）身为天子的舅父，被朝野百官敬重拥戴乃是情理之中的事，王国宝也未必敢冒犯他，那将军您就首当其冲要遭剪除之祸。将军受到先皇帝的奖拔，荣居刺史之任，但朝中不少人以为如此做法并不适宜，他们都说将军虽然机敏有才，但并不适合任刺史之职。一旦朝廷降诏调将军入朝担任中书令，而另派殷顗任荆州刺史，将军打算怎么办？"殷仲堪说："我也早已为此事忧虑，依足下之见，我该如何是好？"桓玄说："王国宝是个奸猾凶狠的人，这是天下人都了解的。王恭疾恶如仇之情也是颇合人情世理，如今若是与王恭相合，以常理来推论，必然会被他们抓住把柄。将军如果秘密地派遣一人，前往说服王恭，让他发动晋阳之兵，前往京师除奸辅政，将军自己再率领荆州兵马顺江而下，推举王恭为盟主，我等也随即参战，如此一来，天下无不响应义举。倘若此举得以实现，真乃是齐桓、晋文之壮举了。"殷仲堪心中仍旧犹豫不决。不久，王恭的密信来了，号召殷仲堪和桓玄出兵，以清除君侧，匡辅朝政。还没发兵，王国宝忧病而死，于是也就不再议兴师之举。桓玄请求担任广州刺史，会稽王司马道子也畏惧桓玄，不想让他久留荆州，所以顺从了他的意见。

安帝隆安初年，朝廷降旨命桓玄都督交、广二州，授建威将军、平越中郎将、广州刺史，许假旄节，桓玄听受了圣命，但没有赴任。这一年，王恭和庾楷一道发兵征讨江州刺史王愉和谯王司马尚之兄弟。桓玄、殷仲堪认为王恭此番出兵定能奏捷，于是同时出兵响应。殷仲堪又拨给桓玄五千士卒，和杨佺期同任前锋。军队到达湓口时，王愉逃到临川，桓玄派副将追击并俘获了王愉。桓玄、杨佺期抵达石头城，殷仲堪抵达芜湖。王恭的部将刘牢之背弃王恭，归顺了朝廷。王恭死了之后，庾楷战事失利，投奔到桓玄帐下。不久，朝廷降诏任桓玄为江州刺史，殷仲堪等人皆被调离原职，于是殷仲堪等纷纷沿江向西退兵，驻屯在寻阳，将领们一同订下了盟约，推举桓玄为盟主。桓玄这时才觉得志，于是与将领们联名上奏，请求朝廷为王恭正名，并诛杀司马尚之、刘牢之等人。朝廷十分惧怕桓玄，于是就免了桓脩之官，恢复殷仲堪之职，达成和解。

此前，桓玄在荆州时恣纵骄横，官吏百姓惧怕他甚于惧怕刺史。殷仲堪的亲信曾劝仲堪杀死桓玄，仲堪没有听从。到还军寻阳之后，由于桓玄声望和地位最高，所以被推举为盟主，桓玄更加狂妄骄纵。杨佺期为人也很骄恣凶悍，时常自称是华裔嫡传，江南人没有资格与他平起平坐，而桓玄却一直把他当作贫寒之士看待，这使杨佺期心中十分懊恼，想在盟坛上击杀桓玄。殷仲堪素来厌恶杨佺期兄弟悍猛狂妄，怕他杀死桓玄后又成为自己的一大祸患，所以苦苦劝阻他不可妄动。此后，各自奉圣旨归还本镇。桓玄也觉察到杨佺期有害己之心，于是暗生吞并杨佺期之志。屯聚重兵在夏口。

隆安年中，天子下诏命桓玄加都督荆州四郡，并任命其兄长桓伟为辅国将军、南蛮校尉。殷仲堪担心桓玄更加飞扬跋扈，于是和杨佺期结为姻亲，以形成互相救援之势。此前，桓玄已经与殷仲堪、杨佺期矛盾重重，也常怕他二人偷袭自己，所以请求朝廷增加自己的统辖区域。朝廷也正想扩大他们之间的矛盾，故而将杨佺期所督的四个郡划归桓玄统领，杨佺期十分恼恨，也很惧怕。正在此时，姚兴攻打洛阳，杨佺期乘机重整旗鼓，声称要赴洛阳勤王，实则与殷仲堪密谋合力袭击桓玄。殷仲堪虽然表面上与杨佺期交好，内心里对他也存有防备之意，故而拒绝了杨佺期的请求。他还担心这样仍不能阻止杨佺期一意孤行，又派叔伯兄弟殷遹在北部驻军来阻挡杨佺期。杨佺期没有实力单独起事，又摸不透殷仲堪的真实想法，只好放弃了攻打桓玄的打算。南蛮校尉杨广是杨佺期的兄长，杨广想要截击桓伟，殷仲堪没有应许，并改派杨广任宜都、建平二郡太守，加征虏将军之号。杨佺期的弟弟杨孜敬此前已担任江夏相，桓玄出兵相逼，迫使他来到夏口。杨孜敬拜见桓玄后，桓玄命他为谘议参军。至此，桓玄开始发兵西征，口上也说是要援救洛阳。在给殷仲堪的书信中，桓玄说杨佺期受到朝廷恩典，却置宗庙于不顾，理当共同兴兵问罪，所以现在亲自带兵直奔金墉城。他要殷仲堪立即收捕杨广，如果不这样做，便无法对殷仲堪再加信任。殷仲堪原打算对双方都不得罪，看罢桓玄来信，心知已不能劝阻桓玄，于是警告道："桓将军如果一意要渡沔水而行，恐怕不会有一兵一卒得渡大江！"桓玄这才作罢。

后来荆州洪水泛滥,殷仲堪救济灾民,州府仓库中的粮米全已发空。桓玄乘仲堪实力空虚而攻打荆州,他先派兵攻占了巴陵。梁州刺史郭铨要赴任,途经夏口,桓玄谎称朝廷已有旨命郭铨担任自己的前锋,于是将江夏的士卒交给郭铨,让他都督各路兵马前进,随后秘密地通报其兄桓伟,让他作为内应。桓伟接到桓玄的书信,急切中不知如何是好,竟然亲自拿着密信给殷仲堪看。殷仲堪扣押了桓伟做人质,逼他给桓玄写信罢兵,其言辞十分诚挚感人。桓玄见信,不以为然地说:"殷仲堪这个人并无决断,遇事总是左思右想,优柔寡断,为子女们考虑又太多,所以我兄长断然不会有什么危险!"

桓玄进驻巴陵之后,殷仲堪派兵抵御,被桓玄击败。桓玄率兵继续推进到杨口,又击败了殷仲堪的侄子殷道护,随后乘胜进到零口,此处距江陵只有二十里,殷仲堪派兵布成几道防线来阻挡桓玄。杨佺期也从襄阳赶来救援,和兄长杨广合力攻打桓玄。桓玄怕他们士气正旺,于是暂时退兵至马头。杨佺期等又紧紧追赶桓玄苦战,结果大败,杨佺期只得退回襄阳,殷仲堪逃到酂城。桓玄派将军冯该暗暗盯住杨佺期,将其俘获。杨广也被人生擒,送到桓玄帐前,桓玄将杨氏兄弟二人都杀死。殷仲堪听到杨佺期的死讯,只好带着几百人投奔姚兴,行至冠军城,又被冯该截获,桓玄下令将殷仲堪也处以死刑。

至此,桓玄扫平了荆、雍之地,接着上表请求增辖江州、荆州。朝廷下诏,命桓玄都督荆、司、雍、秦、梁、益、宁七州军事,加后将军之号,为荆州刺史,许假旄节,同时又命桓脩任江州刺史。桓玄再次上书,要求江州也归他督管,朝廷无奈,只得同意他都督八州及豫州、扬州内八郡,再领江州刺史。桓玄又请求任桓伟为冠军将军、雍州刺史。当时外患尚未平定,朝廷不想违拗桓玄的意志,同意了他的请求。自此,桓玄培植自己的心腹党羽,兵马一天比一天壮大。他多次上疏请求讨伐孙恩,圣旨不允。后来孙恩带兵包围了京师,桓玄整顿军队,表面上称是勤王,实则却在察看动静,伺机而动。他再次上奏请求讨伐孙恩,这时孙恩已经退兵,桓玄不得不奉旨罢兵。桓玄命桓伟为江州刺史,坐镇夏口;司马刁畅为辅国将军,都督八郡兵马,坐镇襄阳;命桓振、皇甫敷、冯该等将领戍守湓口。迁沮、漳两地二千人户到大江之南,建武宁郡;又召集流散的民众,建绥安郡。自己署置两郡长官。圣旨征召广州刺史刁逵、豫章太守郭昶之入朝,桓玄都把他们留在帐下不让赴京。他自认为天下若是三分,他自己已得两分,这是天命所归,所以多次上书说有祯祥之兆,并认为这都是自己的吉兆。

当初庾楷投奔桓玄后,桓玄要讨伐孙恩,便任用庾楷为右将军。桓玄罢兵之后,庾楷也随即解除了职务。庾楷见桓玄正与朝廷结怨,深怕事情有所不测,灾祸也要牵连到自己,所以和后将军司马元显暗暗联络起来,并答应做司马元显的内应。安帝元兴初年,司马元显宣称奉圣旨讨伐桓玄,桓玄的叔伯兄长桓石生当时正任太傅长史之职,秘密修书将此消息告诉了桓玄。桓玄原想扬州一带正闹饥荒,孙恩也还未能剿除,朝廷一定没有精力来攻打自己,正可借此机会养精蓄锐,应时而动。听说司马元显准备攻打他,也不免有些惧怕,因而打算固守江陵。长史卞范之劝告桓玄说:"主公的谋略和声望威震天下,司马元显乃是个乳臭未干的小儿,刘牢之眼下也很不得人心,有什么可怕?如果我们发兵到京城之下,并将赏罚大义告诉他们,则元显等辈不战自溃,其土崩瓦解的局面便可跷着腿坐等了。哪有把敌人放进来而自取窘困的道理呢?"桓玄听罢,十分高兴,于是留下其兄桓伟镇守江陵，他自己带领人马浩浩荡荡直下寻阳，又派人去京师传布檄文，数说元显的罪状。檄文传到京城后，司马元显十分恐慌，他走下舰船，传令暂不发兵。桓玄自知多失人心，而且兴兵威逼京都，怕将士们不肯为他出力，故一直有撤兵的打算。然而过了寻阳，竟一直没有见到朝廷的兵马，心中暗自高兴，部属士卒们也增加了精神。庾楷的密谋已经泄露，桓玄将他收捕监押。到了姑孰，桓玄命部将冯该、苻宏、皇甫敷、索元等先攻打谯王司马尚之，司马尚之大败而逃，刘牢之只得派他的儿子刘敬宣来向桓玄投降。

桓玄抵达新亭，司马元显不战自溃。于是桓玄进入京城，假传圣旨说："现在各地起兵的义旗纷纷竖起，罪责皆在司马元显一人。太傅司马道子已另作主张，其罢兵解甲，以示顺应义军除逆之举。"又假传圣命加自己总领百官，进位侍中、都督中外诸军事、丞相、录尚书事、扬州牧，领徐州刺史，又加天子黄金之钺、羽葆鼓吹、班剑二十人之仪，署置左右长史、司马、从事中郎四人，甲仗二百人以入正殿。桓玄宣布太傅司马道子和司马元显的罪恶，命将司马道子流放安成郡，又于市中杀了司马元显。至此，桓玄入居太傅府，杀死太傅中郎毛泰、毛泰的弟弟游击将军毛邃、太傅参军荀逊、前豫州刺史庾楷父子、吏部郎袁遵、谯王司马尚之等人，并将司马尚之的弟弟丹杨尹司马恢之、广晋伯司马允之、骠骑长史王诞、太傅主簿毛遁等人流放于交州、广州一带远恶郡县，随后又追杀司马恢之、司马允之于流放途中。任命其兄桓伟为安西将军、荆州刺史、领南蛮校尉，叔伯兄长桓谦为左仆射、加中军将军之号、领铨选之事，桓脩为右将军、徐兖二州刺史，桓石生为前将军、江州刺史，长史卞范之为建武将军、丹杨尹，王谧为中书令、领军将军。大赦天下，改年号为大亨。桓玄辞让了丞相之职，自命为太尉，加领平西将军、豫州刺史，又为自己加衮衣、冠冕、绿绶带，增班剑之仪至六十人，上殿可随身带剑，入朝可不趋拜，奏事可不必唱名。

桓玄有意迁出京城到姑孰去住，访求部属的意见，王谧回答道：“《公羊传》有句话说：周公为何不到鲁国呢？是为了让天下归于周。希望太尉以肃静为根本，以周公为表率。”桓玄觉得他对答得十分有理，但没有听从他的劝告。继而在姑孰城中大建府第，楼台馆阁没有一处不穷极豪华壮美，工毕之后，移镇于姑孰。进城之后，又一再表示辞去录尚书事，天子降诏应允他的请求，然而朝廷大事都要征得他的同意，一般小事也需由桓谦、卞范之许可才可施行。

自从晋朝国难肇始，接连数载战乱不休，黎民百姓对此早已厌恶，盼望着天下归于一统。桓玄刚入京师时，罢黜了许多平庸邪佞的官吏，提拔了不少堪称贤能的人才，正统之道已基本形成，京城之内，士民都拥戴他，并为政治安定感到高兴。然而不久，桓玄轻慢朝廷，囚禁废黜宰辅重臣，奢侈纵欲，各种杂赋徭役也随之而出，朝廷上下都大失所望，人人不安于自己的职守。当时会稽郡正闹灾荒，桓玄命人前往赈济。当地的百姓流散于江湖野外采集木椽，内史王愉召集他们全部返乡。百姓要求粮米，然而粮食已经所剩无几，官府不能按时发放，流落在路途上饿死的几乎占十之八九。桓玄又杀害了吴兴郡太守高素、辅国将军竺谦之、竺谦之的叔伯兄长高平相竺朗之、辅国将军刘袭、刘袭的弟弟彭城内史刘季武、冠军将军孙无终等人，这些人都是刘牢之的党羽，北府的旧将。刘袭的兄长冀州刺史刘轨和宁朔将军高雅之、刘牢之的儿子刘敬宣等一同逃奔到慕容德那里。桓玄暗示天子应该褒奖自己铲除司马元显的功劳，当封豫章公，食安成郡之地方圆二百二十五里，食邑七千五百户；铲除殷仲堪、杨佺期的功劳，当封桂阳郡公，食地方圆七十五里，食邑二千五百户；原封的南郡不变。其后，桓玄将豫章公改封给儿子桓升，将桂阳郡公赐给兄长的儿子桓濬，后降为西道县公。同时传诏全国，避其父桓温的名讳，有姓、名与温字相同的，一律更改，并追赠他的生母马氏为豫章公太夫人。

元兴二年，桓玄又上表假称去平定姚兴，同时请朝廷为此草拟诏书，天子没有应许。桓玄本来没有如此实力，却很喜欢说大话，此举没能成行，他又说是奉圣旨不让发兵。此前打算装点行军装具时，别的都没作吩咐，却先命人打造轻便快船，以装载衣服玩好以及图书字画等物。有人劝阻他，桓玄却说："书画服饰玩好本该常常带在身边，况且当今战事凶险，万一有何不测，这些东西既轻便，又好运载。"人们全都觉得其言可笑。

这一年，桓玄的兄长桓伟死了。朝廷追赠他为开府、骠骑将军，原职由桓脩代任。从事中郎曹靖之劝诫桓玄说："桓脩兄弟在朝廷内外都任要职，恐怕权势过重有所不便。"桓玄觉得有理，便任命南郡相桓石康为西中郎将、荆州刺史。桓伟的丧期刚刚居满，桓玄便置酒作乐。乐声刚起时，桓玄还拍着几案大声痛哭，不大工夫便抹干眼泪，眉开眼笑了。桓玄最信任、最倚重的只有桓伟，桓伟一死，桓玄就感到孤立不安了，同时，谋逆篡位之心也不时地显露出来。他深知天下吏民对他都怀有满腹怨恨，也就更想尽早地夺取皇帝之位，殷仲文、卞范之等人也不时地催他快下决心。于是桓玄首先将朝廷百司之官加以调整，将琅邪王的司徒之职免掉，让他担任太宰，并加以隆厚的礼遇。又命桓谦为侍中、卫将军、开府、录尚书事，王谧为散骑常侍、中书监、领司徒之职，桓胤为中书令，加桓脩以散骑常侍、抚军大将军之号。又暑置学官，教导二品以上官吏的子弟共几百人。此后，再次假传圣命加自己相国之职，总管百官，封南郡、南平、宜都、天门、零陵、营阳、桂阳、衡阳、义阳、建平十郡给自己，称楚王，原任扬州牧、领平西将军、豫州刺史依旧，再加九锡仪仗之具。楚国设置丞相以下百官，一切都遵照前朝典制。他又示意天子要升大殿正式除授。桓玄几次假意辞让，天子下诏命百官前往苦劝，桓玄又说："一定要陛下亲自前来封授，方敢领命。"同时私自拟定圣旨，封赠其父桓温为楚王，南康公主为楚王后。任命平西长史刘瑾为尚书、刁逵为中领军、王嘏为太常、殷叔文为左卫、皇甫敷为右卫，总计共六十多位官吏担任楚国的属官。桓玄则辞免了平西将军、豫州刺史之职，把平西府的文武臣僚改到相国府任职。

新野人庾仄听到桓玄加九锡的消息，便起兵讨伐，他先在襄阳袭击了冯该，将冯该击败赶走。庾仄拥有士卒七千人，在襄阳城南设立祭坛，祭奠祖宗七庙。南蛮参军庾彬、安西参军杨道护、江安令邓襄子等人谋划着作为内应。庾仄原本是殷仲堪的属下，桓伟死后，桓石康还没有到任，所以他得以乘此间隙起兵，一时间江陵震荡不安。同时，桓济的儿子桓亮在罗县起兵，自称为平南将军、湘州刺史，他打的是平讨庾仄的旗号。南蛮校尉羊僧寿和桓石康合兵攻击襄阳，庾仄被打得溃不成军，只得投奔了姚兴，庾彬等人则全部遇害。长沙相陶延寿认为桓亮乘乱起兵，于是派人收捕了他。桓玄将桓亮流放到衡阳监管，并将桓亮的同党桓奥等人处死。

桓玄假意上表请求回到封国，同时自己又拟下一道诏书，称天子挽留不放归，还亲自派人在朝堂之上宣读此诏。宣诏后，他再次上表执意请回，暗地里又告知天子速拟手诏挽留。桓玄最喜欢像这样搞一些虚辞假让的把戏，结果污耗了许多简耗。他声称改朝换代的时候往往会有些祥瑞之兆，于是秘密地派人在临平湖导出清流，而后命朝廷百官同来庆贺。又拟了一道假诏书说："灵异祥瑞的事绝非朕所敢当，这实乃是相国桓玄仁德宏盛，故而应于祥瑞。太平盛世，自此而始，万民欢庆，何能以言辞表达！"其后又谎称江州有甘露降于王成基家的翠竹上。桓玄又觉得历朝都有道德高远之士隐居不仕，而当今之世却无所闻，于是征召皇甫谧的六世孙皇甫希之为著作郎，并供给他丰厚的资用，同时又秘密派人叮嘱他不得接受，以显示高士之风，当时人们称之为"充隐"。其后又议论恢复肉刑、改革钱币，没多久又改变了主意，改来变去，全无定规，还把有些条律法令限定得十分苛酷，令人动辄触律。桓玄生性贪婪卑下，喜好珍奇的玩物，尤其喜好珍宝，明珠美玉从不离手。官吏之中只要是有名书美画和幽雅园林，他都据为己有，又觉得硬抢豪夺不好意思，所以往往通过赌博来获取。他时常派人外出搜求佳木美竹，甚至不远千里移到府第，结果百姓家中的佳木美竹几乎全都被他搜寻光了。他喜好听臣僚们对他逢迎谄媚，讨厌别人对他提出忠告和谏议，憎厌宠信，全凭一己之私。

十一月，桓玄假托圣命为自己的冠冕增为十二旒，并制造了天子的旌旗，出入警卫清道全依天子仪制，乘坐金根宝车，以六匹骏马驾车，又置办侍从之车，建旄头、云竿，所用乐舞为八佾，宫中摆设着钟虡、宫悬，一切都与天子威仪一样。妃子立为王后，长子立为太子，女儿和孙子的封爵名号也都依照皇室旧制。桓玄又把许多朝廷大臣改为太宰的僚属佐史，假托圣旨命王谧兼任太保，行司徒事，手捧天子的玉玺禅位给自己，然后知会晋安帝草拟禅位的诏旨到太庙宣读。一切停当，桓玄将安帝移居于永安宫，又把晋朝太庙的神位移至琅邪国庙。

此前，桓玄担心晋安帝不肯亲自拟定禅位诏书，又怕天子的大印到不了手，所以威逼临川王司马宝敦促安帝速拟诏书，借此机会将玉玺夺到手。在到大殿之前，玉玺早已取出来了，桓玄十分高兴。文武百官来到姑孰劝桓玄即皇帝之位，桓玄自然又假意逊让一番，百官再次坚请，桓玄便在城南七里建造郊祭神坛，而后登坛篡位，以黑牲祭告上天，文武百官陪列两侧。然而由于仓促行事，仪典不周，竟忘记了山呼万岁，也没有避开桓玄的名讳。张贴出的告天皇后帝文说："晋朝皇帝敬时运，顺天命，将九五之位禅让于桓玄。天运之规律是兴新替旧，这才是帝王鸿盛之根本。没有天子则无法治理下民，而唯有仁德才能不负黎民苍生。故而秉承天意，顺应物理，定须国家一统。世有二圣却不可以有两位君主，世无贤人也不可以没有君主，所以五帝更换，三代易主。衍至汉魏，权归司马氏。晋朝自中叶以来，多有变故，海西之乱，即险将易主，挽晋朝于危亡，诛夷狄于正盛，如此功勋，若无禹王一般的盛德，胡寇早已窃国称王。太元末年，道德仁义日渐衰颓，积祸已久，国家将乱。祸胎遗害于隆安之际，祸难殃及于百官黎民，其残酷可谓灭绝人伦。桓玄虽然身居草野，未能跻身于朝班之列，然而忠义之心常有，岂能对此无动于衷？投身于扫清妖乱之中，建立起拨乱返正之劳，此皆上借先皇之懿德洪威，桓玄何功可表！恰逢治乱兴替之间，辱承众人之拥戴，以无德无才之身，为百千士卒之长，顺应革故从新之运，居于王公百僚之首，实乃是上借前圣之基业，绍续前圣之遗德。桓玄为此朝夕惊恐，不知所措。然而人君之位不可以久空，天神地祇不可以缺祀，因而不敢不拣择良日，行告天之大礼，升神坛而受帝位，以此敬告上帝，下应民心，德化万国，用祭神明。"随后颁诏书说："天、地、人三才本相谐和，天人相和，必由天下一统，所以有道之君必求合于此道。帝王之兴起，也是源远流长。自三皇五帝以来，历代迭兴，虽然际会不同，其理并无二致。朕之皇父宣武王圣德高远，开创立国之基业，天命王位今归于桓氏，其由来当自皇父而始，数十年间艰难险阻，实乃常人所不堪承受。仰瞻皇父之宏图伟业，屡救晋室于大权旁落之时。如今朕借难尽之天运，遇更新之天时，得以扫尽奸凶，拯救黎民。晋室由遭丧乱而再兴，至此天运已尽。行尧帝之治化，遵汉魏之遗则，集天赐之福禄于朕一身。因乏圣德，不敢承受，辞于上天，不获应准，是以遵承典制，于南郊升坛明心，接受文祖之传袭。愿今日之隆庆天长地久，朕愿与万民从此更新万象。"此后施行大赦，改年号为永始，赐天下士民晋爵两级，忠孝仁义、勤苦耕稼者晋爵三级，鳏寡孤独、生计无法自理者赐粮食五斛。然而他所订立的赏赐法令只是一纸空文，并没有真正兑现。最初颁行诏令时，改年号为建始，右丞王悠之说："建始是赵王伦篡位时用过的年号。"因此又改为永始。可永始又是王莽刚刚篡位时用过的年号，桓玄使用年号竟如此不祥，冥冥中就包含着篡逆的意味。不久，又下诏书说："前代帝君封为贵宾，乃是由来已久之礼。汉代、魏代，皆为前君封疆立国。晋室顺天应时，禅位于朕，朕当遵循古礼，为之立国。兹以南康郡平固县授予晋帝，封其为平固王，车马旗帜、月历正朔仍依晋国之旧制。"随后将安帝迁徙于寻阳，这与陈留王迁居邺宫的做法一样。降永安皇后为零陵君，琅邪王为石阳县公，武陵王司马遵为彭泽县侯。桓玄又追尊他父亲桓温为宣武皇帝，家庙改称太庙，南康公主追赠为宣皇后。封其子桓升为豫章郡王，叔父桓云的孙子桓放之为宁都县王，桓豁的孙子桓稚玉为临沅县王，桓豁的次子桓石康为石将军、武陵郡王,桓秘的儿子桓蔚为醴陵县王。赠桓冲为太傅、宣城郡王,并用最为隆重的礼仪,完全依照晋安平王那套追赠仪典,以其孙桓胤承袭封爵,担任吏部尚书,桓冲的次子桓谦为扬州刺史、新安郡王,桓谦的弟弟桓脩为抚军大将军、安成郡王,其兄桓歆为临贺县王,桓祎为富阳县王。追赠桓伟为侍中、大将军、义兴郡王,命其子桓濬承袭封爵,担任辅国将军,桓脩的弟弟桓邈为西昌县王。又封王谧为武昌公,给班剑二十人之仪,封卞范之为临汝公,殷仲文为东兴公,冯该为鱼复侯。同时降始安郡公为县公,长沙王为临湘县公,庐陵王为巴丘县公,食邑各一千户。此外,康乐、武昌、南昌、望蔡、建兴、永脩、观阳等司马氏宗室成员都降封为食邑百户,公、侯的封号不变。又普遍为各镇将军进封等级不同的封号。任命相国左长史王绥为中书令。尊桓谦之母庾氏为宣城太妃,以隆重的礼仪册封,并给予香车宝马。定其父桓温的墓葬为永崇陵,并于陵墓旁安置护陵人四十名。

桓玄进入建康宫时,一阵狂风迎面吹来,旌旗仪仗都被吹倒。召集君臣在西堂小宴时,安排歌舞妓乐,殿上挂起绛红色的幔帐,以黄金丝线刺绣,四角绣着金龙之形,龙头各衔着五彩羽毛装饰的垂穗。臣僚们相互小声议论说:"这真像是丧车之饰,和王莽丧车的伞盖差不多。龙在四角,正是亢龙有悔之意呀。"桓玄又制造了金根车,以六马驾车。这个月中,桓玄来到听讼观检阅囚徒,不论其罪恶大小,差不多都被释放了。路上遇到拦住车驾乞讨的人,他时常给些施舍,他就是这样喜欢行些小恩小惠。他自认为是借助水德而兴,便在壬辰这一天里祭奠祖先。更改尚书台都官曹为贼曹,又增置五校、三将和强弩、积射武尉官若干人。晋安帝元兴三年,就是桓玄永始二年,尚书台在奏文中把"春蒐"误写成了"春蒐",于是凡是涉及此事的台司官员全部遭到罢黜。桓玄的朝廷纲纪混乱无章,只知道纠缠一些碎屑小事,上述这类事情常有发生。他封妻子刘氏为皇后,并为她修建殿堂宫室,让她移居于东宫。又扩修东掖门、平昌门、广莫门以及内殿的各个大门,每个门都修成三进。又重新打制了巨型轿车,此车可容纳三十个人乘坐,而需用二百人才能抬走。桓玄生性喜好游览射猎,由于身体过于肥胖,不便于骑马,于是又制造出徘徊车,还安置了活动机关,可以让车身前后左右随意移动,毫无阻碍。他没有追尊祖父、曾祖父等先人,对礼法也不甚了解,于是向下臣询问。散骑常侍徐广依据晋代法典告诉他说:应该追立昭穆七代宗庙。又引经据典说:敬其父,子方能愉悦,地位愈高,越应该普敬列祖列宗。桓玄说:"《礼》书言三昭、三穆,连同太祖共为七庙。既然如此,那么太祖必当居于诸庙之首,昭、穆都是太祖之下的名位,可见不应反过来排列。礼书言太祖之位向东,其左边为昭,右边为穆。按晋朝的太庙,高祖宣帝是在昭穆之列,而没有居于太祖之位。昭、穆的次第排列有误,则太祖无位可奉,这就与古礼相差甚远了!"桓玄的曾祖以上都没有什么官爵名位,所以他并不想将他们移入太庙,再者由于王莽造九庙已被前代史官所嘲讽,于是只立一庙以改前制,郊庙之祭也只定为两天而已。秘书监卞承之说:"祭享连他的祖先都不能相及,可以推知这位起家楚国的皇帝享国不会长久。"桓玄又拆毁了晋朝的太祖、太夫人小庙来增修台阁亭榭。他的庶母四时祭祀没有安排固定的灵位,庶母的忌日里他也依旧会见宾客,优游玩耍,只在她死的时候哭了几声而已。丧期之内,也没有废止音乐歌舞。一次,桓玄到水门去游玩,一阵狂风忽然吹翻了车上的华盖,这一夜,江水涌入石头城,房舍的橼檐多被冲坏，淹死的人很多，紧接着狂风将朱雀门楼的上一层掀落在地。

桓玄自从篡位之后，骄纵荒淫，游览打猎没有限度，几乎是夜以继日。其兄桓伟下葬的那一天，他白天假哭几声，到了晚上便依旧宴乐。有时候一天之内便几次出游。他性情急躁，召人前来必须立即就到，以致当时的朝官们都把马拴在台省之前，这样，禁门之内嘈嘈杂杂，哪里还有什么朝廷的礼仪规矩！久之，百姓不胜劳苦，朝廷内外疲于奔命，怨恨他而想要把他推翻的人越来越多。当此之时，刘裕、刘毅、何无忌等人一同密谋恢复晋室。刘裕等在京口杀死了桓脩，在广陵杀死了桓弘，河内太守辛扈兴、弘农太守王元德、振武将军童厚之、晋陵太守刘迈等人串联一起，愿做内应。到了起事的那一天，刘裕派周安穆通报各路，就在这时，刘迈心中惧怕，急忙派人将此事密报桓玄。桓玄闻讯，大为惊骇，立即逮捕并杀死辛扈兴等人。周安穆快马逃脱，幸免一死。桓玄封刘迈为重安侯，只隔一夜，次日便把他杀死了。

刘裕率领义军开赴竹里时，桓玄又回到内殿，百官步行随从，桓玄命侍从百官都要进省候命，不得外出。宣诏大赦扬、豫、徐、兖、青、冀六州囚犯，又加桓谦为征讨都督、假旄节掌兵，又命殷仲文代桓脩之任。派顿丘太守吴甫之、右卫将军皇甫敷出北路抵抗刘裕义军。刘裕等人在江乘与吴甫之交战，临阵杀死了吴甫之，随之进军到罗落桥，又与皇甫敷交战，割取了皇甫敷的首级。桓玄闻知此讯，大惊失色，于是急召道士巫师推算诅咒，大搞厌胜之法，他茫然问众人说："朕是否要遭失败？"曹靖之回答说："当今之世，人神共怒，微臣确实担心事情不妙。"桓玄问道："人是有一些怨怒于我，神为何也会怨我呢？"曹靖之说："迁移了晋朝的宗庙，令其漂泊无所归；大楚的祭祀，又不能及于祖先，这便是神怨的根由了。"桓玄说："既是如此，你等众人为什么不及早提出谏议？"曹靖之回答说："受到陛下恩典的文武百僚都以为当今乃是尧舜盛世，微臣哪里敢于开口？"桓玄更加恼恨，也更加惧怕，又命桓谦、何澹之驻兵于东陵，卞范之驻兵于覆舟山以西，加起来共两万兵马，共同抵抗刘裕义军。刘裕到了蒋山，命一些老兵弱卒身披油披风登上蒋山，四下挥舞军旗，分为数路一齐前行。桓玄的探卒回城禀报说："刘裕的兵马满山遍野，数不清究竟有多少人。"桓玄更加慌恐，忙派武卫将军庾颐之拣选精壮士卒，前往援助桓谦、何澹之。此时东北风刮得甚猛，刘裕的部卒放起火来，顿时烟焰冲天，锣鼓声、呐喊声震荡京城。刘裕手执斧钺挥师冲杀，桓谦等几路人马立即溃败而逃。桓玄声言要率几千亲随与刘裕再战，然而却带领他儿子桓升、侄子桓濬溜出南掖门，西奔至石头城下，命殷仲文备办船只，一齐向南逃窜。

当初桓玄在姑孰的时候，天上将星和相星多有变异之象；篡夺皇位的那天夜里，月亮犯太白金星，又进入羽林将星，桓玄心里很不愉快。此次败逃，他的亲随劝他继续力战，桓玄来不及答话，只是扬起马鞭直指天空。跑了一天，尚未进食，左右侍人拿些粗恶饭食给他，他也难以下咽。桓升这时才几岁，抱住桓玄的胸膛并抓挠他，桓玄心中悲伤，不能自已。

刘裕请武陵王司马遵总理政务，自己设立行台，总管百官。派刘毅、刘道规追踪桓玄，杀死了桓玄的几个侄子以及桓石康的兄长桓权、桓振的兄长桓洪等人。

桓玄逃到寻阳，江州刺史郭昶之供给他日用所需，并调集了部分士卒交给他。殷仲文随后赶到寻阳，远远望见桓玄船上的旌旗和车马服饰仍具天子之仪，感叹道："此番失败再图振兴，还是有望！"随后，桓玄强令侍从随他西进。桓歆聚集了一些兵马杀向历阳，宣城内史诸葛长民将他击败。桓玄在西行途中命从官书写起居注，叙述他抗击刘裕义军的前后始末，他自称谋划运筹并没有丝毫错误，只是部下将领们未能听从调遣，才导致节节失利，也不是作战本身的过失。此刻他没有心绪与各位大臣商议军情大事，只是苦苦思索如何修好这份起居注，以便传示各方。桓玄一行来到江陵，桓石康接待了他。桓玄随即在江陵城南设立军帐，分派百官，任卞范之为尚书仆射，其余的职位大多启用后进新人。自此打造船只，集结器械，还不到一个月，兵员已经接近两万，战船和兵力也大为可观。他对属官们说："你等众人都是在朕危难之时追随朕的，其志可嘉。现在京城篡位的刘裕正该到我军前谢罪。他见到你等壮士攻入石头城，定会以为是神兵自天而降！"

桓玄自知兵败奔逃之后，法令往往不能约束众人，于是动不动就要杀人，部属大多怨恨他，且有离异之心。殷仲文劝谏他说："陛下少年时英明远扬，远近钦敬，左右叹服，因此才得扫平荆、雍二州，进据京城之内，威德传扬于四面八方，隆登皇帝宝位。如今遇到一些厄难，并不是由于威望不足。百姓日日夜夜盼望陛下恩泽普施，陛下正该弘扬仁爱之风，以此得到民心。"桓玄听罢大怒，说道："汉高祖、魏武帝几乎惨遭灭顶，都是属下将领们战事失利软弱无能！只因天象险恶，所以我回到楚国旧都，无奈这些官吏愚蠢无能，横生是非，正该以严猛来制服他们，岂能再对他们施以恩惠！"桓玄左右侍从称他为"桓诏"。桓胤又劝谏他说："诏应该用于文章辞令，不该用在对人的称谓上。汉魏的帝王绝没有如此称谓，只听说北狄中人称苻坚为'苻诏'。希望陛下能以古代帝王为表率，让子孙万代有以效法。"

桓玄说:"此等称谓既已成习,如今朕传旨更改,岂不是更加无益?若是一定要改,可等到局势平定之后再议。"荆州的各郡太守见桓玄流落于此,有的太守就派使臣持表通问,其中带出些慨叹国事不宁的言辞,桓玄对这样的上表一律斥还,命荆州各郡太守上表庆贺迁都。

桓玄派游击将军何澹之、武卫将军庚稚祖、江夏太守桓道恭随同郭铨,以数千兵马把守湓口。又派辅国将军桓振到义阳郡征调士卒,桓振刚刚到弋阳,被龙骧将军胡哗击败,桓振单人独马逃回江陵。何无忌、刘道规等人又在桑落洲击败了郭铨、何澹之和郭昶之等人,随即进军寻阳。桓玄大怒,亲率船舰二百艘从江陵出发,命苻宏、羊僧寿为前锋将军,又命鄱阳郡太守徐放为散骑常侍,想派他劝说义军休兵。他对徐放说:"眼下刘裕等人不遵天命,至于胡作妄为,如今又怕大祸临头,故而聚结兵马,迷途而不能自返。爱卿是他们信赖的长者,可以前往表明朕的心愿:刘裕如能退兵罢战,朕可与他共享天下,所有将领均授以高官,委以大任,使其不失应有的名分。滔滔江水可以为证,朕绝不自食其言。"徐放回答说:"刘裕是此次起事之主谋,刘毅的兄长又是被陛下亲手杀死,此二人都无法劝服。臣只能将陛下的意愿转告何无忌。"桓玄说:"爱卿此行如能成功,朕将把吴兴封赏给你。"徐放受此重任,来到何无忌军中。

魏咏之在历阳击败了桓歆,诸葛长民又在芍陂继续击溃桓歆残众,桓歆单人匹马渡过淮河而逃。刘毅率刘道规和下邳太守孟怀玉二部与桓玄在峥嵘洲大战。当时义军只有几千人,而桓玄人马众多,可桓玄还是担心战事不利,不时乘着小船来到战舰周围巡视,弄得他的士卒十分反感,斗志低落。义军乘着风势放起火来,个个勇猛冲杀,桓玄的士卒顿时溃不成军,连夜烧毁辎重,轻装逃命，桓玄的部将郭铨投降了义军。桓玄的旧将刘统、冯稚等聚集起四百多名兵士，偷袭并攻占了寻阳城，刘毅派建威将军刘怀肃将他们剿灭。桓玄将永安皇后和晋安帝的皇后留在巴陵，当时殷仲文也在桓玄的船上，请求乘快船去收聚散败的士卒，旋即背叛了桓玄，带着两位皇后直奔夏口。桓玄回到江陵后，冯该劝桓玄再下战表，桓玄没有听从，他想向汉川逃跑，去投奔梁州刺史桓希，无奈人情不畅，他的命令没有人执行。桓玄骑着马出了江陵，刚至城门，左右侍从中便有人掷刀刺杀他，没有击中，桓玄身前身后顿时一片刀光剑影，他仓惶逃脱，总算上了船。这时荆州别驾王康产护从着晋安帝司马德宗进入了南郡府厅，南郡太守王腾之带领文武百僚守卫着府厅。

此时益州刺史毛璩派他的侄孙毛佑之、参军费恬护送其弟毛璠的灵柩到江陵下葬，随带有二百兵马。毛璩的侄子毛修之担任着桓玄的屯骑校尉，他引诱桓玄到蜀中去，桓玄听从了。到了枚回洲，费恬和毛祐之截击桓玄，一时箭如雨下。桓玄的内侍丁仙期、万盖等人用身体遮蔽桓玄，两个人都身中几十箭而死。桓玄也被乱箭射中，他儿子桓升把箭拔了出来。益州都护冯迁手提钢刀来到桓玄面前，桓玄忙拔下头上的碧玉导送给他，口上还问："你是什么人？胆敢来杀当朝的天子？"冯迁愤然喝道："我是前来杀天子的贼臣！"挥刀杀死了桓玄，这一年桓玄三十六岁。接着，冯迁等人又杀死桓石康和桓濬等五人，并割取了他们的首级。庾颐之战死于阵。桓升还在喊："我是豫章王，各位将军不要杀我！"冯迁等把他押回江陵，斩于市中。

当初桓玄在皇宫时，时常觉得心里不宁静，好像被鬼神困扰一样，他便对心腹们说："我担心自己快要死了，所以要与上天争夺时光！"元兴年间，衡阳有母鸡变为公鸡，八十天之后，雄鸡冠才渐渐萎谢。桓玄建国于楚，衡阳也成为楚国的属郡，从他篡夺皇位到他死时，恰好也是八十天。当时有一首童谣说："长干巷，巷长干，今年杀郎君，后年杀诸桓。"他的不祥之兆竟然如此冥符。童谣中的郎君，指的是司马元显。

这个月，王腾之护从晋安帝入居太府。同时，桓谦则在沮中聚集残部为桓玄举行哀祭，设立了丧庭，并为桓玄加伪谥号为"武悼皇帝"。刘毅等人把桓玄的头颅送到江陵，安帝命将其首级再斩杀于刑场，城中百姓前来观看的没有一个不拍手称快。

何无忌等人在马头攻打桓谦，在龙洲攻打桓蔚，都将二人击败。义军乘胜分路并进，桓振、冯该等人在灵溪顽抗，将刘道规击败，道规所部战死的有一千余人。义军受此挫折，只得暂时退驻于寻阳，修整战船和兵器。毛璩自署为梁州刺史，派大将攻打汉中，杀死了桓希。江夏相张畅之、高平郡太守刘怀肃在西塞矶合兵攻打何澹之，并将其击败。桓振派桓蔚代替王旷镇守襄阳。刘道规发兵攻打武昌，击败了桓玄所署的武昌太守王竃。魏咏之、刘藩在白茅击溃了桓石绥。义军再次从寻阳出发西进。桓亮自称为江州刺史，攻打豫章，江州刺史刘敬宣将他击溃。义军又进驻夏口。桓玄的镇东将军冯该等死守夏口，扬武将军孟山图占据着鲁城，辅国将军桓山客把守着偃月垒。刘毅派兵先攻鲁城，又派刘道规攻偃月垒，何无忌和檀祗列舰于江心，防止冯该等贼逃窜过江。这时义军奋勇冲杀，喊叫之声震荡山谷，从辰时到午时，鲁城和偃月垒都被攻破，冯该见大势已去，仓惶逃走，桓山客则被义军活捉了。刘毅等又平定了巴陵。毛璩派涪陵郡太守文处茂挥师东下，桓振派桓放之任益州刺史，屯兵于夷陵，文处茂与桓放之力战，桓放之抵敌不过，大败而逃，回到江陵。

义熙元年正月，南阳太守鲁宗之派遣义军攻打襄阳，打败了桓玄所署的雍州刺史桓蔚。何无忌等各路兵马屯驻于江陵的马头，桓振挟安帝屯居于江津。鲁宗之带领人马在柞溪击败了桓玄所署的贲中郎温楷，而后挥师进入纪南城。桓振亲自率兵攻打鲁宗之，宗之战败。此时蜀中义兵已占据了灵溪，刘毅率领何无忌、刘道规等打败冯该，乘胜向前推进，随即攻克了江陵。桓振望见江陵城中起火，知道江陵已经被攻陷，便与桓谦等人向北逃窜。这一天，安帝重新恢复帝位，大赦天下。所有佐助桓玄篡位的官吏一律处死，只赦免了桓胤一个人。桓亮还在豫章，自称镇南将军、湘州刺史。苻宏又进犯安成、庐陵，刘敬宣派将征讨，苻宏败逃进入湘中。二月，桓谦、何澹之、温楷等人都投奔了姚兴。桓振和苻宏又从蟪城出兵，偷袭江陵，刘怀肃从云杜出师与桓振激战，并将桓振击败，广武将军唐兴杀死了桓振和桓玄所署的辅国将军桓珍，刘毅在临鄣杀死了桓玄的零陵太守刘叔祖。桓亮、苻宏再次入寇湘中，杀死太守及长史佐吏，檀祗在湘东讨伐苻宏，并将他杀死，广武将军郭弥在益阳杀死了桓亮，其余拥兵自立的大小寇首也全被扫平。安帝降诏，将桓胤及其族属安置于新安一带郡县。

义熙三年，东阳太守殷仲文和永嘉太守骆球谋图反叛，想立桓胤为帝，曹靖之、桓石松、卞承之、刘延祖等人也暗地勾结起来，结果被刘裕一个个逮捕杀死，并将其家属也都处死。后来桓谦逃入蜀中，蜀中贼寇谯纵任桓谦为荆州刺史，并命他带兵出川东下，荆楚一带确有不少人响应他。桓谦来到枝江，荆州刺史刘道规将其杀死，梁州刺史傅歆杀死了桓石绥，桓氏之族至此灭亡。

- 史记
- 汉书
- 后汉书
- 三国志
- 晋书
- **宋书**
- 南齐书
- 梁书
- 陈书
- 魏书
- 北齐书
- 周书
- 隋书
- 南史
- 北史
- 旧唐书
- 新唐书
- 旧五代史
- 新五代史
- 宋史
- 辽史
- 金史
- 元史
- 明史

宋书

本　纪

宋书卷七

本纪第七

前废帝

前废帝讳子业，小字法师，孝武帝长子也。元嘉二十六年正月甲申生。世祖镇寻阳，子业留京邑。三十年，世祖入伐元凶，被囚侍中下省，将见害者数矣，卒得无恙。

世祖践阼，立为皇太子。始末之东宫，中庶子、二率并入直永福省。大明二年，出居东宫。四年，讲《孝经》于崇正殿。七年，加元服。

八年闰五月庚申，世祖崩，其日，太子即皇帝位。大赦天下。太宰江夏王义恭解尚书令，加中书监，骠骑大将军柳元景加尚书令。甲子，置录尚书，太宰江夏王义恭录尚书事。骠骑大将军柳元景加开府仪同三司。丹阳尹永嘉王子仁为南豫州刺史。

六月辛未，诏曰："朕以眇身，夙绍洪业，敬御天威，钦对灵命。仰遵凝绪，日鉴前图，实可以拱默守成，诒风长世。而宝位告始，万宇改属，惟德弗明，昧于大道。思宣睿范，引兹简恤，可具询执事，详访民隐。凡曲令密文，繁而伤治，关市傉税，事施一时，而奸吏舞文，妄兴威福，加以气纬舛互，偏颇滋甚。宜其宽徭轻宪，以救民切。御府诸署，事不须广，雕文篆刻，无施于今。悉宜并省，以酬氓愿。藩王贸货，壹皆禁断。外便具条以闻。"戊寅，以豫州之淮南郡复为南梁郡，复分宣城还置淮南郡。庚辰，以南海太守袁昙远为广州刺史。

秋七月己亥，镇军将军、雍州刺史晋安王子勋改为江州刺史，中护军宗悫为安西将军、雍州刺史，镇北将军、徐州刺史湘东王彧为护军将军，中军将军义阳王昶为征北将军、徐州刺史。庚戌，婆皇国遣使献方物。崇皇太后曰太皇太后，皇后曰皇太后。乙卯，罢南北二驰道。孝建以来所改制度，还依无嘉。丙辰，追崇献妃为献皇后。乙丑，抚军将军、南徐州刺史新安王子鸾解领司徒。

八月丁卯，领军将军王玄谟为镇北将军、青冀二州刺史。己巳，以青、冀二州刺史萧惠开为益州刺史。己丑，皇太后崩。京师雨水。庚寅，遣御史与官长随宜赈恤。

九月辛丑，护军将军湘东王彧为领军将军。癸卯，以尚书左仆射刘遵考为特进、右光禄大夫。乙卯，文穆皇后祔葬景宁陵。

冬十月甲戌，太常建安王休仁为护军将军。戊寅，辅国将军宗越为司州刺史。庚辰，原除扬、南徐州大明七年逋租。

十二月乙酉，以尚书右仆射颜师伯为尚书仆射。壬辰，以王畿诸郡为扬州，以扬州为东扬州。癸巳，以车骑将军、扬州刺史豫章王子尚为司徒、扬州刺史。

去岁及是岁，东诸郡人旱，甚者米一升数百，京邑亦至百余，饿死者十有六七。孝建以来，又立钱署铸钱，百姓因此盗铸，钱转伪小，商货不行。

永光元年春正月乙未朔，改元。大赦天下。乙巳，省诸州台传。戊午，以领军将军湘东王彧为卫将军、南豫州刺史，护军将军建安王休仁为领军将军，秘书监山阳王休祐为豫州刺史，左卫将军桂阳王休范为中护军，南豫州刺史寻阳王子房为东扬州刺史。

二月乙丑，减州郡县田禄之半。庚寅，铸二铢钱。

三月甲辰，罢临江郡。

五月己亥，割郢州随郡属雍州。丙午，以后军司马张牧为交州刺史。

六月己巳，左军长史刘道隆为梁、南秦二州刺史。乙亥，安西将军、雍州刺史宗悫卒。壬午，卫将军、南豫州刺史湘东王彧改为雍州刺史。尚书令、骠骑大将军柳元景加南豫州刺史。

秋八月辛酉，越骑校尉戴法兴有罪，赐死。庚午，以尚书仆射颜师伯为尚书左仆射，吏部尚书王景文为尚书右仆射。癸酉，帝自率宿卫兵，诛太宰江夏王义恭、尚书令骠骑大将军柳元景、尚书左仆射颜师伯、廷尉刘德愿。改元为景和元年。文武赐位二等。以领军将军建安王休仁为安西将军、雍州刺史，卫将军湘东王彧还为南豫州刺史。甲戌，司徒、扬州刺史豫章王子尚领尚书令，射声校尉沈文秀为青州刺史，左军司马崔道固为冀州刺史。乙亥，诏曰："昔凝神仵逸，磻溪赞道，湛虑思才，傅岩毗化。朕位御三极，风澄万宇，资铁电断，正卬期戮。思所以仰宣遗烈，俯弘景祚，每结梦庖鼎，瞻言板筑，有劬日昃，无忘昧旦。可甄访郡国，招聘间部：其有孝性忠节，幽居遁栖，信诚义行，廉正表俗，文敏博识，干事治民，务加旌举，随才引擢。庶官克顺，彝伦咸叙。主者精加详括，称朕意焉。"以始兴公沈庆之为太尉，镇北将军、青冀二州刺史王玄谟为领军将军。庚辰，以石头城为长乐宫，东府城为未央宫。罢东扬州并扬州，甲申，以北邸为建章宫，南第为长杨宫。以冠军将军邵陵王子元为湘州刺史。丙戌，原除吴、吴兴、义兴、晋陵、琅邪五郡大明八年以前逋租。己丑，复立南北二驰道。

九月癸巳，车驾幸湖熟，奏鼓吹。戊戌，车驾还宫。庚子，以南兖州刺史永嘉王子仁为南徐州刺史，丹阳尹始安王子真为南兖州刺史。辛丑，抚军将军、南徐州刺史新安王子鸾免为庶人，赐死。丙午，以兖州刺史薛安都为平北将军、徐州刺史。丁未，卫将军湘东王彧加开府仪同三司，特进、右光禄大夫刘遵考为安西将军、南豫州刺史，宁朔将军殷孝祖为兖州刺史。戊申，以前梁、南秦二州刺史柳元怙复为梁、南秦二州刺史。己酉，车驾讨征北将军、徐州刺史义阳王昶，丙外戒严。昶奔于索虏。辛亥，右将军、豫州刺史山阳王休祐进号镇西大将军。甲寅，以安西长史袁顗为雍州刺史。戊午，以左民尚书刘思考为益州刺史。是日解严，车驾幸瓜步。开百姓铸钱。

冬十月癸亥，曲赦徐州。丙寅，车驾还宫。以建安王休仁为护军将军。己卯，东阳太守王藻下狱死。以宫人谢贵嫔为夫人，加虎贲鞶鞘，鸾辂龙旂，出警入跸，实新蔡公主也。乙酉，以镇西大将军、豫州刺史山阳王休祐为镇军大将军、开府仪同三司。

十一月壬辰，宁朔将军何迈下狱死。新除太尉沈庆之薨。壬寅，立皇后路氏，四厢奏乐。赦扬、南徐二州。护军将军建安王休仁加特进、左光禄大夫。中护军桂阳王休范迁职。丁未，皇子生，少府刘胜之子也。大赦天下。赃污淫盗，悉皆原除。赐为父后者爵一级。壬子，以特进、左光禄大夫、护军将军建安王休仁为骠骑大将军、开府仪同三司。戊午，南平王敬猷、庐陵王敬先、安南侯敬渊并赐死。

时帝凶悖日甚，诛杀相继，内外百司，不保首领。先是讹言云："湘中出天子。"帝将南巡荆、湘二州以厌之。先欲诛诸叔，然后发引。太宗与左右阮佃夫、王道隆、李道儿密结帝左右寿寂之、姜产之等十一人，谋共废帝。戊午夜，帝于华林园竹林堂射鬼。时巫觋云："此堂有鬼。"故帝自射之。寿寂之怀刀直入，姜产之为副。帝欲走，寂之追而殒之。时年十七。太皇太后令曰：

司徒领护军八座：子业虽曰嫡长，少禀凶毒，不仁不孝，著自髫龀。孝武弃世，属当辰历。自梓宫在殡，喜容腼然，天罚重离，欢恣滋甚。逼以内外维持，忍虐未露，而凶惨难抑，一旦肆祸，遂纵戮上宰，殄害辅臣。子鸾兄弟，先帝钟爱，含怨既往，枉加屠酷。昶茂亲作捍，横相征讨。新蔡公主逼离夫族，幽置深宫，诡云梦殒。襄事甫尔，丧礼顿释，昏酣长夜，庶事倾遗。朝贤旧勋，弃若遗土。管弦不辍，珍羞备膳。詈辱祖考，以为戏谑。行游莫止，淫纵无度。肆宴园陵，规图发掘。诛剪无辜，籍略妇女。建树伪竖，莫知谁息。拜嫔立后，庆过恒典。宗室密戚，遇若婢仆，鞭捶陵曳，无复尊卑。南平一门，特钟其酷，反天灭理，显暴万端。苛罚酷令，终无纪极，夏桀、殷辛，未足以譬。阖朝业业，人不自保，百姓遑遑，手足靡厝。行秽禽兽，罪盈三千。高祖之业将泯，七庙之享几绝。吾老疾沈笃，每规祸鸩，忧煎漏刻，气命无几。开辟以降，所未尝闻。远近思奋，十室而九。

卫将军湘东王体自太祖，天纵英圣，文皇钟爱，宠冠列藩。吾早识神睿，特兼常礼。潜运宏规，义士投袂，独夫既殒，悬首白旗，社稷再兴，宗祏永固，人鬼属心，大命允集。且勋德高邈，大业攸归，宜遵汉、晋，纂承皇极。主者详旧典以时奉行。

未亡人余年不幸婴此百艰，永寻情事，虽存若殒。当复奈何！当复奈何！

葬废帝丹阳秣陵县南郊坛西。

帝幼而狷急,在东宫每为世祖所责。世祖西巡,子业启参承起居,书迹不谨,上诘让之。子业启事陈谢,上又答曰:"书不长进,此是一条耳。闻汝素都懈怠,狷戾日甚,何以顽固乃尔邪!"初践阼,受玺绂,悖然无哀容。始犹难诸大臣及戴法兴等,既杀法兴,诸大臣莫不震慑。于是又诛群公。元凯以下,皆被殴捶牵曳。内外危惧,殿省骚然。初太后疾笃,遣呼帝。帝曰:"病人间多鬼,可畏,那可往。"太后怒,语侍者:"将刀来,破我腹,那得生如此宁馨儿!"及太后崩后数日,帝梦太后谓之曰:"汝不孝不仁,本无人君之相。子尚愚悖如此,亦非运祚所及。孝武险虐灭道,怨结人神,儿子虽多,并无天命。大运所归,应还文帝之子。"其后湘东王绍位,果文帝子也。故帝聚诸叔京邑,虑在外为患。山阴公主淫恣过度,谓帝曰:"妾与陛下,虽男女有殊,俱托体先帝。陛下六宫万数,而妾唯驸马一人。事不均平,一何至此!"帝乃为主置面首左右三十人;进爵会稽郡长公主,秩同郡王,食汤沐邑二千户,给鼓吹一部,加班剑二十人。帝每出,与朝臣常共陪辇。主以吏部郎褚渊貌美,就帝请以自侍,帝许之。渊侍主十日,备见逼迫,誓死不回,遂得免。帝所幸阉人华愿儿,官至散骑常侍,加将军带郡。帝少好读书,颇识古事,自造《世祖诔》及杂篇章,往往有辞采。以魏武帝有发丘中郎将、摸金校尉,乃置此二官。以建安王休仁、山阳王休祐领之。其余事迹,分见诸列传。

史臣曰:"废帝之事行著于篇。若夫武王数殷纣之衅,不能絓其万一;霍光书昌邑之过,未足举其毫厘。假以中才之君,有一于此,足以赏社残宗,污宫潴庙,况总斯恶以萃一人之体乎!其得亡亦为幸矣。"

译文：

前废帝名子业，小字法师，是孝武帝长子。元嘉二十六年正月甲申日生。世祖镇守寻阳时，子业留在京城建康。三十年，世祖入京讨伐元凶刘劭时，子业被刘劭囚禁在侍中下省，多次险遭杀害，最后幸免于难。

宋孝武帝登极，立子业为皇太子。开始并未进住东宫，属官中庶子、左右卫率就在永福省值班。大明二年，出永福省住进东宫。四年，在崇正殿听讲《孝经》。七年，行加冠礼。

八年闰五月庚申日，孝武帝驾崩，当天，太子业登皇帝位。大赦天下。太宰江夏王义恭解除尚书令，加官中书监，骠骑大将军柳元景加官尚书令。甲子日，设置录尚书的官位，太宰江夏王义恭任录尚书事。骠骑大将军柳元景加赐开府仪同三司。丹阳尹永嘉王子仁为南豫州刺史。

六月辛未日，颁诏书道："朕以眇小之身，早年继承大业，敬奉上天赐下的权威，恭谨地顺从神灵的命令。遵从前代成就的功业，天天取鉴前朝的法度，本来可以安静地护守祖宗的成业，让美好的遗风永世长存。但是刚登皇位，天下改换了君主，考虑朕的德行并不光大，对治国大道还不通晓。为了宣扬贤智的楷模，导致简政恤民，我应该事事垂询执政官员，详细访察民间疾苦。凡是不正当的法令烦乱的条文，繁杂而有害于治国，关卡市场的租税，有的施行一时，这样奸邪的官吏执法舞弊，恣意作威作福，加上气数多有忤逆，政治上的偏差失误更甚。应该宽缓徭役减轻刑法，以解救民间的急困。宫内及朝廷的官署，事务不须铺张，雕饰华丽的辞藻，自今以后不得使用。应当全面合并减裁，以此酬答百姓的愿望。名藩王买卖货物，一律禁止断绝。外朝官员可以具体写出事项呈进上闻。"戊寅日，将豫州的淮南郡恢复为南梁郡，又分出宣城划归淮南郡。庚辰日，任南海太守袁昙远为广州刺史。

秋七月己亥日，镇军将军、雍州刺史晋安王子勋改任江州刺史，中护军宗悫为安西将军，雍州刺史，镇北将军、徐州刺史湘东王彧为护军将军，中军将军义阳王昶为征北将军、徐州刺史。庚戌日，婆皇国派使臣进贡土产。尊称皇太后为太皇太后，皇后为皇太后。乙卯日，停止修筑南北二驰道。自孝建年间以来所改变的制度，依照元嘉年间恢复过来。丙辰日，追尊献妃为献皇后。乙丑日，抚军将军、南徐州刺史新安王子鸾解除原职领任司徒。

八月丁卯日，领军将军王玄谟任镇北将军、青冀二州刺史。己巳日，任青冀二州刺史萧惠开为益州刺史。己丑日，皇太后驾崩。京城雨水成灾。庚寅日，派遣御史会同官长根据灾情适当赈济抚恤。

九月辛丑日，护军将军湘东王彧任领军将军。癸卯日，赐尚书左仆射刘遵考为特进、右光禄大夫。乙卯日，文穆皇后合葬景宁陵。

冬十月甲戌日，太常建安王休仁任护军将军。戊寅日，辅国将军宗越任司州刺史。庚辰日，免除扬、南徐州大明七年的欠租。

十二月乙酉日，任尚书右仆射颜师伯为尚书仆射。壬辰日，将京城附近各郡划为扬州，把原扬州改为东扬州。癸巳日，任车骑将军、扬州刺史豫章王子尚为司徒、扬州刺史。

去年及今年，东方各郡大旱，严重的郡一升米价数百钱，京城也达到百多钱，饿死的人十有六七。孝建年间以来，又设立钱署铸钱，于是民间私铸钱币，钱币变得又假又小，商贾不敢使用。

永光元年春正月乙未初一，改变年号。大赦天下。乙巳日，减少各州驿站。戊午日，任领军将军湘东王彧为卫将军、南豫州刺史，护军将军建安王休仁为领军将军，秘书监山阳王休祐为豫州刺史，左卫将军桂阳王休范为中护军，南豫州刺史寻阳王子房为东扬州刺史。

二月乙丑日，减免州郡县官吏应得的土地禄米半数。庚寅日，铸造二铢钱。

三月甲辰日，撤销临江郡。

五月己亥日，划出郢州随郡归属雍州。丙午日，任后军司马张牧为交州刺史。

六月己巳日，左军长史刘道隆任梁、南秦二州刺史。乙亥日，安西将军、雍州刺史宗悫死。壬午日，卫将军、南豫州刺史湘东王彧改任雍州刺史。尚书令、骠骑大将军柳元景加官南豫州刺史。

秋八月辛酉日，越骑校尉戴法兴有罪，赐死。庚午日，任尚书仆射颜师伯为尚书左仆射，吏部尚书王景文为尚书右仆射。癸酉日，皇帝亲自统率禁卫军，诛杀太宰江夏王义恭，尚书令、骠骑大将军柳元景，尚书左仆射颜师伯、廷尉刘德愿。改年号为景和元年。文武官员加赐爵位二等。任领军将军建安王休仁为安西将军、雍州刺史，卫将军湘东王彧复任南豫州刺史。甲戌日，司徒、扬州刺史豫章王子尚领任尚书令，射声校尉沈文秀为青州刺史，左军司马崔道固为冀州刺史。乙亥日，颁诏书道："往古周文王专心期望得到贤人，在磻溪垂钓的吕望帮助他推行大道，商代武丁深深地思念人才，筑墙的傅说辅佐他治理国家。朕处在天地人三极之位，宇内澄清，刑罚明断，少正卯一类乱臣已被诛灭。常常想到对上宣扬遗德，对下恢宏帝业，每每在梦中结交充当庖厨的伊尹，望见从事筑墙的傅说，为此勤劳政事到傍晚，更不忘黎明即起。应在各郡国察访，到闾里中去招聘：有孝性忠节而深居隐遁，有信诚义行而清廉正直为人们的表率，文才敏捷博学多识而胜任职事善于治民的人才，务必加以表彰举荐，按才能引进提拔。望各级官员能顺承旨意，使常道能井井有条。主事的官员必须精心细致地网罗人才，使朕能称心合意。"任始兴公沈庆之为太尉，镇北将军、青冀二州刺史王玄谟为领军将军。庚辰日，将石头城改称长乐宫，东府城改称未央宫。撤销东扬州并入扬州。甲申日，将北邸改称建章宫，南第改称长杨宫。任冠军将军邵陵王子元为湘州刺史。丙戌日，免除吴、吴兴、义兴、晋陵、琅邪五郡大明八年以前的欠租。己丑日，恢复修筑南北二驰道的工程。

九月癸巳日，皇帝去到湖熟，乐队奏乐。戊戌日，皇帝回宫。庚子日，任南兖州刺史永嘉王子仁为南徐州刺史，丹阳尹始安王子真为南兖州刺史。辛丑日，抚军将军、南徐州刺史新安王子鸾削除王号贬为庶人，赐死。丙午日，任兖州刺史薛安都为平北将军、徐州刺史。丁未日，卫将军湘东王彧加赐开府仪同三司，特进、右光禄大夫刘遵考为安西将军、南豫州刺史，宁朔将军殷孝祖为兖州刺史。戊申日，任前梁、南秦二州刺史柳元怙复职为梁、南秦二州刺史。己酉日，皇帝征讨征北将军、徐州刺史义阳王昶，京城内外戒严。昶逃亡到北魏。辛亥日，右将军、豫州刺史山阳王休祐进号镇西大将军。甲寅日，任安西长史袁顗为雍州刺史。戊午日，任左民尚书刘思考为益州刺史。这天解除戒严，皇帝去到瓜步。解除百姓铸钱的禁令。

冬十月癸亥日，特赦徐州。丙寅日，皇帝回宫。任建安王休仁为护军将军。己卯日，东阳太守王藻下狱处死。将官人谢贵嫔封为夫人，加赐虎贲鞭戟，鸾车龙旗，出入警戒清道，其实谢贵嫔就是新蔡公主。乙酉日，任镇西大将军、豫州刺史山阳王休祐为镇军大将军、开府仪同三司。

十一月壬辰，宁朔将军何迈下狱处死。新任太尉沈庆之病死。壬寅日，立皇后路氏，宫里四厢奏乐。宽赦扬、南徐二州。护军将军建安王休仁加赐特进、左光禄大夫。中护军桂阳王休范贬职。丁未日，皇子降生，实际是少府刘胜的孩子。大赦天下。犯贪赃淫盗罪的，全都赦免。赐给长子为父后的人爵位一级。壬子日，任特进、左光禄大夫、护军将军建安王休仁为骠骑大将军、开府仪同三司。戊午日，南平王敬猷、庐陵王敬先、安南侯敬渊一并赐死。

这时皇帝凶残逆乱日甚一日，接连诛杀臣下，内外百官，性命不保。先是有谣言说："湘中出新天子。"皇帝准备南下巡视荆、湘二州用来镇伏妖邪。准备先杀掉几个叔父，然后再出发。刘彧会同亲信阮佃夫、王道隆、李道儿秘密勾结皇帝左右的寿寂之、姜产之等十一人，策划共同废掉皇帝。戊午日夜里，皇帝在华林园竹林堂射鬼。因为女巫男巫说过："这堂屋里有鬼"，所以皇帝亲自射鬼。寿寂之怀藏着刀子直入竹林堂，姜产之做副手。皇帝打算逃跑，寂之追上把他杀掉。当时废帝十七岁。太皇太后下令道：

司徒领护军及八座：子业虽然是嫡长子，自小禀性凶残狠毒，不仁不孝，幼年时就表现得很明显。孝武帝逝世，按制度立为本朝皇帝。自孝武帝停灵时，他面带喜容，上天降下惩罚，他却欢乐纵欲更甚。过于迫于宫内外的约束，忍着残暴的性子不敢显露，但是他凶残狠毒的本性难于压制，一旦放肆造祸，便随意诛戮尊贵的宰相，杀害辅国的大臣。子鸾兄弟，是先帝钟爱的皇子，他心怀往日的怨恨，枉加罪名加以残杀。昶是皇亲作为捍卫国家的屏藩，他却横加征讨。逼迫新蔡公主离开夫家，秘密隐藏在后宫，谎说她已经死掉。丧事刚刚办完，守丧的礼节也立刻废除，长夜昏醉酣饮，一切朝政委弃不问。朝中的贤宰勋臣，像尘土一样遗弃。管弦奏乐不停，饭食珍馐美味齐备。辱骂先祖先父，用以戏谑。行游无处不到，纵欲享乐无度。在陵园里设宴，还图谋发掘帝陵。杀害无辜，掠取妇女。提拔伪劣的竖臣，没有人知道是谁人的子弟。拜嫔妃立皇后，仪式超过制度。宗室贵戚，对待他们如同仆人婢女，鞭苔凌辱，不再有尊卑上下。南平王一家，尤其受到残酷的杀戮。违天灭理，显露的罪恶无数。苛刻的征罚和残酷的命令，没有准则和终极，夏桀、殷纣，不足以和他相比。满朝官员恐惧不安，人不自保，百姓惊慌不宁，手足无措。淫秽的行为如同禽兽，罪恶满盈。高祖开创的基业眼看要毁掉，宗庙的祭祀几乎要断绝。我已年老病重，常常想到可能被毒害，每时每刻忧愤煎熬，气息寿命没几天了。开天辟地以来，这是从未听说过的事情。远近的人都想奋起反抗，十家有九家如此。

卫将军湘东王是太祖所生，天赋英明圣哲，为文帝所喜爱，恩宠在诸王之首。我早知道他聪明睿智，特意用非常的礼数待他。他深沉地制定了宏大的计划，义士奋起追随。暴君已经死掉，头颅悬挂在白旗上，国家再次兴起，宗庙神主永远安固，人鬼倾心，天命所向。而且湘东王功德高远，帝业所归，应当遵从汉、晋的制度，继承皇位。主事的大臣详察旧时制度按时奉行典礼。

未亡人老年不幸遭到种种艰难，永远记住这些事实，虽然活着像死了一样。还能怎么样！还能怎么样！

废帝埋葬在丹阳秣陵县南郊坛西侧。

废帝自幼狂傲暴躁，在东宫时多次被孝武帝责备。孝武帝西巡，子业写信问候起居，字迹不工整，孝武帝对他加以责问。子业写信陈情谢罪，孝武帝回答说："写字不长进，这只是一个方面。听说你平日极其懒散怠惰，横暴日甚，怎么愚蠢固执到这种程度！"刚刚即位时，接受皇帝玺绂，竟然违背常理而毫无哀伤的表情。开始还顾忌各位大臣和戴法兴等人，杀掉法兴之后，各大臣无不震恐畏惧。接着又杀掉众王公。朝廷卿相以下，都遭到殴打牵拉。朝廷内外危惧，中央官署骚动。当初太后病重，派人把他找来。废帝说："病人那里多鬼，可怕，怎么可以去？"太后发怒，对侍者说："拿刀来，剖开我的肚子，怎么竟生出了这样的儿子！"等到太后驾崩数日之后，废帝梦见太后对他说："你不孝不仁，本来没有人君的样子。子尚愚顽不顺如此，也不是能够承受帝业的人。孝武帝凶险残虐灭绝人道，在人间和鬼神那里结下仇怨，虽然儿子很多，并没有一个能够承受天命的。天命的归属，应当还给文帝的儿子。"其后湘东王继位，果然是文帝的儿子。因此废帝把各位叔父都聚集在京城里，担心他们在外造成祸患。山阴公主淫欲恣纵无度，对废帝说："我同陛下，虽然男女不同，都是先帝所生。陛下六宫中的女人数以万计，可我只有驸马一人。事情太不平均，怎么到这个地步！"于是废帝给公主设置面首在左右达三十人；晋爵为会稽郡长公主，秩禄与郡王相等，享有汤沐邑二千户，给鼓吹乐队一部，加赐带剑侍卫二十人。废帝每次出行，公主与朝臣经常一起陪侍。公主看上了吏部郎褚渊容貌美好，向废帝请求让褚渊伺候自己，废帝答应了她。褚渊伺候公主十天，受尽了公主的逼迫，发誓宁可死也不能屈从，于是才得幸免。皇帝亲近的阉人华愿儿，官至散骑常侍，加赐将军兼领郡职。废帝小时好读书，很知晓古代的事情，自著《世祖诔》及散杂篇章，相当有辞采。因为魏武帝有发丘中郎将、摸金校尉，于是也仿效设置这样两个官职。由建安王休仁、山阳王休祐担任。其余事迹，分别载见有关的列传。

史臣说："废帝的所作所为记载在篇章里的，就像那武王陈数说殷纣王的罪恶，还够不上他的万分之一，霍光叙写昌邑王的罪过，还不足以举出他的一毫一厘。假如拿中等才德的君主来说，有废帝的一项罪恶，就足以灭亡国家，毁坏宗庙，玷污宫廷，何况把这种种罪恶集中在一人身上呢！废帝仅得一死算是幸运了。"

列　传

宋书卷四十三

列传第三

檀道济

檀道济，高平金乡人，左将军韶少弟也。少孤，居丧备礼。奉姊事兄，以和谨致称。

高祖创义，道济从入京城，参高祖建武军事，转征西。讨平鲁山，禽桓振，除辅国参军、南阳太守。以建义勋，封吴兴县五等侯。卢循寇逆，群盗互起，郭寄生等聚作唐，以道济为扬武将军、天门太守讨平之。又从刘道规讨桓谦、苟林等，率厉文武，身先士卒，所向摧破。及徐道复来逼，道规亲出拒战，道济战功居多。迁安远护军、武陵内史。复为太尉参军，拜中书侍郎，转宁朔将军，参太尉军事。以前后功封作唐县男，食邑四百户。补太尉主薄、谘议参军。豫章公世子为征虏将军镇京口，道济为司马、临淮太守。又为世子西中郎司马、梁国内史。复为世子征虏将军司马，加冠军将军。

义熙十二年，高祖北伐，以道济为前锋出淮、肥，所至诸城戍望风降服。进克许昌，获伪宁朔将军、颍川太守姚坦，及大将杨业。至成皋，伪兖州刺史韦华降。径进洛阳，伪平南将军陈留公姚洸归顺。凡拔城破垒，俘四千余人。议者谓应悉戮以为京观。道济曰："伐罪吊民，正在今日。"皆释而遣之。于是戎夷感悦，相率归之者甚众。进据潼关，与诸军共破姚绍。长安既平，以为征虏将军、琅邪内史。世子当镇江陵，复以道济为西中郎司马、持节、南蛮校尉。又加征虏将军。迁宋国侍中，领世子中庶子，兖州大中正。

高祖受命，转护军，加散骑常侍，领石头戍事。听直入殿省。以佐命功，改封永修县公，食邑二千户。徙为丹阳尹，护军如故。高祖不豫，给班剑二十人。

出监南徐兖之江北淮南诸郡军事、镇北将军、南兖州刺史。景平元年，虏围青州刺史竺夔于东阳城，夔告急。加道济使持节、监征讨诸军事，与王仲德救东阳。未及至，虏烧营，焚攻具遁走。将追之，城内无食，乃开窖取久谷，窖深数丈，出谷作米，已经再宿，虏去已还，不复可追，乃止。还镇广陵。

徐羡之将废庐陵王义真，以告道济，道济意不同，屡陈不可，不见纳。羡之等谋欲废立，讽道济入朝，既至，以谋告之。将废之夜，道济入领军府就谢晦宿。晦其夕竦动不得眠，道济就寝便熟，晦以此服之。太祖未至，道济入守朝堂。上即位，进号征北将军，加散骑常侍，给鼓吹一部。进封武陵郡公，食邑四千户。固辞进封。又增督青州、徐州之淮阳下邳琅邪东莞五郡诸军事。

及讨谢晦，道济率军继到彦之。彦之战败，退保隐圻，会道济至。晦本谓道济与羡之等同诛，忽闻来上，人情凶惧，遂不战自溃。事平，迁都督江州荆州之江夏豫州之西阳新蔡晋熙四郡诸军事、征南大将军、开府仪同三司、江州刺史，持节、常侍如故。增封千户。

元嘉八年，到彦之伐索虏，已平河南，寻复失之，金墉、虎牢并没，虏逼滑台。加道济都督征讨诸军事，率众北讨。军至东平寿张县，值虏安平公乙旃眷。道济率宁朔将军王仲德、骁骑将军段宏奋击，大破之。转战至高梁亭，虏宁南将军、济州刺史寿昌公悉颊库结前后邀战，道济分遣段宏及台队主沈虔之等奇兵击之，即斩悉颊库结。道济进至济上，连战二十余日，前后数十交，虏众盛，遂陷滑台。道济于历城全军而反。进位司空，持节、常侍、都督、刺史并如故。还镇寻阳。

道济立功前朝，威名甚重，左右腹心，并经百战，诸子又有才气，朝廷疑畏之。太祖寝疾累年，屡经危殆，彭城王义康虑宫车晏驾，道济不可复制。十二年，上疾笃，会索虏为边寇，召道济入朝。既至，上间。十三年春，将遣道济还镇，已下船矣，会上疾动，召入祖道，收付廷尉。诏曰："檀道济阶缘时幸，荷恩在昔，宠灵优渥，莫与为比。曾不感佩殊遇，思答万分，乃空怀疑贰，履霜日久。元嘉以来，猜阻滋结，不义不昵之心，附下罔上之事，固已暴之民听，彰于遐迩。谢灵运志凶辞丑，不臣显著，纳受邪说，每相容隐。又潜散金货，招诱剽猾，逋逃必至，实繁弥广，日夜伺隙，希冀非望。镇军将军仲德往年入朝，屡陈此迹。朕以其位居台铉，豫班河岳，弥缝容养，庶或能革。而长恶不悛，凶愚遂遘，因朕寝疾，规肆祸心。前南蛮行参军庞延祖具悉奸状，密以启闻。夫君亲无将，刑兹罔赦。况罪衅深重，若斯之甚。便可收付廷尉，肃正刑书。事止无恶，余无所问。"于是收道济及其子给事黄门侍郎植、司徒从事中郎粲、太子舍人隰、征北主簿承伯、秘书郎遵等八人，并于廷尉伏诛。又收司空参军薛彤，付建康伏法。又遣尚书库部郎顾仲文、建武将军茅亨至寻阳，收道济子夷、邕、演及司空参军高进之诛之。薛彤、进之并道济腹心，有勇力，时以比张飞、关羽。初，道济见收，脱帻投地曰："乃复坏汝万里之长城！"邕子孺乃被宥，世祖世，为奉朝请。

译文：

檀道济，高平金乡人，是左将军檀韶的幼弟。少年失父母，居丧期间依礼行事，侍奉姐姐和哥哥，以和顺谨慎著称。

高祖首倡大义，檀道济随从进京，参高祖建武军事。转征西，讨平鲁山，活捉桓振，官拜辅国参军、南阳太守。因建义的功勋，封爵吴兴县五等侯。卢循反叛寇掠，群盗并起，郭寄生盘踞在作唐。朝廷委任檀道济为扬武将军、天门太守，讨平郭寄生。然后跟随刘道规进讨桓谦、荀林等，他率领激励部属，身先士卒，所向披靡。徐道覆领兵逼近，刘道规麾军抵拒，檀道济因战功卓著，升任安远护军，武陵内史。不久又任太尉参军、中书侍郎，迁转宁朔将军，参太尉军事。录前后所立功勋，封爵作唐县男，食邑四百户。又补授太尉主簿、咨议参军。豫章公世子代替征虏将军镇守京口，檀道济担任他的司马，兼临淮太守。继而任世子西中郎司马，兼梁国内史。后任世子征虏将军司马，加冠军将军。

义熙十二年，高祖北伐，以檀道济为前锋，先出淮、肥，军队所到之地，城戍纷纷望风归顺。檀道济引军攻克许昌，俘获后秦宁朔将军兼颍川太守姚坦及大将杨业。兵至成皋，后秦兖州刺史韦华降附。他又引军直趋洛阳，后秦平南将军陈留公姚洸出降。一路陷城池破壁垒，俘虏敌军将士四千余人。军中有人建议将战俘全部杀死，尸体封土成高冢，以炫耀武功。檀道济说："讨伐有罪，抚慰人民，才是今天应该做的。"他将俘虏全部放回。戎夷心悦诚服，相率归顺他的人很多。他领兵西进，据守潼关，与诸路兵马联合，击败姚绍。长安平定以后，迁任征虏将军、琅邪内史。世子将镇守江陵，又以檀道济为西中郎司马、持节、南蛮校尉，加征虏将军。再迁宋国侍中，领世子中庶子，兼兖州大中正。

高祖刘裕称帝后，檀道济转为护军，加散骑常侍，领石头戍事务。允许他直接进入殿省。因辅佐高祖登极有功，改封永修县公，食邑二千户。又迁任丹阳尹，仍兼护军之职。高祖病重时，赐给他二十人，出入手持有花纹的木剑，作为仪仗队。

后出任地方官，监南徐州与兖州的江北、淮南诸郡军事，兼任镇北将军、南兖州刺史。景平元年，魏军把宋青州刺史竺夔围困在东阳城内，竺夔向朝廷告急。朝廷加檀道济使持节、监征讨诸军事，与王仲德联合，救援东阳。援军尚未赶到东阳，魏军闻讯，烧毁营寨和攻城器具，北逃。檀道济准备追击魏军，但东阳城中没有军粮。于是令士卒开地窖取陈谷，地窖深数丈，将谷子取出，加工成米，已经过了两夜，魏军已远去。于是不再追赶，回师镇守广陵。

徐羡之打算废黜庐陵王刘义真，先将此事告知檀道济。檀道济不同意，屡次陈述己见，说不能这样，但不被徐羡之采纳。徐羡之等人策划废黜宋少帝刘义符，拥立宜都王刘义隆，托词让檀道济入朝。檀道济来到，方告知此谋。当天夜晚，檀道济在领军府与谢晦同宿。谢晦因心情紧张，辗转反侧，不能入眠，檀道济刚卧床便已睡熟，谢晦佩服他临事镇定。太祖没有到来之前，檀道济进朝堂守护。待太祖登极，进檀道济征北将军，加散骑常侍，赐给鼓吹一部。不久又爵封武陵郡公，食邑四千户，檀道济坚决辞让，于是加都督青州、徐州的淮阳、下邳、琅邪、东莞等五郡诸军事。

后来讨伐谢晦,以到彦之为前部,檀道济后继。到彦之接战败北,退保隐圻,适逢檀道济领兵到达。谢晦原以为檀道济已与徐羡之等人同时被杀,忽然听说他领兵前来,于是军中人心惶恐,士兵不战而自行溃散。谢晦作乱被平息之后,檀道济迁都督江州、荆州的江夏郡、豫州的西阳、新蔡、晋熙四郡诸军事,征南大将军、开府仪同三司、江州刺史,仍为持节和常侍。并增封食邑千户。

元嘉八年,到彦之统领诸路兵马伐魏,平定了黄河以南地区,不久又丢失。洛阳金墉城和虎牢关等要塞同时陷落,魏军逼近滑台。宋朝廷加檀道济都督征讨诸军事,率军北伐。军队到达东平郡寿张县时,与魏安平公乙旃眷的军队遭遇。檀道济率领宁朔将军王仲德骁骑将军段宏等奋勇作战,大败魏军。又转战到高梁亭,魏宁南将军、洛州刺史、寿昌公悉颊库结前来阻击,檀道济派遣段宏和台队主沈虔之出奇兵攻打,斩杀悉颊库结。然后进军到济水南岸,连续作战二十多天,前后与魏军交锋数十次。因魏军兵多势盛,滑台被攻陷。檀道济带领宋军,从历城安全返回。进位司空,持节、常侍、都督、刺史等仍然保留。于是檀道济返回江州,镇守寻阳。

檀道济在前朝就立有战功,威信高,名望重。左右心腹,都曾身经百战。诸子又都很有才气,因而受到朝廷猜忌。太祖连年疾患,屡次病危,彭城王刘义康常担心太祖去世后,檀道济难以控制。十二年,太祖病危,恰逢魏军寇掠边境,于是召檀道济入朝,准备除掉他。等檀道济来到京城,太祖病情又有好转。十三年春天,让檀道济还镇寻阳,已经上船,太祖病情复发。于是以设宴饯行为名,将檀道济召回,拘押廷尉狱中。下诏说:"檀道济因时势靠幸运,在往昔蒙受大恩,待遇的优厚,他人无法比拟。不务报答万一,却凭空产生狐疑和离贰之心,戒备惊惧已久。元嘉年间以来,猜忌隔阂更深。不义不亲的心思,附下欺上的事迹,本来就暴露在民间,彰显于远近。谢灵运心毒言丑,不臣之心显著,檀道济却听信他的邪说,并予以宽容和隐瞒。私下散金钱珍宝,招引剽悍狡诈的人,乃至逃亡的罪犯。这种人在他身边聚集了很多,仍更广泛地搜罗。日夜等待时机,希冀非分之望。镇军将军王仲德往年入朝时,多次陈说他的种种劣迹。朕因他位居台辅,班次崇高,采取弥补缝合和宽容隐忍的态度,希望他能改过自新。而他怙恶不悛,于是构成大逆。乘朕患病,图谋滋事构难。前南蛮行参军庞延祖完全知晓他的奸状,曾密启朕躬。君主的亲戚如不顺从,尚且用刑不赦,何况他罪恶如此深重呢?便可收押廷尉狱中,以正刑典。事情只限于元凶,他人不予追究。"于是拘捕檀道济及其子给事黄门侍郎檀植、司徒从事中郎檀粲、太子舍人檀隰、征北主簿檀承伯、秘书郎檀遵等八人,在廷尉狱中杀死。又拘捕司空参军薛彤,在建康伏法。另派遣尚书库部郎顾仲文、建武将军茅亭到寻阳,逮捕檀道济的儿子檀夷、檀邕、檀演以及司空参军高进之,全部杀死。薛彤、高进之是檀道济的心腹,当时人比作张飞、关羽。起初,檀道济被拘执入狱时,摘下头巾扔在地上,说:"竟又毁坏你的万里长城!"檀邕的儿子檀孺被宽宥,世祖在位时,官至奉朝请。

宋书卷四十五

列传第五

王镇恶

王镇恶,北海剧人也。祖猛,字景略。苻坚僭号关中,猛为将相,有文武才,北土重之。父休,伪河东太守。

镇恶以五月五日生,家人以俗忌,欲令出继疏宗。猛见奇之,曰:"此非常儿,昔孟尝君恶月生而相齐,是儿亦将兴吾门矣。"故名之为镇恶。年十三而苻氏败亡,关中扰乱,流寓崤、渑之间。尝寄食渑池人李方家,方善遇之。谓方曰:"若遭遇英雄主,要取万户侯,当厚相报。"方答曰:"君丞相孙,人才如此,何患不富贵。至时愿见用为本县令足矣。"后随叔父曜归晋,客居荆州。颇读诸子兵书,论军国大事,骑乘非所长,关弓亦甚弱,而意略纵横,果决能断。

广固之役,或荐镇恶于高祖,时镇恶为天门临澧令,即遣召之。既至与语,甚异焉。因留宿。明旦谓诸佐曰:"镇恶,王猛之孙,所谓将门有将也。"即以为青州治中从事史,行参中军太尉军事,署前部贼曹。拒卢循于查浦,屡战有功,封博陆县五等子。

高祖谋讨刘毅,镇恶曰:"公若有事西楚,请赐给百舸为前驱。"义熙八年，刘毅有疾，求遣从弟兖州刺史藩为副贰，高祖伪许之。九月，大军西讨，转镇恶参军事，加振武将军。高祖至姑孰，遣镇恶率龙骧将军蒯恩百舸前发，其月二十九日也。戒之曰："若贼知吾上，比军至，亦当少日耳。政当岸上作军，未办便下船也。卿至彼，深加筹量，可击，便烧其船舰，且浮舸水侧，以待吾至。慰劳百姓，宣扬诏旨并赦文、及吾与卫军府文武书。罪止一人，其余一无所问。若贼都不知消息，未有备防，可袭便袭。今去，但云刘兖州上。"镇恶受命，便昼夜兼行，于鹊洲、寻阳、河口、巴陵守风凡四日，十月二十二日，至豫章口，去江陵城二十里。

自镇恶进路，扬声刘兖州上，毅谓为信然，不知见袭。镇恶自豫章口舍船步上，蒯恩军在前，镇恶次之。舸留一二人，对舸岸上竖六七旗，下辄安一鼓。语所留人："计我将至城，便长严，今如后有大军状。"又分队在后，令烧江津船舰。镇恶径前袭城，语前军："若有问者，但云刘兖州至。"津戍及百姓皆言刘藩实上，晏然不疑。

未至城五六里，逢毅要将朱显之，与十许骑，步从者数十，欲出江津。问是何人，答云："刘兖州至。"显之驰前问藩在所，答云："在后。"显之既见军不见藩，而见军人担彭排战具，望见江津船舰已被烧，烟焰张天，而鼓严之声甚盛，知非藩上，便跃马驰去告毅："外有大军，似从下上，垂已至城，江津船悉被火烧矣。"行令闭诸城门。镇恶亦驰进，军人缘城得入，门犹未及下关，因得开大城东门。大城内，毅凡有八队，带甲千余，已得戒严。蒯恩入东门，便北回击射堂，前攻金城东门。镇恶入东门，便直击金城西门。军分攻金城南门。毅金城内东从旧将，犹有六队千余人，西将及能细直吏快手，复有二千余人。

食时就斗，至中晡，西人退散及归降略尽。镇恶入城，便因风放火，烧大城南门及东门。又遣人以诏及赦文并高祖手书凡三函示毅，毅皆烧不视。金城内亦未信高祖自来。有王桓者，家在江陵，昔手斩桓谦，为高祖所赏拔，常在左右。求还西迎家，至是率十余人助镇恶战。下晡间，于金城东门北三十步凿城作一穴，桓便先众入穴，镇恶自后继之，随者稍多，因短兵接战。镇恶军人与毅东来将士，或有是父兄子弟中表亲亲者，镇恶令且斗且共语，众并知高祖自来，人情离懈。一更许，听事前阵散溃，斩毅勇将赵蔡。毅左右兵犹闭东西阁拒战，镇恶虑暗夜自相伤犯，乃引军出，绕金城，开其南面，以为退路。毅虑南有伏兵，三更中，率左右三百许人开北门突出。初，毅常所乘马在城外不得入，仓卒无马，毅便就子肃民取马，肃民不与。朱显之谓曰："人取汝父，而惜马不与，汝今自走，欲何之？"夺马以授毅。初出，政值镇恶军，冲之不得去；回冲蒯恩军，军人斗已一日，疲倦，毅得从大城东门出奔牛牧佛寺，自缢死。镇恶身被五箭，射镇恶手所执矟，于手中破折。江陵平后二十日，大军方至。

蜀中平，出为安远护军、武陵内史。以讨刘毅功，封汉寿县子，食邑五百户。蛮帅向博抵根据阮头，屡为凶暴，镇恶讨平之。初行，告刺史司马休之，求遣军以为声援，休之遣其将朱襄领众助镇恶。会高祖西讨休之，镇恶乃告诸将曰："百姓皆知官军已上，朱襄等复是一贼，表里受敌，吾事败矣。"乃率军夜下，江水迅急，倏忽行数百里，直据都尉治。既至，乃以竹笼盛石，堙塞水道，襄军下，夹岸击之，斩襄首，杀千余人。镇恶性贪，既破襄，因停军抄掠诸蛮，不时反。及至江陵，休之已平，高祖怒，不时见之。镇恶笑曰："但令我一见公，无忧矣。"高祖寻登城唤镇恶，镇恶为人强辩，有口机，随宜酬应，高祖乃释。休之及鲁宗之奔襄阳,镇恶统蒯恩诸军水路追之,休之等奔羌,镇恶追蹑,尽境而还。除游击将军。

十二年,高祖将北伐,转镇恶为谘议参军,行龙骧将军,领前锋。将发,前将军刘穆之见镇恶于积弩堂,谓之曰:"公愍此遗黎,志荡逋逆。昔晋文王委伐蜀于邓艾,今亦委卿以关中,想勉建大功,勿孤此授。"镇恶曰:"不克咸阳,誓不复济江而还也!"

镇恶入贼境,战无不捷,邵陵、许昌,望风奔散,破虎牢及柏谷坞,斩贼帅赵玄。军次洛阳,伪陈留公姚洸归顺。进次渑池,造故人李方家,升堂见母,厚加酬赉,即版授方为渑池令。遣司马毛德祖攻伪弘农太守尹雅于蠡城,生擒之。仍行弘农太守。方轨长驱,径据潼关。伪大将军姚绍率大众拒崄,深沟高垒以自固。镇恶悬军远入,转输不充,与贼相持久,将士乏食,乃亲到弘农督上民租,百姓竞送义粟,军食复振。初,高祖与镇恶等期,若克洛阳,须大军至,未可轻前。既而镇恶等径向潼关,为绍所拒不得进,而军又乏食,驰告高祖,求遣粮援。时高祖沿河,索虏屯据河岸,军不得前。高祖呼所遣人开舫北户,指河上虏示之曰:"我语令勿进,而轻佻深入。岸上如此,何由得遣军?"镇恶既得义租,绍又病死,伪抚军姚赞代绍守崄,众力犹盛。高祖至湖城,赞引退。

大军次潼关,谋进取之计,镇恶请率水军自河入渭。伪镇北将军姚强屯兵泾上,镇恶遣毛德祖击破之,直至渭桥。镇恶所乘皆蒙冲小舰,行船者悉在舰内,羌见舰泝渭而进,舰外不见有乘行船人,北土素无舟楫,莫不惊惋,咸谓为神。镇恶既至,令将士食毕,便弃船登岸。渭水流急,倏忽间,诸舰悉逐流去。时姚泓屯军在长安城下,犹数万人。镇恶抚慰士卒曰:"卿诸人并家在江南,此是长安城北门外,去家万里,而舫乘衣粮，并已逐流去，岂复有求生之计邪！唯宜死战，可以立大功，不然，则无遗类矣。"乃身先士卒，众亦知无复退路，莫不腾踊争先，泓众一时奔溃，即陷长安城。泓挺身逃走，明日，率妻子归降。城内夷、晋六万余户，镇恶宣扬国恩，抚慰初附，号令严肃，百姓安堵。

高祖将至，镇恶于灞上奉迎，高祖劳之曰："成吾霸业者，真卿也。"镇恶再拜谢曰："此明公之威，诸将之力，镇恶何功之有焉！"高祖笑曰："卿欲学冯异也。"是时关中丰全，仓库殷积，镇恶极意收敛，子女玉帛，不可胜计。高祖以其功大，不问也。进号征虏将军。时有白高祖以镇恶既克长安，藏姚泓伪辇，为有异志。高祖密遣人觇辇所在，泓辇饰以金银，镇恶悉剔取，而弃辇于垣侧。高祖闻之，乃安。

高祖留第二子桂阳公义真为安西将军、雍秦二州刺史，镇长安。镇恶以本号领安西司马、冯翊太守，委以捍御之任。时西虏佛佛强盛，姚兴世侵扰北边，破军杀将非一。高祖既至长安，佛佛畏惮不敢动。及大军东还，便寇逼北地。义真遣中兵参军沈田子距之。虏甚盛，田子屯刘回堡，遣使还报镇恶。镇恶对田子使，谓长史王修曰："公以十岁儿付吾等，当各思竭力，而拥兵不进，寇虏何由得平。"使还，具说镇恶言，田子素与镇恶不协，至是益激怒。二人常有相图志，彼此每相防疑。镇恶率军出北地，为田子所杀，事在《序传》。时年四十六。田子又于镇恶营内，杀镇恶兄基、弟鸿、遵、渊及从弟昭、朗、弘，凡七人。是岁，十四年正月十五日也。

高祖表曰："故安西司马、征虏将军王镇恶，志节亮直，机略明举。自策名州府，屡著诚绩。荆南遘衅，势据上流，难兴强蕃，忧兼内侮。镇恶轻舟先迈，神兵电临，旰食之虞，一朝雾散。及王师西伐，有事中原，长驱洛阳，萧清湖、陕。入渭之捷，指麾无前，遂廓定咸阳，俘执伪后，克成之效，莫与为畴，实捍城所寄，国之方邵也。近北虏游魂，寇掠渭北，统率众军，曜威扑讨。贼既还奔，还次泾上，故龙骧将军沈田子忽发狂易，奄加刃害，忠勋未究，受祸不图，痛惜兼至，惋悼无已，伏惟圣怀，为之伤恻。田子狂悖，即已备宪。镇恶诚著艰难，勋参前烈，殊绩未酬，宜蒙追宠，愿敕有司，议其褒赠。"于是追赠左将军、青州刺史。高祖受命，追封龙阳县侯，食邑千五百户，谥曰壮侯。配食高祖庙廷。

子灵福嗣，位至南平王铄右军谘议参军。灵福卒，子述祖嗣。述祖卒，子睿嗣。齐受禅，国除。

译文：

王镇恶，北海剧县人。祖父王猛，字景略，前秦苻坚在关中僭称帝号时，王猛为将相，有文才武略，北方人很看重他。父亲王休，是前秦伪政权河东太守。

镇恶是五月五日出生的，家人出于传统的禁忌认为生日不祥，打算让镇恶过继给远房的宗族。王猛见到这个孩子，说："这是个不寻常的男孩，古时候孟尝君就是恶月（五月五日）出生而后为齐国国相的，这个孩子也将会光大我家的门庭。"所以给他起名叫镇恶。十三岁时前秦苻氏政权败亡，关中战乱，镇恶流寓在崤山、渑池一带。曾经在渑池人李方家寄居求食，李方待他很好。镇恶对李方说："假若我能遇到英雄的君主，取得万户侯的封爵，我会厚厚地报答你。"李方答道："你是丞相的孙子，有如此人才，何愁不能富贵。到时候我只愿做本县的县令就满足了。"后来镇恶随同叔父王曜归附东晋王朝，客居在荆州。

他读过很多种兵书，能议论军国大事，骑马乘车冲杀不是他的所长，弯弓射箭的能力也很弱，但是在志向和韬略方面却才气纵横，果决善断。

东晋攻打南燕广固的战役中，有人把镇恶举荐给武帝刘裕，当时镇恶任天门临澧县令，武帝立即派人召见了他。来到后同他谈话，十分惊奇他的与众不同。于是留他住宿。第二天早上武帝对各官佐说："镇恶，是王猛的孙子，正所谓将门出将啊。"于是就用他作青州治中从事史，暂任参谋中军太尉军事，代理前部贼曹。镇恶在查浦地方抵御卢循，多次作战立功，被封为博陆县五等子。

武帝计划讨伐刘毅，镇恶说："您假若去西楚作战，请赐给我一百条战船当前锋。"义熙八年，刘毅得病，请求派遣从弟兖州刺史刘藩来做副手，武帝假意答应了他。九月，大军西征，镇恶转任参军事，加官振武将军。武帝进驻姑孰，派遣镇恶统率龙骧将军蒯恩及百条战船提前进发，这天是九月二十九日。并告诫说："假若刘毅发觉我们溯江而上，认为等大军到达也还会有几天。这样，他们正在岸上布置军队，还来不及把军队部署在船上。你带兵到了那里，仔细加以考虑，可以攻击，就烧掉他们的舰船，暂时停船靠岸，等待我的到来。要慰劳百姓，宣扬诏书的意旨和宽赦的文告，以及我写给刘毅府中文武官员的信。要加罪惩罚的只是刘毅一人，其余的一律不问。假若刘毅不知道前来攻讨的消息，没有任何防备，可以进攻就立即进攻。这次前去，只说刘兖州（刘藩）亲自溯江而来。"镇恶奉命后，日夜兼程，在鹊洲、寻阳、河口、巴陵等候顺风共用去四天，十月二十二日，军队到达豫章口，距离江陵城二十里。

自镇恶进军上路，到处扬言刘兖州亲自上来，刘毅以为是真的,不知道将遭袭击。镇恶从豫章口舍船步行上岸,蒯恩的军队在前,镇恶的军队在后。每只船上只留一二人,对着船在岸上竖立六七面旗帜,在旗下安放一只战鼓。告诉留下的人:"估计我快到城下时,便敲起战鼓,使得后面像有大部队的样子。"又分出一队人在后面,命令他们烧掉停在江津的战船。镇恶率军径直前往攻城,对前军说:"假如有人问起,只说刘兖州到了。"守卫渡口的军队及百姓都说确实是刘藩上来了,安然不疑。

在离城五六里处,遇上刘毅的重要将领朱显之,带领十多个骑兵,徒步随从的士兵几十人,他们想去江津。问是什么人,答道:"刘兖州来了。"显之骑马跑上前来问刘藩在哪里,答道:"在后面。"显之只见到军队见不到刘藩,又看见军人抬着盾牌等作战工具,望见江津舰船已被烧,浓烟烈焰满天,而战鼓的声音很大,知道不是刘藩上来,便跃马飞驰去报告刘毅,说:"城外有大军,像是从下游上来的,眼看已到城下,江津的战船已全被火烧了。"于是下令关闭各个城门。镇恶也骑马驰进,军人顺着城墙翻入城内,城门没来得及下栓,因此得以打开大城的东门。大城内,刘毅总共有八支部队,甲兵千余人,已下令戒严。蒯恩进入东门,便向北攻击射堂,前部攻打金城的东门。镇恶进入东门,便直接攻打金城的西门。又分派军队攻打金城南门。刘毅金城里有由东边随从来的旧日将领,还有六队一千多人,本地的将领和能干细心的官兵,还有两千多人。从早饭时开始交战,至中午时分,本地人几乎全部退散和归降。镇恶入城,便趁风势放火,烧大城南门和东门。又派人带着诏书和赦文以及武帝的手书共三件送给刘毅看,刘毅都烧掉了不看。金城里的人也不信是武帝亲自到来。有个叫王桓的人,家在江陵,过去曾手斩桓谦,受到武帝奖赏和提拔,常随从左右。他请求回西边迎接家眷,这时也率领十多人前来协助镇恶作战。下午时分,在金城东门北三十步远处凿开城墙成一个洞,王桓便率先进去,镇恶在后跟着他,随从的人逐渐多起来,于是短兵相接。镇恶的军队和刘毅从东方带来的将士,有的是父子兄弟中表亲属,镇恶下令一边作战一边交谈,众人听说是武帝亲自来到,人心离散斗志懈怠。到一更时分,公堂前阵势溃散,杀了刘毅的勇将赵蔡。刘毅左右随从还想闭守东西阁抵抗作战,镇恶担心夜里会造成自相伤害,于是带领军队撤出战斗,包围金城,敞开南面,作为退路。刘毅担心南面有伏兵,三更时分,率领左右三百来人开北门突围出来。当初,刘毅平时所骑的战马在城外没能进城,仓卒间没有坐骑,刘毅就向儿子肃民要马,肃民不肯给。朱显之对他说:"人家要抓你的父亲,可你竟爱惜马不肯给,你今天自己逃跑,打算到哪里去?"夺过马给刘毅。开始出击,正碰上镇恶的军队,冲杀不出去;回头冲击蒯恩军队,军人奋战已经一天,疲劳倦怠,刘毅得以从大城东门逃奔牛牧佛寺,上吊自尽。镇恶身中五箭,一箭射中镇恶手所执长矛,矛在手中折断。江陵平定后二十天,刘裕的大军才来到。

王镇恶被任命署理中兵,又出京任安远护军、武陵内史。由于讨伐刘毅有功,封为汉寿县子。食邑五百户。蛮族首领向博抵根占据阮头,屡次发动暴乱,镇恶讨伐平定了暴乱。出兵之初,通告刺史司马休之,镇恶请求他派军队作为声援。休之派他的将领朱襄率领部队协助镇恶作战。正当武帝西进讨伐休之,便告知各将领说:"百姓都知道官军已经到来,朱襄等又成了一股敌兵,如果内外受敌,我们的事就失败了。"于是率领大军连夜顺江而下,江水迅急,转瞬间便行几百里,直接占领了都尉治地。来到以后,就用竹笼装上石头,堵塞水路,等朱襄军队下来,夹岸攻击，把朱襄斩首杀，死一千多人。镇恶性格贪婪，击破朱襄后，便停止进军去掠夺各蛮族，不及时回军。等镇恶回兵到江陵，司马休之已被讨平，武帝大怒，不肯很快接见镇恶。镇恶笑着说："只要让我一见主公，便没有忧虑了。"武帝不久登城召唤镇恶，镇恶为人强词善辩，有口才，能随机应答，武帝才消除了怒气。司马休之和鲁宗之逃奔襄阳，镇恶统率蒯恩各军从水路追击，休之等逃奔羌，镇恶跟踪追赶，直到边境才回还。授官游击将军。

十二年，武帝准备北伐，转调镇恶为谘议参军，代理龙骧将军，统领前锋。将要出发时，前将军刘穆之在积弩堂接见镇恶，对他说："主公关怀北方的遗民，志在荡除逃亡的逆臣。过去晋文王把攻打西蜀的重任交付给邓艾，今天也把平定关中的大任交付给你，望你勉力建树大功，不要辜负这次授命。"镇恶答道："不攻下咸阳，发誓不再过江而还了！"

镇恶进军逆贼境内，战无不胜，邵陵、许昌的敌军，望风奔逃，攻破虎牢和柏谷坞，斩逆贼统帅赵玄。部队驻扎洛阳，伪陈留公姚洸归降。镇恶军进驻渑池，来到故人李方家，登堂拜见李母，送上很多钱物，即刻下文授李方为渑池县令。派遣司马毛德祖去蠡城攻打伪弘农太守尹雅，并活捉了他。使尹雅仍然代理弘农太守。镇恶的部队沿大道长驱前进，径直占据潼关。伪大将军姚绍率领众兵凭险拒守，挖深沟筑高垒以巩固自己的阵地。镇恶孤军深入，给养供给不足，与敌兵相持日久，将士缺乏食粮，于是亲自到弘农督促催缴民租，百姓争着送来粮食，军粮重又充足起来。当初，武帝同镇恶等人约定，假如攻占洛阳，要等待大军到来，不可轻易前进。不久镇恶等径直向潼关进发，遭到姚绍的抵抗不得前进，而军队又缺乏粮食，派人驰报武帝，请求遣送军粮前来救援。当时武帝沿黄河行军,敌军屯驻黄河岸边,大军不能顺利前进。武帝叫来被派来求援的人,打开船的北窗,指着河对岸的敌兵告诉他说:"我发布过命令不要前进,可是你们轻率地孤军深入。岸上的情况如此,怎么可能派遣援军?"镇恶得到百姓的粮食后,姚绍又病死了,伪抚军姚赞替代姚绍把守险关,兵力仍很强盛。武帝进军至湖城,姚赞引兵撤退。

大军进驻潼关,商议进攻夺关的计划,镇恶请求统率水军从黄河进入渭水。伪镇北将军姚强屯兵在泾水岸上,镇恶派遣毛德祖打败了他,挺进到渭桥。镇恶军队乘坐的都是蒙皮的小船,划船的人全都在船里,羌人见战船溯渭水而进,船外看不到乘坐和划船的人,北方平素没有船,莫不感到惊奇,都认为是神灵。镇恶到来之后,命令将士饱餐完毕,便舍船登岸。渭河水流急速,转眼之间,各船都随水漂走了。当时姚泓屯兵在长安城外,还有几万人。镇恶安抚慰问士兵说:"各位的家都在江南,这里是长安城北门外,离家万里,而那些船只和衣服粮食,已经都随流水漂走了,哪里还有求生的办法呀!现在只有拼死作战,可以立大功,不然,就不会有活着的人了。"于是亲自站在士卒的前列,大家也知道不再有退路,莫不踊跃争先,姚泓的军队一下子奔逃溃散,当即攻陷了长安城。姚泓孤身冒险逃走,第二天,带领妻儿子女前来归降。城里有夷人、汉人六万多户,镇恶宣扬朝廷的恩惠,抚恤慰问刚刚归顺的人们,军队号令严肃,百姓生活安定。

武帝将要到来,镇恶在灞上恭迎。武帝慰劳他说:"帮助我成就霸业的,真是你呀!"镇恶再拜推辞说:"这是明公的神威,诸将的力量,镇恶个人有什么功劳呢!"武帝笑着说:"你是打算学有功不居的将军冯异吧。"这时关中富庶,仓库满是积蓄,镇恶极力搜刮,男奴女奴玉器丝帛,数不胜数。武帝因为他有大功，不加过问。晋升为征虏将军。当时有人告诉武帝说镇恶打下长安之后，私藏姚泓的坐辇，有造反的意图。武帝暗中派人去侦察隐藏乘辇的地方，姚泓的乘辇是用金银装饰的，镇恶把辇上的金银全都剔取下来，把辇扔在墙根。武帝听说这情况，于是安下心来。

武帝留下次子桂阳公刘义真做安西将军、雍秦二州刺史，坐镇长安。镇恶以本号兼任安西司马、冯翊太守，委任他以防御的重任。当时西方的佛佛势力强盛，姚兴在位时入侵北边，不止一次破军杀将。武帝到长安，佛佛畏惧不敢妄动。等到大军东归，便进犯北地。义真派遣中兵参军沈田子去抗击。佛佛军力很强大，田子屯兵刘回堡，派使者向镇恶汇报军情。镇恶当着使者的面，对长史王修说："主公把十岁的儿子托付给我们，应当各自想着竭忠尽力，可是带着兵不进攻，入侵的敌兵怎能讨平？"使者回来，陈述镇恶的话，田子一向与镇恶不和，到这时更加激起愤怒。两人常有除掉对方的心意，彼此总是相互猜疑提防。镇恶统率军队到北地，被田子杀害，详情记在《序传》里。镇恶死时四十六岁。田子又在镇恶的军营里，杀掉镇恶的哥哥王基、兄弟王鸿、王遵、王渊及堂弟王昭、王朗、王弘，共七人。这是十四年正月十五日的事。

武帝上表说："已故安西司马、征虏将军王镇恶，志向节操忠贞正直，机智谋略英明高超。自从在州、府任职以来，多次显示忠诚的业绩。荆南遭遇事变，其势据守在上流，强大的地方势力造成祸难，令人忧虑内乱。镇恶轻舟率先进击，神兵如闪电般到来，使皇帝的忧虑，一朝烟消雾散。等到王师西征，去中原作战，镇恶率兵长驱洛阳，肃清湖、陕之敌。进军渭水取得大捷，指挥部队所向无前，于是平定咸阳，活捉伪君姚泓，成功的业绩,没人能和他相比,实在是可以寄托重任的国家卫士,是方叔、召虎一样的功臣。近来北方的强敌如同游魂出没,侵略渭北,镇恶统率众军,耀武扬威加以征讨。敌兵已经逃退,还军驻在泾水之上,原龙骧将军沈田子竟然狂暴背逆,突然加以杀害,忠诚的功业没有完成,意外地遭到祸害,令人悲痛惋惜到了极点,悲伤悼念不已,想到皇帝的心思,也会为他悲伤难过。田子狂妄悖理,已经依法论处。镇恶于艰难之时表现忠诚,功勋可与前代的忠烈相比,杰出的成绩没有得到酬劳,应该得到追加的恩宠,希望敕令有关的官员,议论对他的褒奖和赏赐。"于是追赠左将军、青州刺史。武帝代晋称帝,追封为龙阳县侯,食邑一千五百户,谥为壮侯。在武帝宗庙中享受陪祭。

镇恶的儿子灵福继承爵位,官至南平王刘铄右军咨议参军。灵福死,儿子述祖袭位。述祖死,儿子睿袭位。南齐建立后,龙阳县侯被废除。

宋书卷六十三

列传第二十三

沈演之

沈演之字台真，吴兴武康人也。高祖充，晋车骑将军，吴国内史。曾祖劲，冠军陈祐长史，戍金墉城，为鲜卑慕容恪所陷，不屈节见杀，追赠东阳太守。祖赤黔，廷尉卿。父叔任，少有干质，初为扬州主簿，高祖太尉参军，吴、山阴令，治皆有声。朱龄石伐蜀，为龄石建威府司马，加建威将军。平蜀之功，亚于元帅，即本号为西夷校尉、巴西梓潼郡太守，戍涪城。东军既反，二郡强宗侯励、罗奥聚众作乱，四面云合，遂至万余人，攻城急。叔任东兵不满五百，推布腹心，众莫不为用，出击大破之，逆党皆平。高祖讨司马休之，龄石遣叔任率军来会。时高祖领镇西将军，命为司马。及军还，以为扬州别驾从事史。以平蜀全涪之功，封宁新县男，食邑四百四十户。出为建威将军、益州刺史，以疾还都。义熙十四年，卒，时年五十。长子融之，蚤卒。

演之年十一，尚书仆射刘柳见而知之，曰："此童终为令器。"家世为将，而演之折节好学，读《老子》日百遍，以义理业尚知名。袭父别爵吉阳县五等侯。郡命主簿，州辟从事史，西曹主簿，举秀才，嘉兴令，有能名。入为司徒祭酒，南谯王义宣左军主簿，钱唐令，复有政绩。复为司徒主簿。丁母忧。起为武康令，固辞不免，到县百许日，称疾去官。服阕，除司徒左西掾，州治中从事史。元嘉十二年，东诸郡大水，民人饥馑，吴义兴及吴郡之钱唐，升米三百。以演之及尚书祠部郎江邃并兼散骑常侍，巡行拯恤，许以便宜从事。演之乃开仓廪以赈饥民，民有生子者，口赐米一斗，刑狱有疑枉，悉制遣之，百姓蒙赖。

转别驾从事史，领本郡中正，深为义康所待，故在府州前后十余年。后刘湛、刘斌等结党，欲排废尚书仆射殷景仁，演之雅仗正义，与湛等不同，湛因此谗之于义康。尝因论事不合旨，义康变色曰："自今而后，我不复相信！"演之与景仁素善，尽心于朝廷，太祖甚嘉之，以为尚书吏部郎。

十七年，义康出藩，诛湛等，以演之为右卫将军。景仁寻卒，乃以后军长史范晔为左卫将军，与演之对掌禁旅，同参机密。二十年，迁侍中，右卫将军如故。太祖谓之曰："侍中领卫，望实优显，此盖宰相便坐，卿其勉之。"上欲伐林邑，朝臣不同，唯广州刺史陆徽与演之赞成上意。及平，赐群臣黄金、生口、铜器等物，演之所得偏多。上谓之曰："庙堂之谋，卿参其力，平此远夷，未足多建茅土。俟廓清京都，鸣鸾东岱，不忧河山不开也。"二十一年，诏曰："总司戎政，翼赞东朝，惟允之举，匪贤莫授。侍中领右卫将军演之，清业贞审，器思沈济。左卫将军晔，才应通敏，理怀清要。并美彰出内，诚亮在公，能克懋厥猷，树绩所莅。演之可中领军，晔可太子詹事。"晔怀逆谋，演之觉其有异，言之太祖，晔寻事发伏诛。迁领国子祭酒，本州大中正，转吏部尚书，领太子右卫率。虽未为宰相，任寄不异也。

素有心气，疾病历年，上使卧疾治事。性好举才，申济屈滞，而谦约自持，上赐女伎，不受。二十六年，车驾拜京陵，演之以疾不从。上还宫，召见，自勉到坐，出至尚书下省，暴卒，时年五十三。太祖痛惜之，追赠散骑常侍、金紫光禄大夫，谥曰贞侯。

演之昔与同使江邃字玄远，济阳考城人。颇有文义。官至司徒记室参军，撰《文释》，传于世。

演之子睦，至黄门郎，通直散骑常侍。世祖大明初，坐要引上左右俞欣之访评殿省内事，又与弟西阳王文学勃忿阋不睦，坐徙始兴郡，勃免官禁锢。

勃好为文章，善弹琴，能围棋，而轻薄逐利。历尚书殿中郎。太宗泰始中，为太子右卫率，加给事中。时欲北讨，使勃还乡里募人，多受货贿。上怒，下诏曰："沈勃琴书艺业，口有美称，而轻躁耽酒，幼多罪愆。比奢淫过度，妓女数十，声酣放纵，无复剂限。自恃吴兴土豪，比门义故，胁说士庶，告索无已。又辄听募将，委役还私，托注病叛，遂有数百。周旋门生，竞受财货，少者至万，多者千金，考计赃物，二百余万，便宜明罚敕法，以正典刑。故光禄大夫演之昔受深遇，忠绩在朝，寻远矜怀，能无弘律，可徙勃西垂，令一思愆悔。"于是徙付梁州。废帝元徽初，以例得还。结事阮佃夫、王道隆等，复为司徒左长史。为废帝所诛。顺帝即位，追赠本官。

勃弟统，大明中为著作佐郎。先是，五省官所给干僮，不得杂役，太祖世，坐以免官者，前后百人。统轻役过差，有司奏免。世祖诏曰："自顷干僮，多不祗给，主可量听行仗。"得行干杖，自此始也。

演之兄融之子畅之，袭宁新县男。大明中，为海陵王休茂北中郎谘议参军，为休茂所杀，追赠黄门郎。子晔嗣，齐受禅，国除。

译文：

沈演之字台真，吴兴郡武康县人。高祖沈充，官至晋军骑将军，吴国内史。曾祖沈劲，任冠军将军陈祐的长史，率兵士戍守洛阳金墉城，被鲜卑慕容恪的军队攻陷，不降志屈节，被杀，晋朝廷追赠东阳太守。祖父沈赤黔，累官至廷尉卿。父亲沈叔任，少年时就有才干和良好的资质，始任扬州主簿，再迁高太尉参军，又任吴县和山阴县令，治绩卓著有美名。随从朱龄石伐蜀，任建威府司马，加建威将军。平蜀的功勋，仅次于元帅，就以本官号为西夷校尉、巴西、梓潼郡太守，戍守涪城。东来的军队返回后，二郡强宗侯劢、罗奥聚众作乱，兵众四面云集，达一万多人，猛攻涪城。沈叔任所领东兵不足五百人，他推心置腹进行战斗动员，士卒无不愿意效命。于是领兵出击，大败作乱之军，叛逆的同党全部平定。高祖讨伐司马休之时，朱龄石派遣沈叔任率军前往助战。当时高祖领镇西将军，以沈叔任为司马。班师回京，授任扬州别驾从事史。论平蜀和保全涪城的功绩，封爵宁新县男，食邑四百四十户。外出任建威将军、益州刺史，后因病回京。义熙十四年病死，当时年方五十。他的长子沈融之，早年去世。

沈演之十一岁时，遇见尚书仆射刘柳。刘柳对他很赏识，说："这个小孩长大后一定能成美才。"他家世代是武将，而他却能改变志节。笃好学问，每天诵读《老子》一百遍，以经义名理的学问和良好的品德著称。因袭父亲另外的爵号，为吉阳县五等侯。郡任命为主簿，州辟为从事史，西曹主簿，又举秀才，拜嘉兴县令，以有才能闻名。后入朝任司徒祭酒，南谯王刘义宣的左军主簿，又出任钱塘县令，仍很有政绩。再迁司徒主簿。因母亲亡故离任守丧行服。起用为武康县令，坚决推辞，不许。到县上任一百多天，告病离任。服丧完毕，除拜司徒左西掾，州治中从事史。元嘉十二年，扬州东部诸郡发生严重水灾，民众饥馑，吴郡、义兴郡和吴兴郡的钱塘县，一升米价高达三百钱。朝廷委任沈演之和尚书祠部郎江邃二人同为兼散骑常侍，巡行诸郡，拯救抚恤，允许斟酌事势所宜，自行处理，不必请示。于是，沈演之开仓廪出米粮赈济饥民。民户有生子的，一口人赐米一斗，断案判刑有冤枉不实的，下令统统放回。百姓依此得以生存。

后转任州别驾从事史，领本郡中正，因深得刘义康的信赖，所以在府州任职前后长达十余年。后来刘湛和刘斌等人结成朋党，想排斥并废黜尚书仆射殷景仁，沈演之主持正义，不与刘湛等人同流合污，因此刘湛在刘义康面前毁谤他。曾经有一次因他论事不合意，刘义康脸色大变，说："从今以后，我不再相信你！"沈演之与殷景仁二人关系很好，对朝廷尽心竭力，深得太祖赞许，拜为尚书吏部郎。

元嘉十七岁，刘义康被贬外出，刘湛等人被杀，任沈演之为右卫将军。不久殷景仁病死，于是以后军长史范晔为左卫将军，与沈演之共掌禁军，同参机密。元嘉二十年，迁侍中，仍保留右卫将军。太祖对他说："侍中领禁卫，名望很优越显赫，这实际上是丞相的位次，你好自为之。"太祖要征伐林邑，朝臣多不赞同，只有广州刺史陆徽和沈演之二人表示赞成。林邑平定后，赏赐群臣黄金、奴婢、铜器等物品，沈演之所得最多。太祖对他说："庙堂的谋划，卿参与效力，平定这一远方夷人，还不能多封爵诸侯。侍廊清京洛，出行东泰，不愁不开国授土啊！"元嘉二十一年，下诏说："总理军政、辅弼东朝的要职，只能公正妥当的选举，非杰出人才不能授任。侍中领右卫将军沈演之，为人忠清谨慎，才思深邃贯通。右卫将军范晔，才能通达，应对敏捷，条理清楚简要。二人都美质显露于外，忠诚坚定为公，能勤勉谋划，立政绩于本职。沈演之可迁中领军，范晔可迁太子詹事。"范晔胸怀叛逆的阴谋，沈演之有所觉察，告诉太祖，不久范晔东窗事发，被杀。沈演之迁领国子祭酒，本州大中正，转吏部尚书，领太子右卫率。虽然不曾担任宰相，任用和丞相没有区别。

沈演之平素有心疾，患病累年，太祖让他边养病边处理政务。秉性喜欢举荐人才，申委屈通阻滞，而以谦逊检约自持，太祖赐给女子伎乐，不受纳。元嘉二十六年，太祖祭拜京陵，沈演之因病未随。太祖回宫，召见，他勉强入宫。出宫到尚书下省，急病而死，当年五十三岁。太祖很是痛惜，追赠散骑常侍、金紫光禄大夫，谥号贞侯。

与沈演之同被差遣巡行灾区的江邃字玄远，济阳考城人。富于文采和义理。官至司徒记室参军，撰写有《文释》一书，传于后世。

沈演之的儿子沈睦，官至黄门郎，通直散骑常侍。世祖太明初年，因约引皇上左右俞欣之访察评论殿省内事，又与弟弟西阳王文学沈勃忿争不和睦，得罪徙始兴郡，沈勃被免官不许仕进。

沈勃喜欢撰写文章，擅长弹琴，会下围棋，但为人轻薄，爱追逐利益。历职尚书殿中郎。太宗泰始年间，任太子右卫率，加给事中。当时准备北伐，派他回家乡招募兵士，多受贿赂。太宗大怒，下诏说："沈勃的琴书等技艺和学业，人们交口称美，但为人轻薄暴躁，又好酗酒，自幼就多罪过。近年来奢侈荒淫无度，有妓女数十，整日沈湎于声色，玩乐没有限度。依仗自家是吴兴的土著豪族，受有旧恩的故旧比门皆是，威胁讽说士族庶民，求索钱财没有厌足。又擅自允许招募的将士，弃役回家，名册上假注为疾病和叛逃，竟达数百人之多。他身边的人员和门生，争相收受贿赂，少的有上万钱，多的达千金，统计赃物，竟达二百多万。应该依法处罚，以正典刑。考虑故光禄大夫沈演之往昔深蒙恩遇，对朝廷忠心耿耿，政绩卓著。虽长期有怀念同情之心，但不能违背大律，可将沈勃流放到西部边陲，给他一个悔过自新的机会。"于是流放到梁州。废帝元徽初年，按规定返回京城。结交追随阮佃夫、王道隆等人，得任伺徒左长史。后为废帝所杀。顺帝即位，追赠原官职。

沈勃的弟弟沈统，大明年间任著作佐郎。在这以前，五省官所给予的办事人员，不能随便役使。太祖在位时，因此坐罪免官的前后数上百人。沈统役使过度，有司奏免官。世祖下诏说："近年来办事人员，多不恭敬干事，主者可酌情拷打。"办事人员可打，是从此时开始的。

沈演之的长兄沈融之的儿子沈畅之，袭爵宁新县男。大明年间，任海陵王刘休茂的北中郎咨议参军，被刘休茂杀死，追赠黄门郎。儿子沈晔嗣爵。齐朝建立，国除。

宋书卷六十九

列传第二十九

范　晔

范晔字蔚宗，顺阳人，车骑将军泰少子也。母如厕产之，额为砖所伤，故以砖为小字。出继从伯弘之，袭封武兴县五等侯。

少好学，博涉经史，善为文章，能隶书，晓音律。年十七，州辟主簿，不就。高祖相国掾，彭城王义康冠军参军，随府转右军参军，入补尚书外兵郎，出为荆州别驾从事史。寻召为秘书丞，父忧去职。服终，为征南大将军檀道济司马，领新蔡太守。道济北征，晔惮行，辞以脚疾，上不许，使由水道统载器仗部伍。军还，为司徒从事中郎。顷之，迁尚书史部郎。

元嘉九年冬，彭城太妃薨，将葬，祖夕，僚故并集东府。晔弟广渊，时为司徒祭酒，其日在直。晔与司徒左西属王深宿广渊许，夜中酣饮，开北牖听挽歌为乐。义康大怒，左迁晔宣城太守。不得志，乃删众家《后汉书》为一家之作。在郡数年，迁长沙王义欣镇军长史，加宁朔将军。兄皓为宜都太守，嫡母随皓在官。十六年，母亡，报之以疾，晔不时奔赴，及行，又携妓妾自随，为御史中丞刘损所奏，太祖爱其才，不罪也。服阕，为始兴王濬后军长史，领南下邳太守。及濬为扬州，未亲政事，悉以委晔。寻迁左卫将军、太子詹事。

晔长不满七尺，肥黑，秃眉须。善弹琵琶，能为新声，上欲闻之，屡讽以微旨，晔伪若不晓，终不肯为上弹。上尝宴饮欢适，谓晔曰："我欲歌，卿可弹。"晔乃奉旨。上歌既毕，晔亦止弦。

初，鲁国孔熙先博学有纵横才志，文史星算，无不兼善。为员外散骑侍郎，不为时所知，久不得调。初熙先父默之为广州刺史，以赃货得罪下廷尉，大将军彭城王义康保持之，故得免。及义康被黜，熙先密怀报效，欲要朝廷大臣，未知谁可动者，以晔意志不满，欲引之。而熙先素不为晔所重，无因进说。晔外甥谢综，雅为晔所知，熙先尝经相识，乃倾身事综，与之结厚。熙先借岭南遗财，家甚富足，始与综诸弟共博，故为拙行，以物输之。综等诸年少，既屡得物，遂日夕往来，情意稍款。综乃引熙先与晔为数，晔又与戏，熙先故为不敌，前后输晔物甚多。晔既利其财宝，又爱其文艺。熙先素有词辩，尽心事之，晔遂相与异常，申莫逆之好。始以微言动晔，晔不回，熙先乃极辞譬说。晔素有闺庭论议，朝野所知，故门胄虽华，而国家不与姻娶。熙先因以此激之曰："丈人若谓朝廷相待厚者，何故不与丈人婚，为是门户不得邪？人作犬豕相遇，而丈人欲为之死，不亦惑乎？"晔默然不答，其意乃定。

时晔与沈演之并为上所知待，每被见多同。晔若先至，必待演之俱入，演之先至，尝独被引，晔又以此为怨。晔累轻义康府佐，见待素厚。及宣城之授，意好乖离。综为义康大将军记室参军，随镇豫章。综还，申义康意于晔，求解晚隙，复敦往好。晔既有逆谋，欲探时旨，乃言于上曰："臣历观前史二汉故事，诸蕃王政以訞诅幸灾，便正大逆之罚。况义康奸心衅迹，彰著遐迩，而至今无恙，臣窃惑焉。且大梗常存，将重阶乱，骨肉之际，人所难言。臣受恩深重，故冒犯披露。"上不纳。

熙先素善天文，云："太祖必以非道晏驾，当由骨肉相残。江州应出天子。"以为义康当之。综父述亦为义康所遇，综弟约又是义康女夫，故太祖使综随从南上，既为熙先所奖说，亦有酬报之心。广州人周灵甫有家兵部曲，熙先以六十万钱与之，使于广州合兵。灵甫一去不反。大将军府史仲承祖，义康旧所信念，屡衔命下都，亦潜结腹心，规有异志。闻熙先有诚，密相结纳。丹阳尹徐湛之，素为义康所爱，虽为舅甥，恩过子弟，承祖因此结事湛之，告以密计。承祖南下，申义康意于萧思话及晔，云："本欲与萧结婚，恨始意不果。与范本情不薄，中间相失，傍人为之耳。"

有法略道人，先为义康所供养，粗被知待，又有王国寺法静尼亦出入义康家内，皆感激旧恩，规相拯拔，并与熙先往来。使法略罢道，本姓孙，改名景玄，以为臧质宁远参军。熙先善于治病，兼能诊脉。法静尼妹夫许耀，领队在台，宿卫殿省。尝有病，因法静尼就熙先乞治，为合汤一剂，耀疾即损。耀自往酬谢，因成周旋。熙先以耀胆干可施，深相待结，因告逆谋，耀许为内应。豫章胡遵世，藩之子也，与法略甚款，亦密相酬和。法静尼南上，熙先遣婢采藻随之，付以笺书，陈说图谶。法静还，义康饷熙先铜匕、铜镊、袍段、棋奁等物。熙先虑事泄，酖采藻杀之。湛之又谓晔等："臧质见与异常，岁内当还，已报质，悉携门生义故，其亦当解人此旨，故应得健儿数百。质与萧思话款密，当仗要之，二人并受大将军眷遇，必无异同。思话三州义故众力，亦不减质。郡中文武，及合诸处侦逻，亦当不减千人。不忧兵力不足，但当勿失机耳。"乃略相署置，湛之为抚军将军、扬州刺史，晔中军将军、南徐州刺史，熙先左卫将军，其余皆有选拟。凡素所不善及不附义康者，又有别簿，并入死目。

熙先使弟休先先为檄文曰：

夫休否相乘，道无恒泰，狂狡肆逆，明哲是殛。故小白有一匡之勋，重耳有翼戴之德。自景平肇始，皇室多故，大行皇帝天诞英姿，聪明睿哲，拔自藩国，嗣位统天，忧劳万机，垂心庶务，是以邦内安逸，四海同风。而比年以来，奸竖乱政，刑罚乖淫，阴阳违舛，致使衅起萧墙，危祸萃集。贼臣赵伯符积怨含毒，遂纵奸凶，肆兵犯跸，祸流储宰，崇树非类，倾坠皇基。罪百浞、豷，过十玄、莽，开辟以来，未闻斯比。率土叩心，华夷泣血，咸怀亡身之诚，同思糜躯之报。

湛之、晔与行中领军萧思话、行护军将军臧质、行左卫将军孔熙先、建咸将军孔休先，忠贯白日，诚著幽显，义痛其心，事伤其目，投命奋戈，万殒莫顾，即日暂伯符首，及其党与。虽豺狼即戮，王道惟新，而普天无主，群萌莫系。彭城王体自高祖，圣明在躬，德格天地，勋溢区宇，世路咸夷，匆用南服，龙潜凤栖，于兹六稔，苍生饥德，亿兆渴化，岂唯东征有《鸱鸮》之歌，陕西有勿翦之思哉？灵祇告征祥之应，谶记表帝者之符，上答天心，下惬民望，正位辰极，非王而谁？今遣行护军将军臧质等，赍皇帝玺绶，星驰奉迎。百官备礼，骆驿继进，并命群帅，镇戍有常。若干挠义徒，有犯无贷。昔年使反，湛之奉赐手敕，逆诫祸乱，预睹斯萌，令宣示朝贤，共拯危溺，无断谋事，失于后机，遂使圣躬滥酷，大变奄集，哀恨崩裂，抚心摧哽，不知何地，可以厝身。轭督厉尫顿，死而后已。

熙先以既为大事,宜须义康意旨,晔乃作义康与湛之书,宣示同党曰:

吾凡人短才,生长富贵,任情用己,有过不闻,与物无恒,喜怒违实,致使小人多怨,士类不归。祸败已成,犹不觉悟,退加寻省,方知自招,刻肌刻骨,何所复补。然至于尽心奉上,诚贯幽显,拳拳谨慎,惟恐不及,乃可恃宠骄盈,实不敢故为欺罔也。岂苞藏逆心,以招灰灭,所以推诚自信,不复防护异同,率意信心,不顾万物议论,遂致谗巧潜构,众恶归集。甲奸险好利,负吾事深;乙凶愚不齿,扇长无赖;丙、丁趋走小子,唯知谄进,伺求长短,共造虚说,致令祸陷骨肉,诛戮无辜。凡在过衅,竟有何征,而刑罚所加,同之元恶,伤和枉理,感彻天地。

吾虽幽逼日苦,命在漏刻,义慨之士,时有音信。每知天文人事,及外间物情,土崩瓦解,必在朝夕。是为衅起群贤,滥延国家,夙夜愤踊,心腹交战。朝之君子及士庶白黑怀义秉理者,宁可不识时运之会,而坐待横流邪!除君侧之恶,非惟一代,况此等狂乱罪衅,终古所无,加之翦戮,易于摧朽邪!可以吾意宣示众贤,若能同心奋发,族裂逆党,岂非功均创业,重造宋室乎?但兵凶战危,或致侵滥,若有一豪犯顺,诛及九族。处分之要,委之群贤,皆当谨奉朝廷,动止闻启。往日嫌怨,一时豁然,然后吾当谢罪北阙,就戮有司。苟安社稷,瞑目无恨。勉之勉之。

二十二年九月,征北将军衡阳王义季、右将军南平王铄出镇,上于武帐冈祖道,晔等期以其日为乱,而差互不得发。于十一月,徐湛之上表曰:"臣与范晔,本无素旧,中忝门下,与之邻省，屡来见就，故渐成周旋。比年以来，意态转见，倾动险忌，富贵情深，自谓任遇未高，遂生怨望。非唯攻伐朝士，讥谤圣时，乃上议朝廷，下及藩辅，驱扇同异，恣口肆心，如此之事，已具上简。近员外散骑侍郎孔熙先忽令大将军府吏仲承祖腾晔及谢综等意，欲收合不逞，规有所建。以臣昔蒙义康接盼，又去岁群小为臣妾生风尘，谓必嫌惧，深见劝诱。兼云人情乐乱，机不可失，谶纬天文，并有征验。晔寻自来，复具陈此，并说臣论议转恶，全身为难。即以启闻，被敕使相酬引，究其情状。于是悉出檄书、选事、及同恶人名、手墨翰迹，谨封上呈，凶悖之甚，古今罕比。由臣暗于交士，闻此逆谋，临启震惶，荒情无措。"诏曰："湛之表如此，良可骇惋。晔素无行检，少负瑕衅，但以才艺可施，故收其所长，频加荣爵，遂参清显。而险利之性，有过豀壑，不识恩遇，犹怀怨愤。每存容养，冀能悛革，不谓同恶相济，狂悖至此。便可收掩，依法穷诘。"

其夜，先呼晔及朝臣集华林东阁，止于客省。先已于外收综及熙先兄弟，并皆款服。于时上在延贤堂，遣使问晔曰："以卿赡有文翰，故相任擢，名爵期怀，于例非少。亦知卿意难厌满，正是无理怨望，驱扇朋党而已，云何乃有异谋。"晔仓卒怖惧，不即首款。上重遣问曰："卿与谢综、徐湛之、孔熙先谋逆，并已答款，犹尚未死，征据见存，何不依实。"晔对曰："今宗室磐石，蕃岳张跱，设使窃发侥幸，方镇便来讨伐，几何而不诛夷。且臣位任过重，一阶两级，自然必至。如何以灭族易此。古人云：'左手据天下之图，右手刎其喉，愚夫不为。'臣虽凡下，朝廷许其赡有所及，以理而察，臣不容有此。"上复遣问曰："熙先近在华林门外，宁欲面辨之乎？"晔辞穷，乃曰："熙先苟诬引臣，臣当如何。"熙先闻晔不服，笑谓殿中将军沈邵之曰："凡诸处分，符檄书疏，皆范晔所造及治定。云何于今方作如此抵蹋邪？"上示以墨迹，晔乃具陈本末，曰："久欲上闻，逆谋未著，又冀其事消弭，故推迁至今。负国罪重，分甘诛戮。"

其夜，上使尚书仆射何尚之视之，问曰："卿事何得至此？"晔曰："君谓是何？"尚之曰："卿自应解。"晔曰："外人传庾尚书见憎，计与之无恶。谋逆之事，闻孔熙先说此，轻其小儿，不以经意。今忽受责，方觉为罪。君方以道佐世，使天下无冤。弟就死之后，犹望君照此心也。"明日，仗士送晔付廷尉，入狱，问徐丹阳所在，然后知为湛之所发。熙先望风吐款，辞气不桡，上奇其才，遣人慰劳之曰："以卿之才，而滞于集书省，理应有异志。此乃我负卿也。"又诘责前吏部尚书何尚之曰："使孔熙先年将三十作散骑郎，那不作贼。"

熙先于狱中上书曰："囚小人猖狂，识无远概，徒狥意气之小感，不料逆顺之大方。与第二弟休先首为奸谋，干犯国宪，齑脍脯醢，无补尤戾。陛下大明含弘，量苞天海，录其一介之节，猥垂优逮之诏。恩非望始，没有遗荣，终古以来，未有斯比。夫盗马绝缨之臣，怀璧投书之士，其行至贱，其过至微，由识不世之恩，以尽躯命之报，卒能立功齐、魏，致勋秦、楚。囚虽身陷祸逆，名节俱丧，然少也慷慨，窃慕烈士之遗风。但坠崖之木，事绝升跻，覆盆之水，理乖收汲。方当身膏鈇钺，诒诫方来，若使魂而有灵，结草无远。然区区丹抱，不负夙心，贪及视息，少得申畅。自惟性爱群书，心解数术，智之所周，力之所至，莫不穷揽，究其幽微。考论既往，诚多审验。谨略陈所知，条牒如故别状，愿且勿遗弃，存之中书。若囚死之后，或可追存，庶九泉之下，少塞衅责。"所陈并天文占候，谶上有骨肉相残之祸，其言深切。

晔在狱，与综及熙先异处，乃称疾求移考堂，欲近综等。见听，与综等果得隔壁。遥问综曰："始被收时，疑谁所告？"综云："不知"。晔曰："乃是徐童。"童，徐湛之小名仙童也。在狱为诗曰："祸福本无兆，性命归有极。必至定前期，谁能延一息。在生已可知，来缘恼无识。好丑共一丘，何足异枉直。岂论东陵上，宁辨首山侧。虽无嵇生琴，庶同夏侯色。寄言生存子，此路行复即。"

晔本意谓入狱便死，而上穷治其狱，遂经二旬，晔更有生望。狱吏因戏之曰："外传詹事或当长系。"晔闻之惊喜，综、熙先笑之曰："詹事尝共畴昔事时，无不攘袂瞋目。及在西池射堂上，跃马顾盼，自以为一世之雄。而今扰攘纷纭，畏死乃尔。设令今时赐以性命，人臣图主，何颜可以生存。"晔谓卫狱将曰："惜哉！蘱如此人。"将曰："不忠之人，亦何足惜。"晔曰："大将言是也。"

将出市，晔最在前，于狱门顾谓综曰："今日次第，当以位邪？"综曰："贼帅为先。"在道语笑，初无暂止。至市，问综曰："时欲至未？"综曰："势不复久。"晔既食，又苦劝综，综曰："此异病笃，何事强饭。"晔家人悉至市，监刑职司问："须相见不？"晔问综曰："家人以来，幸得相见，将不暂别。"综曰："别与不别，亦何所存。来必当号泣，正足乱人意。"晔曰："号泣何关人，向见道边亲故相瞻望，亦殊胜不见。吾意故欲相见。"于是呼前。晔妻先下抚其子，回骂晔曰："君不为百岁阿家，不感天子恩遇，身死固不足塞罪，奈何枉杀子孙。"晔干笑云罪至而已。晔所生母泣曰："主上念汝无极，汝曾不能感恩，又不念我老，今日奈何？"仍以手击晔颈及颊，晔颜色不怍。妻云："罪人，阿家莫念。"妹及妓妾来别，晔悲涕流涟,综曰:"舅殊不同夏侯色。"晔收泪而止。综母以子弟自蹈逆乱,独不出视。晔语综曰:"姊今不来,胜人多也。"晔转醉,子蔼亦醉,取地土及果皮以掷晔,呼晔为别驾数十声。晔问曰:"汝恚我邪?"蔼曰:"今日何缘复恚,但父子同死,不能不悲耳。"晔常谓死者神灭,欲著《无鬼论》;至是与徐湛之书,云"当相讼地下"。其谬乱如此。又语人:"寄语何仆射,天下决无佛鬼。若有灵,自当相报。"收晔家,乐器服玩,并皆珍丽,妓妾亦盛饰,母住止单陋,唯有一厨盛樵薪,弟子冬无被,叔父单布衣。晔及子蔼、遥、叔萎、孔熙先及弟休先、景先、思先、熙先子桂甫、桂甫子白民、谢综及弟约、仲承祖、许耀、诸所连及,并伏诛。晔时年四十八。晔兄弟子父已亡者及谢综弟纬,徙广州。蔼子鲁连,吴兴昭公主外孙,请全生命,亦得远徙,世祖即位得还。

晔性精微有思致,触类多善,衣裳器服,莫不增损制度,世人皆法学之。撰《和香方》,其序之曰:"麝本多忌,过分必害;沈实易和,盈斤无伤。零藿虚燥,詹唐粘湿。甘松、苏合、安息、郁金、奈多、和罗之属,并被珍于外国,无取于中土。又枣膏昏钝,甲煎浅俗,非唯无助于馨烈,乃当弥增于尤疾也。"此序所言,悉以比类朝士:"麝本多忌",比庾炳之;"零藿虚燥",比何尚之;"詹唐粘湿",比沈演之;"枣膏昏钝",比羊玄保;"甲煎浅俗",比徐湛之;"甘松、苏合",比慧琳道人;"沈实易和",以自比也。

晔狱中与诸甥侄书以自序曰:

吾狂衅覆灭,岂复可言,汝等皆当以罪人弃之。然平生行己任怀,犹应可寻。至于能不,意中所解,汝等或不悉知。吾少懒学问，晚成人，年三十许，政始有向耳。自尔以来，转为心化，推老将至者，亦当未已也。往往有微解，言乃不能自尽。为性不寻注书，心气恶，小苦思，便愦闷，口机又不调利，以此无谈功。至于所通解处，皆自得之于胸怀耳。文章转进，但才少思难，所以每于操笔，其所成篇，殆无全称者。常耻作文士。文患其事尽于形，情急于藻，义牵其旨，韵移其意。虽时有能者，大较多不免此累，政可类工巧图绩，竟无得也。常谓情志所托，故当以意为主，以文传意。以意为主，则其旨必见；以文传意，则其词不流。然后抽其芬芳，振其金石耳。此中情性旨趣，千条百品，屈曲有成理。自谓颇识其数，尝为人言，多不能赏，意或异故也。

性别宫商，识清浊，斯自然也。观古今文人，多不全了此处，纵有会此者，不必从根本中来。言之皆有实证，非为空谈。年少中，谢庄最有其分，手笔差易，文不拘韵故也。吾思乃无定方，特能济难适轻重，所禀之分，犹当未尽。但多公家之言，少于事外远致，以此为恨，亦由无意于文名故也。

本未关史书，政恒觉其不可解耳。既造《后汉》，转得统绪，详观古今著述及评论，殆少可意者。班氏最有高名，既任情无例，不可甲乙辨。后赞于理近无所得，唯志可推耳。博赡不可及之，整理未必愧也。吾杂传论，皆有精意深旨，既有裁味，故约其词句。至于《循吏》以下及《六夷》诸序论，笔势纵放，实天下之奇作。其中合者，往往不减《过秦》篇。尝共比方班氏所作，非但不愧之而已。欲遍作诸志，前汉所有者悉令备。虽事不必多，且使见文得尽。又欲因事就卷内发论，以正一代得失，意复未果。赞自是吾文之杰思，殆无一字空设，奇变不穷，同合异体，乃自不知所以称之。此书行，故应有赏音者。纪、传例为举其大略耳，诸细意甚多。自古体大而思精，未有此也。恐世人不能尽之，多贵古贱今，所以称情狂言耳。

吾于音乐，听功不及自挥，但所精非雅声，为可恨。然至于一绝处，亦复何异邪？其中体趣，言之不尽，弦外之意，虚响之音，不知所从而来。虽少许处，而旨态无极。亦尝以授人，士庶中未有一豪似者。此永不传矣。吾书虽小小有意，笔势不快，余竟不成就，每愧此名。

晔《自序》并实，故存之。
蔼幼而整洁，衣服竟岁未尝有尘点。死时年二十。
晔少时，兄晏常云："此儿进利，终破门户。"终如晏言。

译文：

范晔字蔚宗，顺阳人，是车骑将军范泰的小儿子。他母亲上厕所时生下他，额头被砖碰伤，所以用"砖"做他的小名。他过继给从伯父范弘之做儿子，袭封武兴县五等候。

范晔年少时便好学，广泛涉猎经史著作，善于作文章，会写隶书，通晓音律。十七岁时，州府召做主簿，不去就任。后来做宋武帝的相国椽，彭城王刘义康的冠军参军，随义康迁转而转任右军参军，入朝任尚书外兵郎，又出任荆州别驾从事史。不久召回做秘书丞，因为父亲去世离职。服丧期满，做征南人将军檀道济司马，兼任新蔡太守。檀道济讨伐北魏时，范晔害怕出征，借口有脚病推辞不去，皇帝不准，命令他由水路用船押运兵器和部队。北征军归来后，任司徒从事中郎。不久，迁调尚书吏部郎。

元嘉九年冬，刘义康母亲彭城王太妃逝世，将要出殡安葬，在前一天晚上设奠祭送，僚属和故吏都集合在东府。范晔的弟弟范广渊,当时任司徒祭酒,这一天在班值差。范晔和司徒左西属王深住宿在范广渊那里,半夜里开怀畅饮,打开北窗听挽歌取乐。刘义康因此大怒,贬范晔去宣城做太守。范晔不得志,于是节取采集众家《后汉书》撰写成为一家的新作。在郡任太守几年之后,转任长沙王刘义欣镇军长史,加号宁朔将军。范晔的哥哥范皓做宜都太守,范晔的嫡母随范皓在宜都。元嘉十六年,嫡母去世,去世前范皓写信告诉范晔说母亲病重,范晔没有及时赶去,到动身的时候,又随带歌伎小妾,被御史中丞刘损奏参,宋文帝爱惜他的文才,没有治罪。服丧期满,任始兴王刘濬后军长史,兼任南下邳太守。当刘濬做扬州刺史时,从来不亲自办理政务,一切全都推给范晔。不久转任左卫将军,太子詹事。

范晔身高不足七尺,又胖又黑,眉毛胡须都稀稀拉拉。善弹琵琶,能演奏时新曲调,皇帝想听他的演奏,多次暗示,范晔故意装作不理解,始终不肯给皇帝弹琵琶。皇帝曾经在一次宴会上喝酒喝得很高兴,对范晔说:"我想唱歌,你来弹奏。"范晔才遵从旨意弹奏。皇帝的歌声刚一结束,范晔也跟着停弦不弹了。

当初,鲁国孔熙先博学多能,才气纵横,文史星算,没有不精通的。做员外散骑侍郎,不被当道赏识,久久不得升调。原先孔熙先的父亲孔默之做广州刺史时,由于贪赃受贿得罪被交付廷尉查处,大将军彭城王刘义康庇护他。所以才免受惩罚。等到刘义康遭到贬黜之后,孔熙先便暗中想着报效他,准备结交朝中大臣,但是不知道谁能被打动,由于范晔对朝廷心怀不满。便打算拉拢他。可是孔熙先平时不受范晔重视,没有机缘前去游说。范晔的外甥谢综,向来受到范晔赏识,孔熙先曾经和谢综相识,便专心亲近谢综,和他结下深厚的交情。孔熙先凭借他父亲在岭南遗留的财产,家业十分富足,便开始和谢综兄弟们一起赌博,故意装作外行，把钱财输给他们。谢综兄弟们都年轻，屡屡赢得财物之后，便每天每夜同孔熙先往来，情意逐渐融洽。谢综便把孔熙先引荐给范晔，范晔又和孔熙先赌博，孔熙先又故意装成不是对手，前前后后输给范晔很多财物。范晔既贪图孔熙先的财宝，又爱惜他的文才和技艺。孔熙先素来有口才善于辞令，便尽心侍奉范晔，范晔同他相好不同于平常，成为莫逆之交。孔熙先开始用委婉的话来说动范晔，范晔不动心没有回应，孔熙先便想尽言辞多方譬说。平时人们对范晔家庭私生活有多种闲言议论，朝廷内外都知道，所以门第家族虽然显贵，可是皇室不肯同他家结为姻亲。孔熙先借此来激他说："您老人家假如认为朝廷厚待你，可是为什么不肯同您结亲，是因为不门当户对吗？人家当猪狗一样对等你，可是您还想着为朝廷效命，这不是太糊涂吗？"范晔沉默不答，但是他心里是打定主意了。

　　当时范晔和沈演之一同受到皇帝的知遇厚待，每每两人同时被召见。范晔如果早到，一定要等沈演之同去进见，沈演之要是早到，却曾经单独被召见，范晔又因此而怨恨。范晔多次担任过刘义康府中的佐僚，受到的待遇一向很优厚。等到被贬做宣城太守之后，对刘义康就不再是一条心了。谢综做刘义康的大将军记室参军，随从镇守豫章。谢综回来，向范晔表白刘义康的心意，希望消除过去的嫌隙，重新修复以往的友情。范晔既然有了叛逆的心思，还想探听皇上的思想，于是便向皇帝进言说："我从头至尾阅读前代两汉时期的历史，各封国藩王用妖言诅咒皇帝幸灾乐祸，朝廷就治以大逆不道之罪。况且刘义康奸险的心思罪恶的事迹，远近闻名，可是直到今天还安然无事，我私下里很不理解。再说大害久存不除，将会引起祸乱，骨肉亲人之间的关系，局外人是很难说话的。因为我受皇恩深厚，所以才冒死吐露真诚。"皇帝没有理睬。

孔熙先平素善于观察天象，曾经说过宋文帝必将在非常的变故中死去，很可能是由于骨肉相残。江州地方要出天子，认为刘义康上应天象。谢综的父亲谢述也受到刘义康的知遇，谢综的弟弟谢约又是刘义康的女婿，所以宋文帝让谢综随从刘义康南上，受到孔熙先的劝说之后，谢综也有了酬报刘义康的心意。广州人周灵甫养有家兵部队，孔熙先拿出六十万钱给他，让他在广州会合兵力。周灵甫拿了钱一去不回。大将军府史仲承祖，是刘义康往日信任的人，多次奉刘义康的命令来到京城，并且在暗中勾结心腹之人，谋划叛逆的事情。听说孔熙先有诚意，便秘密同他交结。丹阳尹徐湛之，一贯受到刘义康的喜爱，虽然是舅父和外甥的关系，对徐湛之的恩惠却超过对自家子弟，仲承祖因此和徐湛之结交，并且把秘密谋划的计划告诉给他。仲承祖南下，向萧思话和范晔表达刘义康的心意，说："原本打算和萧家结成姻亲，遗憾的是当初的心愿没能实现。和范晔的情意本来不薄，中途失和，这都是受外人闲话离间造成的。"

有个名叫法略的和尚，先前受到刘义康的供养，得到的是一般的知遇和招待，又有王国寺法静尼姑也出入刘义康家里，他们都感激旧日的恩德，也谋划着救助刘义康，并且都和孔熙先有往来。孔熙先让法略和尚还俗，恢复本姓孙，改名叫景玄，用他做臧质的宁远参军。孔熙先善于治病，又会诊脉。法静尼姑的妹夫许耀，是皇城中的领队，在宫中值宿保卫。许耀曾经得病，托法静尼姑到孔熙先那里求医，孔熙先给他调和一剂汤药，许耀的病药到即除。许耀亲自前去酬谢，从此交往成了朋友。孔熙先认为许耀的胆量才干可以利用，深情厚意相待，于是便告诉他谋反的意图，许耀答应做内应。豫章的胡遵世，是胡藩的儿子，和法略的情感很融洽，也秘密相互配合。法静南上，孔熙先打发婢女采藻随她前去，交给她书信，陈说江州出天子的图谶。法静回来时，刘义康带给孔熙先铜匙、铜镊、袍缎、棋盘奁匣等礼物。孔熙先担心这事泄露，用毒酒害死采藻。徐湛之又对范晔等说："臧质受到的待遇不同寻常，年内就要回来，已经写信报告臧质，把他的门生故旧全带来，他也会理解我们的意图，所以从臧质那里能得到几百健儿。臧质和萧思话感情密切，应当依靠他们，这两个人也都受到大将军的爱护亲待，一定不会有二心。萧思话三州地方的部下故旧的力量，也不会比臧质的少。加上郡中的文武官员，以及会合各地方侦察巡逻人员，也该不少于一千人。不必担心兵力不足，只是应当不错过时机才是。"于是便开始安排设置官员，徐湛之做抚军将军、扬州刺史，范晔做中军将军、南徐州刺史，孔熙先做左卫将军，其余的人都有选派担任的官职。凡是平时不友好以及不亲附刘义康的人，又另设有名簿，全都列入处死的一类。

孔熙先让他弟弟孔休先生作好檄文说：

那善和恶是相互更替的，世道也没有永恒的安泰，狂暴狡猾之徒放纵作乱，圣明睿智的人便除掉这些人物。所以齐桓公小白才建树起一匡天下的功勋，晋文公重耳才取得保卫天子的功绩。自从少帝景平年间开始，皇室内部便不断发生事故，已故的皇帝是天生的英才，聪明智慧，从藩王被选拔做太子，继位称帝统治天下，忧劳国家大事，专心各种政务，因此国内安定，四海清明。可是连年以来，奸臣乱政，刑罚错乱，阴阳不顺，以致引起宫廷内部的祸难，危害国家的灾难集中出现。贼臣赵伯符心怀怨恨胸藏毒计，于是恣意作奸凶横，纵兵侵犯皇帝，祸害波及皇子和大臣，他推崇扶植的人都不是善类，使皇室的基业受到倾倒坠毁的威胁。他的罪恶超过寒浞和他的儿子戈獯百倍，他的罪过超过刘玄和王莽十倍，开天辟地以来，没听说有谁的罪恶能和他相比。普天下的人都为此痛心，汉夷各族都为此泣血，人们都怀抱着牺牲的诚心，都想着杀身报效国家。

徐湛之、范晔和暂任中领军萧思话、暂任护军将军臧质、暂任右卫将军孔熙先、建威将军孔休先，都是精忠上达天日，诚意明于鬼神，为正义不伸而痛心，为国事危急而不忍目睹，舍命举兵，万死不顾，起兵当天把赵伯符斩首，连同他的同党。虽然豺狼已被杀掉，王道焕然一新，但是天下没有圣明的君主，百姓没有归属。彭城王刘义康是高祖子孙，自身圣明，德高天地，勋业誉满天下，不幸世路坎坷，不被重用而处在南方藩国，如同龙潜在渊、凤栖于林，至今已经六年，苍生思念有德的帝王，亿兆人渴盼圣明的教化，难道只有周公东征才会产生《鸱鸮》的歌谣，只有陕西才会有思念召公的诗篇吗？神灵已经预示了上应天心的征兆，谶记已经表明了出现帝王的符瑞，上合天心，下悦民望，登上皇帝御座的，不是彭城王那还能有谁？现在派遣暂任护军将军臧质等人，送上皇帝御玺印绶，星夜急奔奉迎天子，百官已经礼仪整齐，陆续前进，并且责成所有将帅，如同平时一样镇守各地。假如有谁敢阻挠侵犯义军，惩罚决不宽恕。往年使者回来，徐湛之接到彭城王亲赐的手书，预料并告诫朝廷将有祸乱，事先已看出祸乱的征兆，命令向朝中的贤士宣示手书，共同拯救国家的危难。缺乏决断，错失良机，使天子陷入无边的灾难，重大的事变迅速到来，使人摧肝裂肺，捶胸悲咽，不知何处，可以安身。因此统率薄弱的队伍起事，直到战死而后罢休。

孔熙先认为既然要干大事，应该要有刘义康的意旨才是，范晔就伪造一篇刘义康写给徐湛之的信，并向同党宣示说：

我是个平凡的人才能浅薄，生长在富贵的皇室，任情使性放纵自用，有什么过错也听不到指正，对待人与事没有常性，喜怒之情常常不符合事实，致使一些小人对我多怀怨恨，善人贤士不肯前来归附。自己造成了祸败，还不能及时觉察醒悟，退下来细加思索反省，才明白是自己招来的，感到如同切肤刻骨般的痛苦，不知怎么才能改正补救。然而至于尽心恭奉皇上，我的忠诚贯通幽明，诚恳谨慎，唯恐有不足之处，怎么可以仗恃宠信骄傲自满，实在不敢有意欺罔君上，难道还敢暗怀反逆的心思，因此招来杀身之祸？所以推心致诚表明自己的本心，不再提防回避会有什么嫌隙，任凭着本性诚心，不顾虑众人会有什么议论，这样便招来谗佞奸巧之徒暗中的诬陷，各种恶名都归到我身上。甲某奸险贪利，深深辜负了我的用心；乙某凶顽无耻，扇扬无稽之谈；丙某、丁某全是趋利小人，只知道谄媚求进，窥伺别人的缺失，一同捏造虚言妄说，致使骨肉之亲陷于自相残害的祸难，无罪的竟遭到杀害。凡是被定为有罪的，究竟有什么根据，受到刑罚伤害的，不分轻重全和首恶同罪，损害和谐违背天理，感慨充满天地之间。

我虽然终日苦于处在幽禁之中，自知生命短在顷刻之间，那些慷慨仗义的人士，还不时有书信寄来，不断使我得知天象和人事的变化，以及外面世道人情，觉得土崩瓦解的形势，必将出现在早晚之间。因此在群贤中不断发生事故，祸乱在国家蔓延，激愤在心中日夜动荡，内心不安如同交战。朝廷中的君子和士庶人中凡是明辨黑白怀义守理的人，怎么能够不清醒地认识关系到国家命运的关键时刻，反而坐视邪恶的势力横行危害国家呢？清除皇帝左右的邪恶之臣，已经不止一个朝代如此，何况现在这等为非作恶狂暴逆乱的罪魁，是自古以来所没有的，对他们加以剪除消灭，不是比摧枯拉朽更容易吗？可以把我的心意向各位贤士宣告，假如能够同心协力奋发起来，灭除逆党，岂不是和开国创业的功绩相等，如同重新缔造宋朝皇室的基业吗？但是武器和战争是凶残危险的事物，也可能被人滥用，假如有一丝一毫违背正理，将会受到诛灭九族的刑罚。安排大事的重任，交付给各位贤人办理，大家都要恭敬地尊奉朝廷，一举一动都要启奏。往日的嫌隙怨恨，一时间都已消散排除，然后我就该向朝廷请罪，接受朝廷官员的惩罚。假如能够使国家得到安定，我将死而瞑目无恨。大家勉力勉力。

二十二年九月，征北将军衡阳王刘义季、右将军南平王刘铄出京赴镇所，皇帝在武帐冈设宴饯别，范晔等人预定在这天作乱，但是出了差错没能实现。在十一月，徐湛之上表自首说："我和范晔，原来没有交情，中间我们有幸在官中任职，又和他的官署邻近，他多次来相见，所以逐渐有了交往。连年以来，范晔的思想意图有转变的表现，有倾覆朝廷的险恶居心，更有追求富贵的贪欲，自以为没有得到更高的信任和重用，便产生了怨恨。不仅攻击朝中的人士，还讥刺诽谤当今圣明时代，经常对上议论朝廷，对下议论藩王大臣，宣扬鼓动是非，思想言论放肆无忌，这类事情，先前呈上的奏表中全都写过。最近员外散骑侍郎孔熙先突然让大将军府吏仲承祖转达范晔和谢综等人的意见，打算收罗集合心怀不满之徒，谋划要有所行动。因为我过去受到过刘义康的接待关照，去年一些小人又无故地给我捏造事端，他们认为我一定会对皇上产生又恨又怕的心理,所以就深受他们的劝说和引诱。他们又说人心乐于国家大乱,机会不可错过,谶纬图书和天文星象,都有征候预兆。范晔不久亲自到来,又具体叙说了这事,并且说人们对我的议论更加险恶,想保全自己是很难的。我立即启奏上闻,接到命令让我同他们应酬接近,详尽了解他们的情况。于是范晔全都拿出来他们的檄书、选官的文件,以及同伙的人名册、亲手写的书信,我小心封好呈给皇上,可见他们的凶恶悖逆到了极点,古今少有能和他们相比的。由于我在交友方面思想糊涂,听到这样大逆不道的阴谋,在写奏书的时候还感到震恐惊慌,怀着怖惧之情不知所措。"诏书说:"徐湛之表奏的这些情况,很让人感到震惊可怕。范晔素来不重视检束言行,年轻时就犯有过失和罪行,只是因为他的才艺有用,所以用他的长处,多次赐给他荣耀和爵位,接着担任朝中清要显贵的官职。可是他险诈贪利的本性,超过了深沟大壑,不知道感激朝廷对他的恩遇,反而还心怀怨恨。每次对他宽容扶持,希望他能改恶向善,没想到他同恶人之间互相勾结,狂悖到如此地步。立刻就加以收捕,依法严加追究。"

当天夜里,首先召集范晔和朝臣集合在华林园东阁,扣押在客省里。事先已在外面收捕了谢综和孔熙先兄弟,他们全都招供服罪。在这时皇上在延贤堂派人问范晔说:"由于你略有从事文翰工作的才能,所以加以任用提拔,名位爵禄都如愿得到,这样的事例已经不少。也知道你的心意难于满足,你的这些无理的怨言牢骚,只是为了煽惑鼓动同党而已,为什么竟然起了谋反的异心?"范晔在仓卒之间心中恐惧,没有立刻招供认罪。皇上又一次派人来问说:"你同谢综、徐湛之、孔熙先等阴谋反逆,他们已经供认服罪,还没有处死,证据现在都有,为何不从实招供?"

范晔回答说:"如今皇室宗亲坚固如同磐石,藩国如同山岳般耸立,假使谁胆敢企图侥幸,各方藩镇就会前来讨伐,怎能不遭到诛灭?况且我的职位责任已经很重要,再晋升一阶两级的事,自然会实现的。为什么要拿灭族的危险来换取高位?古人说:'左手握着天下的地图,右手拿刀割脖子,蠢人都不干这种事。'我虽然平凡愚下,朝廷已经给了我力所能及的重任,按照道理来想,我不容有这种谋反的心思。"皇上又一次派人问说:"孔熙先近在华林园门外,难道你需要当面分辨吗?"范晔无言可对,便说:"是孔熙先的诬陷牵连了我,我又能怎么办?"孔熙先听说范晔不认罪,笑着对殿中将军沈邵之说:"所有谋反的各种安排,各种符檄书疏文件,都是范晔一手制作的。为什么事到如今还如此推脱抵赖呢?"皇帝把范晔亲笔的墨迹拿给他看,范晔才如实地供出全部事件的始末,说:"很久以来我就想着禀奏,因为谋反的事迹还不明显,又希望这事能够自消自灭,所以推迟迁延到了今天。我辜负国恩罪恶深重,罪大恶极甘心受死。"

当天夜里,皇帝派尚书仆射何尚之来看望范晔,问:"你的事情怎么弄到这种地步?"范晔说:"您认为是什么?"何尚之说:"你自己应该明白。"范晔说:"外面人传说庾尚书忌恨我,我想我和他无仇无恨。阴谋反逆的事,是听孔熙先说起的,我轻视他以为是个小孩子,没放在心上。今天忽然受到责问,才发觉这是犯罪。您正在用大道辅佐皇上治理天下,使天下不会有冤屈。兄弟我被处死之后,还希望您能够明白我的心意。"第二天,派执仗的军士押送范晔交付给廷尉审处,送进监狱,范晔问徐丹阳(湛之)在什么地方,而后知道了事情是徐湛之告发的。孔熙先临事招供,辞气不衰,皇帝认为他有奇才,派人去慰劳他说:"按照你的才能,长久地滞留在集书省不得升迁,按理应该有异心。这是我辜负了你。"又责问原吏部尚书何尚之说："让年近三十岁的孔熙先做个散骑郎,怎能不作乱犯上。"

孔熙先在狱中上书给皇帝说："罪囚小人我狂妄放肆,思想肤浅没有远见,只凭一时小怨意气用事,不考虑顺逆的准则。我和我的二弟孔休先带头策划奸计,触犯国法,粉身碎骨剁成肉酱,也弥补不了我们的罪过。陛下伟大圣明宽宏大量,心胸可以包容高山大海,不弃我微不足道的小节,荣蒙发下来宽大的诏书。这样的恩惠原本是没有想到的,即或我死了也有不尽的荣幸,自古以来,没有能同这样的恩德相比的。那盗马被扯断冠缨的臣子,那怀璧投书的士人,他们的行为最低贱,他们的过失很微小,由于他们认识到受了国君前所未有的宠恩,所以竭尽捐躯舍命的报效,终于能为齐国、魏国立功,得到了秦国、楚国的勋赏。罪囚我虽然陷于叛逆,完全丧失了名誉和节操,然而我从青年时代就怀抱慷慨的志向,私心仰慕古代忠烈之士的遗风。但是从山崖上倒下来的大树,断绝了再攀登的希望,从翻盆里倒出的水,不会有收取回来的可能。当着就要受到斧钺之刑的时候,为了给后来的人留下教训,假如死后魂魄有灵,不久便会报答圣恩。然而我怀有一片丹忱,为了不辜负素来的志向,珍惜得到的短暂的生存时机,多少还可以申述我的心怀。我自己认为生来喜爱群书,理解数术,凡是智力所能接触的领域,能力能够达到的水平,没有不尽力收罗书籍,深入探求微妙奥秘的道理。已往我考察论述过的事情,确实多有应验。谨在这里把我所知的事情略加陈述,分条书写如另外附上的材料,希望陛下暂时不要遗弃,把它们存在内府。假如我死之后,有的材料可以值得研究,这样我在九泉之下,便多少可以赎回罪过。"孔熙先所陈述的都是有关天文星象占验征候方面的事情,谶书上还预言有皇帝将遭到骨肉相残的祸患的事,他所说的都很深刻切实。

范晔在狱中,和谢综及孔熙先分别关押在不同地方,于是范晔声称有病要求换个地方,想要接近谢综等人。要求得到同意,果然让他和谢综住在隔壁。范晔远远地问谢综说:"开始被逮捕时,你猜想是谁告发的?"谢综说:"不知道。"范晔说:"就是徐童。"童,是徐湛之的小名仙童的意思。范晔在狱里作诗说:"祸福本无预兆,性命终归有极。必然规定未来的日期,谁有能力延长一息。活着的事情可以知道,未来变化多端不可预料。好人恶人都埋进坟丘,怎么能够分清是非曲直。怎么评论东陵上的召平,怎能分辨首阳山下的伯夷叔齐。虽然不能像嵇康受死前从容弹琴,希望能做到夏侯玄那样死无惧色。留言给活着的士人君子,这条路你们也是要重复走的。"

范晔本以为入狱后便会处死的,可是皇帝要深究这个案子到底,于是过了二十天还没判决,范晔更幻想着有活命的希望。狱吏便戏弄他说:"外面传说詹事你或许会长期监禁。"范晔听了又惊又喜,谢综和孔熙先讥笑他说:"詹事你曾经同我们一起谋划过去的事情的时候。从来是振臂怒目非常有气概。等到在西池射堂上,你耀马扬威左右顾盼,自认为是一代英雄豪杰。如今一旦陷入祸难纷扰,怎么这样怕死!假设现在下令赐你活命,你作为臣子图谋杀害君主,还有什么颜面活在世上?"范晔对卫狱将说:"可惜呀!要埋没这样一些人。"卫狱将说:"不忠国君的人,埋了有什么可惜的。"范晔说:"大将说的对。"

将要去到市上行刑时,范晔走在最前头,在监狱门前回头对谢综说:"今天受刑的次序,应当按照职位大小排吗?"谢综说:"反贼的头子当先。"在一路上范晔有说有笑,始终没有停顿过。到了刑场,问谢综说:"时辰到了没有?"谢综说:"看情形过不很久了。"范晔吃过长休饭永别酒,又苦劝谢综,谢综说:"这又不同于得了重病,为什么要勉强吃饭。"范晔家人全都来到刑场,监刑官员问道:"要和家人相见不?"范晔问谢综说:"家人已经来了,有幸能见一面,是不是要告别一下?"谢综说:"告别不告别,又何必在意。来了一定号啕大哭,正足以扰乱人的思绪。"范晔说:"号啕哭泣和别人有什么关系,方才看路旁的亲友故旧远远望着我们,这也胜过不曾相见。我心想愿意同家人见面。"于是呼唤范晔家人前来。范晔的妻子最先下车来拍抚她的儿子,回过头骂范晔说:"你不替我的一生着想,也不感激天子的恩遇,你自己死了还抵不上犯的罪,为何又屈杀了儿孙。"范晔的生母哭着说:"主上对你的关照是宽厚无边的,你从来不知感恩图报,又不关心我已经年老,事到如今可怎么办?"还动手打范晔的脖子和面颊,范晔脸上没有愧怍的表情。妻子又说:"罪人,婆婆您就别惦记了。"妹妹和伎妾来告别,范晔悲伤泪流满面,谢综说:"舅父的表现根本不同于夏侯玄临刑前的面不改色。"范晔听了便收泪止哭。谢综的母亲认为是子弟们自己走上了逆乱的死路,只有她不肯出来相见。范晔对谢综说:"姐姐如今不肯来见,远胜过来见的人。"范晔很快醉了,儿子范蔼也醉了,他拾起土块和果皮拿来扔给范晔,称范晔为别驾喊了几十声。范晔问道:"你恨我吗?"范蔼说:"今天还有什么理由来恨你,只是父子同日被杀,不能不悲伤而已。"范晔经常说人死神魂消失,想要写作《无鬼论》;到这时写给徐湛之的信中,说"要死后在地下控告他'。他的思想就是这样混乱。又对人说:"捎话告诉何仆射,天下绝没有佛鬼。如果人死有灵,自然会来报恩。"抄检范晔家时,发现乐器服饰玩物,全都贵重华丽,伎妾也都有美盛的服饰,母亲住的只是简单粗陋的房子，只有一间厨房堆满薪柴，侄子冬季没有被子，叔父只有单布衣衫。范晔和儿了范蔼、范遥、范叔蒌、孔熙先和他的弟弟孔休先、孔景先、孔思先、孔熙先的儿子孔桂甫、孔桂甫的儿子孔白民、谢综和弟弟谢约、仲承祖、许耀，以及其他许多有亲属关系的人，都伏法被杀。范晔当年四十八岁。把范晔已死兄弟的儿辈和谢综的弟弟谢纬，都流放到广州。范蔼的儿子范鲁连，是吴兴昭公主的外孙，请求保全性命，也被流放到边远地区，孝武帝即位后得赦还。

范晔的思想精深细致有独到见解，接触到的事物都能妥善地处理，衣裳器物和服饰，在形制和样式方面都加以改进，世人都效法学习他。曾经撰写《和香方》，它的序中说："麝香本身有种忌讳，用量过分必定有害；沉香坚实性质平易温和，成斤使用也无害。陵零香藿香令人气虚燥热，詹唐香性质粘湿。甘松、苏合、安息、郁金、奈多、和罗一类，在外国都受到珍惜，不出产在中国。又枣膏令人昏沉，甲煎淡薄一般，不仅不能增加香气的浓烈，将会更增加人们的疾病。"在序中说到的，全是用来比喻象征朝中人士的："麝本多忌"，比喻庾炳之；"零藿虚燥"，比喻何尚之；"詹唐粘湿"，比喻沈演之，"枣膏昏钝"，比喻羊玄保；"甲煎浅俗"，比喻徐湛之；"甘松、苏合"，比喻慧琳和尚；"沉实易和"，是用来自比的。

范晔在狱中给外甥侄子写一封信用来叙述自己的生平说：

我犯了狂傲逆上的大罪遭到杀身之祸，还有什么可说的，你们都应当把我当作罪人加以鄙弃。但是我平生按自己意志行事放任情怀，还应该有些事是值得回忆思考的。至于我所能和不能的，我思想上认识理解的，你们或许并不完全知道。我在年少时并不勤于学问,成熟很晚,在三十多岁时,才开始有了明确的志向。从这以来,逐渐在内心起了变化,自信即使逐渐到了老年,也将不会中止追求。往往得到一点点的新的认识,有时用言语也不能完全表达出来。我的性格不习惯寻求注解的古书,心里不痛快,稍稍认真苦思,便感到头昏气闷,口才谈吐又不爽利,因此在清谈方面没有什么成就。至于读书得到贯通理解之处,都是得之于我的独立思考。写作文章逐渐有了进步,但是限于才学浅薄思路不敏捷,所以每当提笔写作,写成的篇章,几乎没有通篇满意的。平时耻于作一个文士。写文章最大的毛病是叙事浅白直露,抒情不能含蓄,说理立意牵强,风格和内容游离。即使偶尔出现有才能的人,大多也摆脱不了这种拖累,恰好可以比做匠人画图虽然精细,终究不能有新意。我常说文章是情感和意志的寄托,所以文章应该以表意为主,用文字来表达思想情感。以意为主,那么文章的主旨就必定显现出来;用文字来表达思想,那么文辞就不会流宕放纵。这样写作才能够提出立意芬芳的主题,选择金石一般振响的文辞。文章里面表达出来的性情旨趣,是千差万别的,但是各种各样的变化里是有它固然的道理。我自以为很了解写文章的方法和道理,曾经对外人说过,多数人不能理解赏识,或许是每个人的见解不同的缘故吧。

我生性能辨别字音的官商声调,理解字音清浊不同,这是自然的天性吧。观察古往今来的文人,多数并不完全明白这个问题,即使有懂得理会声韵的,有的也不一定是从根本中得来的知识。我说的声韵问题都有确实的证据,并不是出于空谈。在年轻的人里,谢庄最有这方面的能力,写作文章多有变化,而且在文章中又不受声韵的拘束。我写作构思的时候没有固定的框子,特别是能够处理难易轻重不同的问题,我所具备的能力,还没能充分发挥出来。但是过去写作的多半是官方的文字,很少有机会在这个领域里施展高远的情致,我以此为遗憾,当然也是因为我不留心在文章方面追求名声的缘故。

当初我并没有涉及史书,只是经常觉得史书不能轻易理解而已。等到写作《后汉书》之后,逐渐获得了要领和头绪,详细观察古今的著述和评论,几乎很少有令人满意的著作。班固是史学上享有最高声望的人,他是凭着自己的见识写史并没有统一的体例,许多问题不能分类归纳出条理。传后的赞语在道理上几乎没有什么创见,只有他本人的志趣是可以推崇的。内容的广博丰富是不可及的,要是经过加工整理未必不如班固。我写的众多传论,都有精到的见解和深刻的含意,既然对人对事有了明确的裁断和体会,便尽力使文辞简练明确。至于《循吏》以下到《六夷》各篇的序论,笔势纵横奔放,可以说是天下的奇作。那些立论中和完备的篇章,往往不比《过秦论》逊色。我曾经拿《后汉书》和班固的《汉书》相比较,不仅仅是感到毫无愧色而已。本打算全面写作各志,凡是《汉书》中所有的全都要有。即或记事不必过多过繁,但要做到使人见了本文之后便能对事情全部了然。又打算就历史事件在书里写出议论,用来论证一代政治的得失,这个意愿未能实现。赞语自然是我的史文之中杰出的思想成果,几乎没有一个字是虚设的,文思史识奇变无穷,会同各种不同体裁,竟然自己也感到不知应该怎样评价才合适。这部史书在人间流传,应该有知音的人。纪、传中写到的事只是提示出个大略而已,其中内含很多细微的见解。自古以来的史著在体制宏大和思想精深方面,是没有超过这部书的。我担心世人不能全都认识它,多数人厚古薄今,所以我在这里尽情地发出狂言了。

我对于音乐,听曲欣赏的能力不如我自己演奏的技艺,但是我精通的不是传统的高雅乐曲，这是很可遗憾的。然而当弹奏到了绝妙之处，那又和雅声有什么差别呢？音乐中的特质和趣味，是用语言表达不尽的，弦外之音，幻妙的旋律，真是不知道从何而来。即使是一首短的曲子，那里面的旨趣和情意是无止极的。我也曾拿演奏的经验教授别人，士庶人中没有一丝一毫能和我相似的。这些经验永远不会流传了。我的信中虽然多少表达了我的心意，行文笔势也不够流畅，其余的事业都没有成就，每每也感到愧对了自己的名声。

范晔的《自序》都是真实的，所以录存下来。

范蔼自幼就喜爱整洁，衣服穿一年也不落半点尘垢。死的时候才二十岁。

范晔年少的时候，他哥哥范晏常说："这个孩子贪图私利，终究会破败门户。"最后真的像范晏说的一样。

宋书卷七十一

列传第三十一

徐湛之

徐湛之字孝源，东海郯人。司徒羡之兄孙，吴郡太守佩之弟子也。祖钦之，秘书监。父逵之，尚高祖长女会稽公主，为振威将军、彭城沛二郡太守。高祖诸子并幼，以逵之姻戚，将大任之，欲先令立功。及讨司马休之，使统军为前锋，配以精兵利器，事克，当即授荆州。休之遣鲁宗之子轨击破之，于阵见害。追赠中书侍郎。

湛之幼孤，为高祖所爱，常与江夏王义恭寝食不离于侧。永初三年，诏曰："永兴公主一门嫡长，早罹辛苦。外孙湛之，特所钟爱。且致节之胤，情实兼常。可封枝江县侯，食邑五百户。"年数岁，与弟淳之共车行，牛奔车坏，左右驰来赴之。湛之先令取弟，众咸叹其幼而有识。及长，颇涉文义，善自位待。事祖母及母，并以孝谨闻。

元嘉二年，除著作佐郎，员外散骑侍郎，并不就。六年，东宫始建，起家补太子洗马，转国子博士，迁奋威将军、南彭城沛二郡太守，徙黄门侍郎。祖母年老，辞以朝直，不拜。复授二郡，加辅国将军，迁秘书监，领右军将军，转侍中，加骁骑将军。复为秘书监，加散骑常侍，骁骑如故。

会稽公主身居长嫡，为太祖所礼，家事大小，必咨而后行。西征谢晦，使公主留止台内，总摄六宫。忽有不得意，辄号哭，上甚惮之。初，高祖微时，贫陋过甚，尝自往新洲伐荻，有纳布衫袄等衣，皆敬皇后手自作，高祖既贵，以此衣付公主，曰："后世若有骄奢不节者，可以此衣示之。"湛之为大将军彭城王义康所爱，与刘湛等颇相附协。及刘湛得罪，事连湛之，太祖大怒，将致大辟。湛之忧惧无计，以告公主。公主即日入宫，即见太祖，因号哭下床，下复施臣妾之礼。以锦囊盛高祖纳衣，掷地以示上曰："汝家本贫贱，此是我母为汝父作此纳衣。今日有一顿饱食，便欲残害我儿子！"上亦号哭，湛之由此得全也。迁中护军，未拜，又迁太子詹事，寻加侍中。

湛之善于尺牍，音辞流畅。贵戚豪家，产业甚厚。室宇园池，贵游莫及。伎乐之妙，冠绝一时。门生千余人，皆三吴富人之子，姿质端妍，衣服鲜丽。每出入行游，涂巷盈满，泥雨日，悉以后车载之。太祖嫌其侈纵，每以为言。时安成公何勖，无忌之子也，临汝公孟灵休，昶之子也，并各奢豪，与湛之共以肴膳、器服、车马相尚。京邑为之语曰："安成食，临汝饰。"湛之二事之美，兼于何、孟。勖官至侍中，追谥荒公。灵休善弹棋，官至秘书监。

湛之迁冠军将军、丹阳尹，进号征虏将军，加散骑常侍，以公主忧不拜。过葬，复授前职，湛之表启固辞，又诣廷尉受罪，上诏狱官勿得受，然后就命。固辞常侍，许之。二十二年，范晔等谋逆，湛之始与之同，后发其事，所陈多不尽，为晔等款辞所连，乃诣廷尉归罪，上慰遣令还郡。湛之上表曰：

贼臣范晔、孔熙先等，连结谋逆，法静尼宣分往还，与大将军臣义康共相唇齿，备于鞫对。伏寻仲承祖始达熙先等意，便极言奸状。而臣儿女近情，不识大体，上闻之初，不务指斥，纸翰所载，尤复漫略者，实以凶计既表，逆事归露，又仰缘圣慈，不欲穷尽，故言势依违，未敢缕陈。情旨无隐，已昭天鉴。及群凶收禽，各有所列，晔等口辞，多见诬谤，承祖丑言，纷纭特甚。乃云臣与义康宿有密契，在省之言，期以为定，潜通奸意，报示天文。末云熙先县指必同，以诳于晔，或以智勇见称，或以愚懦为目。既美其信怀可覆，复骇其动止必启。风诸诡妄，还自违伐，多举事端，不究源统，贵传之信，无有主名，所征之人，又已死没，产尾乖互，自为矛盾。即臣诱引之辞，以为始谋之证，衔臣纠告，并见怨咎，纵肆狂言，必规祸陷。伏自探省，亦复有由。昔义康南出之始，敕臣入相伴慰，晨夕觐对，经逾旬日。逆图成谋，虽无显然，怼容异意，颇形言旨。遗臣利刃，期以际会，臣苦相谏譬，深加距塞。以为怨愤所至，不足为虑，便以关启，惧成虚妄，思量反复，实经愚心，非为纳受，曲相蔽匿。又令申情范晔，释中间之憾，致怀萧思话，恨婚意未申，谓此侥幸，亦不宣达。陛下敦惜天伦，彰于四海，藩禁优简，亲理咸通，又昔蒙眷顾，不容自绝，音翰信命，时相往来。或言少意多，旨深文浅，辞色之间，往往难测。臣每惧异闻，皆略而不答，惟心无邪悖，故不稍以自嫌。偻偻丹实，具如此启。至于法静所传，及熙先等谋，知实不早，见关之日，便即以闻。虽晨光幽烛，曲昭穷款，裁以正义，无所逃刑。束骸北阙，请罪司寇，干施含宥，未加治考，中旨频降，制使还往，仰荷恩私，哀惶失守。

臣殃积罪深，丁罹酷罚，久应屏弃，永谢人理。况奸谋所染，忠孝顿阙，智防愚浅，暗于祸萌，士类未明其心，群庶谓之同恶，朝野侧目，众议沸腾，专信仇隙之辞，不复稍相申体。臣虽驽下，情非木石。岂不知丑点难婴，伏剑为易。而腼然视息，忍此余生，实非苟吝微命，假延漏刻。诚以负戾灰灭，贻恶方来，贪及视息，少自披诉。冀幽诚丹款，傥或昭然，虽复身膏草土，九泉无恨。显居官次，垢秽朝班，厚颜何地，可以自处。乞蒙骧放，伏待铁锧。

上优诏不许。

二十四年，服阕，转中书令，领太子詹事。出为前军将军、南兖州刺史。善于为政。威惠并行。广陵城旧有高楼，湛之更加修整，南望钟山。城北有陂泽，水物丰盛。湛之更起风亭、月观，吹台、琴室，果竹繁茂，花药成行，招集文士，尽游玩之适，一时之盛也。时有沙门释惠休，善属文，辞采绮艳，湛之与之甚厚。世祖命使还俗。本姓汤，位至扬州从事史。二十六年，复入为丹阳尹，领太子詹事，将军如故。二十七年，索虏至瓜步，湛之领兵置佐，与皇太子分守石头。二十八年春，鲁爽兄弟率部曲归顺，爽等，鲁轨子也。湛之以为庙算远图，特所奖纳，不敢苟申私怨。乞屏居田里，不许。

转尚书仆射，领护军将军。时尚书令何尚之以湛之国戚，任遇隆重，欲以朝政推之。凡诸辞诉，一不料省。湛之亦以《职官记》及令文，尚书令敷奏出内，事无不总，令缺则仆射总任。又以事归尚之，互相推委。御史中丞袁淑并奏免官，诏曰："令仆治务所寄，不共求体当，而互相推委，纠之是也。然故事残舛，所以致兹疑执，特无所问，时详正之。"乃使湛之与尚之并受辞诉。尚之虽为令，而朝事悉归湛之。初，刘湛伏诛，殷景仁卒，太祖委任沈演之、庾炳之、范晔等，后又有江湛、何瑀之，晔诛，炳之免，演之、瑀之并卒，至是江湛为吏部尚书，与湛之并居权要，世谓之江、徐焉。

上每有疾，湛之辄入侍医药。二凶巫蛊事发，上欲废劭，赐濬死。而世祖不见宠，故累出外蕃，不得停京辇。南平王铄、建平王宏并为上所爱，而铄妃即湛妹，劝上立之。元嘉末，征铄自寿阳入朝，既至，又失旨，欲立宏，嫌其非次，是以议久不决。与湛之屏人共言论，或连日累夕。每夜常使湛之自秉烛，绕壁检行，虑有窃听者。劭入弑之旦，其夕，上与湛之屏人语，至晓犹未灭烛。湛之惊起趣北户，未及开，见害。时年四十四。世祖即位，追赠司空，加散骑常侍，本官如故，谥曰忠烈公。又诏曰："徐湛之、江湛、王僧绰门户荼酷，遗孤流寓，言念既往，感痛兼深。可令归居本宅，厚加恤赐。"于是三家长给廪。

三子：韦之、谦之，为元凶所杀。恒之嗣侯，尚太祖第十五女南阳公主，蚤卒，无子。聿之子孝嗣绍封，齐受禅，国除。

译文：

徐湛之字孝源，东海郯人。是司徒徐羡之的兄孙，吴郡太守徐佩之的侄子。祖父徐钦之，官至秘书监。父亲徐逵之，娶高祖刘裕的大女儿会稽公主，任振威将军、彭城和沛郡二郡太守。当时高祖诸子都年幼，因为徐逵之是女婿，将委以重任，想让他先立功勋。征讨司马休之时，让他统率军队为先锋，配给精锐的士兵和锐利的武器，如果事情克捷，就要授予他荆州刺史之职。但司马休之派鲁宗之的儿子鲁轨将他的军队击败，他也在阵中被杀。朝廷追赠中书侍郎。

徐湛之自幼丧父，深为高祖钟爱，与江夏王刘义恭二人连睡觉吃饭也不离高祖身边。永初三年，下诏说："永兴公主是一门嫡长，很早就含辛茹苦。外孙徐湛之，特别为我所钟爱。况且是节烈之士的后嗣，情理不同于常人。可封爵为枝江县侯，食邑五百户。"年方数岁时，和弟弟淳之同车出行，牛受惊狂奔，车坏，左右飞马来救。徐湛之先让人把弟弟抱下，众人都赞叹他虽年幼却很懂事理。及年龄渐大，常读文章，钻研其内容和含义，善于自处。侍奉祖母和母亲，都以孝顺谨慎著称。

元嘉二年，除著作佐郎，员外散骑侍郎，都没有就职。元嘉六年，东宫初建立，出仕补太子洗马，转国子博士，迁任奋威将军、南彭城和沛郡二郡太守，又徙黄门侍郎。因祖母年老，辞去朝职，不拜。又授予二郡太守，加官辅国将军，迁任秘书监，领右军将军，转为侍中，加官骁骑将军。又任秘书监，加散骑常侍，仍保留骁骑将军之职。

会稽公主身处于长嫡地位，受到太祖尊敬礼遇，家中事情无论大小，一定先征求她的意见然后再处理。西征谢晦时，让公主留在台府中，总管六宫的事务。稍有不如意，就号哭不停，皇上很害怕她。起初，高祖没有显达时，家境非常穷困，曾经到新洲去割荻草，有纳布衫袄等衣服，都是敬皇后亲手缝制。高祖显贵以后，把这些衣服交给会稽公主，说："后世如果有子孙骄奢不节俭的，可拿这些衣服给他们看。"刘湛被大将军彭城王刘义康宠爱，与刘湛等人也气味相投。待到刘湛犯罪，事情牵连到徐湛之，太祖大怒，要将他处以大辟之刑。徐湛之忧愁恐惧，无计可施，就将此情告诉母亲会稽公主。公主当天就进宫，见到太祖，于是号哭下床，不再行臣妾见主上的礼仪。把用锦囊装着的高祖的纳衣扔在地上，让太祖看，说："你家本来贫贱，这是我母亲为你父亲缝制的纳衣。今天有一顿饱饭吃了，便要残害我的儿子！"太祖也号哭起来，徐湛之因此得保全性命。不久迁中护军，未曾就职，又迁任太子詹事，旋即加官侍中。

徐湛之擅长写书信，言语洪亮流畅。身为贵戚和豪门，产业十分丰厚。房屋园林池塘，贵族之家都不能相比。伎乐的美妙，为当时之冠。门生有一千多人，都是三吴地区的富豪子弟，姿质端庄美好，衣服鲜艳华丽。每次进出行游，门生塞满路巷，落雨泥泞时，全用后车乘载。太祖嫌他过于奢侈放纵，时常加以劝诫。当时安成公何勖，是何无忌的儿子；临汝公孟灵休，是孟昶的儿子，都非常奢侈豪华，与徐湛之同用菜肴、器具服装和车马，互相争豪比富。京城中常称赞说："安成公的膳食，临汝侯的服饰。"而徐湛之膳食服饰的佳美，远远超过何、孟两人。何勖累官至侍中，追谥荒公。孟灵休善于弹棋，累官至秘书监。

徐湛之又迁任冠军将军、丹阳尹，进官号征虏将军，加散骑常侍，因母亲会稽公主病故而未就职。丧事办完后，又授予前职，徐湛之上表坚决推辞，又到廷尉府请罪，皇上诏狱官不得接受，然后方才就任，他坚决辞掉常侍之职，得到皇上同意。元嘉二十二年，范晔等人谋反，徐湛之刚开始赞同，后来告发了此事，但所说多不详尽，被范晔等人的供词牵连，又到廷尉府认罪，皇上加以宽慰，派他回郡。徐湛之又在郡上表说：

贼臣范晔，孙熙先等结伙密谋叛逆，法静尼往来联络，和大将军臣刘义康互为唇齿。审讯时的供词已很详备。我思虑仲承祖最先了解孙熙先的险恶用心，所以毫无保留地告发了他们的罪恶行径。而我因有儿女近情，不明大体，早先告发，不多加指责，上书的言辞，更加模糊简略，实在是因为当时凶恶的计谋已很明显，叛逆的事迹也已暴露无遗，又仰仗圣上的仁慈，不想彻底追究，所以言辞迟疑不决，不敢一一陈述。我的心情没有隐瞒，已蒙圣上明察。待群凶被收押，招供对逆谋各有罗列，范晔等人的口供，对我多有污蔑诽谤，仲承祖的胡言，又特别杂乱。竟然说我和刘义康早有密约，在台省的谈话，已定下日期，而且暗中通报奸邪之心，告示天文征祥。最后说孙熙先宣示意旨必然赞同，以欺骗范晔，有的以智勇被赞誉，有的以愚蠢怯懦被诬毁。既以他胸怀诚实经得起核察为美，又害怕他行动举止必定启奏。总之有诸多虚假不实，自相抵牾的言辞，又多举事端，不追究根源，传送的书信，没有主者姓名，可以作证的人，又已死亡，前后不一，自相矛盾。把我诱导他们的话，作为一开始就参与其谋的证据，我首先纠举告发，被他们怨恨，因此信口雌黄，一定要陷害我。低头自我省察，也有一定原因。当时刘义康开始南出时，敕令我入内陪同安慰，早晚晤谈，达十几天。叛逆的图谋虽然还不明显，内心的怨恨已溢于言表。送给我锋利的兵器，约等待时机行事，我苦口婆心地劝谏，严词予以拒绝。我以为他只是内心怨恨，不值得多虑，如果启奏朝廷，担心虚假不实，为此反复思考，扪心自问，不是听从其逆谋，也不是故意隐瞒。又让转告范晔，消除其间的隔阂，致意萧思话，以未能和他家结为婚姻而遗憾。我以为这只是侥幸，也不曾传达。陛下敦厚爱惜兄弟之情，彰显于天下，藩王的禁令宽简，亲戚的礼仪通行无阻，加之往昔蒙爱垂爱关注，不能擅自断绝，音问书信，时常往来。间或言简意赅，意深文浅，言辞神态，往往难以预测。我常害怕有同异彼此之说，都省略而不答复，自思心中没有邪恶狂悖，所以不自我猜嫌。诚恳恭谨的本心，完全像这封启奏。至于法静的传言，乃至孔熙先的谋划，我知道的实在不早，被告知当天，就已奏闻。虽然像黎明时昏暗的烛光，婉转的说明了苦衷，但以正义论断，没有逃避刑罚的理由。曾经自缚到北门，向司寇请求受刑，君命宽宥，未加考问，又降旨意，令还郡所。仰仗私情恩惠，内心哀痛惶恐，悔失操守。

我罪殃积累深重，应当遭受残酷的刑罚，早宜废弃，永远辞去人世间的事务。何况被奸谋牵连，忠孝顿时丧失，智虑愚浅，对灾祸的发萌不能明察，士大夫不了解我的本心，众庶都认为我是同恶，朝野人等侧目鄙视，众口议论如水之沸腾，专信有仇隙之人的言辞，不再稍加申述体谅。我虽然才能低下，但不像木石那样毫无情感。难道不知道羞辱玷污难戴，自杀易行。面带愧色的偷生苟活，保全幸存的性命，实在不是贪生怕死，延长年月，而是因为这样负罪死去，将留恶名于未来，于是苟且生存，想多少披露诉说自己的心迹。希望诚恳的衷情，能让世人明白，再让身体去肥沃土埌，九泉之下也不会遗恨了。我所居官位显要，玷污了朝班，厚颜无耻，无地自容。请求将我废黜，等待刑罚。

皇上宽容，诏令不许。

元嘉二十四年，服丧完毕，转中书令，领太子詹事。外出任前军将军，南兖州刺史。擅长处理政务，恩威兼用。广陵城原来有一座高楼，徐湛之又加以修整，南与钟山遥遥相望。城北有池塘，水产丰盛。徐湛之又建造风亭、月观、吹台、琴室。果树修竹繁荣茂盛，花卉药草横竖成行，召集文人学士，尽游玩的闲适，也是一时的盛事。当时有一位沙门释惠休，善于写文章，辞采艳丽，徐湛之和他交情很厚。世祖让他还俗。他原姓汤，官至扬州从事史。元嘉二十六年，徐湛之入京，任丹阳尹，领太子詹事，照旧为将军。二十七年，魏兵到达瓜步，徐湛之领士兵置将佐，和皇太子分守石头城。二十八年春，鲁爽兄弟率领家兵归顺，鲁爽兄弟是鲁轨的儿子。徐湛之认为朝廷计划远图，特别奖励接纳鲁爽等，不敢申报私仇。乞求废黜居住乡间，朝廷不许。

后转任尚书仆射，领护军将军。当时尚书令何尚之因徐湛之是皇亲国戚，任遇贵盛，想把朝政推给他处理。凡诸词讼，一概不省察审理。徐湛之则认为《职官记》及令文规定，尚书令陈述奏进和出纳，事务没有不管的，尚书令缺则由仆射负责。因此又把事务交给何尚之处理，二人互相推诿。御史中丞袁淑启奏皇上，将二人同时罢免，诏书说："令仆为朝中政务的寄托，不共同担当，却互相推诿，纠举是应该的。但因过去的制度残缺舛误，导致这种执行的怀疑，特许不予追究，同时具体定正制度。"就让徐湛之和何尚之都受理词讼。何尚之虽然是尚书令，但朝中事务全归徐湛之。起初，刘湛被杀，殷景仁病故，太祖将朝政委任沈演之、庚炳之、范晔等，后来又有江湛、何瑀之。范晔被杀，庚炳之被免职，沈演之、何瑀之都去世，至此江湛任吏部尚书，与徐湛之并处权要之位，世人称为江、徐。

皇上每有疾病，徐湛之便进宫，侍候医药。二凶用邪术加害于人的事情败露，皇上想废黜刘劭，而赐刘濬自杀。但世祖不被宠爱，所以屡次出任外藩，不得停留京城。南平王刘铄、建平王刘宏同受皇上垂爱，刘铄的妃子就是江湛的妹妹，于是劝皇上立为太子。元嘉末年，征召刘铄从寿阳进京，到朝廷后，应对不合皇上意旨，想立刘宏，又嫌他不合次序，所以长期议论不决。皇上和徐湛之单独谈论，常夜以继日。每夜常让徐湛之亲自手拿蜡烛，绕墙壁巡行察看，怕有窃听的人。刘劭进宫行刺皇上是在早晨，前一天晚上皇上和徐湛之单独谈论，到拂晓尚未熄灭蜡烛。徐湛之大惊，起身奔向北边门户，没来得及打开，被害。当年四十四岁。世祖即位后，追赠司空，加散骑常侍，原官名照旧保留，谥号忠烈公。又下诏说："徐湛之、江湛、王僧绰等家门苦难深重，遗孤流离失所，想起说到往事，伤感痛苦更深。可让他们回本宅居住，丰厚地给予抚恤赏赐。"于是朝廷长期供给这三家廪食。

徐湛之有三个儿子：徐聿之、徐谦之，被元凶刘劭杀害。徐恒之袭侯爵，娶太祖第十五女南阳公主为妻，早年病卒，没有继嗣。徐聿之的儿子徐孝嗣继承封爵，待齐国建立，国除。

宋书卷七十七

列传第三十七

沈庆之

沈庆之字弘先，吴兴武康人也。兄敞之，为赵伦之征虏参军、监南阳郡，击蛮有功，遂即真。

庆之少有志力。孙恩之乱也，遣人寇武康，庆之未冠，随乡族击之，由是以勇闻。荒扰之后，乡邑流散，庆之躬耕垄亩，勤苦自立。年三十，未知名，往襄阳省兄，伦之见而赏之。伦之子伯符时为竟陵太守，伦之命伯符版为宁远中兵参军。竟陵蛮屡为寇，庆之为设规略，每击破之，伯符由此致将帅之称。伯符去郡，又别讨西陵蛮，不与庆之相随，无功而反。

永初二年，庆之除殿中员外将军，又随伯符隶到彦之北伐。伯符病归，仍隶檀道济。道济还白太祖，称庆之忠谨晓兵，上使领队防东掖门，稍得引接，出入禁省。出戍钱唐新城，及还，领淮陵太守。领军将军刘湛知之，欲相引接，谓之曰："卿在省年月久，比当相论。"庆之正色曰："下官在省十年，自应得转，不复以此仰累。"寻转正员将军。及湛被收之夕，上开门召庆之，庆之戎服履袜缚绔入，上见而惊曰："卿何意乃尔急装？"

庆之曰："夜半唤队主，不容缓服。"遣收吴郡太守刘斌，杀之。迁始兴王濬后军行参军，员外散骑侍郎。

元嘉十九年，雍州刺史刘道产卒，群蛮大动，征西司马朱修之讨蛮失利，以庆之为建威将军，率众助修之。修之失律下狱，庆之专军进讨，大破缘沔诸蛮，禽生口七千人。进征湖阳，又获万余口。迁广陵王诞北中郎中兵参军，领南东平太守，又为世祖抚军中兵参军。世祖以本号为雍州，随府西上。时蛮寇大甚，水陆梗碍，世祖停大隄不得进。分军遣庆之掩讨，大破之，降者二万口。世祖至镇，而驿道蛮反杀深式，遣庆之又讨之。王玄谟领荆州，王方回领台军并会，平定诸山，获七万余口。郧山蛮最强盛，鲁宗之屡讨不能克，庆之剪定之，禽三万余口。还京师，复为广陵王诞北中郎中兵参军，加建威将军、南济阴太守。

雍州蛮又为寇，庆之以将军、太守复与随王诞入沔。既至襄阳，率后军中兵参军柳元景、随郡太守宗悫、振威将军刘颙、司空参军鲁尚期、安北参军顾彬、马文恭、左军中兵参军萧景嗣、前青州别驾崔目连、安蛮参军刘雍之、奋威将军王景式等二万余人伐沔北诸山蛮，宗悫自新安道入太洪山，元景从均水据五水岭，文恭出蔡阳口取赤系坞，景式由延山下向赤圻阪，目连、尚期诸军八道俱进，庆之取五渠，顿破坞以为众军节度。前后伐蛮，皆山下安营以迫之，故蛮得据山为阻，于矢石有用，以是屡无功。庆之乃会诸军于茹丘山下，谓众曰："今若缘山列旆以攻之，则士马必损。去岁蛮田大稔，积谷重岩，未有饥弊，卒难禽剪。今令诸军各率所领以营于山上，出其不意，诸蛮必恐，恐而乘之，可不战而获也。"于是诸军并斩山开道，不与蛮战，鼓噪上山，冲其腹心，先据险要，诸蛮震扰，因其惧而围之，莫不奔溃。自冬至春，因粮蛮谷。

顷之，南新郡蛮帅田彦生率部曲十封六千余人反叛，攻围郡城，庆之遣元景率五千人赴之。军未至，郡已被破，焚烧城内仓储及廨舍荡尽，并驱略降户，屯据白杨山。元景追之至山下，众军悉集，围山数重。宗悫率其所领先登，众军齐力急攻，大破之，威震诸山，群蛮皆稽颡。庆之患头风，好着狐皮帽，群蛮恶之，号曰"苍头公"。每见庆之军，辄畏惧曰："苍头公已复来矣。"庆之引军自茹丘山出檢城，大破诸山，斩首三千级，虏生蛮二万八千余口，降蛮二万五千口，牛马七百余头，米粟九万余斛。随王诞筑纳降、受俘二城于白楚。

庆之复率众军讨幸诸山犬羊蛮，缘险筑重城，施门櫓，甚峻。山多木石，积以为礌。立部曲，建旌旗，树长帅，铁马成群。庆之连营山下，营中开门相通，又命诸军各穿池于营内，朝夕不外汲，兼以防蛮之火。顷之风甚，蛮夜下山，人提一炬以烧营。营内多幔屋及草菴，火至辄以池水灌灭，诸军多出弓弩夹射之，蛮散走。庆之令诸军斩山开道攻之，而山高路险，暑雨方盛，乃置东冈、蜀山、宜民、西柴、黄徽、上麦六戍而还。蛮被围守日久，并饥乏，自后稍出归降。庆之前后所获蛮，并移京邑，以为营户。

二十七年，迁太子步兵校尉。其年，太祖将北讨，庆之谏曰："马步不敌，为日已久矣。请舍远事，且以檀、到言之。道济再行无功，彦之失利而返。今料王玄谟等未逾两将，六军之盛，不过往时。将恐重辱王师，难以得志。"上曰："小丑窃据，河南修复，王师再屈，自别有以；亦由道济养寇自资，彦之中涂疾动。虏所恃唯马，夏水浩汗，河水流通，泛舟北指，则碻磝必走，滑台小戍，易可覆拔。克此二戍，馆谷吊民，虎牢、洛阳，自然不固。比及冬间，城守相接，虏马过河，便成禽也。"

庆之又固陈不可。丹阳尹徐湛之、吏部尚书江湛并在坐,上使湛之等难庆之,庆之曰:"治国譬如治家,耕当问奴,织当访婢。陛下今欲伐国,而与白面书生辈谋之,事何由济。"上大笑。

及北讨,庆之副玄谟向碻磝,戍主弃城走,玄谟围滑台,庆之与萧斌留碻磝,仍领斌辅国司马。玄谟攻滑台,积旬不拔。虏主拓跋焘率大众南向,斌遣庆之率五千人救玄谟。庆之曰:"玄谟兵疲众老,虏寇已逼,各军营万人,乃可进耳,少军轻往,必无益也。"斌固遣令去,会玄谟退,斌将斩之,庆之固谏乃止。太祖后问:"何故谏斌杀玄谟?"对曰:"诸将奔退,莫不惧罪,自归而死,将至逃散。且大兵至,未宜自弱,故以攻为便耳。"

萧斌以前驱败绩,欲死固碻磝,庆之曰:"夫深入寇境,规求所欲,退败如此,何可久住。今青、冀虚弱,而坐守穷城,若虏众东过,清东非国家有也。碻磝孤绝,复作朱修之滑台耳。"会诏使至,不许退,诸将并谓宜留,斌复问计于庆之,庆之曰:"阃外之事,将所得专,诏从远来,事势已异。节下有一范增而不能用,空议何施。"斌及坐者并笑曰:"沈公乃更学问。"庆之厉声曰:"众人虽见古今,不如下官耳学也。"玄谟自以退败,求戍碻磝,斌乃还历城,申坦、垣护之共据清口。庆之乘驿驰归,未至,上驿诏止之,使还救玄谟。会虏已至彭城,不得向北,太尉江夏王义恭留领府中兵参军。拓跋焘至卯山,义恭遣庆之率三千拒之,庆之以为虏众强,往必见禽,不肯行。太祖后谓之曰:"河上处分,皆合事宜,惟恨不弃碻磝耳。卿在左右久,偏解我意,正复违诏济事,亦无嫌也。"

二十八年,使庆之自彭城徙流民数千家于瓜步,征北参军程天祚徙江西流民于南州,亦如之。

二十九年，复更北伐，庆之固谏不从，以立议不同，不使北出。是时亡命司马黑石、庐江叛吏夏侯方进在西阳五水，诳动群蛮，自淮、汝至于江沔，咸罹其患。十月，遣庆之督诸将讨之，诏豫、荆、雍并遣军，受庆之节度。三十年正月，世祖出次五洲，总统群帅，庆之从巴水出至五洲，咨受军略。会世祖典签董元嗣自京师还，陈元凶弑逆，世祖遣庆之还山引诸军，庆之谓腹心曰："萧斌妇人不足数，其余将帅，并是所悉，皆易与耳。东宫同恶不过三十人，此外屈逼，必不为用力。今辅顺讨逆，不忧不济也。"众军既集，假庆之征虏将军、武昌内史，领府司马。世祖还至寻阳，庆之及柳元景等并以天下无主，劝世祖即大位，不许。贼劭遣庆之门生钱无忌赍书说庆之解甲，庆之执无忌白世祖。

世祖践阼，以庆之为领军将军，加散骑常侍，寻出为使持节、督南兖豫徐兖四州诸军事、镇军将军、南兖州刺史，常侍如故，镇盱眙。上伐逆定乱，思将帅之功，下诏曰："朕以不天，有生罔二，泣血千里，志复深逆，鞠旅伐罪，义气云踊，群帅仗节，指难如归。故曾未积旬，宗社载穆，遂以眇身，猥纂大统。永念茂庸，思崇徽锡。新除使持节、散骑常侍、都督南兖豫徐兖四州诸军事、镇军将军、南兖州刺史沈庆之，新除散骑常侍、领军将军柳元景，新除散骑常侍、右卫将军宗悫，督兖州诸军事、辅国将军、兖州刺史徐遗宝，宁朔将军、始兴太守沈法系，骠骑咨议参军顾彬之，或尽诚谋初，宣综戎略；或受命元帅，一战宁乱；或禀奇军统，协规效捷，偏师奉律，势振东南。皆忠国忘身，义高前烈，功载民听，诚简朕心。定赏策勋，兹焉攸在，宜列土开邑，永蕃皇家。庆之可封南昌县公，元景曲江县公，并食邑三千户。悫洮阳县侯，食邑二千户。遗宝益阳县侯，食邑一千五百户。法系平固县侯，彬之阳新县侯，并食邑千户。"又特临轩召拜。又使庆之自盱眙还镇广陵。

孝建元年正月，鲁爽反，上遣左卫将军王玄谟讨之，军沂淮向寿阳，总统诸将。寻闻荆、江二州并反，征庆之入朝，率所领屯武帐岗，甲仗五十人入六门。鲁爽先遣弟瑜进据蒙笼，历阳太守张幼绪率军讨瑜，值爽至，众散而反。乃遣庆之济江讨爽。爽闻庆之至，连营稍退，自留断后。庆之与薛安都等进与爽战，安都临阵斩爽。进庆之号镇北大将军，进督青、冀、幽三州，给鼓吹一部。前军破贼，转位等后至追蹑一阶。寻与柳元景俱开府仪同三司，辞。改封始兴郡公，户邑如故。

庆之以年满七十，固请辞事，上嘉其意，许之。以为侍中、左光禄大夫、开府仪同三司，又固让，上不许。表疏数十上，又面陈曰："张良名贤，汉高犹许其退，臣有何用，必为圣朝所须。"乃至稽颡自陈，言辄泣涕。上不能夺，听以郡公罢就第，月给钱十万，米百斛，卫史五十人。大明元年，又申前命，复固辞。

三年，司空竟陵王诞据广陵反，复以庆之为使持节、都督南兖徐兖三州诸军事、车骑大将军、开府仪同三司、南兖州刺史，率众讨之。至欧阳，诞遣客庆之宗人沈道愍赍书说庆之，饷以玉环刀，庆之遣道愍反，数以罪恶。庆之至城下，诞登楼谓之曰："沈君白首之年，何为来？"庆之曰："朝廷以君狂愚，不足劳少壮，故使仆来耳。"上虑诞北奔，使庆之断其走路。庆之移营白土，去城十八里。又进新亭，诞果出走，不得去，还城，事在《诞传》。庆之进营洛桥西，焚其东门，值雨不克。庆之兄子僧荣，时为兖州刺史，镇瑕丘，遣子怀明率数百骑诣受庆之节度。庆之塞堑，造攻道，立行楼土山，并诸攻具。时夏雨，不得攻城，上使御史中丞庾徽之奏免庆之官以激之，诏无所问。诞饷庆之食，提挈者百余人，出自北门，庆之不问，悉焚之。诞于城上授函表,倩庆之为送,庆之曰:"我奉诏讨贼,不得为汝送表。汝必欲归死朝廷,自应开门遣使,吾为汝送护之。"每攻城,辄身先士卒。上戒之曰:"卿为统任,当令处分有方,何蒙盾城下,身受矢石邪。脱有伤挫,为损不少。"自四月至于七月,乃屠城斩诞。进庆之司空,又固让。于是与柳元景并依晋密陵侯郑袤故事,朝会庆之位次司空,元景在从公之上,给恤吏五十人,门施行马。

四年,西阳五水蛮复为寇,庆之以郡公统诸军讨之,攻战经年,皆悉平定,获生口数万人。

居清明门外,有宅四所,室宇甚丽。又有园舍在娄湖,庆之一夜携子孙徙居之,以宅还官。悉移亲戚中表于娄湖,列门同闬焉。广开田园之业,每指地示人曰:"钱尽在此中。"身享大国,家素富厚,产业累万金,奴僮千计。再献钱千万,谷万斛。以始兴忧近,求改封南海郡,不许。妓妾数十人,并美容工艺。庆之优游无事,尽意欢愉,非朝贺不出门。每从游幸及校猎,据鞍陵厉,不异少壮。太子妃上世祖金镂匕箸及杆杓,上以赐庆之,曰:"卿辛勤匪殊,欢宴宜等,且觞酌之赐,宜以大夫为先也。"上尝欢饮,普令群臣赋诗,庆之手不知书,眼不识字,上逼令作诗,庆之曰:"臣不知书,请口授师伯。"上即令颜师伯执笔,庆之口授之曰:"微命值多幸,得逢时运昌。朽老筋力尽,徒步还南岗。辞荣此圣世,何愧张子房。"上甚悦,众坐称其辞意之美。

世祖晏驾,庆之与柳元景等并受顾命,遗诏若有大军旅及征讨,悉使委庆之。前废帝即位,加庆之几杖,给三望车一乘。庆之每朝贺,常乘猪鼻无幰车,左右从者不过三五人。骑马履行园田,政一人视马而已。每农桑剧月,或时无人,遇之者不知三公也。及加三望车,谓人曰:"我每游履田园,有人时与马成三,无人则与马成二。今乘此车,安所之乎?"及赐几杖,并固让。

废帝狂悖无道,众并劝庆之废立,及柳元景等连谋,以告庆之。庆之与江夏王义恭素不厚,发其事,帝诛义恭、元景等,以庆之为侍中、太尉,封次子中书郎文季建安县侯,食邑千户。义阳王昶反,庆之从帝度江,总统众军。少子文耀,年十余岁,善骑射,帝爱之,又封永阳县侯,食邑千户。帝凶暴日甚,庆之犹尽言谏争,帝意稍不说。及诛何迈,虑庆之不同,量其必至,乃闭清谿诸桥以绝之。庆之果往,不得度而还。帝乃遣庆之从子攸之赍药赐庆之死,时年八十。是年初,庆之梦有人以两匹绢与之,谓曰:"此绢足度。"谓人曰:"老子今年不免。两匹,八十尺也。足度,无盈余矣。"及死,赐与甚厚,追赠侍中,太尉如故,给鸾辂辒辌车,前后羽葆、鼓吹,谥曰忠武公。未及葬,帝败。太宗即位,追赠侍中、司空,谥曰襄公。

长子文叔,历中书黄门郎,景和末,为侍中。庆之之死也,不肯饮药,攸之以被掩杀之。文叔密取药藏录。或劝文叔逃避,文叔见帝断截江夏王义恭支体,虑奔亡之日,帝怒,容致义恭之变,乃饮药自杀。子秘书郎昭明,亦自缢死。泰始七年,改封苍梧郡公。元徽元年,还复先封。时改始兴为广兴,昭明子昙亮,袭广兴郡公。齐受禅,国除。

庆之弟劭之,元嘉中,为庐陵王绍南中郎行参军,讨建安揭阳诸贼,病卒。

兄子僧荣,敞之之子也。孝建初,为安成相。荆、江反叛,发兵拒臧质,质遣其安成相臧眇之讨僧荣,击破之。大明中,为兖州刺史。景和中,征为黄门郎,未还,卒。子怀明,太宗泰始初,居父忧,起为建威将军,东征南讨有功,封吴兴县子,食邑四百户。历位黄门侍郎，再为南兖州刺史。元徽初，丁母艰，去职。桂阳王休范为逆，起为冠军将军，统水军防固石头，朱雀失守，怀明委军奔走，顷之忧卒。

庆之从弟法系字体先，亦有将用。初为赵伯符将佐，后随庆之征五水蛮。世祖伐逆，以为南中郎参军，加宁朔将军，领三千人前发，与柳元景旦至新亭。元景居中营，宗悫居西营，法系居东营。东营据冈，贼攻元景，法系临射之，所杀甚众。法系堑外树悉伐之令倒，贼劭来攻，缘树以进，彭排多开隙，选善射手，的发无不中，死者交横。事平，以为宁朔将军、始兴太守，讨萧简于广州。闻台军将至，简诳其众曰："台军是贼劭所遣。"并信之。前征北参军顾迈被贼徒在城内，善天文，云"荆、江有大兵"。城内由此固守。初，世祖先遣邓琬围简，唯治一攻道，法系至，曰："宜四面并攻，若守一道，何时可拔。"琬虑功不在己，不从。法系曰："更相申五十日。"日尽又不克，乃从之。八道俱攻，一日即拔，斩萧简，广州平。封库藏付邓琬而还。官至骁骑将军、寻阳太守，新安王子鸾北中郎司马。

劭之子文秀，别有传。

庆之群从姻戚，由之在列位者数十人。

译文：

沈庆之，字弘先，吴兴武康人。他的哥哥沈敞之，任赵伦之的征房参军，监守南阳郡，后击讨蛮民有功，于是拜南阳太守。

沈庆之少年时，就有志向和气力。孙恩发动叛乱后，派人寇掠武康，沈庆之当年还不到二十岁，跟随乡邻族人攻打乱军，以勇敢著称。兵荒马乱刚过，乡邑民众多流散外地，沈庆之在土地上耕种，勤苦自立。年已三十岁，未被郡县长吏知遇。前往襄阳探视哥哥，被赵伦之见到，大加赞赏。赵伦之的儿子赵伯符当时是竟陵太守，于是让赵伯符署任沈庆之为宁远中兵参军。竟陵地区的蛮民多次寇乱，沈庆之替赵伯符出谋划策，多击败寇乱蛮民，赵伯符因此得到了将帅的名称。后来赵伯符调离郡职，到别处征讨西陵蛮，未让沈庆之跟随，出师无功而回。

永初二年，沈庆之除任殿中员外将军，随赵伯符隶属于到彦之，北伐拓跋魏。赵伯符因病中途返回，又隶属于檀道济。北伐归来，檀道济上言太祖，称赞沈庆之忠厚谨慎，通晓军事，于是太祖派沈庆之领一队禁兵，防守东掖门，开始被引见，出入宫禁台省。后奉命外出，戍守钱塘新城，回京后，领淮陵太守。领军将军刘湛知道沈庆之的为人和才能，想和他交接，对他说："卿在省内年月已久，我马上要论功进赏。"沈庆之神情严肃地说："下官在省已十年，自然应该迁转，不必劳你费心。"不久转为正员将军。待到刘湛被拘捕那天夜晚，太祖开门召见沈庆之，他身着戎服穿戴整齐，然后进宫。太祖感到惊异，问："卿为何穿紧急时的服装？"沈庆之回答说："半夜召唤队主，不允许穿平时服装。"太宗派他前往收捕吴郡太守刘斌，处死。后迁任始兴王刘濬的后军行参军，兼员外散骑侍郎。

元嘉十九年，雍州刺史刘道产死，群蛮乘机发动叛乱，征西将军司马朱修之率军前往征讨，失利，朝廷委任沈庆之为建威将军，率领士兵协助朱修之作战。后来朱修之违法，被投入狱中，沈庆之独自领兵进讨，大破汉水流域诸蛮民，俘获七千人。又乘胜进讨，到达湖阳，俘虏一万余人。迁任广陵王刘诞的北中郎中兵参军，领南东平太守，后为世祖的抚军中兵参军。世祖以本官号镇守雍州，沈庆之随府西上。当时蛮民寇乱严重，水路陆路都梗阻不通，世祖一行停在大堤上不能前进。委派沈庆之带一支兵马掩击，大破蛮兵，前来投降的达二万人。世祖到雍州后，驿道蛮民又起来造反，杀死了深式，又派沈庆之领兵进讨。王玄谟领荆州军队，王方回率台府士兵，加上沈庆之的雍州兵马，三军协同作战，平定诸山蛮民，俘获七万多人。郧山蛮民势力最强盛，鲁宗之多次征讨，不能取胜，沈庆之领兵平定，俘获三万余口。凯旋回京，又任广陵王刘诞北中郎中兵参军，加建威将军、南济阴太守。

雍州蛮民又起来寇乱，沈庆之以为将军、太守的名义，又随刘诞进入汉水西上。到襄阳以后，率领后军中兵参军柳元景、随郡太守宗悫、振威将军刘閱、司空参军鲁尚期、安北参军顾彬、马文恭、左军中兵参军萧景嗣、前青州别驾崔目连、安蛮参军刘雍之、奋威将军王景式等二万余人进击汉水以北诸山区蛮民，宗悫从新安道进入太洪山，柳元景沿均水进据五水岭，马文恭出兵蔡阳口直取赤系坞，王景式由延山而下，指向赤圻坂，崔目连、鲁尚期诸军八路并进，沈庆之夺取五渠，驻扎破坞节度诸军。前后伐蛮诸军，都在山下安营以逼迫蛮民，所以蛮民能占山为险阻，用矢石作战，诸军多次劳而无功。沈庆之将诸路兵马聚集在茹丘山下，对将士说："今天如果缘山列旗攻打，士兵马匹定会受损失。去年蛮民大丰收，在山崖屯积粮谷，不会发生饥饿，难以马上捉拿剪除。今天让各路兵马都在山上安营扎寨，以其不意，诸蛮必定惊慌失措，乘击围困，可兵不血刃而获胜。"于是诸路兵马都凿山开路，不与蛮民开战，击鼓呐喊上山，冲进蛮民腹地，先占据险要，诸蛮震惊，乘机包围他们，蛮民奔逃溃散。从冬季到次年春，就以蛮民积谷为军粮。

不久，南新郡蛮民渠帅田彦生率领私兵十封共六千多人反叛，围攻郡城，沈庆之派柳元景带领五千士兵前往救援。援军还没有赶到，郡城已被攻破，城内的仓廪储积和府廨房舍被焚烧殆尽，并驱赶投降的城内居民，屯住在白杨山。柳元景领兵追到山下，诸军会合，将白杨山重重包围。宗悫率领他的部属首先登山，诸军全力急攻，大败蛮兵。声威震动诸山，群蛮俯首归顺。沈庆之患头风病，好戴狐皮帽，诸蛮厌恶他，称他为"苍头公"。每次见到沈庆之的军队，都惶恐地说："苍头公又来了。"沈庆之引军从茹丘山出檢城，大破诸山蛮兵，斩首三千级，俘虏蛮民二万八千多口，来投降的蛮民二万五千口，得牛马七百余头，米粮九万余斛。随王刘诞在白楚修筑了纳降、受俘二城，安置这些蛮人。

沈庆之又率诸路兵马进讨幸诸山犬羊蛮。犬羊蛮沿着险要的山势筑起双重的城墙，设有门和望楼，非常险峻。山上木石很多，堆积在一起，防御时可以投掷。蛮民实行军事编制，任命长帅，竖立旗帜，铁马成群。沈庆之在山中扎营，诸营连接，营门相通。又命令诸军在营内挖水池，早晚不用到营外打水，兼防蛮民放火。不久刮起大风，蛮民连夜下山，一人拿一火把，焚烧营寨。营内有许多帐篷和草庵，起火后就用池水浇灭，诸军以弓弩夹射，蛮兵溃逃。沈庆之命令诸军凿山开路攻打，由于山高路险，秋雨连绵，于是设置东冈、蜀山、宜民、西柴、黄徽、上麦六戍，然后班师。蛮民被围困时间一长，饥饿疲乏，有不少人出来投降。沈庆之前后俘获的蛮民，都遣送到京城，作为营户。

元嘉二十七年，迁任太子步兵校尉。这一年，太祖将要北讨，沈庆之劝谏说："骑兵和步卒不能相敌，为时已久。且不说久远的事，就以檀道济和到彦之而言。檀道济两次出师无功，到彦之失利而返回。如今论王玄谟不会超过两将，六军的盛势也不超过往昔。恐怕王师再次受辱，难以得志。"皇上说："小丑窃据中原,河南终于收复,王师再次受屈,是有别的原因;也因为檀道济纵敌不击以自重,到彦之中途发病。魏虏所依仗的是骑兵,夏水浩瀚,黄河流通,我军乘船北上,碻磝的敌军必定逃窜,滑台小戍,容易拔掉。攻克这两戍,居其馆食其谷,抚慰民众,虎牢和洛阳,自然不能坚固。等到了冬季,城池戍守互相连接,胡马如过黄河,只能被俘获。"沈庆之又坚持说不能北讨。当时丹阳尹徐湛之、吏部尚书江湛都在座,皇上让徐湛之等人诘难沈庆之,沈庆之说:"治国和理家一样,耕种的事当问农奴,纺织的事当访婢女。陛下今天要北伐敌国,而同白面书生们策划,事情怎能成功。"皇上大笑。

待宋军北讨,沈庆之任王玄谟的副将直趋碻磝,魏守将弃城逃跑,王玄谟领兵包围滑台。沈庆之和萧斌留守碻磝,仍任萧斌的辅国司马。王玄谟率军攻打滑台,数旬不克。魏王拓跋焘亲率大军南下,萧斌派沈庆之率领五千士兵救援王玄谟。沈庆之说:"王玄谟兵疲师老,敌寇已逼近,各军一营万人,方可前进,少量士兵轻率前往,一定无益啊!"萧斌坚决让去救援。适逢王玄谟退兵,萧斌要将他斩首,沈庆之一再劝谏,方作罢。太祖后来问:"你为何劝萧斌不杀王玄谟?"他回答说:"诸将临阵逃跑,无不害怕治罪。自己逃回而处死,其他人就会逃散。况且大敌当前,不宜削弱自己力量,这是为了攻击敌军的便利。"

萧斌因为前锋败退,打算死守碻磝。沈庆之说:"深入敌境,以求达到目的,今天已这样败退下来,怎能在此长期驻守?如今青、冀二州兵力虚弱,而坐守孤城,如果敌军东来,清河以东将不归我国所有。守碻磝这一孤城绝地,就是重蹈朱修之守滑台的覆辙啊!"恰逢皇上派人送诏书,不许撤退,诸将都说应该留守,萧斌又向沈庆之问计,沈庆之说:"统兵在国门之外,遇事将领可以专断,诏书从远处送来,形势已发生变化。节下有一个范增而不能用。空议论又有何益?"萧斌和在座的人都笑着说:"沈公何时变得有学问了!"沈庆之严厉地说:"众人虽然通古今,不如下官的耳闻啊!"王玄谟因为自己败退,请求戍守碻磝,于是萧斌退回历城,申坦和垣护之共同据守清口。沈庆之乘驿传的马匹返回,未到京,皇上令驿传让他停止南回,去救援王玄谟。恰逢魏兵已到达彭城,不能北进,太尉江夏王刘义恭将他留下,领府中兵参军。魏主拓跋焘到达卯山,刘义恭派沈庆之率三千士兵截击,沈庆之认为魏军兵多势强,前往必被活捉,不肯前去。太祖后来对他说:"黄河上的部署,都很合时宜,只是遗憾不放弃碻磝。卿在我身边时间长久,很了解我的意图,可以违背诏令以成事,不必介意啊!"

元嘉二十八年,派沈庆之从彭城迁徙流民数千家到瓜步,征北参军程天祚迁徙江西流民到南州,都完成了这项任务。

元嘉二十九年,再次北伐,沈庆之一再劝谏,不被接受。因为意见不同,不让他北出。这时亡命之徒司马黑石、庐江反叛官史夏侯方进在西阳五水,欺骗煽动群蛮反叛,从淮河、汝河到长江、汉水之间,都受其祸害。十月,派沈庆之统领诸将前往讨伐,诏令豫、荆、雍三州都派军队,受沈庆之指挥。元嘉三十年正月,世祖出行驻在五洲,亲自率领诸军将帅。沈庆之从巴水出,到五洲领受谋略。适逢世祖的典签董元嗣从京城回来,陈述元凶刘劭篡弑之事,世祖派沈庆之回山调出诸军,沈庆之对他的心腹之人说:"萧斌像个女人不足为虑,其余将帅,都是我熟悉的,都很好办。东宫的帮凶不过三十人,此外的人都是被裹胁的,不会为他卖力。如今辅助大顺讨伐大逆,不怕不能成功啊!"诸军会合后,假受沈庆之征虏将军、武昌内史、领府司马。世祖回到寻阳,沈庆之和柳元景等人都认为天下不能无主，劝世祖称帝，世祖不同意。逆贼刘劭派沈庆之的门生钱无忌送书信，劝说沈庆之解除武装，沈庆之将钱无忌拘禁，并报告太祖知道。

世祖登上帝位，任沈庆之为领军将军，加散骑常侍，不久外出，任使持节，督南兖、豫、徐、兖四州诸军事，镇军将军，南兖州刺史，保留常侍之职，镇守盱眙。皇上讨伐逆堂平定叛乱，思念将帅的功勋，下诏说："朕不为上天保佑，有生而无所依据，悲伤涕泣，远行千里，志在向凶逆复仇，陈师戒旅讨伐有罪，士兵义气云涌，众将坚守节操，赴难如归。所以不过旬月，宗庙社稷得以完好，于是我以渺小之身，入继大统。长思念丰功巨勋，想给予高职美赐。新除拜的使持节、散骑常侍、都督南兖、豫、徐、兖四州诸事军、镇军将军、南兖州刺史沈庆之，新除拜的散骑常侍、领军将军柳元景，新除拜的散骑常侍、右卫将军宗悫，督兖州诸军事、辅国将军、兖州刺史徐遗宝，宁朔将军、始兴太守沈法系，骠骑咨议参军顾彬之，或者竭诚谋划于初始，制定作战方略；或者受任为元帅，一战而平息叛乱；或者在军旅中禀赋非凡，协助谋划而克捷，奉命领偏师单独作战，威震东南。都忠于国家，忘记自身，义节高于前代烈士，功勋传于民众之耳，忠诚铭记在朕心。确定赏格记功于策，今日尚在进行。应该分土建国，永远藩卫皇家。沈庆之可封爵南昌县公，柳元景曲江县公，都食邑三千户。宗悫封爵洮阳县侯，食邑二千户；徐遗宝为益阳县侯，食邑一千五百户。沈法系为平国县侯，顾彬之为阳新县侯，都食邑千户。"然后特地临轩召拜。又让沈庆之从盱眙回，镇守广陵。

孝建元年正月，鲁爽谋反，皇上派遣王玄谟率军讨伐，军队溯淮水而上，直趋寿阳，统领诸将佐。不久得知荆、江二州同时反叛，征召沈庆之入朝，率所部士兵屯驻武帐岗，持仗披甲之士五十人进入六门。鲁爽先派其弟鲁瑜进据蒙茏，历阳太守张幼绪率领军队讨伐鲁瑜，恰逢鲁爽领兵来到，张幼绪的军队溃散而回。于是派沈庆之领兵过江，讨伐鲁爽。鲁爽听说沈庆之来到，令诸营接连后退，自己留下断后。沈庆之和薛安都等麾军上前，与鲁爽交锋，薛安都在阵中斩鲁爽。朝廷进沈庆之官号为镇北大将军，督青、冀、幽三州，赐给鼓吹一部。因前军败贼兵，待后援部队到达，又追击贼兵，转位升秩一级。不久与柳元景同除开府仪同三司，辞不受任。改封为始兴郡公，食邑户数与前相同。

沈庆之因自己年满七十，坚决请求致仕。皇上嘉美他的心意，同意他致仕。授予侍中、左光禄大夫、开府议同三司，他又坚决辞让，皇上不允许。他数十次上表，又当面对皇上说："张良是著名的贤臣，汉高祖还允许他告退，微臣又有什么用处，一定被圣朝留任。"以至于叩首自陈，边说边流涕大哭。皇上不能改变他的心志，允许他以郡公的名义退休，回归府第。每月赐给钱十万，米百斛，配给卫兵吏使五十人。大有元年，皇上重申以前的任命，他又坚决推辞。

大明三年，司空竟陵王刘诞占据广陵城谋反，朝廷又让沈庆之为使持节、都督南兖、徐、兖三州诸军事、车骑大将军、开府议同三司、南兖州刺史，率领军队讨伐他。军队到达欧阳，刘诞派他的门客、沈庆之的同宗沈道愍送书信，劝说沈庆之退兵，赠送玉环刀一把。沈庆之派沈道愍返回，谴责刘诞的罪恶。沈庆之领兵到达广陵城下，刘诞登上城楼对他说："沈君已到白头的年龄，还来干什么？"沈庆之回答："朝廷以君狂悖愚蠢，不值得劳动少壮，所以派我来。"皇上考虑刘诞可能北逃，让沈庆之阻断他北逃的道路。沈庆之把军营迁到白土，离广陵城十八里。又进军新亭。刘诞果然出城突围，突不出去，又退回城中，此事在《刘诞传》有详细记载。沈庆之又把军营安在洛桥西，焚烧广陵城东门，遇到下雨，未能成功。沈庆之的侄子沈僧荣，当时任兖州刺史，镇守瑕丘，派他的儿子沈怀明率领数百名骑兵前来，受沈庆之指挥。沈庆之带领士兵填塞护城河，修通攻城的道路，驾起可移动的木楼，堆积土山，制造各种攻城器具。当时正逢夏季多雨，不能攻城。皇上采取激将之法，让御史中丞庾徽之奏免沈庆之官职，诏不予追究。刘诞送给沈庆之酒食，派一百多人送出城北门，沈庆之下令将食物统统烧掉，不问送的是何物。刘诞在城上，将一封函表投出城，让沈庆之转送朝廷。沈庆之说：" 我奉命讨贼，不能为你送表。你如果一定要向朝廷请罪，应该自己开门，派使者呈送，我可以派兵护送。" 每次攻城，他都身先士卒。皇上劝诫说："卿担负统帅的职任，只要指挥有方就行，何必在城下手持盾牌，亲受矢石呢？万一有伤痛，损失就大了。"从四月攻打到七月，方才攻克广陵，屠杀城内市民士兵，将刘诞斩首。朝廷进沈庆之司空之职，又坚决推辞。于是和柳元景二人按照晋朝密陵侯郑袤的待遇，朝会时将沈庆之排在司空的位置，柳元景在从公以上，给体恤吏五十人，门前设立拦阻人马通行的木栅。

大明四年，西阳五水蛮再次寇掠，沈庆之以郡公名义统帅诸军讨伐，攻击交锋一年多，全部平定，俘获蛮民数万人。

沈庆之住在清明门外，有宅院四所，房屋建筑极其富丽堂皇。又有园林别墅在娄湖，沈庆之在一夜之间携带子孙迁居娄湖，而将四所宅院交还官府。让亲戚和中表兄弟都迁至娄湖，各家门整齐排列，同在一个里巷的大门出入。广开田园作为产业，常指着土地对人说："钱都在这中间。"自身爵封大邑，家中一直富厚，产业累计值万金，奴婢僮仆数千人。两次献给官府钱千万，谷万斛。因为始兴优厚近便，要求改封南海郡，皇上不许。有妓妾几十人，都天生丽质，长于技艺。沈庆之悠闲自得无事可干，尽情地寻欢作乐，不遇到朝贺就不出门。每次随从皇上游玩或打猎，在马上动作敏捷迅速，和少壮时没有区别。太子妃献上世祖镂金的勺子和筷子以及盂勺等物，皇上赏赐给沈庆之，说："卿辛勤非常特殊，欢宴也应相同，况且赏赐酒食，应该以大夫为先。"皇上曾经有一次欢宴畅饮，下令群臣人人赋诗一首。沈庆之手不能写，目不识丁，皇上逼迫他作诗，沈庆之说："臣不会写字，请允许我口授颜师伯。"皇上就让颜师伯执笔，沈庆之口授道："微命值多幸，得逢时运昌。朽老筋力尽，徒步还南岗。辞荣此圣世，何愧张子房。"皇上非常喜悦，在座众臣都称赞他的辞意佳美。

世祖去世，沈庆之和柳元景等人同受临终遗命，遗诏说如果有大的军事行动及征讨，全委托给沈庆之。前废帝登上帝位，沈庆之增加几杖，赐给三望车一辆。沈庆之每次参加朝贺，都乘坐无障幔的猪鼻车，左右随从不超过三五人。在田园中骑马或漫步，只带一个人看马。每逢农桑繁忙时节，或者当时无人侍随，遇到其他的人就不知道他是朝廷的三公。后来皇上赐给他三望车，他对人说："我常在田园中闲游，有人时加上一匹马成三，无人时就和马成二。今天乘坐这三望车，又上何处去呢？"待到皇上赐给几杖，和三望车都拒绝接受。

废帝狂悖无道，众臣都劝沈庆之行废立之事，待到柳元景等人交结策划以后，将此事通报沈庆之。沈庆之和夏王刘义恭平素交往不深，将此事告发，废帝诛杀了刘义恭、柳元景等人，拜沈庆之为侍中、太尉，封他的次子中书郎沈文季为建安县侯，食邑千户。义阳王刘昶谋反，沈庆之跟随废帝渡过长江，统帅诸军。他的小儿子沈文耀,年龄方十余岁,擅长骑马射箭,受到废帝垂爱,又封为永阳县侯,食邑千户。废帝日益凶狠暴戾,沈庆之还是尽力谏争,废帝内心逐渐不高兴。待到诛杀何迈,考虑沈庆之不会赞同,估计他一定要来劝谏,于是命令关闭清溪上的桥梁以断他的来路。沈庆之果然前往,因不能渡河而回。于是,废帝派沈庆之的侄子沈攸之送毒药,赐沈庆之死,当年八十岁。这一年初,沈庆之梦见有人给他两匹绢,说:"此绢足度。"他对人说:"老子今年不免一死。两匹,是八十尺。足度,没有盈余了。"他死后,赏赐很丰厚,追赠侍中,依旧为太尉,给予銮辂辒辌车,前后有羽葆、鼓吹为仪仗,谥号忠武公。还未安葬,废帝被废杀。太宗登上帝位,追赠侍中、司空,谥号襄公。

他的长子沈文叔,历任中书、黄门郎,景和末年,拜侍中。沈庆之死时,不肯服毒药,沈攸子用被子蒙头,窒息而死。沈文叔暗中将毒药藏起来。有人劝他逃跑躲藏,他见废帝截断江夏王刘义恭的肢体,怕逃跑以后,废帝愤怒,酿成像刘义恭那样的结局,于是服毒药自杀。他的儿子秘书郎沈昭明,也上吊而死。泰始七年,改封为苍梧郡公,元徽元年,又恢复原来的封爵。当时将始兴郡更名为广兴郡,沈昭明的儿子沈昙亮,袭爵广兴郡公。待齐朝建立,国除。

沈庆之的弟弟沈劭之,元嘉年间,任庐陵王刘绍的南中郎行参军,曾讨伐建安、揭阳诸盗贼,后病死。

他的侄子沈僧荣,是哥哥沈敞之的儿子。孝建初年,任安成国相。荆、江二州反叛以后,沈僧荣起兵抵拒臧质,臧质派他的安成相臧眇之征讨沈僧荣,击败沈僧荣的军队。大明年间,沈僧荣任兖州刺史,景和年间,征召为黄门郎,尚未回京,死。他的儿子沈怀明,太宗泰始初年,为父亲守丧,起家出仕任建威将军，东征南讨建立功勋，封为吴兴县子，食邑四百户。历任黄门侍郎，再迁南兖州刺史。元徽初年，为母亲守丧，离职。桂阳王刘休范谋反，起家任冠军将军，统领水师固守石头城。朱雀失守，沈怀明弃军自逃，不久因忧愁而死。

沈庆之的从弟沈法系，字体先，也有将才。起初是赵伯符的将佐，后来跟随沈庆之征讨五水蛮。世祖讨伐叛逆，封他为南中郎参军，加官宁朔将军，率领三千士兵提前出发，和柳元景在天亮时到达新亭。柳元景在中营，宗悫在西营，沈法系在东营。东营在岗上，贼兵攻打柳元景，沈法系命令士兵居高临下射箭，贼兵死伤很多。沈法系命令将壕堑以外的树统统放倒，刘劭的贼兵前来攻打，绕木前进，盾牌多留下空隙，选拔善射的士兵，放箭百发百中，射死的贼兵尸体交横。事情平定后，授给他宁朔将军、始兴太守，到广州讨伐萧简。萧简听说台省的军队将要到达，欺骗他的兵士说："台省的军队是反贼刘劭派来的。"士兵都信以为真。前征北参军顾迈被贼众迁到城内，他善于观看天文，说："荆、江二州有大的军事行动。"城内兵民因此坚守。起初，世祖先派邓琬包围萧简，只修筑一条攻城道路，沈法系到后，说："应该四面同时进攻，如果守着一条道，何时可攻克。"邓琬考虑照这样做，功劳不属于自己，不听从。沈法系说："可以再延长五十天。"五十天后还没有攻克，才采纳沈法系的建议。八条道路同时进攻，一天就攻克，斩萧简，广州平定。封库中所藏移交邓琬，然后班师。累官至骁骑将军、寻阳太守、新安王刘子鸾北中郎司马。

沈劭之的儿子沈文秀，另有传。

沈庆之的诸同宗和亲戚，因为他的关系而任各种官职的有数十人。

宋书卷九十三

列传第五十三

陶　潜

陶潜字渊明,或云渊明字元亮,寻阳柴桑人也。曾祖侃,晋大司马。

潜少有高趣,尝著《五柳先生传》以自况,曰:

先生不知何许人,不详姓字,宅边有五柳树,因以为号焉。闲静少言,不慕荣利。好读书,不求甚解,每有会意,欣然忘食。性嗜酒,而家贫不能恒得。亲旧知其如此,或置酒招之,造饮辄尽,期在必醉,既醉而退,曾不吝情去留。环堵萧然,不蔽风日,裋褐穿结,箪瓢屡空,晏如也。尝著文章自娱,颇示己志,忘怀得失,以此自终。

其自序如此,时人谓之实录。

亲老家贫,起为州祭酒,不堪吏职,少日,自解归。州召主簿,不就。躬耕自资,遂抱羸疾,复为镇军、建威参军,谓亲朋曰:"聊欲弦歌,以为三径之资,可乎?"执事者闻之,以为彭泽令。公田悉令吏种秫稻，妻子固请种粳，乃使二顷五十亩种秫，五十亩种粳。郡遣督邮至，县吏白应束带见之，潜叹曰："我不能为五斗米折腰向乡里小人。"即日解印绶去职。赋《归去来》，其词曰：

归去来兮，园田荒芜，胡不归。既自以心为形役，奚惆怅而独悲。悟已往之不谏，知来者之可追。实迷涂其未远，觉今是而昨非。舟超遥以轻扬，风飘飘而吹衣。问征夫以前路，恨晨光之希微。

乃瞻衡宇，载欣载奔。僮仆欢迎，稚子候门。三径就荒，松菊犹存。携幼入室，有酒停尊。引壶觞而自酌，盼庭柯以怡颜。倚南窗而寄傲，审容膝之易安。园日涉而成趣，门虽设而常关。策扶老以流愒，时矫首而遐观。云无心以出岫，鸟倦飞而知远。景翳翳其将入，抚孤松以盘桓。

归去来兮，请息交而绝游。世与我以相遗，复驾言兮焉求。说亲戚之情话，乐琴书以消忧。农人告余以上春，将有事于西畴。或命巾车，或棹扁舟。既窈窕以穷壑，亦崎岖而经丘。木欣欣以向荣，泉涓涓而始流。善万物之得时，感吾生之行休。

已矣乎，寓形宇内复几时。奚不委心任去留，胡为遑遑欲何之。富贵非吾愿，帝乡不可期。怀良辰以孤往，或植杖而耘耔。登东皋以舒啸，临清流而赋诗。聊乘化以归尽，乐夫天命复奚疑。

义熙末，征著作佐郎，不就。江州刺史王弘欲识之，不能致也。潜尝往庐山，弘令潜故人庞通之赍酒具于半道栗里要之，潜有脚疾，使一门生二儿舁篮舆，既至，欣然便共饮酌，俄顷弘至，亦无忤也。先是，颜延之为刘柳后军功曹，在寻阳，与潜情款。后为始安郡，经过，日日造潜，每往必酣饮致醉。临去，留二万钱与潜，潜悉送酒家，稍就取酒。尝九月九日无酒，出宅边菊丛中坐久，值弘送酒至，即便就酌，醉而后归。潜不解音声，而畜素琴一张，无弦，每有酒适，辄抚弄以寄其意。贵贱造之者，有酒辄设，潜若先醉，便语客："我醉欲眠，卿可去。"其真率如此。郡将候潜，值其酒熟，取头上葛巾漉酒，毕，远复著之。

潜弱年薄宦，不洁去就之迹，自以曾祖晋世宰辅，耻复屈身后代，自高祖王业渐隆，不复肯仕。所著文章，皆题其年月，义熙以前，则书晋氏年号，自永初以来唯去甲子而已。与子书以言其志，并为训戒曰：

天地赋命，有往必终，自古贤圣，谁能独免。子夏言曰："死生有命，富贵在天。"四友之人，亲受音旨，发斯谈者，岂非穷达不可妄求，寿夭永无外请故邪。吾年过五十，而穷苦荼毒，以家贫弊，东西游走。性刚才拙，与物多忤，自量为己，必贻俗患，僶俛辞世，使汝幼而饥寒耳。常感孺仲贤妻之言，败絮自拥，何惭儿子。此既一事矣。但恨邻靡二仲，室无莱妇，抱兹苦心，良独罔罔。

少年来好书，偶爱闲静，开卷有得，便欣然忘食。见树木交荫，时鸟变声，亦复欢尔有喜。尝言五六月北窗下卧，遇凉风暂至，自谓是羲皇上人。意浅识陋，日月遂往，缅求在昔，眇然如何。

疾患以来，渐就衰损。亲旧不遗，每以药石见救，自恐大分将有限也。恨汝辈稚小，家贫无役，柴水之劳，何时可免，念之在心，若何可言。然虽不同生，当思四海皆弟兄之义。鲍叔、敬仲，分财无猜，归生、伍举，班荆道旧，遂能以败为成，因丧立功，他人尚尔，况共父之人哉？颍川韩元长，汉末名士，身处卿佐，八十而终，兄弟同居，至于没齿。济北氾稚春，晋时操行人也,七世同财,家人无怨色。《诗》云:"高山仰止,景行行止。"汝其慎哉!吾复何言。

又为《命子诗》以贻之曰:

悠悠我祖,爰自陶唐。邈为虞宾,历世垂光。御龙勤夏,豕韦翼商。穆穆司徒,厥族以昌。纷纭战国,漠漠衰周。凤隐于林,幽人在丘。逸虬挠云,奔鲸骇流。天集有汉,眷予愍侯。于赫愍侯,运当攀龙。抚剑风迈,显兹武功。参誓山河。启土开封。叠叠丞相,允迪前纵。浑浑长源,蔚蔚洪柯。群川载导,众条载罗。时有默语,运固隆污。在我中晋,业融长沙,桓桓长沙,伊勋伊德。天子畴我,专征南国。功遂辞归,临宠不惑。孰谓斯心,而可近得。肃矣我祖,慎终如始。直方二台,惠和千里。于皇仁考,淡焉虚止。寄迹风运,冥兹愠喜。嗟余寡陋,瞻望靡及。顾惭华鬓,负景只立。三千之罪,无后其急。我诚念哉,呱闻尔泣。卜云嘉日,占尔良时。名尔曰俨,字尔求思。温恭朝夕,念兹在兹。尚想孔伋,庶其企而。厉夜生子,遽而求火。凡百有心,奚待于我。既见其生,实欲其可。人亦有言,斯情无假。日居月诸,渐免于孩。福不虚至,祸亦易来。夙兴夜寐,愿尔斯才。尔之不才,亦已焉哉!

潜元嘉四年卒,时年六十三。

译文:

陶潜字渊明,一说渊明字元亮,是寻阳柴桑人。曾祖父陶侃,是晋朝的大司马。

陶潜少年时便有高洁的志趣，曾写作《五柳先生传》用来自我比况，说：

先生不知是什么地方的人，不清楚姓氏名字，宅旁有五棵柳树，因而用"五柳"为名号。先生闲静少言，不企慕荣华利禄。喜欢读书，不追求烦冗过甚的解释，每当对书中的意趣有所领会，便欢喜得忘记吃饭。平生爱酒，但家贫不能经常得到酒。亲朋故旧知道他这种情况，有的备酒招他来，前去喝酒总是尽兴，希望能痛快一醉，醉后便退席，从不留意。家中四壁空空，不能遮蔽风吹日晒，粗布衣服破烂补绽，饭箪水瓢经常是空的，而先生却安然自若。曾写文章自寻乐趣，很能表示自己的志趣，忘却名利得失，愿意这样度过一生。

他的自述就是这样，当时人说这是真实的记录。

母亲年老家境贫困，开始做州里的祭酒，受不了吏职的约束，不多日子，便自动辞官归家。州里召为主簿，不去就职。亲自耕田种地维持生活，因此陷入贫病交加的境地，又出去做镇军、建威参军，对亲戚朋友说："想要谋求一个小小的县官，为归隐三径小园准备些资用，也许是可以的吧？"执政的人听说之后，起用他做彭泽县令。在公田上全让县吏种酿酒的秫稻，他妻子坚持要求种粳稻，于是用二顷五十亩地种秫稻，五十亩种粳稻。郡里派督邮到县里来，县吏告诉陶潜应该穿礼服拜见督邮，陶潜叹息道："我不能为五米斗向乡里小人折腰。"当天他便解下县令印绶离开了职位。作《归去来》，文中道：

回去吧！田园荒芜了，为什么不回去？自己的心志已被肉体驱使，何必惆怅而独自悲伤。觉悟到以往心受形役的过失已不可挽回，未来的事情还来得及安排。走上迷途确实还不算远，觉得今天做得对的而昨天确是错了。船在遥远的旅途上轻快飘荡，风阵阵吹拂着衣襟。向行人问路，然后前进，只恨晨光朦胧不清。

刚刚望见自己家门，高兴地向前跑去。僮仆前来欢迎，孩子等候在门前。三径庭院行将荒芜，松树菊花还在。手拉小孩子走进屋里，正好有酒有杯。端起酒壶倒酒自斟自酌，观赏庭院里的树木使我惬意开心。倚凭南窗远望寄托傲世的情怀，细看这仅能容膝的小屋也使人安心。每天在小园里漫步很有乐趣，尽管有门可经常关着。拄着手杖四处游荡休息，时而抬头极目天边。白云无心自然地飘出山谷，鸟儿飞倦了知道归林。夕阳渐渐暗淡，将要落山，抚摸着孤松流连忘返。

回去吧！让我停止往来，断绝交游。世事已经把我遗弃，还要驾车出去追求什么。喜欢亲戚间的真心话语，乐于弹琴读书来消除忧愁。农夫告诉我春天已经到来，将要到西边的田里开始耕作。有的赶上车子，有的荡起扁舟。有时随着蜿蜒的溪水进入山谷，有时沿着崎岖的道路走过小丘。万木欣欣向荣，清泉涓涓长流。羡慕万物得到生长的好时节，感慨自己的一生将要罢休。

算了吧！寄身于天地之间还能有多长时间。为什么不随从心愿决定去留，为什么心神不定还想去什么地方？富贵不是我的心愿，天国不可期望。怀恋良辰时独自出游，或拄着木杖去田里耕耘。登上东边的高岗放声长啸，面对清澈的溪流吟咏诗篇。姑且顺应自然归向生命的尽头，乐天知命还有什么疑惑。

义熙末年，征召为著作佐郎，不去就职。江州刺史王弘想结识他，但就是请不来。陶潜曾经去庐山，王弘让陶潜的旧友庞通之携带酒具在半路上栗里的地方等候他。陶潜有脚病，让一个门人和两个儿子肩抬竹轿送他。到来之后，就与庞通之一起对饮，不久王弘到来，陶潜没有拂逆王弘的盛情。先前，颜延之做刘柳的后军功曹，在寻阳，和陶潜友情深厚。后来颜延之做始安郡守，经过柴桑，天天到陶潜家来，每次前往必定畅饮至醉。临离开时，留给陶潜二万钱，陶潜把钱全都送给酒家，然后不断地去打酒。有一次逢九月九日重阳没有酒，陶潜出来坐在宅旁的菊花丛中很久，正巧王弘送酒来，就随便在菊丛中自斟自酌，直到醉了才回去。陶潜不熟悉音律五声，但有一张没有绘饰的素琴，又无弦，每当饮酒高兴地时候，便抚弄素琴寄托心意。不论贵贱，凡是到他家来的，只要有酒便用酒招待，陶潜要是先醉了，便对客人说："我醉了想睡觉，您可以走了。"他的性格就是这样真诚坦率。郡将来探望陶潜，正值他的酒酿好了，陶潜取下头上的葛巾来滤酒，用完了，又把葛巾戴上。

陶潜年轻时仕途上不得显通，认为做官和去职这种事有污清白，白以为曾祖父是晋朝的辅国大臣，耻于屈身侍奉后起的王朝，自宋高祖帝业逐渐兴盛起来，他就不再肯出仕。凡是写作的文章，他都标出年月，义熙以前的，就写晋朝的年号，自宋朝永初以来的文章就只记甲子而已。他给儿子们写信以说明自己的志趣，并且训诫他们道：

天地给予人生命，有开始必定有终结，自古以来的圣贤，有谁能够避免。子夏说："死生有命，富贵在天。"他是孔子的大弟子，亲自接受过孔子的教诲，发出这样的言论，岂不是表明穷困或显达不可随意求得，长寿或短命永远不可外求吗！我年过五十,而贫穷困苦,家境贫寒衰败,四处游走。性情刚直才智愚拙,与世俗多有不合,自料像我这样的人,必然会给世俗带来麻烦,不得不勉强辞世隐居,使你们从小就过着饥寒的生活了。我时常感佩东汉王霸的妻子的话,旧衣败絮穿在自己身上,又有什么愧对儿子的呢?这已经是过去的事了。只恨没有羊仲、求仲那样的人为伴,室里没有老莱子妻那样的贤妇,怀着这样愁苦的心理,的确自己感到迷惘。

自少年以来我喜好读书,偶尔也喜欢悠闲安静,读书有了心得,便高兴得忘了吃饭。看到树木繁枝浓荫,不同时令的鸟儿变换着啼声,也使我欢欣而快乐。我曾经说,五六月在北窗下坐卧,遇到凉风忽然吹来,自认为是远古羲皇时代的人。见解肤浅学识孤陋,时光终于过去了,缅怀往昔,令人感到茫然而无可奈何。

得病以来,身体渐渐衰弱亏损,亲朋故旧不能给予帮助,每每要靠药石来疗救,自己担心寿命快要到极限了。遗憾的是你们年纪还小,家里贫穷没有可供役使的人,打柴汲水的劳作,什么时候才能免除,在心里思念着这些,又能说些什么?然而你们兄弟五人虽不是一母所生,应当想到四海之内都是兄弟的道理。鲍叔牙和管仲,分配财物不存私心,归生和伍举,铺草坐地畅叙友情,于是管仲能由失败取得成就,伍举因丧事而建立功业,他人尚且能如此有情,何况是同一父亲的兄弟呢!颍川韩元长,是汉朝末年的名士,身居高位,八十岁而寿终,兄弟同居,直到死去。济北氾稚春,晋朝有操行的人,七代人共守家产,家人没有不满的表现。《诗》说:"高山令人仰望,大道供人行走。"你们要慎重啊?我还有什么话说呢?

又作了《命子诗》留给儿子们，诗中说：

遥远的时代有我们的先祖，始祖是帝尧时的陶唐。远古尧的后人为虞国之宾，此后历代都留下荣光。御龙氏服务在夏，豕韦氏辅佐殷商。肃穆的陶叔是周代司徒，他的宗族从此繁昌。纷纭骚乱的战国，没落衰败的东周。凤凰退隐在山林，幽人遁居在荒丘。放纵的虬龙搅乱行云，狂奔的鲸鱼惊起巨流。上天助汉兴盛，更眷顾陶舍封他为愍侯。啊，功业显赫的愍侯，幸运地追随天子。持剑乘风多么豪迈，显耀着他的武功。参与封爵盟誓山河，开辟土地建国受封。勤勉的陶青做汉朝丞相，追蹈着父亲的脚踪。浩瀚的长河，繁茂的大树，群川导始于源头，众多的枝条由巨树维罗。陶氏先人有时沉默有时言语，时运原本有时兴隆有时衰萎。到我生活的东晋，郡公陶侃的功业昌盛于长沙。威武的长沙郡公，有功勋又有美德。天子按等级颁赐爵位，专掌军事征伐南国。功成业就便告老辞归，受到恩宠从不迷惑。谁说这样的心怀，而可以在近代得到。肃穆的祖父陶茂，一贯谨慎至终如始。他的德义著称于内外，在太守任上恩惠及于千里。啊，光荣仁慈的先父，怀有淡泊虚无的志趣。暂时托身于风云仕途，从不为做官或去职而忧伤或欢喜。可叹我德才寡陋，仰望先人自愧不及。羞惭的是空白了双鬓，伴着影子只身孤立。世间有三千种罪，没有后代最令人为难。我确实把这事念念在心，高兴地听到你降生呱呱而啼。卜问生辰是吉日，占卦也说是良时。给你起名叫陶俨，给你命字叫求思。望你温和恭敬朝朝夕夕，念念在心永不忘记。要想到你的榜样是孔伋，盼望你能有他那样的成就。得癞病的人夜里生下孩子，唯恐孩子像自己急忙找火来照亮。人皆有此心，哪里只有我是如此。既然看到孩子降生,实在是盼他能好好长大成人。人们也都有如此说法,这是真情毫无虚假。日月不停留,你逐渐长大不再是孩童。幸福不会白白降临,祸患又常轻易来到。昼夜操心,愿你还能成个人才。如果不能成才,我也无可奈何!

陶潜于宋文帝元嘉四年死去,时年六十三岁。